Wolfgang Däubler
Arbeitsrecht
Ratgeber für Beruf – Praxis – Studium

RECHT AKTUELL

Inhalt

11

Abkürzungsverzeichnis

a. A.	anderer Ansicht
a. a. O.	am angegebenen Ort
ABl	Amtsblatt
ABM	Arbeitsbeschaffungsmaßnahme
Abs.	Absatz
a. E.	am Ende
AEntG	Arbeitnehmer-Entsendegesetz
AEUV	Vertrag über die Arbeitsweise der Europäischen Union
a. F.	alter Fassung
AFG	Arbeitsförderungsgesetz
AG	Aktiengesellschaft
AGB	Arbeitsgesetzbuch/Allgemeine Geschäftsbedingungen
AGG	Allgemeines Gleichbehandlungsgesetz
AiB	Arbeitsrecht im Betrieb (Jahr und Seite)
AK-GG	Alternativkommentar zum Grundgesetz
AktG	Aktiengesetz
AltZertG	Altersvorsorgeverträge-Zertifizierungsgesetz
Anm.	Anmerkung
AO	Abgabenordnung
AP	Arbeitsrechtliche Praxis (Entscheidungssammlung)
ArbG	Arbeitsgericht
ArbGG	Arbeitsgerichtsgesetz
ArbSchG	Arbeitsschutzgesetz
ArbZG	Arbeitszeitgesetz
Art.	Artikel
ATZG	Altersteilzeitgesetz
AuA	Arbeit und Arbeitsrecht (Jahr und Seite)
AÜG	Arbeitnehmerüberlassungsgesetz
AuR	Arbeit und Recht (Jahr und Seite)
AVmG	Altersvermögensgesetz
AZO	Arbeitszeitordnung

BAG	Bundesarbeitsgericht
BArbBl	Bundesarbeitsblatt (Jahr, Heft und Seite)
BAT	Bundes-Angestelltentarifvertrag
BB	Betriebs-Berater (Jahr und Seite)
BBG	Bundesbeamtengesetz
BDA	Bundesvereinigung der Deutschen Arbeitgeberverbände
BDSG	Bundesdatenschutzgesetz
BeschFG	Beschäftigungsförderungsgesetz
BetrAVG	Gesetz zur Verbesserung der betrieblichen Altersversorgung
BetrR	Der Betriebsrat (Jahr und Seite)
BetrVG	Betriebsverfassungsgesetz
BGB	Bürgerliches Gesetzbuch
BGBl.	Bundesgesetzblatt
BGH	Bundesgerichtshof
BGHZ	Sammlung der Entscheidungen des BGH in Zivilsachen
BGS	Bundesgrenzschutz
BPersVG	Bundespersonalvertretungsgesetz
BSHG	Bundessozialhilfegesetz
BUrlG	Bundesurlaubsgesetz
BVerfG	Bundesverfassungsgericht
BVerfGE	Sammlung der Entscheidungen des BVerfG (Band und Seite)
bzw.	beziehungsweise
ca.	circa
CF	Computer-Fachwissen (Jahr, Heft und Seite)
CGZP	Christliche Gewerkschaft Zeitarbeit und Personalserviceagenturen
DAG	Deutsche Angestelltengewerkschaft
DB	Der Betrieb (Jahr und Seite)
dbr	Der Betriebsrat (Jahr, Heft und Seite)
d.h.	das heißt
DIW	Deutsches Institut für Wirtschaftsforschung
DKKW	Däubler/Kittner/Klebe/Wedde (Hrsg.), Kommentar zum Betriebsverfassungsrecht, 14. Aufl. Frankfurt/M. 2014
DuD	Datenschutz und Datensicherheit (Jahr und Seite)
DVBl.	Deutsches Verwaltungsblatt (Jahr und Seite)

EFZG	Entgeltfortzahlungsgesetz
EGBGB	Einführungsgesetz zum Bürgerlichen Gesetzbuch
EGMR	Europäischer Gerichtshof für Menschenrechte
EMRK	Europäische Menschenrechtskonvention
ErfK	Erfurter Kommentar zum Arbeitsrecht (hrsg. von Müller-Glöge, Preis und Schmidt), 13. Aufl. München 2013
ESC	Europäische Sozialcharta
EStG	Einkommensteuergesetz
etc.	et cetera
EU	Europäische Union
EuGH	Gerichtshof der Europäischen Union
EuZW	Europäische Zeitschrift für Wirtschaftsrecht (Jahr und Seite)
e. V.	eingetragener Verein
evtl.	eventuell
EWiR	Entscheidungen zum Wirtschaftsrecht
EzA	Entscheidungssammlung zum Arbeitsrecht
f./ff.	folgende
Fn	Fußnote
FPZP	Familienpflegezeitgesetz
FS	Festschrift
GBl	Gesetzblatt
GdB	Grad der Behinderung
GdP	Gewerkschaft der Polizei
GenDG	Gendiagnostikgesetz
GesO	Gesamtvollstreckungsordnung
GewO	Gewerbeordnung
GG	Grundgesetz
ggf.	gegebenenfalls
GmbH	Gesellschaft mit beschränkter Haftung
GS	Gedächtnisschrift
HK	Handkommentar
HK-ArbR	Handkommentar zum Arbeitsrecht (hrsg. von Däubler, Hjort, Schubert und Wolmerath), 3. Aufl., Baden-Baden 2013
hM	herrschende Meinung
Hrsg.	Herausgeber

24

HWK	Henssler-Willemsen-Kalb (Hrsg.), Arbeitsrecht, Kommentar, 6. Aufl., Köln 2014
i. d. F.	in der Fassung
ILO	Internationale Arbeitsorganisation
InsO	Insolvenzordnung
i. V. m.	in Verbindung mit
JArbSchG	Jugendarbeitsschutzgesetz
JZ	Juristenzeitung (Jahr und Seite)
KG	Kommanditgesellschaft
KJ	Kritische Justiz (Jahr und Seite)
KO	Konkursordnung
KSchG	Kündigungsschutzgesetz
LAG	Landesarbeitsgericht
LFZG	Lohnfortzahlungsgesetz
LG	Landgericht
Lkw	Lastkraftwagen
li. Sp.	Linke Spalte
m. E.	meines Erachtens
MEW	Marx-Engels-Werke
MiLoG	Mindestlohngesetz
MTV	Manteltarifvertrag
MuSchG	Mutterschutzgesetz
m. w. N.	mit weiteren Nachweisen
n. F.	neuer Fassung
NGG	Gewerkschaft Nahrung – Genuss – Gaststätten
NJ	Neue Justiz (Jahr und Seite)
NJW	Neue Juristische Wochenschrift (Jahr und Seite)
NVwZ	Neue Zeitschrift für Verwaltungsrecht (Jahr und Seite)
NVwZ-RR	NVwZ-Rechtsprechungs-Report Verwaltungsrecht
NZA	Neue Zeitschrift für Arbeitsrecht (Jahr und Seite)
NZA-RR	NZA-Rechtsprechungs-Report
OLG	Oberlandesgericht
OHG	Offene Handelsgesellschaft

PersR	Der Personalrat (Jahr und Seite)
PersVG	Personalvertretungsgesetz
PflegeZG	Pflegezeitgesetz
Pkw	Personenkraftwagen
RdA	Recht der Arbeit (Jahr und Seite)
RDV	Recht der Datenverarbeitung (Jahr und Seite)
re. Sp.	rechte Spalte
RIW	Recht der Internationalen Wirtschaft (Jahr und Seite)
Rn.	Randnummer
RVO	Reichsversicherungsordnung
S.	Seite
SchwbG	Schwerbehindertengesetz
SGB	Sozialgesetzbuch
sog.	so genannt(e)
SÜG	Sicherheitsüberprüfungsgesetz
TMG	Telemediengesetz
TVG	Tarifvertragsgesetz
TVöD	Tarifvertrag für den öffentlichen Dienst
Tz	Textziffer
TzBfG	Teilzeit- und Befristungsgesetz
u. a.	unter anderem/und andere
u. Ä.	und Ähnliches
UmwG	Umwandlungsgesetz
usw.	und so weiter
u. U.	unter Umständen
VBG	Vereinigung der Berufsgenossenschaften (mit Nr. der von ihr erlassenen Unfallverhütungsvorschrift)
ver.di	Vereinte Dienstleistungsgewerkschaft
VGH	Verwaltungsgerichtshof
vgl.	vergleiche
VO	Verordnung
VwGO	Verwaltungsgerichtsordnung
WSI	Wirtschafts- und Sozialwissenschaftliches Institut
WpÜG	Wertpapiererwerbs- und Übernahmegesetz

z. B.	zum Beispiel
ZfA	Zeitschrift für Arbeitsrecht (Jahr und Seite)
ZIP	Zeitschrift für Insolvenzpraxis und Wirtschaftsrecht (Jahr und Seite)
ZPO	Zivilprozessordnung
z. T.	zum Teil
ZTR	Zeitschrift für Tarif-, Arbeits- und Sozialrecht des öffentlichen Dienstes

Einleitung

Arbeitsrecht ist für viele ein Buch mit sieben Siegeln.
- Wo findet man die Gesetze?
- Wo findet man die Rechtsprechung des Bundesarbeitsgerichts (BAG)?
- Was tun, wenn man das Juristendeutsch nicht versteht?

Doch es stellen sich nicht nur solche allgemeinen Fragen. Viele wollen konkret wissen:
- Wie kann ich mich gegen eine Kündigung wehren?
- Was muss man bei einer Bewerbung beachten?
- Wie wählt man einen Betriebsrat?

Das vorliegende Buch versucht, Antworten hierauf zu geben. Es will die wichtigsten Inhalte des Arbeitsrechts darstellen, insbesondere **Gesetze und Rechtsprechung**. Darüber hinaus will es ein klein wenig Anleitung zum Handeln geben – Rechte sind nur dann etwas wert, wenn man auch wirklich von ihnen Gebrauch macht. Eigeninitiative ist gefragt.

Das braucht niemanden zu schrecken. Auch in anderen Lebensbereichen wird einem nichts geschenkt – ob man nun Lohnsteuer über die Einkommensteuererklärung zurück haben oder einen mangelhaft funktionierenden Kühlschrank zurückgeben will. Allerdings richten sich arbeitsrechtliche Ansprüche – z.B. auf Überstundenvergütung oder Urlaub – nicht gegen eine Behörde oder einen Kaufhauskonzern, sondern gegen einen Arbeitgeber, mit dem man in aller Regel auch in Zukunft einigermaßen gut zusammenarbeiten will. Soll man wirklich Geld für die Zusatzstunden verlangen, obwohl dies auf der anderen Seite vielleicht einen Wutausbruch zur Folge haben wird? Riskiert man nicht, bei der nächsten Beförderung übergangen oder gar aus dem Betrieb geekelt zu werden?

Fragen dieser Art passen nicht so recht ins Weltbild der Juristen. Gleichwohl tauchen sie bei der Beratung von Arbeitnehmern aus Kleinbetrieben regelmäßig auf. Manchmal lässt sich effektiv nichts machen. In vielen Fällen steht aber der oder die Betroffene nicht allein – auch andere haben dasselbe Problem. Gemeinsam bei der Personalabteilung oder beim Arbeitgeber vorzusprechen, bringt häufig zumindest einen erträglichen Kompromiss. Erst recht gilt dies in Mittel- und Großbetrieben, wo es einen Betriebsrat gibt, der sich in 99 von 100 Fällen für die Belange der Arbeitnehmer einsetzt. Auch die von den Gewerkschaften abgeschlossenen Tarifverträge werden in aller Regel ernst genommen. Der **Unterschied zwischen »Recht haben« und »Recht behalten«** wird so mit steigender Betriebsgröße immer geringer. Auch hier sollte der Einzelne allerdings wissen, wie seine Rechte und Pflichten im Einzelnen beschaffen sind.

Das Buch versteht sich als »Ratgeber«, nicht als erschöpfende Darstellung. Wer sich intensiver mit dem Arbeitsrecht befassen möchte, sei auf die beiden Bände »**Däubler, Arbeitsrecht 1**« und »**Däubler, Arbeitsrecht 2**« bei Rowohlt verwiesen. Der erste ist 2006, der zweite 2009 in Neuauflage erschienen. Als Nachschlagewerk geeignet sind auch die Handbücher von Günter **Schaub** (Arbeitsrechts-Handbuch, 15. Aufl., München 2015) und von **Kittner/Zwanziger/Deinert** (Arbeitsrecht – Handbuch für die Praxis, 8. Aufl., Frankfurt/Main 2015). Personalabteilungen arbeiten mit dem von **Küttner** herausgegebenen Personalbuch (22. Aufl., München 2015), das auch Lohnsteuer- und Sozialversicherungsrecht mitbehandelt und für die Praxis außerordentlich nützliche Orientierungen bietet. Wer Zugang zu großen Bibliotheken hat, findet dort das zweibändige (früher dreibändige) »**Münchener Handbuch zum Arbeitsrecht**«, das 2009 in 3. Auflage erschienen ist und das auf 5000 Seiten eine nicht immer leicht handhabbare Gesamtdarstellung versucht. Im Übrigen wird am Ende der einzelnen Kapitel auf Literatur verwiesen, die zur Vertiefung geeignet ist. Wie man sich Rechtsprechung und wissenschaftliche Lehrmeinungen im Einzelnen erschließt, ist am Ende des 1. Kapitels erläutert.

Im Folgenden ist die **Entwicklung** des Arbeitsrechts **bis Juni 2015** berücksichtigt. Dabei waren eine ganze Reihe von Neuerungen zu verarbeiten: der gesetzliche Mindestlohn, die Rente mit 63, Neuregelungen zur Eltern- und Pflegezeit sowie das Tarifeinheitsgesetz. Auch die Rechtsprechung blieb nicht untätig: Wann stellen Befristungen einen Missbrauch dar? Müssen die bei ausländischen Tochtergesellschaften beschäftigten Arbeitnehmer im Rahmen der Mitbestimmungsgesetze mitgezählt werden? Kann starkes Übergewicht eine Behinderung darstellen?

Kritik und Anregungen sind unter *daeubler@uni-bremen.de* jederzeit willkommen.

1. Was ist eigentlich »Arbeits-
recht« und für wen gilt es?

1.1 Welche Bedeutung hat das Arbeitsrecht?

Statt »Arbeitsrecht« müsste man eigentlich »**Recht der abhängigen Arbeit**« sagen: Es erfasst diejenigen Männer und Frauen, die weisungsgebundene Arbeit leisten. **1**

Arbeitnehmer ist also die Verkäuferin im Lebensmittelgeschäft ebenso wie der Schweißer im Metallbetrieb, der Zugbegleiter oder die Kindergärtnerin.

Dies sind rund **90 Prozent** aller Erwerbstätigen – rechnet man die ca. **2** sechs Prozent Beamten mit, die einen Sonderstatus haben, die aber in vielem den Arbeitnehmern ähnlich sind.

Arbeitsrecht betrifft nicht nur die ganz große Mehrheit der aktiven Bevölkerung, es regelt auch einen zentralen Bereich ihrer Existenz. Noch immer verbringt fast jeder Arbeitnehmer bis zur Hälfte seines aktiven Daseins am Arbeitsplatz. Und nicht nur das: Lebensstandard und Sozialprestige bestimmen sich in aller Regel nach der Stellung im Betrieb; wer dort nichts gilt, wird es meist auch in der »Freizeitgesellschaft« schwer haben.

1.2 Was will das Arbeitsrecht?

In der Marktwirtschaft besteht ein **Interessengegensatz** zwischen Unter- **3** nehmern und abhängig Beschäftigten: Je höher die Löhne und je kürzer die übliche Wochenarbeitszeit, umso gewichtiger die Kosten für den Unternehmer (im Verhältnis zu den Arbeitnehmern »Arbeitgeber« genannt). Dazu kommen »Autoritätskonflikte«, also all jene Meinungsverschiedenheiten, die daraus entstehen, dass Menschen von Weisungen anderer abhängig sind.

Wollte man die Lösung aller Fragen von den »freien Verhandlungen« **4** beim Abschluss des Arbeitsvertrages erwarten, würde man ähnlich schlimme Erfahrungen wie im 19. Jahrhundert machen, als es noch keine Gewerkschaften und noch kein Arbeitsrecht gab: **Als Einzelner ist der Bewerber zu schwach, um seine Interessen ausreichend zur Geltung zu bringen.** Besonders in Zeiten der Arbeitslosigkeit wäre er gezwungen, (fast) jedes Angebot anzunehmen.

Beispiel:
Der Arbeitgeber bietet bei den Einstellungsverhandlungen einem Hilfsarbeiter 60 Prozent des Tariflohns, da Ausländer noch preiswerter arbeiten würden. Dieser besteht auf 70 Prozent. Wer wird sich voraussichtlich durchsetzen?

Die »**Vertragsfreiheit**« wird so zu einer höchst einseitigen Angelegenheit; sie ermöglicht dem Arbeitgeber, seine Interessen mehr oder weniger vollständig durchzusetzen.

Der berühmte Soziologe **Max Weber** hat dies mit den Worten umschrieben: »Das formale Recht eines Arbeiters, einen Arbeitsvertrag jeden beliebigen Inhalts mit jedem beliebigen Unternehmer einzugehen, bedeutet für den Arbeitsuchenden praktisch nicht die mindeste Freiheit in der eigenen Gestaltung der Arbeitsbedingungen und garantiert ihm an sich auch keinerlei Einfluss darauf. Sondern mindestens zunächst folgt daraus lediglich die Möglichkeit, für den auf dem Markt Mächtigeren, in diesem Falle normalerweise den Unternehmer, diese Bedingungen nach seinem Ermessen festzusetzen ...« (Max Weber, Rechtssoziologie, aus dem Manuskript herausgegeben und eingeleitet von Johannes Winckelmann, 2. Aufl., Neuwied und Berlin 1967, S. 205).

5 An dieser »**Schlagseite**« der Vertragsfreiheit knüpft das Arbeitsrecht an. Es verfolgt zwei Ziele, die untrennbar zusammengehören:
- Zum einen sorgt es dafür, dass die Bedingungen beim Austausch »Arbeitskraft gegen Geld« nicht beliebig zu Lasten der Arbeitnehmer verschlechtert werden. Diese sog. **Schutzfunktion** wird dadurch realisiert, dass der Staat bestimmte Mindeststandards verbindlich festlegt

Beispiel:
Gesundheitsschutz am Arbeitsplatz, jährlicher Mindesturlaub

und dass er außerdem »kollektive Selbsthilfe« ermöglicht: Dem Arbeitnehmer steht das Recht zur Bildung von Gewerkschaften zu. Mit ihrer Hilfe können durch Tarifvertrag Mindestlöhne und Mindestarbeitsbedingungen festgelegt werden. Auch kann die Belegschaft einen Betriebsrat (im öffentlichen Dienst: einen Personalrat) wählen, der in einzelnen Angelegenheiten ein Mitbestimmungsrecht besitzt und so die Weisungsgewalt des Arbeitgebers im Einzelfall blockieren kann.

▪ Zum zweiten schafft das Arbeitsrecht die Voraussetzungen dafür, **dass die bisherigen ökonomischen und politischen Verhältnisse erhalten bleiben.** Dies geschieht insbesondere dadurch, dass bestimmte Verhaltensweisen – wie etwa eine nicht von der Gewerkschaft getragene (»spontane«) Arbeitsniederlegung – verboten werden. Weiter werden bestehende Konflikte »kanalisiert«, indem sie in ein gerichtliches oder gerichtsähnliches Verfahren gezwängt werden: Bestehen etwa Meinungsverschiedenheiten über die Berechtigung einer Kündigung, so darf nach herrschender Rechtsprechung nicht etwa gestreikt, sondern lediglich von dem Betroffenen das Arbeitsgericht angerufen werden (sog. **Ordnungsfunktion**).

Das Arbeitsrecht der Bundesrepublik besitzt anders als das Recht der **6** früheren DDR **keine erzieherische Funktion.** Es will grundsätzlich nicht auf die innere Haltung der Beschäftigten einwirken, sondern verpflichtet nur zu einer korrekten Arbeitsleistung. Außerdem ist das Verhalten in der Freizeit »Privatsache«; Ausnahmen werden dann gemacht, wenn das Arbeitsverhältnis »konkret berührt« ist, wenn etwa der Arbeitgeber in der Öffentlichkeit beleidigt wird.

Das Arbeitsrecht wird auch nicht ausdrücklich als Mittel begriffen, **7** um die Produktivität zu erhöhen. Hier stehen andere Mechanismen im Vordergrund: Um auf dem Markt bestehen zu können, hat der Arbeitgeber ein elementares Eigeninteresse an möglichst kostengünstiger Produktion. Das Arbeitsrecht will verhindern, dass dabei Arbeitnehmerinteressen überhaupt nicht berücksichtigt werden. Häufig kann es sich sogar empfehlen, durch relativ ordentliche Arbeitsbedingungen und durch zusätzliche materielle Anreize **Innovationen** im Betrieb zu fördern (Däubler, BB 2004, 2521).

Abhängige Arbeit wird nicht allein durch Recht bestimmt. Daneben **7a** stehen sog. **soziale Normen**, »Üblichkeiten«, die man als selbstverständlich voraussetzen kann. Dass man mit einem Kollegen über Fußball redet oder ein privates Foto auf den Schreibtisch stellt, obwohl beides nicht direkt die Arbeit fördert, ist im Normalfall kein Problem. Schwierigkeiten ergeben sich erst, wenn auch dieser Teil des Verhaltens rechtlichen Vorgaben unterworfen wird – dies soll uns später unter dem Stichwort »Compliance« (unten Rn. 283, 504 a) beschäftigen.

1.3 Wo findet man die Materie »Arbeitsrecht«? – Die so genannten Rechtsquellen

1.3.1 Einzelgesetze

8 Das Arbeitsrecht der Bundesrepublik ist nicht in einem »Arbeitsgesetzbuch« zusammengefasst. Es besteht aus zahlreichen Einzelgesetzen, die aus unterschiedlichen Epochen stammen. So wird etwa im Arbeitsvertragsrecht noch immer auf die §§ 611ff. BGB zurückgegriffen, von denen viele seit 1900 unverändert gelten. Der größte Teil des Arbeitszeitrechts war bis 1994 in der Arbeitszeitordnung (AZO) von 1938 geregelt. Jüngeren Datums sind das Betriebsverfassungsgesetz von 1972, neugefasst 2001, sowie das Mitbestimmungsgesetz von 1976. Am 1. Januar 2015 ist das Mindestlohngesetz in Kraft getreten. Einige Gesetze sind auch ins Englische übersetzt worden und unter *http://www.gesetze-im-internet.de/Teilliste_translations.html* abrufbar. Wichtig ist insbesondere das Grundgesetz, das eine Reihe von Aussagen über die abhängige Arbeit enthält. Im Konfliktfall geht es den einzelnen Gesetzen vor; über seinen genauen Inhalt entscheidet das Bundesverfassungsgericht. Dem kommt in der Praxis erhebliche Bedeutung zu.

1.3.2 Geringe Bedeutung des Völkerrechts – bislang

9 Die Bundesrepublik hat eine große Zahl internationaler Konventionen ratifiziert, die Fragen des Arbeitsrechts zum Gegenstand haben. So ist etwa die Koalitionsfreiheit durch Art. 11 der Europäischen Menschenrechtskonvention (= EMRK) und durch die ILO-Übereinkommen Nr. 87 und 98 garantiert (ILO = International Labour Organization = Internationale Arbeitsorganisation). Das Streikrecht ist in Art. 6 Nr. 4 der Europäischen Sozialcharta und das Recht auf Erholungsurlaub im ILO-Übereinkommen Nr. 132 verankert. In der Praxis ist der Rückgriff auf dieses »Arbeitsvölkerrecht« sehr selten, was insbesondere von gewerkschaftlicher Seite kritisiert wird. Etwas anders verhält es sich mittlerweile mit dem EU-Recht, das insbesondere im Rahmen von Diskriminierungsverboten eine Rolle spielt (s. unten Kapitel 18 Rn. 1059ff.). Auch Entscheidungen des Europäischen Gerichtshofs für Menschenrechte (EGMR) gewinnen an Bedeutung. Sie enthalten eine authentische Interpretation einzelner Bestimmungen der EMRK, an die sich die Mitgliedstaaten des Europarats halten müssen; auch kann sich der Einzelne vor einem deutschen Gericht darauf berufen.

1.3.3 Das Richterrecht als (beinahe) dominierende Rechtsquelle

Das »reale«, für das Verhalten von Arbeitgebern und Arbeitnehmern **10** maßgebende Recht findet sich nur teilweise in Gesetzestexten; zahllose, oft außerordentlich wichtige Regeln wurden erst durch die Arbeitsgerichte, speziell durch das Bundesarbeitsgericht (BAG) und durch das Bundesverfassungsgericht (BVerfG), entwickelt. Dies gilt nicht nur für das gesetzlich nicht geregelte Arbeitskampfrecht, sondern auch für die Teile des Arbeitsrechts, die gesetzlich geregelt sind, weil der Gesetzgeber niemals an alle Konstellationen denken kann.

So spricht etwa das Kündigungsschutzgesetz (KSchG) davon, dass u. a. aus »in der Person liegenden« Gründen gekündigt werden kann. Welche Gründe das im Einzelnen sind, bleibt offen. Dass Krankheit ein Kündigungsgrund ist, dass es dabei auf voraussichtliche künftige Fehlzeiten und dadurch veranlasste betriebliche Störungen ankommt – das alles sind Regeln, die von der Rechtsprechung entwickelt worden sind. Ohne Anhaltspunkt im Wortlaut des Gesetzes verlangt diese auch, dass bei jeder Kündigung grundsätzlich eine Abwägung der beiderseitigen Interessen stattfinden muss (näher dazu unten 14.5).

Die Gerichte haben ein sehr feines **Netz an »Quasi-Rechtsnormen«** entwickelt, die jeder kennen muss, der einen Verband, einen Arbeitgeber, einen Betriebsrat oder einen Arbeitnehmer berät. Anders als im angloamerikanischen Rechtskreis sind die Gerichtsentscheidungen formal nicht bindend, doch muss man in mindestens 99 Prozent aller Fälle damit rechnen, dass sich die Gerichte in gleichen oder ähnlichen Fällen genauso entscheiden werden.

Das »Richterrecht« entsteht auf der Grundlage eines außerordentlich **11** reichhaltigen »Prozessstoffes«. **Pro Jahr werden in der Bundesrepublik über 600 000 arbeitsgerichtliche Verfahren eingeleitet.** Etwa acht Prozent werden durch Urteil entschieden, in den übrigen Fällen wird meist ein Vergleich geschlossen. Diese hohe Zahl von Verfahren mag manchmal mit Uneinsichtigkeit der Beteiligten oder rücksichtslosem Vorgehen von Personalabteilungen zu erklären sein. Viel wichtiger ist im vorliegenden Zusammenhang die Tatsache, dass dadurch eine große Praxisnähe der Gerichte geschaffen wird, dass viele tatsächlich vorhandene

Konflikte offen ausgetragen und im Sinne der herrschenden Rationalität entschieden werden. Dennoch besteht kein Grund, den Status quo zu idealisieren: In aller Regel wird erst nach dem Ausscheiden aus dem Betrieb Klage erhoben, da der Gang zum Gericht bei bestehendem Arbeitsverhältnis leicht als Illoyalität gewertet wird. Niemand will aber – wie schon gesagt – ohne Not seine Beförderungschancen zerstören oder gar seinen Arbeitsplatz in Gefahr bringen.

12   Das Vorbringen der Beteiligten im Prozess wie auch die Urteile selbst zeichnen sich durch einen hohen »Begründungsaufwand« aus. Anders als in Frankreich, wo Urteile sehr kurz sind, können Entscheidungen des BAG durchaus 50 Druckseiten in Anspruch nehmen. Die vielbändigen Entscheidungssammlungen vermitteln einen plastischen Eindruck von der Fülle der vorhandenen Aussagen. Den Zugang verschafft man sich am besten über die am Ende dieses Kapitels angegebenen Quellen.

1.3.4   Die »herrschende Meinung«

13   Solange keine gefestigte, in mehreren Urteilen höherer Gerichte bestätigte Rechtsprechung zu einem Problem vorliegt, orientiert sich die Praxis meist an der sog. herrschenden Meinung (»hM« abgekürzt). Sie bildet sich aufgrund der Veröffentlichungen von »anerkannten« Rechtswissenschaftlern. Wichtig sind dabei insbesondere die sog. Kommentare, die die einzelnen Paragraphen eines Gesetzes erläutern. Daneben stehen Lehrbücher und Aufsätze in wissenschaftlichen Zeitschriften. So führen Arbeitgeber, Gewerkschaften und Betriebsräte ihre Auseinandersetzungen des Öfteren unter Berufung auf rechtswissenschaftliche Lehrmeinungen – gelegentlich in Auftrag gegebene Gutachten haben den Zweck, die eigene Position abzusichern. Die von relativ wenigen Personen – Professoren, hohen Richtern, Justitiaren, bekannteren Rechtsanwälten und in führender Stellung tätigen Verbandsjuristen – erarbeiteten Auslegungsergebnisse gewinnen auf diese Weise **Quasi-Gesetzeskraft.** Der Stand der Juristen formuliert hier ohne jede demokratische Legitimation Regeln, die für alle gelten. Hinzu kommt, dass sich nach aller Erfahrung auch die Gerichte an der »hM« orientieren, wenn es zu einem Streitfall kommen sollte.

14   Die wissenschaftliche Diskussion ist in der Bundesrepublik gerade im Arbeitsrecht meist kein »herrschaftsfreier Diskurs«. Insbesondere die Interessen von Arbeitgeberverbänden und Gewerkschaften finden auch in wissenschaftlichen Lehrmeinungen ihren Ausdruck. **Publikationen**

36

verstehen sich oft als **Beitrag im »Kampf ums Recht«** und sind deshalb nicht notwendigerweise mit dem Anspruch geschrieben, die einzige im Allgemeininteresse liegende Lösung zu entwickeln. Kontroversen haben so bisweilen eine gewisse Ähnlichkeit mit Tarifverhandlungen: Alle Beteiligten rechnen mit einer Kompromissposition der Arbeitsgerichte.

Nicht nur durch die Vielfalt der Meinungen, sondern auch durch den anderen Stellenwert der einzelnen Position unterscheidet sich die bundesrepublikanische Streitkultur von der früher in der DDR bestehenden Publikationspraxis, wo es in aller Regel nur eine »Wahrheit« gab.

Die Auseinandersetzungsformen sind z.T. von großer Heftigkeit und sparen auch persönliche Angriffe nicht aus. Bisweilen werden einzelne Autoren bewusst totgeschwiegen oder ausschließlich mit abwertenden Fußnoten bedacht. Politische Gremien werden zu Recht nicht als Sachautoritäten behandelt: Ein Autor, der sich häufig auf das Programm der größten Regierungspartei oder Erklärungen der Bundesregierung berufen würde, hätte bestenfalls nachsichtiges Lächeln zu erwarten.

1.3.5   Tarifverträge und Betriebsvereinbarungen

Die konkrete Rechtsstellung des einzelnen Arbeitnehmers wird nicht nur **15** durch Gesetze, Richterrecht und »herrschende Meinung« bestimmt. Nach Untersuchungen des Bundesarbeitsministeriums fielen bis vor einigen Jahren rund 90 Prozent aller Arbeitnehmer unter einen oder mehrere Tarifverträge. Diese sind in ihrem Inhalt und ihrem Schutzniveau sehr unterschiedlich. In der wohlhabenden chemischen Industrie werden höhere Löhne bezahlt als in der Textilbranche, in Baden-Württemberg wird mehr verdient als in Schleswig-Holstein. Die tarifliche **Wochenarbeitszeit** ist von Branche zu Branche verschieden; im Schnitt liegt sie derzeit in den alten Bundesländern bei **37,4**, in den neuen Bundesländern bei **38,9** Stunden. Im öffentlichen Dienst existiert im Westen für Arbeiter und Angestellte ein gut ausgebauter tariflicher **Kündigungsschutz**; wer 15 Jahre im öffentlichen Dienst beschäftigt war und mindestens 40 Jahre alt ist, kann nur noch aus »wichtigem Grund« gekündigt werden. Ähnliche Regelungen gibt es in der gewerblichen Wirtschaft nur zugunsten älterer Arbeitnehmer (z.B. ab 53 Jahren), soweit sie eine langjährige Betriebszugehörigkeit besitzen.

Betriebsrat und Geschäftsleitung können sog. **Betriebsvereinbarungen** **16** abschließen, die sich allerdings grundsätzlich nur auf tariflich nicht geregelte Gegenstände beziehen dürfen. In der Praxis wird diese Schranke oft nicht eingehalten; in manchen Betrieben werden übertarifliche Leistungen bezahlt, die im Einzelnen mit dem Betriebsrat ausgehandelt werden, in anderen wird zum Nachteil der Arbeitnehmer vom Tarifvertrag abgewichen, z. B. auch am Wochenende gearbeitet.

17   Tarifverträge und Betriebsvereinbarungen sind Mittel, mit deren Hilfe sich kampfstarke Belegschaften materielle Erfolge und mehr Existenzsicherheit verschaffen können. Gleichzeitig machen diese Instrumente das **Arbeitsrecht zu einem flexiblen System:** Je nach der wirtschaftlichen Belastbarkeit der Branche oder des Einzelunternehmens und je nach dem Engagement der Arbeitnehmer sind bessere oder schlechtere Regelungen möglich. Oft besitzen Tarifverträge auch eine Vorreiterrolle: Was zunächst nur in einzelnen Wirtschaftsbereichen vereinbart wurde, wird später durch den Gesetzgeber auf die gesamte Wirtschaft ausgedehnt. Ein Beispiel ist die Lohnfortzahlung im Krankheitsfall für Arbeiter, die zunächst in der Metallindustrie für alle dort Beschäftigten erreicht, dann jedoch zu einem für alle geltenden Gesetz gemacht wurde.

1.4   Unternehmerische Entscheidungen als Grenze

18 Die Normen des Arbeitsrechts reichen nicht so weit, dass die Dispositionsfreiheit des Arbeitgebers über sein Unternehmen ernstlich beeinträchtigt wäre. Investitionen in neue Technologien sind ihm ebenso vorbehalten wie die Eröffnung neuer Filialen, die Schließung eines Betriebes oder die Gestaltung der Preise. Selbst evident unzweckmäßiges unternehmerisches Verhalten wird von den Arbeitsgerichten nicht korrigiert.

> Wird ein Arbeitnehmer gekündigt, weil sein Arbeitsplatz aufgrund einer betriebswirtschaftlich wenig sinnvollen Umorganisation wegfällt, kann er bei seiner Kündigungsschutzklage nicht geltend machen, der Arbeitgeber hätte im Eigeninteresse besser eine andere Maßnahme getroffen.

Nur bei »willkürlichen« und »unsachlichen« Maßnahmen gilt Abweichendes. Gemeint sind damit Extremfälle unsozialen Verhaltens (Beispiele: ArbG Gelsenkirchen, AuR 1999, 38 mit Anm. Däubler und ArbG Berlin, AuR 2001, 72). Im Kündigungsschutzrecht stellt sich allerdings das Problem, ob nicht eine Abwägung mit den Interessen des betroffenen Arbeitnehmers stattfinden muss (unten Rn. 843 a).

Tarifverträge und Mitbestimmung greifen nur mittelbar in die unter- **19**
nehmerische Freiheit ein, indem sie bestimmte »**Rahmenbedingungen**«
festlegen: Der Arbeitgeber muss in seiner Kalkulation mit bestimmten
Lohnkosten rechnen, die Belegschaft steht nur während der Stunden zur
Verfügung, die mit der Gewerkschaft und dem Betriebsrat ausgehandelt
wurden usw.

Arbeitsplätze sind unter diesen Umständen abhängig von unterneh- **20**
merischen Entscheidungen, die wiederum mehr oder weniger stark vom
Markt diktiert sind. Wird Personal abgebaut, besteht für die Betroffenen
keine Garantie dafür, dass eine ausreichende Zahl von »Ersatzarbeits-
plätzen« in anderen Unternehmen vorhanden ist: Die zwischen 6 Prozent
und 12 Prozent schwankende Massenarbeitslosigkeit vermag dies hinreichend zu illustrieren. Ein **Recht auf Arbeit existiert nicht.**

> Die in internationalen Abkommen wie z. B. in der Europäischen Sozialcharta
> sowie in Verfassungen der Bundesländer enthaltenen Garantien eines Rechts auf
> Arbeit werden von der »hM« als reine Programmsätze angesehen, wonach sich
> die Regierung um Arbeitsplätze für alle bemühen soll. Scheitert sie dabei, sind
> keine Sanktionen vorgesehen.

Für die Betroffenen ist insbesondere langjährige Arbeitslosigkeit eine
schlimme Situation, die zu materieller Verelendung, aber auch zu sozialer Isolation und psychischen Krisen führt. Auf der anderen Seite sind
technische und organisatorische Innovationen schneller möglich, wenn
für die »überflüssig« gewordenen Arbeitskräfte nicht erst ein neuer Arbeitsplatz gesucht werden muss. Dies kann man politisch unterschiedlich bewerten – im vorliegenden Zusammenhang ist entscheidend, sich
keine Illusionen über die Reichweite des Arbeitsrechts zu machen: Es
geht in der Gegenwart um die **soziale Abfederung von Marktprozessen,**
nicht etwa um die Herstellung einer »Produzentendemokratie«.

1.5 Vom Arbeitsrecht ausgeklammert: Selbständige Arbeit

Wer als Selbständiger, z. B. als Handwerker, Arzt, Rechtsanwalt oder Ar- **21**
chitekt, Dienste für andere leistet, ist kein **Arbeitnehmer.** Die von ihm
abgeschlossenen Verträge unterliegen ausschließlich dem BGB.

Mit dem Handwerker schließt man in der Regel einen Werkvertrag nach §§ 631 ff. BGB. Bei Pfusch kann man »Nachbesserung« binnen angemessener Frist verlangen. Bringt auch dies nichts, kann man nach §§ 634, 635 BGB den Vertrag rückgängig machen oder die Vergütung mindern oder unter Umständen Schadenersatz verlangen.

22 Ob selbständige oder **weisungsabhängige, also Arbeitnehmer-Tätigkeit** vorliegt, kann manchmal zweifelhaft sein.

Beispiel:
Ein Versicherungsvertreter muss täglich von 8 bis 18 Uhr bestimmte Kunden aufsuchen und darf auch nicht für andere Unternehmer Geschäfte machen. In seinem »Vertretervertrag« steht, er sei selbständiger Kaufmann; dementsprechend werden auch keine Beiträge an die Sozialversicherung abgeführt.

Nach der Rechtsprechung kommt es nicht auf die Bezeichnung des Vertrages, sondern auf die tatsächliche persönliche Abhängigkeit von einem anderen an. Sie bestimmt sich nach der Intensität, mit der die Arbeit durch den »Auftraggeber« vorstrukturiert wird. Insbesondere kommt es auf die zeitliche Bindung sowie auf die Eingliederung in die Organisation des Arbeitgebers an.

Im **Beispielfall** dürfte daher ein Arbeitsverhältnis vorliegen. Beim Handwerker, der die Wasserleitung repariert, fehlt es schon an der »persönlichen« Abhängigkeit, da er die Arbeit nicht selbst erledigen muss, sondern auch einen Mitarbeiter schicken kann. Außerdem kann er den genauen Zeitpunkt sowie die Art und Weise der Arbeit in der Regel selbst bestimmen.

23 In die »**Grauzone**« zwischen selbständiger und abhängiger Arbeit fallen die sog. **Scheinselbständigen.**

Beispiel:
Ein selbständiger Fotograf erhält 80 Prozent seiner Aufträge von einer bestimmten Presseagentur. Für die Erfüllung eines Auftrags hat er ein bis drei Tage Zeit; weiter ist es ihm überlassen, welche Kamera er benutzt. Wenn er will, kann er einen Auftrag auch ablehnen, muss dann allerdings damit rechnen, in Zukunft nicht mehr so häufig berücksichtigt zu werden.

Da der Fotograf seine Arbeit selbst organisieren und auch für andere Auftraggeber tätig sein darf, besteht kein Arbeitsverhältnis. Mit Rücksicht auf die wirtschaftliche Abhängigkeit vom Hauptauftraggeber handelt es sich jedoch um eine »**arbeitnehmerähnliche**« Person. Diese wird in vielen (aber nicht in allen) Bereichen dem Arbeitsrecht unterstellt (Einzelheiten bei Däubler, Arbeitsrecht 2, Rn. 2116 ff.).

40

Der Versuch, **Scheinselbständige** ab 1.1.1999 in die Sozialversiche- **24**
rung einzubeziehen (dazu Kerschbaumer/Tiefenbacher, AuR 1999,
121 ff.), hat in der Praxis zu zahlreichen Schwierigkeiten geführt. Das
daraufhin erlassene »Gesetz zur Förderung der Selbständigkeit« (BGBl.
2000 I, S. 2) beschränkte die Sozialversicherungspflicht im Grundsatz
wieder auf Arbeitnehmer, die nicht anders als im Arbeitsrecht definiert
werden (Einzelheiten bei Rolfs, NZA 2000, 188). In zweifelhaften Fällen kann der Arbeitgeber nach § 7 a SGB IV eine Anfrage an den zuständigen Sozialversicherungsträger richten. Sie hat zur Folge, dass eine
rückwirkende Belastung durch Sozialversicherungsbeiträge auch dann
vermieden wird, wenn die fragliche Person von der Behörde als Arbeitnehmer angesehen wird. Allerdings gilt dies nur, sofern eine private
Krankenversicherung abgeschlossen wurde und die Altersvorsorge gewährleistet ist. In die Rentenversicherung einbezogen werden nach § 2
Nr. 9 SGB VI Selbständige, die mit Ausnahme von 450-Euro-Kräften
(zu ihnen unten 19.4) keine Arbeitnehmer beschäftigen und die auf
Dauer und im Wesentlichen nur für einen Auftraggeber tätig sind. Existenzgründer sind allerdings in den ersten drei Jahren ihrer Tätigkeit ausgenommen.

Wer Leistungen für eine Vielzahl von Interessenten erbringt, unter- **25**
steht weder dem Arbeits- noch dem Sozialversicherungsrecht. Dies kann
bei relativ geringem Einkommen erhebliche Probleme mit sich bringen.
Für einzelne Personengruppen (Künstler, Landwirte) ist eine Einbeziehung in die Sozialversicherung vorgesehen; freie Berufe verfügen in der
Regel über ihre eigenen Vorsorgesysteme. Andere (wie z.B. zahlreiche
Handelsvertreter) fallen durch das soziale Netz.

1.6 Abhängige Arbeit beim »eigenen« Verein oder bei der »eigenen« Genossenschaft?

Das Arbeitsrecht findet grundsätzlich auch dann Anwendung, wenn der **26**
einzelne Beschäftigte selbst am »Arbeitgeberunternehmen« beteiligt ist:
Auch wer Vereinsmitglied ist oder einen Geschäftsanteil an der Arbeit-
geber-GmbH besitzt, ist den Weisungen der Unternehmensleitung unterworfen. Nur wer als **Vorstandsmitglied einer AG** oder als **Geschäftsführer einer GmbH** selbst über die Arbeitsorganisation entscheidet, also
einen »Arbeitgeberwillen« bildet, ist vom Arbeitsrecht ausgenommen.

27   Vertragsfußballspieler sind daher auch dann Arbeitnehmer, wenn sie zugleich Vereinsmitglied sind. Anders wenn sie gegen Unkostenerstattung auftreten und eine einfache »Entschuldigung« genügt, um nicht dabei sein zu müssen. Die geringere Verbindlichkeit spricht in diesem Fall für eine reine Freizeitbeschäftigung (vgl. BAG, EWiR = Entscheidungen zum Wirtschaftsrecht 1990, 1067).

28   Eine **Genossenschaft** ist rechtlich nichts anderes als ein Spezialfall eines Vereins; ihre spezifische Zielsetzung liegt darin, die wirtschaftlichen Interessen ihrer Mitglieder zu fördern. Die »Genossen« können deshalb sehr wohl Arbeitnehmer sein, wenn sie in die arbeitsteilige Organisation integriert sind und die **Weisungen des Vorstands befolgen müssen.**

29   Anderes gilt, wenn sich – wie beim **Roten Kreuz** – die Arbeitspflicht aus der Satzung ergibt und weitere Voraussetzungen erfüllt sind: die ideelle Zielsetzung muss im Vordergrund stehen, das einzelne Mitglied kann über die Geschicke des Vereins mitbestimmen und erhält eine angemessene Vergütung und Versorgung (BAG, DB 1995, 2612; abweichend zu Recht für Beschäftigte der Scientology e.V. BAG, DB 1995, 1714, und BAG, NZA 2002, 1412). In einem solchen Fall liegt eine selbständige Tätigkeit vor.

1.7   Kollektives und individuelles Arbeitsrecht

30   Verbreitet ist die Aufteilung in »**kollektives**« und »**individuelles**« Arbeitsrecht. Das erstere betrifft die **Instrumente**, wie durch gemeinsames Verhalten ein bestimmtes Schutzniveau erreicht werden kann. Konkret geht es dabei um Koalitionsfreiheit, **Tarifautonomie**, Arbeitskampfrecht, **Betriebsverfassung**, Unternehmensmitbestimmung und um Ansätze einer Interessenvertretung gegenüber dem Staatsapparat. Über diese Materien soll in den Kapiteln 2 bis 6 (Rn. 44–443) ein Überblick gegeben werden.

31   Das »individuelle« Arbeitsrecht betrifft die Rechtsstellung des einzelnen Arbeitnehmers. Dabei darf man allerdings nicht in den Fehler verfallen, nur die geschriebenen und ungeschriebenen Rechte und Pflichten aus dem Arbeitsvertrag im Auge zu haben: Wie das Beispiel des Tariflohnes zeigt, bauen die Rechte des Individuums in aller Regel auf einem kollektiven Mindeststandard auf. Um ein realistisches Bild zu gewinnen, wird daher auch im (größeren) 2. Teil des Buches des Öfteren auf Tarifverträge und Betriebsratsbefugnisse zurückgegriffen. Die Kapitel 7 bis 16 (Rn. 444–1002) verfolgen das »Schicksal« eines Arbeitsverhältnisses: Zunächst geht es um die **Einstellung** (Kapitel 7), dann um Rechte und Pflichten aus dem Arbeitsverhältnis (Kapitel 8). Arbeitsschutz-, Arbeitszeit- und Urlaubsrecht sind zusammen mit dem **Persönlichkeitsschutz des Arbeitnehmers** Gegenstand der folgenden Kapitel; an den Resultaten lässt sich ablesen, inwieweit schon heute von einer »Humanisierung des Arbeitslebens« die Rede sein kann (Kapitel 9–12). Entgeltanspruch und Lohnersatzleistungen (z. B. im Krankheitsfall) werden in Kapitel 13 behandelt; den relativ größten Raum nimmt der Teil über **Kündigungsschutz** ein (Kapitel 14). Es folgen zwei in der derzeitigen Situation besonders wichtige Problemkomplexe: Welche Rechte hat der Arbeitnehmer, wenn sich das Arbeitgeber-Unternehmen aufspaltet oder der Betrieb ganz oder teilweise an einen Interessenten veräußert wird? (Kapitel 15). Wann ist **Kurzarbeit** zulässig, was geschieht, wenn der **Arbeitgeber zahlungsunfähig** wird? (Kapitel 16).

Sonderregeln bestehen für besonders schutzbedürftige Arbeitnehmer **32** wie **schwerbehinderte Menschen** oder Jugendliche (Kapitel 17 – Rn. 1004 ff.). In Kapitel 18 geht es um das Problem diskriminierungsfreier Arbeitsbedingungen, das insbesondere (aber nicht nur) bei der Gleichstellung von Frauen eine Rolle spielt (Rn. 1038 ff.). Fast ausschließlich ein Frauenproblem ist die **Teilzeitarbeit** (Kapitel 19 – Rn. 1092 ff.). Es folgen die Grundsätze über befristete Arbeitsverhältnisse (Kapitel 20 – Rn. 1132 ff.).

Leiharbeit, Scheinwerkverträge und **Schwarzarbeit** sind mittlerweile eine häufige Erscheinung. Die prinzipielle **Gleichstellung zwischen Leiharbeitnehmern** und den im Einsatzbetrieb Beschäftigten (»Equal pay« und »equal treatment«) bleibt in der Realität toter Buchstabe, weil Tarifverträge die schlechtere Stellung von Leiharbeitnehmern festgeschrieben haben (Kap. 21 – Rn. 1168 ff.).

Sonderregeln existieren für den **öffentlichen Dienst.** Dies gilt nicht nur für die Beamten, sondern auch für die dort tätigen Arbeitnehmer (Kapitel 22 – Rn. 1185 ff.).

Als Kap. 23 (Rn. 1208 ff.) folgt ein Abschnitt über **Altersteilzeit.** Kap. 24 (Rn. 1228 ff.) befasst sich mit den nicht unkomplizierten Fragen der betrieblichen Altersversorgung und der sog. **Riesterrente.**

Recht darf nicht nur in den Büchern existieren, sondern muss prak- **33** tisch umgesetzt werden. Zu diesem Zweck gibt es in Deutschland **insbesondere Gerichte,** während die Arbeitsaufsicht eine geringere Rolle spielt. Welche Regeln insoweit gelten, soll im abschließenden 25. Kapitel behandelt werden (Rn. 1277 ff.).

Eine lange Übersicht, gewiss. Jeder Autor freut sich natürlich, wenn sein Buch von vorne bis hinten gelesen wird. Notwendig ist dies aber nicht immer: Wer »nur« Probleme mit Bewerbungen hat, muss nicht notwendigerweise auch das Kapitel über Kündigungsschutz gelesen haben. Sinnvoll wäre es allerdings schon: Es ist besser, wenn man für alle Eventualitäten gewappnet ist.

1.8 Wie gewinnt man Zugang zu Gesetzestexten, Rechtsprechung und Literatur?

34 Offizielle Quelle für Gesetze ist das **Bundesgesetzblatt** (BGBl.). In Teil I findet sich das innerstaatliche Recht, in Teil II sind die internationalen Verträge abgedruckt. Es ist dick und unhandlich und wird deshalb selten benutzt. Einfacher und preiswerter ist es deshalb, sich das dtv-Taschenbuch »Arbeitsgesetze« zu kaufen. Recht vollständig ist die Loseblattsammlung von Nipperdey.

35   Einen **Extraservice** bieten die Gesetzessammlungen von Kittner (Arbeits- und Sozialordnung, 40. Aufl., Frankfurt/Main 2015, bearbeitet von Kittner und Deinert) und Däubler/Kittner/Lörcher (Internationale Arbeits- und Sozialordnung, 2. Aufl., Köln 1994 mit Supplement 1995): Sie geben zu jedem Gesetz und jeder Verordnung eine Einführung, die den wichtigsten Inhalt zusammenfasst und auf weiterführende Literatur hinweist. Im **Internet** bieten das Bundesministerium für Arbeit und Soziales (erreichbar unter www.bmas.de) und das Bundesjustizministerium (erreichbar unter www.bmj.de) eine jeweils auf den neuesten Stand gebrachte Sammlung geltender Gesetze und Verordnungen an. Diese ist einfacher auf direktem Wege unter www.gesetze-im-internet.de erreichbar. Im Bund-Verlag gibt es unter dem Titel »Betriebsratswissen digital« eine CD, die vier Mal im Jahr aktualisiert wird und die neben zahlreichen Arbeitshilfen alle für Arbeitnehmer irgendwie bedeutsamen Gesetze im Volltext dokumentiert. Statt des Bezugs von CDs ist auch ein Online-Abonnement möglich, das weniger Aufwand mit sich bringt.

36   Die **Rechtsprechung des Bundesverfassungsgerichts** findet man am besten in der Amtlichen Sammlung seiner Entscheidungen. Sie wird üblicherweise mit »BVerfGE« abgekürzt. »BVerfGE 4, 96, 106« bedeutet, dass man eine im 4. Band abgedruckte Entscheidung zitiert, die auf S. 96 beginnt und bei der es auf eine Stelle ankommt, die auf S. 106 abgedruckt ist. Wer einen **Internetzugang** hat und nur die seit 1.1.1998 ergangenen Entscheidungen sucht, kann www.bverfg.de anklicken: Alle

Urteile und Beschlüsse sind im Wortlaut verfügbar, auch eine **Volltextsuche** ist möglich.

Entscheidungen des Bundesarbeitsgerichts kann man in der gleichen **37** Weise nach der Amtlichen Sammlung zitieren (abgekürzt: BAGE). Üblich ist allerdings, auf die sog. AP (= Arbeitsrechtliche Praxis) zurückzugreifen, die in mittlerweile knapp 90 Bänden in recht vollständiger Weise alle wichtigen Entscheidungen des BAG seit 1954 wiedergibt. Ähnlich aufgebaut ist die »EzA« (= Entscheidungssammlung zum Arbeitsrecht). Im **Internet** kann man www.bundesarbeitsgericht.de anwählen, und erhält zurück bis zum 1.1.2000 unentgeltlich die wichtigeren Entscheidungen im Volltext. Auch viele andere Urteile und Beschlüsse findet man im Internet; es reicht, den Namen des Gerichts und das Aktenzeichen der Entscheidung bei einer Suchmaschine einzugeben.

> **Bitte nicht erschrecken:** Auch der ausgefuchsteste Anwalt kennt nicht die ganzen ca. 90 Bände der AP im Detail. Es reicht völlig, wenn er weiß, wo er möglicherweise eine für den konkreten Fall wichtige Aussage finden kann. Nichtjuristen werden sowieso nur dann Gerichtsentscheidungen im Wortlaut nachlesen, wenn sie sich gezielt weiterqualifizieren wollen oder wenn es in einem für sie wichtigen Konflikt gerade um ein bestimmtes BAG-Urteil geht.

Sind weder Amtliche Sammlungen noch AP und EzA verfügbar, kann **38** man Entscheidungen auch (oft in verkürzter Form) in **Zeitschriften** nachlesen. Die größte Verbreitung haben die Zeitschriften »Arbeitsrecht im Betrieb« (Bund-Verlag), »Neue Zeitschrift für Arbeitsrecht« (Beck-Verlag) und »Der Betrieb« (Verlag Handelsblatt). Die erste richtet sich speziell an Betriebsräte. Für Personalräte gibt es die Spezialzeitschrift »Der Personalrat« (Bund-Verlag).

Will man nicht nur Entscheidungen, sondern auch **juristische Auf** **39** **sätze** nachlesen, kommen außer den drei genannten noch viele weitere Zeitschriften in Betracht. Im Arbeitsrecht wichtig sind AuR (= Arbeit und Recht), BB (= Betriebs-Berater), ZTR (= Zeitschrift für Tarif-, Arbeits- und Sozialrecht des öffentlichen Dienstes) und AuA (= Arbeit und Arbeitsrecht). Eher theoretisch orientierte Beiträge finden sich in SR (= Soziales Recht, Beilage zu AuR), RdA (= Recht der Arbeit) und ZfA (= Zeitschrift für Arbeitsrecht). Das »Bundesarbeitsblatt« (BArbBl) wird vom Bundesministerium für Arbeit und Soziales herausgegeben und enthält insbesondere wichtige statistische Informationen. Dem europäischen Arbeitsrecht widmet sich die EuZA (= Europäische Zeitschrift für Arbeitsrecht).

Wer sich noch nicht im Arbeitsrecht auskennt, wird mit all dem noch

recht wenig anfangen können. Welchen Band soll man herausgreifen, wenn es um die Zulässigkeit einer Kündigung wegen Arbeitsmangels geht? Hier helfen **Gesamtdarstellungen des Arbeitsrechts** und im Einzelfall auch **Kommentare**.

40   An Gesamtdarstellungen sind in der Einleitung schon die beiden rororo-Taschenbücher **Däubler »Das Arbeitsrecht 1«** und **»Das Arbeitsrecht 2«** sowie die **Handbücher** von **Schaub, Kittner/Zwanziger/Deinert** und **Küttner** genannt worden. Weiter gibt es eine Reihe instruktiver Lehrbücher und Grundrisse. Hervorzuheben sind:

- **Bobke**, Arbeitsrecht für Arbeitnehmer, 5. Aufl., Köln 1993
- **Brox/Rüthers/Henssler**, Arbeitsrecht, 18. Aufl., Stuttgart u. a. 2011
- **Dütz/Thüsing**, Arbeitsrecht, 19. Aufl., München 2014
- **Gamillscheg**, Arbeitsvertrags- und Arbeitsschutzrecht, 8. Aufl., München 2000 (mit Nachtrag 2001)
- **Hanau/Adomeit**, Arbeitsrecht, 14. Aufl., Neuwied u. a. 2007
- **Hromadka/Maschmann**, Individualarbeitsrecht, 5. Aufl., Berlin u. a. 2012; Kollektivarbeitsrecht und Arbeitsstreitigkeiten, 6. Aufl., Berlin u. a. 2014
- **Junker**, Grundkurs Arbeitsrecht, 13. Aufl., München 2014
- **Kittner/Deinert**, Arbeits- und Sozialrecht kompakt, 9. Aufl., Frankfurt/Main 2013
- **Löwisch/Caspers/Klumpp**, Arbeitsrecht, 10. Aufl., Neuwied 2014
- **Otto**, Arbeitsrecht, 4. Aufl., Berlin/New York 2008
- **Preis**, Arbeitsrecht, Bd. 1, Individualarbeitsrecht, 4. Aufl., Köln 2012; Bd. 2, Kollektivarbeitsrecht, 3. Aufl. Köln 2012
- **Reichold**, Arbeitsrecht, 4. Aufl., München 2012
- **Waltermann**, Arbeitsrecht, 17. Aufl., München 2014
- **Wörlen/Kokemoor**, Arbeitsrecht, 11. Aufl., Köln u. a. 2014
- **Zöllner/Loritz/Hergenröder**, Arbeitsrecht, 7. Aufl., München 2015.

Probleme der praktischen Durchsetzung diskutiert der Sammelband **Schramm/Zachert** (Hrsg.), Arbeitsrecht in der betrieblichen Anwendung. Mythen und Realität, München und Mering 2008.

Weniger juristische als wichtige organisatorisch-praktische Tipps gibt die durch Karikaturen aufgelockerte Reihe **»Die kleine Betriebsratsbibliothek«**, herausgegeben von **Fricke/Grimberg/Wolter** (Bund-Verlag, seit 1984). Auch als Geschenk geeignet sind die **Comic-Bände** von Alff und Däubler **»Alles in Butter«** (2012), **»Mit einer Prise Zucker«** (2013) und **»Klar wie Kloßbrühe«** (2015), die auf realen Erfahrungen von Betriebsräten aufbauen.

41   **Kommentare** sind nach einzelnen Gesetzesparagraphen gegliederte

Erläuterungswerke und insbesondere dort wichtig, wo es wie im Betriebsverfassungs- und im Kündigungsschutzrecht eine ausdrückliche gesetzliche Regelung gibt. Der im Dezember 2014 in 15. Auflage erschienene sog. Erfurter Kommentar (abgekürzt: **ErfK**) erläutert in übersichtlicher Form alle wichtigen arbeitsrechtlichen Gesetze. 2004 ist der »Kommentar Arbeitsrecht« hinzugekommen (mittlerweile 6. Aufl. 2014), der von Henssler, Willemsen und Kalb herausgegeben wird und den Diskussionsstand gut dokumentiert (übliche Abkürzung: **HWK**). Seit Februar 2008 gibt es den »Handkommentar zum Arbeitsrecht« (abgekürzt: **HK-ArbR**, herausgegeben von Däubler, Hjort, Schubert und Wolmerath), der 2013 in dritter Auflage erschienen ist und der insbesondere Argumentationsmöglichkeiten für die Arbeitnehmerseite aufzeigt. Zu nennen ist weiter Dornbusch/Fischermeier/Löwisch (Hrsg.), Fachanwaltskommentar Arbeitsrecht, 5. Aufl., Köln 2013.

42 Am Anfang wird oft der Fall eintreten, dass man nach einer Frage sucht, zu der das Inhaltsverzeichnis nichts sagt. Statt das ganze Buch zu lesen, sollte man sich das **Stichwortregister** vornehmen und unter dem gesuchten Stichwort nachschauen.

Beispiel:
Arbeitnehmer X ist mit seinem Dienstzeugnis unzufrieden, da es ihm nur bescheinigt, ein geselliger Mensch zu sein und allzeit »mit angepackt« zu haben. Im Stichwortregister sucht er zunächst unter »Dienstzeugnis«, dann unter »Arbeitszeugnis«, findet jedoch nichts. Aber das Wort »Zeugnis« taucht auf. Man darf also nicht gleich aufgeben, sondern muss unter verschiedenen ähnlichen oder identischen Begriffen suchen, um zum Ziel zu kommen.

Welches Buch soll man sich kaufen? Soll man gar eine Zeitschrift abonnieren? In erster Linie hängt dies vom Geldbeutel ab. Wer das Arbeitsrecht insgesamt eingehender lesen und studieren möchte, soll die beiden Bände »Arbeitsrecht 1« und »Arbeitsrecht 2« kaufen (jeder Autor hält seine eigenen Produkte für die besten) oder ein anderes der **Lehrbücher.** Wer nur hin und wieder etwas nachschlagen will, sollte sich am ehesten auf Schaub, Kittner/Zwanziger/Deinert oder den ErfK stützen. In beiden Fällen kommt auch ein Abonnement der vergleichsweise preiswerten **Zeitschriften** »Arbeitsrecht im Betrieb« oder »Arbeit und Recht« in Betracht. Daneben sollte man eine **Gesetzessammlung** haben. Nützlich wäre auch ein Abonnement von »Betriebsratswissen online« (Näheres unter www.bund-verlag.de).

43 **Betriebsräte** haben es hier leichter: Die Rechtsprechung hat entschieden, dass der Arbeitgeber ihnen auf Wunsch die Zeitschrift »Arbeitsrecht im Betrieb« und die Sammlung von Kittner zur Verfügung stellen muss (BAG, AP Nr. 20 zu § 40 BetrVG 1972 bzw. LAG Düsseldorf, AiB 1988, 266). Dasselbe gilt für eine Einführung ins Arbeitsrecht (wie die vorliegende) und für das genannte Online-Abonnement.

Wer die folgenden Kapitel liest, wird möglicherweise eine **Gesetzesbestimmung hin und wieder im Wortlaut nachlesen** wollen. Dies zu tun ist vernünftig, aber zum Verständnis nicht unbedingt erforderlich.

Wichtige **Internetadressen** für Betriebsräte und andere am Arbeitsrecht Interessierte finden sich bei Däubler, Internet und Arbeitsrecht, 5. Aufl. 2015 (Bund-Verlag), im Anhang. Über aktuellste Entwicklungen informiert www.arbeitsrecht.de. Viel Material, u. a. auch Texte von abgeschlossenen Betriebsvereinbarungen, findet man unter www.boeckler.de und unter www.soliserv.de. Wer sich für die Position der Arbeitgeberseite interessiert, sei auf www.bda-online.de verwiesen. Informativ insoweit auch www.aus-portal.de.

2. Die Koalitionsfreiheit

2.1 Die Grundrechtsgarantie

Das Grundgesetz garantiert in Art. 9 Abs. 3 die Koalitionsfreiheit mit **44** den Worten:

> *»Das Recht, zur Wahrung und Förderung der Arbeits- und Wirtschaftsbedingungen Vereinigungen zu bilden, ist für jedermann und für alle Berufe gewährleistet. Abreden, die dieses Recht einschränken oder zu behindern suchen, sind nichtig, hierauf gerichtete Maßnahmen sind rechtswidrig.«*

Im Zuge der sog. Notstandsgesetzgebung wurde 1968 ein dritter Satz eingefügt, wonach sich bestimmte Notstandsmaßnahmen nicht gegen »Arbeitskämpfe« richten dürfen, »die zur Wahrung und Förderung der Arbeits- und Wirtschaftsbedingungen von Vereinigungen im Sinne des Satzes 1 geführt werden«. Konkretere Aussagen insbesondere zur Rechtsstellung der Gewerkschaften finden sich nicht.

Vom Wortlaut her ist somit nur die **sog. individuelle Koalitionsfreiheit** **45** garantiert, d. h. das Recht des Einzelnen zur Bildung von Gewerkschaften bzw. von Arbeitgeberverbänden. Die Rechtsprechung des Bundesverfassungsgerichts hat aus Art. 9 Abs. 3 GG jedoch auch die **sog. kollektive Koalitionsfreiheit** hergeleitet: Bestand und Betätigung der Koalition als solcher stehen gleichfalls unter dem Schutz der Verfassung (grundlegend: BVerfGE 4, 96 ff.).

2.2 Die individuelle Koalitionsfreiheit

2.2.1 Was heißt eigentlich »Koalition«?

46 Die Worte »Vereinigung zur Wahrung und Förderung der Arbeits- und Wirtschaftsbedingungen« sind eine Umschreibung für den Begriff »Koalition«. Er umfasst **insbesondere Gewerkschaften und Arbeitgeberverbände**.

Nach der Entscheidung BAG, AP Nr. 37 zu Art. 9 GG Arbeitskampf Bl. 2 R (= Blatt 2 Rückseite) sind auch **Organisationen** erfasst, die nur **einem vorübergehenden Zweck** dienen (z. B. eine Gruppe von Personen, die Unterschriften für eine Änderung der Arbeitszeit sammeln) und die man deshalb schwerlich als Gewerkschaften oder Arbeitgeberverbände ansehen kann. Dem ist zuzustimmen, weil nur so ein Monopol etablierter Verbände verhindert werden kann. In der Praxis steht allerdings die Betätigung von Gewerkschaften und Arbeitgeberverbänden im Vordergrund.

47 Wann erfüllt eine Organisation die Voraussetzungen einer Koalition? Das Gesetz schweigt; die Rechtsprechung hat eine Reihe von Kriterien entwickelt.

- **Zweck der Organisation** muss die **Wahrung und Förderung der Arbeits- und Wirtschaftsbedingungen** sein. Es muss um die Verbesserung der Bedingungen der abhängigen Arbeit gehen. Ausscheiden müssen daher Verbraucherverbände und Kartelle, da sich ihre Tätigkeit nicht auf die Arbeit, sondern nur auf die Wirtschaftsbedingungen bezieht.

- Die Interessen der Mitglieder müssen dem **sozialen Gegenspieler und dem Staat gegenüber** wahrgenommen werden; Parteien, die nur im politischen Raum aktiv sind, können deshalb als solche keine Koalitionen sein.

- Die Koalition muss auf **freiwilligem Beitritt** beruhen; Zwangsverbände wie Arbeitnehmerkammern oder Handwerksinnungen fallen nicht unter Art. 9 Abs. 3 GG.

- Koalitionen müssen vom sozialen Gegenspieler, aber auch **vom Staat, von politischen Parteien und von Kirchen unabhängig** sein. Vom Arbeitgeber finanzierte »gelbe« Gewerkschaften können sich deshalb ebenso wenig auf Art. 9 Abs. 3 GG berufen wie Koalitionen, die vom Staat oder einer politischen Organisation ferngesteuert werden. Zulässig ist dagegen die freiwillige Ausrichtung an einem politischen Programm oder an kirchlichen Überzeugungen, solange nur eine eigenständige Willensbildung möglich bleibt.

- Koalitionen sollten **überbetrieblich** organisiert sein. Bei der früheren Bundesbahn und der früheren Bundespost[1] akzeptierte man allerdings »Unternehmensgewerkschaften«. Auch bei anderen Großunternehmen ist Entsprechendes möglich. Mitglieder in verschiedenen Unternehmen zu haben, ist heute nur noch ein Indiz, das zugunsten der Unabhängigkeit spricht.

- Die Arbeitnehmerkoalition muss – obwohl die Rechtsprechung diese Voraussetzung nicht erwähnt – eine **demokratische Struktur** besitzen, da andernfalls der eigentlich gewollte Zweck, die gemeinsame Einwirkung auf die Arbeitsbedingungen zu ermöglichen, nicht erreicht werden könnte. Anders bei Arbeitgeberverbänden: Sie brauchen von ihrer unterschiedlichen Zielsetzung her nicht demokratisch strukturiert zu sein und können daher (wie in der Praxis üblich) das Stimmrecht ihrer Mitglieder nach der Zahl der Beschäftigten oder dem Umsatz bestimmen.

- Zum Koalitionsbegriff soll schließlich »die **Anerkennung des geltenden Tarifrechts** als verbindlich« gehören (BVerfGE 18, 18, 28). Damit ist die Koalition gegenüber anderen Vereinen in gewisser Weise benachteiligt: Noch niemand ist auf die Idee verfallen, die Eintragung eines Sportvereins und einer Aktiengesellschaft ins Vereins- oder Handelsregister davon abhängig zu machen, dass die Initiatoren vorher die Vorschriften des BGB als für sich verbindlich anerkannt haben. In der Praxis ergeben sich insoweit allerdings keine Probleme.

- Um nicht nur Koalition, sondern auch Gewerkschaft zu sein, muss die Organisation **auf die Gegenseite Druck ausüben** können. Dies setzt eine gewisse »**Mächtigkeit**« voraus.

BVerfG, DB 1982, 321: Eine tarifliche Abmachung mit einer Firma von 200 bis 240 Beschäftigten und insgesamt 16 Sitze in verschiedenen Betriebsräten reichen nicht aus.

In der Regel zeigt sich die »Mächtigkeit« darin, dass die Mitglieder notfalls auch zum Arbeitskampf bereit wären. Weiter wird verlangt, dass die Vereinigung von ihren Ressourcen her in der Lage ist, vor Beginn von Tarifverhandlungen die wirtschaftliche Situation zu analysieren, Tarifforderungen aufzustellen und die Einhaltung der getroffenen Abmachungen zu überwachen (sog. **Leistungsfähigkeit** – s. BAG, BB 2005, 1054, 1059).

---

1 Beide sind inzwischen in private Rechtsform überführt und in zahlreiche Einzelunternehmen aufgespalten.

- Um Gewerkschaft oder Arbeitgeberverband zu sein, muss die Koalition außerdem **auf Dauer angelegt** sein.

48 Nach dem Zweiten Weltkrieg wurden in Deutschland Gewerkschaften auf Branchenebene gebildet. Wer in einem Metallbetrieb arbeitet, kann nur Mitglied der »Industriegewerkschaft Metall« werden, wer in einem Chemiebetrieb tätig ist, kann nur Mitglied in der »Industriegewerkschaft Chemie« werden. Es gilt der Grundsatz »Ein Betrieb – eine Gewerkschaft«. Rechtlich existiert die Gewerkschaft allerdings nicht auf der Ebene des Unternehmens sondern der Branche. Diese sog. Einzelgewerkschaften haben sich schon 1949 zum »Deutschen Gewerkschaftsbund« zusammengeschlossen. Sie erfüllen unstreitig alle Voraussetzungen des Gewerkschaftsbegriffs. Dasselbe gilt für die in der **BDA** (Bundesvereinigung der Deutschen Arbeitgeberverbände) zusammengeschlossenen Arbeitgeberverbände.

48a Die Freiheit zur Bildung von Koalitionen bringt es mit sich, dass sich auch andere Gewerkschaften bilden können. Ob im konkreten Fall wirklich eine Gewerkschaft vorliegt, ist aber oft zweifelhaft, weil es schwierig ist, eine schlagkräftige neue Organisation zu schaffen. Umstritten ist die Lage bei den sog. christlichen Gewerkschaften: Während der »Christlichen Gewerkschaft Zeitarbeit und Personalserviceagenturen« (CGZP) vom BAG die Gewerkschaftseigenschaft aberkannt wurde (NZA 2011, 289), wurde sie für die Christliche Gewerkschaft Metall (CGM) bejaht (BAG, NZA 2006, 1112).

48b Zahlenmäßig dominieren die DGB-Gewerkschaften, die etwas mehr als 6 Mio. Mitglieder haben. Der Deutsche Beamtenbund/Tarifunion, der außer Beamten auch Arbeitnehmer des öffentlichen Dienstes organisiert, hat knapp 1,3 Mio. Mitglieder, die sog. Christlichen Gewerkschaften nach eigenen Angaben etwa 0,28 Mio. In den letzten zehn Jahren haben sich »**berufsbezogene**« Gewerkschaften (z. B. der **Ärzte**, der **Fluglotsen**, der **Piloten**) gebildet oder sich wie die Gewerkschaft der **Lokomotivführer** (GdL) aus der Umklammerung durch die DGB-Gewerkschaften befreit, weil sich diese zu wenig um ihre Interessen gekümmert hatten. Andere Arbeitnehmer haben den DGB-Gewerkschaften den Rücken gekehrt; im Jahre 1993 hatten diese noch 11,3 Mio. Mitglieder. Bezogen auf ca. 35 Mio. abhängig Beschäftigte in Deutschland ist der heutige Organisationsgrad höchst bescheiden. Näher zur Entwicklung der »Gewerkschaftslandschaft« Schroeder/Kalass/Greef, Berufsgewerkschaften in der Offensive. Vom Wandel des deutschen Gewerkschaftsmodells, Wiesbaden 2011.

2.2.2 Wem steht die Koalitionsfreiheit zu?

Seinem Wortlaut nach billigt Art. 9 Abs. 3 GG die Koalitionsfreiheit »je- **49** dermann« und »allen Berufen« zu. Außer **Arbeitern und Angestellten** sind damit unbestrittenermaßen auch **Beamte** erfasst. Einbezogen sind auch die sog. arbeitnehmerähnlichen Personen, die formal selbständig, wirtschaftlich aber von einem oder zwei Auftraggebern abhängig sind und die keine eigenen Mitarbeiter beschäftigen. Wichtigste Beispiele sind die sog. freien **Mitarbeiter** bei Presse und Rundfunk, die Heimarbeiter und die Handelsvertreter, die allesamt ihre Arbeitszeit frei einteilen können. Auch **ausländische Arbeitnehmer** können in gleicher Weise wie ihre deutschen Kollegen eine Koalition bilden oder einer bestehenden Gewerkschaft beitreten. Weiter ist Minderjährigkeit kein Hindernis. Wird der Jugendliche für reif genug gehalten, um abhängige Arbeit zu leisten, so muss man ihn auch in die Lage versetzen, seine Interessen gemeinsam mit anderen, also kollektiv, zu wahren. Weiter genießen Auszubildende – solange nach dem bisherigen dualen System ausgebildet – das Grundrecht aus Art. 9 Abs. 3 GG, während **Schüler** und **Studenten** bzw. allgemeiner gesprochen: Personen, die sich in einem reinen Ausbildungsverhältnis befinden, keine »Arbeits- und Wirtschaftsbedingungen« haben. Sie sind deshalb nicht Träger der Koalitionsfreiheit. Ihnen steht aber das Grundrecht der Meinungs- und der Versammlungsfreiheit zu.

Wer aus Altersgründen aus dem Arbeitsprozess ausgeschieden ist, **50** kann unbestrittenermaßen Gewerkschaftsmitglied bleiben, obwohl er kein direktes Eigeninteresse an der »Wahrung und Förderung der Arbeits- und Wirtschaftsbedingungen« mehr besitzt. Erst recht muss dies für einen **arbeitslos gewordenen Arbeitnehmer** gelten, da er im Gegensatz zum Ruheständler von der gewerkschaftlichen Interessenvertretung unmittelbar betroffen ist: Vereinbart die Gewerkschaft eine Arbeitszeitverkürzung oder einen finanziellen Anreiz, Langzeitarbeitslose einzustellen, so erhöht sich auch seine Chance, wieder einen Arbeitsplatz zu finden. Aus diesem Grunde muss Arbeitslosen auch der erstmalige Gewerkschaftsbeitritt offen stehen.

Auf **Arbeitgeberseite** ist Träger der Koalitionsfreiheit das einzelne Un- **51** ternehmen. Auch hier haben sich Verbände auf Branchenebene gebildet, die allerdings ähnlich wie die DGB-Gewerkschaften von Mitgliederschwund geprägt sind.

2.2.3 Beitritts- und Betätigungsfreiheit

52 Das im Grundgesetz allein angesprochene Recht zur »Bildung« von Gewerkschaften hatte in der Praxis bis in die jüngste Vergangenheit nur geringe Bedeutung. Erst in den letzten zehn Jahren finden – wie erwähnt – auch wieder Neugründungen statt.

53 Praktische Bedeutung gewinnt die individuelle Koalitionsfreiheit in der Regel dadurch, dass der Einzelne einer bestehenden Organisation **beitritt**. Nach der Rechtsprechung des Bundesverfassungsgerichts (BVerfGE 19, 303, 312; 28, 295, 304) garantiert Art. 9 Abs. 3 GG auch das Recht, sich in der Organisation und für sie zu betätigen.

Beispiel:
Gewerkschaftsmitglied Kempf verteilt während der Tarifrunde Flugblätter und nimmt an einer gewerkschaftsinternen Abstimmung teil – auch sein individuelles Verhalten wird durch Art. 9 Abs. 3 GG geschützt.

2.2.4 Der Schutz vor Diskriminierungen, insbesondere wegen gewerkschaftlichen Engagements: Art. 9 Abs. 3 Satz 2 GG

54 Alle Welt ist sich einig: Niemand darf wegen seiner Mitgliedschaft in einer Koalition oder seiner gewerkschaftlichen Aktivitäten in irgendeiner Weise benachteiligt werden. In der Realität wird dieser Grundsatz dennoch oft nicht ernst genommen, da es insbesondere in Klein- und Mittelbetrieben zahlreiche Arbeitgeber gibt, die den Gewerkschaftsbeitritt als schwere Illoyalität werten. Setzt sich ein Einzelner über einen solchen »Wunsch« des Arbeitgebers hinweg, so kann es zu vielfältigen Formen der Benachteiligung bis hin zu einer unter einem Vorwand ausgesprochenen Kündigung kommen. Die Koalitionsfreiheit steht in diesen Fällen praktisch auf dem Papier: Dem Betroffenen wird kaum je der Nachweis gelingen, dass der Arbeitgeber ihn gerade wegen des Gewerkschaftsbeitritts an einen ungünstigen Arbeitsplatz versetzt oder gekündigt hat.

Im Fall BAG, DB 1987, 2312 hatte der Arbeitgeber die Einstellung einer Bewerberin davon abhängig gemacht, dass sie **zunächst ihre Mitgliedschaft in ihrer Gewerkschaft schriftlich kündigte**. Dies verstieß gegen Art. 9 Abs. 3 Satz 2 GG: Die Gewerkschaft konnte erfolgreich auf Unterlassung klagen. Liegt der Fall nicht so einfach, hilft nur der gleichzeitige Gewerkschaftsbeitritt einer größeren Zahl von Arbeitnehmern: Gegen eine solche »Kollektivaktion« ist der Arbeitgeber machtlos.

2.2.5 Die so genannte negative Koalitionsfreiheit

Nach allgemeiner Auffassung hat die Koalitionsfreiheit eine »negative« **55**
Entsprechung: das Recht, sich keiner Gewerkschaft bzw. sich keinem
Arbeitgeberverband anzuschließen, das sog. **Fernbleiberecht.** Ob es
gleichfalls durch Art. 9 Abs. 3 GG geschützt ist oder ob es nur Teil der
Vereinigungsfreiheit nach Art. 9 Abs. 1 GG oder Ausdruck der freien
Entfaltung der Persönlichkeit nach Art. 2 Abs. 1 GG ist, wird unter-
schiedlich beurteilt.

> **Zur Vertiefung:** Kittner/Schiek, Alternativkommentar zum Grundgesetz, Bd. 1, 3.
> Aufl. 2001, Art. 9 Abs. 3 Rn. 41; Gamillscheg, BB 1988, 556ff.; Schüren, RdA
> 1988, 138ff.

Praktische Konsequenzen ergeben sich in 3 Punkten.

- Unzulässig ist der sog. **closed shop.** Diese in England entwickelte Kol- **56**
  lektivvertragsklausel bestimmt, dass im Betrieb nur Gewerkschafts-
  mitglieder arbeiten dürfen. Ein solcher Zwang zum Beitritt wird mit
  Recht als verfassungswidrig angesehen.
- Jeder hat das **Recht**, aus der Gewerkschaft **wieder auszutreten.** Diese **57**
  kann »Kündigungsfristen« vorsehen, doch dürfen sie nicht länger als
  ein halbes Jahr sein (Bundesgerichtshof [BGH], Neue Juristische Wo-
  chenschrift [= NJW] 1981, 340).
- Unzulässig soll nach der Rechtsprechung auch die sog. **qualifizierte** **58**
  Differenzierungsklausel sein, die den Arbeitgeber verpflichtet, bestimmte tarifliche Leistungen nur Gewerkschaftsmitgliedern zu gewähren (BAG, DB 1978, 1647, im Ergebnis bestätigt durch BAG, DB
  2011, 1867ff. = NZA 2011, 920ff.). Kritisch dazu Däubler/Heu-
  schmid, RdA 2013, 1ff.

> **Beispiel:**
> Dem Arbeitgeber wird verboten, das tarifliche Urlaubsgeld in Höhe von 200 Euro
> auch an gewerkschaftlich nicht organisierte Arbeitnehmer zu bezahlen, oder ele-
> ganter: Das Urlaubsgeld der Organisierten muss immer 200 Euro höher als das
> der übrigen sein.

Rechtlich unproblematisch ist der Fall, dass in Firmentarifen vom Niveau des Branchentarifs »nach unten« abgewichen wird, weil sich das
Unternehmen in sehr schlechter wirtschaftlicher Lage befindet. Gewerk-
schaftsmitglieder können in solchen Fällen jedoch einen im Kollektiv-
vertrag vorgesehenen »**Bonus**« erhalten, der den Verlust zu einem Teil
wieder ausgleicht. Bei dieser sog. **einfachen Differenzierungsklausel**

steht es dem Arbeitgeber frei, auch den Nicht-Organisierten diesen Bonus zu gewähren, doch ist ihm das angesichts seiner angespannten wirtschaftlichen Lage in aller Regel nicht möglich.

Kein Konflikt mit der negativen Koalitionsfreiheit besteht nach der Rechtsprechung dann, wenn Tarifverträge kraft Gesetzes oder auf andere Weise auf Außenseiter erstreckt werden (so zuletzt BVerfG, DB 2000, 1768). Hier liegt nach der Rechtsprechung kein »Eingriff« vor.

2.3 Die kollektive Koalitionsfreiheit

59 Das Recht auf Zusammenschluss zu Gewerkschaften und Arbeitgeberverbänden wäre nicht viel wert, würde nicht auch die Organisation als solche bestimmte Befugnisse besitzen. Die Rechtsprechung hat insoweit zu Recht auf den Gedanken der Grundrechtseffektivität abgestellt und außerdem auf die historische Entwicklung verwiesen: Das Grundgesetz habe nicht hinter die Weimarer Verfassung von 1919 zurückfallen wollen, die Bestand und Betätigung der Koalitionen geschützt hatte (grundlegend BVerfGE 4, 96 ff.).

2.3.1 Der Bestandsschutz der Koalitionen

60 Die Aussage, dass Art. 9 Abs. 3 GG auch den »Bestand« der Koalition schützt, hat eine Reihe wichtiger praktischer Konsequenzen.
- Die Existenz der Koalition darf nicht von einer staatlichen Genehmigung abhängig sein. Weiter ist eine **zwangsweise Auflösung** nur unter den Voraussetzungen des Art. 9 Abs. 2 GG (Verstoß gegen Strafgesetze, die verfassungsmäßige Ordnung oder den Gedanken der Völkerverständigung) und **nur auf Grund gerichtlichen Urteils** möglich; die Entscheidung einer Verwaltungsbehörde würde nicht genügen (§ 16 Vereinsgesetz). Solange ein solches Verbot nicht vorliegt, ist die Koalitionstätigkeit generell als verfassungskonform zu behandeln.

61 ▪ Über die nackte Existenz hinaus hat die Koalition das Recht, ihre internen Verhältnisse nach eigenen Vorstellungen zu gestalten; sie genießt **Autonomie**. Dem Staat ist es deshalb verboten, ein »Gewerkschaftsstatut« zu erlassen, das den Entscheidungsspielraum der

Mitglieder über den durch Art. 9 Abs. 3 GG gezogenen Rahmen hinaus einengt.

Beispiel:

Ein Gesetz würde vorschreiben, dass die Gewerkschaftsvorsitzenden nicht durch den Gewerkschaftskongress, sondern von der Gesamtheit der Mitglieder gewählt werden müssen. Unzulässig wegen Eingriffs in die innergewerkschaftliche Autonomie!

- Die Koalition hat ein **Recht auf unbeeinflusste interne Willensbil-** **62** **dung** auch gegenüber dem Arbeitgeber. Der Einzelne kann daher im gewerkschaftsinternen Bereich auch Äußerungen tun, die – in der Öffentlichkeit abgegeben – eine Verletzung arbeitsvertraglicher Pflichten darstellen würden. Wollte man anders entscheiden und die Loyalitätspflicht gegenüber dem Arbeitgeber auch hier durchschlagen lassen, so wäre die Unabhängigkeit der Koalition im Mark getroffen. Sie könnte ihre Funktion, die Interessen der Arbeitnehmer zu fördern, nicht mehr sachgerecht erfüllen, sondern müsste sich »arbeitgeberwärts« orientieren.

Beispiele:

Ein Arbeitnehmer kritisiert heftig Missstände, die er nicht beweisen kann. Oder: Ein Buchhalter berichtet seiner Gewerkschaft von umfangreichen Kapitaltransfers des Arbeitgebers in die Schweiz. Ohne diese Information wäre eine Lohnforderung nur schwer zu begründen gewesen.

Das BAG hat hierzu noch nicht ausdrücklich Stellung genommen, jedoch **auch polemische Äußerungen** zu Vorgängen im Betrieb, die im gewerkschaftlichen Intranet gemacht wurden, mit Rücksicht auf die Meinungsfreiheit des Art. 5 Abs. 1 GG **gebilligt** (BAG, NZA 2005, 158).
- Der Koalitionsbestand darf **nicht** dadurch in Frage gestellt werden, **63** dass der Staat **Konkurrenzorganisationen** mit ähnlichem Aufgabengebiet schafft. So sind zwar die in Bremen und im Saarland bestehenden **Arbeitnehmerkammern** (bei denen jeder dort tätige Arbeitnehmer automatisch Mitglied ist) wegen der reibungslosen Praxis mit Art. 9 Abs. 3 GG vereinbar, doch hat das Bundesverfassungsgericht angedeutet, dass bei einer Ausdehnung dieser Einrichtung auf andere Bundesländer die Grenze des verfassungsrechtlich Zulässigen überschritten wäre (BVerfGE 38, 281, 309).
- Zum Zwecke der Selbsterhaltung wie auch zur Steigerung der Leis- **64** tungsfähigkeit haben die Koalitionen das **Recht zur Werbung und zur** **Betreuung ihrer Mitglieder** (BVerfGE 28, 295, 304); insoweit steht

ihnen auch ein Zutrittsrecht zum Betrieb zu (BAG, NZA 2006, 798, mit Einschränkungen). Dieses lässt sich überdies auf das ILO-Übereinkommen Nr. 135 sowie meist auch auf die tarifliche Durchführungspflicht sowie auf ein betriebliches Gewohnheitsrecht stützen. Ausdrücklich hat das BVerfG das **Verteilen von Flugblättern im Betrieb** und die Plakatwerbung in den Schutzbereich des Art. 9 Abs. 3 GG einbezogen (BVerfGE 93, 352 ff.). Wenn der Angesprochene noch weiterarbeitet, ist dies nur dann von Bedeutung, wenn dadurch die Arbeitsabläufe erheblich gestört werden.

Beispiel:

Ein Arbeitnehmer hat im Rahmen gleitender Arbeitszeit »vorgearbeitet«, d. h. in den vergangenen Tagen länger als vorgesehen gearbeitet, und hat deshalb einen früheren Arbeitsschluss. Er bleibt aber im Betrieb und verteilt gewerkschaftliches Informationsmaterial an die noch weiterarbeitenden Kollegen. Grundsätzlich zulässig ... Weitere Einzelheiten bei Däubler, DB 1998, 2014 ff.

Die Gewerkschaft darf die Beschäftigten einschließlich der Nichtmitglieder auch unter ihrer **dienstlichen E-Mail-Adresse** anschreiben. Die Grundrechte des Arbeitgebers werden dadurch nicht unverhältnismäßig eingeschränkt (BAG, NZA 2009, 615). Zulässig ist auch, dass eine gewerkschaftliche Vertrauensperson von ihrem Arbeitsplatzrechner aus Mails mit gewerkschaftlichem Inhalt an die Arbeitskollegen verschickt (LAG Hessen, AuR 2011, 129). Weitere Einzelheiten bei Däubler, Gewerkschaftsrechte im Betrieb, Rn. 547 i ff.

65 ▪ Der Arbeitgeber darf den Koalitionsbestand nicht durch **Benachteiligung der Mitglieder** oder der Organisation beeinträchtigen. Verboten ist ihm darüber hinaus auch die Gewährung finanzieller oder sonstiger Vorteile, um das Verhalten des »Unterstützten« gegenüber der Koalition zu beeinflussen.

Beispiel:

Dem Arbeitnehmer wird eine Prämie in Höhe von 50 Euro versprochen, wenn er an einer gewerkschaftlichen Aktion nicht teilnimmt.

Einmischungen dieser Art verstoßen nicht nur gegen Art. 9 Abs. 3 Satz 2 GG, sondern auch gegen Art. 2 Abs. 2 des ILO-Übereinkommens Nr. 98.

66 ▪ Schließlich verlangt der Bestandsschutz, dass eine Koalition **vor Gericht** selbständig **klagen** (dafür schon BGHZ 50, 325, 329) und dass sie sich gegen unlautere Werbemethoden ihrer Konkurrenz oder gegen sonstige rechtswidrige Eingriffe in ihr Betätigungsrecht zur Wehr setzen kann (BAG, AP Nr. 49 zu Art. 9 GG).

Beispiel (Mitte der 90er Jahre):
Der Bundeskanzler bezeichnet eine Gewerkschaftsforderung öffentlich als »Idiotie« und von »Wichtigtuerei statt von wirtschaftlichem Sachverstand getragen«. Wohl kein unzulässiger Eingriff, da sich der Bundeskanzler aufgrund seiner Funktion auch in polemischer Form mit Tarifforderungen befassen darf. Er kann sich allerdings nicht beklagen, wenn ein grober Klotz auf einen groben Keil gesetzt wird und die Gewerkschaft erwidert, er habe von Wirtschaft keine Ahnung und bei ihm würden »nicht einmal Nachhilfestunden« etwas ausrichten können.

2.3.2 Die Betätigungsfreiheit der Koalitionen

Die wichtigste Ausprägung der kollektiven Koalitionsfreiheit ist das **67** Recht auf »spezifisch koalitionsmäßige Betätigung«. Im Einzelnen geht es um fünf Bereiche:

- Die Gewerkschaften haben das Recht der »Löhne und Arbeitsbedingungen« insbesondere durch den **Abschluss von Tarifverträgen** zu gestalten (BVerfGE 4, 96, 106). Dieser Bereich hat durch das TVG und die Rechtsprechung eine eingehende Regelung erfahren (näher dazu Kap. 3 – Rn. 77 ff.).
- Die Koalitionen können zur Durchsetzung besserer Tarifverträge **Arbeitskämpfe** durchführen, insbesondere Streiks organisieren (BVerfGE 84, 212, 224 f.). Dies wird durch Art. 9 Abs. 3 Satz 3 GG ausdrücklich bestätigt (näher dazu Kap. 4 – Rn. 132 ff.).
- Die Koalitionen können sich im Rahmen der **Betriebsverfassung** und der Personalvertretung frei betätigen (BVerfGE 19, 303, 313), Art. 9 Abs. 3 GG verbietet eine völlige Trennung von der betrieblichen Interessenvertretung (näher dazu Kap. 5 – Rn. 190 ff.).
- Die Koalitionen haben das Recht, an der **Unternehmensmitbestimmung** beteiligt zu werden; diese darf nicht gegen jeden gewerkschaftlichen Einfluss »abgeschottet« werden (näher dazu Kap. 6 – Rn. 420 ff.).
- Die Koalitionen dürfen schließlich die in ihnen organisierten Gruppeninteressen **gegenüber dem Staat** und den politischen Parteien vertreten (BVerfGE 28, 295, 305). Zulässig ist beispielsweise eine von der Gewerkschaft der Polizei initiierte **öffentliche Unterschriftensammlung** gegen Stellenstreichungen bei der Polizei. Allerdings dürfen die Listen nicht in den Polizeidienststellen ausgelegt werden; die dorthin kommenden Bürger könnten sonst denken, wenn sie

keine Unterstützung signalisieren und unterschreiben würden, hätten sie eine schlechtere Behandlung zu erwarten (BAG, NZA 2005, 592). Im Übrigen ergeben sich auf diesem Sektor weniger Rechtsprobleme; auf eine Darstellung wird daher verzichtet (für Interessierte s. Däubler, Arbeitsrecht 1, Rn. 168–177 e).

68 Alle diese Befugnisse sind nach Auffassung des Bundesverfassungsgerichts vom Schutz des Art. 9 Abs. 3 GG erfasst und können durch Gesetzgeber und Rechtsprechung eingeschränkt werden, soweit dies zum Schutze höherrangiger Rechtsgüter, insbesondere anderer Grundrechte erforderlich ist. Dabei muss der »Kernbereich« unangetastet bleiben (so BVerfGE 93, 352 ff.).

69 Grundsätzlich dürfen auch bestehende Tarifverträge nicht durch Gesetz für unwirksam erklärt werden.

Beispiel aus der rechtspolitischen Diskussion:
Ein (zu früheren Zeiten diskutiertes) Gesetz sieht vor, dass im Krankheitsfalle erst nach zwei »Karenztagen« (wo man nichts bekommt) die Vergütung fortgezahlt wird. Zu diesem Zweck wird nicht nur das Entgeltfortzahlungsgesetz (dazu unten Kap. 13 unter 13.9.3) geändert, sondern es wird auch bestimmt: »Alle Tarifverträge, die eine Entgeltfortzahlung für den ersten und zweiten Krankheitstag vorsehen, werden insoweit für unwirksam erklärt.«

Für die mehr am Rande der Tarifpolitik stehende Frage der Befristung im Hochschulbereich hat das BVerfG (DB 1996, 2082) allerdings eine Ausnahme zugelassen.

2.4 Aufnahmeanspruch und Ausschluss aus der Gewerkschaft

70 Nach der Rechtsprechung des BGH (NJW 1985, 1216, bestätigt in NJW 1988, 555) hat der Einzelne grundsätzlich einen Anspruch auf Aufnahme in die Gewerkschaft, wenn sie in dem betreffenden Bereich eine überragende Stellung einnimmt. Dies ist bei den DGB-Gewerkschaften in Großbetrieben häufig der Fall. Eine Zurückweisung ist in einem solchen Fall nur möglich, wenn die Gewerkschaft ein überwiegendes Eigeninteresse geltend machen kann. Dieses liegt einmal dann vor, wenn eine ganze Gruppe um Aufnahme nachsucht und gleichzeitig deutlich wird, dass sie sich nicht in die innergewerkschaftliche Willensbildung integrieren, sondern eine eigenständige Fraktion darstellen will.

Beispiel:
Das eigene Publikationsorgan der Gruppe soll beibehalten werden. Dort hieß es vor kurzem in einem nicht namentlich gezeichneten Artikel: »Wir messen die Vorstandsbeschlüsse an unseren Vorstellungen; Arbeiterverräter können nicht mit unserer Unterstützung rechnen, auch wenn sie hohe Gewerkschaftspositionen erlangt haben.«

Ein Ablehnungsgrund ist zum zweiten dann gegeben, wenn der Beitrittswillige einer **Organisation mit gewerkschaftsfeindlicher Zielsetzung** angehört. **71**

Zu bejahen bei einer Mitgliedschaft in der neofaschistischen NPD (vgl. BGH, NJW 1973, 35), wurde aber auch bei einer Tätigkeit für die maoistische KPD angenommen (BGH, AuR 1985, 294). Bloße »Berührungsangst« der Gewerkschaft mit bestimmten Organisationen reicht nicht aus. Auch wird man eine Organisation schwerlich als »gewerkschaftsfeindlich« ansehen können, wenn die Spitze der Gewerkschaft mit deren führenden Repräsentanten in der Vergangenheit freundschaftliche Beziehungen unterhalten hat. Dies war beispielsweise im Verhältnis zum FDGB der DDR der Fall.

Was geschieht, wenn der Beitrittswillige aus der gewerkschaftsfeindlichen Organisation ausgetreten ist oder sich diese aufgelöst hat? Der BGH gesteht der Gewerkschaft eine »Wartefrist« von ca. **drei Jahren** zu – das bloße Bekenntnis, man habe seine Meinung gründlich geändert, reiche als solches nicht aus (BGH, AuR 1985, 294). Allerdings sind immer auch die Umstände des Einzelfalls zu berücksichtigen. **72**

Beispiel:
Ein früherer hauptamtlicher Mitarbeiter des Staatssicherheitsdienstes der DDR arbeitete 1992 als Bankkaufmann und bat um Aufnahme in die Gewerkschaft HBV (= Handel, Banken, Versicherungen). Die HBV konnte den Antrag drei Jahre zurückstellen, da sich die Aktivitäten dieser Organisation auch gegen staatsunabhängige Gewerkschaften gerichtet hatten. Sie musste dies allerdings nicht, sondern konnte die fragliche Person auch mit sofortiger Wirkung aufnehmen.

Ein **Ausschluss** aus der Gewerkschaft ist entsprechend den Satzungen in der Regel bei grob gewerkschaftsschädigendem Verhalten zulässig. Dieses liegt zum einen dann vor, wenn auch die Aufnahme verweigert werden könnte. Zum anderen ist der Verstoß gegen ordnungsgemäß zustande gekommene Beschlüsse ein Ausschlussgrund. Wichtigster Fall ist der **Streikbruch** (BGH, NJW 1978, 990), also das Weiterarbeiten, obwohl die Gewerkschaft zum Streik aufgerufen hat. Auch öffentliche Angriffe auf die Gewerkschaftspolitik können evtl. ausreichen. **73**

Mit Rücksicht auf die ideellen und wirtschaftlichen Folgen, die der **74**

Gewerkschaftsausschluss für den Betroffenen hat, ist im Einzelfall der **Verhältnismäßigkeitsgrundsatz** zu beachten; so darf etwa ein einmaliger »Ausrutscher« nicht zum Verlust der Mitgliedschaft führen.

Beispiel:
Das Gewerkschaftsmitglied M. schreibt auf seinem Blog, der Vorsitzende seiner Gewerkschaft »sammle Aufsichtsratsmandate wie andere Leute Briefmarken«. Dies schädigt zwar das gewerkschaftliche Ansehen in der Öffentlichkeit (zumal es einen solchen Vorsitzenden wohl nicht gibt), doch wäre der Ausschluss eine übermäßig harte Sanktion. Anders, wenn es sich schon um die fünfte Äußerung dieser Art handeln würde.

75 Bei Betriebsrats- oder Personalratswahlen darf der Einzelne **nicht auf Listen von Konkurrenzorganisationen** kandidieren.

Beispiel:
Ein Mitglied einer CGB-Gewerkschaft kandidiert auf der ver.di-Liste. Ausschluss aus seiner Organisation gerechtfertigt.

Nach der Rechtsprechung des BGH berechtigte die Einreichung einer schlichten »**Minderheitenliste**« dann nicht zum Gewerkschaftsausschluss, wenn außer dem Wettbewerb um Stimmen keine gewerkschaftsfeindliche Tendenz ersichtlich war (BGHZ 71, 126). Dies stellte einen Eingriff in die innergewerkschaftliche Autonomie dar, da ein von der Mehrheit beschlossener Grundsatz, bei Betriebsratswahlen nur einheitlich aufzutreten, von vornherein zur »Satzungsbestimmung zweiter Klasse« würde: Anders als bei sonstigen Bestimmungen könnte eine Nichtbeachtung keine Sanktionen auslösen. Dies hat das BVerfG (AuR 1999, 236) genauso gesehen und entgegenstehende Urteile des BGH aufgehoben.

2.5 Weiterführende Literatur

76 Die Koalitionsfreiheit ist mit all ihren Einzelfragen dargestellt bei
Hensche, Kommentierung zu Art. 9 Abs. 3 GG, in: Däubler/Hjort/Schubert/Wolmerath (Hrsg.), Handkommentar Arbeitsrecht, 3. Aufl., Baden-Baden 2013,
Linsenmaier (ErfK, Kommentierung zu Art. 9 GG) und bei
Kittner/Schiek, in: Alternativkommentar zum GG, 3. Aufl., Neuwied und Darmstadt 2001 sowie in den **Kommentaren zum Grundgesetz,**

etwa bei **Jarass/Pieroth**, 12. Aufl., München 2012, und bei **Sachs**, 6. Aufl., München 2011. Von Interesse außerdem **Pieroth/Schlink**, Grundrechte, 28. Aufl., Heidelberg 2012.

S. weiter
Däubler/Hege, Koalitionsfreiheit, Baden-Baden 1976,
Gamillscheg, Kollektives Arbeitsrecht, Bd. I, München 1997,
Däubler, Gewerkschaftsrechte im Betrieb, 11. Aufl., Baden-Baden 2010.

3. Tarifvertragsrecht

77 Im vorigen Kapitel haben wir festgestellt: Art. 9 Abs. 3 GG garantiert auch die Tarifautonomie. Diese hat ihre konkrete Ausgestaltung durch das Tarifvertragsgesetz (**TVG**) sowie durch zahlreiche Entscheidungen des BAG und des BVerfG erfahren.

3.1 Grundlagen

3.1.1 Wer kann einen Tarifvertrag abschließen?

78 Auf Arbeitnehmerseite steht nach dem unzweideutigen Wortlaut des § 2 Abs. 1 TVG das Recht zum Abschluss von Tarifverträgen ausschließlich den »**Gewerkschaften**« zu. Dies ist der Mitgliederverband selbst, also die traditionell auf Branchenebene existierende Organisation wie IG Bergbau-Chemie-Energie (BCE), **IG Metall** usw. Arbeitnehmer aus verschiedenen Branchen sind in der Vereinten Dienstleistungsgewerkschaft **ver.di** zusammengeschlossen. Möglich wäre auch, einer Spitzenorganisation, also dem DGB als solchem, das Recht zum Abschluss von Tarifverträgen einzuräumen, doch ist man sich innerhalb der Gewerkschaftsbewegung einig, eine solche Form der »Zentralisierung« nicht zu wollen.

79 Auf Arbeitgeberseite ist die Tariffähigkeit nicht auf **Arbeitgeberverbände** beschränkt. Auch der einzelne Arbeitgeber kann einen Tarifvertrag abschließen (gemeinhin »**Firmentarif**« oder »**Haustarif**« genannt). Dominierend ist allerdings noch immer der mit Verbänden abgeschlossene Tarif, auch als »Verbands-« oder »Flächentarifvertrag« bezeichnet.

80 Das Recht, einen Tarifvertrag abschließen zu können, wird als »**Tariffähigkeit**« bezeichnet.

Beispiel:
Eine Kleinstorganisation mit 300 Mitgliedern, die keinerlei Druck auf die Arbeitgeberseite ausüben kann, ist nicht »tariffähig«, da keine Gewerkschaft.

3.1.2 Schriftform

§ 1 Abs. 2 TVG schreibt für alle Tarifverträge eine Einigung in schrift- **81**
licher Form vor. Das Verhandlungsergebnis muss daher von beiden Seiten unterzeichnet werden; ein bloßer Briefwechsel genügt nicht. Die häufig benutzten sog. **Protokollnotizen** sind regulärer Bestandteil des Tarifvertrags, wenn dieser ausdrücklich auf sie verweist; andernfalls sind sie lediglich Hilfsmittel bei der Auslegung einzelner tariflicher Bestimmungen.

3.1.3 Was kann ein Tarifvertrag regeln? Die Unterscheidung zwischen obligatorischem und normativem Teil

Nach der Formulierung des § 1 Abs. 1 TVG regelt der Tarifvertrag »die **82**
Rechte und Pflichten der Tarifvertragsparteien und enthält Rechtsnormen, die den Inhalt, den Abschluss und die Beendigung von Arbeitsverhältnissen sowie betriebliche und betriebsverfassungsrechtliche Fragen ordnen können«. Damit ist im Gesetz selbst eine grundsätzliche Aufteilung angesprochen:

- Zum einen gibt es in Tarifverträgen Abmachungen, die nur die beiden **83**
  Tarifparteien (also Gewerkschaften auf der einen und Einzelunternehmer oder Arbeitgeberverband auf der anderen Seite) berechtigen und verpflichten. Man vereinbart beispielsweise, dass man sich bei Meinungsverschiedenheiten über den Inhalt des Tarifvertrags zusammensetzt und verhandelt oder man vereinbart, wie gegen Mitglieder vorgegangen werden soll, die sich nicht an den Tarifvertrag halten. Klauseln dieser Art bezeichnet man als **obligatorischen oder schuldrechtlichen Teil.**
- Zum anderen enthält ein Tarifvertrag Regeln, die nach Art eines Ge- **84**
  setzes abstrakt formuliert sind und die für alle erfassten Arbeitsverhältnisse gelten sollen. So wird etwa bestimmt:

»Die Monatsvergütung in der Entgeltgruppe 4 steigt mit Wirkung vom 1. Januar 2016 um 3,2 Prozent auf 3945 Euro.«

Oder:

> *Einem Arbeitnehmer, der das 53., aber noch nicht das 65. Lebensjahr vollendet hat und der dem Betrieb mindestens drei Jahre angehört, kann nur noch aus wichtigem Grund gekündigt werden.«*

Vorschriften dieser Art machen den wesentlichen Teil des Tarifvertrags aus; sie werden unter der Bezeichnung »**normativer Teil**« zusammengefasst.

3.1.4 Der entscheidende Punkt: Unabdingbarkeit und Günstigkeitsprinzip

85 Nach § 4 Abs. 1 TVG gelten die Rechtsnormen des Tarifvertrags »**unmittelbar**« zwischen den beiderseits Tarifgebundenen. Nach allgemeiner Auffassung bedeutet dies, dass sie in gleicher Weise wie ein Gesetz auf das Arbeitsverhältnis einwirken. Einer besonderen »Geltungsvereinbarung« oder Bezugnahme bedarf es nicht.

Auch wenn beim Abschluss des Arbeitsvertrags gar nicht über die Lohnhöhe gesprochen wurde, kann der Arbeitnehmer den Tariflohn verlangen.

86 Darüber hinaus haben die Tarifnormen nach § 4 Abs. 1 TVG nicht nur unmittelbare, sondern auch **zwingende** Wirkung: Den Arbeitsvertragsparteien, d. h. dem einzelnen Arbeitgeber und dem einzelnen Arbeitnehmer ist es nicht möglich, von dem tariflich Vereinbarten zuungunsten des Arbeitnehmers abzuweichen. In dieser »**Mindestniveaugarantie**« liegt der eigentliche Wert des Tarifvertrags für die Arbeitnehmer: Dem Arbeitgeber ist es verwehrt, seine Überlegenheit gegenüber dem Einzelnen auszuspielen und ihm die Arbeitsbedingungen zu diktieren. Daraus folgt, dass eine Abweichung »nach oben hin« sehr wohl zulässig bleibt; § 4 Abs. 3 TVG gestattet ausdrücklich, z. B. eine höhere Vergütung und mehr Urlaub, bessere Sozialleistungen und eine kürzere Arbeitszeit zu vereinbaren, da insoweit das sog. **Günstigkeitsprinzip** gilt. Unmittelbare und zwingende Wirkung der Tarifnormen werden üblicherweise unter dem Begriff »**Unabdingbarkeit**« zusammengefasst.

3.1.5 Friedenspflicht

Nach Auffassung des BAG gehört zu jedem Tarifvertrag automatisch die **87**
Pflicht, während seiner Laufzeit keinen Arbeitskampf um die dort geregelten Fragen zu führen (BAG, AP Nr. 1 und 2 zu § 1 TVG Friedenspflicht). Ein gegen diese Friedenspflicht verstoßender Streik wäre rechtswidrig und würde die Gewerkschaft zum Schadensersatz verpflichten.
Über andere Fragen, die im Tarifvertrag nicht angesprochen sind, kann
aber weiterhin kontrovers verhandelt und ggf. auch ein Arbeitskampf
geführt werden. Die Friedenspflicht ist deshalb eine »relative«, auf den
Tarifinhalt bezogene; durch (selten vorkommende) ausdrückliche Vereinbarung kann sie allerdings zu einer **absoluten** gemacht werden, die
dann jede Arbeitsniederlegung während der Laufzeit des Tarifvertrags
verbietet.

In der Literatur wurde **kritisiert,** es gebe keine Rechtsgrundlage dafür, **88**
dass die Friedenspflicht automatisch mit jedem Tarifvertrag verbunden
sei. Insbesondere das italienische und das französische Recht kämen
ohne eine solche Rechtsfigur aus. Vollends unverständlich sei überdies
die These, dass die Tarifparteien die Friedenspflicht nicht einmal einvernehmlich einschränken oder aufheben könnten, obwohl eine Erweiterung jederzeit zulässig sei.

> Näher Däubler, Das Arbeitsrecht 1, Rn. 249 ff. m. w. N. (= mit weiteren Nachwei-
> sen) und Reim/Ahrendt in: Däubler (Hrsg.), Kommentar zum TVG, 3. Aufl.
> 2012, § 1 Rn. 984 ff.

Wegen des Risikos hoher Schadensersatzzahlungen, die bei rechtswidrigen Streiks drohen, halten sich die Gewerkschaften in der Praxis jedoch
streng an die Friedenspflicht.

3.1.6 Vom Sinn der Tarifautonomie

Tarifverträge haben – genau wie das gesamte übrige Arbeitsrecht – **89**
Schutzfunktion für den Arbeitnehmer. Gleichzeitig **entlastet** die Tarifautonomie **den Staat,** der sich nicht um die von den Beteiligten geregelten
Fragen kümmern muss und der deshalb auch nicht für zu niedrige oder
zu hohe Löhne verantwortlich gemacht werden kann. Gewerkschaften
und Arbeitgeber sind überdies sehr viel »**sachnäher**«, kennen die anstehenden Probleme und die wirtschaftlichen Möglichkeiten der Arbeitge-

berseite besser. Die Tarifautonomie ist daher **ein Stück Dezentralisierung** und – wenn man so will – Selbstorganisation. Insofern leistet sie einen wichtigen Beitrag zur Stabilität der bestehenden Ordnung.

3.2 Für wen gilt ein Tarifvertrag?

90 Normen über den Inhalt, den Abschluss und die Beendigung von Arbeitsverhältnissen gelten nach § 4 Abs. 1 TVG nur für »**beiderseits Tarifgebundene**«. Was heißt das? Der Tarifvertrag wirkt nur dann unmittelbar und zwingend auf ein Arbeitsverhältnis, wenn sowohl der Arbeitgeber dem tarifschließenden Arbeitgeberverband als auch der Arbeitnehmer der tarifschließenden Gewerkschaft angehört.

> **Beispiel:**
> Die IG Metall schließt mit dem Verband der Metallindustrie Baden-Württembergs einen Tarifvertrag. Arbeitnehmer X ist Mitglied der IG Metall, sein Arbeitgeber gehört dem Verband an: Tarifbindung gegeben. Anders, wenn zwar der Arbeitgeber im Verband ist, der Arbeitnehmer aber keiner (oder einer anderen) Gewerkschaft angehört. Pech haben auch Gewerkschaftsmitglieder, die bei einem nicht dem Verband angehörenden Unternehmen tätig sind: Auch für sie ist der Tarifvertrag zunächst nur ein Stück Papier.

91 Diese sehr enge Ausgestaltung der »Tarifbindung« wird in der Praxis weithin aufgehoben. Arbeitgeber, die dem zuständigen Verband angehören, pflegen **auch Nichtorganisierte »nach Tarif«** zu behandeln, da diese sonst am nächsten Tag der Gewerkschaft beitreten würden. Auch viele »verbandsfreie« Unternehmen legen die Verbandstarife zugrunde, da sie andernfalls das Risiko eingehen, mit der Gewerkschaft über einen Firmentarif verhandeln (und evtl. sogar einen Streik in Kauf nehmen) zu müssen. Auch wenn dies nicht droht, könnten evtl. Leistungsträger zu einem Konkurrenten abwandern.

> Bei sog. Betriebsnormen (Regeln über die Benutzung der Kantine) und bei betriebsverfassungsrechtlichen Tarifnormen gilt nach § 3 Abs. 2 TVG eine Sonderregelung: Sie wirken gegenüber allen Belegschaftsangehörigen, wenn nur der Arbeitgeber tarifgebunden ist.

92 Bei schlechter Konjunktur und hoher Arbeitslosigkeit kann sich die Situation ändern: Unorganisierte akzeptieren unter Umständen auch untertarifliche Löhne, Außenseiterunternehmen riskieren keinen Streik und keine Abwanderung. Für solche Fälle sieht § 5 TVG die Möglichkeit vor, Tarifverträge für »**allgemeinverbindlich**« zu erklären. Geschieht dies, kommt es auf die Organisationszugehörigkeit nicht mehr an: Der Tarifvertrag gilt auch für unorganisierte Arbeitgeber und unorganisierte Arbeitnehmer.

Wichtig ist die Allgemeinverbindlicherklärung außer in Notsituationen insbesondere bei den sog. **Sozialkassen des Baugewerbes.** Da in diesem Sektor sehr viele kurzfristige Beschäftigungsverhältnisse bestehen, würde oft die 6-monatige Wartefrist für den Urlaubsanspruch nicht erfüllt. Außerdem wäre es ungerecht, allein denjenigen Arbeitgeber mit der Entgeltfortzahlung zwischen Weihnachten und Neujahr zu belasten, bei dem der Arbeitnehmer gerade tätig ist. Auch kann eine zusätzliche (»betriebliche«) Altersversorgung nur funktionieren, wenn alle Arbeitgeber einzahlen. Seit vielen Jahrzehnten existieren deshalb Urlaubs-, Lohnausgleichs- und andere Sozialkassen, die von allen Arbeitgebern finanziert werden und die im Einzelfall das Urlaubsentgelt usw. auszahlen. Ein solches System kann nur funktionieren, wenn wirklich alle mitmachen: die entsprechenden Tarifverträge sind daher für allgemeinverbindlich erklärt. **93**

Keine Probleme werfen in aller Regel die **Tarifzuständigkeit** der Gewerkschaft sowie der fachliche und der regionale Geltungsbereich des Tarifvertrags auf: Die Gewerkschaft kann nur für solche Betriebe Tarifverträge abschließen, für die sie ihrer Satzung nach zuständig ist, der Tarifvertrag gilt nur für eine bestimmte Art von Unternehmen und nur innerhalb eines bestimmten **Tarifgebiets.** Nach Auffassung des ArbG Berlin (NZA 2009, 740, 744) fehlte der Gewerkschaft **ver.di** allerdings die Tarifzuständigkeit für die **Leiharbeit,** da in ihrer Satzung nur vom »Verleihwesen« die Rede war, das sich auf Sachen, nicht aber auf Menschen beziehe. Das BAG (NZA 2011, 289) ließ es im konkreten Fall genügen, dass ver.di wenigstens in einigen Sektoren auch für dort tätige Leiharbeitnehmer zuständig war. **94**

3.3 Bindung an staatliches Recht, insbesondere an Grundrechte

Nach langjähriger Rechtsprechung des BAG müssen die Tarifparteien bei der Festlegung der Inhalte des Tarifvertrags die **Grundrechte** ihrer Mitglieder achten (grundlegend BAG, AP Nr. 4 zu Art. 3 GG). Würde etwa für Frauen bei gleicher oder vergleichbarer Arbeit ein geringerer Lohn vorgesehen, wäre die entsprechende Tarifklausel wegen Verstoßes **95** gegen Art. 3 Abs. 2 GG rechtswidrig und damit nichtig. Auch können den Arbeitnehmern keine schon entstandenen Lohnansprüche wieder entzogen werden (Verstoß gegen die Eigentumsgarantie des Art. 14 Abs. 1 GG). In jüngster Zeit wurde dies allerdings dadurch in Frage gestellt, dass die tariflichen Altersgrenzen für Piloten nicht unmittelbar am Maßstab der Berufsfreiheit des Art. 12 Abs. 1 GG gemessen wurden (BAG, NZA 1998, 715). Insoweit ist bei Freiheitsrechten die Situation unklar (Nachweise zum Diskussionsstand bei Schiek, in: Däubler (Hrsg.), Kommentar zum TVG, Einl. Rn. 168 ff.). Die **volle Bindung an die Gleichheitssätze** der Verfassung wurde allerdings mit neuer Begründung bestätigt (BAG, NZA 2004, 1399).

96 Die Tarifparteien müssen weiter auch das geltende **Gesetzesrecht** beachten; in der Regel lässt dieses allerdings für den Arbeitnehmer **günstigere Regelungen** zu.

> Statt der im Gesetz vorgesehenen sechs Wochen Entgeltfortzahlung im Krankheitsfall kann der Tarifvertrag acht oder zwölf Wochen vorsehen.

Wenn nicht ausdrücklich das Gegenteil bestimmt ist, gilt im Verhältnis zwischen Gesetz und Tarifvertrag das **Günstigkeitsprinzip.**

97 Eine **Verschlechterung** des durch das staatliche Recht gewährten »Schutzstandards« ist grundsätzlich nicht möglich. In einer Reihe von Fällen hat jedoch der Gesetzgeber bestimmt, dass von seinen Vorschriften auch zu Lasten der Arbeitnehmer abgewichen werden darf (sog. **Zulassungsnormen**).

> So können nach § 622 Abs. 4 Satz 1 BGB die gesetzlichen Kündigungsfristen durch Tarifvertrag verkürzt werden (was in der Regel den Arbeitnehmer benachteiligt), und § 7 Abs. 1 Nr. 1 ArbZG sieht vor, dass die regelmäßige Arbeitszeit durch Tarifvertrag unter bestimmten Voraussetzungen von acht bis auf zehn Stunden täglich erhöht werden kann. Für die Arbeitgeberseite liegt hier der besondere Wert von schwachen Kleingewerkschaften, weil sie sich am ehesten zu solchen Tarifverträgen bereit finden, ohne dass auf anderen Gebieten ein Ausgleich erfolgt (Dieterich, GS Zachert, S. 532 ff.).

98 Darüber hinaus hat die Rechtsprechung den Grundsatz entwickelt, dass im Tarifvertrag, nicht aber im Arbeitsvertrag, von bestimmten Schutznormen abgewichen werden kann, die sie selbst entwickelt hat (sog. **tarifdispositives Richterrecht**).

Beispiel:

Eine Weihnachtsgratifikation muss man bei Ausscheiden nur zurückzahlen, wenn man vertraglich vereinbarte »Bindungsfristen« nicht eingehalten, z. B. schon zum 31. Januar gekündigt hat. Das BAG hat eingehende Grundsätze entwickelt, wie lange diese Fristen sein dürfen. Durch Tarifvertrag können sie jedoch nicht nur verkürzt, sondern auch verlängert werden (BAG, DB 1973, 973). Ein Tarifvertrag könnte also die Rückzahlung auch dann vorsehen, wenn der Arbeitnehmer erst zum 30. Juni des Folgejahres ausscheidet.

Für die Gewerkschaften ist eine solche »Ausdehnung« der Tarifautonomie ein Geschenk von sehr zweifelhaftem Wert: Sie müssen auf anderen Gebieten Konzessionen machen, um wenigstens den gesetzlichen oder richterrechtlichen Schutzstandard zu behalten.

3.4   Lohntarif – Lohnrahmentarif – Manteltarif

Je nach dem typischerweise vereinbarten Inhalt haben sich bestimmte **99** Arten von Tarifverträgen herausgebildet, die rechtlich alle den gleichen Grundsätzen unterliegen, die aber aus praktischen Gründen unterschieden werden.

In den »**Lohnabkommen**« oder »**Entgelttarifverträgen**« wird in der **100** Regel nur die Lohnhöhe bei Zeit- wie bei Akkordlohn festgelegt; Bezugsgröße ist dabei die Lohngruppe, in die der einzelne Arbeitnehmer schon bisher eingruppiert war. Lohn- und Gehaltstarife haben in der Regel Laufzeiten von etwa einem Jahr.

In den **Rahmentarifverträgen** (RTV), auch Lohn- oder Gehaltsrahmentarif genannt, werden insbesondere die Lohn- und Gehaltsgruppen festgelegt. Es wird bestimmt, welche Merkmale eine Tätigkeit erfüllen muss, damit der Arbeitnehmer beispielsweise Lohngruppe 1 mit Stundenlohn 10,13 Euro oder Lohngruppe 3 mit Stundenlohn 12,28 Euro erhält. Die Beschreibung erfolgt häufig unter Verwendung relativ abstrakter Merkmale wie »gründliche und vielseitige Fachkenntnisse« und »überwiegend selbständige Leistungen«, so dass bei der Einordnung der einzelnen konkreten Tätigkeit ein beträchtlicher Spielraum bleibt. Weiter enthalten die Rahmentarife unter Umständen Vorschriften über die Lohnfindungsmethoden und die konkrete Berechnung des Entgelts, etwa die Ermittlung des sog. Zeitfaktors beim Akkord. Tarifverträge dieser Art besitzen in der Regel eine Laufzeit von ca. drei Jahren, weil anders als bei der Entgelthöhe seltener eine Anpassung an veränderte Umstände notwendig ist.

101   In »**Manteltarifverträgen**« (MTV) werden sonstige Arbeitsbedingungen festgelegt. Dort finden sich Bestimmungen über die Arbeitszeit, über Erholungs- und Sonderurlaub, Überstunden, Kündigungsfristen u. a. m. Auch sie besitzen eine längere, in der Regel dreijährige Laufzeit, ist doch auch hier nur selten ein Anlass für kurzfristige Veränderungen gegeben. Zu beachten ist, dass die Terminologie nicht immer dem hier Beschriebenen folgt und Manteltarife manchmal auch als Rahmentarife bezeichnet werden. Weiter ist die Trennung keine totale; so ist es durchaus denkbar (und unbestritten zulässig), in einem Lohntarif Fragen mitzuregeln, die »an sich« in den Rahmen- oder Manteltarif gehören würden.

102   Neben diesen drei Tarifvertragstypen gibt es einzelne **Sonderverträge**, die sich nicht in dieses Schema einordnen lassen. So wurde etwa die betriebliche Mitbestimmung des fliegenden Personals der Deutschen Lufthansa durch besonderen Tarifvertrag geregelt. Wichtig sind Absicherungs- und **Rationalisierungsschutzabkommen**, die bei Personalabbau Versetzungen und Umschulungen vorsehen und bei unvermeidbaren Kündigungen den Arbeitgeber zur Zahlung von Abfindungen verpflichten, die im Gesetz nicht vorgesehen sind. In jüngerer Zeit sind vermehrt »**betriebliche Bündnisse für Arbeit**« in Form von Firmentarifen hinzugekommen, bei denen die Belegschaft auf tarifliche Leistungen verzichtet und ggf. auch länger arbeitet. Als Gegenleistung erhält sie eine Beschäftigungsgarantie von z. B. zwei Jahren, d. h. die Kündigung aus wirtschaftlichen Gründen ist in diesem Zeitraum ausgeschlossen. **Droht eine Verlagerung ins Ausland,** so lassen sich verlängerte Kündigungsfristen, vom Arbeitgeber finanzierte Umschulungsmaßnahmen und hohe Abfindungen durch einen Tarifvertrag festlegen, für den auch gestreikt werden kann (BAG, NZA 2007, 987 – sog. **Tarifsozialplan;** dazu Hensche, AuR 2004, 443 und Kühling/Bertelsmann, NZA 2005, 1017). Ob auch die Verlagerung als solche verboten werden kann, ist umstritten und vom BAG nicht entschieden. Die Beispiele machen deutlich, dass die Tarifverträge Fragen wie die Entgeltgruppen regeln, die im Gesetz nicht angesprochen sind, und dass sie oft weit über das gesetzliche Niveau hinausgehen.

3.5 Tarifliche und betriebliche Ebene im Entgeltsektor

In der betrieblichen Praxis werden Tarifverträge traditionellerweise oft **103** durch günstigere Regelungen ergänzt. In jüngerer Zeit sind allerdings auch Abweichungen »nach unten« anzutreffen. Zunächst zu dem für Arbeitnehmer Erfreulichen:

- Zum einen kann **im Arbeitsvertrag** eine **günstigere Regelung** enthalten sein. Dabei geht es so gut wie nie um individuell ausgehandelte Verträge. Vielmehr ist der Arbeitgeber oft bereit, »formularmäßig« allen Arbeitnehmern z. B. ein zusätzliches Urlaubsgeld oder eine betriebliche Altersversorgung zuzusagen. Auf diese Weise bindet er insbesondere sog. Leistungsträger an den Betrieb.

- Die zweite Ergänzung ist nicht weniger wichtig: In vielen Fällen werden **104** den Abmachungen mit dem Betriebsrat, insbesondere **Betriebsvereinbarungen** geschlossen, die »Lücken« des Tarifvertrags ausfüllen oder seine Anwendung im Einzelfall regeln. Dabei ist allerdings die Vorschrift des § 77 Abs. 3 BetrVG zu beachten. Danach sind Betriebsvereinbarungen auf Gebieten, die tariflich geregelt sind oder üblicherweise geregelt werden, grundsätzlich unzulässig. Eine Ausnahme gilt nur dann, wenn der Tarifvertrag eine entsprechende Ausnahme zulässt.

Beispiel für eine solche Ausnahme:
Für die Fließbandarbeit bestimmt § 6 Abs. 5 des Lohnrahmentarifvertrags II in der Metallindustrie Nordwürttembergs-Nordbadens: »Die Anzahl der Springer ist mit dem Betriebsrat zu vereinbaren.«

Der Gesetzgeber will auf diese Weise verhindern, dass sich auf betrieblicher Ebene eine Art »Konkurrenz« zu den Tarifparteien entwickelt. Diese sollen selbst bestimmen, wie viel Spielraum sie dem einzelnen Betriebsrat und der einzelnen Geschäftsleitung geben wollen.

In der Praxis ist § 77 **Abs. 3** BetrVG vermutlich diejenige arbeitsrecht- **105** liche Vorschrift, die **am häufigsten missachtet** wird. In zahlreichen Betrieben existieren Abmachungen zwischen Betriebsrat und Geschäftsleitung, durch die übertarifliche Löhne vorgesehen werden.

Beispiel:
Alle Beschäftigten erhalten eine »Teuerungszulage« von 150 Euro, alle Verheirateten bekommen eine »Sozialzulage« in Höhe von 100 Euro monatlich.

73

Hintergrund ist nicht anders als bei Formulararbeitsverträgen die Tatsache, dass sich die Verbandstarifverträge notwendigerweise am sog. Grenzbetrieb, d. h. an dem Unternehmen orientieren, für das die Lohnerhöhung gerade noch verkraftbar ist. Bei den »reicheren« Unternehmen bestehen daher Spielräume, die mit Rücksicht auf die Erwartungshaltung der Belegschaft sowie deshalb genutzt werden, weil das Management die Bindung an den Betrieb verstärken möchte.

106 Was geschieht, wenn sich ein Beteiligter auf den Verstoß einer solchen Abmachung gegen § 77 Abs. 3 BetrVG beruft? Nach den bisherigen Erfahrungen geschieht dies nur selten. Wenn es trotzdem passiert, legt man oft die Arbeitsverträge in dem Sinne aus, dass sie stillschweigend um das zwischen Betriebsrat und Arbeitgeber Vereinbarte ergänzt werden.

107 Die **übertariflichen Vergütungsbestandteile** sind aus Arbeitgebersicht eine gewisse »**Manövriermasse**«: Geht es dem Unternehmen schlecht, lassen sie sich unschwer wieder abbauen, was bei tariflichen Bestimmungen nicht möglich ist. Der einfachste Weg ist für den Arbeitgeber dabei die **Verrechnung von Tariflohnerhöhungen** mit übertariflichen Zulagen.

Beispiel:
Der Tariflohn von 12 Euro pro Stunde wurde auf 12,40 Euro erhöht. Jeder Beschäftigte hatte bisher 0,60 Euro pro Stunde als »Firmenzulage« erhalten. Der Arbeitgeber »verrechnet« in der Weise, dass er nunmehr 12,40 Euro Tariflohn und nur noch 20 Cent »Firmenzulage« bezahlt.

108 Die Gewerkschaften haben versucht, einer solchen Entwertung der Tarifverträge gegenzusteuern. Mit einer sog. **Effektivgarantieklausel** würden sämtliche zu einem bestimmten Zeitpunkt bezahlten übertariflichen Zulagen zum Bestandteil des Tarifvertrags gemacht, eine sog. **begrenzte Effektivklausel** würde dem Arbeitgeber die Verrechnung mit Tariflohnerhöhungen verbieten.

Die »Firmenzulage« in Höhe von 0,60 Euro müsste auf den neuen Tariflohn von 12,40 Euro »**aufgestockt**« werden. Eine »**Aufsaugung**« durch Verrechnung scheidet aus.

Das BAG hält beide Klauseln für unwirksam (BAG, DB 1987, 1522). In der juristischen Literatur hat es damit nur wenig Anklang gefunden, auch das LAG Hamburg (AiB 1991, 63) hat sich von ihm distanziert.

Nachweise bei Deinert, in: Däubler (Hrsg.), Kommentar zum TVG, § 4 Rn. 788 ff.

In den Jahren nach 1992/93 tauchte angesichts der Massenarbeitslosig- **109**
keit immer häufiger das Phänomen auf, dass von Tarifverträgen zu Lasten der Arbeitnehmer abgewichen wurde. Dies wurde zum Teil mit dem
Argument begründet, **untertarifliche Bezahlung** sei »**günstiger**« als Arbeitslosigkeit. **Rechtlich** ist dies **nicht haltbar,** da man nicht die Unabdingbarkeit des Tarifvertrags mit Hilfe des Günstigkeitsprinzips »aushe-
beln« darf (Einzelheiten bei Däubler, AuR 1996, 347 ff.). In der Praxis
ist es allerdings oft schwierig, dem Tarifvertrag Anerkennung zu verschaffen (s. auch unten Kap. 5 unter 5.10.3 – Rn. 320 ff.). Auch enthalten viele Tarifverträge »Öffnungsklauseln«, die unter bestimmten
Voraussetzungen eine Abweichung zu Ungunsten der Arbeitnehmer zulassen.

Gravierender weil rechtlich unangreifbarer ist es, wenn neu gegrün- **110**
dete Unternehmen **keinem Verband beitreten** oder wenn der Arbeitgeber die Mitgliedschaft in seinem Verband aufkündigt: Hier kann wirk-
licher Schutz auf Dauer nur durch Abschluss eines Firmentarifs erreicht
werden. Dies ist jedoch schwierig, weil die Beschäftigten häufig damit
rechnen müssen, dass sie benachteiligt werden, wenn sie als aktive Ge-
werkschaftsmitglieder in Erscheinung treten. Daneben gibt es für den
Arbeitgeber meist die Möglichkeit, in seinem Verband in eine »OT« (=
ohne Tarif)-Mitgliedschaft überzuwechseln, was für die Arbeitnehmerseite dieselbe Wirkung wie ein Austritt aus dem Verband hat. Da Fälle
dieser Art immer häufiger auftreten, spricht man von einer »**Erosion**«
des Flächentarifs. Im Jahre 2012 unterfielen nur noch 58 Prozent aller
Arbeitnehmer einem Tarifvertrag. Bei der Hälfte der verbleibenden
42 Prozent »orientierte sich« der Arbeitgeber am Flächentarif (Angaben
nach WSI-Tarifarchiv, Statistisches Taschenbuch Tarifpolitik 2014, unter 1.7 – www.boeckler.de/pdf/p_ta_tariftaschenbuch_2014.pdf – zuletzt abgerufen am 3.1.2015). Bei der »Orientierung« ist allerdings zu
beachten, dass der Arbeitgeber die Tarifbestimmungen ausklammern
wird, die ihm besonders unangenehm sind. Im Übrigen ist die Tarifbindung regional sehr unterschiedlich; in der alten Bundesrepublik sind
60 Prozent der Arbeitnehmer erfasst, in den neuen Bundesländern nur
48 Prozent.

Die Folgen schlagen sich in der Einkommensentwicklung nieder. **110a**
Nach einer Untersuchung des DIW gingen die **Nettogehälter aller Arbeitnehmer** »preisbereinigt« (d. h. unter Einrechnung der Preisentwick-
lung und der Inflation) **zwischen 2000 und 2010 um 2,5 Prozent zurück;**
bei den »Geringverdienern« (untere 20 Prozent in der Einkommenshie-
rarchie) betrugen die Einbußen 16 bis 22 Prozent (www.tagesschau.de/

wirtschaft/geringverdiener100.html – abgerufen am 19.7.2011). Dies ist Zeichen einer wachsenden Polarisierung der Einkommen, was den Zusammenhalt der Gesellschaft gefährden kann. Lesenswert in diesem Zusammenhang Wilkinson/Pickett, Gleichheit ist Glück. Warum gerechte Gesellschaften für alle besser sind, Berlin 2009 (Übersetzung aus dem Englischen).

3.6 Tarifliche und betriebliche Ebene bei den Arbeitsbedingungen, insbesondere bei der Arbeitszeit

111 Die »Arbeitsteilung« zwischen Tarifpolitik und betrieblicher Festlegung von Arbeitsbedingungen findet sich auch bei Fragen der Arbeitszeit. Der Tarifvertrag regelt normalerweise die **Dauer** der wöchentlichen Arbeitszeit, während die **Lage der Arbeitsstunden**, insbesondere die Schichtpläne, dem Mitbestimmungsrecht des Betriebsrats nach § 87 Abs. 1 Nr. 2 BetrVG unterliegen. Auch über die Leistung von **Überstunden** wird in aller Regel auf betrieblicher Ebene entschieden (Mitbestimmungsrecht nach § 87 Abs. 1 Nr. 3 BetrVG).

112 In den vergangenen 25 Jahren hat sich auf diesem Sektor eine weitere **Verlagerung hin zur betrieblichen Ebene** ergeben. Der berühmte **Leberkompromiss** des Jahres 1984 (nach dem früheren Bundesminister Leber benannt, der als Schlichter fungierte) erweiterte den Spielraum der Betriebsparteien: Im Tarifvertrag festgelegt wurde nur die durchschnittliche Wochenarbeitszeit, von der innerhalb eines bestimmten Rahmens bei einzelnen Beschäftigtengruppen nach oben und nach unten abgewichen werden konnte.

Durchschnittliche Arbeitszeit: 38,5 Wochenstunden. Durch Betriebsvereinbarungen kann für zehn Beschäftigte eine Wochenarbeitszeit von 40 Stunden festgelegt werden, sofern bei anderen die Wochenarbeitszeit so weit unter 38,5 Stunden abgesenkt wird, dass sich als betrieblicher Durchschnitt wieder 38,5 ergibt.

Auch die derzeit geltenden Metalltarife werten die betriebliche Ebene auf, indem sie für 18 Prozent der Belegschaft eine freiwillige arbeitsvertragliche Verlängerung auf bis zu 40 Wochenstunden zulassen. Für bestimmte Kategorien von Unternehmen ist dieser Spielraum inzwischen noch erheblich erweitert worden.

Wie flexibel in der Praxis gearbeitet wird, zeigt der Überblick von Bauer/Munz, WSI-Mitt. 2005, 40ff.; an den dort getroffenen Feststellungen hat sich in der Zwischenzeit nichts geändert.

Das BAG lässt es außerdem zu, die **Beteiligungsrechte des Betriebsrats** **113** durch Tarifvertrag zu **erweitern** (BAG, AP Nr. 23 zu § 77 BetrVG 1972; BAG, NZA 1988, 699) oder auf **Bereiche** zu erstrecken, in denen das **BetrVG keine Anwendung** findet (so BAG, NZA 2005, 371 für sog. reine Ausbildungsbetriebe).

Tariflich regeln lassen sich im Übrigen **Arbeitsbedingungen aller Art** – von verlängerten Kündigungsfristen über den Jahresurlaub bis hin zur Arbeitsintensität.

Beispiele:
Ein Tarifvertrag sieht vor, dass für die Bedienung einer bestimmten Maschine eine bestimmte Mindestzahl von Arbeitskräften eingesetzt werden muss (sog. quantitative **Besetzungsregeln**). Sie sind grundsätzlich ebenso zulässig wie die sog. qualitativen Besetzungsregeln, die einzelne Tätigkeiten bestimmten Arbeitnehmergruppen mit besonderer Qualifikation vorbehalten (BAG, DB 1984, 1099).

3.7 Durchsetzung des Tarifvertrags

Die Beachtung des Tarifvertrags kann für einzelne Arbeitgeber einen ge- **114** wichtigen Kostenfaktor darstellen. Dies erklärt, warum man **nicht** einfach »Tarif« und »Tarifwirklichkeit« gleichsetzen kann.

Beispiele:
Aushilfskräfte werden immer »außertariflich« (d. h. schlechter) vergütet, obwohl sie die gleiche Arbeit machen.
Oder: Tariflich vorgesehene bezahlte Erholungspausen werden nicht gewährt.

Elementare Voraussetzung für jede Form von »Gegenwehr« ist, dass der **Arbeitnehmer** überhaupt **Kenntnis von den tariflichen Bestimmungen** erhält. Nach § 2 Abs. 1 Nr. 10 NachweisG muss der Arbeitgeber »in allgemeiner Form« auf die für das Arbeitsverhältnis maßgebenden Tarifverträge hinweisen (s. unten Rn. 474). Weiter verlangt § 8 TVG von ihm, den Tarifvertrag im Betrieb an geeigneter Stelle bekannt zu machen, doch sind keine wirksamen Sanktionen vorgesehen, wenn dies unterbleibt. Der Einzelne sollte sich deshalb beim Betriebsrat oder der zuständigen Gewerkschaft erkundigen. Ist diese Hürde einmal übersprungen, kommen verschiedene Möglichkeiten in Betracht.

115 ▪ Der einzelne **Arbeitnehmer klagt seine tariflichen Rechte** gegen den Arbeitgeber ein. Dies kann er juristisch, da ja der Tarifvertrag unmittelbar und zwingend auf den Arbeitsvertrag einwirkt oder jedenfalls im Arbeitsvertrag auf den Tarifvertrag verwiesen wird. Die Sache hat nur einen Haken: Die Anrufung eines Gerichts wird häufig als Illoyalität gewertet. Der Einzelne traut sich deshalb nicht, seine Rechte während des bestehenden Arbeitsverhältnisses durchzusetzen. Mehr Aussicht bietet die kollektive Interessenvertretung.

116 ▪ Der **Betriebsrat** hat nach § 80 Abs. 1 Nr. 1 BetrVG über die Einhaltung der Tarifverträge zu wachen. Sieht er einen Verstoß, kann er **mit dem Arbeitgeber verhandeln**, jedoch keine Änderung der betrieblichen Praxis erzwingen.

117 ▪ Die **Gewerkschaft kann von ihrem Tarifpartner die Beachtung des Tarifvertrags verlangen.** Handelt es sich um einen Firmentarif, ist die Sache einfach: Sie kann den Arbeitgeber auf »tariftreues« Verhalten verklagen. Schwieriger ist es beim Verbandstarif: Der Arbeitgeberverband ist lediglich verpflichtet, auf seine Mitglieder in dem Sinne einzuwirken, dass sie den Tarifvertrag beachten. Tun sie dies nicht, bleibt als Sanktion höchstens der Verbandsausschluss. Die Klage gegen den Verband ist deshalb in aller Regel eine stumpfe Waffe.

118 ▪ Liegt der Fall relativ eindeutig, können die Arbeitnehmer auch eine **Massenklage** versuchen: Es klagt nicht ein einsamer Vorreiter, sondern es klagen alle Betroffenen.

Wegen Benachteiligung der weiblichen Arbeitskräfte verklagen 80 Frauen den Arbeitgeber und verlangen Gleichstellung mit den Männern. Der »Unwille« des Arbeitgebers verteilt sich gleichmäßig auf alle 80. Ein solches Risiko kann man eingehen.

119 ▪ Hält der Arbeitgeber den Tarifvertrag nicht ein, **können die Arbeitnehmer im Regelfall ihre Arbeitsleistung** nach § 273 BGB **zurückhalten.**

Beispiel:
Der Arbeitgeber zahlt nur zwei Drittel des Tariflohnes, weil er in wirtschaftlichen Schwierigkeiten ist. Nach BAG (NZA 1985, 355) können die Arbeitnehmer jede weitere Arbeitsleistung verweigern, bis sie ihre volle Vergütung erhalten haben.

Ob man von dieser Möglichkeit Gebrauch macht, hängt von vielen Faktoren, insbesondere davon ab, wie die »Stimmung« im Betrieb beschaffen ist.

- Nach der **neueren Rechtsprechung des BAG** (DB 1999, 913) stellt es **120** einen unerlaubten Eingriff in die Koalitionsfreiheit nach Art. 9 Abs. 3 GG dar, wenn der Arbeitgeber (mit oder ohne Unterstützung des Betriebsrats) mit einer Gruppe von Arbeitnehmern untertarifliche Arbeitsbedingungen festlegt. Gegen diesen Eingriff in ihre Rechte kann sich die Gewerkschaft durch **Klage** zur Wehr setzen. Diese richtet sich darauf, den **tarifwidrigen Zustand** auch für die Zukunft zu **beseitigen.** In der Tat wäre es wenig verständlich, könnte man für einen Tarifvertrag zwar streiken, im Ergebnis aber nichts unternehmen, wenn dieser durch einzelne Arbeitgeber unterlaufen wird (dazu auch Gamillscheg, AuR 1996, 354 ff.).

3.8 Kündigung des Tarifvertrags und Nachwirkung

Ist für die Geltung des Tarifvertrags eine bestimmte zeitliche Grenze fest- **121** gelegt (z. B. drei Jahre), so endet er mit dem Ablauf dieser Frist. In der Praxis ist eine solche Abmachung freilich die Ausnahme; statt automatischer Beendigung wird in der Regel ein Kündigungsrecht zu einem bestimmten Termin vereinbart. Man sieht etwa vor:

>*Dieser Tarifvertrag ist mit dreimonatiger Frist erstmals zum 31.12.2015 kündbar«,*

oder

>*Dieser Tarifvertrag gilt bis 31.12.2015. Er verlängert sich um weitere zwei Jahre, wenn er nicht mit dreimonatiger Frist zu diesem Zeitpunkt gekündigt wird.«*

In der Festlegung des **Kündigungszeitpunkts** (bis wann?) und der **Kün- 122 digungsfrist** (hier: drei Monate) sind die Tarifparteien völlig frei. Die herrschende Meinung lässt zu Recht sogar die Vereinbarung zu, dass der Tarifvertrag jederzeit fristlos gekündigt werden kann (BAG, AP Nr. 6 zu § 4 TVG Nachwirkung). Ist ein Tarifvertrag mit Rücksicht auf die getroffenen Abmachungen noch nicht kündbar, so kann sich eine Partei von ihm nur lösen, wenn ihr die weitere Anwendung des Tarifvertrags nicht mehr zuzumuten ist. Veränderungen der wirtschaftlichen Verhältnisse, z. B. eine überraschend hohe Inflationsrate, aber auch Veränderungen des Arbeitsprozesses, werden grundsätzlich nicht als ausreichender Grund anerkannt. Die Beendigung des Tarifvertrags durch Zeitablauf oder Kündigung macht ihn für den einzelnen Arbeitnehmer nicht gegenstandslos, sondern lässt **nur die zwingende Wirkung entfallen**. Nach § 4 Abs. 5 TVG **wirkt er nach**, d. h., er gestaltet weiterhin die Arbeitsverhältnisse, behält also seine unmittelbare Wirkung. Er kann jedoch durch jede, und damit auch durch eine neue arbeitsvertragliche Abmachung, ersetzt werden.

3.9 Der Streit um die Tarifeinheit

3.9.1 Die Vorgeschichte

122a Der Ausgangsfall hatte es in sich. Die Gewerkschaft **HBV** hatte einen Flächentarifvertrag für den Einzelhandel in Niedersachsen abgeschlossen. Schon vorher hatte die (damals noch selbständige) **DAG** einen Firmentarif mit Real-Kauf abgeschlossen, der auch die in Niedersachsen tätigen Beschäftigten umfasste. Angesichts der Beschränkung der Tarifwirkung auf die jeweiligen Mitglieder (oben 3.2 – Rn. 90) schien dies zu einem unproblematischen Nebeneinander zu führen, doch war dies nicht so: Das BAG ging davon aus, im selben Betrieb könnten keine zwei Tarifverträge gelten; nur einer könne Geltung beanspruchen (»**Prinzip der Tarifeinheit**«) und das sei der **speziellere**. Der Firmentarif der DAG hatte also den Vorrang, die Mitglieder der HBV standen ohne Tarif da (BAG 20. 3. 1991 – 4 AZR 455/90 – AP Nr. 20 zu § 4 TVG Tarifkonkurrenz). Obwohl dies in der Literatur auf heftige Kritik stieß (Nachweise bei Däubler-Zwanziger, § 4 Rn. 2576), blieb das BAG fast 20 Jahre lang bei dieser Auffassung. **Erst im Jahre 2010** gab es diese Rechtsprechung auf (grundlegend BAG 27. 1. 2010 – 4 AZR 549/08 – NZA 2010, 645) und bekannte sich zur **Tarifpluralität**: Kommt es in einem Betrieb oder einem Unternehmen zu Tarifverträgen mit zwei verschiedenen Gewerkschaften, so gelten diese für die jeweiligen Mitglieder. Bei den Nichtorganisierten ist es eine Frage der Auslegung der Arbeitsverträge, auf welchen Tarifvertrag verwiesen wird.

3.9.2 Die Interessenlage

Die Tarifpluralität erschien insbesondere jenen Unternehmen wie Luft- **122b**
hansa und Deutsche Bahn wenig akzeptabel, bei denen sich **Berufsgewerkschaften** gebildet hatten (oben Rn. 48b); sie befürchteten, dauernd
in Tarifauseinandersetzungen verstrickt zu werden. Auch waren die
neuen Gewerkschaften nicht unbedingt in gleicher Weise auf Ausgleich
bedacht wie die zum DGB gehörenden. Hinzu kam die Befürchtung, es
könnten sich neue Organisationen (z.B. der Mitarbeiter der Betriebs-
feuerwehren) bilden, die über ein beträchtliches Druckpotential verfügen. **BDA und DGB** traten deshalb schon 2010 mit einer **gemeinsamen
Initiative** an die Öffentlichkeit, der Gesetzgeber möge die Tarifeinheit
wieder herstellen und dabei dem Tarifvertrag der Gewerkschaft den
Vorrang einräumen, die im Betrieb mehr Mitglieder hat. Trotz verschiedener Versprechungen kam die damalige »schwarz-gelbe« Regierung
diesem Wunsch nicht nach – es hatten sich in der Öffentlichkeit wie in
den Ministerien zu viele Bedenken ergeben.

Die 2013 gebildete Große Koalition nahm die gesetzliche Wiederher- **122c**
stellung der Tarifeinheit in ihren **Koalitionsvertrag** auf. Zwar hatten sich
seit 2010 keine neuen kampfstarken Organisationen gebildet und die
Tarifpolitik der bestehenden bewegte sich nicht in inakzeptablem Rahmen, doch war ein neuer Konflikt hinzugekommen. In der Industrie gewinnen Dienstleistungen immer mehr an Bedeutung, während die traditionelle Industriearbeit deutlich zurückgeht. Werden nun **bestimmte
Dienstleistungsfunktionen zu selbständigen Unternehmen zusammengefasst** (»Logistik-GmbH«), so ergibt sich auf gewerkschaftlicher Seite ein
Abgrenzungsproblem: Ist für die dort Tätigen die traditionelle Industriegewerkschaft wie **IG Metall** oder IG BCE **zuständig** oder gehört die neue
Einheit ihres Dienstleistungscharakters wegen zum Organisationsbe-
reich von ver.di? Da die traditionellen Gewerkschaften hier in aller Regel die größere Mitgliederzahl haben, kommt ihnen die Tarifeinheit
nach dem Mehrheitsprinzip sehr gelegen; IG Metall und IG BCE sind für
ihre gesetzliche Einführung, ver.di ist dagegen.

3.9.3 Das neue Tarifeinheitsgesetz

Das von der Regierung eingebrachte »Tarifeinheitsgesetz« (BT-Druck- **122d**
sache 18/4062) ist am 22. Mai 2015 vom Bundestag in 3. Lesung verabschiedet worden und am 10. Juli 2015 in Kraft getreten. Es trifft

folgende zentrale Regelung: Soweit sich die Geltungsbereiche nicht inhaltsgleicher Tarifverträge verschiedener Gewerkschaften überschneiden, sind im Betrieb nur die Rechtsnormen des Tarifvertrags der Gewerkschaft anwendbar, die zum Zeitpunkt des zuletzt abgeschlossenen Tarifvertrags im Betrieb die meisten in einem Arbeitsverhältnis stehenden Mitglieder hat (§ 4a Abs. 2 Satz 2 TVG n. F.). Dieser prall gefüllte Satz wird in seiner Bedeutung erst verständlich, wenn man sich seine einzelnen Bestandteile vor Augen führt.

- Es müssen **Tarifverträge verschiedener Gewerkschaften** vorliegen; ob sie denselben Gegenstand betreffen, spielt keine Rolle. Eine »**Tarifkollision**« liegt beispielsweise auch dann vor, wenn die Gewerkschaft A einen umfassenden, viele Punkte aufgreifenden Manteltarif vereinbart hat, während die Gewerkschaft B lediglich einen Lohntarif geschlossen hat.

- Liegt eine solche Situation vor (das Gesetz spricht von »kollidierenden Tarifverträgen«, obwohl jeder nur für die jeweiligen Mitglieder gilt), so ist **nur** der **Tarif der** »**Mehrheitsgewerkschaft**« anwendbar, also derjenigen Organisation, die im Betrieb mehr Mitglieder hat. Dabei wird auf die im Betrieb tätigen Arbeitnehmer abgestellt, so dass beispielsweise Rentner ausgeschlossen sind.

- Ist strittig, welche Gewerkschaft mehr Mitglieder hat, findet ein **arbeitsgerichtliches Beschlussverfahren** statt. Dabei kann der Richter einen Notar einschalten, der Einsicht in die vorgelegten Mitgliederlisten nimmt und diese überprüft. Seine berufliche Schweigepflicht verbietet es, dass er Namen bekannt gibt.

- Bleibt eine Gewerkschaft im Betrieb in der Minderheit, finden ihre Tarifverträge keine Anwendung mehr, doch hat sie ein sog. **Nachzeichnungsrecht**; sie kann sich dem Tarifvertrag der größeren Konkurrenz anschließen.

3.9.4 Einwände

122e Die gesetzliche Regelung trifft auf viele Einwände. Das BVerfG wird über zahlreiche Verfassungsbeschwerden, die gegen das Gesetz eingelegt wurden, zu entscheiden haben. Hier kann nur eine kurze Zusammenfassung der Argumente gegeben werden:

- Der Minderheitsgewerkschaft wird faktisch das Recht zum Abschluss von Tarifverträgen entzogen. Für einen nicht anwendbaren Tarifvertrag zu streiken, dürfte von den Arbeitsgerichten als unverhältnismäßig angesehen und deshalb verboten werden. Davon ganz abgesehen, ist eine Mobilisierung der Mitglieder für ein solches Ziel schwer vorstellbar. Das alles lässt sich nicht mit der **Koalitionsfreiheit des Art. 9 Abs. 3 GG** vereinbaren.

- Was ein »Betrieb« ist, kann der Arbeitgeber durch organisatorische Maßnahmen bestimmen. Er hat so ggf. die Möglichkeit, sich den Verhandlungspartner auszusuchen. Erst recht ist dies möglich, wenn durch Tarifvertrag eine betriebsratsfähige Einheit festgelegt wird; ein solcher **Tarif** lässt sich leicht **mit der** »willkommenen« Organisation schließen. Dies ist ein Verstoß gegen das Prinzip der Unabhängigkeit der Gewerkschaft.

- Wenn die Mehrheitsgewerkschaft auch nur zu einem Punkt einen Tarifvertrag geschlossen hat, werden sämtliche Tarifverträge der Minderheitsgewerkschaft unanwendbar. Hat diese beispielsweise Tarife zur betrieblichen Altersversorgung oder zu einem umfassenden Kündigungsschutz geschlossen, und legt die Mehrheitsgewerkschaft nur eine pauschale Lohnerhöhung um 100 Euro fest, so genügt dies, um die bestehenden Tarifverträge in der Versenkung verschwinden zu lassen. Dies ist – von allen sonstigen Bedenken abgesehen – ein **unverhältnismäßiger Eingriff in die** von Art. 9 Abs. 3 GG garantierte **Tarifautonomie.**

Bei der **Bestimmung der** »Mehrheit« treten **viele schwer lösbare Fragen**   **122f**
auf. Zählen auch solche Arbeitnehmer mit, die als AT-Angestellte und Leitende von vornherein gar nichts mit den konkurrierenden Tarifverträgen zu tun haben? Sind auch die im Betrieb eingesetzten Leiharbeiter zu berücksichtigen? Unterstellt, der Notar macht Stichproben, ob die beiden Mitgliederlisten auch wirklich korrekt sind. Was geschieht, wenn sich herausstellt, dass auch ein Verstorbener auf der Liste stand? Muss der Notar dann 150 oder 200 Leute kontaktieren, um ihre Mitgliedschaft zu überprüfen? Wie ist mit »Karteileichen« zu verfahren, die schon lange keinen Beitrag mehr gezahlt haben, nach der Satzung auch die Mitgliedschaft verloren haben, jetzt aber aus der Versenkung geholt werden? Was geschieht, wenn sich ein Arbeitnehmer weigert, dem Notar Auskunft über seine Gewerkschaftsmitgliedschaft zu geben? Die Rechtsunsicherheit ist eine universelle. Der Gesetzgeber hat den sonst so geordneten industriellen Beziehungen einen schlechten Dienst erwiesen.

3.10 »Grenzüberschreitende« Arbeitsverhältnisse

3.10.1 Osttarife oder Westtarife?

123 Das Tarifniveau liegt in den neuen Bundesländern nur bei etwa 80 Prozent des Niveaus in der alten Bundesrepublik. Dies wirft praktische Probleme auf: Was geschieht, wenn ein Arbeitnehmer aus den neuen Bundesländern nach Nordrhein-Westfalen oder Bayern versetzt oder vorübergehend dorthin entsandt wird? Muss er sich dann weiterhin mit den bescheideneren Osttarifen begnügen, oder kann er das Westniveau verlangen?

Das BAG hatte zunächst den relativ eindeutigen Fall zu entscheiden, dass eine Postangestellte **auf Dauer** von Ost- nach Westberlin **versetzt** worden war. Die anwendbaren Tarifverträge schienen nicht ganz eindeutig, doch meinte das BAG zu Recht, der Gleichbehandlungsgrundsatz wäre verletzt, würde man in der Westberliner Dienststelle nicht alle Beschäftigten nach Westtarif bezahlen (BAG, DB 1993, 332). In der allgemeinen öffentlichen Verwaltung kommt es letztlich auf den Arbeitsort an; wer für die Ostberliner Außenstelle des Umweltbundesamtes eingestellt wurde und dort arbeitet, kann deshalb nur die Rechte aus dem Osttarif verlangen – und zwar ungeachtet der Tatsache, dass der Arbeitgeber seinen Sitz im Westen hat und der Arbeitsvertrag auch dort abgeschlossen wurde (BAG, DB 1994, 2037).

124 Wurde jemand nur **vorübergehend** vom Tarifgebiet Ost in das Tarifgebiet West **entsandt,** galt im öffentlichen Dienst der BAT-West jedenfalls dann, wenn die Dauer des Einsatzes nicht von vornherein zeitlich genau beschränkt war (BAG, DB 1995, 883). Dies ergab die Auslegung von BAT und BAT-Ost; insoweit wurde von dem allgemeinen Grundsatz abgewichen, dass bei vorübergehender Tätigkeit in einem anderen Tarifgebiet nach der Lehre von der sog. Ausstrahlung das bisherige Niveau fortbesteht. Dies wird man auch dann annehmen müssen, wenn der Einsatz von vornherein zeitlich befristet ist, jedoch drei Monate übersteigt (Däubler, DB 1991, 1622; ähnlich dann auch BAG, DB 1996, 284). Der heute geltende Tarifvertrag für den öffentlichen Dienst (TVöD) ändert in seinem Anwendungsbereich an der Problematik nichts, da er weiter zwischen »Tarifgebiet West« und »Tarifgebiet Ost« unterscheidet.

125 Eine tarifliche Sonderregelung besteht im **Bausektor;** der Einzelne kann den im Vergleich zum Einstellungsort günstigeren »Baustellenlohn« verlangen (BAG, DB 1994, 683). Auch wo solche Regeln fehlen, wird man die »Ausstrahlung« auf ganz kurzfristige Tätigkeiten beschränken müssen, um so eine systematische Ausnutzung des »Tarifgefälles« zu verhindern.

Wird ein Arbeitnehmer vorübergehend oder auf Dauer **von West nach Ost** geschickt, bleiben die bisherigen Rechte erhalten. Wer sich allerdings in den neuen Bundesländern um eine Tätigkeit als Lehrer oder Briefträger bewirbt, unterliegt ausschließlich den dortigen Tarifverträgen (vgl. BAG, DB 1994, 2037). **126**

3.10.2 Der Einsatz ausländischer Billigarbeitskräfte

Ungleich gravierendere Probleme ergeben sich, wenn insbesondere auf Baustellen (aber nicht nur dort) ausländische Arbeitskräfte eingesetzt werden, die weit unter Tarif arbeiten. Zu denken ist dabei keineswegs nur an »Illegale« (dazu unten Kap. 21 unter 21.3 – Rn. 1175 ff.). Vielmehr gibt es **zwei** durchaus **legale Formen:** **127**

- Eine **ausländische** (z. B. eine polnische oder eine portugiesische) **Firma** entsendet ihre Arbeitnehmer ins Bundesgebiet, die hier einen bestimmten Auftrag erledigen. Die ausländische Firma macht sehr viel preiswertere Angebote als ihre deutschen Konkurrenten, weil ihre Lohnkosten nur bei 30 oder 40 Prozent des in Deutschland Üblichen liegen.

- Insbesondere britische Arbeitskräfte lassen sich in ihrem Heimatstaat eine **Bescheinigung** ausstellen, **wonach** sie »**Selbständige**« sind. Sie kommen damit nach Deutschland und übernehmen eine normale Arbeitnehmertätigkeit. Ihre englische Bescheinigung ist zwar für ein deutsches Arbeitsgericht nicht bindend, wohl aber für den zuständigen Sozialversicherungsträger: Dies bedeutet, dass der Arbeitgeber die Beiträge zur Sozialversicherung spart – ein gewichtiger Anreiz, statt eines Arbeitslosen einen solchen »Wandergewerbetreibenden« einzustellen. **128**

Während im zweiten Fall kein Gegenmittel ersichtlich ist, versucht im ersten das sog. **Arbeitnehmer-Entsendegesetz** (AEntG) Abhilfe zu schaffen. **129**

Soweit **Bautarife** über Löhne und die Urlaubskasse (oben 3.2 – Rn. 93) für allgemeinverbindlich erklärt sind, werden sie **auf alle Arbeitskräfte erstreckt**, die auf dem Territorium der Bundesrepublik tätig sind. Damit wird der Grundgedanke der Allgemeinverbindlicherklärung an die veränderten Rahmenbedingungen angepasst. Die Bundesrepublik ist damit einer EG-Richtlinie nachgekommen; die am 1. 1. 1999 in Kraft getretene Neufassung des Entsendegesetzes wollte insbesondere auch dafür sorgen, dass Verstöße aufgedeckt und mit fühlbaren Sanktionen belegt werden (zum Ganzen siehe Däubler, EuZW 1997, 613ff. und NJW 1999, 606ff.). In den vergangenen zehn Jahren ist diese Regelung auf das Gebäudereinigungshandwerk, die Postdienste und auf einige weitere Bereiche ausgedehnt worden. Seit dem 1.1.2015 gilt sie für alle Branchen.

129a Kommt die **Allgemeinverbindlicherklärung** nicht zustande, kann eine Ausdehnung auf alle auch durch **Rechtsverordnung** des Arbeitsministers erfolgen. Diese erst seit 1. Januar 1999 geltende Regelung ist vom BVerfG (DB 2000, 1768) als **verfassungskonform** bestätigt worden.

129b Eine ähnliche Funktion hat die Politik öffentlicher Auftraggeber, ihre Auftragnehmer zur Zahlung von Tariflöhnen zu verpflichten. Sie ist für den Bau- und den Verkehrssektor in zahlreichen Bundesländern durch ein sog. **Tariftreuegesetz** vorgesehen (dazu Lakies, in: Däubler [Hrsg.], Kommentar zum TVG, Anhang 1 zu § 5 Rn. 10ff.). Verfassungsrechtliche Bedenken wurden vom BVerfG (NZA 2007, 42) zu Recht zurückgewiesen. Eine Kammer des EuGH sah in der Regelung jedoch einen Verstoß gegen die Dienstleistungsfreiheit des Unionsrechts (EuGH, NZA 2008, 537 – Rüffert; dazu kritisch Bruun-Jacobs, AuR 2008, 417ff.). Die Neuregelungen verlangen die Bezahlung eines im Gesetz festgelegten Mindestlohns und die Einhaltung anderer sozialer Standards. Auch dies hat beim EuGH (NZA 2014, 1129) Bedenken ausgelöst; eindeutig zulässig ist nur die Erstreckung eines für alle geltenden Mindeststandards auf entsandte Arbeitskräfte. Eine Synopse findet sich bei http://www. ciromro.de/fileadmin/media/ethischer_konsum/Landesvergabegesetze/ Synopse_Landesvergabegesetze.pdf (abgerufen am 8.7.2013).

3.10.3 Arbeit deutscher Arbeitnehmer im Ausland

130 Weniger dramatisch geht es zu, wenn deutsche Firmen (oder das Auswärtige Amt) Mitarbeiter ins Ausland entsenden.

Möglich ist zunächst, dass in Tarifverträgen dieser Fall ausdrücklich geregelt ist. Die Rechtsprechung lässt es sogar zu, dass **Tarifverträge ausschließlich für Auslandsmitarbeiter** abgeschlossen werden (BAG, NZA 1991, 387).

Beispiel:
Das Goethe-Institut schließt mit der Gewerkschaft Erziehung und Wissenschaft einen Tarifvertrag für die in seinen ausländischen Niederlassungen beschäftigten deutschen Arbeitnehmer ab.

Fehlt es an einer solchen ausdrücklichen Regelung, bleiben jedenfalls bei einer vorübergehenden Entsendung die tariflichen Rechte nach der Lehre von der sog. **Ausstrahlung** erhalten. Bei einer Dauertätigkeit werden in der Regel vertragliche Abmachungen getroffen. Da Auslandstätigkeit in aller Regel Vertrauenssache ist, kann der Beschäftigte meist mit einem Entgegenkommen des Arbeitgebers rechnen.

3.11 Weiterführende Literatur

Einzelfragen des Tarifvertragsrechts sind abgehandelt bei **131**
Däubler (Hrsg.), Kommentar zum Tarifvertragsgesetz mit Kommentierung des Arbeitnehmer-Entsendegesetzes, 3. Aufl., Baden-Baden 2012;

Berg/Kocher/Platow/Schoof/Schumann, Tarifvertragsgesetz und Arbeitskampfrecht, Kompaktkommentar, 4. Aufl., Frankfurt/Main 2013;

Thüsing (Hrsg.), Tarifrecht. Handbuch, München 2011;

Wiedemann, Tarifvertragsgesetz, 7. Aufl., München 2007 (bearbeitet von Wiedemann, Oetker, Thüsing und Wank);

Däubler, Tarifvertragsrecht, Handbuch, 3. Aufl., Baden-Baden 1993;

Kempen/Zachert (Begr.), Tarifvertragsgesetz, Kommentar für die Praxis, 5. Aufl., Frankfurt/Main 2014 (bearbeitet von Brecht-Heitzmann, Buschmann, Kempen, Kocher, Schubert, Seifert, Stein, Wendeling-Schröder, Zachert und Zeibig);

Jacobs/Krause/Oetker/Schubert, Tarifvertragsrecht, 2. Aufl., München 2013;

Axel Stein, Tarifvertragsrecht, Stuttgart u. a. 1997;

Löwisch/Rieble, Tarifvertragsgesetz, 3. Aufl., München 2012;

Henssler/Moll/Bepler (Hrsg.), Der Tarifvertrag. Handbuch für das gesamte Tarifrecht, Köln 2013.

4. Arbeitskampfrecht

132 Wann darf gestreikt werden? Steht dem Arbeitgeber das Kampfmittel der Aussperrung zu? Welche Sanktionen riskiert ein Arbeitnehmer, der an einem rechtswidrigen Streik teilnimmt? Fragen dieser Art sind in der Bundesrepublik nicht gesetzlich geregelt, sondern allein der Rechtsprechung überlassen. Diese hat ein dichtes Netz von »richterrechtlichen Normen« entwickelt, die – beginnend mit dem Streik – im Folgenden darzustellen sind.

4.1 Wann ist ein Streik rechtmäßig?

133 Inhalt und Grenzen des **Streikrechts** wurden vom BAG zunächst nicht aus einzelnen Verfassungs- oder Gesetzesvorschriften, sondern **aus allgemeinen Grundsätzen abgeleitet.** So heißt es in der ersten grundlegenden Entscheidung vom 28.1.1955 (BAG, AP Nr. 1 zu Art. 9 GG Arbeitskampf Bl. 4 R):

> *»Arbeitskämpfe (Streik und Aussperrung) ... sind in bestimmten Grenzen erlaubt, sie sind in der freiheitlichen sozialen Grundordnung der Deutschen Bundesrepublik zugelassen. Unterbrechungen der betrieblichen Arbeitstätigkeit durch einen solchen Arbeitskampf sind sozial adäquat, da die beteiligten Arbeitnehmer und Arbeitgeber mit solchen kampfweisen Störungen auf Veranlassung und unter Leitung der Sozialpartner von jeher rechnen müssen und die deutsche freiheitliche Rechtsordnung derartige Arbeitskämpfe als ultima ratio anerkennt.«*

134 Ähnlich ist an anderer Stelle von der Gewährleistung des Streiks durch die »freiheitliche und soziale Grundordnung« die Rede (BAG, AP Nr. 2 zu Art. 9 GG Arbeitskampf). Der aus dem Jahre 1971 stammende zweite Grundsatzbeschluss wird insoweit nicht präziser. Erst die **Aussperrungsentscheidungen vom 10.6.1980** gehen einen Schritt weiter, da es dort heißt (BAG, DB 1980, 1266):

»*Heute besteht Einigkeit darüber, dass das Streikrecht einen notwendigen Bestandteil der freiheitlichen* **Kampf- und Ausgleichsordnung** *darstellt,* **die durch Art. 9 Abs. 3 GG im Kern gewährleistet ist.**«

Im ersten Urteil zur sog. Neuen Beweglichkeit[1] vom 12.9.1984 (BAG, **135** AP Nr. 81 zu Art. 9 GG Arbeitskampf) wird dies bestätigt und überdies erstmals auch zur **Streikgarantie des Art.** 6 Ziffer 4 ESC (= Europäische Sozialcharta) positiv Stellung genommen: Diese soll den Richter jedenfalls dann binden, wenn er an Stelle des Gesetzgebers arbeitskampfrechtliche Normen weiterentwickelt. Dennoch blieb genau wie im Bereich der Tarifautonomie unklar, wo die exakte Grenze des Kernbereichs verläuft. Das BAG stützte sich deshalb auf das TVG, das stillschweigend Streik *und* Aussperrung voraussetze.

Der (angebliche) Mangel an konkreten Rechtsnormen erleichtert die **136** Entwicklung eigener Regeln für Streik und Aussperrung: Wo die Verfassung nichts Konkretes bestimmt und der Gesetzgeber schweigt, darf, ja muss die Rechtsprechung in die Bresche springen. Die dadurch eröffneten Möglichkeiten hat das BAG in weitestem Umfang genutzt, sich jedoch in den letzten Jahren verstärkt an der Rechtsprechung des BVerfG zu Art. 9 Abs. 3 GG orientiert.

Um rechtmäßig zu sein, hat ein **Streik** nach bisheriger Auffassung des BAG die folgenden **Bedingungen zu erfüllen:**

(1) Er muss um ein **tariflich regelbares Ziel** geführt werden (so BAG, **137** DB 1988, 2102). Was nicht Gegenstand eines Tarifvertrags sein kann – nach h.M. z.B. Unternehmerentscheidungen über Investitionen und Preise –, darf auch nicht erstreikt werden. Das gilt auch für das Verbleiben des Arbeitgebers im Arbeitgeberverband (BAG, NZA 2003, 734). Sämtliche Beschränkungen der Tarifautonomie übertragen sich so auf das Streikrecht.

(2) Die Arbeitsniederlegung darf nicht gegen die tarifliche **Friedens- 138 pflicht** verstoßen. Während der Laufzeit des Tarifvertrags ist daher jeder Streik ausgeschlossen, sofern er sich auf das tariflich Geregelte bezieht. Diese Einschränkung ist wichtig: So kann z.B. **ein dem Verbandstarif unterliegendes Unternehmen wegen eines Firmentarifs bestreikt werden,** sofern dieser bisher nicht geregelte Fragen wie z.B. Abfindungen bei Kündigungen oder Weiterbildungsmaßnahmen zum Gegenstand hat (BAG, NZA 2003, 734; zu einem solchen Fall LAG Niedersachsen, AuR 2004, 471).

---

1 Zum Begriff der sog. Neuen Beweglichkeit s. unten Rn. 148.

139 (3) Der Streik muss nach Ansicht des BAG **von der Gewerkschaft getragen** sein oder zumindest nachträglich von ihr übernommen werden (BAG, AP Nr. 32 zu Art. 9 GG Arbeitskampf). Grund: Die Arbeitsniederlegung sei eine gefährliche Waffe und könne deshalb nur Instanzen anvertraut werden, die sich dieses Mittels in verantwortlicher Weise bedienen. Auch muss die Gewerkschaft nach ihrer Satzung für den in Frage stehenden Betrieb zuständig sein.

140 (4) Der Streik darf nicht darauf gerichtet sein, den Staat oder ein sonstiges Subjekt hoheitlicher Gewalt zu einem hoheitlichen Tun zu zwingen. Der sog. **politische Streik** – etwa eine Arbeitsniederlegung mit dem Ziel einer gesetzlichen Ausdehnung der Mitbestimmung – ist **nach BAG verboten** (so schon BAG, AP Nr. 1 zu Art. 9 GG Arbeitskampf Bl. 4 R).

141 (5) Der Streik darf nicht dem **Verhältnismäßigkeitsgrundsatz** widersprechen (BAG, AP Nr. 43 zu Art. 9 GG Arbeitskampf). Dies hat laut BAG »im Wesentlichen« folgende Konsequenzen:

- Arbeitskämpfe dürfen nur insoweit eingeleitet und durchgeführt werden, als sie zur Erreichung rechtmäßiger Kampfziele und des nachfolgenden Arbeitsfriedens geeignet und sachlich erforderlich sind. Allerdings entscheidet nach der neueren Rechtsprechung die Gewerkschaft selbst, was sie für »geeignet« und »erforderlich« hält; die Arbeitsgerichte kontrollieren nur noch, ob eine Maßnahme des Arbeitskampfes »evident« ungeeignet oder unnötig war.

- Jede Arbeitskampfmaßnahme darf nur nach Ausschöpfung aller Verständigungsmöglichkeiten ergriffen werden; der Arbeitskampf muss das letzte Mittel, die sog. **ultima ratio**, sein. Auch hier entscheidet nach einem späteren Urteil (BAG, DB 1988, 1952) jede Seite selbst, wann dieser Zustand erreicht und »druckfreies Verhandeln« nicht mehr sinnvoll ist.

- Die Mittel des Arbeitskampfes dürfen ihrer Art nach nicht über das hinausgehen, was zur Durchsetzung des erstrebten Ziels jeweils erforderlich ist.

- Nach beendetem Arbeitskampf müssen beide Parteien dazu beitragen, dass so bald wie möglich und in größtmöglichem Umfang der Arbeitsfriede wiederhergestellt wird.

- Das **Gemeinwohl** darf durch den Streik **nicht offensichtlich verletzt** werden.

Die drei zuletzt genannten Kriterien haben nie konkrete Bedeutung erlangt (näher zum Verhältnismäßigkeitsprinzip im Arbeitskampf Hensche/Wolter, GS Zachert, S. 544ff. und Däubler, in: Ders. (Hrsg.), Arbeitskampfrecht, § 14).

(6) Der Streik darf nicht gegen die **Regeln eines fairen Kampfes** verstoßen; insbesondere darf er nicht auf die Vernichtung des Gegners abzielen, sondern muss den »gestörten Arbeitsfrieden« wiederherstellen. **142**

(7) Während der Arbeitsniederlegung müssen die sog. **Erhaltungsarbeiten** gesichert sein. Darunter versteht man diejenigen Aktivitäten, die nötig sind, damit Produktionsanlagen nicht dauerhaft funktionsunfähig werden. Klassisches Beispiel ist der Hochofen, dessen Temperatur nicht unter ein bestimmtes Niveau absinken darf (BAG, AuR 1983, 251). Außerdem dürfen Leben und Gesundheit Dritter nicht ernsthaft in Gefahr geraten, weshalb beispielsweise Ärzte im Krankenhaus zwar streiken dürfen, aber gleichwohl akute Fälle behandeln müssen (sog. **Notstandsarbeiten**). **143**

(8) Der Streik darf nicht aus anderen Gründen gegen die **guten Sitten** verstoßen (so auch BGH, NJW 1978, 817). **144**

(9) Der Streik darf **nicht ein spezielles Verbot** wie das (angeblich bisher) für Beamte geltende **verletzen** und keine betriebsverfassungsrechtlichen Fragen wie die vorübergehende Änderung der betrieblichen Arbeitszeit zum Gegenstand haben. **145**

(10) Der Streik darf kein **Ziel** verfolgen, das auch **auf dem Rechtsweg** durchgesetzt werden kann. So darf etwa eine unberechtigte Kündigung nicht mit einer Arbeitsniederlegung beantwortet werden (BAG, DB 1978, 1403). **146**

(11) Der **Solidaritätsstreik** wurde zunächst als **grundsätzlich rechtswidrig** angesehen, es sei denn, das bestreikte Unternehmen würde zum selben Konzern gehören oder wäre aus anderen Gründen nicht mehr als »außenstehender Dritter« anzusehen (BAG, DB 1985, 1695). Vor einigen Jahren hat das BAG diese Grenze erheblich gelockert und zieht sie erst dort, wo der bestreikte Arbeitgeber in unangemessener Weise beeinträchtigt ist (BAG, NZA 2007, 1055). **147**

Unbestritten legal ist nach diesen Grundsätzen ein gewerkschaftlicher Streik um bessere tarifliche Lohn- und Arbeitsbedingungen. Dazu gehören auch **gewerkschaftliche Warnstreiks** von einigen Stunden während laufender Tarifverhandlungen (BAG, DB 1988, 1952) – und zwar auch dann, wenn sie im Rahmen der sog. **Neuen Beweglichkeit** systematisch eingesetzt und mit anderen Aktionsformen wie Aufklärungskampagnen, Demonstrationen usw. verbunden werden. Noch nicht entschieden ist, ob auch die Durchführung einer **Urabstimmung** zu den Rechtmäßigkeitsvoraussetzungen zählt – nach ganz hM ist dies nicht der Fall (Kehrmann/Bobke, ZRP [= Zeitschrift für Rechtspolitik] 1985, 78). Auch die **148** bisher angenommene generelle Unzulässigkeit des **Demonstrations-streiks** blieb in neuerer Zeit dahingestellt (BAG, NZA 2007, 1055, 1056).

4.2 Das BAG hat nicht immer Recht ...

149 Die Kritik an der BAG-Rechtsprechung füllt ganze Bücher. Eine Reihe von Argumenten soll wenigstens erwähnt werden.

- Das BAG geht **allzu großzügig mit dem geltenden Recht** um. Die »Wahrung und Förderung der Arbeits- und Wirtschaftsbedingungen« im Sinne des Art. 9 Abs. 3 GG erfolgt nicht nur durch Abschluss von Tarifverträgen, sondern beispielsweise auch durch Hinweise auf Missstände, durch **Solidaritätsaktionen aller Art**, durch Demonstrationen usw. (so im Grundsatz auch BVerfGE 42, 133, 138). Warum soll der Streik nur bei Tarifverhandlungen, nicht aber in anderen Situationen zulässig sein, wo die Arbeitnehmer gleichfalls die Unterlegenen sind? Immerhin hat das BAG (NZA 2003, 734, 740, bestätigt in BAG, NZA 2007, 987, 994) eine »Überprüfung« angekündigt, ob wirklich nur wegen tariflicher Ziele gestreikt werden darf.

150 • Das Bundesverfassungsgericht hat bei der Bestimmung der kollektiven Koalitionsfreiheit auch auf die **historische Entwicklung** abgestellt und einen Rückschritt hinter das in der Weimarer Zeit Erreichte ausdrücklich ausgeschlossen (BVerfGE 4, 96 ff.). In Weimar war aber z. B. auch ein nicht von der Gewerkschaft getragener Streik rechtmäßig, sofern die Kündigungsfristen eingehalten wurden.

151 • Die **Streikgarantie des Art. 6 Ziff. 4 ESC** wurde zwar 1984 im Zusammenhang mit Warnstreiks herangezogen, anschließend aber gut 20 Jahre lang wieder »vergessen«, d. h. in keiner Entscheidung mehr erwähnt. Dies ist bedauerlich, da dort in sehr allgemeiner Form das »Recht der Arbeitnehmer ... auf kollektive Maßnahmen einschließlich des Streikrechts im Falle von Interessenkonflikten ...« garantiert ist. Der Sachverständigenausschuss des Europarats, der die Einhaltung der Sozialcharta zu überwachen hat, leitete daraus beispielsweise die generelle Zulässigkeit des Solidaritätsstreiks und der nicht von der Gewerkschaft getragenen Arbeitsniederlegung her. Warum hat das BAG sich davon ohne jede Begründung entfernt? Anfang 1998 ist die Bundesrepublik sogar vom Ministerkomitee des Europarats aufgefordert worden, ihr Arbeitskampfrecht zu ändern (dazu

Däubler, AuR 1998, 144). Reale Konsequenzen sind auch daraus nicht gezogen worden. Eine erneute Bezugnahme fand sich erst bei den wenig kontroversen Feststellungen, dass die Friedenspflicht das Streikrecht beschränken könne und dass nicht für rechtswidrige Ziele gestreikt werden dürfe (BAG, NZA 2003, 734, 739). Im Jahre 2007 ist bei der grundsätzlichen Anerkennung des »Unterstützungsstreiks« auch auf die ESC zurückgegriffen worden, ohne dass allerdings die vom BAG entwickelten Grenzen an deren Maßstäben überprüft worden wären (BAG, NZA 2007, 1055, 1058 ff.).

- Die dem gewerkschaftlichen Streik gezogenen **Grenzen** sind **sehr unbestimmt.** Wann ist ein Streik »unverhältnismäßig«, weil er das Gemeinwohl »offensichtlich« verletzt? Wann ist ein Streik »unfair«? Hängt hier nicht alles vom jeweiligen Standpunkt ab? Da der rechtswidrige Streik mit hohen Schadensersatzrisiken verbunden ist, muss die Gewerkschaft sehr vorsichtig sein: Sie wird nur solche Aktionen ins Auge fassen, die »ganz sicher« im Rahmen des rechtlich Zulässigen liegen. Die gerichtlichen Auseinandersetzungen um den Streik der Lokomotivführer machten deutlich, welche Spielräume die allgemeinen Formeln des BAG für Streikverbote lassen (s. etwa ArbG Nürnberg, AuR 2007, 320; ArbG Chemnitz, AuR 2007, 393, und andererseits SächsLAG, AuR 2007, 439): Zuerst wurde er wegen Gefährdung des Gemeinwohls für illegal erklärt und verboten, dann wurde er in der Berufungsinstanz in weitem Umfang erlaubt.

- Der Europäische Gerichtshof für Menschenrechte (**EGMR**) hat in zwei neueren Urteilen seine frühere Auslegung der Koalitionsfreiheit des Art. 11 EMRK revidiert und dieser Bestimmung ein **Menschenrecht** auf Kollektivverhandlungen und **auf Streik** entnommen (EGMR, AuR 2009, 269 und AuR 2009, 274). Ein generelles Streikverbot für Beamte ist deshalb nicht mehr zulässig (BVerwG, AuR 2014, 431). Da Art. 11 in der Bundesrepublik unmittelbar geltendes Recht ist, wird sich auch das deutsche Arbeitskampfrecht öffnen müssen (weiterführende Überlegungen bei Lörcher, AuR 2009, 229 ff. und in: Däubler, Arbeitskampfrecht, § 10).

152

4.3 Die Praxis des Streiks

153 Arbeitsniederlegungen sind in der Bundesrepublik eine seltene Erscheinung. Im Jahre 1993 gingen insgesamt 592 995, im Jahre 1996 98 135, im Jahre 2000 10 776 Arbeitstage verloren (Statistisches Jahrbuch 1997, 127; 2001, 128). Diese Zahlen beliefen sich 2003 auf 163 000 und 2012 auf 86 000. Rechnet man auch die kurzfristigen Arbeitsniederlegungen mit, so ergeben sich nach einer Schätzung des WSI für das Jahr 2012 450 000 und für das Jahr 2013 551 000 verlorene Arbeitstage (www.boeckler.de/wsi-tarifarchiv_42406.htm – zuletzt abgerufen am 4.1.2015). Dies erscheint nur auf den ersten Blick als respektable Größe. Würde jeder Arbeitnehmer pro Jahr einen Tag streiken, würden ca. 35 Mio. Arbeitstage ausfallen.

> Rechnet man die verlorenen Arbeitstage auf die einzelnen Beschäftigten um, so hat **1996** jeder rund $^1/_{305}$ eines Arbeitstags gestreikt. Einen Acht-Stunden-Tag, d.h. 480 Minuten unterstellt, bedeutet dies, dass **jeder ca. 1,57 Minuten gestreikt** hat. Im Jahre **1998** gingen nur 16 102 Arbeitstage verloren (Statistisches Jahrbuch 1999, 124), was umgerechnet bedeutet, dass jeder 0,25 Minuten, d.h. **15 Sekunden gestreikt** hat. Im Jahre 2002 fielen insgesamt 310 149 Arbeitstage wegen Streiks aus (Statistisches Jahrbuch 2003, 130), was einer Durchschnittszeit von fünf Minuten gleichkommt; im Jahre 2003 waren es knapp drei Minuten (Statist. Jahrbuch 2004, 99: 163 281 verlorene Arbeitstage). 2006 war ein »streikfreundliches« Jahr mit insgesamt 429 000 ausgefallenen Arbeitstagen, 2012 wurden 630 000 Ausfalltage erreicht (http://www.boeckler.de/28607_42314.htm – abgerufen am 8.7.2013). Im Durchschnitt der Jahre 1996 bis 2006 gingen in Deutschland mit 2,4 Arbeitstagen pro 1000 Beschäftigten europaweit die wenigsten Tage verloren; die Schweiz brachte es auf 3,1, die Niederlande auf 7,8, Österreich auf 40,5. An der Spitze lagen Italien mit 86,8 und Spanien mit 144,9 (Angaben nach Böckler impuls Heft10/2007, S. 1; neuere Angaben bei www.boeckler.de/wsi-tarifarchiv_42406.htm).

Die **Furcht vor »enormen Streikschäden«** ist unter diesen Umständen völlig unbegründet. Lediglich 1984 war ein Ausnahmejahr mit 5,6 Mio. verlorener Arbeitstage, doch wurde auch hier der Produktionsausfall größtenteils durch nachfolgende Überstunden wieder wettgemacht. Allerdings muss man berücksichtigen, dass die offizielle Statistik nicht jede kleinere Arbeitsniederlegung bis zu einem Tag Dauer ausweist; Warnstreikaktionen, die in den letzten Jahren immer häufiger geworden sind, werden z.B. nicht erfasst. So »lästig« sie für die Arbeitgeberseite im Einzelfall sein mögen, so wenig entsteht bei ihnen ein definitiver Schaden, da die ausgefallene Arbeit meist sehr schnell nachgeholt wird.

4.4 Konsequenzen eines rechtmäßigen Streiks

4.4.1 Die rechtliche Situation der Streikenden

Die rechtmäßige Arbeitsniederlegung suspendiert das Arbeitsverhältnis: **154** Solange gestreikt wird, besteht daher auch **kein Entgeltanspruch.** Arbeitslosen- oder Kurzarbeitergeld werden gleichfalls nicht bezahlt, da sich der Staat im Arbeitskampf neutral verhalten muss und deshalb nicht durch Zahlungen eine Seite unterstützen darf. Wer Gewerkschaftsmitglied ist, erhält **Streikunterstützung,** die je nach gewerkschaftlichen Richtlinien zwischen $^2/_3$ und 90 Prozent des Nettolohnes ausmacht.

> Bezugsgröße ist dabei der Betrag, den das Mitglied für die Beitragsberechnung (ein Prozent!) angab. Wer früher geschummelt hat, hat nun das Nachsehen.

Nicht suspendiert werden die **Befugnisse aus der Betriebsverfassung: 155** Auch während des Streiks kann daher eine Betriebsversammlung stattfinden. Für ihre Dauer wird das Arbeitsverhältnis gewissermaßen »reaktiviert«, so dass der Arbeitgeber insoweit Entgelt bezahlen muss (BAG, DB 1987, 2154). Die Mitbestimmungsrechte des Betriebsrats bleiben gleichfalls erhalten, es sei denn, es gehe um Gegenmaßnahmen des Arbeitgebers gegen den Streik (BAG, DB 1981, 327). Auch in diesem Bereich bleibt dem Betriebsrat ein Informationsrecht, selbst wenn es für den Arbeitgeber unangenehm sein sollte, insoweit die Karten auf den Tisch legen zu müssen (BAG, NZA 2004, 223).

Bei längeren Streiks konnten sich bis Ende 1989 Probleme in der **Krankenversicherung** ergeben, da während des Arbeitskampfes in der Regel keine Beiträge bezahlt wurden und deshalb der Versicherungsschutz nach drei Wochen endete. Seither gilt § 192 Abs. 1 Nr. 1 SGB V, wonach der Versicherungsschutz bis zur Beendigung des (rechtmäßigen) Arbeitskampfes fortbesteht.

4.4.2 Die Auswirkungen des Streiks auf nichtstreikende Arbeitnehmer – insbesondere die Problematik des § 160 SGB III

Aufgrund einer Arbeitsniederlegung tritt immer häufiger der Fall ein, **156** dass nicht nur im selben Betrieb, sondern auch in anderen Betrieben nicht mehr weiterproduziert werden kann. Die »Vernetzung« der einzelnen Unternehmen, die »Abstimmung« mit Zulieferern und Abnehmern ist immer intensiver geworden. Der Ausfall eines Produzenten hat daher enorme »**Fernwirkungen**«.

> Wird ein Automobilzulieferer bestreikt, der Kolben oder Autositze herstellt, steht auch das Automobilwerk nach spätestens einem halben Tag still, weil nur sehr wenige Kolben bzw. Sitze auf Vorrat gelagert werden. Zum Teil wird auf die Vorratshaltung ganz verzichtet, weil die Vorprodukte fast auf die Minute genau angeliefert werden (sog. **Just-in-time-Produktion**).

Kann in anderen Betriebsabteilungen und insbesondere in anderen Unternehmen nicht mehr weitergearbeitet werden, stellen sich zwei Fragen:

(1) Muss dort der Arbeitgeber dennoch das Entgelt fortbezahlen?

(2) Wenn das nicht der Fall ist: Können die nicht weiterbeschäftigten Arbeitnehmer dann Kurzarbeiter- oder Arbeitslosengeld bekommen?

157   **Zu 1:** Grundsätzlich trägt der Arbeitgeber sowohl das **Betriebsrisiko** als auch das **Wirtschaftsrisiko**.

> **Betriebsrisiko:** Er muss trotz technischer Störungen wie z. B. Stromausfall das Entgelt fortbezahlen. Das Gleiche gilt, wenn die Arbeit an sich technisch möglich, aber wirtschaftlich sinnlos ist – sog. **Wirtschaftsrisiko**. Beispiel: Das Lager ist bis obenhin voll, wegen heftigen Schneefalls kann nichts abtransportiert werden. In beiden Fällen muss der Arbeitgeber Vorsorge treffen, damit eine solche Situation wie die Überfüllung der Lagerräume nicht entsteht. Er ist für das Unternehmen verantwortlich und muss deshalb auch für Störungen einstehen. Dies ist durch den seit 1.1.2002 geltenden § 615 Satz 3 BGB ausdrücklich bestätigt worden.

Von diesem Grundsatz gibt es aber eine entscheidende Ausnahme: Gehört der durch den Streik in einem anderen Unternehmen »matt gesetzte« Arbeitgeber zum selben Arbeitgeberverband oder gar zum selben Konzern, würden sich Rückwirkungen auf die Tarifverhandlungen ergeben: Er würde nachhaltig an seine Unternehmerkollegen appellieren, sich möglichst schnell mit der Gewerkschaft zu einigen. Nur so wäre er aus der misslichen Lage befreit, nicht produzieren zu können und dennoch die Löhne fortbezahlen zu müssen. Dies wird als »Störung« der Tarifauseinandersetzung, als Verstoß gegen das Gebot gleicher Durchsetzungschancen betrachtet. Nach der Rechtsprechung muss er deshalb das Entgelt nicht fortbezahlen. Da sehr viele Arbeitgeber in Arbeitgeberverbänden organisiert sind, wird so die Ausnahme im Arbeitskampf zur Regel: **Der Lohnanspruch fällt in mittelbar streikbetroffenen Betrieben typischerweise weg.**

Was geschieht mit den **Außenseiterbetrieben**, die wegen eines Streiks nicht mehr weiterarbeiten können? Wegen der »vorübergehenden Produktionsstörung« kann der Arbeitgeber »**Kurzarbeit** null Stunden« beantragen; sobald sie bewilligt ist, endet seine Zahlungspflicht.

Zu 2: Der eigentliche Streit ging in der Vergangenheit um die Frage, **158** ob die betroffenen Arbeitnehmer nicht wenigstens **Kurzarbeiter-** oder **Arbeitslosengeld** vom Arbeitsamt (jetzt: Agentur für Arbeit) beziehen können. Dabei muss man drei Gruppen von Beschäftigten unterscheiden.

- Wer **im umkämpften Tarifgebiet beschäftigt** ist, hat nach § 160 Abs. 3 Nr. 1 SGB III (früher: § 116 Abs. 3 Nr. 1 AFG) keinen Anspruch auf Arbeitslosengeld.[2] § 100 Abs. 1 SGB III schließt auch das Kurzarbeitergeld aus. Der Staat würde nach verbreiteter Einschätzung sonst seine Neutralitätspflicht im Arbeitskampf verletzen.

Beispiel:
Ein Automobilzulieferer in Stuttgart wird bestreikt, die in Stuttgart-Untertürkheim ansässige Firma Daimler kann nicht weiterarbeiten. Die Daimler-Arbeitnehmer bekommen kein Arbeitslosengeld.

Erst recht gilt dies natürlich, wenn die eine Betriebsabteilung streikt und die andere deshalb nicht weiterarbeiten kann.

- Können **Unternehmen in einer anderen Branche** nicht weiterarbeiten, **159** wird nach § 160 Abs. 1 Satz 2 SGB III (früher: § 116 Abs. 1 Satz 2 AFG) Arbeitslosengeld bezahlt.

Wegen eines Streiks in der Metallindustrie erhält ein Chemiewerk keine Ventile mehr und muss deshalb – weil es sie regelmäßig austauschen muss – nach wenigen Tagen die Produktion einstellen.

Hier ist keine Beeinflussung des Arbeitskampfes aufgrund der Leistungen der Agentur für Arbeit zu befürchten.

- Kontrovers ist allein der dritte Bereich. Können **Arbeitnehmer in der-** **160** **selben Branche, aber außerhalb des umkämpften Tarifgebiets** nicht weiterbeschäftigt werden, wurde nach der bis 1986 geltenden Rechtslage Arbeitslosengeld gewährt.

Wegen eines Metallerstreiks in Baden-Württemberg kann eine hessische Maschinenfabrik nicht weiterarbeiten.

---

2 Zum Begriff »Tarifgebiet« s. unten Rn. 162.

Einzige Ausnahme: In beiden Gebieten wurde ein identisches Forderungspaket präsentiert, was nur ausnahmsweise der Fall war. Gegen den erbitterten Widerstand der Gewerkschaften wurde diese Regelung geändert: Nach dem **neugefassten § 116 Abs. 3 Nr. 2 AFG** (jetzt: § 160 Abs. 3 Nr. 2 SGB III) **entfällt** das **Arbeitslosengeld** schon dann, wenn in dem mittelbar betroffenen Bereich (im Beispiel: Hessen) auch **nur eine Forderung** erhoben wurde, »**die einer Hauptforderung des Arbeitskampfes nach Art und Umfang gleich ist, ohne mit ihr übereinstimmen zu müssen**«.

Beispiel:
In allen Tarifgebieten der Metallindustrie wurde 1990 die Forderung nach der 35-Stunden-Woche erhoben.

Im Einzelfall kann es sehr zweifelhaft sein, wann zwei Forderungen »nach Art und Umfang gleich« sind, ohne miteinander übereinzustimmen. Ist diese Voraussetzung gegeben, wenn in einem Gebiet 5,2, im anderen jedoch 5,5 Prozent Lohnerhöhung verlangt werden? Auch kann es Kopfzerbrechen bereiten, eine »Hauptforderung« von einer »sonstigen Forderung« zu unterscheiden. **Praktisch** läuft die Neuregelung darauf hinaus, dass an mittelbar vom Streik betroffene Arbeitnehmer innerhalb derselben Branche **kein Arbeitslosengeld mehr** bezahlt wird.

161   Speziell **für die IG Metall** als stärkster Gewerkschaft im DGB hat dies **enorme Konsequenzen**: Sie ist zwar in der Lage, allen, auch den mittelbar streikbetroffenen Arbeitnehmern im umkämpften Tarifgebiet Streikunterstützung zu bezahlen. Ihre finanziellen Möglichkeiten sind jedoch bei weitem überschritten, wenn im ganzen Bundesgebiet 500 000 oder 1 Mio. Metallarbeitnehmer nicht mehr weiterbeschäftigt werden. Insoweit könnte sie keine Streikunterstützung mehr bezahlen. Das würde – so die herrschende Einschätzung – viele Mitglieder schwer enttäuschen. Auch würden sie sich darüber beschweren, dass ihr Tarifbezirk nicht Kampfgebiet geworden ist, denn dann hätten sie Streikunterstützung bekommen. Möglicherweise würde es zu zahlreichen Austritten kommen. Die Gewerkschaft hat deshalb unter dieser veränderten Rechtslage nur noch kurze Warnstreiks durchgeführt. Die Arbeitgeberseite war daraufhin immer zu einem Kompromiss bereit, weil sie vermutlich befürchtete, dass ein großer Konflikt mit schwer zu beherrschenden Risiken verbunden wäre. Der einzige größere Streik fand 1994/95 in Bayern statt, wurde aber bewusst auf Betriebe beschränkt, die wenig mit anderen verflochten waren. Dies war für das **BVerfG** wohl der entscheidende

Grund, um die Neuregelung des § 116 AFG für »derzeit noch« verfassungskonform zu erklären (DB 1995, 1464).

4.5 Die Gegenmittel der Arbeitgeber

4.5.1 Die Aussperrung

Wird um einen besseren Tarifvertrag gestreikt, können die Arbeitgeber **162**
innerhalb des Tarifgebiets aussperren.

> Der Begriff »Tarifgebiet« meint den räumlichen Geltungsbereich des umkämpften Tarifvertrags. Dies ist in der Regel ein bestimmter Teil der Bundesrepublik wie z.B. Nordwürttemberg/Nordbaden, das Unterwesergebiet oder Rheinland-Pfalz/Saarland. Die Abgrenzung ist historisch überkommen und ergibt sich aus den bisherigen Tarifverträgen. In einzelnen Bereichen (etwa in der Druckindustrie) gibt es einheitliche Tarifverträge für das ganze Bundesgebiet. Beim Firmentarif ist das Unternehmen »Tarifgebiet«, obwohl diese Bezeichnung dort nicht üblich ist.

Genau wie der Streik bestimmt sich auch die **Aussperrung** ausschließlich nach **richterrechtlichen Grundsätzen**.

Ausgangspunkt des BAG ist das sog. **Paritätsprinzip**: Arbeitgeberver- **163** bände und Gewerkschaften sollen im Prinzip gleiche Durchsetzungschancen besitzen, keiner soll der anderen Seite das Ergebnis diktieren können. Weiter gilt auch für die Aussperrung der Grundsatz der **Verhältnismäßigkeit** (BAG, AP Nr. 43 zu Art. 9 GG Arbeitskampf).

Was dies konkret bedeutet, war lange Zeit unklar. Auch sollte man **164** vermuten, dass der Wegfall des Lohnanspruchs und die beschriebenen »Fernwirkungen« des Streiks dazu führen, dass kein »Lohndiktat« durch die Gewerkschaften droht. In **drei Entscheidungen vom 10.6.1980** (BAG, DB 1980, 1266ff. = AP Nr. 64–66 zu Art. 9 GG Arbeitskampf) hat das BAG einerseits an der **Aussperrung** festgehalten, ihr andererseits **bestimmte Grenzen** gezogen. Seine Argumentation lautet – kurz gefasst – wie folgt:

- Die **Arbeitnehmer** und ihre Gewerkschaften haben ein **eigenes In-** **165** teresse daran, den **Umfang des Arbeitskampfes** möglichst zu beschränken. Der Lohn ist die Lebensgrundlage der Arbeitnehmer, sein Verlust nur kurze Zeit durchzuhalten. Die dafür erforderliche Opferbereitschaft ist sehr schwer erreichbar. Die Streikunterstützung stellt keinen vollen Ausgleich dar; auch wird sie den Nichtmitgliedern nicht gewährt. **An sich** könnte die **Aussperrung** daher **entbehrlich sein.**

166 ▪ Der Grundsatz gleicher Durchsetzungschancen (Parität) verlangt dennoch, dass die Arbeitgeber **bei Teilstreiks eine Abwehraussperrung** verhängen können. Maßgebend ist die Tatsache, dass der Teilstreik einen wirksamen **Angriff auf die Solidarität der Arbeitgeber** darstellt. Im Einzelnen begründet das BAG dies wie folgt:

> *»Während die Interessen der Mitglieder einer Gewerkschaft weitgehend übereinstimmen und zu einem hohen Maße an Solidarität führen, sind die Mitglieder eines Arbeitgeberverbandes normalerweise potentielle oder tatsächliche Konkurrenten. Zwar verbindet sie das Interesse an günstigen Tarifabschlüssen, und diese Gemeinsamkeit lässt sie im Arbeitskampf zusammenrücken, aber die marktbedingten Interessengegensätze werden dadurch nicht aufgehoben. Daraus ergibt sich ein Interessenkonflikt, wenn die Lasten eines Arbeitskampfes, der um einen Verbandstarifvertrag geführt wird, nur einzelne Mitglieder des Verbandes trifft. Diese sehen sich in die Lage versetzt, im gemeinsamen Arbeitgeberinteresse stellvertretend standhalten zu müssen, während ihre streikverschonten Verbandskollegen die Gunst der Stunde nutzen und Marktanteile hinzugewinnen können. Man wird davon ausgehen müssen, dass dieser Konflikt zwar nicht zwangsläufig, aber doch typischerweise bei eng begrenzten Teilstreiks auftritt.«*

Die ungleiche Lastenverteilung könne dazu führen, dass die bestreikten Unternehmen Firmentarife abschließen und damit gewissermaßen zu einem »Separatfrieden« gelangen. Die **Konkurrenzverzerrungen** seien umso größer, je enger der Rahmen eines Teilstreiks abgesteckt werde.

167 In Konkretisierung des Verhältnismäßigkeitsprinzips wurden deshalb **quantitative Grenzen** entwickelt: Werden weniger als ein Viertel der Arbeitnehmer des Tarifgebiets zur Arbeitsniederlegung aufgefordert, so muss die Arbeitgeberseite den Kampfrahmen erweitern können, um so die Belastungen für ihre Solidarität abzuwehren. Dabei erscheint die **Aussperrung von bis zu 25 Prozent der im Tarifgebiet beschäftigten Arbeitnehmer** angemessen. Eine Störung der Kampfparität sei möglicherweise nicht mehr zu befürchten, wenn die Hälfte der Arbeitnehmer eines Tarifgebiets bereits zum Streik aufgerufen oder von einem Aussperrungsbeschluss betroffen sei, doch blieb diese Frage letztlich dahingestellt. Wird jedoch, wie im Falle des Arbeitskampfes 1978 in der Druckindustrie, ein Streik von weniger als zehn Prozent der Beschäftigten mit einer **bundesweiten Aussperrung** beantwortet, so ist dies ein **Verstoß gegen** das **Verhältnismäßigkeitsprinzip.** Anders verhielt es sich in der Metallindustrie, wo bei einem Tarifgebiet mit 500 000 Beschäftigten zunächst 80 000 gestreikt hatten und dann 120 000 ausgesperrt wurden.

- Das Paritätsprinzip gehört zu den »tragenden Grundsätzen des gel- **168**
  tenden Tarifrechts«. Da es die Abwehraussperrung als Reaktion auf
  einen Teilstreik zwingend voraussetze, sei das **Aussperrungsverbot
  des Art. 29 Abs. 5 der Hessischen Landesverfassung** unwirksam geworden – Bundesrecht bricht Landesrecht (Art. 31 GG).
- Die sog. **Selektivaussperrung,** die sich ausschließlich gegen gewerk- **169**
  schaftlich organisierte Arbeitnehmer richtet, ist eine durch Art. 9
  Abs. 3 Satz 2 GG verbotene Benachteiligung wegen Gewerkschaftszugehörigkeit und außerdem eine Maßnahme, die gegen den Bestand
  der Gewerkschaften gerichtet ist (BAG, DB 1980, 1355). Sie ist deshalb rechtswidrig.

Seit 1980 tritt die Rechtsprechung im Wesentlichen auf der Stelle. Wird – **170**
wie immer häufiger – um einen **Firmentarif** gestreikt, so steht dem betroffenen Arbeitgeber gleichfalls ein Aussperrungsrecht zu (BAG, NZA
1993, 39). Das auch hier geltende Verhältnismäßigkeitsprinzip verbietet
jedoch ein »Übermaß«, das etwa darin bestehen könnte, einen zweistün-
digen Streik mit einer zweitägigen Aussperrung zu beantworten. In der
Praxis hat die Aussperrung in den letzten 25 Jahren allerdings so gut wie
keine Rolle mehr gespielt.

Die **Aussperrung suspendiert** genau wie der Streik das Arbeitsverhält- **171**
nis und kann gleichermaßen gegen Streikende wie **gegen Nichtstreikende**
verhängt werden. Eine Beschränkung auf Streikende bedarf nach LAG
Hamm (AP Nr. 159 zu Art. 9 GG Arbeitskampf) eines besonderen recht-
fertigenden Grundes. Ob eine **lösende Aussperrung,** die das BAG 1971
unter bestimmten Voraussetzungen noch für zulässig gehalten hatte, weiterhin möglich ist, erscheint zweifelhaft. Nicht angesprochen wurde auch
die (früher bejahte) Frage, ob die Arbeitgeberseite nach Auslaufen des
Tarifvertrags von sich aus als erste zu Kampfmitteln greifen und eine sog.
Angriffsaussperrung verhängen kann. In der Logik der Rechtsprechung
seit 1980 liegt es, etwas Derartiges für illegal zu erklären: Im Paritätsver-
ständnis des BAG hat ein solches Kampfmittel keinen Platz.

4.5.2   Andere Kampfmittel des Arbeitgebers

- Der Arbeitgeber kann darauf vertrauen, dass ein längerer Streik die **172**
  Arbeitnehmer stärker belastet als ihn selbst. Er »**steht den Streik
  durch**« und wartet, bis der anderen Seite die Puste ausgeht und sie
  mit einem bescheidenen Kompromissangebot kommt.
- Nach der BAG-Rechtsprechung hat der bestreikte Arbeitgeber das **173**

Recht, den Betrieb insgesamt zu schließen und so auch die Arbeitsverhältnisse der Arbeitswilligen zu suspendieren (BAG, DB 1995, 100). Dies hat für ihn den Vorteil, dass er mit niemandem eine Auseinandersetzung führen muss, ob nicht doch eine Weiterbeschäftigung möglich gewesen wäre.

174 ▪ Der Arbeitgeber kann sich stattdessen für eine Fortführung des Betriebs entscheiden und Arbeitswillige zur Arbeitsleistung ermutigen. Dabei neigt das BAG dazu, auch »**Streikbruchprämien**« zuzulassen (BAG, DB 1994, 148), doch ist dies für den Arbeitgeber mit Risiken verbunden: Wird am Ende des Arbeitskampfes eine Maßregelungsklausel vereinbart, müssen auch die Streikenden in den Genuss der fraglichen Sonderleistung kommen (BAG, DB 1994, 148).

175 ▪ Der Arbeitgeber hat angeblich weiter die Möglichkeit, für die Dauer des Arbeitskampfes **Streikbrecher einzustellen** (angedeutet in BAG, DB 1995, 101). Damit wird nicht nur Gegendruck aufgebaut, was an sich legitim ist, sondern das Streikrecht unterlaufen, da insbesondere weniger qualifizierte Arbeitskräfte leicht ersetzt werden können. Dies ist ein unzulässiger Eingriff in das Streikrecht (Einzelheiten bei Däubler, AuR 2011, 388 ff.) und verstößt nach Ansicht des Sachverständigenausschusses der ILO auch in schwerwiegender Weise gegen das ILO-Übereinkommen Nr. 87 (Lörcher, in Däubler, Arbeitskampfrecht, § 10 Rn. 93).

175a ▪ Schließlich ist denkbar, dass der Arbeitgeber damit **droht**, die **Produktion** teilweise oder ganz ins Ausland **zu verlagern**. Noch mehr als der Einsatz von Streikbrechern entzieht dies dem Streikrecht die Grundlage und stellt deshalb einen unverhältnismäßigen Eingriff in das Grundrecht aus Art. 9 Abs. 3 GG dar. Außerdem verstößt es gegen die Leitsätze der OECD für multinationale Unternehmen, wonach solche Drohungen explizit untersagt sind (Nr. V 7 in der Fassung von 2011 – abrufbar unter http://www.oecd.org/daf/inv/mne/48808708.pdf – abgerufen am 8.7.2013).

4.6 Rechtswidrige Streiks und rechtswidrige Aussperrungen

Verstößt ein Streik gegen die vom BAG aufgestellten Grundsätze, steht dem Arbeitgeber eine ganze Batterie von **Gegenmaßnahmen** zur Verfügung.

- Der einfachste Weg für ihn ist, den Streik durch **einstweilige Verfügung** verbieten zu lassen. Nach der Rechtsprechung verschiedener Landesarbeitsgerichte ist dies allerdings nur dann möglich, wenn der Streik »offensichtlich« rechtswidrig ist (LAG Frankfurt, AuR 1980, 218; LAG Stuttgart, AuR 1974, 316; LAG Düsseldorf, DB 1979, 167; a.A. LAG München, NJW 1980, 957; HessLAG, AP Nr. 168 und LAG Rheinland-Pfalz, AP Nr. 169 zu Art. 9 GG Arbeitskampf mit Anm. Däubler). Die verfahrensrechtlichen Einzelheiten sind recht kompliziert und hier nicht im Einzelnen darzustellen (näher Steinbrück, AuR 1987, 161 ff. und insbesondere Bertzbach, in: Däubler, Arbeitskampfrecht, § 24). **176**

- Die den rechtswidrigen Streik organisierende Gewerkschaft kann auf **Schadensersatz** in Anspruch genommen werden. Der Arbeitgeber ist allerdings nach § 254 BGB gehalten, den Schaden möglichst gering zu halten. **177**

Beispiel:
Können wegen eines Druckerstreiks Zeitungsanzeigen nicht veröffentlicht werden, darf es der Arbeitgeber nicht einfach dabei belassen; wenn sie auch nach Ende des Streiks noch den gewünschten Werbe-Effekt erzielen, sind sie eben erst zu diesem späteren Zeitpunkt zu veröffentlichen. Auch sind die Geschäftsbedingungen im Verhältnis zu den Kunden so zu gestalten, dass eine solche Verschiebung ohne wirtschaftliche Nachteile möglich ist.

- Ein **Schadensersatzanspruch** besteht nach der Rechtsprechung auch **gegen die rechtswidrig Streikenden** als Einzelpersonen. Nach §§ 830, 840 BGB haften sie sogar als Gesamtschuldner, d.h., der Arbeitgeber kann jeden auf den vollen Betrag in Anspruch nehmen. **178**

Beispiel:
Der festgestellte Schaden beträgt 80 000 Euro, rechtswidrig gestreikt haben 80 Arbeitnehmer. Dem Arbeitgeber steht es frei, von jedem der Streikenden 1000 Euro zu verlangen oder einen herauszugreifen und ihn auf 80 000 Euro in Anspruch zu nehmen. In Höhe von 79 000 Euro könnte dann das »Opfer« bei seinen Mitstreikenden Rückgriff nehmen. Eine wenig lebensnahe Möglichkeit.

In der Praxis wird von dieser Befugnis nicht Gebrauch gemacht, da sie das Betriebsklima in unerträglicher Weise beeinträchtigen würde und zahlreiche Solidaritätsaktionen zur Folge hätte.

179 ▪ Die Teilnahme an einem rechtswidrigen Streik stellt grundsätzlich einen wichtigen Grund für eine **fristlose Kündigung** dar. Damit sie wirklich ausgesprochen werden kann, muss jedoch zunächst noch eine Abwägung zwischen den Arbeitgeber- und den Arbeitnehmerinteressen erfolgen. Sie wird in der Regel dazu führen, dass eine solche Sanktion nur gegenüber Streikführern in Betracht kommt.

180 Endet der Streik mit einem Kompromiss und nicht mit einer totalen Niederlage der Arbeitnehmerseite, wird in der Regel ein »**Maßregelungsverbot**« vereinbart. Dieses verpflichtet den Arbeitgeber, keinerlei Sanktionen gegen die Streikenden oder die Gewerkschaft zu ergreifen und bereits getroffene Maßnahmen wieder rückgängig zu machen.

Was die **rechtswidrige Aussperrung** betrifft, so kommt auch hier eine einstweilige Verfügung in Betracht. Schadensersatzansprüche sind relativ uninteressant, da der rechtswidrig Ausgesperrte ja arbeitsbereit ist und deshalb einen **Entgeltfortzahlungsanspruch nach** § 615 BGB hat.

> Wie steht es mit dem Recht zur **fristlosen Kündigung**? Der Arbeitgeber kann selbstredend nicht aus seinem Unternehmen »hinausgesetzt« werden. So weit reicht der Paritätsgrundsatz nicht. Eine fristlose Kündigung durch den Arbeitnehmer wäre möglich, hätte aber den Verlust des Arbeitsplatzes zur Folge.

4.7   Einzelfragen

4.7.1   Streikposten

181 Streikposten gehören zum normalen Erscheinungsbild von Arbeitsniederlegungen. Niemand wünscht mehr eine Rückkehr zur Rechtslage vor dem Ersten Weltkrieg, als Streikpostenstehen noch als »grober Unfug« bestraft wurde. Das BAG hat dem schon frühzeitig Rechnung getragen und ganz allgemein »Absperrmaßnahmen« gebilligt, soweit die Beteiligten sich auf »**gütliches Zureden**« gegenüber Arbeitswilligen und Lieferanten beschränken, diese also notfalls passieren lassen (BAG, AP Nr. 5 und 34 zu Art. 9 GG Arbeitskampf). Wie »gütliches« vom »ungütlichen« Zureden abzugrenzen ist, blieb dabei unklar, doch dürften geringfügige Grenzüberschreitungen wie ein grober Zuruf oder ein **polemi-**

sches **Plakat** (»Eingang für Kriecher«) entsprechend den im Strafrecht entwickelten Grundsätzen unbedenklich sein.

Seit einiger Zeit wird kontrovers erörtert, ob auch »verdichtetes **182** **Streikpostenstehen**« der Art zulässig ist, dass Arbeitswillige und Auslieferungsfahrzeuge nicht durchgelassen werden. Rechtfertigen lässt sich eine solche Blockade nur dann, wenn andernfalls die Arbeitsniederlegung so gut wie jede Wirkung verlieren würde (ähnlich ErfK-Linsenmaier, Art. 9 GG Rn. 277). Die Rechtsprechung steht dem allerdings bislang ablehnend gegenüber und ist häufig bereit, sog. **3-Meter-Verfügungen** zu erlassen (vgl. etwa LAG Köln, NZA 1984, 402).

Danach müssen die Streikposten eine 3 m breite Gasse offen lassen, damit auch Fahrzeuge in das Betriebsgelände hineinfahren können. Bei den Streikenden finden sich dabei auch Formen eines **Gehorsams nach Art des Soldaten Schwejk**. So kündigte der Betriebsratsvorsitzende bei Opel/Rüsselsheim im Arbeitskampf 1984 an, man werde den gerichtlichen Anordnungen »korrekt, aber mit Kreativität« Folge leisten. Die für Arbeitswillige freizulassende Gasse war dann in der Tat 3 m breit, dafür aber 200 m lang (mitgeteilt bei Bobke, WSI-Mitteilungen 1985, 62; zu Rechtsproblemen bei Betriebsblockaden siehe Treber, Aktiv produktionsbehindernde Maßnahmen, Berlin 1996).

4.7.2 Betriebsbesetzung

Verbleiben die Arbeitnehmer während des Streiks gegen den Willen der **183** Arbeitgeberseite im Betrieb, kann dies nach herrschender Auffassung einen **Hausfriedensbruch** darstellen. Das BAG hält eine solche Betriebsbesetzung für rechtswidrig (BAG, AP Nr. 58 zu Art. 9 GG Arbeitskampf), in der Literatur wird dies zum Teil anders gesehen.

Lesenswert die Studien von Sabine Wendt: Die Betriebsbesetzung. Rechtstatsächliche und rechtsvergleichende Untersuchung einer neuen Arbeitskampfform in Großbritannien, Frankreich, Italien und der Bundesrepublik Deutschland, Frankfurt/New York 1984 und von Monique Piton: Anders leben. Chronik eines Arbeitskampfes: Lip Besançon, Frankfurt/Main 1976.

Bemerkenswert ist, dass der **Sachverständigenausschuss** der Internatio- **184** nalen Arbeitsorganisation (**ILO**) eine Betriebsbesetzung nur dann als illegal ansieht, wenn sie unfriedlich verläuft, also mit der Anwendung von Gewalt verbunden ist (s. Lörcher, in: Däubler [Hrsg.], Arbeitskampfrecht, § 10 Rn. 92).

4.7.3 Andere Formen der Arbeitsverweigerung

185 Nicht jede Nicht-Arbeit ist automatisch ein Streik. Möglich ist, dass Arbeitnehmer aufgrund ihres Arbeitsvertrags zur Arbeitsverweigerung berechtigt sind. Dies kann bei völlig unzumutbaren Arbeitsbedingungen, insbesondere aber dann der Fall sein, wenn den Arbeitnehmern ein »**Zurückbehaltungsrecht**« nach § 273 BGB zusteht.

186 Was bedeutet dies konkret? Jeder Schuldner (und das ist hier der Arbeitnehmer, der die Arbeitsleistung »schuldet«) kann seine Leistung so lange verweigern, wie die Gegenseite ihrerseits nicht zu einem vertragsgemäßen Verhalten bereit ist.

> Der Arbeitgeber ist nicht bereit, das fällige Entgelt zu bezahlen: Der Arbeitnehmer kann so lange die Arbeit unterbrechen, bis der Arbeitgeber seine Pflichten erfüllt hat.

Dies ist nicht nur bei Lohnrückständen, sondern beispielsweise auch dann von Bedeutung, wenn der Arbeitgeber **Arbeitsschutzvorschriften nicht beachtet** und so den Anspruch des Arbeitnehmers auf Schutz von Leben und Gesundheit verletzt.

Beispiel:
Die vorgeschriebenen Sicherheitshandschuhe werden nicht zur Verfügung gestellt, die Schadstoffkonzentration am Arbeitsplatz ist zu hoch.

Verstöße des Arbeitgebers gegen das Betriebsverfassungsgesetz reichen nach der Rechtsprechung allerdings nicht aus (BAG, AP Nr. 58 zu Art. 9 GG Arbeitskampf). Auch darf die Ausübung des »Zurückbehaltungsrechts« nicht treuwidrig sein, was insbesondere dann der Fall ist, wenn es nur um kleine Pflichtverletzungen des Arbeitgebers, wie eine Verzögerung der Gehaltszahlung um drei Tage, geht.

187 Wichtig ist, dass das Zurückbehaltungsrecht **von allen Betroffenen** (aber nur von ihnen!) **gemeinsam** ausgeübt werden kann. Um Verwechslungen mit einem Streik auszuschließen, verlangt die Rechtsprechung eine **ausdrückliche Kennzeichnung als** »Leistungsverweigerungs-« oder »Zurückbehaltungsrecht«.

> Empfehlenswert ist in solchen Fällen eine Rücksprache mit einem Gewerkschaftssekretär oder einem Rechtsanwalt. Einzelheiten zum Zurückbehaltungsrecht am Beispiel der Belastung mit Asbestfasern bei Däubler, AiB 1989, 136 ff.

Eine Ausübung vertraglicher Rechte liegt auch dann vor, wenn sich Arbeitnehmer **weigern, Überstunden zu leisten.** Dies setzt allerdings voraus, dass sie im Arbeitsvertrag keine entsprechende Verpflichtung übernommen haben. Wer ein hohes Zeitguthaben und eine flexible Arbeitszeit hat, kann auch **ausstempeln** und so durch ganz legale Abwesenheit den Arbeitsablauf etwas verlangsamen (BAG, NZA 2005, 1402).

Auf vertraglicher Ebene bewegt sich schließlich auch der sog. **Dienst** **188** **nach Vorschrift.** Gemeint ist damit **nicht** ein sog. **Bummelstreik,** bei dem man Vorschriften bewusst missversteht und so die Arbeit verzögert.

Beispiel:
Bei der Post sollen »stichprobenweise« die Briefe auf korrekte Frankierung überprüft werden. Die Arbeitnehmer kontrollieren jeden zweiten Brief.

Vielmehr geht es darum, Vorschriften ernst zu nehmen, die man bisher im Interesse eines reibungslosen Betriebsablaufs auf eigenes Risiko hin übertritt. Dies kann nicht rechtswidrig sein (ebenso ErfK-Linsenmaier, Art. 9 GG Rn. 274).

Beispiel aus der »Aktion Adler« bei der Deutschen Bundesbahn in den 60er Jahren: Beim Rangierdienst ist es verboten, unter Fahrzeugen hindurchzukriechen, über Puffer zu klettern oder zwischen den Puffern nahe beieinander stehender Fahrzeuge aufrecht hindurchzugehen. Bei Güterzügen bleibt daher meist keine andere Möglichkeit, als die andere Seite des Zuges durch einen umständlichen Weg um Anfang oder Ende der Wagenkolonne zu erreichen. Verfährt man nach dieser eindeutigen Vorschrift, so verzögert sich der Rangierbetrieb erheblich; der ganze Zugverkehr kommt durch Verspätungen in Unordnung.

Entsprechende Aktionen wurden in den 1970er Jahren von den **Fluglotsen** praktiziert. Der BGH (NJW 1978, 816) erklärte sie für illegal, doch war es nicht möglich, auch nur einem einzigen Fluglotsen eine konkrete Pflichtverletzung nachzuweisen. Disziplinarisch belangt wurden lediglich Personen, die in führender Position des Fluglotsenverbandes zu der Aktion aufgefordert hatten.

Erhöhte Bedeutung gewinnen in jüngster Zeit Störaktionen wie der sog. **Flashmob** (BAG, NZA 2009, 1347, bestätigt durch BVerfG, NZA 2014, 493: grundsätzlich zulässig) und die **Blockade von Internetseiten** (dazu OLG Frankfurt/M., CR 2006, 684 = JuS 2006, 943, und Däubler, Internet und Arbeitsrecht, Rn. 548 a ff.). Daneben wird **öffentlich geübte Kritik** immer wichtiger, da sie die Stellung der kritisierten Unternehmen auf dem Markt erheblich beeinträchtigen kann (Däubler, Arbeitskampfrecht, § 30).

4.8 Weiterführende Literatur

189 Das Arbeitskampfrecht kennt zahlreiche Einzelfragen, die hier nicht angesprochen werden konnten. Verwiesen sei deshalb auf sechs recht umfangreiche Bücher, die jeweils eine Gesamtdarstellung bringen:
Däubler (Hrsg.), Arbeitskampfrecht, 3. Aufl., Baden-Baden 2011 (bearbeitet von Bertzbach, Däubler, Deinert, Dette, Hensche, Heuschmid, Lörcher, Nitsche, Ögüt, Reinfelder, Unterhinninghofen, Walser, Wolter und Wroblewski);
Kissel, Arbeitskampfrecht: Ein Leitfaden, München 2002;
Löwisch (Hrsg.), Arbeitskampf- und Schlichtungsrecht, 2. Aufl., Heidelberg 1997 (bearbeitet von Löwisch, Hergenröder, Krauss, Rieble, Bittner und Rumler);
Otto, Arbeitskampf- und Schlichtungsrecht, München 2006.
Das Arbeitskampfrecht ist mitbehandelt bei **Berg/Kocher/Platow/ Schoof/Schumann**, Tarifvertragsgesetz und Arbeitskampfrecht, Kompaktkommentar, 4. Aufl., Frankfurt/Main 2013,
Gamillscheg, Kollektives Arbeitsrecht, Bd. I, München 1997 und bei
Däubler, Arbeitsrecht 1, 16. Aufl., Reinbek 2006, Kap. 5.

Durch die neuere Entwicklung weitgehend überholt:
Brox/Rüthers, Arbeitskampfrecht, 2. Aufl., Stuttgart u. a. 1982;
Seiter, Streikrecht und Aussperrungsrecht, Tübingen 1975.

5. Betriebsverfassungsrecht

5.1 Wozu Betriebsräte?

Dass es Betriebsräte *neben* Gewerkschaften gibt, ist alles andere als **190** selbstverständlich. In England, Schweden oder den USA wäre etwas Entsprechendes schwer vorstellbar. Um ihre Bedeutung zu verstehen, bedarf es zahlreicher Informationen, die sich zu einer Einheit zusammenfügen.

Betriebsräte haben in Deutschland eine lange **Tradition**. Sie reicht zurück in die Zeit vor der Revolution von 1918; ihre erste rechtliche Ausgestaltung haben sie im »**Betriebsrätegesetz**« von **1920** erfahren. Im Faschismus waren sie abgeschafft und durch eine Art Betriebsratskarikatur, den sog. Vertrauensrat, ersetzt. Nach 1945 bildeten sich in den Westzonen wie in der Sowjetischen Besatzungszone (SBZ) zunächst ohne rechtliche Grundlage erneut »Betriebsausschüsse«, »Betriebsräte«, »Betriebskomitees« oder andere Arbeitnehmervertretungen. Am 10. Oktober 1945 erließ die Landesverwaltung in **Thüringen das erste Betriebsrätegesetz in Nachkriegsdeutschland** (RegBl, Teil I, Nr. 10 vom 22. 10. 1945, S. 41). Das **Kontrollratsgesetz Nr. 22** vom 10. 4. 1946 brachte eine einheitliche Rahmenordnung für alle vier Besatzungszonen. Bemerkenswert war, dass dort den betrieblichen Interessenvertretungen das Recht eingeräumt wurde, den Umfang ihrer Mitbestimmungsrechte mit den Arbeitgebern im Einzelnen auszuhandeln und aus diesem Anlass notfalls auch einen Streik zu organisieren.

In der SBZ wurde auf der **Bitterfelder FDGB-Konferenz** vom November 1948 beschlossen, in allen Betrieben, deren Belegschaften zu mindestens 80 Prozent gewerkschaftlich organisiert waren, Betriebsräte und Betriebsgewerkschaftsleitungen »zusammenzulegen«. Anfang der 1950er Jahre waren die Betriebsräte verschwunden. In den **Westzonen** behielten die Betriebsräte ihre Selbständigkeit und entwickelten sich zu einem **zentralen Element der Arbeitsverfassung**. In einer Reihe von Ländern erhielten sie durch Gesetz relativ weitgehende Rechte, die jedoch durch das für die ganze damalige Bundesrepublik geltende BetrVG 1952 teilweise wieder zurückgenommen wurden.

192 Ein Vorzug der Betriebsräte liegt in der **Möglichkeit zu demokratischer Kontrolle** betrieblicher Vorgänge wie auch der Interessenvertretung selbst. Sie ist im relativ überschaubaren Bereich eines Betriebes eher praktizierbar als durch eine Massenorganisation von vielen 100 000 Mitgliedern.

193 Der Betriebsrat ist weiter aus der gewerkschaftlichen Hierarchie herausgenommen. Bei der Erfüllung seiner Aufgaben ist er lediglich seinem gesetzlichen Auftrag verpflichtet, kann jedoch nicht zu einem bestimmten Verhalten angewiesen werden. Diese **relative Unabhängigkeit** gewährt unter unseren Bedingungen einen gewissen **Minderheitenschutz:** Innergewerkschaftliche Gruppierungen, die für ihre Politik keine Mehrheit finden, können in Betriebsräten weiterexistieren und so die Chance bewahren, eines Tages in der Gewerkschaft Mehrheit zu werden. Die Tatsache, dass Minderheiten auf diese Weise nicht »auf Null gebracht« werden können, verbessert die Formen der Auseinandersetzung und veranlasst die Mehrheit, sich grundsätzlich tolerant zu verhalten.

194 Der wesentlichste Vorzug von Betriebsräten scheint allerdings in ihrer **Innovationsfunktion** zu liegen. Aufgrund ihrer Mitbestimmungsrechte sind sie gezwungen, sich mit bestimmten Problemen auseinanderzusetzen, zu ihnen eine bestimmte Haltung einzunehmen. Das Argument, der Gewerkschaftsvorstand habe noch nicht entschieden, würde von niemandem ernst genommen. Werden etwa Informationstechnologien eingeführt oder wollen viele Beschäftigte Gleitzeit, so muss der Betriebsrat reagieren und eigene Lösungsvorschläge entwerfen. Da er dies in der Regel nicht alleine kann, trägt er entsprechende Anforderungen in den **hauptamtlichen Apparat der Gewerkschaften** hinein, **der sich deshalb gleichfalls der veränderten Realität stellen** muss.

195 Auf der anderen Seite sollte man auch vor **Risiken und Nachteilen** die Augen nicht verschließen. In der Selbständigkeit einer betrieblichen Interessenvertretung liegt immer auch die Gefahr der Kirchturmpolitik, der Abkoppelung von der gemeinsamen Interessenvertretung aller abhängig Beschäftigten. Dem lässt sich nicht nur durch politische Überzeugungsarbeit, sondern insbesondere **durch gewerkschaftliche Vertrauensleute im Betrieb gegensteuern.** Betriebsräte müssen bei aller rechtlichen Autonomie im Grundsatz in die gewerkschaftliche Interessenvertretung eingebunden sein. Wichtig ist hierfür auch die nirgends ausdrücklich festgeschriebene »**Dienstleistungsfunktion**« der Gewerkschaften, die sich von der Beratung durch Experten bis hin zur Schulung und Fortbildung von Betriebsratsmitgliedern erstreckt. Schließlich ist nicht zu übersehen, dass wirkliche Fortschritte in Sachen Entgelt und Arbeitszeit nur über die Gewerkschaft und das ihr zustehende Streikrecht möglich sind.

Wahl und Rechtsstellung von Betriebsräten sind heute im BetrVG 1972 geregelt, das 2001 neugefasst wurde.

5.2 Wie wählt man einen Betriebsrat?

Der Betriebsrat wird auf vier Jahre gewählt, und zwar in allen Betrieben, in denen mindestens fünf Arbeitnehmer ständig beschäftigt sind. »Betrieb« meint die durch bestimmte arbeitstechnische Zwecke (»Herstellung von Schuhen«, »Bereitstellen von Essen«, »Abschluss von Reiseverträgen«) geprägte Organisation. Bestehen Zweifel, muss notfalls das Arbeitsgericht entscheiden. Sinnvoller ist es in solchen Fällen, nach § 3 BetrVG die »betriebsratsfähige Einheit« durch Tarifvertrag festzulegen. **196**

Beim **Wahlverfahren** werden ein »**regelmäßiges**«, normales, und ein »**vereinfachtes**« unterschieden, das in Kleinbetrieben Anwendung findet. Im Folgenden wird zunächst der Normalfall behandelt. **196a**

5.2.1 Einsetzung des Wahlvorstands

Ähnlich wie bei politischen Wahlen muss es auch bei der Betriebsratswahl einen Wahlvorstand geben, der für die praktische Durchführung verantwortlich ist. Er besteht in der Regel aus drei Personen. Um ihn in sein Amt zu bringen, gibt es einen »normalen« und einen »außerordentlichen« Weg. **197**

Der »**normale**« Weg besteht darin, dass der bisherige Betriebsrat spätestens zehn Wochen vor Ablauf seiner Amtsperiode den Wahlvorstand bestellt. Besteht acht Wochen vor Ablauf der Amtsperiode kein Wahlvorstand, kann er nach § 16 Abs. 2 BetrVG vom Arbeitsgericht eingesetzt werden.

Der »**außerordentliche**« Weg wird nur dann beschritten, wenn im Betrieb noch kein Betriebsrat existiert. Gehört der Betrieb zu einem Unternehmen, in dem es einen **Gesamtbetriebsrat** gibt (dazu unten 5.13.1 – Rn. 391 ff.), **setzt** dieser nach § 17 Abs. 1 BetrVG **den Wahlvorstand ein.** Gibt es keinen Gesamtbetriebsrat, gehört der Betrieb aber zu einem Kon- **198** zern, der einen Konzernbetriebsrat besitzt (unten 5.13.3 – Rn. 399 a), so steht dieses Recht dem Konzernbetriebsrat zu. Kommt eine solche Initiative »von oben« nicht in Betracht, weil solche Institutionen gar nicht existieren oder untätig bleiben, so können drei im Betrieb beschäftigte Arbeitnehmer oder eine dort vertretene Gewerkschaft zu einer **Betriebsversammlung** einladen. Diese kann während der Arbeitszeit stattfinden und hat die Aufgabe, den Wahlvorstand zu wählen.

> Wie erfolgt die **Einladung**? Es reicht ein Aushang am Schwarzen Brett oder einem anderen allgemein zugänglichen Punkt. Wer über genügend »Technik« verfügt, kann natürlich auch Flugblätter verteilen, die Einladung ins Intranet stellen oder allen Arbeitnehmern Briefe nach Hause schicken.

Wird tatsächlich ein Wahlvorstand gewählt, kann mit den Wahlvorbereitungen begonnen werden.

199 Doch was geschieht, wenn die Wahl nicht zustande kommt, weil niemand zur Betriebsversammlung geht oder sich keine Kandidaten finden? In diesem Fall können nach § 17 Abs. 4 BetrVG drei wahlberechtigte Arbeitnehmer *oder* eine im Betrieb vertretene Gewerkschaft **beim Arbeitsgericht die Einsetzung eines Wahlvorstands** beantragen. In Betrieben mit mehr als 20 Arbeitnehmern kann das Gericht auch Betriebsfremde (z. B. hauptamtliche Mitarbeiter der Gewerkschaften) zu Wahlvorstandsmitgliedern bestellen.

200 **Problemfall:** Im Verfahren vor dem Arbeitsgericht, das von einer Gewerkschaft eingeleitet wurde, behauptet der Arbeitgeber, sie sei gar nicht »**im Betrieb vertreten«**. Nach allgemeiner Auffassung genügt es, dass sie im Betrieb wenigstens ein Mitglied hat. Doch was tun, wenn sie dessen Namen nicht preisgeben will, weil sie Repressalien fürchtet? Das BAG lässt eine sog. **Tatsachenbescheinigung eines Notars** genügen: Das Gewerkschaftsmitglied geht zum Notar, bringt Personalausweis, Mitgliedskarte und letzte Lohnabrechnung mit – der Notar bestätigt, dass die Gewerkschaft ein Mitglied im Betrieb hat, ohne die Person namentlich zu nennen. Das BVerfG hat eine gegen diese BAG-Entscheidung gerichtete Verfassungsbeschwerde zurückgewiesen (AuR 1994, 196).

5.2.2 Die Erstellung der Wählerliste, insbesondere die Einbeziehung der überlassenen Arbeitnehmer

201 Der Wahlvorstand hat nunmehr die Wahl einzuleiten. Was im Einzelnen zu tun ist, ergibt sich aus der 2001 **neugefassten Wahlordnung zum** BetrVG.

Sie ist abgedruckt und kommentiert unter anderem bei Däubler/Kittner/Klebe/ Wedde (Hrsg.), BetrVG, Kommentar für die Praxis, 14. Aufl., Frankfurt/Main 2014, Anhang 1.

Viele technische Details können hier nicht dargestellt werden; in Zweifelsfällen hilft eine Rückfrage bei der Gewerkschaft, die in der Regel auch allgemeinverständliche Handlungsanleitungen für Wahlvorstandsmitglieder besitzt. Deshalb nur in Stichworten:

Der Wahlvorstand muss eine Liste erstellen, aus der sich ergibt, wer **202** wahlberechtigt und wer wählbar ist. Der Arbeitgeber hat nach § 2 Abs. 2 der Wahlordnung die hierfür erforderlichen Informationen zu liefern. Die Wahlberechtigten sind getrennt nach Geschlechtern aufzuführen. Die Unterscheidung Arbeiter – Angestellte (Gruppenprinzip) spielt keine Rolle mehr. Das aktive Wahlrecht steht wie schon bisher jedem im Betrieb beschäftigten Arbeitnehmer zu, der das 18. Lebensjahr vollendet hat; wählbar ist dagegen nur, wer außerdem seit sechs Monaten im Betrieb beschäftigt ist.

Angerechnet werden auch Zeiten, in denen der Arbeitnehmer unmittelbar vorher einem anderen Betrieb des Unternehmens oder Konzerns angehört hat (§ 8 Abs. 1 BetrVG).

Eine **ausländische Staatsangehörigkeit** spielt keine Rolle.

Hinzu gekommen sind aufgrund des 2001 eingefügten § 7 Satz 2 **202a** BetrVG die sog. **überlassenen Arbeitnehmer**, die einen Arbeitsvertrag mit einem anderen Arbeitgeber besitzen, die jedoch in den »Arbeitsbetrieb« eingegliedert sind und hier ihre Weisungen erhalten und deren Einsatz mindestens drei Monate gedauert hat oder dauern soll. Erfasst sind dabei **insbesondere Leiharbeitnehmer** (auch solche, die von einem Konzernunternehmen an ein anderes verliehen werden), aber **auch sonstige Beschäftigte**, die – auf welcher vertraglichen Grundlage auch immer – in der genannten Weise eingesetzt werden (Einzelheiten bei Däubler, AiB 2001, 685; sehr enge Eingrenzung bei Brors, NZA 2002, 123 ff.). Leiharbeitnehmer sind jedoch nach § 14 Abs. 2 AÜG weiter vom passiven Wahlrecht ausgenommen.

5.2.3   Wahlausschreiben und Geschlechterquote

Spätestens sechs Wochen vor der beabsichtigten Wahl ist im Betrieb ein **203** sog. **Wahlausschreiben** zu veröffentlichen, das den Wahltag und die einzelnen Modalitäten der Wahl nennt und zur Einreichung von Vorschlagslisten auffordert. Einzelheiten ergeben sich aus § 3 der Wahlordnung.

203a   Der 2001 eingeführte § 15 Abs. 2 BetrVG enthält eine »**Geschlechterquote**« **in Form eines Minderheitenschutzes:** Das Geschlecht, das im Zeitpunkt des Wahlausschreibens in der Minderheit ist, muss mindestens entsprechend seinem Anteil an der Belegschaft im Betriebsrat vertreten sein. Wie viele Sitze das Geschlecht in der Minderheit beanspruchen kann, wird nach dem d'Hondt'schen Höchstzahlverfahren bestimmt; Einzelheiten ergeben sich aus § 5 der Wahlordnung.

> Was geschieht, wenn sich keine ausreichende Zahl von Kandidaten aus dem in der Minderheit befindlichen Geschlecht zur Wahl stellt? In diesem Fall gehen die Sitze an das Geschlecht in der Mehrheit, niemand kann zu seinem Glück gezwungen werden.

5.2.4   Die weiteren Schritte

204
- Innerhalb von zwei Wochen nach Veröffentlichung des Wahlausschreibens können **Wahlvorschläge** beim Wahlvorstand eingereicht werden. Dieser prüft, ob sie den im Gesetz und in § 6 der Wahlordnung festgelegten Voraussetzungen entsprechen.
- Spätestens eine Woche vor Beginn der Stimmabgabe sind die (formal korrekten) Wahlvorschläge in gleicher Weise wie das Wahlausschreiben zu **veröffentlichen.**
- Der Wahlvorstand überwacht die **Stimmabgabe** als solche; bei der Auszählung der Stimmen kann jedes Belegschaftsmitglied anwesend sein (§ 13 WahlO).

205
- Über das Ergebnis ist nach näherer Maßgabe des § 17 Wahlordnung eine »**Wahlniederschrift**« anzufertigen. Die Gewählten sind zu benachrichtigen; nur innerhalb von drei Tagen können sie die Wahl ablehnen.
- Sobald die **Namen der Betriebsratsmitglieder** endgültig feststehen, hat der Wahlvorstand sie durch zweiwöchigen Aushang in gleicher Weise bekannt zu machen wie das Wahlausschreiben.
- Nach § 16 Abs. 1 Satz 6 BetrVG kann jede im Betrieb vertretene Gewerkschaft ein nicht stimmberechtigtes Mitglied in den Wahlvorstand entsenden, sofern sie dort nicht ohnehin vertreten ist. **Minderheitsorganisationen** sollen so kontrollieren können, ob alles mit rechten Dingen zugeht.

5.2.5 Wahlgrundsätze

Die Wahlen müssen nach § 14 Abs. 1 BetrVG »geheim« und »unmittel- **206**
bar« sein.
»**Geheim**« bedeutet, dass niemand davon Kenntnis nehmen kann,
wen Arbeitnehmer X oder Arbeitnehmer Y gewählt hat. »**Unmittelbar**«
bedeutet, dass die Belegschaft die Betriebsratsmitglieder direkt wählt,
dass also selbst in Größtbetrieben nicht etwa zunächst nur Wahlmänner
bestimmt werden, die dann das eigentliche Betriebsratsgremium wählen.

Betriebsratswahlen müssen weiter »**frei**« sein. Dies ist dann nicht **207**
mehr gesichert, wenn der Arbeitgeber oder irgendeine andere Instanz für
den Fall, dass überhaupt eine Wahl stattfindet oder dass bestimmte Kandidaten gewählt werden, Nachteile wie eine Kürzung von Sozialleistungen oder eine teilweise Schließung des Betriebs in Aussicht stellt.

Vorschlagslisten können aus der Mitte der Belegschaft, aber auch von **208**
jeder im Betrieb vertretenen Gewerkschaft eingereicht werden. Die Kandidaten haben das Recht, ihre Vorstellungen im Betrieb bekannt zu machen. Dabei darf **niemand vom Verfahren her benachteiligt** werden.

Beispiel:
Liste 1 und Liste 2 erhalten auf einer Betriebsversammlung jeweils eine halbe
Stunde Zeit, um sich und ihr Programm der Belegschaft vorzustellen. Liste 3 wird
dies mit dem Argument »wir kennen unsere Pappenheimer« verweigert. Näheres
zur Wahlwerbung, die auch im Intranet erfolgen darf, bei Däubler, AiB 2002,
82 ff.

Die Wahl erfolgt gemäß § 14 Abs. 2 BetrVG nach den Grundsätzen der **209**
Verhältniswahl. Lediglich dann, wenn nur ein Wahlvorschlag eingereicht wurde, findet **Mehrheitswahl** statt.

Bei der Verhältniswahl hat der Einzelne nicht die Möglichkeit, die Reihenfolge
der Kandidaten auf der von ihm gewählten Liste zu verändern. Erhält die Liste
mehrere Sitze, fallen sie an die an der Spitze aufgeführten Personen. Benachteiligt
sind Listen, die keine genügende Anzahl von Kandidaten des Geschlechts in der
Minderheit aufweisen. Die Einzelheiten sind in § 15 Abs. 5 der Wahlordnung
geregelt. Wer diese Bestimmung auf Anhieb versteht, ist ein begabter Bürokrat
und sollte einen Lehrgang für Fortgeschrittene auf der Verwaltungsakademie besuchen.

Die Zahl der Betriebsratsmitglieder richtet sich nach dem Schlüssel des
§ 9 BetrVG (nachlesen!). Dabei werden nach der jüngsten Rechtspre-

chung des BAG (Beschluss v. 13.3.2013 – 7 ABR 69/11 – NZA 2013, 789) die wahlberechtigten Leiharbeitnehmer grundsätzlich mitgezählt.

5.2.6 Das vereinfachte Wahlverfahren

210 Hat ein Betrieb **nicht mehr als 50 wahlberechtigte Arbeitnehmer,** so findet nach den 2001 eingefügten §§ 14 a, 17 a BetrVG das sog. vereinfachte Wahlverfahren statt. Dabei ist zu unterscheiden.

211 Besteht in dem fraglichen Betrieb bereits ein **Betriebsrat,** setzt er den **Wahlvorstand ein.** Dieser erstellt Wählerliste und Wahlausschreiben, hat dabei allerdings sehr viel kürzere Fristen als beim Normalverfahren zu beachten. Die (geheime) Wahl findet auf einer Betriebsversammlung statt. Vorschlagslisten müssen spätestens eine Woche vor dieser Versammlung eingereicht sein.

In gleicher Weise wird verfahren, wenn der Wahlvorstand durch den Gesamt- oder den Konzernbetriebsrat oder durch das Arbeitsgericht eingesetzt wird.

211a Kommt ein solches Vorgehen nicht in Betracht, bleibt nur das sog. **zweistufige Verfahren.** Drei wahlberechtigte Arbeitnehmer oder eine im Betrieb vertretene Gewerkschaft laden mit einer Frist von mindestens sieben Tagen zu einer Betriebsversammlung ein, auf der ein Wahlvorstand gewählt wird. Dieser erstellt dann aufgrund von Informationen, die der Arbeitgeber den Initiatoren übermittelt hat, in der Versammlung selbst die Wählerliste und das Wahlausschreiben. Genau eine Woche später findet eine weitere Versammlung statt, in der der Betriebsrat gewählt wird. Einzelheiten sind in den §§ 28 ff. der Wahlordnung geregelt.

> Kommt die erste Betriebsversammlung nicht zustande oder wählt sie keinen Wahlvorstand, kann dieser genau wie im »regelmäßigen« Wahlverfahren durch das Arbeitsgericht eingesetzt werden.

Das vereinfachte Wahlverfahren ist keineswegs weniger kompliziert als das im Normalfall praktizierte; **korrekterweise** hätte der Gesetzgeber **von »beschleunigtem« Wahlverfahren** sprechen müssen. Eine intensive Vorbereitung und die Verwendung von Mustern und Formularen sind hier besonders dringend. In Betrieben mit 51 bis 100 wahlberechtigten Arbeitnehmern können sich Wahlvorstand und Arbeitgeber freiwillig auf das sog. vereinfachte Wahlverfahren verständigen.

5.2.7   Wahlanfechtung

Wird gegen die hier dargestellten Grundsätze verstoßen, ist die Betriebs-   **212**
ratswahl anfechtbar.

Beispiel:
Statt eines Wahlausschreibens gibt der Vorsitzende des Wahlvorstands lediglich
auf einer Betriebsversammlung bekannt, in den nächsten zwei Wochen könne sich
bei ihm melden, wer an einer Tätigkeit als Betriebsrat interessiert sei.
Oder: Der Wahlvorgang ist so organisiert, dass die Kollegen sehen können, wie
der Einzelne abstimmt.

Nach § 19 Abs. 2 BetrVG können drei Wahlberechtigte, eine im Betrieb
vertretene Gewerkschaft oder der Arbeitgeber die Wahl anfechten. Hierfür läuft eine **Frist von zwei Wochen** ab Bekanntmachung des Wahler-
gebnisses. Verstöße gegen das Verfahren, Wahlgrundsätze usw. sind ausnahmsweise dann ohne Bedeutung, wenn sie das Wahlergebnis nicht
beeinflussen *konnten.* Bei ganz schweren Mängeln ist die Wahl nichtig.
Wurde der **Betriebsbegriff verkannt,** unterblieb jedoch eine Wahlanfechtung, so wird die Einheit, in der die Wahl stattfand, bis zur nächsten
Wahl wie ein Betrieb behandelt.
Über die Wahlanfechtung entscheidet das Arbeitsgericht.

5.3   Exkurs: Der Griff in die Sterne – Europäische Betriebsräte?

5.3.1   Das Problem

Ein Betriebsrat ist – wie schon der Name sagt – in seinem Wirkungsbereich   **213**
auf die relativ kleine und überschaubare Einheit »Betrieb« beschränkt.
Verfügt ein Unternehmen über mehrere Betriebe, ist ein sog. **Gesamtbetriebsrat** zu bilden (dazu unten 5.13.1 – Rn. 391). Gehören mehrere Unternehmen zu einem Konzern, ist unter bestimmten Voraussetzungen die
Bildung eines »**Konzernbetriebsrats**« zulässig (dazu unten 5.13.3 –
Rn. 399 a). Auf diese Weise soll die Möglichkeit geschaffen werden, auf
der Ebene zu verhandeln, auf der die jeweiligen Entscheidungen fallen.
Was geschieht, wenn über die Einführung neuer Arbeitsmethoden   **214**
oder gar die Schließung einer deutschen Niederlassung die Konzernzen-
trale in Paris oder Mailand entscheidet?

Das BetrVG ist – genau wie andere Gesetze – in seinem Geltungsbereich auf Deutschland beschränkt. Es besteht daher die **Gefahr, dass die Interessenvertretung leerläuft, weil im Ausland** bereits **vollendete Tatsachen** geschaffen wurden. Der Betriebsrat ist dann darauf beschränkt, über die »Folgenbewältigung« zu verhandeln.

Das Gleiche gilt natürlich für französische oder österreichische Belegschaften, die in den dortigen Niederlassungen deutscher Konzerne arbeiten: Auch sie werden wenig erfreut sein, wenn ihnen einfach eine Entscheidung »vorgeknallt« wird, die für sie ganz gravierende Folgen bis hin zum Verlust von Arbeitsplätzen hat.

Hier setzt nun der **Europäische Betriebsrat (EBR)** ein. Er soll alle in der EU (seit 1.1.2007 einschließlich Bulgarien und Rumänien und seit 1.7.2013 auch einschließlich Kroatien) sowie in Norwegen, Island und Liechtenstein Beschäftigten repräsentieren, die im selben Konzern tätig sind. Seine Bildung wie seine Rechtsstellung sind in der EBR-**Richtlinie** vom 22.9.1994 geregelt, die durch das EBR-Gesetz vom 28. Oktober 1996 (BGBl. I, S. 1548, 2022) in deutsches Recht umgesetzt worden ist. Sie wurde durch die Richtlinie 2009/38/EG neu gefasst, die bis Juni 2011 in nationales Recht umzusetzen war, die jedoch keine grundlegenden Veränderungen brachte (zu ihr Blanke, AuR 2009, 242ff.). Durch Gesetz vom 14.6.2011 (BGBl. I, S. 1050) wurde das EBR-Gesetz in zahlreichen Einzelpunkten geändert; die Neufassung trat am 16.6.2011 in Kraft.

5.3.2 Anwendungsbereich

215 Ein EBR kann nur dann errichtet werden, wenn
- eine Unternehmensgruppe (»Konzern«) im Geltungsbereich der Richtlinie **mindestens 1000 Arbeitnehmer** beschäftigt und
- in zwei verschiedenen **Staaten jeweils mindestens 150 Arbeitnehmer** tätig sind (»Mindestmaß an Europäisierung«).

Gleichgestellt sind Unternehmen derselben Größenordnung, die über rechtlich unselbständige Zweigniederlassungen verfügen – ein in der Praxis seltener Tatbestand.

5.3.3 Errichtung des besonderen Verhandlungsgremiums

Anders als bei der Bildung eines Betriebsrats läuft der Weg nicht über die **216** Einrichtung eines Wahlvorstands. Vielmehr wird zunächst ein sog. besonderes Verhandlungsgremium eingesetzt, das mit der Konzernspitze (»zentrale Leitung« genannt) die Errichtung eines EBR aushandeln soll.

Das besondere Verhandlungsgremium kann auf Initiative der zentra- **217** len Leitung oder (wichtiger!) auf **schriftlichen Antrag von mindestens 100 Arbeitnehmern aus zwei Mitgliedstaaten** errichtet werden. Die Initiative kann auch von Interessenvertretungen aus zwei Ländern ausgehen, die zusammen mindestens 100 Arbeitnehmer repräsentieren. Sie können nach näherer Maßgabe des § 5 EBRG von der Arbeitgeberseite **Auskunft** über Größe und Struktur des Konzerns sowie über die **Anschriften ausländischer Interessenvertretungen** verlangen (BAG, NZA 2004, 863, 868).

Im besonderen Verhandlungsgremium muss jedes Land repräsentiert **218** sein, in dem der Konzern eine Niederlassung hat. Zahlenmäßig besonders große Belegschaften müssen mehr als einen Sitz bekommen. Das nationale Ausführungsgesetz entscheidet, wie die Vertreter der in seinem Land befindlichen Niederlassungen bestimmt werden.

Die Einzelheiten sind nicht ganz unkompliziert; Näheres bei Däubler/Kittner/ Klebe/Wedde (Hrsg.), BetrVG, 14. Aufl., Frankfurt/Main 2014, Anhang 2, wo das EBR-Gesetz eingehend kommentiert ist.

5.3.4 Die Verhandlungen mit der zentralen Leitung

Ist das besondere Verhandlungsgremium einmal gebildet, gibt es ver- **219** schiedene Möglichkeiten.

- Man **einigt sich über** die **Errichtung eines EBR**. Dabei kann man nach Art. 1 Abs. 4 der Richtlinie (bzw. § 18 Abs. 1 Nr. 1 EBR-Gesetz) auch Belegschaften einbeziehen, die in Drittstaaten wie USA und China beschäftigt sind. Der EBR kann umfassende Beratungsrechte besitzen; Mitbestimmung im deutschen Sinne wäre höchst ungewöhnlich (Einzelheiten zu der Vereinbarung bei Däubler, FS Schaub, 1998, S. 95 ff.). Die erhaltenen Informationen können sehr wichtig sein; so wird aus der Praxis über den Fall berichtet, dass ein deutscher Gesamtbetriebsrat über den EBR erfuhr, dass der seit einiger Zeit an unterschiedlichsten Stellen praktizierte Personalabbau auf einer einheitlichen unternehmerischen Entscheidung beruhte und deshalb Interessenausgleich und Sozialplan notwendig waren (dazu unten 5.12 – Rn. 349 ff.).

- Statt eines EBR kann man auch ein **Informations- und Konsultationsverfahren** festlegen: Danach werden die bestehenden Interessenvertretungen in den verschiedenen Ländern von bestimmten Vorhaben der Konzernleitung unterrichtet.

220 - Kommt trotz dreijähriger Verhandlungen keine Einigung zustande, greift das sog. **subsidiäre Modell** ein. Es ist in den §§ 21 ff. EBRG für Fälle mit deutscher Konzernspitze geregelt. Der **EBR** hat **Informations- und Konsultationsrechte**, kann mindestens einmal pro Jahr zusammentreten. Alle notwendigen Kosten hat die zentrale Leitung zu tragen.

- **Weigert sich die zentrale Leitung** von vornherein, **überhaupt in Verhandlungen** einzutreten, greift dieses Modell bereits sechs Monate nach der ersten Aufforderung durch das besondere Verhandlungsgremium Platz. Dasselbe dürfte gelten, wenn beide Seiten übereinstimmend die Verhandlungen für gescheitert erklären.

- Schließlich kann das besondere Verhandlungsgremium mit Zweidrittelmehrheit **auf weitere Verhandlungen verzichten**, was es nur tun wird, wenn die zentrale Leitung in irgendwelchen Sachfragen, wie z. B. der Erhaltung eines Standorts, Entgegenkommen zeigt.

5.3.5 Information und Anhörung

220a Der EBR hat in Bezug auf Vorhaben der Geschäftsleitung, die **Betriebe in mehr als einem Land betreffen**, einen Anspruch auf umfassende Information. An sie schließt sich eine sog. Anhörung an, die man besser als »Konsultation« bezeichnen würde: Es muss ein eingehender Meinungsaustausch stattfinden. Einzelheiten finden sich in § 1 Abs. 4 und 5 EBR-Gesetz. Bevor dieses Verfahren nicht abgeschlossen ist, dürfen die Maßnahmen nicht umgesetzt werden. Versucht es der Arbeitgeber gleichwohl, kann es ihm durch einstweilige Verfügung verboten werden. So jedenfalls die französischen und belgischen Gerichte, während sich das LAG Köln (AiB 2012, 126) nicht zu einer solchen Entscheidung durchringen konnte (näher DKKW-Däubler, Vorbem. EBRG Rn. 23).

5.3.6 Vorrangige Vereinbarungen

Nach § 41 EBR-Gesetz gelten **Vereinbarungen** fort, die **bereits am** **221**
22. September 1996 bestanden haben, sofern sie Informations- und Konsultationsrechte vorsehen und alle konzernangehörigen Arbeitnehmer einbeziehen. Viele Unternehmen haben vor diesem Datum von dieser Möglichkeit Gebrauch gemacht. Werden die Vereinbarungen gekündigt oder laufen sie aus, findet das eben geschilderte Verfahren Anwendung.

5.3.7 Abmachungen des EBR mit der Konzernspitze

Ohne spezifische Rechtsgrundlage ist es in einzelnen Konzernen zu Ver- **221a**
einbarungen des EBR mit der Arbeitgeberseite gekommen, die meist die Sicherung bestimmter Standorte oder die Festlegung von Verhaltensgrundsätzen zum Gegenstand hatten. Am weitesten geht die Praxis insoweit bei den europäischen Niederlassungen des General Motors-Konzerns (Die EU-Kommission hat eine Datenbank mit 215 Abmachungen dieser Art angelegt – abrufbar unter http://ec.europa.eu/social/main.jsp?catId=978, zuletzt aufgerufen am 14.6.2013). Weitere Einzelheiten bei DKKW-Däubler, Vorbem. EBRG, Rn. 25 ff.

5.3.8 Neue Rahmenbedingungen für die Arbeit des EBR

Ohne Rücksicht darauf, ob ein EBR (wie in der Regel) durch Vereinba- **221b**
rung zustande kommt oder kraft Gesetzes gebildet wird, stehen ihm nach §§ 34 ff. EBR-Gesetz n. F. bestimmte Rechte zu.
- Er kann einen geschäftsführenden **Ausschuss** bilden, der aus wenigen Personen besteht und deshalb schnell einsatzfähig ist.
- Er kann die **örtlichen Interessenvertretungen** über Inhalt und Ergebnis der Beratungen mit der Konzernspitze **unterrichten** (§ 36 EBRG).
- Bei **wesentlichen Strukturänderungen** des Konzerns wird ein Verhandlungsverfahren – ähnlich wie bei der Neugründung eines EBR – in Gang gesetzt, sofern es für einen solchen Fall noch keine vertragliche Regelung gibt (§ 37 EBRG). Wichtig ist dies insbesondere, wenn zwei Konzerne fusionieren, die jeweils einen eigenen EBR haben.
- Die EBR-Mitglieder können an **Seminaren** teilnehmen, soweit diese Kenntnisse vermitteln, die für ihre Arbeit erforderlich sind (§ 38 EBRG).

- Der EBR kann sich der Hilfe von **Sachverständigen** bedienen, doch muss die Zentrale Leitung nur die Kosten eines Sachverständigen übernehmen. Im Übrigen trägt sie sämtliche Kosten der EBR-Arbeit (§ 39 EBRG).

Bei weiter geltenden »Alt-Vereinbarungen« nach § 41 EBRG ist dies alles nicht maßgebend, es sei denn, es läge eine wesentliche Strukturänderung im Sinne des § 37 EBRG vor, die zum Übergang in das gesetzliche Normalmodell führt.

5.4 Praktische Voraussetzungen der Betriebsratsarbeit

222 Zurück zum deutschen Betriebsrat: Er kann sich um alle im Betrieb anfallenden Angelegenheiten kümmern. Auf bestimmten Sachgebieten hat er Anhörungs- und Beratungs-, auf anderen Mitbestimmungsrechte. Die Interessen der Belegschaft lassen sich dabei nur dann einigermaßen wirksam vertreten, wenn bestimmte Voraussetzungen erfüllt sind.

5.4.1 Der Betriebsrat benötigt Zeit

223 »Mitglieder des Betriebsrats sind von ihrer beruflichen Tätigkeit ohne Minderung des Arbeitsentgelts zu befreien, wenn und soweit es nach Umfang und Art des Betriebs zur ordnungsgemäßen Durchführung ihrer Aufgaben erforderlich ist.« Mit diesen Worten gibt § 37 Abs. 2 BetrVG dem einzelnen Mitglied das Recht, während der Betriebsratssitzungen, aber auch bei der Erfüllung anderer Aufgaben vorübergehend die Arbeit zu unterbrechen. Dabei kommt es darauf an, ob der Betreffende bei gewissenhafter Überlegung und bei ruhiger, vernünftiger Würdigung aller Umstände **die Arbeitsversäumnis** wirklich **für notwendig halten durfte.** Stellt sich nachträglich heraus, dass er sich irrte, muss der Arbeitgeber dennoch das Arbeitsentgelt fortbezahlen.

224 Wichtig ist, dass es im Einzelfall keiner Freistellung durch den Arbeitgeber bedarf; ein Betriebsratsmitglied, das seine Funktion ausüben will, muss sich lediglich **bei seinem Vorgesetzten abmelden.** Dabei reicht es aus, wenn es Ort und voraussichtliche Dauer seiner Tätigkeit angibt; anders als nach der früheren Rechtsprechung müssen Art und Gegenstand der Tätigkeit und ein ggf. an seinem Arbeitsplatz aufgesuchter Arbeitnehmer nicht mehr erwähnt werden (BAG, AuR 1996, 37 mit Anm. Hamm). Auch die Abmeldung kann entbehrlich sein, wenn der Arbeitgeber den Umständen nach keine Maßnahmen treffen muss, um den Ausfall des Betriebsratsmitglieds zu überbrücken (BAG, NZA 2012, 47). Wenden sich Arbeitnehmer mit einem bestimmten Anliegen an ein Betriebsratsmitglied, so kann dieses grundsätzlich seine Arbeit unterbrechen; das Gespräch muss nicht in die Sprechstunde verlegt werden (BAG, DB 1982, 758).

Für größere Betriebe sieht § 38 BetrVG die **völlige Freistellung** einzel- **225** ner Betriebsratsmitglieder vor. So ist in Betrieben mit 200 bis 500 Beschäftigten mindestens ein Betriebsratsmitglied voll von der Arbeit freizustellen. Je größer der Betrieb, umso mehr Freistellungen. Bei Betrieben zwischen 5001 und 6000 Arbeitnehmern beträgt z. B. das Freistellungskontingent acht Personen. Angesichts der zahlreichen Aufgaben, die ein Betriebsrat zu erfüllen hat, ist dies bewusst nur als Minimum gedacht.

5.4.2 Der Betriebsrat benötigt Geld

Betriebsratstätigkeit ist zwar ein **Ehrenamt** und deshalb ist jede Zusatz- **226** vergütung verboten. Gleichzeitig entstehen jedoch durch eine sachgerechte Betriebsratsarbeit einige Kosten.

Nach § 40 Abs. 2 BetrVG hat der Arbeitgeber in ausreichendem Umfang **Räume für Sitzungen und Sprechstunden** zur Verfügung zu stellen. Weiter kann der Betriebsrat z. B. einen verschließbaren Schrank, ein Diktiergerät, ein Rednerpult mit Verstärkeranlage, **ein Telefon mit Außenanschluss** sowie eine Ausstattung mit Geräten verlangen, die den Zugang zum Intranet und zum Internet möglich machen (unten Rn. 230 a). Weiter muss der Arbeitgeber die für die Betriebsratstätigkeit einschlägigen Gesetzestexte sowie Erläuterungswerke und Entscheidungssammlungen zur Verfügung stellen. Auch kommt eine »**Einführung in das Arbeitsrecht**« wie die vorliegende **in Betracht**. Zum Recht des Betriebsrats, eine juristische Fachzeitschrift zu beziehen, s. bereits oben Rn. 43.

§ 40 Abs. 2 BetrVG verpflichtet den Arbeitgeber weiter, den Betriebs- **227** rat mit dem erforderlichen **Büropersonal** auszustatten. Die hierfür in erster Linie in Betracht kommenden Schreibkräfte werden nach herrschender Auffassung vom Arbeitgeber eingestellt, wobei dem Betriebsrat lediglich ein nicht näher definiertes »Mitspracherecht« eingeräumt wird.

Finanzielle Aufwendungen, die der Betriebsrat »unter Anlegung eines **228** verständigen Maßstabs für erforderlich halten konnte« (BAG, AP Nr. 7 zu § 39 BetrVG 1952), sind ihm vom Arbeitgeber zu ersetzen. Dazu zählen auch die **Kosten gerichtlicher Verfahren**, soweit diese für den Betriebsrat nicht von vornherein offensichtlich aussichtslos waren. Der Arbeitgeber hat weiterhin **Fahrtkosten** zu ersetzen, die einem Betriebsratsmitglied dadurch entstehen, dass eine Betriebsratssitzung außerhalb seiner individuellen Arbeitszeit stattfindet (BAG, DB 1989, 1829). Aufwendungen für die Benutzung des eigenen Pkw sind ebenfalls erstattungspflichtig, soweit der Betriebsrat außerhalb der Arbeitsstätte tätig werden muss (z. B. Termine bei Gerichten und Behörden) und er diese Art der Fortbewegung im Einzelfall für die günstigste halten konnte (BAG, DB 1987, 1440).

5.4.3 Der Betriebsrat benötigt Informationen

229 Nach § 80 Abs. 2 BetrVG muss der Arbeitgeber den Betriebsrat »rechtzeitig und umfassend« über alles unterrichten, was für die Erfüllung seiner Aufgaben notwendig ist. Ihm sind daher auf Verlangen »jederzeit« auch Unterlagen zur Verfügung zu stellen: Dies bedeutet, dass ihm – im Rahmen des Möglichen – das Original, eine Durchschrift oder eine Fotokopie zu überlassen ist.

230   Zu welchen Angelegenheiten kann der Betriebsrat Auskunft vom Arbeitgeber verlangen? Man ist sich einig, dass es nicht nur um Probleme der Arbeitsorganisation und der Arbeitsbedingungen geht. Die Beteiligung des Betriebsrats in wirtschaftlichen Angelegenheiten gibt ihm vielmehr auch das Recht, sich bei Bedarf **jede Form von Bilanz** vorlegen zu lassen. Dies gilt für die Steuerbilanz nicht weniger als für die Darstellung der wirtschaftlichen Lage, die einer Bank gegenüber erfolgt: Dasselbe Maß an »Ehrlichkeit«, das Kreditgeber erwarten können (und in aller Regel auch durchsetzen), kann auch der Betriebsrat verlangen. Eine Berufung auf Betriebs- oder Geschäftsgeheimnisse scheidet aus: § 80 Abs. 2 BetrVG enthält im Gegensatz zu der verwandten Vorschrift des § 106 Abs. 2 BetrVG keinen entsprechenden Vorbehalt. Notwendig ist lediglich, dass ein Bezug zu konkreten Aufgaben des Betriebsrats besteht. Durch die Neufassung des § 80 Abs. 2 BetrVG wurde ausdrücklich auch die Beschäftigung von Personen einbezogen, die nicht in einem Arbeitsverhältnis zum Arbeitgeber stehen, aber gleichwohl im Betrieb auftauchen oder im Außendienst eingesetzt werden.

230a   Der Betriebsrat ist befugt, **Informationen auch aus anderen Quellen**

zu gewinnen. Zu diesem Zweck muss jedem Betriebsratsmitglied ein **Internet-Zugang** eröffnet werden, der nach der Rechtsprechung heute – genau wie das Telefon – zur »Standardausrüstung« gehört (BAG, NZA 2010, 709). Auch ein E-Mail-Account muss jedem Mitglied zur Verfügung stehen (weitere Einzelheiten bei Däubler, Internet und Arbeitsrecht, Rn. 502 ff.).

5.4.4   Der Betriebsrat benötigt Sachkunde

Informationen allein sind oft nicht viel wert; man muss auch etwas mit **231** ihnen anfangen können. Wer keine Bilanz lesen kann, ist im Grunde nicht besser, sondern schlechter dran, wenn er das Dokument in Händen hält: Im Konfliktfall kann ihm der Arbeitgeber jederzeit entgegenhalten, er hätte ja genau wissen müssen, was auf die Firma zukomme.

Nicht anders ist es mit der **Einführung neuer Techniken:** Wird dem Betriebsrat eine »Systembeschreibung« und ein »Benutzerhandbuch« für die neue Telefon-Anlage ausgehändigt, so wird er in der Regel fast nichts verstehen, es sei denn, ein Betriebsratskollege sei selbst Informatiker.

Um hier Abhilfe zu schaffen, gibt es verschiedene Wege.
- Der Betriebsrat kann nach § 37 Abs. 6 und nach § 37 Abs. 7 BetrVG **232** **Schulungs- und Bildungsveranstaltungen** besuchen (dazu Däubler, Schulung und Fortbildung von betrieblichen Interessenvertretern – ein praktischer Ratgeber, 5. Aufl., Frankfurt/Main 2004). Sie werden von den Gewerkschaften und verstärkt auch von privaten Instituten (wie z. B. dem ifb) in großer Zahl angeboten.

§ 37 Abs. 6 BetrVG enthält die »**privilegierte**« Form von Bildungsver- **233** anstaltungen. Privilegiert deshalb, weil der Arbeitgeber nicht nur das Arbeitsentgelt fortbezahlen, sondern auch Reisekosten, Kursgebühren einschließlich der Referentenhonorare und Aufenthaltskosten übernehmen muss. Voraussetzung ist allerdings, dass die vermittelten Kenntnisse für die Betriebsratsarbeit »erforderlich« sind. Ohne Anhaltspunkt im Gesetz verlangt die Rechtsprechung weiter, dass ein konkreter betriebsbezogener Anlass für die Seminarteilnahme bestehen müsse.

Beispiel:
Schulung in Mitbestimmung über EDV nur dann, wenn im Betrieb mit Computern gearbeitet wird oder ihre Einführung bevorsteht.

125

Betriebsverfassungsrechtliche Grundkenntnisse sind allerdings immer »erforderlich«; das BAG hat insoweit auch Lehrgänge von zwei Wochen Dauer anerkannt (BAG, DB 1987, 891). Eine generelle **zeitliche Obergrenze** gibt es **nicht**; wenn es die betrieblichen Verhältnisse erfordern, können im Laufe einer vierjährigen Wahlperiode durchaus zwölf Wochen Schulung anfallen.

234 § **37 Abs. 7** BetrVG verlangt lediglich, dass die vermittelten Inhalte für die Betriebsratsarbeit »geeignet« oder »nützlich« sind; dies muss durch die oberste Arbeitsbehörde des zuständigen Landes anerkannt sein. Gleichzeitig ergibt sich jedoch eine Obergrenze von **drei Wochen** pro Wahlperiode. Bei erstmals gewählten Betriebsratsmitgliedern erhöht sich diese Zeit auf vier Wochen.

> »**Erstmals gewählt**« ist auch derjenige, der bisher einem Personalrat oder einer ausländischen Interessenvertretung angehörte.

Im Rahmen des § 37 Abs. 7 BetrVG muss der Arbeitgeber **lediglich die Vergütung** fortbezahlen; Reise, Aufenthalt und Kursgebühren gehen zu Lasten des Betriebsratsmitglieds und werden meist vom (gewerkschaftlichen) Veranstalter übernommen.

235 ▪ Fortbildung wirkt nicht von heute auf morgen. Bleibt eine Auskunft unverständlich oder ist sie lückenhaft, so kann der Betriebsrat **nachfragen**. Der Arbeitgeber ist verpflichtet, ihm jeden Punkt eingehend zu erläutern.

▪ Nach dem 2001 eingefügten § 80 Abs. 2 Satz 3 BetrVG kann der Betriebsrat verlangen, dass ihm der Arbeitgeber zur Erfüllung seiner Aufgaben »**sachkundige Arbeitnehmer als Auskunftspersonen**« zur Verfügung stellt. Dies können innerbetriebliche Experten, aber auch Arbeitnehmer sein, die aufgrund ihrer Erfahrungen am Arbeitsplatz bestimmte Probleme besonders gut kennen.

> Innerbetriebliche Experten zu befragen, ist meist nur bei wenig kontroversen Themen sinnvoll. Wollte sich der Betriebsrat beim stellvertretenden Leiter der Rechtsabteilung erkundigen, wie er denn am besten ein Beschlussverfahren gegen den Arbeitgeber einleiten könne, so wäre dies kein sehr aussichtsreiches Unterfangen. Würde der stellvertretende Leiter dem Betriebsrat einen »Tipp« geben, würde er zumindest einen »Rüffel« bekommen ...

▪ Der Betriebsrat kann schließlich außerbetriebliche Sachverständige heranziehen. Nach § 80 Abs. 3 BetrVG benötigt er hierfür jedoch die Zustimmung des Arbeitgebers.
Wird sie verweigert, kann der Betriebsrat ein arbeitsgerichtliches Ver-

fahren einleiten; dort wird die Zustimmung des Arbeitgebers nur dann ersetzt, wenn der Betriebsrat zuvor alle innerbetrieblichen Erkenntnismöglichkeiten ausgeschöpft hatte.

Beispiel:
Der Betriebsrat will sich von einer Wirtschaftsprüferfirma beraten lassen, da es um die Umstrukturierung des Unternehmens geht. Dies ist eine sinnvolle Forderung, die jedoch nur durchsetzbar ist, wenn trotz eingehender Gespräche mit dem Arbeitgeber und den von ihm benannten Personen noch immer eine Reihe von Fragen offen bleibt.

Ohne Zustimmung des Arbeitgebers kann der Betriebsrat nach dem seit 2001 geltenden § 111 Satz 2 BetrVG in Unternehmen mit mehr als 300 Arbeitnehmern einen »Berater« hinzuziehen, wenn eine Betriebsänderung geplant ist (dazu unten 5.12.1 – Rn. 352 ff.).
Die **Kosten des Externen** trägt der Arbeitgeber. Wird der gesetzliche Rahmen überschritten, **haftet** das den Vertrag schließende **Betriebsratsmitglied persönlich** (BGH, NZA 2012, 1382). Ein Berater, der sich darauf beruft, würde allerdings jede Akzeptanz auch bei anderen Betriebsräten verlieren. Für den Fall, dass dieser Mechanismus einmal nicht funktioniert, kann die persönliche Haftung von Betriebsratsmitgliedern vertraglich ausgeschlossen werden (Näheres bei DKKW-Däubler, § 111 Rn. 183 a).

- In vielen Fällen kann der Betriebsrat auch **gewerkschaftliche Beratung** in Anspruch nehmen. In den Hauptvorständen und z. T. auch in den Bezirksverwaltungen sind zahlreiche Betriebswirte, Juristen, Ökonomen usw. beschäftigt, die ggf. als Betreuer zur Verfügung stehen. Auch können sich Betriebsratsmitglieder, die einer DGB-Gewerkschaft angehören, an die Hans-Böckler-Stiftung (Düsseldorf) wenden. **236**

5.4.5 Der Betriebsrat benötigt Unabhängigkeit

Als Betriebsrat kann man leicht in eine Konfrontation mit dem Arbeitgeber geraten. § 78 Satz 2 BetrVG verbietet deshalb jede Benachteiligung von Betriebsratsmitgliedern. Bedeutsamer ist der sehr weit reichende **Kündigungsschutz.** Nach § 103 BetrVG, § 15 KSchG (= Kündigungsschutzgesetz) kann ein Betriebsratsmitglied nur aus wichtigem Grund und nur dann gekündigt werden, wenn die Betriebsratsmehrheit der Kündigung zustimmt. Tut sie dies nicht, kann der Arbeitgeber die verwei- **237** gerte Zustimmung vom Arbeitsgericht ersetzen lassen, das prüft, ob wirklich ein »wichtiger Grund« vorliegt. Das gerichtliche Verfahren kann bis zu zwei Jahre dauern; während dieser Zeit ist das betroffene Betriebsratsmitglied weiter zur Ausübung seiner Funktionen befugt.

Was geschieht, wenn das **Betriebsratsmitglied nur** einen **befristeten Vertrag** hat, der ein halbes Jahr nach der Wahl ausläuft? Scheidet es dann einfach aus und verliert sein Amt? Lange wurde dies als vielleicht unerfreuliche, aber selbstverständliche Folge der Befristung angesehen. Dann entschied das ArbG München (AiB 2011, 267ff.), dass ein derartiger fehlender Bestandsschutz **gegen Art. 7 der EG-Richtlinie 2002/14/EG verstoße**; der Betroffene könne Weiterbeschäftigung verlangen. Das BAG stimmte dem jedoch nicht zu und schaltete auch nicht den EuGH ein (BAG, NZA 2013, 515, 521 Tz. 43ff.). Eine Kammer des ArbG München (Beschluss v. 12.6.2013 – 24 Ca 1619/11) entwickelte daraufhin einen anderen Ausweg: Der Arbeitgeber muss darlegen und notfalls beweisen, dass die Nicht-Verlängerung in keiner Weise mit der Betriebsratstätigkeit zusammenhängt. Werden andere Befristete übernommen, dürfte ihm ein solcher Beweis sehr schwer fallen.

238 Scheidet ein Mitglied aus dem Betriebsrat aus, so wirkt der Kündigungsschutz noch ein Jahr nach. Dies gilt auch für **Ersatzmitglieder,** die vorübergehend – und sei es für einen Tag – nachgerückt sind (BAG, NZA 2012, 400).

Auch der Kündigungsschutz des Betriebsrats versagt im Falle der **Betriebsstilllegung.** Nach § 15 Abs. 4 KSchG ist eine ordentliche Kündigung möglich, doch sind bei verschiedenen »Entlassungswellen« Betriebsräte als Letzte zu kündigen. Wird nur eine Abteilung stillgelegt, so ist das Betriebsratsmitglied nach näherer Maßgabe des § 15 Abs. 5 KSchG in eine andere Abteilung zu übernehmen.

5.5   Verhältnis Betriebsrat – Belegschaft

239 Das Stück Demokratie, das die Betriebsverfassung bringt, ist nicht damit erschöpft, dass die Beschäftigten alle vier Jahre einen neuen Betriebsrat wählen. Die Belegschaft kann zwar dem Betriebsrat keine Weisungen erteilen, aber ihre Haltung ist von ganz entscheidender Bedeutung für seine Forderungen und Beschlüsse. Ohne Rückhalt in der Belegschaft steht er auf verlorenem Posten – Paragraphen allein helfen nicht weiter.

Wie ist die »Kommunikation« zwischen Belegschaft und Betriebsrat beschaffen? Welche Regeln gelten für die Meinungsbildung im Betrieb?

5.5.1 Initiativen aus der Belegschaft

Einzelne Arbeitnehmer, aber auch kleinere oder größere Gruppen von **240**
Beschäftigten können bestimmte Probleme an den Betriebsrat herantragen. Sie können dies innerhalb, aber auch außerhalb der **Sprechstunde** tun.

Beispiel:
Für die Verkäuferinnen im Kaufhaus K besteht keine Sitzgelegenheit. Auch wenn keine Kunden zu bedienen sind, müssen sie stehen. Sechs Verkäuferinnen gehen deshalb in die Sprechstunde des Betriebsrats, die vom Vorsitzenden durchgeführt wird. Sie können sich aber auch an ein beliebiges anderes Betriebsratsmitglied wenden.

Die betriebliche **Telefonanlage** ist so zu schalten, dass die **Betriebsratsmitglieder** von den einzelnen Beschäftigten **angerufen** werden können (BAG, NZA 2003, 803). Der Betriebsrat hat auch ein Recht auf Präsenz im **Intranet** (BAG, NZA 2004, 278), so dass er jederzeit per E-Mail kontaktiert werden kann.

Jeder Arbeitnehmer hat das Recht, den Betriebsrat während seiner **241**
Sprechstunde aufzusuchen. Die versäumte Arbeitszeit wird nach § 39 Abs. 3 BetrVG voll fortbezahlt.

Die Rechte der Arbeitnehmer werden durchaus ernst genommen, wie das Beispiel **ArbG Hamburg (AiB 1982, 158)** zeigt: Acht Arbeitnehmer suchten wegen Problemen an ihrem Arbeitsplatz eineinhalb Stunden lang den Betriebsrat auf; während dieser Zeit stand die von ihnen bediente Anlage still. Das ArbG Hamburg bejahte die Pflicht des Arbeitgebers zur Entgeltfortzahlung nach § 39 Abs. 3 BetrVG.

Einzelne Arbeitnehmer können sich auch förmlich beim Betriebsrat be- **242**
schweren (§§ 84, 85 BetrVG). Hält der Betriebsrat die Beschwerde für begründet, muss er mit dem Arbeitgeber über eine Beseitigung der Missstände verhandeln. Erfolgt keine Einigung, so entscheidet gemäß § 85 Abs. 2 BetrVG die Einigungsstelle (dazu unten 5.9.2) verbindlich darüber, ob die Beschwerde berechtigt war. Kommt sie zu einem positiven Ergebnis, so ist der Arbeitgeber zur Abhilfe verpflichtet. Ausgenommen sind allerdings Rechtsansprüche, doch wird sich der Arbeitgeber selten auf diesen Gesichtspunkt berufen.

Beispiel:
Der Betriebsrat verhandelt mit dem Arbeitgeber über die Fließbandgeschwindigkeit, da sich ein Arbeitnehmer beschwert hat. Es ist denkbar unwahrscheinlich,

dass die Arbeitgebervertreter in der Einigungsstelle die Auffassung vertreten werden, der Arbeitnehmer habe nach § 75 Abs. 2 BetrVG oder aus der im Lichte des Gesundheitsschutzes interpretierten Fürsorgepflicht heraus einen gerichtlich durchsetzbaren Anspruch auf ein langsameres Fließband. Nur dann wäre aber die Einigungsstelle an einer verbindlichen Entscheidung gehindert.

242a Der seit 2001 geltende § 86 a BetrVG gibt jedem Arbeitnehmer das Recht, seinem Betriebsrat **Themen zur Beratung vorzuschlagen.** Wird die Idee von mindestens fünf Prozent der Belegschaft unterstützt, muss der Betriebsrat den Vorschlag innerhalb von zwei Monaten auf die Tagesordnung setzen. Das Werben um Unterstützung (z.B. das Sammeln von Unterschriften) ist **während der Arbeitszeit** möglich.

5.5.2 Initiativen des Betriebsrats

243 Der Betriebsrat kann auch seinerseits aktiv werden, um von den in der Belegschaft vorhandenen Problemen Kenntnis zu erhalten: Nach BAG (DB 1977, 914) hat er das Recht, schriftliche oder mündliche **Befragungen der Belegschaft** vorzunehmen. Voraussetzung ist lediglich, dass sich die gestellten Fragen im Rahmen seiner Zuständigkeit bewegen und dass der Betriebsfrieden nicht gestört wird.

244 Weiter haben Betriebsratsmitglieder das Recht, einzelne Arbeitnehmer an ihrem Arbeitsplatz aufzusuchen (BAG, DB 1983, 2419), sie dort anzurufen (vgl. BAG, NZA 1999, 1292) oder eine **Betriebsbegehung** durchzuführen (ArbG Berlin, AiB 1988, 187). Schließlich können sie ihren Informationsstand im Bereich des Arbeitsschutzes richtiger Auffassung nach dadurch verbessern, dass sie selbst Messungen vornehmen; die dafür erforderlichen Geräte sind ihnen vom Arbeitgeber nach § 40 BetrVG zur Verfügung zu stellen (strittig). Dies rechtfertigt sich mit der Erwägung, dass die in § 80 Abs. 1 Nr. 1 BetrVG dem Betriebsrat übertragene Überwachungsaufgabe nur dann effektiv wahrgenommen werden kann, wenn gleichzeitig auch alle relevanten Informationen beschafft werden können: Die Anfrage an den Arbeitgeber ist gerade in solchen Fällen nicht immer das geeignete Mittel.

5.5.3 Betriebsversammlungen

Wichtigste Form der Willensbildung durch die Belegschaft ist die Be- **245**
triebsversammlung. Ihre Möglichkeiten werden nur selten voll ausgeschöpft.

Der rechtliche Rahmen

Nach § 43 Abs. 1 BetrVG muss der Betriebsrat in jedem Kalendervier-
teljahr eine Betriebsversammlung einberufen und auf dieser einen Tätigkeitsbericht erstatten. **Vier Versammlungen pro Jahr sind also vorgeschrieben.** Der Betriebsrat hat außerdem das Recht, in jedem Halbjahr
eine weitere Betriebsversammlung durchzuführen, wenn dies aus besonderem Grund zweckmäßig erscheint. Obergrenze also: sechs pro Jahr.

Beispiel:
Nachdem Ende April die zweite ordentliche Betriebsversammlung des Jahres
2015 stattgefunden hat, wird Anfang Mai bekannt, dass die Geschäftsleitung eine
Abteilung stilllegen und eine andere an einen Interessenten als »selbständigen Betriebsteil« veräußern will. Der Betriebsrat kann daraufhin eine weitere Betriebsversammlung einberufen.

Die **Betriebsversammlungen** finden **während der Arbeitszeit** statt. Dies **246**
bedeutet, dass die Beschäftigten nicht weniger verdienen dürfen, als
wenn sie während dieser Zeit gearbeitet hätten. Eine Ausnahme gilt nur
dann, wenn das Kontingent von sechs Betriebsversammlungen pro Jahr
überschritten wird. Der Lohnanspruch besteht auch dann, wenn wegen
Kurzarbeit gar nicht gearbeitet worden wäre (BAG, AP Nr. 6 zu § 44
BetrVG 1972).

Zwei der vier »ordentlichen« Betriebsversammlungen sind als sog. **247**
Abteilungsversammlungen durchzuführen, wenn dies erforderlich ist,
um die besonderen Belange der Arbeitnehmer relativ selbständiger Betriebsteile zu erörtern (§ 42 Abs. 2 BetrVG).

Themen und Ablauf

Was auf der Betriebsversammlung erörtert wird, ist grundsätzlich den **248**
Beteiligten überlassen. Es empfiehlt sich deshalb, in die Tagesordnung
den Punkt »Verschiedenes« aufzunehmen. Über den – immer notwendigen – **Tätigkeitsbericht des Betriebsrats** kann diskutiert werden.

Parteipolitik hat nach § 45 BetrVG auf der Betriebsversammlung
nichts zu suchen. Politiker können allerdings zu Referaten eingeladen
werden, sofern dies nicht nur in Wahlkampfzeiten erfolgt (BAG, AP

Nr. 1 zu § 42 BetrVG 1972); das Thema muss freilich einen unmittelbaren Bezug zum Betrieb haben.

Beispiel:

Der Betriebsrat lädt Vertreter der CDU, SPD, Linkspartei und von Bündnis 90/DIE GRÜNEN ein, um zum Thema »Die Vorstellung meiner Partei zur Rettung des Betriebes« zu sprechen.

Jede im Betrieb vertretene **Gewerkschaft** kann auch ohne ausdrückliche Einladung einen oder mehrere **Beauftragte in die Betriebsversammlung entsenden**. Diese haben dort Rederecht. Es darf über die gewerkschaftliche Tarifpolitik informiert werden, jedoch ist die Vorbereitung eines Streiks nicht zulässig.

249 Eine **Aufzeichnung auf Tonband** sollte unterbleiben, da dies die Unbefangenheit der Diskussion stören kann. Sieht die Mehrheit dies anders, so kann jeder Redner gleichwohl verlangen, dass bei seinem Beitrag das Tonband abgestellt wird. Unzulässig ist auch ein stenographisches Protokoll; wird es gleichwohl angefertigt, darf es nicht als Grundlage für irgendwelche Maßnahmen wie Abmahnung, Versetzung und Kündigung herangezogen werden.

Dauer

250 Eine zeitliche Grenze gibt es nicht; die Betriebsversammlung kann so lange fortgesetzt werden, bis die Tagesordnung erschöpft ist (LAG Baden-Württemberg, AiB 1986, 67). Das ArbG Hamburg hat deshalb sogar eine Gesamtdauer von vier Tagen unbeanstandet gelassen, da es um drohende Massenentlassungen ging (mitgeteilt bei Zachert, Betriebl. Mitbestimmung, Köln 1979, S. 130 Fn. 21). Geht die Betriebsversammlung über das normale Arbeitsende hinaus, so muss der Arbeitgeber lediglich das entsprechende Entgelt, nicht aber eine Überstundenvergütung bezahlen.

Praxis

251 In vielen Betrieben finden weniger als die vier im Gesetz vorgeschriebenen Betriebsversammlungen pro Jahr statt. Bisweilen wird berichtet, Betriebsräte hätten ein oder zwei Betriebsversammlungen (die ja ein Kostenfaktor für den Arbeitgeber sind!) gegen ein billigeres Kantinenessen »eingetauscht«. Abmachungen dieser Art sind unwirksam. Im Ernstfall kann der Betriebsrat alle im Gesetz vorgesehenen sechs Betriebsversammlungen durchführen, auch wenn der Arbeitgeber »enttäuscht« sein wird.

5.6 Verhältnis Betriebsrat – Gewerkschaft

Der Betriebsrat vertritt die gesamte Belegschaft, auch diejenigen, die kei- **252**
ner Gewerkschaft angehören. § 75 Abs. 1 BetrVG untersagt ihm, ir-
gendjemanden wegen seiner Gewerkschaftszugehörigkeit zu bevorzugen
oder zu benachteiligen.

Wie schon unter 1. angesprochen, ist der **Betriebsrat** dennoch **in die
gewerkschaftliche Interessenvertretung** mehr oder weniger stark **eingebunden.** Seine Autonomie ist eine relative, wenn und solange er auf gewerkschaftliche Unterstützung angewiesen ist.

Das BetrVG geht von einer Zusammenarbeit zwischen Betriebsrat **253**
und Gewerkschaft aus (§ 2 Abs. 1). Es gibt darüber hinaus jeder im Betrieb vertretenen **Gewerkschaft bestimmte Einflussmöglichkeiten:**

- Die Gewerkschaft kann – wie oben ausgeführt – einen oder mehrere
  Vertreter in die Betriebsversammlung entsenden.

- Ein **Gewerkschaftsvertreter** kann auch an **Betriebsratssitzungen** teilnehmen, sofern wenigstens ein Betriebsratsmitglied der Gewerkschaft angehört und mindestens ein Viertel der Mitglieder eine Teilnahme wünscht.

- Die Gewerkschaft kann **gegen Rechtsverstöße** im Betrieb **vorgehen.**
  Nach § 19 BetrVG kann sie die Betriebsratswahlen anfechten, nach
  § 23 Abs. 1 BetrVG beim Arbeitsgericht den Antrag stellen, ein Betriebsratsmitglied (oder den ganzen Betriebsrat) wegen schwerer
  Pflichtverletzung seines Amtes zu entheben.

- Die Gewerkschaft hat das Recht, nach § 23 Abs. 3 BetrVG auch **ge-** **254**
  gen den Arbeitgeber vorzugehen, wenn dieser seine Verpflichtungen
  aus der Betriebsverfassung erheblich verletzt. Nach § 121 BetrVG
  kann sie außerdem unter bestimmten Voraussetzungen die Verhängung eines Bußgelds, nach § 119 BetrVG die Bestrafung des Arbeitgebers verlangen.

- Über die Tarifpolitik können die **Handlungsspielräume der Betriebsräte erweitert oder eingeengt** werden. Durch umfassende tarifliche
  Regelung bestimmter Sachgebiete kann nur noch sehr wenig übrig
  bleiben, was von den Betriebsräten mitbestimmt werden könnte. Auf
  der anderen Seite sind auch eine Öffnung der Tarifverträge zugunsten
  betrieblicher Abmachungen sowie eine tarifliche Erweiterung der Betriebsratsbefugnisse zulässig.

- Die Gewerkschaft erfüllt gegenüber Betriebsräten eine Art **Service-** **255**
  funktion. Dies zeigt sich im Angebot von Schulungs- und Bildungsveranstaltungen, aber insbesondere auch in der Beratung im Einzelfall.

Innerhalb einzelner Gewerkschaften sind oft bestimmte hauptamtliche Mitarbeiter »Betreuer« einzelner Betriebsräte.

Muss der Betriebsrat einen Prozess führen, steht ihm der gewerkschaftliche Rechtsschutz zur Verfügung.

256 ▪ In einer Reihe von größeren Betrieben gibt es **gewerkschaftliche Vertrauensleute.** Sie werden von den im Betrieb tätigen Gewerkschaftsmitgliedern gewählt und stellen eine Art »Unterbau« des Betriebsrats dar. Würde seine Politik der Auffassung der Vertrauensleute zuwiderlaufen, hätte er einen schweren Stand.

Die **Existenz** gewerkschaftlicher Vertrauensleute im Betrieb ist **durch Art. 9 Abs. 3 GG garantiert.** Soweit sie nicht allgemeine Arbeitnehmerrechte wie das Aufsuchen des Betriebsrats während der Arbeitszeit wahrnehmen, können sie in der Regel nur während der Pausen und außerhalb ihrer Arbeitszeit aktiv werden. Einzelne Tarifverträge sehen jedoch vor, dass Vertrauensleute während der Arbeitszeit ihre Funktion erfüllen dürfen und auch einen verstärkten Kündigungsschutz genießen. Näheres bei Däubler, Gewerkschaftsrechte im Betrieb, 11. Aufl., Baden-Baden 2010, § 18.

257 ▪ Nach § 2 Abs. 2 BetrVG steht der Gewerkschaft ein **Zugangsrecht** zum Betrieb zu. Sie kann also einzelne hauptamtliche Mitarbeiter auch gegen den Willen des Arbeitgebers in den Betrieb entsenden, wenn dies zur Wahrnehmung ihrer im Gesetz vorgesehenen Aufgaben erforderlich ist.

258 ▪ Der Zusammenhalt von Betriebsräten und Gewerkschaften wird nicht zuletzt daran deutlich, dass mehr als 70 Prozent aller **Betriebsratsmitglieder** einer Gewerkschaft angehören. Diese sind – was in der Praxis sehr wichtig ist – nach § 74 Abs. 3 BetrVG **als Einzelpersonen in ihrer gewerkschaftlichen Betätigung völlig frei.**

5.7 Verhältnis Betriebsrat – Arbeitgeber

259 Das Gesetz legt den Betriebsrat auf ein **kooperatives Verhältnis gegenüber dem Arbeitgeber** fest. Insbesondere darf der Betriebsrat nicht mit einem Arbeitskampf drohen oder diesen gar effektiv organisieren. Durch diese »**Wirtschaftsfriedlichkeit**« unterscheidet er sich von betrieblichen Interessenvertretungen in anderen EU-Staaten wie Großbritannien, Frankreich und Italien.

Gewissermaßen als »**Gegenleistung**« erhält er Beteiligungsrechte, insbesondere Mitbestimmungsbefugnisse. Insoweit ist seine Position stärker als die der shop stewards, des comité d'entreprise oder des consiglio di fabbrica.

Wie sehen die Kooperationsgrundsätze aus? § 2 Abs. 1 BetrVG verpflichtet Arbeitgeber und Betriebsrat,»vertrauensvoll ... zum Wohl der Arbeitnehmer und des Betriebs« zusammenzuarbeiten. § 74 Abs. 1 und 2 BetrVG konkretisiert dies: **260**

- Arbeitgeber und Betriebsrat sollen **mindestens einmal im Monat** zu einer **Besprechung** zusammentreten. Sie haben dabei über strittige Fragen »mit dem ernsten Willen zur Einigung« zu verhandeln. Dies ist allerdings nur ein moralischer Appell: Die »Ernstlichkeit« lässt sich gerichtlich nicht überprüfen.

- Arbeitgeber und Betriebsrat haben nach § 74 Abs. 2 Satz 2 BetrVG alles zu **unterlassen, was den Arbeitsablauf oder den Frieden des Betriebs beeinträchtigt.** Auch heftige Kritik am Arbeitgeber ist dadurch allerdings nicht ausgeschlossen: Der Betriebsrat ist nicht verpflichtet, für arbeitgeberfreundliche Stimmung im Betrieb zu sorgen. **261**

- **Parteipolitische Betätigung** ist dem Arbeitgeber wie dem Betriebsrat **untersagt.** Eine Ausnahme gilt für Angelegenheiten tarifpolitischer, sozialpolitischer, umweltpolitischer und wirtschaftlicher Art, »die den Betrieb oder seine Arbeitnehmer unmittelbar betreffen« (§ 74 Abs. 2 Satz 3 BetrVG). Der Betriebsrat darf also keine Resolution zu den anstehenden Landtagswahlen fassen; auch darf der Arbeitgeber kein Werbematerial »seiner« Partei im Betrieb verteilen. Andererseits sind wirtschaftspolitische Aussagen durchaus erlaubt, sofern ein Bezug zum eigenen Betrieb da ist. **262**

Beispiel:
Der Betriebsrat kritisiert die Gemeindeverwaltung und meint, die Privatisierung sei kein Allheilmittel. Zulässig, wenn auch der eigene Betrieb zur Privatisierung ansteht oder erste Erfahrungen mit einem privaten Investor gemacht wurden.

- Betriebsrat und Arbeitgeber dürfen **keine Arbeitskämpfe** gegeneinander führen. Dem einzelnen Betriebsratsmitglied ist es jedoch unbenommen, bei der Organisierung eines gewerkschaftlichen Streiks mitzuwirken: § 74 Abs. 3 BetrVG lässt dies jederzeit zu. Auch gegen eine Tätigkeit in der Streikleitung ist nichts einzuwenden. **263**

- Erfährt der Betriebsrat **Betriebs- oder Geschäftsgeheimnisse,** so muss er diese nach § 79 Abs. 1 BetrVG für sich behalten. Zusätzliche Voraussetzung ist allerdings, dass der Arbeitgeber ihn ausdrücklich auf die Geheimhaltungsbedürftigkeit hingewiesen hat. **264**

Kann der Arbeitgeber den Standpunkt vertreten, der Verkauf eines Betriebsteils an den Interessenten X sei »in den nächsten sechs Wochen« noch ein Betriebsgeheimnis? Wenn es die Spatzen bereits von den Dächern pfeifen (die Lokalpresse berichtete), liegt kein »Geheimnis« mehr vor. § 79 BetrVG scheidet schon deshalb aus. Doch unterstellt, es sind wirklich nur wenige Personen eingeweiht: Eine Pflicht zur Geheimhaltung besteht nur dann, wenn das Arbeitgeberinteresse gegenüber dem Informationsinteresse der Belegschaft überwiegt. Ist kein Arbeitsplatzabbau zu befürchten, könnte man dies annehmen, wenn die Tatsache als solche für Konkurrenten wichtig ist. Anders dann, wenn dem Arbeitgeber kein greifbarer Nachteil droht, gleichzeitig jedoch mit Personalabbau zu rechnen ist: Hier überwiegt das Interesse der Betroffenen, sich auf die neue Situation einstellen zu können.

5.8 Beteiligungsrechte des Betriebsrats

5.8.1 Unterschiedliche Intensität

265 ▪ Schwächstes Recht des Betriebsrats ist die in § 80 Abs. 1 Nr. 2 BetrVG gewährte Befugnis, »**Anregungen**« von Arbeitnehmern entgegenzunehmen und durch Verhandlungen mit dem Arbeitgeber »auf eine Erledigung hinzuwirken«. Lässt sich der Arbeitgeber nicht überzeugen, ist die Sache erledigt.

266 ▪ Schon etwas stärker ist die in § 80 Abs. 1 Nr. 1 BetrVG niedergelegte Befugnis, **über die Einhaltung von Gesetzen**, Unfallverhütungsvorschriften, Tarifverträgen usw. **zu wachen**. Zwar kann der Betriebsrat nach herrschender Rechtsprechung den Arbeitgeber nicht verklagen, z. B. Gesetze und Tarifverträge korrekt einzuhalten, doch kann er ggf. die Gewerbeaufsicht oder die Gewerkschaft alarmieren. Diese können dann ihrerseits Maßnahmen ergreifen.

267 ▪ Vor manchen Entscheidungen ist der Betriebsrat **anzuhören**. Wichtigster Fall ist die beabsichtigte Kündigung eines Arbeitnehmers (§ 102 Abs. 1 BetrVG). Dem Betriebsrat sind alle Informationen zu geben, die er für seine Willensbildung benötigt. Seine Stellungnahme ist für den Arbeitgeber allerdings nicht bindend.

268 ▪ Von »**Beratung**« spricht man dann, wenn ein längerer Meinungsaustausch erfolgen soll. Sind etwa neue Arbeitsverfahren geplant, so ist der Betriebsrat nach § 90 Abs. 2 BetrVG so frühzeitig zu beteiligen, dass seine Meinung noch bei den jeweils anstehenden Entscheidungen berücksichtigt werden kann. Auch hier liegt die Entscheidung als solche beim Arbeitgeber.

- Von »**Mitwirkung**« des Betriebsrats ist dann die Rede, wenn sein Votum zwar die Entscheidung nicht verhindern, wohl aber hinauszögern oder die Folgen beeinflussen kann. **269**

Beispiel:
Der Betriebsrat kann nach § 102 Abs. 3 BetrVG einer ordentlichen Kündigung unter bestimmten Voraussetzungen widersprechen. Der Arbeitgeber kann trotzdem kündigen. Erhebt jedoch der Arbeitnehmer Kündigungsschutzklage, ist er unter bestimmten Voraussetzungen bis zum Abschluss des gerichtlichen Verfahrens im Betrieb weiterzubeschäftigen.

- Der Schwerpunkt der Betriebsratstätigkeit liegt auf der Ausübung von **Mitbestimmungsrechten**. Sie bestehen nur auf den Sachgebieten, die ausdrücklich im Gesetz genannt sind, es sei denn, ein Tarifvertrag würde darüber hinaus gehen. **270**

5.8.2   Was bedeutet »Mitbestimmung«?

Der Begriff »Mitbestimmung« hat einen präzisen Inhalt. Auf den Gebieten, die der Mitbestimmung unterliegen, müssen Betriebsrat und Arbeitgeber gemeinsam handeln; man kann von »geteilter Handlungskompetenz« sprechen. Dies bedeutet: **271**
Handelt der Arbeitgeber allein, ist seine Entscheidung unwirksam (BAG, AP Nr. 22 zu § 46 BetrVG 1952). Dies gilt sogar dann, wenn die Angelegenheit besonders eilbedürftig ist (BAG, AP Nr. 6 zu § 87 BetrVG 1972 Arbeitszeit). Auch der Betriebsrat kann für sich allein keine wirksamen Anordnungen treffen. Dies verbietet schon § 77 Abs. 1 Satz 2 BetrVG, wonach er nicht durch einseitige Handlungen in die Leitung des Betriebs eingreifen darf.
Normalerweise tritt der Arbeitgeber mit einem Vorschlag an den Betriebsrat heran, um dessen Zustimmung zu erhalten (»Abteilung X macht nächste Woche sechs Überstunden«). Aber auch der Betriebsrat kann auf den der Mitbestimmung unterliegenden Gebieten Vorschläge machen, über die dann der Arbeitgeber verhandeln muss (**sog. Initiativrecht**). **272**

Der Arbeitgeber will eine Abteilung schließen und allen Beschäftigten betriebsbedingt kündigen. Der Betriebsrat entdeckt im BetrVG den § 87 Abs. 1 Nr. 3, wonach er ein Mitbestimmungsrecht bei der Einführung von Kurzarbeit hat. Er verlangt deshalb, die Kündigungen aufzuschieben und stattdessen zunächst einmal Kurzarbeit einzuführen.

273 Werden sich Arbeitgeber und Betriebsrat einig, können sie eine sog. **Betriebsvereinbarung** schließen. Sie wirkt ähnlich wie ein Tarifvertrag (näher unten 5.10.1 – Rn. 312 ff.). Sie können sich aber auch mit einer bloßen Absprache begnügen (sog. **Betriebsabsprache oder betriebliche Einigung**). In beiden Fällen ist es dann Sache des Arbeitgebers, den gefundenen Kompromiss umzusetzen.

> Man vereinbart Kurzarbeit für ein halbes Jahr. Dies den Arbeitnehmern mitzuteilen und die nötigen Anträge bei der Arbeitsagentur zu stellen, ist grundsätzlich Sache des Arbeitgebers.

Was geschieht, wenn sich Betriebsrat und Arbeitgeber nicht einig werden? Der Arbeitgeber denkt ausschließlich an die Rentabilität, der Betriebsrat ausschließlich an die Arbeitsplätze. In solchen Fällen wird eine sog. Einigungsstelle eingeschaltet.

274 Die **Einigungsstelle** ist ein paritätisch besetztes Gremium: Sie besteht aus einer gleichen Anzahl von Vertretern des Arbeitgebers und von Vertretern des Betriebsrats. Ihre Zahl variiert in der Praxis zwischen zwei und vier pro Seite. Hinzu kommt ein sog. neutraler **Vorsitzender**, dessen Stimme letztlich den Ausschlag gibt. Über die Zahl der Beisitzer und über die Person des Vorsitzenden müssen sich Betriebsrat und Arbeitgeber verständigen.

275 Was geschieht, wenn jede Seite eine ihr zugeneigte Person zum Vorsitzenden machen möchte? In einem solchen Fall setzt das **Arbeitsgericht** den Vorsitzenden ein (und bestimmt die Zahl der Beisitzer, wenn auch hierüber Meinungsverschiedenheiten bestehen). Die Entscheidung wird ohne die ehrenamtlichen Richter getroffen, unterliegt jedoch der Beschwerde zum Landesarbeitsgericht. **Der** mit Wirkung vom 1.1.2002 **neu gefasste § 98 ArbGG** (jetzt: § 100 ArbGG) will das Verfahren beschleunigen, doch schließt dies nicht aus, dass einige Zeit ins Land geht, bevor die Einigungsstelle mit der Arbeit beginnen kann.

276 Das unter Ausschluss der Öffentlichkeit stattfindende Einigungsstellenverfahren hat viel **Ähnlichkeit mit Tarifverhandlungen**; auch Nachtsitzungen sind keine Ausnahme. In der Mehrzahl der Fälle kommt unter dem mehr oder weniger sanften Druck des Vorsitzenden eine Einigung zustande.

> Kluge Vorsitzende pflegen – wenn alle Argumente ausgetauscht sind – mit beiden Seiten getrennt zu verhandeln. Dies schafft die Möglichkeit, den tatsächlich vorhandenen Kompromissspielraum auszuloten. Außerdem kann man jede Seite auf die Nachteile hinweisen, die drohen, wenn man als Vorsitzender mit der Gegenseite stimmt.

Lässt sich kein Kompromiss finden, ergeht eine Mehrheitsentscheidung. Nach § 76 Abs. 5 Satz 3 BetrVG ist dabei »nach billigem Ermessen« unter angemessener Berücksichtigung der Belange des Betriebs und der betreffenden Arbeitnehmer zu entscheiden. Dieser sog. **Spruch der Einigungsstelle** kann von der unterlegenen Seite beim Arbeitsgericht angefochten werden. Neben Rechtsverstößen kann dabei insbesondere auch gerügt werden, dass das Ermessen in einseitiger Weise ausgeübt wurde.

Beispiel:

Die Einigungsstelle lehnt die vom Betriebsrat gewollte Kurzarbeit ab und stützt sich dabei ausschließlich auf die Erwägung, nach einem erfolgreichen Personalabbau würde sich leichter ein Käufer für den Betrieb finden. Die Arbeitsplatzinteressen der Beschäftigten werden überhaupt nicht berücksichtigt.

Die **Kosten der Einigungsstelle** trägt der Arbeitgeber. Der Vorsitzende **277** vereinbart üblicherweise ein Pauschalhonorar (z. B. 5000 Euro) oder rechnet auf der Basis von Stundensätzen ab, die sich zwischen 100 und 500 Euro bewegen. Beisitzer, die keine Arbeitnehmer des Betriebes sind, können ein Honorar in Höhe von $^{7}/_{10}$ der dem Vorsitzenden bezahlten Vergütung verlangen.

5.8.3 Verletzung der Beteiligungsrechte durch den Arbeitgeber

Was geschieht, wenn der Arbeitgeber die Betriebsratsbefugnisse nicht **278** zur Kenntnis nimmt und selbstherrlich Entscheidungen trifft, wie wenn es kein BetrVG gäbe?

Beispiele:

Eine Zweigstelle wird ohne jede Vorankündigung geschlossen und das Mobiliar am Wochenende abtransportiert. Der Belegschaft wird samt dem dort bestehenden Betriebsrat Hausverbot erteilt.

Der Arbeitgeber ordnet für eine bestimmte Abteilung Überstunden an, obwohl der Betriebsrat nach § 87 Abs. 1 Nr. 2 BetrVG ein Mitbestimmungsrecht besitzt.

In Extremfällen kann das Strafrecht helfen. Die bewusste Missachtung **279** von Mitbestimmungsrechten des Betriebsrats ist nach § 119 Abs. 1 Nr. 2 BetrVG **strafbar**. Der Strafantrag kann sowohl vom Betriebsrat als auch von jeder im Betrieb vertretenen Gewerkschaft gestellt werden. Eine Verurteilung scheitert allerdings meist daran, dass das »bewusste« Beiseiteschieben des Betriebsrats nicht bewiesen werden kann.

Bei der handstreichartigen Schließung der Filiale würden die Gerichte allerdings voraussichtlich den Vorsatz bejahen.

Auch besteht die Schwierigkeit, dass man dabei oft nicht den Arbeitgeber oder den Geschäftsführer persönlich, sondern eine nachgeordnete Person trifft.

Als der Arbeitgeber merkt, dass die Staatsanwaltschaft Ernst machen will, gibt ein leitender Angestellter zu, die Filiale ohne Rücksprache mit dem Arbeitgeber geschlossen zu haben. Der eigentlich Verantwortliche ist aus dem Schneider und wird sich vermutlich erkenntlich zeigen ...

280 Wichtiger ist deshalb, **den Arbeitgeber selbst durch einstweilige Verfügung zu verpflichten, das mitbestimmungswidrige Verhalten wieder rückgängig zu machen.**

Die Zweigniederlassung muss fortgeführt werden, bis ausreichend über einen Interessenausgleich verhandelt wurde. Überstunden dürfen erst geleistet werden, wenn der Betriebsrat (oder die Einigungsstelle) zugestimmt hat.

Ob eine solche einstweilige Verfügung zulässig ist, war lange Zeit kontrovers. Die Diskussion konzentriert sich auf den sog. **Unterlassungsanspruch:** Kann der Betriebsrat vom Arbeitgeber verlangen, keine einseitigen Handlungen in mitbestimmungspflichtigen Angelegenheiten vorzunehmen? Der Erste Senat des BAG verneinte dies im Jahre 1983 (AuR 1983, 283): Ein Mitbestimmungsrecht enthalte mangels ausreichender Anhaltspunkte im Wortlaut des Gesetzes keinen Anspruch auf Unterlassung einseitiger Maßnahmen des Arbeitgebers; da kein »Verfügungsanspruch« bestehe, könne daher auch keine einstweilige Verfügung ergehen. Außerdem habe das Verfahren nach § 23 Abs. 3 BetrVG abschließenden Charakter.

281 Etwa zwei Jahre später erließ der Sechste Senat des BAG eine Entscheidung, die deutlich andere Akzente setzte: Aus § 23 Abs. 3 BetrVG ergebe sich grundsätzlich ein Unterlassungsanspruch, der durch einstweilige Verfügung gesichert werden könne (AiB 1986, 45). Eine Wiederholungsgefahr müsse dabei nicht bestehen, es reiche außerdem ein objektiv vorliegender (nicht schuldhafter) Verstoß. Die **Instanzgerichte** sind im Wesentlichen dieser zweiten Position gefolgt und **distanzierten sich z. T. ausdrücklich von der Auffassung des Ersten Senats** (so insbesondere LAG Frankfurt/M., DB 1989, 536; LAG Baden-Württemberg, AiB 1988, 281; LAG Berlin, AiB 1987, 215). Daraufhin hat sich dieser **eines Besseren besonnen** und **bejaht** jedenfalls für den Bereich des § 87

BetrVG generell einen **Unterlassungsanspruch** (BAG, DB 1994, 2450, seither ständ. Rspr.).

5.8.4 Delegierung von Rechten auf Arbeitsgruppen

Die 2001 neu geschaffene Vorschrift des § 28 a BetrVG eröffnet die **281a**
Möglichkeit, Beteiligungs- und insbesondere Mitbestimmungsrechte auf
»Arbeitsgruppen« zu übertragen. Gemeint sind damit insbesondere **abgrenzbare Teile des Betriebs** wie die Forschungs- und Entwicklungsabteilung, der Außendienst oder die EDV-Abteilung. Nicht gemeint sind
Arbeitsgruppen, die der Betriebsrat selbst bildet und die aus Betriebsratsmitgliedern und einzelnen Beschäftigten bestehen. Entsprechendes
lässt sich nur über § 80 Abs. 2 Satz 3 BetrVG verwirklichen (dazu oben
5.4.4 – Rn. 235).

Beispiel:
In der Forschungs- und Entwicklungsabteilung gibt es Probleme mit der gleitenden Arbeitszeit; die betriebliche Regelung wird von einzelnen Beschäftigten als
einengend empfunden. Der Betriebsrat könnte sein Mitbestimmungsrecht über
Beginn und Ende der täglichen Arbeitszeit nach § 28 a BetrVG auf die Mitarbeiter
der Forschungs- und Entwicklungsabteilung übertragen, die dann – ggf. vertreten
durch Sprecher – eine Sonderregelung mit dem Arbeitgeber aushandeln. Möglich
ist aber auch, auf der Grundlage des § 80 Abs. 2 Satz 3 BetrVG eine Arbeitsgruppe zu bilden, die aus drei Betriebsratsmitgliedern und fünf Beschäftigten dieses Bereichs besteht, die über die aufgetauchten Probleme sachkundig Auskunft
geben können.

Voraussetzung für eine Delegierung nach § 28 a BetrVG ist, dass eine **281b**
entsprechende **Rahmenvereinbarung mit dem Arbeitgeber** geschlossen wird; diese ist freiwillig und kann von keiner Seite über die Einigungsstelle erzwungen werden. Gegen eine Übertragung von Mitbestimmungsrechten spricht insbesondere das Bedenken, dass die **Arbeitsgruppe**
anders als der Betriebsrat keine Unabhängigkeit vom Arbeitgeber genießt und damit **nicht** »konfrontationsfähig« ist. Zwar kann der Betriebsrat rechtlich bei Bedarf seine Befugnisse wieder »zurückholen«,
doch ist dies gegen das Votum der Betroffenen schwer zu realisieren. In
der Praxis ist § 28 a bislang ohne jede Bedeutung geblieben (Linde, AiB
2004, 334 ff.).

5.9 Mitbestimmung in sozialen Angelegenheiten

282 Das »Herzstück der Betriebsverfassung« ist die in den 13 Ziffern des § 87 BetrVG zusammengefasste Mitbestimmung in sozialen Angelegenheiten. Sie bildet in der Praxis den Schwerpunkt der Betriebsratstätigkeit. Skizzieren wir die einzelnen Fallgruppen.

5.9.1 Fragen der Ordnung des Betriebs und des Verhaltens der Arbeitnehmer im Betrieb (Nr. 1)

283 Nach dieser Vorschrift benötigt der Arbeitgeber die Zustimmung des Betriebsrats, wenn er etwa Stechuhren oder eine Torkontrolle einführen, ein **Rauchverbot** erlassen, jeden Alkoholkonsum im Betrieb ausschließen oder das Abstellen von Arbeitnehmer-Fahrzeugen einer »**Parkplatzordnung**« unterwerfen will. Dasselbe gilt für ein Singverbot, das nach verbreiteter Auffassung allerdings auch ohne ausdrückliche Anordnung besteht, weil – wie Nikisch (Arbeitsrecht, Bd. III, 1966, S. 415) meint –

> »*kein wohlerzogener Mensch auf den Gedanken kommt, in Gesellschaft unaufgefordert zu singen. Ein solches Verhalten würde als ausgesprochen unschicklich angesehen, falls nicht die Stimmung schon so weit fortgeschritten ist, dass Nüchternheit nicht mehr verlangt wird, eine Entschuldigung, die bei der betrieblichen Arbeit nicht in Betracht kommt*«.

Eine nüchterne Betrachtung des Singproblems sollte vermeiden, den in »besserer Gesellschaft« bevorzugten »guten Ton« zur rechtlichen Verpflichtung für alle zu erheben. Da der **Betrieb keine erzieherischen Funktionen** besitzt, können Verbote nur dann erlassen werden, wenn die Arbeit anderer Kollegen beeinträchtigt wird. Dies zu entscheiden ist auch Sache des Betriebsrats, so dass ein Singverbot nur mit seiner Zustimmung zustande kommen könnte. Dasselbe gilt für ein **Verbot, am Arbeitsplatz Radio zu hören** (BAG, DB 1986, 1025). § 87 Abs. 1 Nr. 1 BetrVG betrifft im Ergebnis alle Fragen, die herkömmlicher Inhalt einer **Arbeitsordnung** sind. Außerdem erstreckt er sich auf die systematische Durchführung von Mitarbeitergesprächen, bei denen über **Zielvereinbarungen** verhandelt wird (dazu Däubler, NZA 2005, 793; s. auch unten Rn. 309). Das Arbeitsverhalten selbst (»Wann ist welche Aufgabe zu erledigen?«) ist nicht erfasst, ebenso alle damit in unmittelbarem Zusammenhang stehenden Angelegenheiten.

Die Abgrenzung ist manchmal etwas schwierig. Beim Kundenberater einer Bank soll das **Tragen eines Namensschilds** Teil der Arbeit sein (BAG, NZA 2000, 1176, 1177), während es beim Fahrpersonal in der Straßenbahn nur »Beiwerk« ist und daher der Mitbestimmung unterliegt (BAG, NZA 2002, 1299).

Das Tragen einer bestimmten **Dienstkleidung** ist unbestritten mitbestimmungspflichtig (unten Rn. 683). Dasselbe muss gelten, wenn Kassiererinnen oder Verkaufspersonal **beim Gespräch immer dieselben Wendungen** benutzen müssen (näher Däubler, AiB 2009, 352 ff.). Sollen durch **Compliance-Richtlinien** dem Einzelnen zusätzliche Pflichten auferlegt werden, greift die Mitbestimmung nach Nr. 1 gleichfalls ein.

> Allen Beschäftigten soll beispielsweise verboten werden, irgendwelche Leistungen von Kunden entgegenzunehmen. Bieten diese an, man könne im Auto mitfahren, weil man denselben Weg nach Hause habe, müsste man konsequenterweise ablehnen. Ein anderes Beispiel: Es wird eine Grenze von 20 Euro eingeführt. Ein Berater, der zum Mittagessen eingeladen wird, muss ein eher bescheidenes Gericht wählen und auf den Nachtisch verzichten.

Nach der Rechtsprechung (BAG, NZA 2008, 1248 Tz. 59 – Honeywell) besteht die Mitbestimmung auch dann, wenn es sich nur um rechtlich unverbindliche Empfehlungen handelt.

284 Die Mitbestimmung des Betriebsrats ist nicht davon abhängig, auf welchen rechtlichen Wegen der Arbeitgeber vorgeht. Ob er eine förmliche Betriebsordnung erlässt, ob er sämtlichen Arbeitnehmern einheitliche Anweisungen erteilt oder ob er in alle Arbeitsverträge entsprechende Klauseln aufnimmt, ist für den Betriebsrat völlig gleichgültig. Keine Rolle spielt es auch, wenn **nicht alle** Arbeitnehmer, sondern **nur eine bestimmte Gruppe** wie die in einer Werkshalle oder an einem bestimmten Fließband Tätigen erfasst werden.

285 Nur: Betrifft die Weisung einen einzelnen Arbeitnehmer, wird ihm verboten zu rauchen oder seinen Wagen auf dem Betriebsgelände abzustellen, so kann der Betriebsrat nicht mitreden. Diese **Ausklammerung des Einzelfalls** führt dazu, dass man nicht von wirklich gleichberechtigter Mitbestimmung sprechen kann: Die Möglichkeit, über die Anwendung einer »paritätisch ausgehandelten« Arbeitsordnung im Einzelfall allein entscheiden zu können, gibt dem Arbeitgeber ein Übergewicht; er behält gewissermaßen trotz demokratischer Gesetzgebung die Exekutivgewalt und drängt den Arbeitnehmer damit in die unangenehme Rolle dessen, der einen Verstoß beweisen muss. Sinnvollstes **Gegenmittel** des Betroffenen ist eine **Beschwerde**, über deren Berechtigung nach § 85

Abs. 2 BetrVG in letzter Instanz die Einigungsstelle zu entscheiden hat. Gleichzeitig kann der Betriebsrat von seinem (im Mitbestimmungsrecht ja immer enthaltenen) Initiativrecht Gebrauch machen und eine Änderung der bisherigen Regelung verlangen, um in Zukunft Meinungsverschiedenheiten zu vermeiden.

5.9.2 Beginn und Ende der täglichen Arbeitszeit einschließlich der Pausen sowie Verteilung der Arbeitszeit auf die einzelnen Wochentage (Nr. 2)

286 Der Mitbestimmung unterliegt nach Nr. 2 der Übergang von der Sechs- zur Fünf- und von der Fünf- zur Viertagewoche. Erfasst werden unbestrittenermaßen die Einführung, die Ausgestaltung und der Abbau von **Schichtarbeit**.

287 Wichtig ist die Mitbestimmung bei **flexibler Arbeitszeit**. Sie erstreckt sich u. a. auf die Einführung, Ausgestaltung und Abschaffung von **Gleitzeit**. Auch die Einführung von Rufbereitschaft ist nicht ohne Zustimmung des Betriebsrats bzw. Spruch der Einigungsstelle möglich. Dasselbe gilt für die Vereinbarung von »**Arbeit nach Arbeitsanfall**«; die Mitbestimmung erstreckt sich insoweit u. a. auf die Mindestdauer des Arbeitseinsatzes pro Tag, auf die Anzahl der Arbeitstage und auf die Zeiten der Rufbereitschaft.

288 § 87 Abs. 1 Nr. 2 BetrVG bezieht auch die (unbezahlten) **Pausen** ein; mitbestimmungspflichtig ist nicht nur ihre Lage, sondern auch ihre Dauer. Weiter können Pausen für die Tätigkeit an bestimmten Arbeitsplätzen vorgesehen werden.

289 Beginn und Ende der Arbeitszeit müssen nicht mit den gesetzlich zugelassenen Ladenöffnungs- oder allgemeiner: **Betriebsnutzungszeiten** übereinstimmen; das Mitbestimmungsrecht schränkt insoweit die unternehmerische Betätigungsfreiheit ein. Dies wurde auch vom BVerfG bestätigt (AuR 1985, 157).

290 In der Praxis scheint das Mitbestimmungsrecht nach § 87 Abs. 1 Nr. 2 BetrVG in weitem Umfang tatsächlich wahrgenommen zu werden. Die Rechtsprechung schützt es auch gegen Umgehungen.

Beispiel:
Betriebsrat und Arbeitgeber einigen sich nicht über die Durchführung von Reinigungs- und Wartungsarbeiten an einer Maschine außerhalb der betrieblichen Arbeitszeit. Der Arbeitgeber vergibt daraufhin einen »Reinigungs- und War-

tungsauftrag« an eine Fremdfirma, die mit den mit der Maschine vertrauten Arbeitnehmern zusätzliche Arbeitsverträge abschließt. LAG Frankfurt (DB 1989, 128): Unzulässig, Betriebsrat kann Unterlassung verlangen.

5.9.3 Vorübergehende Verkürzung oder Verlängerung der betriebsüblichen Arbeitszeit (Nr. 3)

In bewusster Distanzierung von der BAG-Rechtsprechung zum BetrVG **291** 1952 hat der Gesetzgeber auch die Anordnung von **Überstunden** und **Kurzarbeit** mitbestimmungspflichtig gemacht; die Bezugnahme auf die »betriebsübliche« Arbeitszeit macht freilich deutlich, dass auch hier ein »**kollektiver Bezug**« vorhanden sein muss. Dieser wird vom BAG allerdings fast immer bejaht; so greift das Mitbestimmungsrecht ein, wenn zwar nur ein einzelner Arbeitnehmer Überstunden leistet, der Anlass jedoch ein betrieblicher ist (BAG, DB 1986, 2391).

Beispiel:
Durch Krankheit eines Mitarbeiters bleibt in einer Abteilung Arbeit liegen. Auch wenn nur Überstunden eines einzelnen Kollegen in Frage stehen: Mitbestimmung. Der kollektive Bezug wird nicht zuletzt auch daran deutlich, dass ja die Einstellung einer Ersatzkraft in Betracht kommen könnte.

Lediglich dann, wenn der Grund für die Überstunden in der Sphäre des einzelnen Arbeitnehmers liegt, handelt es sich um eine »Privatangelegenheit«. Das Mitbestimmungsrecht wird im Übrigen nicht dadurch berührt, dass der betreffende Kollege freiwillig Mehrarbeit leisten will.

Auch das Mitbestimmungsrecht nach § 87 Abs. 1 Nr. 3 BetrVG ist ge- **292** gen **Umgehungen** abgesichert; versucht der Arbeitgeber, eine Verleihfirma einzuschalten, die das das für die Überstunden vorgesehene Arbeitsquantum übernimmt, so kann ihm der Betriebsrat dies im Wege der einstweiligen Verfügung verbieten lassen (ArbG Mannheim, AiB 1987, 141).

Auf das Mitbestimmungsrecht bei **Kurzarbeit** wurde schon hingewiesen. Besonders wichtig ist hier das Initiativrecht des Betriebsrats (BAG, AiB 1986, 142). Eingehend zur Kurzarbeit unten **Kap. 16 – Rn. 982 ff.**

5.9.4 Zeit, Ort und Art der Auszahlung der Arbeitsentgelte (Nr. 4)

293 Der Mitbestimmung und damit auch dem Initiativrecht des Betriebsrats unterliegen der Übergang vom Wochen- zum Monatslohn sowie die **Einführung der bargeldlosen Entgeltzahlung**. Für diesen Fall kann er des engen Sachzusammenhangs wegen die Erstattung von **Kontoführungsgebühren** verlangen. Dies scheint manche Leute so zu schmerzen, dass aus diesem Grund sogar das Bundesverfassungsgericht angerufen wurde (Zurückweisung der Verfassungsbeschwerde eines Arbeitgebers: DB 1987, 2361).

5.9.5 Aufstellung allgemeiner Urlaubsgrundsätze und des Urlaubsplans sowie die Festsetzung der zeitlichen Lage des Urlaubs für einzelne Arbeitnehmer, wenn zwischen dem Arbeitgeber und den beteiligten Arbeitnehmern kein Einverständnis erzielt wird (Nr. 5)

294 Näheres dazu im Zusammenhang mit dem Urlaubsrecht (unten Kap. 11 – Rn. 656).

5.9.6 Einführung und Anwendung von technischen Einrichtungen, die dazu bestimmt sind, das Verhalten oder die Leistung der Arbeitnehmer zu überwachen (Nr. 6)

295 Mit diesem 1972 eingeführten Mitbestimmungsrecht hat der Gesetzgeber genau wie im Bereich der Arbeitszeit die BAG-Rechtsprechung zum alten Recht korrigiert, die die Installierung eines **Produktographen** für mitbestimmungsfrei erklärt hatte.

> Mit Hilfe eines solchen Geräts konnte der Arbeitgeber den an einer Maschine beschäftigten Arbeitnehmer zwingen, durch Druck auf eine von insgesamt fünf Tasten in jedem Moment den Grund für den Stillstand der Maschine anzugeben. Obwohl dies zu einem Wegfall jeder (inoffiziellen) Verschnaufpause und zu einem totalen Überwachungssystem führt, hatte das BAG auch keine verfassungsrechtlichen Bedenken, da derjenige, der sich in ein Arbeitsverhältnis begebe, sich insoweit eben auch der Kontrolle durch den Arbeitgeber unterwerfe; das Ganze dürfe lediglich nicht in ein (nicht näher beschriebenes) **Antreibersystem** ausarten.

Erscheinungen dieser Art soll es nur noch mit Zustimmung des Betriebsrats oder der Einigungsstelle, d. h. nur in Ausnahmefällen geben. Mit Recht hat das BAG neben Produktographen auch Multimoment-Filmkameras, die in regelmäßigen Abständen Aufnahmen von Arbeitsplätzen machen, unter § 87 Abs. 1 Nr. 6 BetrVG eingeordnet, und erst recht wird eine dauernde Kontrolle durch **Videokameras** erfasst, die jedoch aus Gründen des Persönlichkeitsschutzes nur ganz ausnahmsweise zulässig ist (BAG, NZA 2004, 1278 – näher unten Rn. 716 ff.).

Durch die zunehmende Einführung von Informationstechnologien **296** sind neben diesen »groben« Formen von Kontrolle zahlreiche andere Mechanismen getreten, die den Personalabteilungen zusätzliche Daten über Leistung und Verhalten von Arbeitnehmern verschaffen: Aus- und Einschalten eines Geräts werden gespeichert, ebenso das verbrauchte Material, aber auch die von einem bestimmten Apparat aus geführten Telefongespräche – Vorgänge, aus denen je nach den konkreten Umständen des Falles Rückschlüsse auf das Verhalten einzelner Beschäftigter möglich sind.

Zu den Überwachungsmöglichkeiten in einem **Call-Center** instruktiv Schierbaum, RDV 1998, 154 ff. Dem Verfasser wurde bei einem Seminar die folgende Situation geschildert: Alle Gespräche werden an 5 Tagen der 7-Tage-Woche aufgezeichnet; die stichprobenweise Auswertung kann zur Gewährung einer Prämie, aber auch zu einer »Ermahnung« oder Abmahnung führen. Am Arbeitsplatz steht ein PC, dessen webcam immer eingeschaltet ist; der Arbeitnehmer kann sie ausschalten, wird dann aber gefragt, was der Grund dafür war. Aktuell geht es um »**keyword-spotting**«. Man stellt fest, wie oft ein bestimmter Begriff (in der Regel eine zu verkaufende Ware) in den Gesprächen Erwähnung fand. Es gibt Vorgaben, wie oft man sie pro Tag erwähnen muss. Ob man es auch wirklich tut, lässt sich durch automatische Auswertung der Gespräche feststellen. Die Methode ist übrigens vom israelischen Geheimdienst Mossad entwickelt worden; wer am Telefon des Öfteren das Wort »Hamas« im Munde führt, kann sich verstärkter Aufmerksamkeit sicher sein.

EDV-gestützte Personalinformationssysteme enthalten zahllose perso- **297** nenbezogene Daten, die beliebig miteinander verknüpft werden können, so dass ein umfassendes Persönlichkeitsbild praktisch jedes Arbeitnehmers in Sekundenschnelle abrufbar ist. Selbst medizinische Befunde werden in großem Umfang festgehalten. Besonderes Interesse haben die mit **Bildschirmarbeitsplätzen** verbundenen Kontrollmöglichkeiten gefunden. Der potentielle Anwendungsbereich des § 87 Abs. 1 Nr. 6 BetrVG hat sich dadurch enorm ausgeweitet – eine zunächst relativ unproblematisch erscheinende Vorschrift geriet so in den Mittelpunkt arbeitsrechtlicher Auseinandersetzungen.

Einzelheiten bei Däubler, Gläserne Belegschaften?, 6. Aufl., Frankfurt/Main 2014, § 14 (Rn. 689 ff.).

Die Anwendung des § 87 Abs. 1 Nr. 6 BetrVG auf diese neuartigen Tatbestände muss dem **Grundgedanken** der Vorschrift Rechnung tragen, die den allgemeinen (individualrechtlichen) **Persönlichkeitsschutz** ergänzen soll, um unzulässige Eingriffe zu verhindern und zulässige auf das unbedingt Notwendige zu beschränken. Im Zweifel ist derjenigen Auslegung der Vorzug zu geben, die dieses Ziel am ehesten realisiert.

298 Die Rechtsprechung des BAG hat sich im Wesentlichen an diesen Grundsatz gehalten. Schon die **objektive Möglichkeit zur Kontrolle** reicht für die Anwendbarkeit des § 87 Abs. 1 Nr. 6 BetrVG **aus.** Eine (schwer beweisbare) Überwachungsabsicht muss nicht vorliegen (BAG, AP Nr. 2 zu § 87 BetrVG 1972 Überwachung). Mitbestimmungsfrei sind allein Einrichtungen, die wie etwa Warnlampen, Drehzahlmesser u. Ä. ausschließlich das Funktionieren von Maschinen überwachen (können). Mitbestimmungspflichtig ist nicht nur die Erhebung von personenbezogenen Daten durch technische Einrichtungen,

Beispiel:
Beim Betreten und Verlassen des Betriebsgeländes muss ein maschinenlesbarer Ausweis benutzt werden, der persönliche Daten enthält: die erfassten Zeiten werden auf Datenträger genommen und bleiben dort zwei Jahre lang gespeichert.

sondern auch die **Auswertung manuell erhobener Daten** mit Hilfe der EDV (BAG, NZA 1985, 28).

Beispiel:
Die Arbeitnehmer füllen jeden Tag einen Berichtsbogen aus, der mit Hilfe eines Computers ausgewertet wird.

Maßgebend hierfür ist die Erwägung, dass die für die Persönlichkeit des Arbeitnehmers entstehenden Gefahren vergleichbar groß wie bei der maschinellen Erfassung sind: Die fast unbegrenzten Speicherkapazitäten, die jederzeitige Verknüpfbarkeit der Informationen mit anderen betriebsinternen Datensammlungen, die beliebige Abrufbarkeit aller Informationen, ihre Isolierung vom ursprünglichen sozialen Kontext – dies alles gilt genauso, wenn nicht schon bei der Erfassung, sondern erst bei der Verarbeitung das Medium EDV benutzt wird.

299 Verhalten und Leistung von Arbeitnehmern werden auch dann erfasst, wenn nur **mittels zusätzlicher Hilfsmittel** wie einer Anwesenheitsliste **rückgeschlossen** werden kann, welche Person im konkreten Fall für die aufgezeichneten Vorgänge verantwortlich war.

Beispiel:
Zu einem Telefonapparat haben drei Personen Zugang. Lässt sich aufgrund von Krankmeldungen, Beurlaubungen usw. feststellen, dass in einem bestimmten Zeitraum nur eine Person im Büro sein konnte, so hat die Telefondatenerfassung (Dauer des Gesprächs, angerufene Nummer usw.) Kontrollcharakter und unterliegt daher der Mitbestimmung (BAG, DB 1986, 1287).

Ist dies nicht der Fall, weil eine größere Anzahl von Arbeitnehmern freien Zugang zu dem Gerät hat, scheidet dagegen § 87 Abs. 1 Nr. 6 BetrVG aus.

Beispiel:
In einer Forschungseinrichtung gibt es fünf Bildschirm-Terminals, mit deren Hilfe Informationen aus dem angeschlossenen Dokumentationszentrum abgerufen werden können. Alle Wissenschaftler haben das Recht, diese Terminals zu benutzen, ohne sich irgendwie als Person identifizieren zu müssen.

Eine Ausnahme gilt nur dann, wenn es sich um eine **Gruppe** handelt, deren Entlohnung oder Beurteilung einheitlich erfolgt, da die Auswertung der erhobenen Daten hier alle gleichermaßen in ihren Interessen beeinträchtigen kann (BAG, DB 1986, 1178). **300**

Technisierte Kontrolle wird immer häufiger auch dadurch ausgeübt, dass Arbeitnehmer mit Hilfe bestimmter körperlicher Merkmale, z.B. eines **Fingerabdrucks** identifiziert werden (Einzelheiten bei Däubler, Gläserne Belegschaften?, Rn. 287ff.). Das Mitbestimmungsrecht des Betriebsrats greift auch dann ein, wenn der Arbeitgeber von einzelnen Beschäftigten verlangt, sich entsprechenden Kontrollen in einem Kundenbetrieb zu unterziehen (BAG, NZA 2004, 556). Beim Außendienst besteht überdies die Gefahr, dass über GPS und Handy-Ortung ein **Bewegungsprofil** erstellt wird (näher Däubler, CF Heft 7/8 2005, S. 9). **300a**

In vielen Firmen taucht das Problem auf, dass Behörden oder ausländische Geschäftspartner verlangen, es möge ein **Abgleich** zwischen ihrer Mitarbeiterliste und den **Terrorismuslisten** von UN oder EU erfolgen. Der Betriebsrat kann einem solchen Vorgehen nur zustimmen, wenn in Verdacht geratende Kollegen in vollem Umfang abgesichert bleiben und sie auch die nötige Unterstützung erfahren, um sich kurzfristig wieder rehabilitieren zu können (Näheres bei Däubler-Gmelin, DuD 2011, 455). **300b**

5.9.7 Regelungen über die Verhütung von Arbeitsunfällen und Berufskrankheiten sowie über den Gesundheitsschutz im Rahmen der gesetzlichen Vorschriften oder der Unfallverhütungsvorschriften (Nr. 7)

301 Einzelfragen sind im Zusammenhang mit dem Arbeitsschutz zu erörtern (unten Kap. 9 unter 9.2 – Rn. 565 a).

5.9.8 Form, Ausgestaltung und Verwaltung von Sozialeinrichtungen, deren Wirkungsbereich auf den Betrieb, das Unternehmen oder den Konzern beschränkt ist (Nr. 8)

302 Dies ist ein meist als sehr wichtig empfundenes Mitbestimmungsrecht, das in der Praxis größerer Betriebe einen erheblichen Teil der Arbeitskapazität von Betriebsräten in Anspruch nimmt. Seinem Gegenstand nach bezieht es sich auf »Einrichtungen«, d. h. mehr oder weniger verselbständigte Vermögensgegenstände und Organisationen, die wie z. B. **Pensionskassen, Kantinen, Kindergärten, Betriebspolikliniken** (AiB 1990, 517), Sportplätze, Bibliotheken und Erholungsheime den Interessen der Arbeitnehmer dienen. Betriebsräte kümmern sich in der Regel stark um diesen Bereich, zumal sie grundsätzlich auch bei **Einzelentscheidungen** der Verwaltung **mitbestimmen** dürfen. Auf freiwilliger Basis kann dem Betriebsrat sogar die alleinige Verwaltung überlassen werden (BAG, AP Nr. 7 zu § 87 BetrVG 1972 Sozialeinrichtung).

303 Auf der anderen Seite werden gerade hier die Grenzen seines Handelns besonders deutlich: Dem **Arbeitgeber** steht es frei, nicht nur keine Kantine oder keinen Werkskindergarten einzurichten, sondern auch eine schon bestehende Einrichtung dieser Art **nach eigenem Ermessen wieder zu schließen** (BAG, AP Nr. 8 zu § 56 BetrVG 1952 Wohlfahrtseinrichtung); der Betriebsrat hat dabei nicht einmal ein Mitwirkungsrecht. Zum zweiten hat er keine rechtliche Möglichkeit, die finanziellen Zuwendungen des Arbeitgebers zu vergrößern; die »Dotierung« einer Einrichtung zählt nicht zur Verwaltung. So können zwar die Essenspreise in der Kantine herabgesetzt werden, jedoch nur unter der Voraussetzung, dass die Getränkepreise entsprechend steigen oder die Qualität des Essens sinkt. Dass in der Praxis auf »freiwilliger« Basis meist mehr erreicht wird und die Abschaffung von Sozialeinrichtungen eine absolute Ausnahmeerscheinung darstellt, hat seinen »außerjuristischen« Grund z. T.

in der Kampfkraft der Belegschaft, z. T. in dem Bestreben vieler Arbeitgeber, durch soziale Zugeständnisse das Betriebsklima und damit auch die Arbeitsproduktivität zu verbessern und außerdem in der Öffentlichkeit als sozial zu gelten. Dies schließt jedoch nicht aus, dass im Konfliktfall dem Betriebsrat mit aller Deutlichkeit vor Augen geführt wird, wer in diesem Bereich der Stärkere ist.

In besonders gelagerten Fällen ist ausdrücklich oder stillschweigend im **Arbeitsvertrag** vereinbart, dass der Arbeitnehmer eine bestimmte betriebliche **Sozialeinrichtung benutzen darf.** Die Beseitigung eines solchen Rechts ist nur mit Hilfe einer Änderungskündigung (oder mit Zustimmung des betroffenen Arbeitnehmers) möglich.

Weiter besteht die Möglichkeit, dem Betriebsrat **durch Tarifvertrag ein** **304** **Mitbestimmungsrecht** auch über die Existenz der Sozialeinrichtung und ihre finanzielle Ausstattung einzuräumen. Dabei kommt insbesondere ein Firmentarif in Betracht. Er könnte auch durch Streik erzwungen werden; die Friedenspflicht steht nicht entgegen, sofern – wie in mindestens 99 von 100 Fällen – entsprechende Fragen bisher nicht tariflich geregelt sind. Faktisch wäre ein Streik allerdings nur dann denkbar, wenn das nötige Geld irgendwie beschafft werden kann.

5.9.9 Zuweisung und Kündigung von Wohnräumen, die den Arbeitnehmern mit Rücksicht auf das Bestehen eines Arbeitsverhältnisses vermietet werden, sowie die allgemeine Festlegung der Nutzungsbedingungen (Nr. 9)

Der hier vorliegende Sonderfall der Nr. 8 trägt u. a. der Tatsache Rech- **305** nung, dass der Inhaber einer Werksmietwohnung einerseits oft privilegiert, andererseits jedoch doppelt vom Arbeitgeber abhängig ist. Das auch auf den Einzelfall bezogene Mitbestimmungsrecht unterliegt denselben Grenzen wie nach Nr. 8. Einer sofortigen Entziehung der bisher gewährten Leistung durch den Arbeitgeber steht allerdings das Mieterschutzrecht entgegen. Wird ohne Zustimmung des Betriebsrats gekündigt, so ist die Kündigung schon deshalb unwirksam. Das Mitbestimmungsrecht des Betriebsrats greift richtigerweise auch dann ein, wenn das Mietverhältnis eines gekündigten oder sonstwie ausgeschiedenen Arbeitnehmers aufgelöst wird, da es auch dann um die Verwaltung der »Sozialeinrichtung« Werkswohnung geht. Von Interesse ist schließlich, dass der Betriebsrat über die Ausgestaltung der Räume mitbestimmen und deshalb auch Initiativen zugunsten von Schichtarbeitern (Lärmschutz!) ergreifen kann.

5.9.10 Fragen der betrieblichen Lohngestaltung, insbesondere die Aufstellung von Entlohnungsgrundsätzen und die Einführung und Anwendung von neuen Entlohnungsmethoden sowie deren Änderung (Nr. 10)

306 Soweit die bestehenden Tarifverträge einen Spielraum gelassen und nicht etwa das Verfahren der Lohnfindung abschließend geregelt haben, sollen Arbeitgeber und Betriebsrat gemeinsam über Grundsätze und Methoden der Lohnbestimmung entscheiden. Unter »**Grundsätzen**« versteht man dabei die fundamentalen Unterscheidungen zwischen Zeitlohn, Akkordlohn und Prämienlohn, unter »**Methoden**« die im Einzelnen angewandten Verfahren wie MTM und Bedaux. Die Entgeltfestsetzung gegenüber dem einzelnen Arbeitnehmer fällt nach allgemeiner Auffassung jedoch nicht unter Nr. 10, so dass genau wie bei der Handhabung der Betriebsordnung die »Exekutivgewalt« beim Arbeitgeber liegt.

307 Auch soweit kein Tarifvertrag eingreift, ermächtigt Nr. 10 den Betriebsrat nicht zu einer eigenständigen Lohnpolitik. Anders als im Fall der Nr. 11 kann er nicht über die Höhe der dem Arbeitnehmer zustehenden Vergütung mitbestimmen oder gar ein Initiativrecht zugunsten einer bisher nicht gezahlten Zulage für sich in Anspruch nehmen (BAG, AuR 1980, 384). Erfasst sind aber die Bemessungskriterien. So erstreckt sich z. B. bei **AT-Angestellten** die Mitbestimmung auf die Schaffung von »Vergütungsgruppen« und die zwischen ihnen bestehenden prozentualen Abstände (Nachweise bei DKKW-Klebe, § 87 Rn. 338).

308 Der Begriff »Lohn« ist in einem weiten Sinne als Gesamtheit der vom Arbeitgeber gewährten Vergütung zu verstehen und ergreift deshalb auch **Zusatzleistungen** wie die Gewährung verbilligter Flugscheine oder von Mietzuschüssen, die nicht oder nur ausnahmsweise tariflich geregelt sind. Hauptanwendungsgebiet des § 87 Abs. 1 Nr. 10 BetrVG sind deshalb **Ertragsbeteiligungen** (auch in der Form von Aktienoptionsrechten – dazu die Nokia-Entscheidung BAG, NZA 2003, 487ff. und Reim, ZIP 2006, 1075ff.), **Zulagen und andere betriebliche Sozialleistungen**, insbesondere die betriebliche Altersversorgung. Das Mitbestimmungsrecht des Betriebsrats erstreckt sich dabei nicht auf die Gesamthöhe, sondern lediglich auf die **Art und Weise der Verteilung**. Will etwa der Arbeitgeber eine Zulage nur teilweise abbauen und das restliche Volumen nach anderen als den bisherigen Kriterien aufteilen, braucht er die Zustimmung des Betriebsrats (BAG, AiB 1988, 192). Solange diese nicht vorliegt oder ersetzt ist, wirkt die bisherige Regelung nach.

5.9.11 Festsetzung der Akkord- und Prämiensätze und vergleichbarer leistungsbezogener Entgelte, einschließlich der Geldfaktoren (Nr. 11)

Mit Nr. 11 wird ein besonders wichtiger Fall aus dem Gesamtbereich **309** der Nr. 10 herausgehoben. Das Mitbestimmungsrecht des Betriebsrats ist insofern stärker arbeitsplatzbezogen, als auch Akkordsätze, die sich nur auf ein einzelnes Vorhaben oder einen einzelnen Arbeitsplatz beziehen, erfasst sind. Auf der anderen Seite wurde jedoch während des Gesetzgebungsverfahrens festgestellt, dass die **individuelle Lohnberechnung** weiterhin **mitbestimmungsfrei** ist. Dennoch sind die Aufgaben des Betriebsrats in diesem Sektor so bedeutsam, dass sich – auch der Kompliziertheit der Materie wegen – die Einsetzung einer paritätisch besetzten Kommission (»**Akkordkommission**«) empfiehlt. Dies kann auch bei **Zielvereinbarungen** sinnvoll sein, in denen die Höhe der Vergütung vom Grad der Zielerreichung abhängt (dazu Däubler/Bonin/Deinert, AGB-Kontrolle im Arbeitsrecht, Kommentar zu den §§ 305 bis 310 BGB, 3. Aufl. 2010, Anhang zu § 307 Rn. 76ff.). Das BAG (NZA 2004, 936) hat dem Betriebsrat insoweit ein auch die Einzelfälle umfassendes **Informationsrecht** und ein Mitbestimmungsrecht nach Nr. 11 eingeräumt.

5.9.12 Grundsätze über das betriebliche Vorschlagswesen (Nr. 12)

Das 1972 neu geschaffene Mitbestimmungsrecht bezieht sich auf Ver- **310** besserungsvorschläge auf technischem, organisatorischem, kaufmännischem und sozialem Gebiet. Erfindungen unterliegen allerdings den Sonderregeln des Arbeitnehmererfindungsgesetzes. Nr. 12 erstreckt sich gleichfalls **nicht** auf die **finanzielle Gegenleistung** des Arbeitgebers, doch schließt dies nicht aus, dass auch über sie verhandelt wird. Die Entscheidung über die Frage, ob ein Vorschlag wirtschaftlich verwertbar ist, kann einer **paritätischen Kommission** überlassen werden (BAG, NZA 2004, 994).

5.9.13 Grundsätze über die Durchführung von Gruppenarbeit (Nr. 13)

310a Das 2001 neu eingeführte Mitbestimmungsrecht betrifft nur die in der Bestimmung selbst im Einzelnen definierte sog. **teilautonome Gruppenarbeit**. Ihre Einführung bleibt grundsätzlich dem Arbeitgeber überlassen; lediglich die »Grundsätze der Durchführung« sind erfasst.

Beispiel:
Es wird eine Projektgruppe eingesetzt, die auf der Grundlage eines bestimmten Budgets innerhalb von drei Monaten ein Konzept erarbeiten soll. Der Betriebsrat kann mitbestimmen, ob es Gruppensprecher geben soll und wie häufig der Einzelne über den Stand seiner Arbeit berichten muss.

Die praktische Bedeutung ist skeptisch zu beurteilen, da der Arbeitgeber autonome Entscheidungen ausschließen und so dem Mitbestimmungsrecht die Grundlage entziehen kann. Einzelheiten bei Wiese, BB 2002, 198 ff. und bei DKKW-Klebe, § 87 Rn. 374 ff.

5.9.14 Gesetzes- und Tarifvorbehalt

311 Die hier skizzierten Mitbestimmungsrechte gelten nach der Eingangsformulierung des § 87 BetrVG nur, »soweit eine gesetzliche oder tarifliche Regelung nicht besteht«. Ist daher eine bestimmte Materie einer sehr detaillierten Regelung unterworfen worden, besitzt der Betriebsrat nur noch wenig oder keinen Spielraum mehr.

Beispiel:
Soweit § 57 a StVZO zur Installierung eines Fahrtenschreibers verpflichtet, versagt das Mitbestimmungsrecht nach § 87 Abs. 1 Nr. 6 BetrVG. Anders, wenn er vom Arbeitgeber aus eigenem Entschluss angebracht wird.

Zu beachten ist, dass dieser Vorrang nur bei abweichender sachlicher Regelung gilt; ein **Tarifvertrag**, der lediglich andere Entscheidungszuständigkeiten setzt, z. B. **den Arbeitgeber zur einseitigen Anordnung** von Kurzarbeit **ermächtigt**, geht dem Mitbestimmungsrecht nicht vor (BAG, DB 1989, 1676; ebenso für Überstunden BAG, DB 1999, 854).

5.10 Rechtsetzung auf betrieblicher Ebene

5.10.1 Betriebsvereinbarungen

Die Mitbestimmung des Betriebsrats in sozialen Angelegenheiten führt **312** häufig zum Abschluss von Betriebsvereinbarungen. § 88 BetrVG lässt außerdem »freiwillige« Betriebsvereinbarungen auch auf Gebieten zu, die nicht der Mitbestimmung unterliegen. Dazu zählen u. a. betriebliche Bündnisse für Arbeit, die auf der Grundlage einer tariflichen Öffnungsklausel geschlossen werden.

Die Betriebsvereinbarung ist eine Art »**Tarifvertrag im Kleinformat**«, **313** auf den viele, wenn auch nicht alle tarifrechtlichen Grundsätze Anwendung finden. Im Einzelnen gilt:

- Die Betriebsvereinbarung bedarf nach § 77 Abs. 2 Satz 1 BetrVG der **Schriftform**, d. h., sie muss die Unterschrift beider Seiten tragen.
- Sie kann gleichermaßen Abschluss-, **Inhalts- und Beendigungsnormen** wie auch Regelungen über betriebliche und betriebsverfassungsrechtliche Fragen enthalten.
- Die Betriebsvereinbarung gilt nach § 77 Abs. 4 Satz 1 BetrVG **unmittelbar und zwingend** für und gegen die Betriebsangehörigen. Wird etwa bargeldlose Lohnzahlung vereinbart, so kann der einzelne Arbeitnehmer auch ohne entsprechende Abmachung im Arbeitsvertrag Überweisung auf sein Girokonto verlangen.
- Die Betriebsvereinbarung ist an geeigneter Stelle im Betrieb **auszulegen** (§ 77 Abs. 2 Satz 3 BetrVG). Kommt der Arbeitgeber dieser Pflicht nicht nach, macht er sich möglicherweise schadensersatzpflichtig.
- Das durch Betriebsvereinbarung festgelegte Niveau kann im Arbeits- **314** vertrag nur zugunsten der Arbeitnehmer verbessert werden; es gilt das **Günstigkeitsprinzip.**
- Abgelaufene Betriebsvereinbarungen behalten grundsätzlich ihre unmittelbare, nicht jedoch ihre zwingende Wirkung; ihnen kommt ebenso wie dem Tarifvertrag **Nachwirkung** zu (Ausnahme: freiwillige Betriebsvereinbarungen).
- Beim Abschluss von Betriebsvereinbarungen müssen Betriebsrat und Arbeitgeber genau wie die Tarifparteien höherrangiges Recht, insbesondere die **Grundrechte der Arbeitnehmer** sowie zwingendes Gesetzesrecht **beachten.** Unzulässig ist deshalb eine Abmachung, die den Arbeitnehmer in der Verwendung seines Entgelts oder seiner freien Zeit beschränkt

Beispiel:

Dem Arbeitnehmer wird es in der Betriebsordnung untersagt, nach Feierabend übel beleumundete Kneipen aufzusuchen, oder aktueller: in der Freizeit gegen die Banken zu demonstrieren.

oder die zu seinen Lasten vom ArbZG abweicht.

315 ▪ Eine Betriebsvereinbarung kann **durch** eine andere – auch durch **eine schlechtere** – **ersetzt** werden. Im Verhältnis zu vorher bestehenden arbeitsvertraglichen Einheitsregelungen gilt jedoch nach der Entscheidung des Großen Senats vom 16. 9. 1986 (BAG, AuR 1987, 378) das **Günstigkeitsprinzip**, so dass die Betriebsvereinbarung in diesem Zusammenhang nicht als Mittel des Sozialabbaus verwandt werden kann. Möglich soll es dagegen sein, die vom Arbeitgeber für bestimmte Zwecke zur Verfügung gestellten Mittel anders zu verteilen; die **»umstrukturierende« Betriebsvereinbarung** sei zulässig, sofern Einzelne dadurch nicht unbillig benachteiligt würden.

Abweichungen vom Tarifrecht

316 In zwei wesentlichen Punkten weicht die Betriebsvereinbarung vom Tarifvertrag ab:

▪ Zum einen gilt sie **für alle Betriebsangehörigen.** Ob jemand Mitglied in der Gewerkschaft ist oder nicht, darf keine Rolle spielen.

▪ Zum zweiten unterliegen Betriebsvereinbarungen einer **Billigkeitskontrolle** durch die Arbeitsgerichte (BAG, AP Nr. 142 zu § 242 BGB Ruhegehalt), die sich auf § 75 Abs. 1 BetrVG stützt (Däubler, Arbeitsrecht 1, Rn. 936 m. w. N.). So ist es beispielsweise nicht zulässig, die Haftung des Arbeitgebers für eingestellte Fahrzeuge der Arbeitnehmer auszuschließen, also die rechtliche Situation des Arbeitnehmers lediglich zu verschlechtern.

Schließlich ist zu beachten, dass Betriebsvereinbarungen nach § 77 Abs. 5 BetrVG mit einer Frist von drei Monaten **gekündigt** werden können. Abweichende Regelungen sind zulässig.

5.10.2 Die so genannte Betriebsabsprache und sonstige Abmachungen

317 Arbeitgeber und Betriebsrat können auch **formlose Abmachungen** treffen. Anders als der Tarifvertrag und die Betriebsvereinbarung gestalten sie nicht das einzelne Arbeitsverhältnis, sondern verpflichten nur Arbeitgeber und Betriebsrat.

Man kommt überein, im Betrieb einen Bierautomaten aufzustellen und in gewissem Umfang Alkoholgenuss während der Arbeitszeit zuzulassen.

Abreden dieser Art bieten sich insbesondere dann an, wenn es von vornherein nur um die Regelung eines Einzelfalls, z. B. um die Beiziehung eines bestimmten Sachverständigen nach § 80 Abs. 3 BetrVG geht.

Die **Betriebsabsprache** ist in entsprechender Anwendung des § 77 Abs. 5 BetrVG mit Dreimonatsfrist **kündbar,** sofern sich nicht aus ihrem Inhalt etwas Abweichendes ergibt. **318**

> Die einmal erteilte Zustimmung, einen bestimmten Sachverständigen hinzuzuziehen, kann nicht gekündigt oder widerrufen werden.

Daneben existieren oft **informelle Abreden,** auf die man sich vor Gericht nicht berufen kann. **319**

Beispiel:

> Der Personalleiter sagt in einem Vier-Augen-Gespräch dem Betriebsratsvorsitzenden zu, wenn dieser »nachhaltig« gegen eine Kündigung protestiere, wolle man nach anderen Auswegen suchen, was auch in 99 Prozent der Fälle zum Erfolg führe.

Auf derselben Ebene liegen bloße **Absichtserklärungen.**

> Der Arbeitgeber sagt zu, den Standort »nach Möglichkeit« zu erhalten. Dies klingt schön, gibt jedoch praktisch keinen einklagbaren Anspruch.

5.10.3 Die tarifwidrige Betriebsvereinbarung

In der Praxis soll es nicht selten vorkommen, dass sich die Betriebspartner über den auch für sie geltenden Tarifvertrag hinwegsetzen. Dabei ist weniger an den schon erwähnten Fall zu denken, dass entgegen § 77 Abs. 3 BetrVG übertarifliche Löhne vereinbart werden (oben Kap. 3 unter 3.5 – Rn. 103 ff.): Über mehr Geld freuen sich die Arbeitnehmer, und der Arbeitgeber hat die Zusage freiwillig gemacht. Wichtiger sind derzeit, insbesondere in den neuen Bundesländern, Abmachungen, die mit Rücksicht auf die (angebliche oder tatsächliche) wirtschaftliche Lage des Arbeitgeberunternehmens **unter dem Tarifniveau** bleiben. Daneben gibt es Versuche, die **tarifliche Festlegung der Arbeitszeit zu überspielen.** **320**

Beispiel:

Der Tarifvertrag lässt Samstagsarbeit nur unter ganz engen Voraussetzungen zu, die Betriebsvereinbarung akzeptiert sie generell, weil der Arbeitgeber nicht nur eine schöne Zulage bezahlt, sondern auch erklärt, nunmehr sei der deutsche Standort gesichert.

321 Rechtlich ist hier alles unproblematisch, die tarifwidrige Betriebsvereinbarung ist unwirksam. Doch damit ist wenig gewonnen. Weder der Betriebsrat noch der Arbeitgeber wird sich darauf berufen, und ein einzelner Arbeitnehmer müsste schon Märtyrerqualitäten besitzen, wollte er trotz einer »Koalition« von Betriebsrat und Arbeitgeber das Arbeitsgericht anrufen und dort seine tariflichen Rechte (z. B. auf einen freien Samstag) geltend machen. »Recht« und »Rechtswirklichkeit« klaffen hier recht **weit auseinander.**

322 Doch Resignation ist verfrüht. Nach der Rechtsprechung des **BAG** (DB 1999, 913) hat die **Gewerkschaft** die Möglichkeit, in einem solchen Fall **direkt gegen den einzelnen Arbeitgeber** vorzugehen und ihn durch gerichtliche Entscheidung zu einer Einhaltung des Tarifvertrags zu zwingen. In welchem Umfang davon in der Praxis Gebrauch gemacht wird, lässt sich nicht absehen, doch kann schon die Gefahr, mit einer aussichtsreichen Klage konfrontiert zu werden, viele Arbeitgeber zu einer genauen Einhaltung der Tarifverträge veranlassen. Die Rechtsprechung (BAG, NZA 2003, 1221) verlangt allerdings von den Gewerkschaften, ihre Mitglieder im Einzelnen namhaft zu machen, was gerade bei innerbetrieblichen Kontroversen häufig nicht zumutbar sein wird (kritisch dazu mit Recht Kocher, NZA 2005, 140).

323 Soweit ein wirkliches Bedürfnis zur **Abweichung vom Flächentarif** besteht, kann dem durch Zusatztarife mit der Gewerkschaft Rechnung getragen werden. Allerdings dürfte der Betriebsrat in vielen Fällen der bequemere Verhandlungspartner für den Arbeitgeber sein.

5.11 Beteiligung des Betriebsrats in personellen Angelegenheiten

324 Während bei sozialen Angelegenheiten die Mitbestimmungsrechte dominieren, geht es bei personellen Angelegenheiten vorwiegend um Anhörung und Mitwirkung. Immerhin besteht bei Personalfragebögen und Auswahlrichtlinien ein (zum Teil beschränktes) Mitbestimmungsrecht.

Auch ist das Zustimmungsverweigerungsrecht nach § 99 BetrVG von erheblicher Bedeutung.

5.11.1 Die Einschaltung des Betriebsrats in die Personalplanung

Anders als nach früherem Recht ist die Planung des Personalbedarfs, der **325** Personalbeschaffung und des Personalabbaus keine ausschließliche Unternehmerangelegenheit mehr: § 92 Abs. 1 BetrVG sieht eine rechtzeitige und umfassende Unterrichtung des Betriebsrats und eine **gemeinsame Beratung** darüber vor, von welcher Art und welchem Umfang die erforderlichen Maßnahmen sind und wie Härten vermieden werden können. Nach dem neuen § 92 Abs. 2 BetrVG kann der Betriebsrat auch von sich aus die Einführung einer Personalplanung vorschlagen. Ziel aller dieser Regelungen ist es, die Arbeitnehmerinteressen möglichst frühzeitig einzubringen und so einer Verabsolutierung des Gewinnmaximierungsprinzips und den daraus folgenden betrieblichen Konflikten vorzubeugen. »Einbringen« bedeutet allerdings auch nicht ansatzweise »Durchsetzen«; der Arbeitgeber kann das Votum des Betriebsrats im Papierkorb verschwinden lassen. Dies gilt auch für die in § 92 Abs. 3 BetrVG erwähnten Maßnahmen zur Förderung der **Gleichstellung von Frauen und Männern.**

5.11.2 Mitbestimmung bei konkreten Planungsmaßnahmen

Die innerbetriebliche Ausschreibung

Nach § 93 BetrVG kann der Betriebsrat verlangen, dass freie Arbeits- **326** plätze vor ihrer Besetzung innerbetrieblich ausgeschrieben werden. Macht er von diesem Recht Gebrauch, erleichtert er nicht nur betriebsinterne Karrieren (Motto: **Aufstieg vor Einstieg**), sondern trägt auch dem berechtigten Bedürfnis einzelner Arbeitnehmer Rechnung, eine ungünstigere, belastende Arbeitsumgebung durch eine für sie bessere zu ersetzen.

Die Verwendung von Personalfragebögen

Manche Arbeitgeber entwickeln ein enormes Maß an Informationsbe- **327** dürfnis, wenn es um die Neueinstellung von Arbeitnehmern geht. So wird von formularmäßigen Fragen nach Vorstrafen, nach Geschlechtskrankheiten, nach der Religionszugehörigkeit des Ehegatten und nach Freizeitbeschäftigungen berichtet.

328 Um Erscheinungen dieser Art auszuschließen und eine auf objektiven Unterlagen aufbauende Personalplanung zu erleichtern, hat der Gesetzgeber dem Betriebsrat ein **Mitbestimmungsrecht** bei der Einführung von Personalfragebögen gewährt (§ 94 Abs. 1 BetrVG). Zur Vermeidung von Umgehungen bezieht § 94 Abs. 2 BetrVG auch die persönlichen Angaben in vorgedruckten (oder sonstwie vervielfältigten) Arbeitsverträgen mit ein. Sinnvollerweise muss das Mitbestimmungsrecht auf solche Fragebögen erstreckt werden, die nicht vom Bewerber ausgefüllt werden, sondern die nur der Personalabteilung als **Unterlage für das Einstellungsgespräch** dienen. Mit erfasst sind m. E. **medizinische Checklisten** für Einstellungsuntersuchungen.

329 Das reale oder vorgetäuschte Informationsbedürfnis des Arbeitgebers kann sich auf **die schon beschäftigten Arbeitnehmer** beziehen; § 94 BetrVG erfasst auch diesen Fall. Mitbestimmungspflichtig war daher der folgende Brief, den ein Bremer Betrieb an mehrere Mitarbeiter geschickt hatte:

> *»Bei Durchsicht Ihrer Fehlkarten für die Zeit ab 1. 1. ... ist uns aufgefallen, dass Sie an ... Tagen aus Krankheits- oder anderen Gründen nicht anwesend waren. Bitte lassen Sie unsere Personalabteilung bis spätestens ... wissen, worauf diese Fehlzeiten zurückzuführen sind, und ob wir davon ausgehen können, dass Sie künftig Ihren Aufgaben und Arbeiten – soweit man das voraussehen kann – beständiger nachgehen können.«*

Gleichgültig ist, dass es sich nur um eine **Einzelfrage** handelt, da der dem § 94 BetrVG zugrunde liegende Gedanke des Arbeitnehmerschutzes auch hier zutrifft.

Zur Bedeutung des § 94 BetrVG bei computerisierten Personalinformationssystemen siehe Däubler, Gläserne Belegschaften?, 6. Aufl. 2014, Rn. 675 ff.

5.11.3 Die Mitbestimmung bei Auswahlrichtlinien

330 Ein relativ bedeutsames Mitbestimmungsrecht gewährt § 95 BetrVG, der den Betriebsrat an der Erstellung von Richtlinien über die personelle Auswahl bei **Einstellungen, Versetzungen, Umgruppierungen und Kündigungen** beteiligt. Ausnahmsweise wird dabei zwischen einem bloßen Zustimmungsrecht und einer vollen Mitbestimmung einschließlich Initiativrecht unterschieden: Bei Betrieben bis zu 500 Arbeitnehmern bedarf der Arbeitgeber zum Erlass von Richtlinien der Zustimmung des Betriebsrats, kann jedoch frei entscheiden, ob er überhaupt solche Richtlinien haben will. Bei **Betrieben mit mehr als 500 Arbeitnehmern** kann der Betriebsrat von sich aus aktiv werden und den Erlass von Richtlinien auch gegen den Willen des Arbeitgebers erzwingen, notfalls entscheidet die Einigungsstelle.

Was den möglichen **Inhalt von Richtlinien** betrifft, so können die **331** fachlichen, persönlichen und sozialen Gesichtspunkte für Einstellungen und Versetzungen einschließlich Beförderungen festgelegt werden. Zum fachlichen Bereich zählt etwa die für den betreffenden Arbeitsplatz gewünschte Qualifikation, zum persönlichen Bereich die Betriebszugehörigkeit, zum sozialen Bereich die Bevorzugung besonders benachteiligter Arbeitnehmergruppen.

Beispiele für Bestimmungen in einer Richtlinie:

Bei gleicher Eignung haben Betriebsangehörige grundsätzlich den Vorzug vor fremden Bewerbern. Bei mehreren gleich qualifizierten innerbetrieblichen Bewerbern entscheidet die Dauer der Betriebszugehörigkeit.

Oder: Bei gleicher Eignung ist einem schwerbehinderten Bewerber der Vorrang zu geben.

Oder: Bestehen nach Auffassung des Landesamts für Verfassungsschutz Sicherheitsbedenken gegen einen Bewerber, scheidet er automatisch aus (ablehnend dazu mit Recht ArbG München, AiB 1988, 267).

Selbstredend ist es auch möglich, einem dieser Gesichtspunkte den Vorrang vor den anderen einzuräumen.

Beispiel:

Es sind bevorzugt Frauen einzustellen, es sei denn, ein sich um denselben Arbeitsplatz bewerbender Mann sei offensichtlich besser qualifiziert.

Kündigungsrichtlinien sind im Zusammenhang mit dem Kündigungsschutz zu behandeln (Kap. 14 unter 14.5.2 – Rn. 842).

5.11.4 Beteiligung des Betriebsrats bei so genannten personellen Einzelmaßnahmen – Einstellungen, Eingruppierungen, Umgruppierungen, Versetzungen und Kündigungen

Das Vetorecht des § 99 BetrVG

332 Ähnlich wie nach § 61 BetrVG 1952 besitzt der Betriebsrat auch nach geltendem Recht **kein volles Mitbestimmungsrecht** bei Einstellungen, Eingruppierungen, Umgruppierungen und Versetzungen; er ist vielmehr darauf beschränkt, einzelnen vom Arbeitgeber beabsichtigten Maßnahmen unter Angabe bestimmter Gründe widersprechen zu können, ist jedoch nicht in der Lage, von sich aus eine Einstellung oder Versetzung zu erzwingen.

Anders als der Arbeitgeber kann der Betriebsrat daher nicht »alte Freunde« im Betrieb unterbringen, es sei denn, der Arbeitgeber komme freiwillig einer entsprechenden Anregung nach (§ 80 Abs. 1 Nr. 2, 3 BetrVG).

Gegenstände der Beteiligung

Der Betriebsrat ist beteiligt bei:

333 ▪ **Einstellungen.** Darunter ist die Zuweisung eines bestimmten Arbeitsbereichs durch den Arbeitgeber zu verstehen. Der Abschluss eines **Arbeitsvertrags** ist als solcher **nicht erfasst.** Auch ist nicht erforderlich, dass überhaupt eine arbeitsvertragliche Beziehung zum Arbeitgeber besteht; nach § 14 Abs. 3 AÜG (= Arbeitnehmerüberlassungsgesetz) ist auch bei der Beschäftigung von **Leiharbeitnehmern** die Zustimmung des Betriebsrats erforderlich. Es kommt allein auf die faktische Eingliederung in den Betrieb an. Ob diese auch dann vorliegt, wenn ein anderer Unternehmer seine Arbeitnehmer in den Betrieb schickt, um dort z. B. Maschinen zu warten oder die IT-Ausstattung zu modernisieren, ist nach der Rechtsprechung nicht eindeutig zu beantworten (vgl. BAG, AiB 1986, 262; sehr hohe Anforderungen an die »Eingliederung« stellt BAG, DB 1991, 1334). Entscheidend ist, wer die Weisungsbefugnisse in Bezug auf die Arbeit ausüben kann.

Beispiele:
Es werden fünf PCs angeschafft und die Schreibkräfte 14 Tage lang durch zwei Beschäftigte der Lieferfirma mit den neuen Geräten vertraut gemacht. Keine Mitbestimmung.
Im Betrieb wird eine Rechenanlage installiert. Die Lieferfirma stellt für drei Jahre zwei Arbeitskräfte zur Verfügung, die mit der Wartung, insbesondere mit

der Beseitigung von Störungen betraut sind. Ihre Arbeitszeit wird von der Empfängerfirma festgelegt; auch benutzen sie deren Kantine und werden von der Belegschaft als »dazugehörig« betrachtet. Zustimmungsverweigerungsrecht nach § 99 BetrVG kommt in Frage.

Was geschieht, wenn ein Betriebsratsmitglied plötzlich fünf unbekannte Gesichter auf dem Betriebsgelände entdeckt? Nach § 80 Abs. 2 Satz 1 zweiter Halbsatz BetrVG kann der Betriebsrat vom Arbeitgeber Auskunft verlangen, weshalb (und auf welcher Rechtsgrundlage) sich die fraglichen Personen im Betrieb aufhalten.

- **Eingruppierung,** sei es in die Lohn- oder Gehaltsgruppe eines Tarifvertrags, sei es in die betriebliche Gehaltsordnung z. B. für außertarifliche (AT-)Angestellte. Änderungen der Arbeitsbedingungen, aber auch Abschluss neuer Tarifverträge können **Umgruppierungen** notwendig machen; dasselbe gilt dann, wenn einzelne Arbeitnehmer zu hoch oder zu niedrig eingruppiert waren. Der Arbeitgeber muss ein- oder umgruppieren (BAG, DB 1989, 1240), kann also nicht durch Untätigkeit das Zustimmungsverweigerungsrecht leerlaufen lassen. **334**

- **Versetzung.** Wesentlich insbesondere (aber nicht nur) zur Abwehr der Zuweisung eines schlechteren Arbeitsplatzes. § 95 Abs. 3 BetrVG definiert den **Versetzungsbegriff** unabhängig von arbeitsvertraglichen Abmachungen und versteht darunter jede »**Zuweisung eines anderen Arbeitsbereichs,** die voraussichtlich die Dauer von einem Monat überschreitet **oder** die mit einer erheblichen Änderung der Umstände verbunden ist, unter denen die Arbeit zu leisten ist«. Diese Voraussetzung liegt nicht nur dann vor, wenn sich wie im Regelfall der Ort der Arbeit, die zu verrichtende Tätigkeit und die Umgebung ändern. **335**

Beispiel:
Eine Schreibkraft wird zur Direktionssekretärin befördert; ein Werkzeugmacher wird in eine automatisierte Abteilung versetzt, wo er nur noch ein paar Knöpfe bedienen muss.

Erfasst ist vielmehr auch der Fall, dass der Arbeitnehmer am selben Ort weiterarbeitet, aber einige **zusätzliche Aufgaben** erhält.

Beispiel:
Ein Angestellter wird vom Arbeitgeber zum betrieblichen Datenschutzbeauftragten gemacht; die neue Tätigkeit ist zusätzlich zu verrichten und nimmt etwa 20 Prozent seiner Arbeitskraft in Anspruch (LAG München, BB 1979, 1092).

Gründe für die Verweigerung der Zustimmung

Greift § 99 BetrVG aufgrund eines dieser Tatbestände ein, so ist der Betriebsrat über die geplante Maßnahme (d. h. Einstellung usw.) so er- **336**

schöpfend zu informieren, dass er sich über sie eine eigene Meinung bilden kann. Nach der Rechtsprechung sind ihm auch die Unterlagen abgelehnter Bewerber vorzulegen, doch hat er keinen Anspruch darauf, eines seiner Mitglieder zu einem eventuellen **Einstellungsgespräch** zu entsenden.

Der Betriebsrat hat das Recht, binnen einer Woche nach Erteilung der vollständigen Information der personellen Maßnahme die Zustimmung zu verweigern, wenn einer der folgenden sechs Gründe vorliegt:

337 (1) Die Maßnahme **verstößt gegen ein Gesetz**

> **Beispiel:**
> Einstellung eines Jugendlichen zu verbotener Akkordarbeit (§ 23 JArbSchG); Einstellung als betrieblicher Datenschutzbeauftragter ohne die von § 4 f BDSG geforderte Qualifikation.

oder einen **Tarifvertrag.**

338 (2) Die Maßnahme **verstößt gegen eine Richtlinie** nach § 95 BetrVG.

> **Beispiel:**
> Entgegen dem dort Festgelegten wird ein aus dem Betrieb kommender Bewerber nicht berücksichtigt.

Dieses Widerspruchsrecht des Betriebsrats macht die Richtlinie überhaupt erst effektiv, da es den Arbeitgeber sehr viel wirksamer als ein langwieriges gerichtliches Verfahren dazu zwingt, die getroffenen Vereinbarungen auch wirklich einzuhalten.

339 (3) Es besteht die »durch Tatsachen begründete **Besorgnis,** dass infolge der personellen Maßnahme **im Betrieb beschäftigte Arbeitnehmer** gekündigt werden oder sonstige **Nachteile erleiden,** ohne dass dies aus betrieblichen oder persönlichen Gründen gerechtfertigt ist«. Ist der Auftragseingang rückläufig und bestehen keine konkreten Anhaltspunkte für einen Aufschwung in der allernächsten Zeit, so gefährdet jede Neueinstellung die Arbeitsplätze der schon Beschäftigten. Der Betriebsrat kann daher seine Zustimmung verweigern.

Soll der Arbeitsplatz eines gekündigten Arbeitnehmers anderweitig besetzt werden, so kann der Betriebsrat nach § 99 Abs. 2 Nr. 3 BetrVG widersprechen, solange das **Kündigungsverfahren anhängig** und nicht völlig aussichtslos ist.

340 (4) Der **betroffene Arbeitnehmer** wird durch die personelle Maßnahme **benachteiligt,** ohne dass dies aus betrieblichen oder in der Person des Arbeitnehmers liegenden Gründen gerechtfertigt ist.

Der Betriebsrat kann so insbesondere sachlich nicht gebotene Versetzungen verhindern, die oftmals als Disziplinierungsmittel eingesetzt werden, aber auch dafür sorgen, dass neueingestellte Arbeitnehmer (z. B. Ausländer) die betriebsüblichen Arbeitsbedingungen erhalten.

(5) Entgegen § 93 BetrVG ist die **innerbetriebliche Ausschreibung unterblieben** – das Widerspruchsrecht des Betriebsrats macht auch insoweit das Ausschreibungsgebot erst effektiv. Dasselbe gilt, wenn die **Ausschreibung rechtswidrig** war, weil sie auf Merkmale (Geschlecht, Konfession, Alter usw.) abstellte, die bei der Einstellung keine Rolle spielen dürfen (s. unten Rn. 447f.). **341**

(6) Es besteht die »durch Tatsachen begründete **Besorgnis**, dass der für die personelle Maßnahme in Aussicht genommene Arbeitnehmer den **Betriebsfrieden** durch gesetzwidriges Verhalten oder durch grobe Verletzung der in § 75 Abs. 1 BetrVG enthaltenen Grundsätze **stören** werde«. Mit Recht wird diese Bestimmung eng interpretiert und betont, die »Besorgnis« könne nur auf Tatsachen gestützt werden, die sich auf die Persönlichkeit beziehen, und nicht darauf, dass der Betreffende einer bestimmten Gruppe angehöre. **342**

Verfahrensfragen

Liegt einer dieser Gründe vor, kann der Betriebsrat binnen einer Woche seine Zustimmung verweigern; bleibt er untätig, gilt dies als Einverständnis. Die Verweigerungserklärung (»Veto«) muss **schriftlich** erfolgen und schriftlich begründet werden. Dabei sind konkrete Tatsachen anzugeben, doch ist nicht notwendig, dass die Begründung fehlerfrei oder gar erschöpfend ist. **343**

Liegt eine ordnungsgemäße Verweigerung der Zustimmung vor, so macht dies die **Maßnahme des Arbeitgebers schwebend**, d. h. bis zur Entscheidung des Arbeitsgerichts **unwirksam**. Nunmehr muss nicht der Betriebsrat, sondern der Arbeitgeber das Arbeitsgericht anrufen und seinerseits darlegen, dass die vom Betriebsrat vorgetragenen Gründe nicht zutreffen. Verzichtet der Arbeitgeber auf die Anrufung des Arbeitsgerichts oder weist dieses seinen Antrag zurück, so wird die Maßnahme endgültig unwirksam; hat der Antrag Erfolg, kann die Maßnahme durchgeführt werden. **344**

Da gerichtliche Entscheidungen bisweilen sehr lange auf sich warten lassen, hat § 100 BetrVG für **Eilfälle** vorläufige personelle Maßnahmen ausdrücklich zugelassen. Der Betriebsrat ist dabei jedoch ebenfalls eingeschaltet. Übergeht der Arbeitgeber den Betriebsrat oder hält er eine Maßnahme entgegen den im § 100 BetrVG ausdrücklich genannten Be- **345**

165

endigungsgründen aufrecht, so kann nach § 101 BetrVG ein **Zwangs-geld** gegen ihn verhängt werden. Die §§ 99–101 BetrVG sind allerdings wirkungslos, wenn es nur um eine vorübergehende Beschäftigung geht, die der Arbeitgeber nach § 100 BetrVG durchsetzt: Im Zeitpunkt der gerichtlichen Entscheidung ist der »eingestellte« Arbeitnehmer schon wieder aus dem Betrieb verschwunden. Hier muss der Betriebsrat das Recht haben, vom Arbeitgeber die künftige **Unterlassung** solcher Maßnahmen zu verlangen (LAG Hessen, AuR 2006, 173).

345a Die Mitwirkung des Betriebsrats bei Kündigungen ist im Zusammenhang mit dem Kündigungsschutzrecht abzuhandeln.

5.11.5 Mitwirkung und Mitbestimmung im betrieblichen Bildungswesen

346 Als ein wesentlich von der Personalplanung her bestimmtes Sachgebiet wird die Berufsbildung den personellen Angelegenheiten zugerechnet. § 96 Abs. 1 BetrVG verpflichtet Arbeitgeber und Betriebsrat zur **Förderung der Berufsbildung** der Arbeitnehmer; auf Verlangen des Betriebsrats hat der Arbeitgeber mit ihm über die damit zusammenhängenden Fragen zu beraten. Dasselbe gilt nach § 97 BetrVG in Bezug auf die »Errichtung und Ausstattung betrieblicher Einrichtungen zur Berufsbildung, die Einführung betrieblicher Berufsbildungsmaßnahmen und die Teilnahme an außerbetrieblichen Berufsbildungsmaßnahmen«.

347 Ein **volles Mitbestimmungsrecht** bringt demgegenüber der 2001 eingeführte § 97 Abs. 2 BetrVG. Ändert sich die Tätigkeit von Arbeitnehmern aufgrund von Maßnahmen des Arbeitgebers und reichen ihre beruflichen Kenntnisse und Fähigkeiten zur Erfüllung ihrer Aufgaben deshalb nicht mehr aus, so hat der Betriebsrat »bei der Einführung von Maßnahmen der betrieblichen Berufsbildung« mitzubestimmen. Insbesondere kann er **verlangen** (und notfalls über die Einigungsstelle durchsetzen), **dass** den betroffenen Beschäftigten **Weiterbildungsangebote gemacht** werden, die sie während der Arbeitszeit nutzen können.

> **Beispiel:**
> Der Arbeitgeber führt SAP ERP ein und drückt jedem Arbeitnehmer eine Funktionsbeschreibung in die Hand. Der Betriebsrat kann verlangen, dass die von der Firma SAP empfohlenen (oder gleichwertigen) Kurse angeboten werden. Einzelheiten bei DKKW-Buschmann, § 97 Rn. 8 ff.

Schon vor 2001 gewährte § 98 Abs. 1 BetrVG ein Mitbestimmungsrecht **347a**
in Bezug auf die »Durchführung von Maßnahmen der betrieblichen Berufsbildung«. Dazu zählen etwa Lehrgänge aller Art, insbesondere solche, die notwendige Kenntnisse für die tägliche Arbeit vermitteln, sowie solche, die eine Zusatzqualifikation verschaffen wollen (BAG, DB 1988, 1325).

Beispiel:
Der Arbeitgeber bietet allen AT-Angestellten eine vierzehntägige Fortbildungsveranstaltung »Führungstechnik« an. Mitbestimmungspflichtig.

Die Mitbestimmung erstreckt sich auf die Durchführung von **Abschlussprüfungen** allerdings nur, soweit keine gesetzliche Regelung besteht. Für die zwei wichtigsten Entscheidungstypen besteht eine Sonderregelung:
§ 98 Abs. 2 BetrVG räumt dem Betriebsrat das Recht ein, der **Be-** **348**
stellung einzelner Ausbilder zu widersprechen oder ihre Abberufung zu verlangen, wenn sie die persönliche oder fachliche Eignung i. S. des BBiG (= Berufsbildungsgesetz) nicht besitzen oder ihre Aufgabe vernachlässigen. Dies könnte Anlass zu vielfältigen Streitigkeiten sein.
§ 98 Abs. 3 BetrVG gibt dem Betriebsrat ein **Vorschlagsrecht bei der** **Auswahl der Arbeitnehmer,** die an einer vom Arbeitgeber unmittelbar oder mittelbar (z. B. durch Freistellung) geförderten Bildungsmaßnahme teilnehmen, und sieht im Falle unüberbrückbarer Meinungsverschiedenheiten eine Entscheidung durch die Einigungsstelle vor.

5.11.6 Vorschläge zur Beschäftigungssicherung

Der 2001 eingefügte § 92 a BetrVG gibt dem Betriebsrat das Recht, Vor- **348a**
schläge zur **Sicherung und Förderung** der Beschäftigung zu machen. Diese können sehr vielfältiger Art sein; das Gesetz nennt als Beispiele u. a. die Förderung von Teilzeitarbeit, die Qualifizierung der Arbeitnehmer sowie Alternativen zur Ausgliederung und Fremdvergabe bestimmter Funktionsbereiche.
Der Arbeitgeber ist verpflichtet, mit dem Betriebsrat über die entspre- **348b**
chenden Vorschläge zu beraten. Dabei kann auch der Betriebsrat einen Vertreter der Arbeitsverwaltung hinzuziehen. Will der Arbeitgeber den Vorschlägen des Betriebsrats trotz intensiven Meinungsaustausches nicht folgen, so hat er seine **Ablehnung zu begründen.** In Betrieben mit mehr als 100 Arbeitnehmern muss er dies schriftlich tun.

348c   Die praktische Bedeutung dieser Vorschrift ist nicht ganz unerheblich. Inhaltlich bestehen weit reichende Parallelen zu den Verhandlungen über einen Interessenausgleich (unten 5.12.2 – Rn. 365 ff.). Dies legt es nahe, auch hier den Arbeitgeber für verpflichtet zu halten, die Beratungen nicht durch Schaffung vollendeter Tatsachen gegenstandslos zu machen. Meines Erachtens könnten ihm **durch einstweilige Verfügungen** insbesondere **betriebsbedingte Kündigungen** vorübergehend **verboten** werden. Weiter kommt in Betracht, dass die Beratungen zu einem Alternativkonzept führen, das Entlassungen vermeidbar macht; gleichwohl ausgesprochene Kündigungen wären dann rechtswidrig.

> Einzelheiten bei Däubler/Kittner/Klebe/Wedde (Hrsg.), Erläuterungen zu § 92 a; Wedde, in: Brandl u. a., Beschäftigungssicherung durch Innovation, Frankfurt/ Main 2005, S. 163 ff.

5.12   Interessenausgleich und Sozialplan

349   Wird ein Betrieb ganz oder teilweise stillgelegt oder liegt ein anderer Fall einer »**Betriebsänderung**« vor, so hat der Betriebsrat neben einem Anspruch auf umfassende Information zwei Rechte:

350   ▪ Zum einen kann er über die unternehmerische Maßnahme als solche mit dem Arbeitgeber verhandeln.

> Muss die Abteilung wirklich stillgelegt werden? Wenn ja, zu welchem Zeitpunkt?

Beide Seiten haben sich insoweit um einen »**Interessenausgleich**« zu bemühen und ggf. die Einigungsstelle anzurufen. Diese kann jedoch nur Empfehlungen aussprechen – in der Sache selbst bleibt der Arbeitgeber frei.

351   ▪ Zum zweiten kann der Betriebsrat den Abschluss eines **Sozialplans** verlangen. Dieser soll die wirtschaftlichen Nachteile »ausgleichen oder mildern«, die den Arbeitnehmern aufgrund der Betriebsänderung entstehen. Dabei geht es insbesondere (aber nicht nur) um Abfindungen. Der Sozialplan ist im Gegensatz zum Interessenausgleich **erzwingbar**; notfalls muss die Einigungsstelle mit Mehrheit entscheiden.

Im Folgenden wird zunächst der Begriff »Betriebsänderung« näher aufgeschlüsselt; es folgen Ausführungen zu Interessenausgleich und Sozialplan. Ein weiterer Abschnitt ist dem Konzept eines »Transfersozialplans« gewidmet. In den letzten Jahren hat der sog. Tarifsozialplan Bedeutung gewonnen.

5.12.1 Die so genannte Betriebsänderung

Nach § 111 Satz 1 BetrVG hat der Arbeitgeber in Unternehmen mit in **352** der Regel mehr als 20 wahlberechtigten Arbeitnehmern den Betriebsrat über »geplante Betriebsänderungen, die wesentliche Nachteile für die Belegschaft oder erhebliche Teile der Belegschaft zur Folge haben können, rechtzeitig und umfassend zu unterrichten und die geplanten Betriebsänderungen mit dem Betriebsrat zu beraten«. § 111 Satz 3 BetrVG zählt als Anwendungsfälle dieser Betriebsänderungen auf:

Nr. 1: **Einschränkung und Stilllegung des ganzen Betriebs** oder von wesentlichen Betriebsteilen,

Nr. 2: **Verlegung** des ganzen Betriebs oder von wesentlichen Betriebsteilen,

Nr. 3: **Zusammenschluss** mit anderen Betrieben oder die **Spaltung** von Betrieben,

Nr. 4: grundlegende **Änderungen der Betriebsorganisation**, des Betriebszwecks oder der Betriebsanlagen,

Nr. 5: **Einführung grundlegend neuer Arbeitsmethoden** und Fertigungsverfahren.

Die Betriebsgröße ist für das Eingreifen des Mitbestimmungsrechts nicht mehr ausschlaggebend, entscheidend ist allein, dass das Unternehmen mehr als 20 Arbeitnehmer beschäftigt.

Stilllegung und Betriebseinschränkung – wann liegen sie vor?

Die »Stilllegung« setzt voraus, dass der Unternehmer die betriebliche **353** Organisation bewusst auflöst und dass seine Entscheidung von Dauer sein soll.

Wird kurze Zeit nach Beendigung der betrieblichen Tätigkeit der gesamte Produktionsapparat von einem Dritten übernommen oder wird der Arbeitgeber selbst wieder aktiv, so stellt sich das Problem der **Scheinstilllegung**. Im ersten Fall könnte § 613 a BGB Abhilfe schaffen mit der Folge, dass die Arbeitsverhältnisse der ausgeschiedenen Arbeitnehmer automatisch auf den Erwerber übergingen (dazu unten Kap. 15 – Rn. 964 ff.). Im zweiten Fall käme eine Rückabwicklung des ganzen Vorgangs wegen Wegfalls der Geschäftsgrundlage in Betracht. In beiden Fällen bewegt man sich jedoch keineswegs auf rechtlich gesichertem Boden.

354 Angesichts des häufig praktizierten schleichenden Abbaus von Arbeitsplätzen kann es zweifelhaft sein, wann eine »Betriebseinschränkung« i.S. des § 111 Satz 3 Nr. 1 BetrVG vorliegt. Relativ unproblematisch ist zunächst der Fall, dass durch Stilllegung oder Verkauf von Maschinen die **Produktionskapazität** des Betriebes oder eines »wesentlichen Betriebsteils« verringert wird und die »überflüssig« gewordenen Arbeitnehmer entlassen werden.

Beispiel:
Drei Fließbänder werden stillgelegt, zwei Lastwagen verkauft, 40 Beschäftigte entlassen.

355 Mit Recht hat das BAG jedoch auch dann eine Betriebseinschränkung angenommen, wenn ohne jede Änderung der Betriebsanlagen **eine größere Zahl von Arbeitnehmern entlassen** wird: Der soziale Schutzzweck der §§ 111 ff. BetrVG decke auch diesen Fall (BAG, DB 1980, 550). Maßstäbe dafür, wann eine ausreichende Zahl von Arbeitnehmern betroffen ist, werden der Massenentlassungsvorschrift des § 17 KSchG entnommen.

Beispiel:
In einem Betrieb mit 400 Beschäftigten werden mit Rücksicht auf die schlechte Geschäftslage insgesamt 30 Arbeitnehmer aus den unterschiedlichsten Abteilungen entlassen; ihre Arbeit wird von den verbliebenen Belegschaftsangehörigen mit erledigt. Massenentlassung i.S. des § 17 Abs. 1 Nr. 2 KSchG, da mehr als 25 Beschäftigte ihren Arbeitsplatz verlieren.

Im Hinblick auf Großunternehmen, wo die Grenzen des § 17 KSchG relativ schnell erreicht wären, wird jedoch zusätzlich verlangt, dass **mindestens fünf Prozent der Belegschaft** betroffen sind (BAG, DB 1983, 2776).

356 Wichtig ist, dass es **nicht** darauf ankommt, **innerhalb welchen Zeitraums** die Entlassungen vorgenommen werden; es reicht, dass sie auf eine bestimmte unternehmerische Maßnahme zurückgehen. Nach verbreiteter Auffassung spielt es auch keine Rolle, ob im konkreten Fall Kündigungen ausgesprochen wurden oder ob der Personalabbau im Wege von **Aufhebungsverträgen** oder durch Auslaufenlassen befristeter Arbeitsverträge erfolgte.

357 Was geschieht, wenn nur ein Betriebsteil, wie z.B. der Reinigungsdienst, geschlossen und die Arbeit an Fremdfirmen vergeben wird? Ist dieser seiner objektiven Bedeutung nach »wesentlich« für den Gesamtbetrieb, greift § 111 Satz 3 Nr. 1 BetrVG ein, fehlt es daran, müssen die

Sätze des § 17 KSchG und die Fünf-Prozent-Grenze erreicht sein (BAG, DB 1989, 883).

Das **Beschäftigungsförderungsgesetz** 1985 ließ diese Rechtslage im **358** Prinzip unberührt. Es beseitigte jedoch die automatische Verknüpfung zwischen Betriebsänderung und Sozialplan. Ein Sozialplan ist nach dem damals neu geschaffenen § 112 a Abs. 1 BetrVG nur noch dann abzuschließen, wenn eine **sehr viel höhere als die in § 17 KSchG genannte Zahl von Arbeitnehmern** ausscheiden muss. Zu beachten ist allerdings, dass dies nur dann gilt, wenn die geplante Betriebsänderung »allein« in der Entlassung von Arbeitnehmern besteht – werden auch Produktionsmittel abgebaut, so bleibt es bei den allgemeinen Grundsätzen.

Gravierender dürfte unter diesen Umständen die Tatsache sein, dass **359** nach § 112 a Abs. 2 BetrVG keine Verpflichtung zum Abschluss eines Sozialplans besteht, wenn die Betriebsänderung im Laufe der ersten vier Jahre nach Gründung eines Unternehmens vorgenommen wird. Dies soll Neugründungen erleichtern. Dabei sind jedoch »Neugründungen« im Rahmen von Umstrukturierungen wie z. B. von Betriebsaufspaltungen von vornherein nicht erfasst, da sie keine neuen Arbeitsplätze schaffen. Dasselbe gilt, wenn zwei Firmen eine dritte gründen und dieser bestimmte Betriebe übertragen.

Grundlegende Veränderung der Arbeitsbedingungen

Probleme können sich weiter im Rahmen der Nr. 4 (»grundlegende Än **360** derung der Betriebsorganisation«) und der Nr. 5 (»Einführung grundlegend neuer Arbeitsmethoden«) ergeben. So hat das LAG Hamburg schon frühzeitig die **Umstellung der Buchhaltung auf Computer**, in die die Buchungsdaten von den Beschäftigten direkt eingegeben werden, als eine Betriebsänderung nach Nr. 4 behandelt (Mitbestimmungs-Gespräch 1981, 70).

Im konkreten Fall war es um die Einführung eines weltweiten computerisierten Finanzberichtssystems bei der Deutschen Texaco gegangen: Während bisher der einzelne Buchhalter spezielle Formulare auszufüllen hatte, sollte er in Zukunft die Daten über ein Bildschirmgerät in den Rechner eingeben; dieser schrieb ihm die Reihenfolge der Daten vor und führte auch eine logische Fehlerkontrolle durch.

Das BAG hat diese Auffassung bestätigt (NJW 1983, 2838) und einge **361** hende Grundsätze darüber aufgestellt, wann die **Installierung von Bildschirmgeräten** eine sozialplanpflichtige Betriebsänderung darstellt. Der Begriff der »Betriebsanlagen« im Sinne von § 111 Satz 3 Nr. 4 BetrVG sei weit auszulegen. Er meine nicht nur Anlagen der Produktion, son dern »allgemein solche, die dem arbeitstechnischen Produktions- und Leistungsprozess dienen«. Auch wenn Schreibtischarbeit durch neue Geräte umgestaltet wird, kann daher eine Betriebsänderung vorliegen. Weiter gilt:

362 ▪ Die Umgestaltung muss nicht den gesamten Betrieb erfassen. Es reicht, dass **Anlagen** betroffen sind, »**die in der Gesamtschau von erheblicher Bedeutung** für den gesamten Betriebsablauf sind«. Ist dies zweifelhaft, muss darauf abgestellt werden, ob die **Zahl der betroffenen Arbeitnehmer** die Sätze des § 17 KSchG und fünf Prozent der Gesamtbelegschaft erreicht.

363 ▪ Ob eine »**grundlegende**« Änderung vorliegt, bestimmt sich nach dem Grad der technischen Änderung. Diese ist hoch, wenn Arbeitsprozesse in kleine Abschnitte unterteilt und diese dann im Internet »ausgeschrieben« werden (sog. **Crowdsourcing**).

364 Grundlegend neue Arbeitsmethoden liegen auch dann vor, wenn PCs vernetzt, insbesondere **an das Internet angeschlossen** werden. Ähnlich wie beim Personalabbau kommt es dabei nicht darauf an, dass die neue Technologie auf einen Schlag oder innerhalb weniger Monate eingeführt wird. Im Hinblick auf das Schutzbedürfnis der Arbeitnehmer reichen auch Veränderungen aus, die sich über Jahre erstrecken, sofern ihnen eine einheitliche unternehmerische Planung zugrunde liegt. Diese muss nicht schriftlich fixiert und damit unschwer beweisbar sein. Sie kann sich auch durch Rückschluss aus tatsächlichen Vorgängen ergeben.

Näheres bei Däubler, Internet und Arbeitsrecht, Rn. 130 ff.

5.12.2 Der so genannte Interessenausgleich

365 Die in § 111 Satz 1 BetrVG vorgeschriebene »Beratung« zwischen Arbeitgeber und Betriebsrat kann zu einer Einigung über die geplante Betriebsänderung führen: Der Betriebsrat erklärt beispielsweise sein Einverständnis mit der Stilllegung, weil von ihr weniger Arbeitnehmer als befürchtet betroffen werden, oder er stimmt der Einführung völlig neuer Maschinen zu, weil durch konkret bezeichnete Maßnahmen eine Erhöhung der Arbeitsanforderungen vermieden wird. Ob dieser sog. Interessenausgleich, der die **unternehmerische Entscheidung als solche** betrifft, **einklagbar** ist, wird unterschiedlich beurteilt, ist aber im Regelfall zu bejahen (Nachweise bei DKKW-Däubler, §§ 112, 112 a Rn. 23 ff.). Eindeutig ist darüber hinaus in § 113 Abs. 1 BetrVG festgelegt, dass der Arbeitgeber eine Abfindung bezahlen muss, wenn er **ohne zwingenden**

Grund von der getroffenen Abmachung **abweicht** und deshalb Arbeitnehmer entlassen werden. Der Interessenausgleich stellt allerdings grundsätzlich keine Betriebsvereinbarung, sondern eine sonstige betriebsverfassungsrechtliche Kollektivvereinbarung dar.

Kommt in den Verhandlungen kein Interessenausgleich zustande, so **366** können sowohl der Betriebsrat wie auch der Unternehmer den Vorstand der Bundesagentur für Arbeit um Vermittlung ersuchen. Geschieht dies nicht oder bleibt der Vermittlungsversuch ergebnislos, so kann jede Seite die **Einigungsstelle** anrufen (§ 112 Abs. 2 BetrVG); dort soll weiter verhandelt und eine Einigung versucht werden (§ 112 Abs. 3 BetrVG). Kommt sie nicht zustande, so steht es dem Unternehmer frei, die ihm richtig erscheinende Entscheidung zu treffen. Er ist dabei weder an die Vorstellungen des Betriebsrats noch an eigene frühere Angebote noch an irgendwelche Vermittlungsvorschläge gebunden.

Trotz dieser sehr einseitigen Verteilung der Gewichte besteht kein An- **367** lass, die Verhandlungen über den Interessenausgleich gering zu schätzen. **Schöpft der Arbeitgeber nicht alle Möglichkeiten** einschließlich des Einigungsstellenverfahrens **aus,** so muss er ggf. **Abfindungen** nach § 113 BetrVG bezahlen (BAG, AiB 1985, 2 = DB 1985, 1293). Viel wichtiger ist allerdings das dem Betriebsrat eingeräumte Recht, dem Arbeitgeber im Wege der **einstweiligen Verfügung betriebsbedingte Kündigungen untersagen** zu lassen, bis das Verfahren über den Interessenausgleich mit oder ohne Einigung beendet ist (LAG Hamburg, DB 1983, 2369; LAG Frankfurt, DB 1985, 178; LAG München, AiB 2009, 235; weitere Nachweise auch zu gegenteiligen LAG-Entscheidungen bei DKKW-Däubler, §§ 112, 112 a Rn. 52 ff.). Der dem Betriebsrat eingeräumte Anspruch auf Verhandlungen wird so davor bewahrt, zu einer reinen Theaterveranstaltung zu werden.

Das Arbeitsrechtliche Beschäftigungsförderungsgesetz von 1996 hatte **368** die Verhandlungen über den Interessenausgleich auf zwei Monate beschränkt; für das Verfahren vor der Einigungsstelle stand ggf. ein weiterer Monat zur Verfügung. Diese Regelungen sind durch das Korrekturgesetz vom Dezember 1998 ersatzlos beseitigt worden. In der Begründung wurde darauf hingewiesen, Betriebsrat und Arbeitgeber müssten in der Regel mehr **Zeit** haben, **um über** »Alternativen« zu der vorhandenen Planung nachzudenken und **zu verhandeln** – eine Aussage, die im Übrigen die Rechtsprechung der Landesarbeitsgerichte bestätigt, die dem Arbeitgeber bei Bedarf einen »Kündigungsstopp« auferlegen (Einzelheiten bei Däubler, NJW 1999, 606).

5.12.3 Der Sozialplan

369 Von diesem die unternehmerische Maßnahme als solche betreffenden Interessenausgleich ist der Sozialplan zu unterscheiden oder – wie § 112 Abs. 1 Satz 2 BetrVG sagt – die »Einigung über den Ausgleich oder die Milderung der wirtschaftlichen Nachteile, die den Arbeitnehmern infolge der geplanten Betriebsänderung entstehen«. Er betrifft lediglich **die sozialen und personellen Konsequenzen,** die sich aus der als solcher nicht mehr in Frage gestellten Unternehmerentscheidung ergeben. Über den Sozialplan wird im gleichen Verfahren wie über den Interessenausgleich verhandelt, doch besteht ein ganz entscheidender Unterschied: Stimmen Arbeitgeber und Betriebsrat auch vor der Einigungsstelle nicht überein, so bestimmt die Einigungsstelle von sich aus den Inhalt des Sozialplans. Insoweit, aber auch nur insoweit besteht daher ein Mitbestimmungsrecht des Betriebsrats. Anders als im Regelfall der Interessenausgleich **gewährt** der Sozialplan dem **einzelnen Arbeitnehmer einklagbare Ansprüche** gegen den Arbeitgeber, da er nach § 112 Abs. 1 Satz 3 BetrVG die Wirkung einer Betriebsvereinbarung hat. Eine nachträgliche »Abweichung« ist daher auch aus zwingenden Gründen nicht möglich, eine Kündigung kommt allenfalls bei Dauerleistungen in Betracht (BAG, DB 1995, 480).

370 Vom Inhalt des Sozialplans hängt es weitgehend ab, ob die Betriebsänderung schwere, nicht wieder gutzumachende Einbußen an Lebensqualität für die Arbeitnehmer zur Folge hat oder ob – so das andere Extrem – die Krisensituation völlig unbeschadet überstanden wird. Ausgangspunkt für die Bemessung der Leistungen sind die **Nachteile,** die den betroffenen Arbeitnehmern durch die Betriebsänderung entstehen. Ziel des Sozialplans ist die volle Kompensation (»**Ausgleich**«), sofern nicht die wirtschaftliche Situation des Unternehmens lediglich eine »**Milderung**« zulässt. Das BAG (NZA 2005, 302) gibt den Betriebsparteien die freie Wahl, ob sie sich mehr am Ausgleich oder mehr an der **Milderung** orientieren wollen, doch muss Letztere auf alle Fälle »**spürbar**« sein (sog. **Mindestdotierung**). Andernfalls hätte der Sozialplan seine Aufgabe verfehlt und wäre rechtswidrig. Betrachten wir zunächst die am häufigsten auftretenden Nachteile.

Sozialplanleistungen bei Verlust des Arbeitsplatzes

371 Kommt es zu Kündigungen oder zu anderen Formen des Arbeitsplatzverlustes, so ist in der Regel eine **Abfindung** festzusetzen. Dies ist deshalb besonders wichtig, weil das deutsche Recht anders als viele ausländische Rechtsordnungen keine automatische Abfindung bei Kündigungen durch den Arbeitgeber vorsieht. Die Höhe der Zahlungen lässt sich nur schwer bestimmen, da die Betroffenheit sehr unterschiedlich sein kann: Der gesuchte Spezialist wird vielleicht sogar den »Tapetenwechsel« begrüßen und eine gleichwertige oder gar eine bessere Stelle finden, der ältere oder leistungsgeminderte Kollege hat möglicherweise nie mehr eine Chance auf einen neuen Arbeitsplatz. Die Praxis hilft sich mit **Pauschalierungen**, die auf das Lebensalter und die Dauer der Betriebszugehörigkeit abstellen; meist nimmt man dabei als Bezugsgröße die Monatsvergütung. Verbreitet ist eine **Formel**, wonach Lebensalter und Jahre der Betriebszugehörigkeit zu multiplizieren und dann durch einen zwischen 30 und 120 liegenden Divisor zu teilen sind. Je niedriger der Divisor, umso besser der Sozialplan. Ältere Arbeitnehmer werden gegenüber Jüngeren deutlich bevorzugt, was das BAG (NZA 2010, 457 Tz. 27) allerdings nicht als unzulässiges Anknüpfen an das Alter und damit als Diskriminierung ansieht.

Beispiel:
Arbeitnehmer X ist 45 Jahre alt und seit 15 Jahren im Betrieb. Die Multiplikation ergibt die Zahl 675. Bei einem »mäßigen« Sozialplan (Divisor 110) erhält der Betroffene 6,1 Monatsgehälter als Abfindung, bei einem »guten« Sozialplan (Divisor 40) erhält er 16,875 Monatsgehälter.

Außerdem wird häufig für jeden Beschäftigten, der mindestens ein Jahr im Unternehmen tätig war, ein **Sockelbetrag** von z. B. 2000 Euro festgelegt. **Behinderte** müssen wegen ihrer schlechteren Position auf dem Arbeitsmarkt einen Ausgleich bekommen. Um eine Diskriminierung wegen des Geschlechts zu vermeiden, ist auch die Eigenschaft als **alleinerziehende Person** bei der Bemessung der Gesamtleistungen zu berücksichtigen, da sonst Frauen schlechter gestellt sind (DKKW-Däubler, §§ 112, 112 a Rn. 104 ff.).

372 Große Bedeutung kann auch eine **Ausgleichszahlung** gewinnen, die die Differenz zwischen Kurzarbeiter- und Arbeitslosengeld auf der einen und Nettovergütung auf der anderen Seite abdeckt. Dies bietet sich insbesondere für solche Beschäftigte an, die nicht mehr weit vom Rentenalter entfernt sind.

373 Vorgesehen werden weiter Umzugs-, aber auch **Umschulungs- und Fortbildungskosten**. Daneben kommen zahlreiche andere Leistungen in Betracht, die vom Zweck des Sozialplans her – Entschädigung für den Verlust des Arbeitsplatzes und der im Laufe des Arbeitsverhältnisses erworbenen Vorteile sowie »Überleitung und Vorsorge« für die Zeit nach

Durchführung der Betriebsänderung (BAG, DB 1979, 262) – gerechtfertigt sind. Die **immateriellen Interessen** des Arbeitnehmers, der mit seiner betrieblichen Existenz auch einen großen Teil seiner bisherigen sozialen Umwelt verliert, sind m.E. bei der Bemessung der Abfindung mit zu berücksichtigen, scheiden jedoch im Übrigen als auszugleichende »Nachteile« aus.

374   Nach »oben« hin wird der Inhalt des Sozialplans durch den Gedanken des Ausgleichs wirtschaftlicher Nachteile sowie durch die »**wirtschaftliche Vertretbarkeit für das Unternehmen**« begrenzt. Was dies bedeutet, entscheidet notfalls die Einigungsstelle; dabei ist u.a. zu berücksichtigen, welche Belastungen sich das Unternehmen in anderen Zusammenhängen selbst zumutet. Eingehend DKKW-Däubler, §§ 112, 112 a Rn. 150 ff.

375   Kommt ein Sozialplan erst durch Spruch der **Einigungsstelle** zustande, so ist § 112 Abs. 5 BetrVG zu beachten. Die vorgesehenen Leistungen sollen »in der Regel den **Gegebenheiten des Einzelfalls** Rechnung tragen« und haben die Aussichten der betroffenen Arbeitnehmer auf dem Arbeitsmarkt zu berücksichtigen. Das Sozialplanvolumen darf nicht so bestimmt werden, dass der Fortbestand des Unternehmens oder die verbleibenden Arbeitsplätze gefährdet werden. Weiter sollen jene Arbeitnehmer von Leistungen ausgeschlossen werden, die einen **zumutbaren Arbeitsplatz** im Betrieb, Unternehmen oder Konzern **ablehnen**. Schließlich muss der Sozialplan **Individualrechte unberührt** lassen: Abfindungsansprüche dürfen nicht davon abhängig gemacht werden, dass keine Kündigungsschutzklage erhoben wird (BAG, AP Nr. 33 zu § 112 BetrVG 1972), der Weg zum Arbeitsgericht darf nicht durch eine Schiedsklausel abgeschnitten werden (BAG, DB 1988, 503).

375a   Dem Arbeitgeber steht es frei, neben dem Sozialplan eine Zusatzabfindung zu versprechen, wenn der Betroffene seine Kündigung akzeptiert und auf ein gerichtliches Verfahren verzichtet. Allerdings darf hierfür nur ein Bruchteil der Sozialplanabfindungen vorgesehen werden (BAG, DB 2005, 2245). Auch in einem Tarifvertrag kann eine derartige **Turboprämie** vereinbart werden (BAG, DB 2007, 1362).

Sozialplanleistungen bei Veränderung der Arbeitsbedingungen

376   Die Diskussion um den Inhalt von Sozialplänen hat sich bislang vorwiegend am Fall der Stilllegung und des Personalabbaus orientiert, jedoch die Nachteile kaum erörtert, die bei Einführung grundlegend neuer Arbeitsmethoden und in den anderen Fällen des § 111 Satz 3 Nr. 4 und 5 BetrVG entstehen. Auch hier können selbstredend Entlassungen oder

Versetzungen auf geringer entlohnte Arbeitsplätze die Folge sein, so dass in gleicher Weise **Abfindungszahlungen, Übernahme von Umschulungskosten** usw. vorzusehen sind. Daneben wird jedoch häufig der Fall eintreten, dass Beschäftigte am selben Arbeitsplatz zum selben Gehalt wie bisher weiterarbeiten, dass die Arbeit aber sehr viel intensiver wird oder dass sonstige Belastungen auf sie zukommen, die bisher nicht vorhanden waren.

Beispiel:

Täglich acht Stunden Bildschirmarbeit (etwa bei Dateneingabetätigkeiten) sind für den menschlichen Organismus belastender als überkommene Sachbearbeitertätigkeit im Büro.

Hier stellt sich die Frage, ob auch dies »wirtschaftliche Nachteile« sind, **377** die gem. § 112 Abs. 1 Satz 2 BetrVG durch einen Sozialplan auszugleichen sind, oder ob es um immaterielle Interessen geht. Für die erste Alternative spricht, dass **sich durch** die **Veränderung der Arbeitsbedingungen** das **Verhältnis von Leistung und Gegenleistung** im Arbeitsverhältnis **verschiebt:** Für dasselbe Entgelt muss eine schwierigere, belastendere oder auch umfangreichere Arbeit erledigt werden. Von welchem Punkt an dies durch eine Erhöhung der finanziellen Gegenleistung zu kompensieren ist, ist Gegenstand vieler Tarifverträge, die »Leistungszulagen«, »Erschwernis- und Schmutzzulagen« usw. vorsehen. Auch die Zuschläge für Überstunden, Nacht- und Feiertagsarbeit gehören in diesen Rahmen. Treten nun vergleichbare Effekte durch eine Betriebsänderung im Sinne des § 111 Satz 3 Nr. 4 und 5 BetrVG auf, liegt es nahe, auch hier einen Ausgleich vorzusehen, oder genauer: die Nachteile als wirtschaftliche zu qualifizieren und sie wenigstens zu mildern. Zu den möglichen Leistungen zählt neben einer Zulage auch die Milderung der Belastung (und damit eine Begrenzung der vom Arbeitnehmer geforderten Mehrleistung) etwa durch Einführung bezahlter oder unbezahlter Pausen oder durch zeitliche Beschränkung der belastenden Arbeit.

Es wird etwa vorgesehen, dass die **Bildschirmarbeit nicht länger als vier oder sechs Stunden** täglich dauern darf und/oder dass nach 45 Minuten Bildschirmarbeit eine Pause von 15 Minuten eingelegt werden muss. Diese kann bezahlt oder unbezahlt sein, aber auch darin bestehen, dass die Beschäftigten andere Aufgaben zu erledigen haben. Entsprechendes sieht in allgemeiner Form auch § 5 der BildschirmarbeitsVO vor (abgedruckt bei Kittner, Arbeits- und Sozialordnung, unter Nr. 7 d).

177

Regelungsmöglichkeiten und Einzelfragen

378 Betriebsrat und Geschäftsleitung haben bei der Festlegung von Sozialplanleistungen neben den allgemeinen Kriterien (»Vertretbarkeit für das Unternehmen«, Ausgleich oder Milderung von »wirtschaftlichen Nachteilen«) **Recht und Billigkeit zu beachten.** Nach Auffassung des BAG sind sie dadurch nicht gehindert, bei älteren Arbeitnehmern eine geringere Abfindung vorzusehen, sofern diese in absehbarer Zeit einen Rentenanspruch erwerben (BAG, NZA 1984, 201). Dies ist durch § 10 Satz 3 Nr. 6 AGG bestätigt worden. Ob die Rente Existenz sichernden Charakter haben muss und ob auch ein völliger Ausschluss von der Abfindung möglich ist, erscheint noch nicht ausreichend geklärt. Auch fragt es ich, ob neben der Rente auch andere Absicherungsformen Berücksichtigung finden müssen (DKKW-Däubler, §§ 112, 112 a Rn. 101 a ff.).

379 Zulässig soll es auch sein, eine **Sonderabfindung für schwerbehinderte Menschen** auf diejenigen zu beschränken, die im Zeitpunkt der Stilllegung bereits als solche anerkannt waren, und diejenigen auszuklammern, die erst später mit Rückwirkung anerkannt wurden (BAG, DB 1983, 2372). Dies lässt sich unter dem AGG nicht mehr aufrechterhalten, das alle Behinderten vor Benachteiligungen schützt. Außerdem verlangt Art. 5 der zugrunde liegenden Richtlinie 2000/78/EG, dass der Arbeitgeber im Rahmen seiner Möglichkeiten den nachteiligen Wirkungen einer Behinderung entgegenwirkt. Weiter darf die Möglichkeit eines früheren Rentenbeginns nicht zu einer Kürzung der Abfindung führen (EuGH, NZA 2012, 1436 – Odar).

380 Ist die Stilllegung bereits durchgeführt, jedoch noch kein Sozialplan zustande gekommen, so behält der **Betriebsrat** nach § 21 b BetrVG ein »**Restmandat**«, um das Verfahren abschließen zu können. Dieses ist nicht durch die Wahlperiode begrenzt, was insbesondere dann von Bedeutung ist, wenn sich an den Spruch der Einigungsstelle ein mehrjähriges arbeitsgerichtliches Verfahren anschließt.

381 Ein einmal zustande gekommener **Sozialplan** kann **nicht** mehr **gekündigt** werden; eine Ausnahme wird nur für zeitlich unbefristete Dauerleistungen gemacht. Möglich ist jedoch eine nachträgliche Änderung wegen Wegfalls der Geschäftsgrundlage. So kann der Betriebsrat ggf. eine **Aufstockung** verlangen, wenn das verfügbare Finanzvolumen viel zu gering veranschlagt wurde (BAG, AP Nr. 6 zu § 112 BetrVG 1972) oder wenn im Interesse der Sanierung des Unternehmens relativ niedrige Leistungen festgesetzt wurden, die Sanierung dann aber fehlschlug (BAG, DB 1982, 908). Besondere Probleme ergeben sich beim Sozialplan in der Insolvenz (unten Kap. 16 – Rn. 998) sowie dadurch, dass ein Unternehmen umstrukturiert wird oder zu einem Konzern gehört (unten Kap. 15 – Rn. 964 ff.).

5.12.4 Transfersozialplan und andere Sonderformen

Seit dem Abschluss eines »Beschäftigungsplans« bei der Firma **Grundig** **382** im Jahre 1985 hat sich mehr und mehr die Erkenntnis durchgesetzt, dass die in Sozialplänen vorgesehenen Abfindungen und Ausgleichsleistungen in Zeiten der Massenarbeitslosigkeit nicht genügen: Viel wichtiger wird die **Chance,** wenigstens nach einiger Zeit wieder einen **angemessenen Arbeitsplatz** zu erhalten. Hier setzen die sog. Transfersozialpläne an. Sie sehen **Qualifizierungsmaßnahmen** für die Betroffenen vor. Ursprünglich wurden die Unternehmen auch zur Entwicklung neuer Produkte und zur Erschließung neuer Märkte verpflichtet (man sprach damals von »Beschäftigungsplänen«), doch erwies sich dies in der Praxis als schwer durchführbar.

In der Gegenwart können Weiterbildungs- und Umschulungsmaßnah- **383** men dadurch erleichtert werden, dass die Arbeitsverwaltung sog. **Transfer-Kurzarbeitergeld** nach § 111 SGB III gewährt (bisher § 216 b, früher § 175 SGB III – dazu Bachner/Schindele, NZA 1999, 130) oder dass sie nach § 110 SGB III (bisher § 216 a, früher §§ 254 ff. SGB III) Zuschüsse zu solchen Sozialplanmaßnahmen bewilligt, die der »Eingliederung« der Betroffenen dienen. Häufig erfolgt eine Übernahme der Betroffenen durch eine **Transfergesellschaft** im Wege eines »dreiseitigen Vertrages«. Zu den nicht ganz unkomplizierten Einzelheiten siehe DKKW-Däubler, §§ 112, 112 a Rn. 227 ff. und 273.

Maßnahmen zur Qualifizierung sind nicht der einzige Fall, in dem **384** über das vom Gesetz zwingend Gebotene hinausgegangen wird. Zulässig sind auch sog. **vorsorgliche Sozialpläne,** die für eine Reihe künftiger Betriebsänderungen gelten sollen; Voraussetzung ist lediglich, dass diese »in groben Umrissen« absehbar sind (BAG, NZA 1998, 216). Für den Arbeitgeber ergibt sich hier die Möglichkeit, die Sozialplankosten genau kalkulieren zu können; der Vorteil für die Arbeitnehmer kann darin liegen, bei absehbarer Umstrukturierung zu einem relativ frühen Zeitpunkt noch einen einigermaßen ordentlich dotierten Sozialplan zu erreichen. Ob ein »**Rahmensozialplan**« als »vorsorglicher Sozialplan« in diesem Sinne zu verstehen ist oder ob er lediglich ein Mindestniveau vorschreibt, über dessen Verbesserung bei jeder einzelnen

Betriebsänderung verhandelt werden kann, ist eine Frage der Auslegung.

385 Seltener kommt in der Praxis der Fall vor, dass **Abmachungen über unternehmerische Entscheidungen** getroffen werden, die einklagbare Rechte vermitteln sollen. Zu denken ist insbesondere an eine zeitlich befristete **Arbeitsplatzgarantie**, die etwa einen Ausgleich für die Zustimmung des Betriebsrats zu einer Teilschließung oder zu einer Reduzierung außertariflicher Vergütungen darstellt. Eine solche Vereinbarung ist ein vollgültiger Vertrag – und zwar ohne Rücksicht darauf, wie man sich zur Einklagbarkeit des Interessenausgleichs im Allgemeinen stellt. § 113 BetrVG besitzt keine Exklusivwirkung derart, dass im unternehmerischen Bereich keine stärkeren Bindungen möglich wären. Für einen derartigen Eingriff in die Vertragsfreiheit von Arbeitgeber *und* Betriebsrat fehlt jeder Anhaltspunkt; der Betriebsrat besitzt nach §§ 111ff. BetrVG auch die funktionelle Zuständigkeit für derartige Fragen. Wollte man anders entscheiden, müsste überdies der umständliche Weg einer Aufnahme der Arbeitsplatzgarantie in die Arbeitsverträge gewählt werden.

5.12.5 Sanktionen gegen »mitwirkungsfeindliche« Arbeitgeber? – Der Nachteilsausgleich

386 Zieht ein Unternehmer entgegen § 111 Satz 1 BetrVG den Betriebsrat nicht zur Beratung über einen Interessenausgleich heran und führt er die geplante Betriebsänderung gleichwohl durch, so soll ihn das teuer zu stehen kommen: § 113 Abs. 3 BetrVG sieht für solche Fälle eine **Abfindung entsprechend § 10 KSchG** für alle die Arbeitnehmer vor, die aufgrund der Arbeitgebermaßnahme ihren Arbeitsplatz verlieren. Auf die Form des Arbeitsplatzverlustes kommt es dabei nicht an; erfasst ist auch ein Arbeitnehmer, der auf Veranlassung des Arbeitgebers einen **Aufhebungsvertrag** schließt oder selbst kündigt (BAG, DB 1989, 331). Dieser Anspruch, der bis zu zwölf Monatsbezügen, bei älteren Arbeitnehmern bis zu achtzehn Monatsbezügen gehen kann, entsteht allein mit Rücksicht auf das übergangene Mitwirkungsrecht des Betriebsrats und hindert diesen nicht, nachträglich noch den Abschluss eines Sozialplans zu verlangen.

387 Bemerkenswert ist, dass § 113 BetrVG trotz seines »Sanktionscharakters« auch dann eingreift, wenn den Arbeitgeber gar kein Verschulden trifft (BAG, DB 1979, 744), wenn er nur zu spät in Verhandlungen mit dem Betriebsrat eintrat, **wenn er darauf verzichtete, die Einigungsstelle**

anzurufen (BAG, DB 1985, 1293) oder wenn lediglich ein Interessenausgleich zu versuchen, mit Rücksicht auf § 112 a BetrVG jedoch gegen den Willen des Arbeitgebers kein Sozialplan abzuschließen war.

Der Sanktionscharakter des § 113 BetrVG läuft allerdings dann weithin leer, wenn der Betriebsrat nachträglich zwar den Abschluss eines **Sozialplans** erreicht, der Nachteilsausgleich aber voll auf die dort vorgesehenen Leistungen angerechnet wird. Nach der Rechtsprechung des BAG (NZA 2002, 992) ist dies die Regel, doch können die Betriebsparteien und die Einigungsstelle **bestimmen, von einer Anrechnung** ganz oder teilweise **abzusehen.**   **388**

5.12.6 Abwicklungsprobleme

Die Sozialplanleistungen sind im Regelfall dann fällig, wenn das Arbeitsverhältnis aufgelöst ist und der Betroffene deshalb aus dem Betrieb ausscheidet.   **389**

Abfindungen für den Verlust des Arbeitsplatzes sind steuerlich nur noch nach § 34 EStG begünstigt. Danach ist der Steuersatz so zu bestimmen, als wäre im Jahr der Auszahlung nur $^1/_5$ des Betrages bezahlt worden. Abfindungen unterliegen im Übrigen nicht der Beitragspflicht zur Sozialversicherung (BAG, DB 1992, 585).

Der am 1.1.1998 in Kraft getretene § 140 SGB III a.F. sah in beträchtlichem Umfang eine Anrechnung der Abfindung auf das Arbeitslosengeld vor. Durch Gesetz vom 24.3.1999 (BGBl. I S. 396) ist er jedoch aufgehoben worden. Eine **Anrechnung findet nicht mehr statt.** Auswirkungen auf das Arbeitslosengeld ergeben sich nur dann, wenn der Arbeitnehmer ohne Wahrung der für ihn geltenden Kündigungsfrist ausgeschieden ist: Nach Maßgabe von § 158 Abs. 1 SGB III schiebt sich dann der Beginn des Arbeitslosengeldes ggf. um einige Zeit hinaus, doch bleibt dieses der Höhe und Dauer nach in vollem Umfang erhalten. Auch die Regelung des alten § 117 a AFG, die bei Verhängung einer Sperrfrist eine Anrechnung vorsah, ist nicht »wiederbelebt« worden.   **390**

5.12.7 Tarifsozialplan

Bei Betriebsänderungen, aber auch bei anderen Umstrukturierungen können Tarifverträge abgeschlossen werden, die ggf. **weit über die üblichen Sozialplanleistungen hinaus**gehen. Wie sich mittelbar aus § 112   **390a**

Abs. 1 Satz 4 BetrVG ergibt, stehen Tarifsystem und Verhandlungen über Interessenausgleich und Sozialplan nebeneinander. Nach der neueren Rechtsprechung des BAG (DB 2007, 1362 = NZA 2007, 987) kann um einen Firmentarif gestreikt werden, der drei Jahre Entgeltfortzahlung und die Übernahme der Kosten für eine Umschulung für alle diejenigen vorsieht, die ihren Arbeitsplatz verlieren. Die **Gerichte prüfen mit Recht nicht, ob Tarifforderungen** »angemessen« sind. Voraussetzung ist allerdings immer, dass kein ungekündigter Tarifvertrag besteht, der etwa als Rationalisierungsschutzabkommen dieselben Fragen regelt, weil dann die Friedenspflicht verletzt wäre. Schon die Möglichkeit, auf die »Tarifschiene« auszuweichen, kann die Verhandlungsposition der Arbeitnehmerseite bei den Gesprächen über Interessenausgleich und Sozialplan stärken.

> Ist ein Streik nicht sinnlos, wenn der fragliche Betrieb sowieso dicht gemacht wird? Einmal ist denkbar, dass noch einige Monate weitergearbeitet werden soll. Zum zweiten ist es möglich, dass auch andere (z. B. nicht von Verlagerung bedrohte) Konzernunternehmen im Wege des Unterstützungsstreiks die Arbeit niederlegen; dies würde effektiven Druck entfalten (BAG, NZA 2007, 1055).

Verpflichtet sich ein Unternehmen gegenüber der Gewerkschaft, bestimmte Maßnahmen nicht zu treffen, z. B. die Produktion nicht von A nach B zu verlagern, so ist dies grundsätzlich verbindlich. Kündigt der Arbeitgeber an, sich anders zu verhalten, oder setzt er dies gar schon um, so kann er im Wege der **einstweiligen Verfügung** gezwungen werden, sich vertragstreu zu verhalten und die übernommenen **Verpflichtungen zu erfüllen** (LAG Niedersachsen, AiB 2011, 481).

5.13 Arbeitnehmervertretung auf Unternehmens- und Konzernebene: Gesamtbetriebsrat, Wirtschaftsausschuss, Konzernbetriebsrat

5.13.1 Gesamtbetriebsrat

391 Die Beteiligung des Betriebsrats bezieht sich in vielen Fällen auf Entscheidungsprozesse, die nicht im Betrieb als der arbeitstechnischen Einheit, sondern im Unternehmen selbst fallen. Dies führt zu Unzuträglichkeiten, wenn im selben Unternehmen mehrere Betriebe mit eigenen

Betriebsräten bestehen: Wer soll in die Personalplanung eingeschaltet werden, wer über die Verwaltung einer **Pensionskasse** mitbestimmen, die **alle unternehmensangehörigen Arbeitnehmer** erfasst? Um Koordinierungsprobleme zwischen den einzelnen Betriebsvertretungen zu vermeiden, hat § 47 BetrVG die Bildung eines Gesamtbetriebsrats angeordnet.

Jeder **Betriebsrat** entsendet **zwei Mitglieder** in den Gesamtbetriebsrat, **392** Betriebsräte aus Kleinbetrieben, die nicht mehr als drei Mitglieder haben, sind durch eine Person repräsentiert. Das Stimmengewicht richtet sich nach der Zahl der dem jeweiligen Betrieb angehörenden Arbeitnehmer; bei zwei Vertretern hat jeder die Hälfte der Stimmen des Betriebs. Männer und Frauen sollen nach § 47 Abs. 2 Satz 2 BetrVG angemessen berücksichtigt werden, doch hat dies nur den Charakter einer Empfehlung.

Der Gesetzgeber hat die **Zuständigkeiten** von Betriebsrat und Ge- **393** samtbetriebsrat in § 50 BetrVG abzugrenzen versucht, abgesehen vom unproblematischen Fall der ausdrücklichen Ermächtigung durch die Einzelbetriebsräte nach § 50 Abs. 2 BetrVG jedoch keine sehr klare Lösung getroffen. Voraussetzung für eine Einschaltung des Gesamtbetriebsrats ist nach § 50 Abs. 1 BetrVG, dass

- es um Angelegenheiten geht, die das Gesamtunternehmen oder mehrere Betriebe betreffen **und** dass
- sie nicht durch die einzelnen Betriebsräte innerhalb ihrer Betriebe geregelt werden können.

Die zweite Bedingung hat einiges Kopfzerbrechen bereitet, da bei wört- **394** licher Auslegung der Gesamtbetriebsrat gar keinen Aufgabenbereich hätte, ist doch ein koordiniertes, paralleles Vorgehen der Einzelbetriebsräte immer möglich. Die herrschende Meinung steht deshalb auf dem Standpunkt, eine **einheitliche Regelung** müsse »**notwendig**« sein oder **sich aus der Natur der Sache aufdrängen**. Wann dies der Fall ist, kann sicherlich unterschiedlich beurteilt werden. Erfasst sind neben den bereits erwähnten Beispielen der Personalplanung und der sich auf das gesamte Unternehmen erstreckenden Sozialeinrichtungen Maßnahmen der Berufsbildung, die auf zentraler Ebene durchgeführt werden, sowie Betriebsänderungen, wenn sie mehrere Betriebe in Mitleidenschaft ziehen. Dies gilt aber nur für den Interessenausgleich, nicht für den Sozialplan (BAG, DB 2006, 2411).

Soweit der Gesamtbetriebsrat nach diesen Grundsätzen Mitbestim- **395** mungsrechte besitzt, kann er mit dem Arbeitgeber **Gesamtbetriebsvereinbarungen** abschließen, die für und gegen alle unternehmensangehörigen Arbeitnehmer wirken. Auch Arbeitnehmer aus Betrieben ohne Betriebsrat werden seit 2001 erfasst. Im Falle des § 50 Abs. 2 BetrVG ist der Geltungsbereich allerdings auf die Belegschaften beschränkt, deren Betriebsrat die Ermächtigung ausgesprochen hat. Solange der Gesamtbetriebsrat nicht aktiv geworden ist, können m. E. die Einzelbetriebsräte auch auf den Gebieten des § 50 Abs. 1 BetrVG wirksame Betriebsvereinbarungen abschließen.

396 Hat der **Gesamtbetriebsrat außerhalb seiner Kompetenzen** gehandelt, so ist eine etwa abgeschlossene Gesamtbetriebsvereinbarung unwirksam. Die Unwirksamkeit kann auch auf Antrag eines Einzelbetriebsrats im arbeitsgerichtlichen Beschlussverfahren festgestellt werden. Um Kompetenzstreitigkeiten zu vermeiden, empfiehlt es sich in der Praxis, den Gesamtbetriebsrat und zusätzlich die betroffenen Einzelbetriebsräte einzuschalten, was außerdem den Belegschaften erheblich bessere Kontrollmöglichkeiten verschafft.

5.13.2 Wirtschaftsausschuss

397 Nach § 106 Abs. 1 muss in allen **Unternehmen mit mehr als 100 Beschäftigten** ein Wirtschaftsausschuss gebildet werden.

Seiner Funktion nach ist er ein Beratungsorgan, dessen Mitglieder die wirtschaftliche Entwicklung des Unternehmens mit dem Arbeitgeber diskutieren und die den Betriebsrat darüber in Kenntnis setzen. Vom Gegenstand her wird – wie die zwölf Ziffern des § 106 Abs. 3 BetrVG zeigen – fast alles erfasst, was für die Arbeitnehmer unmittelbar (z. B. **Rationalisierungsprogramm**) oder mittelbar (z. B. **finanzielle Lage des Unternehmens**, Umweltschutz) von Bedeutung ist. Die im Gesetz genannten Fälle sind zudem nicht als abschließender Katalog gedacht. Warum ein Vertrag über die Veräußerung von Geschäftsanteilen, Aktienpaketen usw. nicht erfasst sein soll (BAG, NZA 1991, 649 = AiB 1991, 437 mit Anm. Grimberg), ist nicht einsichtig: Zumindest dann, wenn der Mehrheitsgesellschafter oder der Inhaber einer Sperrminorität wechselt, können sich erhebliche Konsequenzen für die Beschäftigten ergeben. Dem hat nunmehr § 106 Abs. 3 Nr. 9 a BetrVG Rechnung getragen, wonach der Wirtschaftsausschuss von der geplanten Übernahme des Unternehmens zu informieren ist, wenn der Erwerber die Kontrolle erhalten soll (zu den faktischen Grenzen dieses Rechts s. DKKW-Däubler, § 106 Rn. 86 ff.). Das Gesetz kennt im Übrigen keinen Vorbehalt zugunsten der »Privatsphäre« von Investoren, sondern in § 106 Abs. 2

BetrVG nur den Grundsatz, dass durch die Bekanntgabe an den Wirtschaftsausschuss **Betriebs- und Geschäftsgeheimnisse nicht gefährdet** werden dürfen. Selbst sie sind daher nicht generell, sondern nur in Sonderfällen von der Informationspflicht ausgenommen.

Durch die §§ 238 ff. HGB haben **Jahresabschluss und Wirtschaftsprüferbericht** erhebliche Bedeutung erlangt. Auch sie sind dem Wirtschaftsausschuss zur Verfügung zu stellen und so eingehend zu erläutern, dass er die darin enthaltenen Aussagen voll nachvollziehen kann. Die Wirtschaftsausschussmitglieder haben das Recht, sich über die erhaltenen Informationen Notizen zu machen (LAG Hamm, DB 1983, 1311) – die Tatsache, dass die Rechtsprechung dies ausdrücklich feststellen musste, unterstreicht, wie zurückhaltend von Arbeitgeberseite häufig mit »sensiblen« wirtschaftlichen Daten umgegangen wird. Der Wirtschaftsausschuss kann sich bei der Auswertung der erhaltenen Informationen mit Zustimmung des Arbeitgebers durch einen **Sachverständigen** beraten lassen (§ 108 Abs. 2 Satz 3 BetrVG). Obwohl seine Sitzungen nicht betriebsöffentlich sind, kann er auch sachkundige Arbeitnehmer des Betriebs hinzuziehen. Weiter kann der Betriebsrat oder der Wirtschaftsausschuss beschließen, dass auch ein Gewerkschaftsvertreter teilnehmen darf. **398**

Hält der Arbeitgeber mit Informationen zurück, ohne sich auf die drohende Gefährdung eines Betriebs- oder Geschäftsgeheimnisses berufen zu können, so kann der Betriebsrat nach § 109 BetrVG die **Einigungsstelle** anrufen. Sie muss den Arbeitgeber zur Mitteilung der betreffenden Tatsachen verpflichten, wenn die Geheimnisse nicht effektiv durch einen besonders redseligen Menschen (in der Umgangssprache »Plaudertasche« genannt) gefährdet werden. Eine solche Ausnahmesituation zu belegen ist schwierig. Damit sind zwar keine vollständige und auch keine rechtzeitige Information sichergestellt. Das Verfahren nach § 109 BetrVG versagt nämlich, wenn Betriebsrat und Wirtschaftsausschuss völlig ahnungslos sind. Dennoch ist eine gefilterte oder lückenhafte Information besser als völlige Unkenntnis, so dass schon deshalb die Existenz eines Wirtschaftsausschusses von Nutzen ist. **399**

5.13.3 Konzernbetriebsrat

Bilden zwei oder mehr Unternehmen einen Unterordnungskonzern im Sinne des Aktienrechts, können die Gesamtbetriebsräte der beteiligten Unternehmen einen Konzernbetriebsrat errichten. Notwendig ist nach **399a**

§ 54 Abs. 1 BetrVG, dass die die Entscheidung treffenden Gesamtbetriebsräte **mindestens 50 Prozent der** im Konzern beschäftigten **Arbeitnehmer repräsentieren.** Hat ein Unternehmen nur einen Betrieb und deshalb auch nur einen (einfachen) Betriebsrat, so hat dieser nach § 54 Abs. 2 BetrVG insoweit die Stellung eines Gesamtbetriebsrats.

399b Die **Zuständigkeit** des Konzernbetriebsrats ist genauso wie die des Gesamtbetriebsrats konstruiert: Was notwendigerweise konzerneinheitlich geregelt werden muss (z. B. eine konzernweite betriebliche Altersversorgung), fällt nach § 58 Abs. 1 BetrVG in die ausschließliche Zuständigkeit des Konzernbetriebsrats. Im Übrigen kann ein einzelner Gesamtbetriebsrat den Konzernbetriebsrat nach § 58 Abs. 2 BetrVG ermächtigen, seine Befugnisse wahrzunehmen.

399c **Zusammensetzung und Stimmengewichte** bestimmen sich – abgesehen von der Sonderregel für Kleinbetriebe – gemäß § 55 BetrVG nach denselben Regeln **wie beim Gesamtbetriebsrat.**

5.14 Jugend- und Auszubildendenvertretung (JAV)

400 In seiner **ursprünglichen** Fassung sah das BetrVG 1972 ausschließlich eine »**Jugendvertretung**« vor. Da es immer mehr Auszubildende über 18 Jahre gab, wurde sie 1988 in eine »Jugend- und Auszubildendenvertretung« (JAV) verwandelt. Sie wird von allen Jugendlichen bis zum 18. Lebensjahr sowie von denjenigen **Auszubildenden** gewählt, **die das 25. Lebensjahr noch nicht vollendet** haben. Wird wie in der Regel dabei die 50-Personen-Grenze nicht überschritten, findet das sog. vereinfachte Wahlverfahren statt (dazu oben 5.2.6 – Rn. 210 ff.).

400a In **überbetrieblichen Ausbildungsstätten** kann eine spezifische Vertretung errichtet werden; die Einzelheiten sind in einer Verordnung zu regeln, zu deren Erlass die §§ 51, 52 BBiG ermächtigen. Solange sie nicht vorliegt, kann eine **Interessenvertretung durch Tarifvertrag** geschaffen werden (BAG, NZA 2005, 371).

5.14.1 JAV und Betriebsrat

401 Die JAV ist **kein »Konkurrenzorgan« zum Betriebsrat.** Im Einzelnen gilt: **(1)** Die Wahl zur JAV wird durch den Betriebsrat eingeleitet (§ 80 Abs. 1 Nr. 5 BetrVG), der den **Wahlvorstand** bestellt.

(2) Unmittelbarer **Adressat** aller Bemühungen um eine Verbesserung der Lage jugendlicher oder in Ausbildung befindlicher Arbeitnehmer ist der **Betriebsrat, nicht** der **Arbeitgeber.** Die in § 70 Abs. 1 Nr. 1–3 BetrVG niedergelegten allgemeinen Aufgaben der JAV wie z. B. die Überwachung der Einhaltung von Gesetzen sollen durch Verständigung mit dem Betriebsrat erfüllt werden, der die JAV seinerseits rechtzeitig und umfassend zu informieren hat.

(3) Die der JAV im Gesetz eingeräumten Rechte bestehen gegenüber **402** dem Betriebsrat, nicht gegenüber dem Arbeitgeber:

- Die JAV kann zu allen **Betriebsratssitzungen** einen Vertreter entsenden (§ 67 Abs. 1 Satz 1 BetrVG).
- Die **gesamte JAV** hat ein **Teilnahmerecht,** wenn der Betriebsrat Angelegenheiten behandelt, die besonders jugendliche oder in Ausbildung befindliche Arbeitnehmer betreffen (§ 67 Abs. 1 Satz 2 BetrVG). Dasselbe gilt, wenn solche Angelegenheiten zwischen Betriebsrat und Arbeitgeber besprochen werden (§ 68 BetrVG). Erfasst werden dabei insbesondere (aber nicht nur!) Fragen der Berufsausbildung oder Sozialeinrichtungen, die speziell den Bedürfnissen der Jugendlichen oder Azubis dienen. Auch wenn es um die Kündigung eines Auszubildenden oder eines jugendlichen Arbeitnehmers geht, hat die JAV ein Teilnahmerecht.
- Die Mitglieder der JAV haben im Betriebsrat volles **Stimmrecht,** so- **403** weit die zu fassenden Beschlüsse »überwiegend« jugendliche oder in Ausbildung befindliche Arbeitnehmer betreffen (§ 67 Abs. 2 BetrVG). Diese Voraussetzung wird nur dann angenommen, wenn zahlenmäßig mehr von der JAV vertretene als andere Arbeitnehmer betroffen sind oder wenn es um eine Einzelmaßnahme gegenüber einem Jugendlichen oder einem Azubi geht.
- Die Mehrheit der Mitglieder der JAV kann einen **Betriebsratsbe- 404 schluss** für die Dauer einer Woche **aussetzen** lassen, wenn sie ihn als »erhebliche Beeinträchtigung wichtiger Interessen der von ihr vertretenen Beschäftigten« ansieht (§ 66 Abs. 1 BetrVG). Nach Ablauf einer Woche muss der Betriebsrat erneut Beschluss fassen. Beharrt er auf seiner früheren Haltung oder ändert er sie nur unerheblich, so ist eine erneute Aussetzung nicht mehr möglich (§ 66 Abs. 2 BetrVG). An eine Verselbständigung der JAV ist unter diesen Umständen nicht im Entferntesten zu denken.

5.14.2 Die »Selbstorganisationsrechte« der JAV

405 Bescheidenste Ansätze zu einer gewissen Eigenständigkeit der JAV zeigen sich nur bei der Organisierung ihrer eigenen Arbeit. So ist sie etwa nach § 65 Abs. 2 BetrVG berechtigt, nach Verständigung mit dem Betriebsrat **Sitzungen** abzuhalten, sich eine **Geschäftsordnung** zu geben, die von ihr vertretenen Arbeitnehmer über ihre Aktivitäten zu informieren und gegebenenfalls auch eine **Fragebogenaktion** durchzuführen (BAG, DB 1977, 914). Insoweit besteht auch ein Freistellungsanspruch nach § 37 Abs. 2 BetrVG. Dieses Stück Selbständigkeit ist von entscheidender Bedeutung für die Entwicklung eigener Initiativen, die Entfaltung innovatorischer Aktivitäten. Vermutlich gerade deshalb haben Gesetzgeber und Rechtsprechung hier Grenzen gezogen.

- An den **Sitzungen der JAV** können der **Betriebsratsvorsitzende** oder ein von ihm beauftragtes Betriebsratsmitglied **teilnehmen**.
- **Betriebsbegehungen** sollen nur mit Zustimmung des Betriebsrats möglich sein (BAG, DB 1982, 1277).

406
- In Betrieben mit weniger als 50 Jugendlichen oder in Ausbildung befindlichen Arbeitnehmern hat die JAV **nicht das Recht, eigene Sprechstunden** abzuhalten (§ 69 BetrVG); sie kann lediglich ein Mitglied in die Sprechstunde des Betriebsrats entsenden (§ 39 Abs. 2 BetrVG). Bei mehr als 50 zur JAV wahlberechtigten Arbeitnehmern kann die Sprechstunde zwar stattfinden, doch besitzen dann der Betriebsratsvorsitzende oder ein beauftragtes Betriebsratsmitglied ein Teilnahmerecht (§ 69 Satz 4 BetrVG).
- Mitglieder der JAV haben zwar dieselben Rechte auf **Schulung und Fortbildung** wie Betriebsratsmitglieder, doch soll nicht die JAV, sondern der Betriebsrat darüber entscheiden, wer an einer Veranstaltung teilnimmt und welche Veranstaltungen ausgesucht werden (BAG, DB 1974, 1773).
- Die Mitglieder der JAV sind zwar **gegen Kündigungen** in gleicher Weise wie Betriebsräte **geschützt**, doch entscheidet nach § 103 Abs. 1 BetrVG der Betriebsrat darüber, ob der Kündigung im Einzelfall zuzustimmen ist. Wer sich mit dem Betriebsrat oder typischer: der Betriebsratsmehrheit anlegt, unterliegt daher u. U. einem erhöhten Arbeitsplatzrisiko.
- Auf derselben Linie liegt schließlich die in der Literatur weit verbreitete These, **ohne Betriebsrat** könne auch **keine JAV** gewählt werden.
- Nach § 71 Satz 1 BetrVG kann die JAV im Einvernehmen mit dem Betriebsrat eine **Jugend- und Auszubildendenversammlung** einberu-

fen. Diese muss im Regelfall unmittelbar vor oder nach der Betriebsversammlung stattfinden.

5.14.3 JAV und Übernahme in ein Arbeitsverhältnis

Mitglieder der JAV befinden sich häufig in einem Ausbildungsverhältnis, **407**
das nach erfolgreichem Bestehen der Abschlussprüfung automatisch ausläuft. Da der verstärkte Arbeitsplatzschutz des § 103 BetrVG hier nicht
eingreift (dem Lehrling muss ja nicht gekündigt werden), stand es allein
im Ermessen der Geschäftsleitung, den Einzelnen nach abgeschlossener
Ausbildung in ein Arbeitsverhältnis zu übernehmen oder auf seine
Dienste zu verzichten. Da zahlreiche Jugendvertreter auf diese Weise ihren Arbeitsplatz verloren, wurde Anfang 1974 ein § 78 a ins BetrVG eingefügt, der eine **grundsätzliche Weiterbeschäftigung in einem Arbeitsverhältnis** vorsieht und der nur für den Fall eine Ausnahme macht, dass die
Weiterbeschäftigung unter Berücksichtigung aller Umstände dem Arbeitgeber nicht zuzumuten ist. Im Einzelnen gilt Folgendes:

- Nach § 78 a Abs. 1 BetrVG muss der Arbeitgeber dem Mitglied der
  JAV drei Monate vor Beendigung des Ausbildungsverhältnisses eine
  Mitteilung machen, wenn er ihn **nicht** in ein **unbefristetes Arbeitsverhältnis** übernehmen will.
- Ohne Rücksicht darauf, ob der Arbeitgeber dieser Pflicht nach- **408**
  kommt, kann der Auszubildende innerhalb der letzten drei Monate
  vor Beendigung des Ausbildungsverhältnisses vom Arbeitgeber
  schriftlich die **Weiterbeschäftigung verlangen**. Tut er das, so kommt
  kraft Gesetzes ein Arbeitsverhältnis auf unbestimmte Zeit zustande.
  Der Jugend- und Auszubildendenvertreter muss sich **nicht** auf **Teilzeitarbeit** verweisen lassen. Er unterliegt dem **Kündigungsschutz**
  nach den § 103 BetrVG, § 15 KSchG.
- Der **Arbeitgeber** kann sich dagegen mit einem **Antrag auf gerichtliche
  Entscheidung** zur Wehr setzen, der spätestens zwei Wochen nach Beendigung des Ausbildungsverhältnisses beim Arbeitsgericht eingegangen sein muss.
- Das Arbeitsgericht **löst** das **Arbeitsverhältnis nur dann auf**, »wenn **409**
  Tatsachen vorliegen, aufgrund deren dem Arbeitgeber unter Berücksichtigung aller Umstände die Weiterbeschäftigung nicht zugemutet
  werden kann« (§ 78 a Abs. 4 Satz 1 BetrVG). Damit ist eine ähnliche
  Formulierung wie in § 626 Abs. 1 BGB gewählt. Dem Arbeitgeber ist
  es allerdings **nicht zuzumuten,** einen Arbeitsplatz durch Kündigung

eines anderen Arbeitnehmers **freizumachen** (BAG, AP Nr. 5 zu § 78 a BetrVG 1972), es sei denn, dieser unterliege noch nicht dem KSchG.

■ Der Schutz des § 78 a BetrVG steht auch **Ersatzmitgliedern der JAV** zu, sofern sie – und sei es auch nur vorübergehend – die Funktion eines JAV-Mitglieds innehaben. Er bleibt nach § 78 a Abs. 3 BetrVG auch ein Jahr nach Beendigung des Amtes bestehen. Erwähnenswert ist schließlich, dass auch solche Auszubildende, die Mitglied des Betriebsrates sind, unter § 78 a BetrVG fallen.

5.15 Betriebsverfassung zweiter Klasse in Tendenzbetrieben?

410 Das System der Betriebsverfassung erleidet eine Abschwächung in all den Unternehmen, die unmittelbar und überwiegend (bestimmten) **geistig-ideellen Zielsetzungen** dienen; bei ihnen, den sog. Tendenzbetrieben, soll das BetrVG nach § 118 Abs. 1 BetrVG keine Anwendung finden, »soweit die Eigenart des Unternehmens oder des Betriebs dem entgegensteht«. Kirchliche Einrichtungen sind nach § 118 Abs. 2 BetrVG generell von der Betriebsverfassung ausgenommen, auch wenn sie die Form einer GmbH oder einer Stiftung des privaten Rechts haben.

5.15.1 Was ist ein Tendenzbetrieb?

411 Nach dem Wortlaut seiner Nr. 1 erfasst § 118 Abs. 1 BetrVG Unternehmen und Betriebe mit folgender Zielsetzung:
- **politisch;** das betrifft Parteien, nach allerdings umstrittener Auffassung auch Wirtschaftsverbände wie den Bundesverband der Deutschen Industrie.
- **koalitionspolitisch;** damit sind neben den Gewerkschaften auch die Arbeitgeberverbände gemeint, nicht jedoch gewerkschaftseigene Unternehmen.
- **konfessionell;** z. B. Bildungs- oder Missionsvereine, u. U. auch ein konfessionelles Krankenhaus.
- **karitativ;** darunter fällt etwa das Deutsche Rote Kreuz.
- **erzieherisch;** dies betrifft insbesondere Privatschulen und Fernlehrinstitute, während öffentliche Schulen von vornherein nicht unter die Betriebsverfassung, sondern unter die Personalvertretung fallen.

- **wissenschaftlich;** darunter fällt die hochschulfreie staatliche Forschung einschließlich der Max-Planck-Institute, jedoch gilt anderes dann, wenn die Kooperation mit Wirtschaftsunternehmen so eng ist, dass deren gewinnorientierte Interessen auch auf die Mehrzahl der Forschungsvorhaben durchschlagen. Nicht erfasst ist nach allgemeiner Auffassung die industrieeigene Forschung etwa von Chemieunternehmen.

- **künstlerisch;** gemeint sind damit etwa Theater einschließlich Kabaretts, Musikverlage, Orchestervereinigungen, nicht aber Kinos oder Zirkusunternehmen.

Diesem stattlichen Katalog fügt § 118 Abs. 1 Satz 1 Nr. 2 diejenigen Unternehmen und Betriebe hinzu, die »Zwecken der Berichterstattung oder Meinungsäußerung« im Sinne des Art. 5 Abs. 1 Satz 2 GG dienen. Damit werden **Presseunternehmen,** aber auch für den Regelfall **Buch- und Zeitschriftenverlage** sowie private Rundfunk- und Fernsehsender erfasst. Ohne Bedeutung ist, ob sie politisch gebunden sind oder ob das Verlagsprogramm eine breite Streuung aufweist. **412**

Beispiel:

Der Verlag X bringt Bücher konservativer und liberaler Autoren heraus, vertreibt jedoch seit Ende der 1960er Jahre auch eine »Rote Reihe«, in der ausschließlich antikapitalistisch orientierte Autoren schreiben.

Eindeutig **nicht erfasst** sind dagegen reine **Anzeigenblätter** und sog. **Lohndruckereien,** die als selbständige Betriebe Aufträge von Tendenzunternehmen durchführen. **413**

Beispiel:

Das Druckhaus X druckt Plakate für die CDU, eine Broschüre für den DGB, Gebetbücher für die Kirchen und Asterix-Hefte für einen Zeitschriftenverlag. Kein Tendenzbetrieb.

5.15.2 Einschränkung der Mitbestimmungsrechte

Liegt ein Tendenzbetrieb vor, so fragt sich, ob die Tendenz eine Alleinentscheidung durch den Arbeitgeber gebietet. Dabei wird in Literatur und Rechtsprechung darauf abgestellt, ob ein **Tendenzträger** (z. B. in Presseunternehmen ein Redakteur) betroffen ist und ob die gegen ihn ergriffene **Maßnahme tendenzbedingt** war (z. B. Kündigung eines Redakteurs wegen Abweichung von der Generallinie der Zeitung): Nur wenn **414** beide Voraussetzungen erfüllt sind, soll das Mitbestimmungsrecht entfallen (BAG, AP Nr. 10 zu § 101 BetrVG 1972). An seine Stelle tritt ein Beratungsrecht (BAG, a. a. O.). Soweit schon das Gesetz den Betriebsrat auf ein solches bescheideneres Beteiligungsniveau festlegt, bleibt es bei dieser Lösung.

415 In **sozialen Angelegenheiten** ergeben sich damit – abgesehen von der bisweilen tendenzbedingten Arbeitszeit (Theater!) – **kaum Einschränkungen**.

416 Sehr viel weitergehende Veränderungen erfahren die Betriebsratsbefugnisse in **personellen Angelegenheiten**, wo insbesondere das Widerspruchsrecht nach § 99 Abs. 2 BetrVG (Einstellungen, Versetzungen) und nach § 102 Abs. 3 BetrVG (Kündigung) entfallen soll, sofern es sich um einen »Tendenzträger«, nicht aber um einen Arbeitnehmer handelt, der nur mit technischen oder büromäßigen Angelegenheiten beschäftigt ist (Beispiel: Sekretärin), und sofern eine tendenzbedingte Maßnahme vorliegt.

417 In **wirtschaftlichen Angelegenheiten** hat der Gesetzgeber schließlich eine ausdrückliche Regelung getroffen: Nach § 118 Abs. 1 Satz 2 BetrVG wird in Tendenzunternehmen **kein Wirtschaftsausschuss** gebildet. Bei Betriebsänderungen ist nicht über einen Interessenausgleich, sondern **nur** über einen **Sozialplan** zu verhandeln. Mit Recht ist darauf hingewiesen worden, dass der Ausschluss bloßer Informations- und Mitwirkungsrechte ohne Vetomacht einen übermäßigen, sozialstaatswidrigen Eingriff in Arbeitnehmerrechte darstellt und deshalb nicht mit dem Grundgesetz vereinbar ist.

5.16 Sprecherausschüsse für leitende Angestellte

418 § 5 Abs. 3 BetrVG nimmt die leitenden Angestellten grundsätzlich von der Betriebsverfassung aus. Seit 1989 besitzen sie in Form der Sprecherausschüsse eine eigene Vertretung. Diese ist in »Arbeitsrecht 1« unter 6.18.1. (Rn. 1233 ff.) dargestellt. Eingehende Kommentierung des Sprecherausschussgesetzes bei Hromadka-Sieg, 2. Aufl., Köln 2010.

5.17   Weiterführende Literatur

Das Betriebsverfassungsgesetz ist Gegenstand zahlreicher Kommentare. **419**
Als wichtigste seien genannt:
Däubler/Kittner/Klebe/Wedde (Hrsg.), Betriebsverfassungsgesetz, Kommentar für die Praxis, 14. Aufl., Frankfurt/Main 2014 (Zitierweise: DKKW-Verfasser);
Fitting/Engels/Schmidt/Trebinger/Linsenmaier, Betriebsverfassungsgesetz, Handkommentar, 27. Aufl., München 2014 (Zitierweise: Fitting);
Klebe/Ratayczak/Heilmann/Spoo, BetrVG, Basiskommentar, 18. Aufl., Frankfurt/Main 2014;
Wiese/Kreutz/Oetker/Raab/Weber/Franzen, Gemeinschaftskommentar zum BetrVG, 10. Aufl., 2 Bände, Neuwied 2014 (übliche Abkürzung GK-Bearbeiter);
Richardi (Hrsg.), Kommentar zum BetrVG, 14. Aufl., München 2014 (bearbeitet von Richardi, Annuß und Thüsing);
Hess/Worzalla/Glock/Nicolai/Rose/Huke, BetrVG, Kommentar zum Betriebsverfassungsgesetz, 9. Aufl., Neuwied 2014;
Löwisch/Kaiser, Betriebsverfassungsgesetz, 6. Aufl., Heidelberg 2010;
Düwell (Hrsg.), Betriebsverfassungsgesetz, Handkommentar, 4. Aufl., Baden-Baden 2014;
Wlotzke/Preis/Kreft, BetrVG, Kommentar, 4. Aufl., München 2009
Galperin/Löwisch, Kommentar zum Betriebsverfassungsgesetz, 6. Aufl., 2 Bände, Heidelberg 1982;
Siebert/Becker, Kommentar zum BetrVG, 11. Aufl., Münster 2008;
Weiss/Weyand, Kommentar zum BetrVG, 3. Aufl., Baden-Baden 1994.
Lehrbuch-Darstellung bei **von Hoyningen-Huene,** Betriebsverfassungsrecht, 6. Aufl., München 2007.
Auf praktische Bedürfnisse zugeschnitten: **Schoof,** Betriebsratspraxis von A bis Z. Das Handwörterbuch für die betriebliche Interessenvertretung, 11. Aufl., Frankfurt/Main 2014.
Seit Mitte 2007 gibt es die CD »**Betriebsratswissen digital**« (Bund-Verlag), die neben den vollständigen Gesetzestexten und Einleitungen aus der Arbeits- und Sozialordnung von Kittner den Kommentar von Däubler/Kittner/Klebe/Wedde, die »Betriebsratspraxis von A bis Z« von Schoof, Arbeitshilfen wie Musterschreiben und Entwürfe für Betriebsvereinbarungen sowie die neuesten arbeitsgerichtlichen Entscheidungen im Volltext enthält. Die CD wird viermal jährlich aktualisiert. Daneben ist auch ein Online-Abonnement möglich (»**Betriebsratswissen online**«).

193

6. Mitbestimmung im Unternehmen

6.1 Grundstruktur

420 Die Vertretung der Arbeitnehmer in den Aufsichtsräten größerer Unternehmen war bis Mitte der 1970er Jahre ein »großes Thema«. Verfassung und Privateigentum schienen für manche in Gefahr – inzwischen haben sich die Gemüter wieder beruhigt. Im Vergleich zur Betriebsverfassung ist die Unternehmensmitbestimmung weniger bedeutsam. Gleichwohl ist sie eine nützliche Ergänzung der Interessenvertretung durch gewerkschaftliche Tarifpolitik und durch Betriebsräte. Wie ist sie im Einzelnen beschaffen?

421 Die Unternehmensmitbestimmung beschränkt sich von vornherein auf sog. **Kapitalgesellschaften**, d. h. AG, GmbH und Genossenschaft. Personengesellschaften (OHG, KG) sowie erst recht Einzelkaufleute werden nicht erfasst. Auch **im Ausland nach dortigem Recht gegründete Gesellschaften**, die nach der Rechtsprechung des EuGH (NJW 2002, 3614) ihren Verwaltungssitz und ihre Hauptaktivitäten in Deutschland haben dürfen, unterliegen nicht der Unternehmensmitbestimmung. Dies gilt insbesondere für die englische »**Limited**« (= Ltd.), die zeitweise besonders weit verbreitet war.

6.1.1 Unternehmensorgane

422 Eine der Mitbestimmung unterliegende AG, GmbH oder Genossenschaft muss **drei Organe** besitzen:
- Ein »**Grundorgan**«, d. h. die Versammlung der Aktionäre (»**Hauptversammlung**« genannt), die »**Gesellschafterversammlung**« bei der GmbH und die »**Generalversammlung**« bei der Genossenschaft

Gehört die GmbH nur einer einzigen Person, versammelt sich diese gewissermaßen mit sich selbst. Der Unterschied zwischen »Geistesblitzen« und förmlichen Beschlüssen wird in der Weise festgehalten, dass Letztere notariell beurkundet werden müssen.

- einen **Aufsichtsrat**, der vom Grundorgan gewählt wird und der die Geschäftsführung überwachen soll;
- eine **Unternehmensleitung** (gewissermaßen die »Regierung«), bei der AG und der Genossenschaft »**Vorstand**«, bei der GmbH »**Geschäftsführung**« genannt. Die einzelnen Vorstandsmitglieder und die einzelnen Geschäftsführer werden in der Regel vom Aufsichtsrat gewählt. Aufsichtsrats- und Vorstandsmitglieder haben sich am »Unternehmenswohl« zu orientieren und die »**Sorgfalt eines ordentlichen Geschäftsleiters**« zu beachten.

6.1.2 Beteiligung der Arbeitnehmer

Am »Grundorgan« sind die Arbeitnehmer von vornherein nicht beteiligt. Vorstellungen über eine »**Unternehmensversammlung**« sind **nicht weiter verfolgt** worden. Dies ist durchaus bedeutsam: Die Aktionäre bzw. Gesellschafter (kurz: Anteilseigner oder Eigentümer genannt) können so nach eigenem Gutdünken über **Satzungsänderungen**, Erhöhungen und Herabsetzungen des Kapitals sowie auch über die **Rechtsform des Unternehmens** entscheiden: Theoretisch könnten sie die GmbH in eine KG verwandeln und so dem ganzen »Mitbestimmungsspuk« ein Ende bereiten. **423**

> Dies passiert so gut wie nie: Man scheut eventuell die persönliche Haftung, die mit einer Personengesellschaft verbunden ist. Außerdem kann insbesondere eine AG den Kapitalmarkt in Anspruch nehmen und sich so für größere Vorhaben die nötigen Mittel verschaffen.

Die stärkste Arbeitnehmervertretung findet man im **Aufsichtsrat**. Hier sind **drei Modelle** zu unterscheiden:

(1) Nach dem **Mitbestimmungsgesetz von 1976**, das auf Kapitalgesellschaften mit mehr als 2000 Arbeitnehmern Anwendung findet, besteht der Aufsichtsrat zur Hälfte aus Arbeitnehmervertretern. Dies erscheint freilich nur auf den ersten Blick als eine Art Gleichgewicht von Arbeit und Kapital: Zu den Arbeitnehmervertretern muss auch ein Repräsentant der **leitenden Angestellten** gehören, der in aller Regel der Un **424**

ternehmensleitung nahe steht. Endet eine Abstimmung trotzdem mit einem Unentschieden, findet ein zweiter Wahlgang statt, bei dem der **Aufsichtsratsvorsitzende zwei Stimmen** besitzt. Er ist aber grundsätzlich ein Vertreter der Anteilseigner, während sein Stellvertreter von der Arbeitnehmerseite gestellt wird.

Beispiel:

In der AG X besteht der Aufsichtsrat aus zehn Vertretern der Arbeitnehmer und zehn Vertretern der Anteilseigner. Vorsitzender ist Bankdirektor A, der gemäß § 27 Abs. 2 Mitbestimmungsgesetz von der Anteilseignerseite gewählt wurde. Die Arbeitnehmerseite beantragt, die Dividende von 16 auf 14 Prozent herabzusetzen und das auf diese Weise frei werdende Geld der »Hungerhilfe« zu geben. Der Vertreter der leitenden Angestellten stimmt mit für diesen Antrag, die Anteilseigner fürchten eine Enttäuschung des Anlegerpublikums und stimmen einheitlich dagegen. Nach dem 10:10-Ergebnis findet ein zweiter Wahlgang statt; unterstellt, der Vorsitzende bleibt bei seiner Meinung, wird der Antrag mit 11:10 Stimmen abgelehnt.

425 (2) Das zweite Modell findet sich ausschließlich in der sog. **Montanindustrie,** d. h. im Bergbau und in der Eisen und Stahl erzeugenden (nicht: verarbeitenden!) Industrie. Es beruht auf einem Gesetz von 1951, das den Gedanken der Gleichberechtigung von Arbeit und Kapital (»**paritätische Mitbestimmung**«) ernster genommen hat. Danach besteht der Aufsichtsrat grundsätzlich aus fünf Vertretern der Arbeitnehmer und fünf Vertretern der Anteilseigner. Sie müssen einen sog. **elften Mann** hinzu wählen, der möglichst neutral sein soll. Einigt man sich nicht auf eine bestimmte Person, findet ein langes und aufwendiges Schlichtungsverfahren statt. Kommt auch dabei keine Übereinstimmung zustande, entscheidet in letzter Instanz die Versammlung der Anteilseigner.

In 65 Jahren Montanindustrie ist diese »Letztentscheidung« nie praktiziert worden. Dennoch steht sie natürlich im Hintergrund; die Arbeitnehmerseite wird einen Kandidaten mit »leichter Schlagseite« zum Kapital hin eher akzeptieren, wenn sie weiß, dass die Hauptversammlung auch eine Person mit »schwerer Schlagseite« aussuchen könnte.

426 (3) Schließlich existiert noch die »Drittel-Beteiligung« nach dem sog. **Drittelbeteiligungsgesetz** vom 18. Mai 2004 (BGBl. I S. 974), das die §§ 76, 77 BetrVG 1952 abgelöst hat. Sie erfasst Kapitalgesellschaften, die zwischen 500 und 2000 Arbeitnehmer beschäftigen. Die Arbeitnehmerseite bestimmt dabei ein Drittel der Aufsichtsratssitze; die Zahl der Aufsichtsratsmitglieder muss durch drei teilbar sein.

Die Satzung (und damit die Anteilseigner!) entscheidet darüber, wie groß der Aufsichtsrat ist. Beschränkt man ihn auf drei Personen, gibt es selbstredend nur einen Arbeitnehmervertreter, ein Sechser-Aufsichtsrat kennt zwei Arbeitnehmer usw.

In der **Unternehmensleitung** sind die Arbeitnehmer in Modell (1) und **427** (3) nicht unmittelbar beteiligt. Da sie vom Aufsichtsrat gewählt wird, wird die Anteilseignerseite Personen ihres Vertrauens aussuchen und durchsetzen.

In der Praxis bemüht man sich häufig gleichwohl um Konsens; eine Konfrontation mit der Arbeitnehmerseite wäre kein guter Beginn für eine Tätigkeit als Vorstandsmitglied oder Geschäftsführer.

Eine **Ausnahme** gilt nur für die **Montanindustrie:** Das für soziale und personelle Angelegenheiten zuständige Vorstandsmitglied kann nicht gegen das Votum der Mehrheit der Arbeitnehmervertreter im Aufsichtsrat bestellt werden.

Bei einem aus elf Personen bestehenden Aufsichtsrat benötigt dieses Vorstandsmitglied mindestens drei der fünf Arbeitnehmerstimmen.

Dieser sog. **Arbeitsdirektor** ist deshalb in aller Regel ein Gewährsmann der Arbeitnehmerseite. Allerdings benötigt er zu seiner Wiederwahl auch Stimmen der Anteilseignerseite, weil sich der »11. Mann« im Zweifel enthalten wird. In aller Regel wird der Arbeitsdirektor daher Konfrontationen vermeiden. Oft handelt er nicht anders als ein traditioneller Personalleiter.

Wer als Vertreter der Arbeitnehmer in den Aufsichtsrat (oder als Ar- **428** beitsdirektor in den Vorstand) gewählt wurde, hat dieselben Rechte und Pflichten wie ein Vertreter der Anteilseigner. Dies bedeutet zugleich Bindung an das Unternehmenswohl und Anwendung der Sorgfalt eines ordentlichen Geschäftsleiters.

6.2 Praktische Bedeutung

Die Arbeitnehmervertreter im Aufsichtsrat können nur ausnahmsweise **429** mit Hilfe ihres Stimmrechts »Politik machen«. Neben der Montanindustrie gibt es im Grunde nur den theoretischen Fall, dass die Anteilseignerseite bei einer bestimmten Frage unterschiedlich abstimmt.

Beispiel:
Als eine große Reederei einen beträchtlichen Teil ihres Geschäftsbetriebs von Bremen nach Hamburg verlagern wollte, stimmte ein Bremer Kaufmann als Vertreter der Anteilseigner dagegen. Der Unternehmensleitung gelang es jedoch, den Vertreter der Leitenden und einen nicht gewerkschaftlich organisierten weiteren Arbeitnehmervertreter auf ihre Seite zu ziehen. Auf diese Weise wurde nicht einmal eine solche »Jahrhundertchance« genutzt.

Der Wert der Arbeitnehmerbeteiligung im Aufsichtsrat liegt deshalb sehr viel mehr in den Informationen, die man dort erhält. Nach § 90 Abs. 3 Satz 1 AktG (= Aktiengesetz) kann der Aufsichtsrat **Informationen** über alle »Angelegenheiten der Gesellschaft« verlangen. Dazu gehören auch die **Beziehungen** zu sog. verbundenen Unternehmen, also **zu Konzernmüttern und Konzerntöchtern.**

Beispiel:
Der Vorstand muss dem Aufsichtsrat darüber berichten, ob und welche Weisungen die Muttergesellschaft erteilt hat und wie man damit umzugehen gedenkt.
　　Das Auskunftsrecht steht auch dem einzelnen Aufsichtsratsmitglied zu. Stellt sich die Unternehmensleitung quer, kann die Auskunftserteilung gerichtlich erzwungen werden. Nach § 407 AktG können gegen Vorstandsmitglieder Zwangsgelder verhängt werden.

Der Vorstand bzw. die Geschäftsführung muss u. a. auch berichten, welche Anstrengungen unternommen wurden, um beispielsweise Kredite für dringend notwendige Investitionen zu erhalten. Auch muss der Vorstand ggf. einen umfassenden Bericht über die **Arbeitsergebnisse einer Unternehmensberatungsfirma** geben (Landgericht Dortmund, wiedergegeben bei Köstler, AiB 1984, 164).

430　　Aufgrund ihrer Bindung an das Unternehmenswohl dürfen die Arbeitnehmervertreter **Betriebs- und Geschäftsgeheimnisse** nicht an Dritte gelangen lassen. Wirtschaftsausschuss- und Betriebsratsmitglieder dürfen allerdings m. E. eingeweiht werden, da sie ihrerseits der Schweigepflicht nach § 79 BetrVG unterliegen. Andersartige Tendenzen in der Rechtsprechung bedürfen der Revision.

Beispiel:
Die Unternehmensleitung hat festgestellt, dass die vorhandenen Mittel nur noch ausreichen, um Löhne und Gehälter für zwei Monate zu bezahlen. Banken haben bisher keine weiteren Kredite gewährt, der (Groß-)Eigentümer prüft, wie man verfahren soll. Wird dies öffentlich bekannt, schadet es dem Unternehmen, da Geschäftspartner nur noch gegen Barzahlung liefern werden. Ein Aufsichtsratsmitglied darf daher diese Umstände in der Betriebsversammlung nicht mitteilen.

Möglich ist allenfalls, auf allgemeine wirtschaftliche Schwierigkeiten hinzuweisen; »in der Marktwirtschaft« könne niemand wissen, wie lange ihm das Gehalt noch überwiesen werde.

Bei AGs und mitbestimmten GmbHs muss das Aufsichtsratsplenum über die Bezüge des Vorstands bzw. der Geschäftsführer entscheiden. Rechtsgrundlage ist das **Gesetz zur Angemessenheit der Vorstandsvergütung** (v. 31. 7. 2009, BGBl. I S. 2509, abgekürzt: VorstAG). Es enthält neben vielen Allgemeinplätzen (»angemessene« und »übliche« Vergütung) einen außerordentlich wichtigen Punkt: Die variablen Gehaltsbestandteile wie Boni, Tantiemen und Aktienoptionsrechte dürfen im Regelfall nicht mehr vom Ergebnis eines einzigen Geschäftsjahres abhängig gemacht werden. Als Bezugsgröße sind vielmehr grundsätzlich mehrere Jahre zu nehmen, was ein **Eigeninteresse der Entscheidungsträger** an einer mittel- bis **langfristigen Unternehmensentwicklung** schafft. Dies ist ein viel wichtigerer Hebel als irgendeine schöne Deklaration, man müsse bei der Geschäftspolitik auf Nachhaltigkeit achten. Bei zu viel »Großzügigkeit« sind außerdem die einzelnen Aufsichtsratsmitglieder persönlich haftbar. Die neuen Regeln sind in das AktG, insbesondere in dessen § 84 eingearbeitet worden.

6.3 Einzelfragen

6.3.1 Zahl und Zusammensetzung der Aufsichtsratsmitglieder

Im Anwendungsbereich des Mitbestimmungsgesetzes hängt die Zahl der **431** Aufsichtsratsmitglieder gemäß § 7 Abs. 1 des Gesetzes von der Unternehmensgröße ab:

> bei 2001 bis 10 000 Beschäftigten: 12 (= 6:6) Aufsichtsratsmitglieder;
> bei 10 001 bis 20 000 Beschäftigten: 16 (= 8:8) Aufsichtsratsmitglieder;
> bei mehr als 20 000 Beschäftigten: 20 (= 10:10) Aufsichtsratsmitglieder.

Die Satzung kann vorsehen, dass im ersten und im zweiten Fall auf 10: 10 Mitglieder aufgestockt wird.

Entfallen auf die Arbeitnehmerseite sechs oder acht Mitglieder, müs- **432** sen sich unter ihnen **zwei Vertreter von Gewerkschaften** befinden; in den großen 20-Personen-Aufsichtsräten erhöht sich diese Zahl auf drei. Die »Außerbetrieblichen« sind in aller Regel hauptamtliche Mitarbeiter der

Gewerkschaften oder ihnen nahe stehende Personen des öffentlichen Lebens. Die »Außerbetrieblichen« werden von den im Unternehmen vertretenen Gewerkschaften vorgeschlagen und im gleichen Verfahren wie die übrigen Arbeitnehmervertreter gewählt.

433 Im Bereich des **Montanmitbestimmungsgesetzes** ist das außerbetriebliche Element stärker entwickelt: drei von fünf Arbeitnehmervertretern können von den Spitzenorganisationen der Gewerkschaften vorgeschlagen werden. Die Zahl der Aufsichtsratsmitglieder insgesamt beläuft sich immer auf elf.

434 Nach § 4 Abs. 2 Satz 2 DrittelbG kann eine nicht dem Unternehmen angehörende Person nur dann in den Aufsichtsrat gewählt werden, wenn dieser mehr als zwei Arbeitnehmervertreter besitzt.

Die Satzung sieht einen Aufsichtsrat mit sechs Mitgliedern vor. Die zwei Arbeitnehmervertreter müssen notwendigerweise dem Unternehmen angehören.

6.3.2 Wahlverfahren

Auch hier ist wiederum zwischen den drei Modellen zu unterscheiden:

435 (1) Nach dem **Mitbestimmungsgesetz von 1976** findet in Unternehmen mit bis zu 8000 Beschäftigten eine direkte Wahl durch die Belegschaften (»Urwahl«) statt. Bei größeren Unternehmen werden Delegierte gewählt, die ihrerseits erst die Aufsichtsratsmitglieder bestimmen (mittelbare Wahl). Die Belegschaften können in einer gesonderten Abstimmung darüber entscheiden, ob sie die jeweils andere Wahlform bevorzugen.

Beispiel:
Auch in einem Unternehmen mit 20 000 Beschäftigten soll Urwahl stattfinden. Weitere Einzelheiten sind in der Wahlordnung geregelt, die als Rechtsverordnung der Bundesregierung erlassen wurde.

436 (2) Nach dem **Montanmodell** liegt das Wahlrecht bei der Versammlung der Betriebsräte, die die unternehmensangehörigen Arbeitnehmer repräsentieren. Allerdings wird nicht direkt gewählt, sondern nur ein Vorschlag gemacht, der dann für die Hauptversammlung bzw. für die Gesellschafterversammlung bindend ist (§ 6 Montan-Mitbestimmungsgesetz). (3) Die Bestimmung der Aufsichtsratsmitglieder nach dem DrittelbG findet durch Urwahl statt. Insoweit existiert eine gesonderte Wahlordnung.

6.3.3 Mitbestimmung im Konzern

Die Arbeitnehmer konzernabhängiger Gesellschaften können die Ar- **437** beitnehmervertreter im Aufsichtsrat der herrschenden Gesellschaft mitwählen. Sie werden auch mitgezählt, wenn es um die Überschreitung der 2000-Beschäftigten-Grenze des § 1 Mitbestimmungsgesetz geht. Anders allerdings im Anwendungsbereich des Drittelbeteiligungsgesetzes, wo Wahlrecht und »Hinzurechnung« nur Platz greifen, wenn ein Unternehmensvertrag zwischen herrschender und abhängiger Gesellschaft besteht; bloßer Mehrheitsbesitz (»faktischer Konzern«) reicht nicht. Einzelheiten im Konzernarbeitsrecht (Däubler, Arbeitsrecht 2, Rn. 1298 ff.).

Tätigt ein Konzern mindestens 20 Prozent seiner Umsätze im Mon- **438** tanbereich, so findet das sog. **Mitbestimmungsergänzungsgesetz** Anwendung. Es sieht eine paritätische Zusammensetzung des Aufsichtsrats vor, schwächt allerdings gegenüber dem eigentlichen Montanmodell das außerbetriebliche Element. Erst wenn sechs Jahre lang die »Montanquote« von 20 Prozent unterschritten ist, findet auch dieses Gesetz keine Anwendung mehr, und es greift das Mitbestimmungsgesetz 1976 ein. Der vom Gesetzgeber unternommene Versuch, den Bestandsschutz auch auf den Fall zu erstrecken, dass ein Konzernunternehmen mit mindestens 2000 Beschäftigten im Montanbereich tätig ist, blieb erfolglos: Das BVerfG erklärte die entsprechende gesetzliche Regelung für gleichheitswidrig, da hier kein ausreichender Montanbezug mehr vorhanden sei (BVerfG, NJW 1999, 1535).

6.3.4 Tendenzunternehmen

Nach seinem § 1 Abs. 4 findet das Mitbestimmungsgesetz keine Anwen- **439** dung auf Tendenzunternehmen; dabei wird derselbe Begriff wie in § 118 Abs. 1 BetrVG zugrunde gelegt (BayObLG, EWiR 1995, 1211; siehe oben Kap. 5 unter 5.15 – Rn. 411). Dasselbe gilt nach § 1 Abs. 2 Satz 1 Nr. 2 DrittelbG für die Ein-Drittel-Vertretung der Arbeitnehmer.

6.3.5 Gerichtliche Klärung

Besteht Streit, wie, d.h. nach welchem Gesetz, der Aufsichtsrat zu- **440** sammenzusetzen ist, so findet eine gerichtliche Klärung mit Hilfe eines sog. Statusverfahrens statt. Dieses hat seine Rechtsgrundlage in § 98

AktG und wird beim Landgericht, nicht beim Arbeitsgericht, eingeleitet.

Beispiel (nach BayObLG, a. a. O.):
Bei einer Krankenhaus-AG ist streitig, ob sie karitative Ziele verfolgt und deshalb nach § 1 Abs. 4 Mitbestimmungsgesetz keine Arbeitnehmervertreter im Aufsichtsrat haben muss. Der Betriebsrat stellt beim Landgericht einen Antrag auf Feststellung, dass das Mitbestimmungsgesetz eingreife, weil das Gewinnstreben im Vordergrund stehe.

6.3.6 Erstreckung auf die Belegschaften ausländischer Töchter?

440a Das LG Frankfurt/Main (16. 2. 2015 – 3–16 O 1/14 – ZIP 2015, 634) hat mit überzeugenden Gründen den Standpunkt vertreten, bei der Zahl der Beschäftigten, die für das Eingreifen eines bestimmten Mitbestimmungsmodells maßgebend ist, müssten auch **die bei ausländischen Tochtergesellschaften tätigen Arbeitnehmer mitgezählt** werden. Zumindest bei Niederlassungen in anderen EU-Mitgliedstaaten wären sonst andere EU-Staatsangehörige gegenüber Deutschen benachteiligt. Aus dem »Mit-Zählen« dürfte ein »Mit-Wählen« werden, wenn diese Entscheidung auch in den höheren Instanzen Bestand hat – das deutsche Mitbestimmungssystem verlässt seine nationale Wagenburg ...

6.4 Mitbestimmung und Europäische Aktiengesellschaft

441 Am 8. 10. 2001 hat der Rat der EG die Verordnung (VO) Nr. 2157/2001 über das Statut der Europäischen Gesellschaft (**SE**) erlassen, das am 8. 10. 2004 in Kraft getreten ist (ABl v. 10. 11. 2001, Nr. L 294/1 ff.). Untrennbar verknüpft mit ihm ist die am selben Tag erlassene **Richtlinie 2001/86/EG »zur Ergänzung des Statuts der Europäischen Gesellschaft hinsichtlich der Beteiligung der Arbeitnehmer«** (ABl v. 10. 11. 2001, Nr. L 294/22 ff. – beide abgedruckt als Sonderbeilage zu NZA, Heft 7/2002). Auch sie war bis zum 8. 10. 2004 umzusetzen. Der deutsche Gesetzgeber ist dem mit nur leichter Verspätung zum 1. 1. 2005 nachgekommen. Seither gilt für die gesellschaftsrechtliche Seite das **SE-Ausführungsgesetz** und für die Beteiligung der Arbeitnehmer das **SE-Beteiligungsgesetz** (abgekürzt: SEBG). Die **zahlenmäßige Bedeutung** der SE war zunächst gering, doch gibt es mittlerweile in Deutschland über 100 SEs, zu denen auch Großunternehmen wie Allianz und BASF gehören. Bei der SE bleibt ein beträchtliches Maß an Rechtsunsicherheit, weil unklar ist, nach welchen Vorschriften sich Streitfragen z.B. zwischen den Gesellschaftern entscheiden: Soweit die EG-Verordnung keine Regelung trifft, findet das Gesellschaftsrecht des Landes Anwendung, in dem die SE ihren Sitz hat. Dies gilt beispielsweise auch für die Vorschriften über die Vorstandsvergütung, doch kann im Einzelfall sehr zweifelhaft sein, wie weit die EG-rechtlichen Normen reichen. Sehr viel einfacher und »rechtssicherer« ist es deshalb, sich von vorneherein einem bestimmten nationalen Gesellschaftsrecht zu unterstellen; nach der Rechtsprechung des EuGH haben die Eigentümer dabei die freie Wahl zwischen den Rechtsordnungen aller 28 EU-Mitgliedstaaten (s. oben Rn. 421).

Soweit eine SE gegründet werden soll, sind nach näherer Maßgabe des **442** SEBG **Verhandlungen über den Erhalt der Unternehmensmitbestimmung** zu führen. Notfalls tritt eine relativ weitgehende Bestandsschutzregelung ein. Allerdings kann diese nicht verhindern, dass die Zahl der Aufsichtsratsmitglieder gegenüber dem MitbG erheblich verringert wird; lediglich das bisherige Verhältnis Kapital – Arbeit als solches muss erhalten bleiben. Außerdem muss ein Informations- und Konsultationsorgan geschaffen werden, das im Wesentlichen **dem Europäischen Betriebsrat nachgebildet** ist (zu ihm s. oben Rn. 213 ff.). Weitere Einzelheiten können hier nicht dargestellt werden. Aus der Literatur s. etwa Kleinsorge, RdA 2002, 346 ff.; Nagel, DB 2004, 1299 ff.; Niklas, NZA 2004, 1200 ff.; Grobys, NZA 2005, 84 ff. sowie den Kommentar von Nagel/Freis/Kleinsorge, Die Beteiligung der Arbeitnehmer in der Europäischen Gesellschaft, Kommentar zum SE-Beteiligungsgesetz, 2. Aufl., München 2009. Zur gesellschaftsrechtlichen Seite s. den von Manz/Mayer/Schröder herausgegebenen Nomos-Kommentar »Europäische Aktiengesellschaft SE«, Baden-Baden 2005.

6.5 Grenzüberschreitende Verschmelzung

Aufgrund der Richtlinie 2005/56/EG (ABl Nr. L 310/1) waren die natio- **442a** nalen Gesetzgeber verpflichtet, die Fusion zwischen Unternehmen aus verschiedenen Mitgliedstaaten der EU möglich zu machen. Aus diesem Grund wurden die §§ 122 a ff. UmwG geschaffen. Ist an der Verschmelzung ein Unternehmen beteiligt, das mehr als 500 Arbeitnehmer beschäftigt und einem nationalen Mitbestimmungssystem unterliegt, so muss ein sog. besonderes Verhandlungsgremium gebildet werden, das mit den Leitungen der beteiligten Unternehmen die künftige Vertretung der Arbeitnehmer auf Unternehmensebene aushandelt (Einzelheiten bei Heuschmid, AuR 2006, 121 ff.). Einzelheiten sind im »Gesetz über die Mitbestimmung der Arbeitnehmer bei einer grenzüberschreitenden Verschmelzung« (**MgVG**) vom 21. 12. 2006 (BGBl. I S. 3332) geregelt.

6.6 Weiterführende Literatur

443 Zu den Mitbestimmungsgesetzen gibt es einige verschiedene Kommentare und Handbücher:

Wlotzke/Wissmann/Koberski/Kleinsorge, Mitbestimmungsrecht: Mitbestimmungsgesetz, Drittelbeteiligungsgesetz, Wahlordnungen, Mitbestimmung auf europäischer Ebene, Kommentar, 4. Aufl., München 2011;

Raiser/Veil, Mitbestimmungsgesetz, 5. Aufl., Berlin 2009;

Ulmer/Habersack/Henssler, Mitbestimmungsrecht, 3. Aufl., München 2013;

Köstler/Müller/Sick, Aufsichtsratspraxis. Handbuch für die Arbeitnehmervertreter im Aufsichtsrat, 10. Aufl., Frankfurt/Main 2013.

Ältere Kommentare zum Mitbestimmungsgesetz:

Benze/Föhr u. a., 1977;

Fabricius u. a., Loseblatt-Sammlung, 1977 ff. (Zitierweise: GK-MitbG).

Die rechtspolitische Dimension der Mitbestimmung ist am eingehendsten behandelt bei **Däubler**, Das Grundrecht auf Mitbestimmung und seine Realisierung durch tarifvertragliche Begründung von Beteiligungsrechten, 4. Aufl., Köln 1976. Zu einigen Fehlvorstellungen, die mit einer paritätischen Zusammensetzung des Aufsichtsrats verbunden sind, s. Däubler, FS Nagel, 2007, S. 267 ff.

Die geltende Unternehmensmitbestimmung im Grundsatz bejahend **Bertelsmann-Stiftung/Hans-Böckler-Stiftung** (Hrsg.), Mitbestimmung und neue Unternehmenskulturen – Bilanz und Perspektiven. Bericht der Kommission Mitbestimmung, Gütersloh 1998. Die Unternehmensmitbestimmung auf eine Drittelbeteiligung beschränken und zahlreiche Betriebsratsbefugnisse abschaffen möchte der Bericht der Kommission

Mitbestimmung von **BDA und BDI** aus dem Jahre 2004. Er kann als Broschüre bezogen oder über www.bda-online.de heruntergeladen werden.

Der Bericht der drei »neutralen Wissenschaftler« (Biedenkopf, Streeck und Wißmann) aus der von der Bundesregierung eingesetzten **Mitbestimmungskommission** ist unter www.bundesregierung.de abzurufen (Archiv 2006); er empfiehlt keine wesentlichen Änderungen. Dazu die polemische Kritik von Rüthers, NZA 2007, 426 ff.

7. Die Bewerbungssituation – Wie kommt der Einzelne zu einem Arbeitsplatz?

7.1 Die Ausgangssituation

444 Sich um einen Arbeitsplatz bewerben zu müssen, ist insbesondere für viele junge Menschen eine völlig neuartige Situation. Man konkurriert mit 20, 40, vielleicht auch 200 anderen Bewerbern. Wie muss man sich am besten verhalten, um zum Ziel zu kommen?

Bewerbungen spielen sich **nicht im »rechtsfreien Raum«** ab. Der Arbeitgeber muss bestimmte Regeln einhalten. Er darf nicht nach beliebigen Details aus der Intimsphäre fragen oder die Bewerberdaten für alle Zeiten in seinem Computer speichern. Nur: Dies ist gewissermaßen ein äußerster Rahmen, den man kennen sollte, der aber nicht viel für die eigentlich wichtige Frage bringt, wie man sich am besten »verkauft«. Deshalb ist es empfehlenswert, sich dazu im Internet oder in den einschlägigen Anleitungsbüchern Tipps zu holen.

In einer Darstellung des Arbeitsrechts kann es nur um die nähere Beschreibung des »Rahmens« gehen.

7.2 Die Beschränkung des Fragerechts des Arbeitgebers

7.2.1 Der Grundsatz: Der Arbeitgeber muss ein berechtigtes Interesse an der Kenntnis bestimmter Tatsachen haben

445 Im Bewerbungsgespräch wie bei der Ausfüllung von Fragebögen gilt als Grundsatz: Der Arbeitgeber darf allein nach solchen Tatsachen fragen, die mit der in Aussicht genommenen Beschäftigung zusammenhängen. Nur dann hat er ein »berechtigtes Interesse« daran, in die Individualsphäre des Bewerbers einzudringen. Alles andere wäre bloße Neugier.

Ausscheiden müssen daher zum **Beispiel** die persönlichen Daten von Verwandten, die Freizeitbeschäftigungen des Bewerbers sowie seine privaten Vermögensverhältnisse. Auch hat es den Arbeitgeber nicht zu interessieren, ob sich jemand mit **Heiratsabsichten** trägt.

Sehr viel problematischer wird die Entscheidung bei Tatsachen, die die **446** »Verwertbarkeit« der Arbeitskraft negativ beeinflussen. Darf die Bewerberin nach einer Schwangerschaft gefragt, darf im Fragebogen die Anerkennung als schwerbehinderter Mensch angesprochen werden? Wie steht es mit Vorstrafen? Dass der Arbeitgeber ein »Interesse« daran hat, hier Näheres zu erfahren, liegt auf der Hand; ob es auch »berechtigt« ist, erscheint sehr viel zweifelhafter. Verbietet man derartige Fragen, wären die Bewerber meist von ihrem »Makel« befreit, was den Abbau von »Problemgruppen« auf dem Arbeitsmarkt erleichtern würde. Der Arbeitgeber müsste allerdings einige unliebsame Überraschungen in Kauf nehmen. Lässt man stattdessen die Fragen zu, bleiben die Bewerber in aller Regel ohne Chance, doch wird der Arbeitgeber vor einem »Fehlgriff« bewahrt. **Das Arbeitsvertragsrecht besitzt insoweit eine beschäftigungspolitische Dimension.** Eine Lösung ist deshalb nicht nur aus einer Abwägung zwischen dem Interesse des Bewerbers an der Wahrung seiner »Intimsphäre« und dem Interesse des Arbeitgebers an rationaler Personalpolitik zu gewinnen. Wesentlicher sind vielmehr allgemeine sozialstaatliche Erwägungen sowie Wertentscheidungen des Gesetzgebers, die in Schutzgesetzen zugunsten einzelner Personengruppen zum Ausdruck gekommen sind.

7.2.2 Diskriminierungsverbote

Am »berechtigten Interesse« fehlt es, wenn der Arbeitgeber **Tatsachen** **447** erfragt oder auf andere Weise ermittelt, **die Anlass für eine unerlaubte Diskriminierung sein können.** Das war schon vor dem Erlass des Allgemeinen Gleichbehandlungsgesetzes (AGG) so: Der Arbeitgeber oder seine Beauftragten dürfen daher nicht nach Fakten fragen, die wie die religiöse, politische oder gewerkschaftliche Überzeugung zu einer unzulässigen Benachteiligung führen könnten. Eine Ausnahme wurde nur dann gemacht, wenn es gerade um die Anstellung bei einer Kirche, einer Partei oder einer Gewerkschaft ging.

Beispiel:

Wer sich als Haushälterin in einem katholischen Pfarrhaus bewirbt, kann nach der Konfession, wer Gewerkschaftssekretär werden will, kann nach der Organisationszugehörigkeit gefragt werden.

Die besonderen Anforderungen an die Tätigkeit erlauben hier eine Berücksichtigung dieser Eigenschaften.

Andererseits braucht die katholische Kirche nichts über die Parteizugehörigkeit der Bewerberin zu wissen, und die Gewerkschaft darf nicht nach der Konfession fragen.

448 Mit Wirkung ab 18. 8. 2006 ist das **AGG** hinzugekommen, durch das vier EG-Richtlinien umgesetzt wurden (s. Däubler/Bertzbach, Einl. Rn. 3). Es verbietet im Arbeitsverhältnis und damit auch im Bewerbungsverfahren und bei der Einstellung nicht etwa jede ungerechtfertigte Benachteiligung (insofern ist der Titel irreführend), sondern nur eine Diskriminierung aus bestimmten Gründen. Konkret heißt dies: Der Arbeitgeber darf nicht an bestimmten »verpönten« Merkmalen anknüpfen (unten 7.2.2.1) und »Merkmalsträger« benachteiligen (unten 7.2.2.2), es sei denn, hierfür gäbe es ausnahmsweise einen Rechtfertigungsgrund (unten 7.2.2.3).

7.2.2.1 Die »verpönten« Merkmale

448a § 1 AGG zählt insgesamt acht Merkmale auf, die nicht Anlass für eine Benachteiligung sein dürfen. Sie können hier nur grob skizziert werden (Einzelheiten bei Däubler/Bertzbach-Däubler, Erl. zu § 1). Im Einzelnen geht es um

- **Rasse**, genauer um die Vorstellungen über Rassen: Diese knüpfen an äußerliche Merkmale wie Hautfarbe, Augenform und Haartracht an.
- **Ethnische Herkunft:** Darunter fallen alle Personen, die als »fremd« wahrgenommen werden, »weil sie aufgrund bestimmter Unterschiede von der regionalen Mehrheit nicht als zugehörig angesehen werden« (Schiek, AuR 2003, 44, 46). Dies gilt etwa für Sinti und Roma, aber auch für die dänische Minderheit in Schleswig-Holstein, für die Sorben in der Gegend von Cottbus sowie für Spätaussiedler aus der früheren Sowjetunion oder Osteuropa (»Russlanddeutsche«). Wichtigste Gruppe sind die in Deutschland lebenden Ausländer; der ceylonesische Asylant ist genauso erfasst wie der in Berlin-Kreuzberg wohnende Türke. Auch wer die deutsche Staatsbürgerschaft erlangt hat, ist geschützt.

- **Geschlecht:** Frauen dürfen gegenüber Männern und Männer gegenüber Frauen nicht benachteiligt werden. Erfasst ist auch der Fall, dass nur Untergruppen verschieden behandelt werden: Der Arbeitgeber stellt zwar dicke Männer, nicht aber dicke Frauen ein. Transsexuelle Personen sind gleichfalls geschützt; sie dürfen wegen ihres früheren Geschlechts und wegen des Wechsels nicht benachteiligt werden.
- **Religion:** Gemeint sind damit nicht nur die großen Weltreligionen wie Christentum, Islam, Hinduismus usw. Vielmehr sind auch kleine Organisationen wie die Zeugen Jehovas, die Mormonen und die Heilsarmee geschützt.
- **Weltanschauung:** Sie will die Welt als ganze und den Sinn des Lebens aus innerweltlichen Zusammenhängen erklären, während die Religion einen »transzendenten«, das Diesseits überschreitenden Bezug hat. Im diskriminierungsrechtlichen Sinne ist der Begriff allerdings weiter und umfasst jede ernsthafte Überzeugung; auch ein engagierter Tierschützer hat daher eine »Weltanschauung«. Das weite Begriffsverständnis hängt damit zusammen, dass die zugrunde liegende EG-Richtlinie nur in der deutschen Fassung von »Weltanschauung« spricht; die genauso maßgebenden 19 anderen Fassungen wählen durchweg weitere Begriffe wie »Überzeugung« oder »persönliche Überzeugung« (Einzelheiten bei Däubler, NJW 2006, 2608).
- **Behinderung:** Gemeint ist damit nicht nur die »Schwerbehinderung« im Sinne des SGB IX, sondern jede Form von Behinderung. Diese ist in § 2 Abs. 1 SGB IX definiert: Danach sind Personen gemeint, deren Gesundheit mit hoher Wahrscheinlichkeit länger als sechs Monate vom alterstypischen Zustand abweicht und deren Teilhabe am Leben in der Gesellschaft deshalb beeinträchtigt ist. Wer an Platzangst leidet, kann beispielsweise darunter fallen, ohne dass ihm deshalb ein bestimmter »Grad der Behinderung« bescheinigt wird. Auch stark Übergewichtige können Behinderte im Rechtssinne sein (EuGH 18. 12. 2014 – C-354/13 – NZA 2015, 33).
- **Alter:** Erfasst ist damit gleichermaßen jüngeres wie höheres Alter. Der Arbeitgeber darf also nicht »Personen bis 35, dynamisch und unbeschränkt belastbar« suchen (das benachteiligt die Älteren). Schutzvorschriften zugunsten Älterer sind durch § 10 AGG in weitem Umfang zugelassen.
- **Sexuelle Identität:** Gemeint ist damit primär die männliche wie die weibliche Homosexualität. Auch erlaubte atypische sexuelle Praktiken dürften erfasst sein.

448b Einbezogen sind nicht nur die reinen Merkmale, sondern auch **Eigenschaften und Verhaltensweisen**, die mit diesen in **unmittelbarem Zusammenhang** stehen. Für die Schwangerschaft und die Mutterschaft ist dies in § 3 Abs. 1 Satz 2 AGG ausdrücklich hervorgehoben, doch gilt es auch in anderen Zusammenhängen (so auch die amtliche Begründung des AGG: BR-Drucksache 329/06, Erl. zu § 3 Abs. 1 dritter Absatz). Wichtig ist dies etwa für religiös bestimmte Kleidung (Kopftuch der Muslima) oder für ein öffentliches Bekenntnis z. B. zur eigenen Homosexualität. Auch wenn der Arbeitgeber »perfekte deutsche Sprachkenntnisse« verlangt, steht dies mit der ethnischen Herkunft in Verbindung. Wichtig ist, dass es ausreicht, wenn das verpönte Merkmal ein Beweggrund im Rahmen eines »**Motivbündels**« ist (BVerfG, AP Nr. 9 zu § 611 a BGB Bl. 4R; BAG, NZA 2004, 540, 544). Schließlich genügt es nach § 7 Abs. 1 Halbsatz 2 AGG, wenn der »Diskriminierer« das **Merkmal nur annimmt**, also jemanden »als Moslem« oder »als Homosexuellen« benachteiligt, obwohl dieser in Wahrheit überhaupt nicht religiös ist bzw. sich bestens mit seiner Partnerin versteht.

7.2.2.2 Die unmittelbare und die mittelbare Benachteiligung

449 § 7 Abs. 1 AGG bestimmt in recht allgemeiner Form, dass Beschäftigte nicht wegen eines der genannten Gründe nach § 1 AGG »benachteiligt« werden dürfen. Dieser Begriff setzt grundsätzlich eine »**Bezugsperson**« voraus, im Vergleich zu der der Betroffene schlechter gestellt wird.

Beispiele:
Von 10 in die engere Wahl gekommenen Bewerbern wird nur der X nicht eingestellt, weil er aus der Ukraine stammt oder weil er mit einem anderen Mann zusammenlebt. Oder: Der X bekommt aus denselben Gründen einen schlechteren Vertrag oder wird gekündigt, während seine Kollegen weiterbeschäftigt werden.

449a Die Benachteiligung kann eine »**unmittelbare**« sein, die nach § 3 Abs. 1 Satz 1 AGG dann vorliegt, »wenn eine Person wegen eines in § 1 AGG genannten Grundes eine weniger günstige Behandlung erfährt, als eine andere Person in einer vergleichbaren Situation erfährt, erfahren hat oder erfahren würde.« Hier wird direkt an das verpönte Merkmal angeknüpft, doch kommt es auf die Absichten des Arbeitgebers nicht an. »Bezugsperson« sind andere Bewerber, ggf. auch solche, die sich in der Vergangenheit beworben haben. Auch muss man immer fragen, wie der Arbeitgeber auf einen Bewerber reagiert hätte, dem das verpönte Merkmal fehlt, den es zwar nicht konkret gegeben hat, den es aber hätte geben können (sog. **hypothetische Vergleichsperson**).

Beispiel:

Um die Stellen als Reinigungskräfte haben sich ausschließlich Ausländerinnen beworben. Mitarbeiter der Personalabteilung erklären, wenn sich eine Deutsche bewerbe, würde man dieser selbstredend einen besseren Vertrag geben. Benachteiligung gegeben.

Manchmal ist nicht von dem verpönten Merkmal die Rede. Vielmehr wird ein **Gesichtspunkt vorgeschoben**, dessen Berücksichtigung auf dasselbe hinausläuft. Man spricht insoweit von einer **verdeckten** (unmittelbaren) **Benachteiligung**. **449b**

Beispiel:

Man will eine bestimmte Stelle mit einem Mann besetzen und setzt deshalb »langjährige Erfahrung bei der Bundeswehr« voraus, obwohl diese für die Tätigkeit ohne jede Bedeutung ist.

Eine **mittelbare Benachteiligung** liegt nach § 3 Abs. 2 AGG dann vor, wenn »dem Anschein nach neutrale« Vorschriften, Kriterien oder Verfahren Personen wegen eines Merkmals im Sinne des § 1 AGG gegenüber anderen Personen »in besonderer Weise« benachteiligen können. Gemeint sind Regeln, die nicht an dem verpönten Merkmal anknüpfen, aber vorwiegend **zu Lasten bestimmter Merkmalsträger** gehen. Bekanntestes Beispiel ist die Schlechterstellung von **Teilzeitarbeit**, die wegen eines Frauenanteils von ca. 90 Prozent auf eine mittelbare Benachteiligung wegen des Geschlechts hinausläuft. Dasselbe gilt, wenn Sozialplanabfindungen auf die Dauer der Betriebszugehörigkeit abstellen, dabei aber die typischerweise von Frauen in Anspruch genommene Elternzeit unberücksichtigt bleibt (BAG, NZA 2003, 1287 ff.; dazu auch oben Rn. 371). Wird ein inländischer Wohnsitz oder werden deutsche **Sprachkenntnisse** verlangt, so sind mittelbar Ausländer negativ betroffen. In allen Fällen dieser Art kommt es allein auf die **Wirkung einer Regelung** oder einer Serie von Maßnahmen an; die handelnden Personen müssen den benachteiligenden Effekt nicht einmal erkennen. Dabei ist es nach dem AGG **nicht mehr** erforderlich, die Benachteiligung wie im Fall der Teilzeit mit **statistischen Daten** zu belegen; vielmehr kann sie auch aufgrund anderer Umstände plausibel sein. **449c**

Ausgangspunkt dafür ist der Fall O'Flynn, den der EuGH zu entscheiden hatte (EuZW 1996, 117). Eine englische Regelung hatte ein Sterbegeld nur vorgesehen, wenn der verstorbene Arbeitnehmer in britischer Erde begraben wurde. Dies benachteiligte die Wanderarbeitnehmer aus anderen EU-Mitgliedstaaten, weil sie vermutlich häufiger außerhalb der Insel bestattet werden. Der EuGH hat die englische Vorschrift daher beanstandet, obwohl es keine statistischen Daten gab.

7.2.2.3 Rechtfertigung

449d   Eine »Benachteiligung« ist nur dann eine »Diskriminierung«, wenn sie nicht gerechtfertigt ist. Dabei muss man zwischen der unmittelbaren und der mittelbaren Benachteiligung unterscheiden. Nach § 8 Abs. 1 AGG ist eine »unterschiedliche Behandlung« wegen eines verpönten Merkmals dann zulässig, »wenn dieser Grund wegen der Art der auszuübenden Tätigkeit oder der Bedingungen ihrer Ausübung eine wesentliche und entscheidende berufliche Anforderung darstellt, sofern der Zweck rechtmäßig und die Anforderung angemessen ist.« Gemeint ist mit dieser wenig »verbraucherfreundlichen« Formulierung eine **strenge Verhältnismäßigkeitsprüfung** (Schiek, NZA 2004, 876); verlangt wird sehr viel mehr als nur ein »sachlicher Grund«. Ohne das verpönte Merkmal könnte die **Arbeitsleistung nicht vertragsmäßig erbracht** werden.

> Standardbeispiel ist der jugendliche Liebhaber im Theater, der nicht gut von einer Frau oder einem älteren Herrn gespielt werden kann.

Dem ist der Fall gleichzustellen, dass das fragliche **Merkmal** der Erbringung **der Arbeitsleistung entgegensteht.**

> Eine Außendiensttätigkeit ist mit viel Treppensteigen verbunden, was für den gehbehinderten Bewerber B nicht leistbar ist.

Die weiteren Erfordernisse des »rechtmäßigen Zwecks« und der »angemessenen Anforderung« treten demgegenüber fast völlig in den Hintergrund.

449e   Die **mittelbare Benachteiligung** liegt nach § 3 Abs. 2 AGG **schon von ihrem Tatbestand her nicht** vor, wenn die fragliche Regel, Vorschrift usw. einem »**rechtmäßigen Ziel**« dient, das in keinem Zusammenhang mit einem der verpönten Merkmale steht.

> Die verlangten perfekten deutschen Sprachkenntnisse sind notwendig, weil mit dem fraglichen Arbeitsplatz viel Publikumsverkehr verbunden ist. Trotz der möglichen Benachteiligung ausländischer Bewerber keine mittelbare Diskriminierung.

Weitere Voraussetzung ist, dass die mittelbare Benachteiligung für die Erreichung des Ziels »**angemessen und erforderlich**« ist. An der Erfor-

derlichkeit würde es beispielsweise fehlen, wenn von einem Omnibus-
fahrer im Nahverkehr perfekte Sprachkenntnisse verlangt würden, obwohl er faktisch nie von Fahrgästen kontaktiert wird. Grundkenntnisse,
die für die Orientierung im Verkehr erforderlich sind, wären aber selbstredend notwendig.

Sonderregeln bestehen nach § 9 AGG zugunsten **kirchlicher Arbeitge-**   **449f**
ber, die unter bestimmten Voraussetzungen auf die Religionszugehörig-
keiten und darauf aufbauendes Engagement abstellen dürfen. Nach § 10
AGG darf in zahlreichen Fällen das Merkmal »**Alter**« berücksichtigt
werden.

Keine Rechtfertigung gibt es in den Fällen der »**Belästigung**« nach § 3   **449g**
Abs. 3 und 4 AGG, durch die viele Fälle des sog. Mobbing abgedeckt
werden. Hierauf ist im Zusammenhang mit den Umgangsformen im Betrieb einzugehen (unten Rn. 687ff.).

7.2.3 Anwendungsfälle der Diskriminierungsverbote bei der Einstellung

7.2.3.1 Schwangerschaft

Das BAG hat die Frage nach der Schwangerschaft zunächst generell zu-   **449h**
gelassen, dann jedoch mit Rücksicht auf den damaligen § 611 a BGB seinen Standpunkt modifiziert und die Frage für unzulässig erklärt, wenn
sich um eine Stelle sowohl Männer wie auch Frauen beworben hatten
(BAG, AP Nr. 31 zu § 123 BGB = AuR 1987, 117). **Später** hat es in Anschluss an die Rechtsprechung des EuGH die Frage nach der Schwangerschaft **generell ausgeschlossen,** jedoch dann eine **Ausnahme** gemacht,
wenn die Tätigkeit aus Gründen des Mutterschutzrechts nicht aufgenommen werden konnte (BAG, DB 1993, 435). Aufgrund neuerer Urteile des EuGH (NZA 1994, 609 und NZA 2000, 255) hat es für unbefristete Arbeitsverträge auch diesen Ausnahmetatbestand fallen lassen;
lediglich bei befristeten Tätigkeiten dürfe wegen möglicher Beschäfti-
gungsverbote noch nach der Schwangerschaft gefragt werden (BAG,
NZA 2003, 848). Die neuere Rechtsprechung des **EuGH** (DB 2001,
2451) sieht auch dies anders, so dass von einer **generellen Unzulässigkeit**
auszugehen ist (ebenso ErfK-Preis, § 611 BGB Rn. 274 m. w. N.; HWK-
Thüsing, § 123 BGB Rn. 24; HK-ArbR-Kreuder, § 611 BGB Rn. 167ff.,
175).

Was geschieht, wenn an einem Arbeitsplatz ein Beschäftigungsverbot für Schwangere besteht, der Arbeitgeber ausdrücklich eine »Schwangerschaftsvertretung« sucht und sich eine gleichfalls schwangere Bewerberin für diese Aufgabe meldet? In solchen Fällen muss § 8 Abs. 1 AGG eingreifen, es fehlt an einer »wesentlichen und entscheidenden Anforderung« für die fragliche Tätigkeit.

7.2.3.2 Schwerbehinderung und einfache Behinderung

450 Sehr viel weniger Bedenken erweckte zunächst die vom BAG ebenfalls zugelassene Frage nach der Anerkennung als schwerbehinderter Mensch oder als Gleichgestellter (BAG, AP Nr. 30 zu § 123 BGB). Dies nicht deshalb, weil diese Gruppe weniger schutzbedürftig wäre, sondern aus einem ganz anderen Grund: Durch die Verpflichtung der Arbeitgeber, mindestens fünf Prozent der Arbeitsplätze mit schwerbehinderten Menschen zu besetzen, hat der Gesetzgeber einen Mechanismus geschaffen, der schwerbehinderte Menschen auch dann nicht vom Arbeitsmarkt ausschließt, wenn sie ihre Eigenschaft offen legen. Leider wird die Quote in der Praxis aber bei weitem nicht erfüllt, so dass entgegen dem ersten Anschein doch Benachteiligungen drohen. Diese will der 1994 neu geschaffene Art. 3 Abs. 3 Satz 2 GG ausdrücklich ausschließen. Daraus hat der Gesetzgeber im Jahre 2001 die Konsequenz gezogen, wonach gemäß § 81 Abs. 2 Satz 1 SGB IX jede Benachteiligung wegen Schwerbehinderung untersagt war. Das AGG hat dies auf alle Behinderten (zum Begriff oben Rn. 448 a) ausgedehnt. Deshalb darf auch nicht mehr nach der Anerkennung als Schwerbehinderter oder nach sonstigen Behinderungen gefragt werden (Düwell, BB 2001, 1529; ErfK-Preis, § 611 BGB Rn. 274; HWK-Thüsing, § 123 BGB Rn. 25; Pahlen, RdA 2001, 143; weitere Nachweise bei Däubler/Bertzbach-Däubler, § 7 Rn. 35 f.). Dem ist zuzustimmen, wobei das Diskriminierungsverbot allerdings nur in jenen Fällen wirksam werden kann, in denen die Behinderung nicht schon an Äußerlichkeiten deutlich wird. Zur Frage nach der gesundheitlichen Eignung unten Rn. 453 ff.

7.2.3.3 Alter

450a Die Frage nach dem Alter ist nur dort zulässig, wo dieses Kriterium bei der Einstellung selbst Berücksichtigung finden darf. Dies ist etwa der Fall, wenn von vornherein eine Verbeamtung in Aussicht genommen werden soll, die nur bis zu einem bestimmten Höchstalter möglich ist (so der Fall BAG, NZA 2006, 1217). **In der Regel** ist sie aber **ausge-**

schlossen (Schiek-Schmidt, § 10 Rn. 34; Wisskirchen/Bissels, NZA 2007, 172), so dass auch kein **Foto** verlangt werden darf. Wird nach »**Berufsanfängern**« gesucht, so liegt darin eine mittelbare Benachteiligung wegen Alters, doch ist diese durch das unternehmerische Interesse legitimiert, »unverbildete und lernfähige« Mitarbeiter zu gewinnen (so Wichert/Zange, DB 2007, 970).

7.2.3.4 Mittelbar diskriminierende Fragen

Die Frage »**Haben Sie ein Kind zu versorgen?**« wird in der Regel nur von Frauen mit »ja« beantwortet werden. Diese werden dadurch mittelbar benachteiligt, da die Familienpflichten die jederzeitige Einsetzbarkeit und »Flexibilität« ausschließen. Gerechtfertigt ist die Erkundigung des Arbeitgebers deshalb nur, wenn es bei dem fraglichen Arbeitsplatz gerade auf die umfassende zeitliche Verfügbarkeit ankommt. Zur Frage nach perfekten deutschen Sprachkenntnissen s. oben Rn. 449 e. Auch die Frage »**Sind sie verheiratet?**« erweckt Bedenken, da dies Rückschlüsse auf eine heterosexuelle Orientierung zulässt (vgl. Wisskirchen, DB 2006, 1494). **450b**

7.2.4 Vorstrafen

Weniger eindeutig ist die Situation bei Vorstrafen, **fehlt** doch bislang ein »Resozialisierungsgesetz«, das die Wiedereingliederung Strafentlassener und die Beseitigung des durch eine Strafe verursachten »Makels« zum Gegenstand hätte. Allerdings hat das Bundesverfassungsgericht den **Resozialisierungsgedanken als Verfassungswert anerkannt** (BVerfGE 35, 202, 235), der ggf. mit anderen im Grundgesetz geschützten Rechtsgütern konkurriert und im Konfliktfall keineswegs immer zurücktreten muss. Schon in den 1950er Jahren hat das BAG eine recht plausible Lösung entwickelt: Der Arbeitgeber darf sich nur nach »**einschlägigen**« **Vorstrafen** erkundigen, die sich am vorgesehenen Arbeitsplatz wiederholen könnten. Alle anderen Vorstrafen sind »Privatsache« des Bewerbers und dürfen nicht interessieren (BAG, AP Nr. 2 zu § 123 BGB). Der Kraftfahrer darf also nach Verkehrsdelikten, der Jugendpfleger nach Sittlichkeitsdelikten, der Kassierer nach Vermögensdelikten gefragt werden. **451**

BAG, a. a. O.: Eine Stenotypistin war im April 1955 von einer Bausparkasse eingestellt worden. Die Frage nach Vorstrafen hatte sie rundweg verneint, obwohl sie knapp drei Wochen zuvor wegen Zugehörigkeit zur verbotenen FDJ nach § 129 a StGB a. F. zu zwei Monaten Gefängnis auf Bewährung verurteilt worden war. BAG: Da es sich um keine einschlägige Vorstrafe handelte, durfte die Bausparkasse nicht danach fragen, auf unerlaubte Fragen dürfe aber auch unrichtig geantwortet werden.

452 Dieser Grundsatz hat durch § 53 BZRG (= Bundeszentralregistergesetz) eine Weiterentwicklung erfahren. Danach darf sich ein Verurteilter u. a. dann als unbestraft bezeichnen, wenn die Strafe aus dem Register zu tilgen ist. Auch »einschlägige« Vorstrafen brauchen daher nicht mehr angegeben zu werden, wenn diese Voraussetzung erfüllt ist oder wenn sie der beschränkten Auskunft unterliegen. Kein »Thema« dürfen weiter **verjährte Straftaten** sein. Dasselbe gilt, wenn sie wegen einer Amnestie nicht mehr verfolgt werden können. Nach eingestellten Ermittlungsverfahren darf grundsätzlich ebenfalls nicht gefragt werden (BAG, NZA 2013, 429).

7.2.5 Gesundheitliche Einschränkungen

453 Eine umfassende gesetzliche Regelung fehlt bislang in Bezug auf **kranke oder nicht voll gesunde Arbeitnehmer,** die (noch) nicht als »behindert« anzusehen sind.

Beispiel:
Ein Arbeitnehmer war in den vergangenen drei Jahren durchschnittlich viermal an Grippe erkrankt, was pro Jahr Fehlzeiten von acht Wochen ausmachte. Ist er nicht gerade ein besonders gesuchter Spezialist, wird ihn kaum ein Arbeitgeber einstellen. Die Chance, dass sich seine Situation bessert, ist gering, da die Krankheitsanfälligkeit bei Arbeitslosigkeit im Regelfall eher zunimmt.

Immerhin machen das Entgeltfortzahlungsgesetz und die Grundsätze zur Kündigung wegen Krankheit deutlich, dass dem Arbeitgeber ein gewisses Maß an Belastungen zugemutet wird – eine Wertentscheidung, die auch bei der Begrenzung des Fragerechts zu berücksichtigen ist.

454 Legt man dies zugrunde, so müssen zunächst alle **Krankheiten** ausscheiden, die inzwischen **überwunden** sind.

Beispiel:
Wer vor Jahren an Tuberkulose erkrankt war oder an Nierenbeckenentzündung litt, braucht dies nicht anzugeben, wenn keine wesentlichen Nachwirkungen zurückgeblieben sind (vgl. BAG, NZA 1985, 57).

Zum zweiten darf der Arbeitgeber auch den **gegenwärtigen Gesund-** **455**
heitszustand nicht in jeder Hinsicht abfragen: Erkrankungen, die für die
in Aussicht genommene Arbeit ohne Bedeutung sind, dürfen ihn nicht
interessieren. Auf der anderen Seite ist es völlig legitim und auch vom
Bewerber her gesehen vernünftig, wenn Krankheiten rechtzeitig zur
Sprache kommen, die die Eignung für die in Aussicht genommene Tätigkeit ausschließen oder die sich voraussichtlich verschlimmern werden.
Ein Fernfahrer sollte sehr wohl auf Bandscheibenschäden und ein Bau-
arbeiter auf Rheuma befragt werden. Weiter besteht kein Zweifel daran,
dass ansteckende Krankheiten schon im Interesse der Arbeitskollegen
mitgeteilt werden müssen.

Was bleibt, ist eine relativ große »**Grauzone**« von wiederkehrenden **456**
Krankheiten, die man nicht unbedingt als »leicht« einstufen kann, die
andererseits aber auch keinen speziellen Bezug zu der beabsichtigten Tätigkeit haben.

Beispiel:
Der Bewerber für eine Stelle als Buchhalter leidet an Hexenschuss.

Hier wird man ähnliche **Maßstäbe wie bei** der **Kündigung wegen Krank-**
heit anlegen müssen, so dass sich das Fragerecht nur auf solche Abweichungen vom »normalen« Gesundheitszustand bezieht, die auch eine
Auflösung des Arbeitsverhältnisses rechtfertigen würden. Dies stellt zugleich einen »Vorfeldschutz« zugunsten (einfacher) Behinderter dar, der
Art. 5 der Rahmenrichtlinie 2000/78/EG entspricht.

7.2.6   Beruflicher Werdegang und Vergütung

Unbestritten ist demgegenüber das Recht des Arbeitgebers, sich nach **457**
dem **beruflichen Werdegang des Bewerbers** einschließlich der dabei erworbenen Qualifikationen zu erkundigen. Dies gilt jedenfalls dann,
wenn eine Anlernzeit vorgesehen ist oder die in Aussicht genommene
Funktion besondere Fähigkeiten und Kenntnisse voraussetzt (BAG, AP
Nr. 17 zu § 123 BGB). Fällt ein bestimmter Zeitraum aufgrund von Umständen, die dem Arbeitgeber nicht mitgeteilt werden müssen, in der
»Biographie« aus, so kann eine normale berufliche Tätigkeit eingesetzt
werden.

Beispiel:
Der X bewirbt sich 2014 als Übersetzer und verschweigt dabei, dass er das ganze Jahr 2004 wegen eines Sittlichkeitsdelikts (= nicht einschlägige Vorstrafe) in Strafhaft gesessen hat. Er kann in seinem Lebenslauf für das Jahr 2004 »Hausmann«, »Tätigkeit als Übersetzer« oder auch »Tätigkeit als Sachbearbeiter« angeben, doch wäre es unzulässig, würde er etwa einen »Auslandsaufenthalt zur Perfektionierung der Sprachkenntnisse« behaupten.

458 Zum »beruflichen Werdegang« gehören allerdings nur solche Dinge, die für die geplante Arbeit von Bedeutung sind. Nicht im Zeugnis erwähnte Gründe, die für einen Arbeitsplatzwechsel maßgebend waren, sind ausgeklammert. Dasselbe gilt für die **Höhe der bisherigen Vergütung** – Letzteres deshalb, weil dadurch nicht etwa die Eignung für den Arbeitsplatz überprüft, sondern lediglich die Verhandlungsposition des Arbeitgebers verbessert wird (BAG, DB 1984, 298).

Möglich und üblich ist es, den Bewerber nach seinen **Gehaltswünschen** zu fragen. Dieser wird sich sinnvollerweise vorher bei der Agentur für Arbeit oder bei der Gewerkschaft nach den üblichen Vergütungen erkundigen.

7.2.7 Das »Recht zur Lüge«

459 Stellt der Arbeitgeber im Fragebogen oder im Bewerbungsgespräch unzulässige Fragen, könnte der Arbeitnehmer an sich unter Hinweis auf die BAG-Rechtsprechung die Antwort verweigern. Dies wäre allerdings das beste Mittel, um alle seine Chancen zunichte zu machen. Vermutlich würde ein solcher »Michael Kohlhaas«[1] schnell wieder hinauskomplimentiert und mit den besten Wünschen für seine Zukunft verabschiedet. Das **BAG** hat deshalb in ständiger Rechtsprechung dem Bewerber das **Recht** eingeräumt, **eine unrichtige Antwort zu geben** (BAG, DB 1994, 939): Wer eine nicht einschlägige Vorstrafe hat, darf sich als »nicht vorbestraft« bezeichnen, wer hin und wieder an Grippe erkrankt, kann gleichwohl »gesund« in den Fragebogen schreiben. Auch die Schwangerschaft, die Anerkennung als Schwerbehinderter und das Alter darf man nach dem oben Gesagten grundsätzlich verheimlichen. Wurde entgegen dem Üblichen nach der Zugehörigkeit zu einer Partei oder einer

---

1 Michael Kohlhaas ist die Hauptfigur einer Novelle von Heinrich v. Kleist, die man auch in der Schule liest: Er steht für einen Menschen, dem Unrecht angetan wurde und der sich mit allen Mitteln dafür einsetzt, dass das Recht wiederhergestellt wird. Dabei geht er »mit dem Kopf durch die Wand«.

Gewerkschaft gefragt, darf man sich als »Nicht-Mitglied« ausgeben. Dies gilt auch für »Scientology«[2]: Soweit es sich dabei nicht um eine Religion handelt, ist die Frage nur bei Vertrauensstellungen erlaubt, bei denen eine Interessenkollision möglich sein könnte.

7.3 Einstellungsuntersuchung

Die direkte Befragung ist nicht das einzige Erkenntnismittel des Arbeit- **460** gebers. Um sicher zu gehen, dass der Bewerber in gesundheitlicher Hinsicht keine besonderen Risiken bietet, wird in größeren Unternehmen üblicherweise eine Einstellungsuntersuchung durchgeführt. Dabei gelten die allgemeinen Grundsätze: **Auch der Arzt darf keine weiter gehenden Fragen stellen**, als sie dem Arbeitgeber gestattet sind (LAG Düsseldorf, DB 1971, 2071). Die Ausgangssituation der Beteiligten ändert sich nicht dadurch, dass die »Ermittlungsaufgabe« auf einen »Experten« delegiert wird. Auch wenn dieser aufgrund seiner Sachkunde zusätzliche Informationen gewinnt, darf er nur solche Tatsachen an den Arbeitgeber weiterleiten, die dieser selbst zum Gegenstand eines Gesprächs hätte machen dürfen. Daneben ist die ärztliche Schweigepflicht zu beachten. Es darf deshalb nur die Existenz erheblicher gesundheitlicher Beeinträchtigungen mitgeteilt werden, die die Eignung für die Tätigkeit mindern oder ausschließen, **nicht** etwa eine konkrete **Krankheitsdiagnose.**

7.4 Graphologische Gutachten

Die bisweilen praktizierten graphologischen Gutachten sind nach allge- **461** meiner Auffassung nur mit **Einwilligung** des »Beurteilten« zulässig (BAG, DB 1983, 2780). Diese kann nicht schon dann unterstellt werden, wenn ein handgeschriebener Lebenslauf eingereicht wird. Setzt sich der Arbeitgeber darüber hinweg, so riskiert er unter Umständen sogar, Schmerzensgeld wegen Verletzung des Persönlichkeitsrechts bezahlen zu müssen.

---

2   Scientology steht im Ruf einer Organisation, die von ihren Mitgliedern unbedingten Gehorsam verlangt und die überall Einfluss zu gewinnen versucht. Dabei würden – so die Mutmaßung – religiöse Überzeugungen nur vorgeschoben.

Beispiel (LAG Baden-Württemberg, NJW 1976, 310):

Der Arbeitgeber hatte ein graphologisches Gutachten über eine Arbeitnehmerin in Auftrag gegeben und es in den zwischen beiden schwebenden Kündigungsschutzprozess eingebracht. Der Gutachter war aufgrund einer Schriftprobe zu dem Ergebnis gekommen, die Arbeitnehmerin sei eine »nicht intelligente, schlaue, raffinierte, rachsüchtige, herrschsüchtige, durchtriebene, taktlose, schwatzhafte, kontaktarme, gefühls- und gemütskalte Intrigantin«. »Wegen der ungenügenden Strichqualität« wurde sie außerdem als krank bezeichnet, was mit der Empfehlung verbunden war, sich in psychiatrische Behandlung zu begeben. Der Arbeitgeber verlor nicht nur den Kündigungsschutzprozess, sondern wurde vom LAG Baden-Württemberg auch zur Zahlung von 2000 DM Schmerzensgeld wegen schuldhafter Verletzung des Persönlichkeitsrechts verurteilt.

7.5 Psychologische Tests und Auswahlseminare

462 Noch größere Bedenken verdienen psychologische Tests, die in jüngster Zeit erheblich an Bedeutung gewonnen haben. Bei ihnen besteht in besonderem Maße die Gefahr einer schrankenlosen Durchleuchtung der menschlichen Persönlichkeit und einer »Aussonderung« einzelner Bewerber aus Gründen, die für den Nichtfachmann weder nachvollziehbar noch kontrollierbar sind. Die Literatur hat deshalb eine Reihe **einschränkender Voraussetzungen** entwickelt, über die im Wesentlichen Einigkeit besteht. **Psychologische Tests** sind danach grundsätzlich **nur zulässig,** wenn

- der Bewerber einwilligt und
- der Bewerber vorher über die Funktionsweise des Tests und die zu ermittelnden Persönlichkeitsdaten aufgeklärt wurde und
- es sich um die Ermittlung arbeitsplatzbezogener Merkmale handelt und
- die Informationen nicht auf andere Weise, z.B. durch Zeugnisse, erlangt werden können und
- die Untersuchung von einem Psychologen mit Hochschulabschluss durchgeführt wird.

463 Erlaubt sind danach Leistungstests, z.B. die Prüfung der manuellen Geschicklichkeit durch Drahtbiegen oder Perlenaufziehen, sowie sog. analytische Intelligenztests und Kreativitätstests, die sich auf das Anforderungsprofil des zu besetzenden Arbeitsplatzes beziehen. Ausgeschlossen sind dagegen reine **IQ-Tests,** da ihnen der nötige Bezug zum konkreten Arbeitsplatz fehlt, sowie allgemeine Persönlichkeitstests, die tief in die

Privatsphäre eindringen. **Auswahlseminare,** bei denen die Anforderungen des künftigen Arbeitsplatzes simuliert werden, sind grundsätzlich unbedenklich, doch müssen sich die dabei eingesetzten Beobachtungs- und Erkenntnismittel im Rahmen des rechtlich Zulässigen bewegen. Neben den eben skizzierten Schranken psychologischer Tests ist etwa auch das Verbot zu beachten, das Verhalten der Bewerber mit Hilfe einer sog. **Einwegscheibe** zu observieren.

7.6 Insbesondere: Stress-Interviews

Interesse verdient das sog. Stress-Interview, das in den USA für die Auswahl von Geheimagenten entwickelt und anschließend auf die Rekrutierung von Managern übertragen wurde. Bei ihm soll geprüft werden, wie der Bewerber auf schwere emotionale und intellektuelle Belastungen reagiert (Karl-Heinz Schmidt, BB 1971, 1237ff.). Ob davon auch in der Gegenwart in nennenswertem Umfang Gebrauch gemacht wird, ist nicht ersichtlich. An der Unzulässigkeit besteht kein Zweifel (ErfK-Preis, § 611 BGB Rn. 310). **464**

7.7 Genetische Analysen

Die »Aufklärung« von Erbanlagen eines Menschen ist *das* potenzielle Informationsmittel der Zukunft. Die Genomanalyse bestimmt auf der Grundlage weniger Körperzellen, die in der Regel aus einer Blutprobe stammen, **Dispositionen** einer Person **für bestimmte Krankheiten** oder – umgekehrt – ein besonders **hohes Maß an Resistenz** gegenüber schädlichen Umwelteinflüssen. Genetische Daten sind darüber hinaus Träger einer Vielzahl von Informationen (Simitis, NJW 1998, 2473, 2477) und ermöglichen zudem eine verlässliche Identifizierung der betreffenden Person. Die Genomanalyse kann zu einem »**genetischen Personenkennzeichen**« führen und so den Einzelnen zu einem total erfassten Objekt machen. **465**

Das Eindringen in die Persönlichkeitssphäre geht so weit, dass der Untersuchende sehr viel mehr über den Untersuchten weiß als dieser über sich selbst. Die Mitteilung, man sei ein »Risikotyp« und habe alle Aussicht, in den nächsten 10 bis 15 Jahren an einer unheilbaren Krankheit **466** zu sterben, kann den Lebensmut und die Planung für die Zukunft nachhaltig beeinträchtigen. Das Festhalten bestimmter »Anfälligkeiten« und »Auffälligkeiten« schafft überdies eine **Abstempelung auf dem Arbeitsmarkt**; in Form der »Gen-Behinderten« könnte eine neue Problemgruppe entstehen.

466a Diese spezifischen Gefahren hat der Gesetzgeber zum Anlass genommen, durch § 19 des **Gendiagnostikgesetzes** vom 31.7.2009 (BGBl. I S. 2529) gentechnische Untersuchungen von Bewerbern grundsätzlich zu verbieten. Enge Ausnahmen sind nach § 20 Abs. 2 GenDG dann zulässig, wenn eine genetisch »anfällige« Person gerade an dem in Aussicht genommenen Arbeitsplatz besonderen Belastungen ausgesetzt ist, doch kann sie selbst entscheiden, ob eine entsprechende, mit ihrer Zustimmung erfolgte ärztliche Feststellung von ihr, vom Arbeitgeber oder von Dritten zur Kenntnis genommen werden darf (Einzelheiten bei Däubler, Gläserne Belegschaften?, Rn. 232 ff.).

7.8 Erkundigung bei Dritten und im Netz?

7.8.1 Das Grundprinzip

467 Darf der Personalleiter, der über die Bewerbung entscheidet, den früheren Arbeitgeber anrufen und sich bei ihm über den Bewerber erkundigen? Das Telefonieren kann man ihm nicht verbieten, doch vertritt die ganz herrschende Meinung den Standpunkt, er dürfe nur nach solchen Dingen fragen, an deren Kenntnis er ein »berechtigtes, billigenswertes und schutzwürdiges Interesse« habe. Niemand kann allerdings kontrollieren, ob sich das Gespräch wirklich in diesem Rahmen bewegt. Die »**Direktbefragung**« des Bewerbers muss daher **die Regel** sein; dies folgt aus § 4 Abs. 2 Satz 1 BDSG, der nach dem 2009 eingefügten § 32 Abs. 2 BDSG auch solche Daten erfasst, die nicht in einer Datei festgehalten werden. An Dritte darf sich der Arbeitgeber nur wenden, wenn seine Informationsinteressen anders nicht befriedigt werden können – so etwa dann, wenn **Anhaltspunkte für unrichtige Angaben des Bewerbers** bestehen oder wenn Aussagen über die bisherige berufliche Tätigkeit (z. B. in Zeugnissen) so unspezifisch sind, dass der Arbeitgeber sich kein sicheres Bild von den Qualifikationen des Bewerbers machen kann. Auch in diesen Fällen darf es allerdings nicht bei dem »heimlichen Informationsaustausch« bleiben. In entsprechender Anwendung von § 12 Abs. 1 des Gesetzes zu Art. 10

GG (BGBl. 2001 I, S. 1254) ist der Betroffene vielmehr davon zu informieren, aus welchen Quellen der Arbeitgeber geschöpft hat.

Nach den dargelegten Grundsätzen ist der Arbeitgeber prinzipiell **468** nicht befugt, **sich bei Verfassungsschutzbehörden** über das »Vorleben« eines Bewerbers **zu erkundigen,** etwa seine Parteizugehörigkeit oder die Teilnahme an Demonstrationen auf diesem Wege zu erfahren (ArbG München, AiB 1988, 267). Daneben würde die Herausgabe entsprechender Informationen durch die Sicherheitsbehörden auch deren gesetzlichen Auftrag überschreiten.

Das Privatleben eines Bewerbers und weitere Informationen über **468a** seine Aktivitäten lassen sich in vielen Fällen über **Facebook und andere soziale Netzwerke** ermitteln. Dennoch gelten auch hier die Grenzen des Fragerechts: Der Arbeitgeber muss seine Facebook-Erkenntnisse gewissermaßen in der Gehirnhälfte abspeichern, die mit der Einstellungsentscheidung nichts zu tun hat. Nur kann niemand erwarten, dass die eine Gehirnhälfte der anderen nichts erzählt. Ein erfahrener Personalleiter wird diese heimliche »Weitergabe« natürlich für sich behalten und deshalb unangreifbar bleiben. Was hilft, ist eine Radikalkur: Der Einzelne taucht im Internet gar nicht unter eigenem Namen auf. Nach § 13 Abs. 6 TMG müssen »Diensteanbieter« die Nutzung und Bezahlung auch **anonym oder unter Pseudonym** gestatten.

7.8.2 Sonderregeln für sicherheitsempfindliche Bereiche

In bestimmten eng umgrenzten Sektoren ist der Arbeitgeber seit jeher **468b** verpflichtet, nur »sicherheitsüberprüfte« Personen einzustellen, da er andernfalls weitere Staatsaufträge (etwa im Rüstungssektor) oder seine Betriebsgenehmigung (etwa im Bereich kerntechnischer Anlagen) aufs Spiel setzen würde. In solchen Fällen wird vor der Einstellung eine **Sicherheitsüberprüfung** durch die Ämter für Verfassungsschutz durchgeführt, deren Einzelheiten im Sicherheitsüberprüfungsgesetz vom 20. April 1994 (BGBl. I S. 867) geregelt sind.

Legt man die in § 5 des Sicherheitsüberprüfungsgesetzes (SÜG) genannten Kriterien zugrunde, so kann man **sehr schnell zum Sicherheitsrisiko werden. Es reichen** beispielsweise schon »**Zweifel an der Zuverlässigkeit**«, erst recht natürlich Zweifel am Bekenntnis zur freiheitlich demokratischen Grundordnung. Nach § 14 Abs. 3 Satz 2 SÜG hat in unklaren Fällen das Sicherheitsinteresse Vorrang vor allen anderen Belangen – das Misstrauen gegenüber dem Bürger überwiegt. Dies bekam ein **Bundeswehroffizier** zu spüren, der im Jahre 1998 einen Hilfskonvoi in die Ukraine begleitet hatte. Bei dieser Gelegenheit hatte er eine Ukrainerin kennen gelernt, die er heiratete und die mit ihm nach Deutschland zog. Da die Ukraine (immer noch) ein Staat mit besonderen Sicherheitsrisiken sei, wurde ihm die Eignung zu sicherheitsrelevanten Tätigkeiten abgesprochen. Er klagte dagegen vor dem Bundesverwaltungsgericht und gewann sein Verfahren, weil der Schwiegervater als Leiter eines privaten Verkehrsbetriebs keine besonderen Mitteilungspflichten gegenüber den Sicherheitsorganen in Kiew zu erfüllen hatte (BVerwG, NVwZ-RR 2000, 305). Einige Jahre zuvor war es in einem ganz ähnlich gelagerten Fall bei den Sicherheitsbedenken geblieben, da der Bruder der Frau der russischen Armee angehörte (zitiert in BVerwG, a. a. O.).

468c Auch **Überschuldung** kann wegen der damit gegebenen Erpressbarkeit genügen (BVerwG, DVBl. 2001, 1072 = NVwZ-RR 2001, 520). Ob »Fremdgehen« wegen des potentiell erbosten Ehegatten ausreicht, ist der veröffentlichten Rechtsprechung nicht zu entnehmen, doch muss man auch damit rechnen.

468d Durch das **Terrorismusbekämpfungsgesetz** vom 9. Januar 2002 (BGBl. I S. 361) wurde das SÜG in der Weise geändert, dass grundsätzlich alle lebens- oder verteidigungswichtigen Einrichtungen einbezogen sind, zu denen beispielsweise die Energieversorgung, die Telekommunikation, möglicherweise auch Rundfunk und Fernsehen gehören. Nach dem damals eingefügten § 34 SÜG muss der Kreis der **erfassten Tätigkeiten durch Rechtsverordnung** festgelegt werden. Dies kann zu höchst fragwürdigen Massenüberprüfungen führen, was harmlosen Mitbürgern die Existenz kosten kann. Lassen sich Sicherheitsbedenken nicht ausräumen, wird die fragliche Person nicht eingestellt bzw. ggf. entlassen (dazu unten Kap. 14 unter 14.5.3 – Rn. 853). Eine entsprechende Praxis besteht heute schon bei Arbeitnehmern, die auf Flughäfen oder bei Luftfahrtunternehmen beschäftigt sind. Aufgrund des Luftsicherheitsgesetzes kann z. B. eine kleine Vorstrafe wegen Beleidigung zum Verlust des Arbeitsplatzes führen.

468e Die **Rechtsschutzmöglichkeiten** sind **beschränkt.** Der private Arbeitgeber darf nach § 25 SÜG nicht einmal die Gründe erfahren, weshalb Sicherheitsbedenken bestehen. Der betroffene Bewerber bzw. Beschäftigte kann zwar vor den Verwaltungsgerichten klagen, doch hat er keine sichere Chance, zu den gegen ihn erhobenen Verdächtigungen wirklich Stellung nehmen zu können. Um den »**Quellenschutz**« sicherzustellen, sieht § 99 Abs. 2 VwGO in der Fassung vom 20. Dezember 2001 (BGBl. I S. 3987) vor, dass notfalls **nur das Gericht selbst** von den fraglichen Tatsachen **Kenntnis** erhält. Selbst dieses sog. **in-camera-Verfahren** war lange Zeit nicht erreichbar; erst eine Entscheidung des BVerfG aus dem Jahre

1999 (BVerfGE 101, 106 ff.) machte eine entsprechende gesetzgeberische Maßnahme notwendig. Zur Abgleichung mit den Terrorismus-Listen s. oben Rn. 300 b.

468f Inwieweit Behörden und mit ihnen eng kooperierende Unternehmen an den umfassenden Informationen der **US-Geheimdienste** (»NSA«) partizipieren, lässt sich derzeit nicht beurteilen. Eine offene Verwertung wäre sicherlich rechtswidrig, doch gibt es nicht nur Menschen, die alle Karten auf den Tisch legen ...

7.9　Was tun, wenn die Regeln verletzt werden?

469 Denkbar ist, dass sich ein Unternehmen nicht an die hier skizzierten Regeln hält: Der Werksarzt gibt sehr wohl den Befund an die Personalabteilung weiter (»Krampfadern«, »überwundener Herzinfarkt«). Das Stress-Interview wird durchgeführt, über den früheren Arbeitgeber erhält der Personalleiter Kenntnis von einer nicht einschlägigen Vorstrafe. Sicher wäre es falsch, der Arbeitgeberseite generell derartige Praktiken zu unterstellen – dass es »Ausreißer« im Einzelfall gibt, wird niemand bestreiten wollen.

470 Wird der Bewerber wegen eines Merkmals nach § 1 AGG benachteiligt, so kann er nach näherer Maßgabe des § 15 AGG Schadensersatz verlangen (unten Rn. 477 b). Hat er das Pech, mit anderen illegalen Praktiken konfrontiert zu werden, bleibt ihm realistischerweise nur die Wahl, entweder mitzumachen (also z. B. das Stress-Interview über sich ergehen zu lassen) oder auf die Bewerbung zu verzichten. Bei wirklich schlimmen Formen der »Durchleuchtung« kann die **Presse informiert werden.**

Journalisten haben das Recht, den Namen ihrer Informanten geheim zu halten. Nicht einmal im Strafverfahren können sie gezwungen werden, ihn preiszugeben (§ 53 Abs. 1 Nr. 5 Strafprozessordnung).

Sehr viel mehr kann in solchen Fragen der **Betriebsrat** ausrichten: Er hat in der Regel ein **Mitbestimmungsrecht nach den §§ 94 und 95 BetrVG,** wenn es um die Erhebung von Bewerberdaten geht. Auch muss er darüber wachen, dass die Menschenwürde im Betrieb nicht verletzt wird. Besser wäre es freilich, einen Tarifvertrag zu erreichen, der bestimmte »Erkenntnismittel« eindeutig ausschließt und die Einstellungsentscheidungen der Personalabteilungen transparenter macht.

7.10 Wie kommt der Arbeitsvertrag zustande?

471 Der Arbeitsvertrag kommt grundsätzlich nach denselben Regeln wie ein Kauf- oder Mietvertrag zustande: Beide Parteien müssen nach §§ 145 ff. BGB über seinen Inhalt einig sein. Das **Bewerbungsschreiben** stellt dabei in der Regel noch **kein rechtsverbindliches Angebot dar**: Es ist vielmehr Sache des Arbeitgebers, das eigentliche Angebot zu machen, das der Bewerber dann annehmen oder ablehnen kann. Wollte man anders entscheiden, würde man dem Arbeitnehmer zu Unrecht unterstellen, sich mit einer Bewerbung bereits endgültig binden zu wollen. Auch könnte es bei Mehrfachbewerbungen zu mehreren Arbeitsverhältnissen kommen, was wenig sinnvoll wäre. Anders liegt der Fall dann, wenn der Arbeitnehmer den Arbeitsplatz bereits kennt und ausdrücklich erklärt, sich um keine andere Stelle bemühen zu wollen.

472 Kommt nur eine scheinbare Einigung zwischen Arbeitgeber und Arbeitnehmer zustande oder wird der Vertrag von einer Seite wegen Willensmangels wie z. B. Täuschung oder Drohung angefochten, so liegt ein **fehlerhaftes Arbeitsverhältnis** vor. Soweit bereits gearbeitet wurde, wird es für die Vergangenheit wie ein wirksam zustande gekommenes betrachtet. In der Gegenwart ist allerdings eine Auflösung mit sofortiger Wirkung möglich.

473 Für den Arbeitsvertrag ist **keine Schriftform** vorgeschrieben. Er ist mündlich gültig und muss auch keinen bestimmten Mindestinhalt haben. Es reicht, wenn sich aus den Umständen ergibt, dass weisungsgebundene Arbeit geleistet werden soll. Nach § 14 Abs. 4 TzBfG muss lediglich eine etwaige Befristungsabrede schriftlich vereinbart sein. Wird dem nicht entsprochen, entsteht automatisch ein unbefristetes Arbeitsverhältnis.

474 Nach dem sog. **Nachweisgesetz** vom 28. 7. 1995 muss der Arbeitgeber spätestens einen Monat nach dem vereinbarten Beginn des Arbeitsverhältnisses die in § 2 aufgezählten Vertragsbedingungen schriftlich bestätigen. Unterbleibt eine solche Dokumentation, ist der Arbeitgeber zum Schadensersatz verpflichtet (BAG, NZA 2002, 1096). Praktische Bedeutung hat dies insbesondere dann, wenn der Hinweis auf einen **Tarifvertrag** unterlassen wird, der **Ausschlussfristen** enthält. Versäumt sie der Arbeitnehmer, muss ihn der Arbeitgeber so stellen, als wären sie gewahrt (BAG, NZA 2005, 64). Weiter können sich für den Arbeitgeber negative Konsequenzen bei der Beweislast ergeben (siehe HK-ArbR-M. Schubert, § 2 NachwG Rn. 31 ff.).

7.11 Die gescheiterte Bewerbung

7.11.1 Verpflichtungen aus dem so genannten Anbahnungsverhältnis

Jede Bewerbung führt zu einem Anbahnungsverhältnis, d. h. zu einem **475** gesetzlichen Schuldverhältnis, das nach § 311 Abs. 2 BGB jede Seite verpflichtet, die Interessen der anderen zu respektieren. Bei Verletzung solcher Pflichten – man spricht vom »**Verschulden beim Vertragsschluss**« (Juristen gebrauchen den lateinischen Ausdruck: culpa in contrahendo) – ist Schadensersatz zu leisten.

Ein entsprechender Anspruch ist etwa dann gegeben, wenn der **Ar- 476 beitnehmer** nicht rechtzeitig mitteilt, dass er die Stelle gar nicht antreten will, oder wenn er nicht darauf hinweist, dass er wegen fehlender Qualifikation oder wegen seines Gesundheitszustandes nicht in der Lage ist, die in Aussicht genommenen Aufgaben zu erfüllen. Seine »**Mitteilungspflicht**« geht jedoch weniger weit als das Fragerecht des Arbeitgebers und erfasst nur solche Tatsachen, die für das Arbeitsverhältnis von zentraler Bedeutung sind.

> Auf das Vorliegen einer Schwerbehinderteneigenschaft brauchte der Arbeitnehmer daher schon vor dem SGB IX nicht von sich aus hinzuweisen (BAG, NZA 1985, 58), ebenso wenig auf einschlägige Vorstrafen, wohl aber auf das Fehlen einer Fahrerlaubnis, wenn es um eine Stelle als Lkw-Fahrer geht (weitergehend BAG, AP Nr. 74 zu § 611 BGB Haftung des Arbeitnehmers: auch Hinweis auf fehlende Fahrpraxis).

Der **Arbeitgeber** ist seinerseits verpflichtet, den Bewerber **auf überdurchschnittliche Anforderungen hinzuweisen**, eingereichte Papiere sorgfältig zu behandeln und umgehend Mitteilung zu machen, wenn der Arbeitsplatz anderweitig besetzt oder neu ausgeschrieben wurde: Der Bewerber hat ein vom Arbeitgeber zu respektierendes Interesse, möglichst früh Klarheit über seine Situation zu erhalten und anderweitige Dispositionen treffen zu können.

Erweckt der Arbeitgeber den Eindruck, der Abschluss des Arbeitsver- **477** trags sei nur noch Formsache, und kündigt der Bewerber daraufhin sein bisheriges Arbeitsverhältnis, so ist der Arbeitgeber zum **Schadensersatz** verpflichtet (BAG, AP Nr. 4 zu § 276 BGB Verschulden beim Vertragsschluss). Zu ersetzen ist der durch die Kündigung bedingte Entgeltausfall.

7.11.2 Rechtswidrige, insbesondere diskriminierende Ablehnung

477a Werden die Grenzen des arbeitgeberseitigen »Ermittlungsrechts« überschritten, so liegt darin im Regelfall ein **Eingriff in das allgemeine Persönlichkeitsrecht.**

Der vom Arbeitgeber beauftragte Betriebsarzt nimmt einen heimlichen Schwangerschafts- oder HIV-Test vor, dessen Ergebnis er dem Arbeitgeber mitteilt. Oder: Durch Auswertung zahlreicher Quellen, von denen viele über Google erschlossen wurden, entsteht ein »Persönlichkeitsprofil« über die religiösen oder politischen Aktivitäten eines Bewerbers.

Ist der Eingriff wie in den gegebenen Beispielen von einigem Gewicht, kann der Betroffene eine **angemessene Entschädigung** verlangen. Diese ist unabhängig davon, ob ein korrektes Verfahren zu einer Einstellung geführt hätte.

477b Eine **Sonderregelung** existiert in Form des § 15 AGG, wenn im Verfahren gegen Diskriminierungsverbote verstoßen wurde. Hier ist zu unterscheiden:

- **Wäre der Bewerber** bei diskriminierungsfreiem Verfahren **eingestellt worden,** kann er nach § 15 Abs. 1 AGG den eingetretenen **Vermögensschaden** ersetzt verlangen, doch schließt § 15 Abs. 6 AGG einen Anspruch auf Abschluss eines Arbeitsvertrags aus. Es geht daher allein um den Wert des Arbeitsplatzes, der nach BAG (AP Nr. 13 zu § 628 BGB) im Regelfall mit der Abfindung nach §§ 9, 10 KSchG (dazu Rn. 908 ff.) identisch ist.

- Praktisch ungleich wichtiger ist der Ersatz des **immateriellen Schadens** nach § 15 Abs. 2 AGG, der nicht vom Verschulden des Arbeitgebers abhängig ist. Dabei ist eine Obergrenze von drei Monatsgehältern zu beachten, wenn der Bewerber den Arbeitsplatz nicht erhalten hätte.

7.11.3 Vorstellungskosten und Bewerbungsunterlagen

478 Bei fehlgeschlagener Bewerbung kann es streitig sein, wer die Vorstellungskosten zu tragen hat. Grundsätzlich gehen sie zu Lasten des Bewerbers, doch kann die **Agentur für Arbeit** bei Arbeitslosen einen **Zuschuss** bewilligen. Hat der Arbeitgeber den Bewerber ausdrücklich **zu einem Vorstellungsgespräch geladen,** so muss er die Kosten für Fahrt, Übernachtung und Verpflegung ersetzen. Die Höhe bestimmt sich in der Regel nach den im Steuerrecht anerkannten Maßstäben für Dienstreisen, doch sind Flugkosten nur ausnahmsweise zu ersetzen, wenn keine zumutbare Zugverbindung besteht oder wenn sie geringer als die Kosten einer Bahnfahrt sind. Dem Arbeitgeber steht es frei, bei der Einladung jeden Anspruch auf Kostenersatz auszuschließen, doch bedeutet dies, dass nur solche Bewerber kommen werden, die gewissermaßen nach jedem Strohhalm greifen.

Da die **Bewerbungsunterlagen** in der Regel eine Reihe von persönlichen Daten enthalten, ist der Arbeitgeber nicht zur Weitergabe an Dritte berechtigt. Dies wäre durch den Zweck des Anbahnungsverhältnisses nicht gedeckt. Eine Ausnahme ist lediglich dann zu machen, wenn der Bewerber den Arbeitgeber ausdrücklich auffordert, die Daten an einen anderen Arbeitgeber weiterzuleiten, bei dem er sich gleichfalls bewerben will. Die »Pflicht zur Diskretion« trifft nach § 99 Abs. 1 Satz 3 BetrVG auch den Betriebsrat, der sich bei einem Geheimnisbruch sogar nach § 120 Abs. 2 BetrVG strafbar macht. Darüber hinaus kann der Bewerber die **Rücksendung aller seiner Unterlagen** verlangen. Zum einen wird damit am ehesten die Weitergabe an Dritte und die darin unter Umständen liegende Verletzung des Persönlichkeitsrechts vermieden, zum anderen werden bei einer neuen Bewerbung unsachliche Beweggründe ausgeschlossen. **479**

Beispiel:
X bewirbt sich im Jahre 1995 bei der Firma F und gibt dabei eine einschlägige Vorstrafe an; seine Bewerbung bleibt ohne Erfolg. 2005 bewirbt er sich erneut, kann sich aber nunmehr nach § 53 BZRG als »nicht vorbestraft« bezeichnen. Kann die Personalabteilung auf die alten Unterlagen zurückgreifen, ist der Schutz des § 53 BZRG illusorisch.

Das BAG hat dies im Grundsatz bestätigt und dem Bewerber einen **Anspruch auf Vernichtung des von ihm ausgefüllten Fragebogens** gewährt: Auch wenn im Einzelfall das BDSG nicht eingreife, folge aus dem allgemeinen Persönlichkeitsrecht, dass keine Daten aus der Intimsphäre, wie Unfallschäden, körperliche Behinderungen, abgeleisteter Wehrdienst usw., gespeichert werden dürften (BAG, DB 1984, 2626). Eine Ausnahme soll nur bei einem »berechtigten Interesse« des Arbeitgebers gelten. Diese ist anzunehmen, wenn mit Rechtsstreitigkeiten zu rechnen ist oder wenn die Bewerbung in absehbarer Zeit wiederholt werden soll. Nicht ausreichend sei weiter der Wunsch des Arbeitgebers, bei künftigen Bewerbungen einen Datenabgleich vorzunehmen oder bei frei werden- **480** den Stellen an den Abgewiesenen herantreten zu können. Auch hier wird es entscheidend darauf ankommen, dass der Betriebsrat auf Einhaltung dieser Regeln drängt, steht doch dem abgewiesenen Bewerber kaum eine Kontrollmöglichkeit zur Verfügung. Die Vernichtung der Daten ist dann besonders wichtig, wenn in einer bestimmten Branche nur wenige selbstständige Unternehmen vorhanden sind oder wenn der Bewerber eine so spezielle Qualifikation besitzt, dass nur wenige Arbeitsplätze für ihn in Betracht kommen.

7.12 Weiterführende Literatur

481 Däubler/Bertzbach (Hrsg.), Handkommentar zum AGG, 3. Aufl., Baden-Baden 2013;

Däubler, Gläserne Belegschaften? Das Handbuch zum Arbeitnehmerdatenschutz, 6. Aufl., Frankfurt/Main 2014, § 5 (Rn. 182ff.);

Klebe, in: Däubler/Kittner/Klebe/Wedde (Hrsg.), BetrVG, 14. Aufl. 2014, § 94 Rn. 12ff.;

HK-ArbR-Kreuder, 3. Aufl. 2013, § 611 BGB Rn. 155–205;

ErfK-Preis, 15. Aufl. 2015, § 611 BGB, Rn. 260–310;

HWK-Thüsing, 6. Aufl. 2014, § 123 BGB Rn. 3–34.

8. Rechte und Pflichten aus dem Arbeitsverhältnis

8.1 Wonach bestimmt sich der Inhalt des Arbeitsverhältnisses?

Kommt ein Arbeitsvertrag zustande, stellt sich die weitere Frage, wo-**482** nach sich die Rechte und Pflichten der Beteiligten bestimmen. Drei wichtige »Gestaltungsfaktoren« wurden schon in Kapitel 1 genannt, so dass sie hier nur in Erinnerung zu rufen sind.

(1) Das Arbeitsverhältnis muss sich im Rahmen der **Gesetze** bewegen. Der Arbeitnehmer kann beispielsweise grundsätzlich Entgeltfortzahlung an Feiertagen verlangen. Auch ist er nicht verpflichtet, sich vermeidbaren Gefahren für Leben und Gesundheit auszusetzen.

(2) Sind Arbeitnehmer und Arbeitgeber tarifgebunden oder nimmt der Arbeitsvertrag auf einen **Tarifvertrag** Bezug, so ist auch er zu beachten. Der Arbeitnehmer kann z. B. die für seine Lohngruppe vorgesehene Vergütung verlangen. Auch der Anspruch auf sechs Wochen Jahresurlaub ergibt sich aus dem Tarifvertrag.

(3) Rechte und Pflichten werden weiter durch **Betriebsvereinbarungen** begründet. Dort ist beispielsweise festgelegt, dass die Arbeit morgens um 7.00 Uhr beginnt oder dass jeder Beschäftigte mittags in der Kantine essen kann.

Von diesem »Rahmen« kann der Arbeitsvertrag **nur zugunsten des Arbeitnehmers** abweichen (Beispiel: übertarifliche Bezahlung). Eine Abmachung, die »nach unten« abweicht, ist unwirksam.

Beispiel:
Im Arbeitsvertrag steht: Bezahlt wird nur effektiv geleistete Arbeitszeit unter Ausschluss der Feiertage. Unwirksam, da § 2 EFZG die Fortzahlung des Entgelts an Feiertagen vorschreibt.

An die Stelle der unzulässigen Abrede tritt die gesetzliche, tarifliche oder in der Betriebsvereinbarung enthaltene Regelung.

Damit allein ist der Inhalt des Arbeitsverhältnisses aber nur unvoll- **483** ständig umschrieben. Die Rechtsprechung hat unter dem Stichwort »**Fürsorgepflicht**« eine Reihe ungeschriebener Arbeitgeberpflichten entwickelt; ihnen entspricht die »**Treuepflicht**« des Arbeitnehmers. Beide greifen automatisch Platz, wenn ein Arbeitsvertrag abgeschlossen wurde. Da ihr Inhalt zu vielen Kontroversen führte, ist näher auf sie einzugehen (unten 2. – Rn. 488 ff.).

484　Auch wenn bei der Einstellung kaum je richtige Vertragsverhandlungen geführt werden, sind Arbeitsverträge dennoch oft recht umfangreich. Dies hängt damit zusammen, dass die Arbeitgeberseite **Formularverträge** verwendet, die sie selbst (oder ihr Verband) vorformuliert hat oder die sie im Internet gefunden hat. In diesem Zusammenhang spricht man auch von »**Allgemeinen Arbeitsbedingungen**«. Deutliche Parallele sind die Allgemeinen Geschäftsbedingungen, die man im Möbelhaus, bei der Bank oder beim Autokauf akzeptieren muss. Für solche Formularverträge gelten eine Reihe spezieller Grundsätze (unten 3. und 4. – Rn. 493 ff.).

485　In vielen Betrieben gibt es schließlich bestimmte eingefahrene Verhaltensweisen, ohne dass irgendwo etwas schriftlich fixiert worden wäre. An Rosenmontag oder Heiligabend wird beispielsweise nicht gearbeitet, oder man hat das Recht, während der Arbeitszeit zum Frisör zu gehen. Insoweit spricht man von einer »**Betriebsübung**«, die als stillschweigender Bestandteil der Arbeitsverträge gilt. Auch für sie haben sich eine Reihe von Rechtsgrundsätzen herausgebildet (unten 5. – Rn. 499).

486　Alle genannten Faktoren bestimmen im Regelfall nur abstrakt, wie die Rechte und Pflichten der Arbeitsvertragsparteien beschaffen sind. Welche Arbeit Arbeitnehmer X morgen Vormittag zu machen hat, ist damit noch nicht festgelegt. Hier greift das sog. **Direktionsrecht** des Arbeitgebers ein (auch »Weisungsrecht« genannt), das die Pflichten des Arbeitnehmers konkretisiert und das seinerseits wiederum bestimmten Schranken unterliegt (unten 6. – Rn. 504).

487　Verletzt der Arbeitgeber oder der Arbeitnehmer seine Pflichten, hat dies **Sanktionen** zur Folge. Neben der Kündigung ist insbesondere die Haftung auf Schadensersatz von Bedeutung (unten 7. – Rn. 515).

8.2 Die so genannten Nebenpflichten aus dem Arbeitsverhältnis

Rechtsprechung und juristische Literatur haben seit nahezu 100 Jahren **488** einzelne Rechte und Pflichten aus der »Natur« des Arbeitsverhältnisses abgeleitet. Dieses wurde schon Ende der Weimarer Zeit als sog. **personenrechtliches Gemeinschaftsverhältnis** aufgefasst. Danach spielte der Interessengegensatz zwischen Arbeitgebern und Arbeitnehmern keine Rolle mehr; der Arbeitnehmer war gewissermaßen nicht mehr Träger eigener Interessen, sondern voll in die »Betriebsgemeinschaft« eingepasst. Dies führte zu einer umfassenden Treuepflicht (die zwischen 1934 und 1945, d. h. im Faschismus gesetzlich festgelegt war). Als Folge mag man eine 1973 ergangene BAG-Entscheidung werten, die eine relativ harmlose Kritik am Arbeitgeber für eine Kündigung ausreichen ließ (BAG, AP Nr. 2 zu § 134 BGB).

Im konkreten Fall hatte ein Bankangestellter in seiner Freizeit eine Zeitung verkauft, die die Banken kritisiert, dabei aber nichts Unwahres behauptet hatte.

Die »Fürsorgepflicht« des Arbeitgebers wurde zwar im Grundsatz ebenso anerkannt, hatte aber weniger weit reichende Konsequenzen. Sie ging kaum über das hinaus, was eh schon kraft Gesetzes oder Tarifvertrags galt. Anfang **1985** hat das BAG die Konzeption des personenrechtlichen Ge- **489** meinschaftsverhältnisses **stillschweigend aufgegeben** (BAG, DB 1985, 2197ff.). Seither betrachtet es das Arbeitsverhältnis als **Austauschverhältnis**: Wie Käufer und Verkäufer, Mieter und Vermieter stehen sich Arbeitnehmer und Arbeitgeber mit unterschiedlichen Interessen gegenüber. Der in § 242 BGB niedergelegte Rechtsgrundsatz von Treu und Glauben verpflichtet beide Seiten lediglich, aufeinander Rücksicht zu nehmen. Bei der konkreten Bestimmung der Pflichten sind außerdem verfassungsrechtliche Wertentscheidungen zu berücksichtigen.

Eine abschließende Aufzählung aller denkbaren Pflichten des Arbeit- **490** gebers und des Arbeitnehmers (denen die entsprechenden Rechte der jeweiligen Gegenseite gegenüberstehen) ist nicht möglich. Hervorzuheben ist jedoch auf Seiten des **Arbeitgebers** die Pflicht,

- **Steuern und Sozialabgaben** korrekt abzuführen;
- für sichere **Aufbewahrung** von **Sachen des Arbeitnehmers** zu sorgen, die dieser erlaubterweise mitbringt (er parkt z. B. sein Auto auf dem Firmenparkplatz, er muss seine Straßenkleidung irgendwo verstauen, weil am Arbeitsplatz eine besondere Arbeitskleidung notwendig ist);

- den Arbeitnehmer **effektiv zu beschäftigen**. Dies folgt aus dem Persönlichkeitsschutz nach Art. 2 Abs. 1 i. V. m. Art. 1 Abs. 1 GG. Nur bei einem berechtigten Gegeninteresse des Arbeitgebers gilt eine Ausnahme;

Beispiel:
Gegen den Arbeitnehmer besteht der schwere Verdacht, Betriebsgeheimnisse für einen Konkurrenten auszuspähen. Er kann vom Dienst suspendiert werden, bis die Vorwürfe geklärt sind oder eine andere Lösung gefunden ist.

- möglichst **humane Arbeitsbedingungen** zu schaffen. Dazu gehört etwa die Pflicht, auf Wünsche des Arbeitnehmers nach weniger monotoner Arbeit einzugehen und auf eine umfassende Kontrolle des Arbeitsverhaltens zu verzichten. Zu weiteren Arbeitgeberpflichten s. Däubler, Arbeitsrecht 2, Rn. 886 ff.

491 Im Gegenzug ist der **Arbeitnehmer** z. B. **verpflichtet**,
- **Maschinen und andere Geräte sorgfältig zu bedienen** und nicht unnötig viel Material zu verbrauchen. Weiter muss er drohende Schäden möglichst frühzeitig anzeigen;
- über **Betriebsgeheimnisse Stillschweigen** zu bewahren;
- arbeitsbezogene **Fragen korrekt zu beantworten**. Würde man sich damit selbst einer strafbaren Handlung bezichtigen, kann man in Anlehnung an § 55 StPO die Aussage verweigern (»Ich erinnere mich beim besten Willen nicht mehr.«);
- dem Arbeitgeber **keinen Wettbewerb** zu machen. § 60 HGB, der an sich nur für kaufmännische Angestellte gilt, wird von der Rechtsprechung auf alle Arbeitnehmer ausgedehnt. Endet das Arbeitsverhältnis, so ist der Arbeitnehmer in seiner gewerblichen Betätigung frei. Möglich ist allerdings, ein sog. **nachvertragliches Wettbewerbsverbot** zu vereinbaren. Nach den §§ 74 ff. HGB, die nach § 110 GewO für alle Arbeitsverhältnisse gelten, darf dieses nicht länger als zwei Jahre dauern und muss für den Arbeitnehmer eine sog. **Karenzentschädigung** in Höhe des halben Gehaltes vorsehen;

Einzelheiten bei Däubler, Arbeitsrecht 2, Rn. 674 ff.

492 - auf eine **provokatorische parteipolitische Betätigung** zu **verzichten** (BAG, NJW 1978, 1875). Sonstige parteipolitische Betätigung ist erlaubt, bei Personen ohne verstärkten Kündigungsschutz allerdings manchmal riskant, wenn sie sich für eine wenig angesehene politische Partei einsetzen.

Wer in Bayern für die CSU wirbt, hat nichts zu befürchten, auch wenn sein Arbeitgeber – aus welchen Gründen auch immer – die SPD wählt. Anders bislang, wer in Sachsen die Linkspartei hochleben lässt.

Weitere Einzelheiten bei Däubler, Arbeitsrecht 2, Rn. 643ff.

8.3 Formulararbeitsverträge

In »vorgedruckten« Arbeitsverträgen sind häufig zusätzliche Arbeit- **493**
nehmerpflichten, aber auch betriebliche Sozialleistungen des Arbeitgebers geregelt. Als Beispiele für das erstere seien genannt (weitere Klauseln bei Preis [Hrsg.], Der Arbeitsvertrag, 5. Aufl. 2015, und bei Däubler/Bonin/Deinert, AGB-Kontrolle im Arbeitsrecht, 4. Aufl. 2014, Anhang):

- Die Firma behält sich vor, dem Arbeitnehmer **eine andere zumutbare Arbeit** im Betrieb zuzuweisen, sofern sie seinen Vorkenntnissen entspricht. Nach Ablauf eines Monats richtet sich die Vergütung nach der neu zugewiesenen Tätigkeit.
- Der Angestellte ist **verpflichtet, Mehr- und Überarbeit** zu leisten, soweit dies gesetzlich zulässig ist. Durch die vereinbarte Bruttovergütung ist eine etwaige Über- oder Mehrarbeit abgegolten.
- Der Arbeitnehmer darf eine **Nebenbeschäftigung** während des Bestands des Arbeitsverhältnisses **nur mit** vorheriger schriftlicher **Genehmigung** der Firma übernehmen.
- Im Falle der Nichtaufnahme oder der vertragswidrigen Beendigung der Tätigkeit verpflichtet sich der Arbeitnehmer, der Firma eine **Vertragsstrafe** in Höhe eines Monatseinkommens zu zahlen. Die Firma ist berechtigt, einen weitergehenden Schaden geltend zu machen.
- Ansprüche des Arbeitnehmers sind innerhalb von **sechs Wochen** schriftlich geltend zu machen, andernfalls erlöschen sie.
- Der Arbeitnehmer darf seinen **eigenen Laptop** mitbringen und ihn für dienstliche Zwecke nutzen.

Ob dies alles zulässig ist, bestimmt sich nach den in Rn. 495ff. dargestellten Grundsätzen.

Häufig stehen diesen Abmachungen übertarifliche Leistungen gegen- **494**
über, die auf dieselbe Art und Weise »vereinbart« werden.

So wird etwa vorgesehen:

- Wer länger als 15 Jahre im Betrieb tätig ist, erhält nach näherer Maßgabe der »Versorgungsordnung« eine **betriebliche Altersrente**.

235

- Nach Maßgabe der **Benutzungsordnung** können Werkbusse unentgeltlich benutzt werden.
- Bis zum Jahresende wird eine jederzeit widerrufliche **Teuerungszulage** in Höhe von monatlich 150 Euro gewährt.
- Wer bis zum 31. März des Folgejahres ausscheidet, muss die **Weihnachtsgratifikation** zurückbezahlen.

8.4 Kontrolle durch die Rechtsprechung

495 Der seit 1.1.2002 geltende § 310 Abs. 4 BGB erstreckt **die für Allgemeine Geschäftsbedingungen (AGBs) vorgesehene Kontrolle** in Abweichung vom vorher geltenden Recht **auf Arbeitsverträge**, wobei »die im Arbeitsrecht geltenden Besonderheiten angemessen zu berücksichtigen« sind. Soweit ein Arbeitsverhältnis schon am Jahreswechsel 2001/2002 bestand, trat die Änderung der Rechtslage erst mit dem 1.1.2003 ein (Art. 229 § 5 Satz 2 EGBGB).

495a Die AGB-Kontrolle hat einen weiten Anwendungsbereich und betrifft nicht nur Formularverträge im eben beschriebenen Sinn. Da der Arbeitgeber in aller Regel Unternehmer nach § 14 BGB und der Arbeitnehmer Verbraucher im Rechtssinne nach § 13 BGB ist (BAG NZA, 2005, 1111; Nachweise zur Literatur, die sich mehrheitlich gleichfalls in diesem Sinne ausspricht, bei Däubler/Bonin/Deinert, AGB-Kontrolle im Arbeitsrecht, Einl. Rn. 61, 74), findet § 310 **Abs. 3 BGB** Anwendung. Dies bedeutet, dass die AGB-Kontrolle nicht davon abhängig ist, ob es sich um einen regelmäßig benutzten »Standardvertrag« handelt. Vielmehr wird **jede Vertragsklausel** erfasst, es sei denn, sie wäre (ausnahmsweise) durch den Arbeitnehmer in die Vertragsverhandlungen eingeführt worden. **Ausgenommen** ist allerdings nach § 307 Abs. 3 Satz 1 BGB das **Verhältnis von Leistung und Gegenleistung**; hier ergeben sich Grenzen nur aus anderen Bestimmungen wie dem Mindestlohngesetz oder dem Verbot sittenwidriger Rechtsgeschäfte nach § 138 BGB. Im Einzelnen gilt nach den §§ 307 ff. BGB das Folgende:

495b (1) Nach § 305 c Abs. 1 BGB werden **überraschende Klauseln** nicht Vertragsinhalt. Ist etwa ein Wettbewerbsverbot oder eine Ausschlussklausel in einem größeren Vertragswerk unter »Verschiedenes« versteckt, wäre ein solcher Fall gegeben.

495c (2) Da Arbeitsverträge grundsätzlich von der Arbeitgeberseite formuliert werden, trägt sie das Risiko eines unvollständigen oder mehrdeutigen Wortlauts. Nach § 305 c Abs. 2 BGB besteht daher eine »**Unklar-heitenregel**« der Art, dass bei mehreren in Betracht kommenden Auslegungen diejenige zu wählen ist, die den Arbeitnehmer am wenigsten belastet.

(3) Einzelnen Klauseln in Arbeitsverträgen ist die rechtliche Aner- **496** kennung zu versagen, wenn sie eine unangemessene Benachteiligung des Arbeitnehmers darstellen (§ 307 Abs. 1 BGB). Dies gilt nicht nur dann, wenn Arbeitnehmergrundrechte nicht ausreichend geschützt werden, wenn etwa in Gratifikations- und Versorgungsordnungen zwischen männlichen und weiblichen Arbeitnehmern differenziert wird (BAG, AP Nr. 69 zu Art. 3 GG). Erfasst sind vielmehr auch allzu weit gehende **Rückzahlungsvorbehalte** bei Gratifikationen und Weiterbildungsmaß-nahmen (Däubler/Bonin/Deinert, AGB-Kontrolle im Arbeitsrecht, § 307 BGB Rn. 101 ff.). Unzulässig ist etwa eine Klausel, wonach die Weih-nachtsgratifikation zurückzuzahlen ist, wenn der Arbeitnehmer vor Ende des folgenden Jahres ausscheidet. **Ausschlussfristen**, deren Ablauf die Ansprüche aus dem Arbeitsverhältnis zum Erlöschen bringt, dürfen nicht kürzer als drei Monate sein (BAG, NZA 2006, 149). Unzulässig ist es, eine Ausschlussfrist nur für Arbeitnehmeransprüche vorzusehen (BAG, NZA 2006, 324). Auch **Versetzungsvorbehalte** sind nur gültig, wenn ein überwiegendes Arbeitgeberinteresse besteht (BAG, NZA 2006, 1149 und NZA 2007, 145; Däubler/Bonin/Deinert, a. a. O., § 307 Rn. 183 ff.). Wird allein auf »betriebliche Bedürfnisse« abgestellt, ist die Klausel unwirksam, da die Interessen des Arbeitnehmers nicht berück-sichtigt sind. Wichtig sind die »**Flexibilisierungsklauseln**«: Der Arbeit-geber kann sich den Widerruf bestimmter Vergütungsbestandteile vor-behalten, muss dann allerdings die Gründe im Vertrag angeben und darf nicht mehr als ein Viertel des Gesamtverdienstes zu seiner Disposition stellen (BAG, NZA 2005, 465; NZA 2006, 423, 428). Ähnlich bei der **Arbeitszeit**: Diese kann bei Bedarf bis zu 25 Prozent verlängert (oder bis zu 20 Prozent verkürzt) werden (BAG, NZA 2006, 423). Eine Kom-bination von beidem dürfte ausgeschlossen sein (Däubler, Arbeitsrecht 2, Rn. 808 f.). Wird der eigene Laptop für dienstliche Zwecke genutzt, muss der Arbeitgeber dafür ein Entgelt bezahlen (näher zu **BYOD** – Bring your own device – bei Däubler, Internet und Arbeitsrecht, Rn. 210 f.).

Anwendbar sind weiter auch die »**speziellen Klauselverbote**« der **497** §§ **308 und 309 BGB.** Dies bedeutet, dass beispielsweise Widerrufs-vorbehalte nach § 308 Nr. 4 BGB nur noch zulässig sind, wenn die da-für sprechenden **Gründe** stärker als die Interessen des Arbeitnehmers zu

Buche schlagen (BAG, NZA 2005, 465). **Vertragsstrafen** sind jedoch entgegen der Rechtsprechung zahlreicher Landesarbeitsgerichte (LAG Düsseldorf, NZA 2003, 382; LAG Hamm, NZA 2003, 499; LAG Baden-Württemberg, DB 2003, 2551) vom BAG (NZA 2004, 728) weiterhin zugelassen worden, da sie nach seiner Auffassung zu den im Arbeitsrecht geltenden Besonderheiten gehören (zu den Schranken unten Rn. 547 ff.).

497a (4) Die Vertragsbedingungen müssen dem **Transparenzgebot** des § 307 Abs. 1 Satz 2 BGB entsprechen, was nach § 307 Abs. 3 Satz 2 BGB auch für die Hauptleistung, insbesondere für die Entgelthöhe gilt. Wird etwa eine Ertragsbeteiligung von einer schwer durchschaubaren Größe abhängig gemacht, ist diese Voraussetzung nicht erfüllt. Dasselbe gilt dann, wenn die Genehmigung einer Nebentätigkeit im Vertrag als reine Ermessensentscheidung dargestellt ist, obwohl der Arbeitgeber mit Rücksicht auf Art. 12 Abs. 1 GG seine Zustimmung geben muss, wenn die Tätigkeit im Hauptarbeitsverhältnis nicht leidet. Transparenzprobleme tauchen oft auch im Zusammenhang mit **Zielvereinbarungen** auf, wenn dort mit schwer eingrenzbaren Pauschalbegriffen gearbeitet wird (Däubler, ZIP 2004, 2209, 2212). So darf die bei Zielerreichung gewährte Prämie nicht von der »Erhöhung der sozialen Kompetenz« abhängen, wenn nicht ganz genau festgelegt ist, wer auf welchem Wege das Vorliegen dieser Voraussetzung feststellt. Wichtigster Anwendungsfall des Transparenzgebots ist die Abrede, mit der monatlichen Vergütung seien sämtliche Überstunden abgegolten – bleibt deren Höhe offen, ist die Abrede unwirksam (BAG, NZA 2011, 575).

498 (5) Die Unwirksamkeit einer Klausel lässt die **übrigen Vertragsbestandteile grundsätzlich unberührt**; dies stellt § 306 Abs. 1 BGB ausdrücklich klar. An die Stelle der unwirksamen Klausel tritt dispositives Recht einschließlich allgemeiner arbeitsrechtlicher Grundsätze. Eine sog. **geltungserhaltende Reduktion**, die das »gerade noch Zulässige« als vereinbart betrachtet, kommt **nicht** in Betracht. So kann beispielsweise eine überhöhte Vertragsstrafe **nicht auf ein** »erträgliches« **Maß reduziert** werden (BAG, NZA 2004, 728); auch zu weit geratene Widerrufsvorbehalte können nicht auf die Fälle beschränkt werden, in denen ein ausreichender Grund vorliegt (BAG, NZA 2005, 465). Eine salvatorische Klausel, die dies ausdrücklich anordnet, ist unwirksam (Däubler, NZA Beilage 3/2006, S. 136). Bei Altverträgen aus der Zeit vor der Schuldrechtsreform ist insoweit allerdings eine ergänzende Vertragsauslegung möglich, die zu einer Reduzierung auf »vernünftige Gründe« führt (BAG, a. a. O.).

8.5 Die Betriebsübung

8.5.1 Wann kann der Arbeitnehmer Rechte geltend machen?

Eine zugunsten der Arbeitnehmer wirkende Betriebsübung setzt ein **wie-** **499**
derholtes tatsächliches Verhalten des Arbeitgebers voraus, das objektiv
bei den Beschäftigten den Eindruck erweckt, es werde auch künftig in
gleicher Weise verfahren. Der Arbeitgeber muss **nicht** die **Absicht** haben,
sich längerfristig zu binden (was im Streitfall schwer zu beweisen wäre);
es reicht, wenn die Arbeitnehmer darauf vertrauen konnten, auch in
künftigen Jahren nicht anders als in der Gegenwart behandelt zu werden
(BAG, DB 1985, 1483). Außerdem müssen sie mit der Praxis des Arbeitgebers **einverstanden** sein, eine Voraussetzung, die in der Regel die geringsten Schwierigkeiten bereitet: Die Zustimmung wird sinngemäß
dadurch erklärt, dass in Kenntnis des Arbeitgeberverhaltens weitergearbeitet wird. Nicht immer eindeutig zu entscheiden ist die Frage, **wie lange**
oder wie oft eine Leistung erbracht werden muss, damit man von einer
»Übung« sprechen kann. Die Rechtsprechung hält die dreimalige vorbe-
haltlose Gewährung einer Weihnachtsgratifikation (BAG, NZA 1985,
532 – sofern nicht durch Tarifvertrag gesichert!) für ausreichend. Weiter
müsste es auch genügen, dass übertarifliche Lohnbestandteile dreimal
hintereinander **auf den** erhöhten **Tariflohn aufgestockt** wurden, um eine
die »Verrechnung« ausschließende Betriebsübung zur Entstehung zu
bringen. Das BAG ist hier allerdings sehr zurückhaltend und nimmt Entsprechendes nur bei Leistungszulagen an: In allen anderen Fällen könne
der Arbeitnehmer nicht darauf vertrauen, dass die bisherige Praxis in der
Zukunft fortgeführt werde (BAG, AP Nr. 13 zu § 4 TVG Übertariflicher
Lohn und Tariflohnerhöhung). Dies gelte insbesondere auch in Bezug auf
eine zu einem bestimmten Stichtag erfolgte jährliche Gehaltserhöhung. In
der Literatur wird weiter zu Recht auch darauf abgestellt, wie häufig eine
bestimmte Leistung innerhalb eines bestimmten Zeitraums erbracht
wird; so dauere es keine drei Jahre, bis die ausgiebig genutzte Möglichkeit des unentgeltlichen Telefonierens oder der unentgeltlichen Internet-
nutzung zur Betriebsübung erstarke. Insoweit genügen sechs bis zwölf
Monate (Däubler, Internet und Arbeitsrecht, Rn. 185 m. w. N.).

Die Bindung des Arbeitgebers an eine einmal geschaffene betriebliche **500**
Übung ist im Ergebnis unbestritten. Das BAG lässt die genaue rechtliche
Konstruktion allerdings dahinstehen: Entweder werde die Leistungspflicht des Arbeitgebers stillschweigend Vertragsinhalt, oder es liege eine
sog. Vertrauenshaftung vor (BAG, DB 1985, 183).

8.5.2 Betriebsübung aufgrund fehlerhafter Kollektivvereinbarung?

501 Eine Betriebsübung kann auch dadurch entstehen, dass ein Tarifvertrag oder eine Betriebsvereinbarung eine Handhabung erfährt, die für die Arbeitnehmer günstiger als das eigentlich Gemeinte ist. Verstößt eine Betriebsvereinbarung gegen § 77 Abs. 3 BetrVG, weil ihr Gegenstand üblicherweise tariflich geregelt wird, so entsteht m. E. bei längerer Praktizierung gleichfalls eine Betriebsübung: Das **Vertrauen der Arbeitnehmer** in die Fortdauer der Leistungen ist hier nicht weniger schutzwürdig, als wenn sich der Arbeitgeber von vornherein auf ein bestimmtes Verhalten beschränkt und den Betriebsrat nicht mit eingeschaltet hätte. Die Rechtsprechung sieht dies allerdings anders (BAG, NZA 2008, 179). Erst recht entsteht nach ihrer Auffassung kein Vertrauen, wenn im **öffentlichen Dienst** Tarifverträge falsch angewandt werden, da der Arbeitnehmer angesichts des haushaltsrechtlichen Verbots übertariflicher Leistungen jederzeit mit einer Rückkehr zum (bescheideneren) Tarifinhalt rechnen müsse (BAG, DB 1985, 183).

8.5.3 Nachträgliche Beseitigung der Leistungspflicht des Arbeitgebers?

502 Der Arbeitgeber kann die **Entstehung** einer betrieblichen Übung dadurch **verhindern**, dass er seine Leistung nur **unter Vorbehalt** erbringt. Dieser muss allerdings »klar und unmissverständlich« zum Ausdruck gebracht worden sein. Hat er davon keinen Gebrauch gemacht, so kann er nach der Rechtsprechung die einmal entstandene Übung nur in der Weise wieder beseitigen, dass er mit allen begünstigten Arbeitnehmern eine entsprechende Abrede trifft oder dass er Änderungskündigungen ausspricht, das heißt die Arbeitsverhältnisse kündigt, jedoch gleichzeitig das Angebot macht, die Betroffenen zu den alten Bedingungen, aber ohne die kraft Betriebsübung gewährten Leistungen, weiterzubeschäftigen (BAG, AP Nr. 10 zu § 242 BGB betriebliche Übung). Dies stößt in der Praxis auf erhebliche Schwierigkeiten. Die Rechtsprechung lässt deshalb den Ausweg über eine »gegenläufige«, die Rechte der Arbeitnehmer wieder mindernde oder beseitigende betriebliche Übung zu (BAG, AP Nr. 70 zu § 242 BGB Betriebliche Übung). Wird die seit 20 Jahren gewährte Weihnachtsgratifikation dreimal nur noch »unter Vorbehalt« bezahlt und protestiert niemand, ist aus der obligatorischen wieder eine freiwillige Leistung geworden.

8.5.4 Betriebsübung zu Lasten des Arbeitnehmers

Betriebsübungen, die den Arbeitnehmern **zusätzliche Pflichten** auferle‑ **503**
gen, sind grundsätzlich zulässig. Gegenüber dem einzelnen Belegschafts‑
mitglied erlangen sie allerdings nur dann Verbindlichkeit, wenn sie durch
ausdrückliche oder stillschweigende Einigung zum Gegenstand seines
Arbeitsvertrags gemacht wurden. Dies setzt voraus, dass der Arbeitneh‑
mer subjektiv einen Bindungswillen hatte: Ihn wie beim Arbeitgeber
durch das »Vertrauen« des Partners zu ersetzen, besteht kein Anlass, da
Vertrauensschutz immer nur zugunsten von Personen eingreift, die von
sich aus keine eindeutige Klärung der (rechtlichen) Situation herbeifüh‑
ren können. Gerade diese Voraussetzung liegt aber beim Arbeitgeber
nicht vor, der jederzeit entsprechende Ergänzungen der Arbeitsverträge
vorschlagen und ggf. durch Änderungskündigung erzwingen kann.

8.6 Das Direktionsrecht

Gesetze, Tarifverträge, Betriebsvereinbarungen, aber auch Formularver‑ **504**
träge und Betriebsübungen enthalten in der Regel nur **allgemeine Be‑
stimmungen** über die Pflichten des Arbeitnehmers, die der Konkretisie‑
rung und Umsetzung im Einzelfall bedürfen.

Beispiel:
Nach dem von ihm unterzeichneten Formulararbeitsvertrag ist der X »als Hilfs‑
arbeiter« eingestellt. Unterstellt, er war bisher am Fließband beschäftigt, muss er
sich auch zum Hofkehren einteilen lassen? Oder muss – um ein Beispiel aus einem
anderen Lebensbereich zu nennen – der angestellte Rechtsanwalt den Seniorchef
am Freitagabend ins Wochenendhaus fahren?

Außerdem erfassen sie häufig nur einen Ausschnitt aus den Beziehungen
zwischen Arbeitgeber und Arbeitnehmer und **sprechen bestimmte Fra‑
gen** überhaupt **nicht an.**

Beispiel:
Ob der Arbeitgeber die bisherige Maschine durch ein neueres Modell ersetzen
darf und ob der Arbeitnehmer an diesem auch dann arbeiten muss, wenn sich die
Anforderungen erhöhen, ist nirgends ausdrücklich geregelt.

Der gesamte »freigelassene« Raum, alle verbliebenen Lücken werden **504a**
mit Hilfe des sog. **Direktionsrechts** ausgefüllt: Der Arbeitgeber hat nach

§ 106 Satz 1 GewO das Recht, Inhalt, Ort und Zeit der Arbeitsleistung näher zu bestimmen. Satz 2 erstreckt seine Weisungsbefugnis auf das »arbeitsbegleitende« Verhalten im Betrieb.

Dazu können auch sog. **Ethik- oder Compliance-Richtlinien** gehören, soweit sie nicht das außerbetriebliche Verhalten erfassen (vgl. Schuster/Darsow, NZA 2005, 273 ff.). Diese greifen zum Teil in völlig unzumutbarer Weise in die Persönlichkeitssphäre des Einzelnen ein und verpflichten ihn sogar zur Denunziation (Einzelheiten bei Däubler, dbr Heft 9/2005 S. 25 f.; weiter Kolle/Deinert, AuR 2006, 177). Die Rechtsprechung hat deutliche Grenzen gezogen: Ein Verbot von Liebesbeziehungen zwischen Beschäftigten im selben Betrieb verstößt gegen die Menschenwürde (LAG Düsseldorf, DB 2006, 152), eine Pflicht, Verstöße gegen die Richtlinien zu melden, ist allenfalls mit Zustimmung des Betriebsrats möglich (BAG, NZA 2008, 1248, 1255 Tz. 68). Auch ist zu beachten, dass die Verwendung des Begriffs »Compliance« (wörtlich: Regelbefolgung) allein keine Rechtsgrundlage für zusätzliche Pflichten schafft.

Die ausdrücklichen gesetzlichen, kollektivvertraglichen usw. Normen haben daher in gewissem Sinne Ausnahmecharakter: Wo sie nicht eingreifen, bleibt es bei der Regel, der »souveränen« Befehlsgewalt des Arbeitgebers, der beispielsweise auch Nachtarbeit anordnen kann (BAG, NZA 2005, 359).

Dieser kann den Hilfsarbeiter daher grundsätzlich zum Hofkehren verpflichten und auch die neue Maschine anschaffen. Ob der Arbeitnehmer die damit verbundene Erhöhung der Arbeitsanforderungen hinzunehmen hat, bestimmt sich danach, ob diese für ihn zumutbar sind.

505 Das Weisungsrecht kann im Übrigen nicht nur durch Einzelanweisungen, sondern auch durch **allgemeine Anordnungen** ausgeübt werden.

Beispiel:
Alle mit Schweißarbeiten beschäftigten Arbeitnehmer müssen eine Schutzbrille tragen.

Das Direktionsrecht wirft eine Reihe juristischer Fragen auf.

8.6.1 Rechtliche Schranken

506 Das Direktionsrecht des Arbeitgebers stützt sich auf den Arbeitsvertrag. Dies kann jedoch die Tatsache nicht aus der Welt schaffen, dass im Arbeitsverhältnis ein Mensch der Weisungsgewalt eines anderen unterworfen ist. Der Arbeitnehmer als der schwächere, abhängige Teil ist daher gegen Missbräuche zu schützen; dem Direktionsrecht werden Schranken gezogen.

Die einzelne Anordnung des Arbeitgebers muss sich zum einen im **507** Rahmen der **Gesetze** (zum Beispiel des ArbZG) sowie der **Tarifverträge** bewegen und darf auch nicht gegen Bestimmungen des **Arbeitsvertrags** verstoßen. Das Letztere ist besonders dann von Bedeutung, wenn es um die Verschlechterung der Arbeitsbedingungen geht. So ist es unzulässig, dem Arbeitnehmer einen **geringer entlohnten Arbeitsplatz zuzuweisen** (BAG, AP Nr. 2 zu § 611 BGB Direktionsrecht) oder ihm zwar seine bisherige Vergütung zu belassen, ihn aber mit einer **geringerwertigen** (oder zu einer niedrigeren Lohngruppe gehörenden) **Tätigkeit** zu betrauen (BAG, AP Nr. 18 zu § 611 BGB Direktionsrecht). Sofern nicht der Arbeitsvertrag diese Möglichkeiten zulässigerweise eröffnet (zur Beachtung von § 307 Abs. 1 BGB s. oben Rn. 496), kann der Arbeitnehmer nur an einen Arbeitsplatz mit denselben (oder höheren) Tätigkeitsmerkmalen versetzt werden (BAG, AP Nr. 4 zu § 611 BGB Direktionsrecht).

Die sich im Rahmen des Direktionsrechts bewegenden Maßnahmen **508** müssen zum zweiten nach § 106 Satz 1 GewO der **Billigkeit** entsprechen (so schon früher BAG, DB 1980, 1603). Der Arbeitgeber muss deshalb z. B. auf die Kräfte und Fähigkeiten des Arbeitnehmers sowie seine bisherige Tätigkeit Rücksicht nehmen; er darf sich nicht von unsachlichen Motiven leiten lassen und muss diejenige Maßnahme wählen, die den Arbeitnehmer am wenigsten belastet. Bei der Lage der Arbeitszeit muss der Arbeitgeber auf die familiäre Situation des Arbeitnehmers Rücksicht nehmen (BAG, NZA 2005, 359). Setzt man Rechtsnorm und Wirklichkeit gleich, so gewinnt man den Eindruck eines »harmlos« gewordenen Direktionsrechts, das den Arbeitnehmer nur zum sachlich Notwendigen verpflichtet; allenfalls besteht die Gefahr, dass es zu einem Fallstrick für ungeschickte Arbeitgeber wird. Eine nähere Betrachtung erweist die Haltlosigkeit dieser Vermutung.

Die schon in anderem Rahmen festgestellte **Ineffizienz des Rechts-** **509** **schutzes** wird im Bereich des Direktionsrechts noch deutlicher. Die Befürchtung, den Arbeitsplatz zu verlieren, schließt in aller Regel den Gang zum Gericht aus. Eine Durchsicht der einschlägigen BAG-Entscheidungen macht deutlich, dass praktisch nur gegen Versetzungen geklagt wird, und zwar meist erst dann, wenn schon eine Kündigung wegen beharrlicher Arbeitsverweigerung vorliegt. Die Schranken des Direktionsrechts könnten jedoch wenigstens in diesen Fällen sowie dann effektiv werden, wenn der Arbeitnehmer – etwa als Betriebsratsmitglied oder als schwerbehinderter Mensch – nicht ohne weiteres gekündigt werden kann.

510 Bei »offenen«, viele Einsatzmöglichkeiten zulassenden Arbeitsverträgen stellt sich zunächst die **Frage der Transparenz** nach § 307 Abs. 1 Satz 2 BGB. Auch wenn diese Hürde genommen ist, muss ein gewisser Bestandsschutz praktiziert werden: Kann der Arbeitnehmer aufgrund langjähriger Ausübung einer bestimmten Tätigkeit darauf vertrauen, dass er den erreichten sozialen Standard nicht mehr verlieren wird, so konkretisiert sich das Arbeitsverhältnis auf die ausgeübte Funktion, und die Zuweisung schlechterer Tätigkeiten ist ausgeschlossen (BAG, AP Nr. 24 zu § 611 BGB Direktionsrecht).

8.6.2 Die Einschaltung des Betriebsrats

511 Macht der Unternehmer von seinem Weisungsrecht durch generelle, eine Vielzahl von Arbeitnehmern betreffende Anordnung Gebrauch, will er zum Beispiel ein betriebliches Rauchverbot durchsetzen, so hat der Betriebsrat eine starke Position: Nach § 87 Abs. 1 Nr. 1 BetrVG steht ihm wie bei allen anderen »Fragen der Ordnung des Betriebs und des Verhaltens der Arbeitnehmer im Betrieb« ein **Mitbestimmungsrecht** zu (dazu oben Kap. 5 – Rn. 283). Dieses erstreckt sich nach den Nrn. 2 bis 13 des § 87 Abs. 1 auch auf eine größere Zahl anderer Sachkomplexe wie die Anordnung von Überstunden oder die Festlegung von Entlohnungsgrundsätzen, so dass der Arbeitgeber insoweit zur Kooperation gezwungen ist. Allerdings besteht eine wichtige Ausnahme: Der Betriebsrat braucht häufig **nicht** eingeschaltet zu werden, wenn es um eine **Einzelweisung** geht. Wird der Betriebsschlosser X zu größerer Sorgfalt aufgefordert, so muss der Betriebsrat nicht einmal informiert werden. Von diesem Grundsatz gibt es zwar eine Reihe von Ausnahmen, wie z. B. die Anordnung von Überstunden aus betrieblichen Gründen, die Festsetzung des Urlaubs (§ 87 Abs. 1 Nr. 5 BetrVG) und insbesondere die Versetzung einschließlich der Umgruppierung (§ 99 BetrVG), doch ändern sie am Prinzip als solchem nichts wirklich Entscheidendes.

8.6.3 Die so genannte Krise der Hierarchie und neue Management-Techniken

Die einzig wirksame Schranke unternehmerischer »Allmacht« liegt – **512** von kollektiver Gegenmacht einmal abgesehen – in der Natur des Produktionsprozesses selbst, der sich nicht völlig in hierarchische Strukturen einpassen lässt. So gibt es zahlreiche Funktionen, die ein Spezialwissen voraussetzen, das der Vorgesetzte in der Regel gar nicht besitzt und das einer Totalreglementierung von oben entgegensteht.

Beispiel:
Die Herstellung eines bestimmten Kunststoffs wird von dem Chemiker X als »unmöglich« bezeichnet, wenn nicht die oder jene Bedingung erfüllt ist. Der Vorgesetzte kann diese Behauptung bestenfalls durch Befragung anderer Chemiker überprüfen, eine »ins Blaue hinein« abgegebene Weisung, den Stoff doch herzustellen, wäre sinnlos.

Weiter gibt es bestimmte Tätigkeiten, die den Beschäftigten einen gewis- **513** sen Autonomiespielraum lassen, der kaum oder gar nicht durch Weisungen ausgefüllt werden kann, obwohl den vorgesetzten Instanzen an sich ausreichende Fachkompetenz zukommen würde.

Beispiel:
Progressive Richtlinien können einen Lehrer nicht zwingen, in seinem Unterricht auf konservative Wertungen zu verzichten.

Schließlich ergeben sich in vielen Betrieben informelle Kooperationsformen, die »quer« zur formellen Hierarchie liegen und die sich faktisch gleichfalls nicht durch das Direktionsrecht erfassen lassen.

Beispiel:
Die Arbeitsgruppe A benötigt zur Behebung eines Schadens an einer Maschine ein Ersatzteil, das in einer anderen Abteilung vorrätig ist. Sie wird nicht den Dienstweg über den gemeinsamen Vorgesetzten wählen, sondern die Kollegen direkt ansprechen. Die »oberen Ränge« werden häufig gar nichts von diesem Vorgang erfahren.

Aufgeklärte Geschäftsleitungen haben außerdem erkannt, dass das Mo- **514** dell »Befehl und Gehorsam« kaum Motivation schafft, dass ohne Motivation aber die Arbeitsproduktivität eher rückläufig ist. Neue Techniken führen zu immer mehr Arbeitsplätzen, die ein hohes Maß an Selbständigkeit und Einsatzbereitschaft voraussetzen; schlecht behandelte »Mitarbeiter«, die nur das Nötigste tun, wären hier aus Unternehmersicht völlig fehl am Platze. Dazu kommt ein verbreiteter »Wertewandel«, wonach es keine Selbstverständlichkeit mehr ist, Arbeit zu beliebigen Bedingungen hinzunehmen. Die Einzelnen wollen ein Stück Selbstverwirklichung, sie wollen auch als Mensch ernst genommen werden. Die Antwort des Managements liegt in »**Sozialtechniken**« wie der bewussten Pflege einer Unternehmenskultur (sog. corporate identity), aber auch in Gruppenarbeit, in regelmäßigen Mitarbeiterbesprechungen sowie in Führungsrichtlinien, über deren Einhaltung die Untergebenen befragt werden. Das Direktionsrecht wird so zu einer Art »Hintergrundgröße«, auf die nur noch in absoluten Sonderfällen ausdrücklich zurückgegriffen wird. Dies schließt selbstredend nicht aus, dass sich im Konfliktfall sehr schnell herausstellt, wer der »Stärkere« ist.

8.7 Sanktionen bei Pflichtverletzungen

8.7.1 Pflichtverletzungen durch den Arbeitgeber

515 Erfüllt der Arbeitgeber seine Pflichten nicht oder nicht korrekt, so stehen dem Arbeitnehmer insgesamt vier Reaktionsmöglichkeiten zur Verfügung. Ihre praktische Bedeutung ist allerdings nicht übermäßig hoch einzuschätzen.
(1) Der Arbeitnehmer kann auf Erfüllung klagen.

Beispiel:
Der Arbeitgeber ist das Gehalt für den Vormonat schuldig geblieben. Oder: Die obligatorische Schutzkleidung wurde nicht zur Verfügung gestellt.

Das Problem dieses »Rechtsbehelfs« liegt darin, dass normalerweise nur Arbeitnehmer mit starkem Kündigungsschutz (wie z. B. Betriebsratsmitglieder) klagen können, ohne Nachteile riskieren zu müssen.
516 (2) Der Arbeitnehmer kann nach § 273 BGB seine **Arbeitsleistung** so lange **zurückhalten**, bis der Arbeitgeber seine Pflichten wieder erfüllt.

Der Lohn wird nachgezahlt, die Schutzkleidung zur Verfügung gestellt.

Auch hier liegt die Hauptschwierigkeit in den **betrieblichen Machtverhältnissen**. Ein einsamer »Verweigerer« wird im Betrieb zumeist scheel angesehen. Sind viele betroffen und überwinden sie gemeinsam ihre Scheu vor Konflikten, kann sich die Situation anders darstellen.

(3) Der Arbeitnehmer kann kündigen. Die ordentliche Kündigung ist **517** jederzeit möglich, die fristlose Kündigung nach § 626 BGB nur dann, wenn ein »wichtiger Grund« vorliegt, der die Weiterarbeit unzumutbar macht.

Der Arbeitnehmer wird von seinem Vorgesetzten geohrfeigt und als »faules Stinktier« bezeichnet.

Das Kündigungsrecht ist nur dann von Interesse, wenn Aussicht auf einen anderen Arbeitsplatz besteht.

(4) Der **Arbeitgeber** muss bei schuldhafter Pflichtverletzung Scha- **518** densersatz leisten.

Beispiel:
Durch unsachgemäßen Umgang eines Arbeitskollegen mit einer Säure wird die Kleidung des Arbeitnehmers beschädigt. Der Arbeitgeber muss sich das Verhalten des Kollegen nach § 278 BGB zurechnen lassen.

Da häufig eine Betriebshaftpflichtversicherung besteht, stößt die Geltendmachung von Schadensersatzansprüchen nicht notwendigerweise auf hohe psychologische Barrieren. Auf der anderen Seite sind die wichtigsten Fälle ausgenommen: Bei Berufskrankheiten und Arbeitsunfällen haftet der Arbeitgeber nach § 104 Abs. 1 SGB VII nur bei Vorsatz (d.h. praktisch: nie). Der durch den **Unfall** Betroffene kann sich lediglich an die Berufsgenossenschaft halten.

8.7.2 Pflichtverletzungen durch den Arbeitnehmer

Verletzt der Beschäftigte seine Pflichten, **519**

er kommt am Montag statt um 8.00 Uhr erst um 12.00 Uhr zur Arbeit,
er fährt den Lkw des Arbeitgebers zu Schrott,

stehen **sehr viel wirksamere Sanktionen** zur Verfügung. Der Arbeitgeber hat die Wahl zwischen sechs möglichen Reaktionsformen.

(1) Bei Nichtarbeit kann er den Arbeitnehmer **auf Erfüllung verkla- 520 gen.** Ein Urteil, durch das jemand zu einer Arbeitsleistung verpflichtet wird, ist jedoch nach § 888 Abs. 3 ZPO nicht vollstreckbar. In Betracht kommt deshalb nur, nach § 61 Abs. 2 ArbGG (= Arbeitsgerichtsgesetz) Schadensersatz zu verlangen. Dies setzt voraus, dass der Arbeitgeber einen nachweisbaren wirtschaftlichen Nachteil erlitten hat (was beispielsweise nicht der Fall ist, wenn die Arbeit von den Kollegen miterledigt wurde). Wichtiger ist deshalb

521 (2) **die Abmahnung.** Der Arbeitnehmer wird auf seine Pflichtwidrigkeit hingewiesen. Für den Wiederholungsfall werden »arbeitsrechtliche Konsequenzen«, d. h. insbesondere Versetzung oder Kündigung angedroht.

522 (3) In manchen Betrieben sieht die Arbeitsordnung die Verhängung sog. **Betriebsstrafen** vor. Ihre praktische Bedeutung ist immer weiter zurückgegangen, zumal der Betriebsrat in jedem Einzelfall zustimmen muss. Diese Sanktionsform soll deshalb hier nicht weiter verfolgt werden.

Einzelheiten bei Däubler, Das Arbeitsrecht 2, Rn. 703 ff.

523 (4) **Wichtigste Sanktion des Arbeitgebers ist die Kündigung.** Je nach Schwere des Verstoßes kommt eine ordentliche (verhaltensbedingte) oder eine außerordentliche Kündigung in Betracht. Weitere Voraussetzung ist allerdings, dass ein gleichartiger Verstoß abgemahnt wurde oder dass die Pflichtverletzung so schwer wiegt, dass eine Abmahnung ausscheidet.

Wer seinen Vorgesetzten ernsthaft mit dem Revolver bedroht, muss nicht erst »abgemahnt« werden.

Anders als die möglichen Reaktionen bei Pflichtverletzungen des Arbeitgebers ist die Kündigung eine sehr wirkungsvolle Sanktion.

524 (5) Wird nicht gearbeitet, kann der Arbeitgeber nach § 326 Abs. 1 Satz 1 BGB das **Entgelt einbehalten.** Bei Schlechtleistung ist allerdings **keine Lohnminderung** möglich (BAG, AP Nr. 13 zu § 611 BGB Akkordlohn).

525 (6) Entstand dem Arbeitgeber durch ein inkorrektes Verhalten des Arbeitnehmers ein Schaden, kann nach bestimmten, spezifisch arbeitsrechtlichen Regeln ein Ersatzanspruch geltend gemacht werden. Mit einer solchen **Arbeitnehmerhaftung** wird normalerweise erst nach Auflösung des Arbeitsverhältnisses Ernst gemacht.

Nähere Erörterungen bedürfen an dieser Stelle die Abmahnung und die Arbeitnehmerhaftung; die Kündigung durch den Arbeitgeber wird im Zusammenhang mit dem Kündigungsschutzrecht (Kap. 14 – Rn. 789) behandelt.

8.7.3 Insbesondere: die Abmahnung

Eine »Abmahnung« liegt dann vor, wenn der Arbeitgeber ein konkretes **526** Fehlverhalten benennt, dieses missbilligt und für den Fall der Wiederholung darauf hinweist, dass dann Inhalt oder Bestand des Arbeitsverhältnisses gefährdet seien. Der **Gebrauch des Wortes »Abmahnung«** ist **nicht erforderlich.** Doch muss für den Arbeitnehmer deutlich werden, dass nicht nur eine schlichte Unmutsäußerung vorliegt, sondern dass konkrete Konsequenzen angedroht werden.

Für die Abmahnung ist **keine Schriftform** vorgeschrieben; sie kann **527** deshalb auch mündlich ausgesprochen werden. In der Praxis wird allerdings schon aus Beweisgründen in aller Regel die Schriftform gewahrt. Ob jeder weisungsbefugte Vorgesetzte auch »abmahnungsbefugt« ist, wird man bezweifeln müssen: Nur dann, wenn die Erklärung von einer Person ausgeht, die auch eine Versetzung oder Kündigung aussprechen könnte, ist die »Warnfunktion« wirklich gegeben. Eine Bekanntgabe am Schwarzen Brett wäre nicht nur mitbestimmungspflichtig (ArbG Regensburg, AiB 1989, 354), sondern würde auch als »**Anprangerungsmaßnahme**« gegen die Menschenwürde verstoßen und überdies die Vertraulichkeit von Vorgängen verletzen, die üblicherweise in die Personalakte aufgenommen werden.

Von ihrer Wirkung her verschlechtert die Abmahnung die Rechtsstellung **528** des Arbeitnehmers: Bei einer weiteren gleichartigen Pflichtverletzung riskiert er die Kündigung. Dies bedeutet, dass der Arbeitgeber – anders als bei einer schlichten Meinungsäußerung – die Abmahnung **nicht beliebig lange hinauszögern** kann. Sinnvoll wäre eine entsprechende Anwendung der Zweiwochenfrist des § 626 Abs. 2 BGB. Das BAG hat dies allerdings nicht akzeptiert (BAG, DB 1986, 1075). Wenigstens können die Regeln über die Verwirkung Anwendung finden, so dass im Normalfall jedenfalls nach Ablauf eines Jahres nach dem Pflichtverstoß keine Abmahnung mehr möglich ist (LAG Köln, DB 1988, 1170). Hat ein Arbeitnehmer einen sehr hohen Bestandsschutz (etwa infolge langer Betriebszugehörigkeit), kann es im Einzelfall auch notwendig sein, **mehr als eine Abmahnung** auszusprechen, bevor der Arbeitnehmer gekündigt wird (BAG, NZA 2002, 968).

Die Abmahnung verschlechtert nicht nur den Bestandsschutz des kon- **529** kreten Arbeitsverhältnisses, sondern hat auch insoweit negative Wirkungen, als der Arbeitnehmer bei Beförderungen und Sonderleistungen des Arbeitgebers Nachteile zu erwarten hat. Mit Recht räumt deshalb das BAG in entsprechender Anwendung der §§ 823, 1004 BGB dem Betroffenen das **Recht** ein, **die Entfernung der Abmahnung aus der Personalakte zu verlangen,** sofern ein unzutreffender Sachverhalt zugrunde lag (BAG, AP Nr. 84 zu § 611 BGB Fürsorgepflicht). Dasselbe muss dann gelten, wenn die Tatsachen zwar zutreffen, die Abmahnung jedoch eine »Überreaktion« darstellte.

> Der Arbeitnehmer erhält eine Abmahnung, weil er einmal fünf Minuten zu spät gekommen ist.

530 Wie lange darf eine berechtigte Abmahnung **in der Personalakte** aufbewahrt werden? Da sie Sanktionscharakter hat, wird in der Literatur in Anlehnung an das Disziplinarrecht für Beamte und an strafrechtliche Regeln eine Höchstfrist von zwei bis drei Jahren angenommen. Die Rechtsprechung stellt auf die Umstände des Einzelfalls ab; bei geringfügigen Verfehlungen komme deshalb eine »Löschung« nach etwa zwei Jahren in Betracht (BAG, AiB 1989, 59). In jüngerer Zeit hat das BAG (NZA 2013, 91) die Anforderungen eher verschärft; die Abmahnung muss auch für eine spätere Interessenabwägung bei einer Kündigung (wo es auf ein »störungsfreies Arbeitsverhältnis« ankommt) jede Bedeutung verloren haben. Betriebsräte sollten auf die Vereinbarung von Höchstfristen drängen. Mittelfristig wäre es erforderlich, das Disziplinarmittel »Abmahnung« stärker zu verrechtlichen und so berechenbarer zu machen.

531 Ist ein bestimmtes Verhalten Gegenstand einer Abmahnung (oder einer Missbilligung ohne Sanktionsandrohung) geworden, kann der Arbeitgeber denselben Vorfall **nicht mehr zum Anlass für eine Kündigung** nehmen (BAG, NZA 1989, 633). Umgekehrt ist der betroffene Arbeitnehmer nicht gehindert, in einem Kündigungsschutzprozess geltend zu machen, die früher ausgesprochene Abmahnung sei unberechtigt gewesen.

> Was geschieht, wenn der Arbeitnehmer zehn Mal wegen Zuspätkommens abgemahnt wurde, die angedrohte Kündigung aber immer ausblieb? Hier verliert die Abmahnung einen Teil ihrer Warnfunktion; will der Arbeitgeber effektiv kündigen, muss er zuvor »ganz besonders eindringlich« abmahnen (so BAG, NZA 2002, 968).
>
> Zu weiteren Einzelfragen s. Deinert, in: Kittner/Däubler/Zwanziger (Hrsg.), Kündigungsschutzrecht, § 314 BGB Rn. 2–116.

8.7.4 Insbesondere: die Arbeitnehmerhaftung

Die Grundsätze des BAG

Nach allgemeinen zivilrechtlichen Regeln haftet ein Arbeitnehmer auf **532** Schadensersatz, wenn er seinem Arbeitgeber schuldhaft einen Vermögensnachteil zufügt. Die Ersatzpflicht erstreckt sich auf den gesamten Schaden, auch wenn dieser 500 000 Euro beträgt, und tritt selbst dann ein, wenn der Arbeitnehmer nur leicht fahrlässig gehandelt hat. Maßstab für die Fahrlässigkeit ist dabei nicht das subjektive Können des Einzelnen, sondern die objektive Größe der »im Verkehr erforderlichen Sorgfalt« (§ 276 BGB). Ein übermüdeter Kraftfahrer, der den Bruchteil einer Sekunde zu spät reagiert, könnte so unter Umständen auf Jahrzehnte hinaus seine wirtschaftliche Existenz ruinieren.

Dieser Zustand ist schwer erträglich. Die Rechtsprechung hat deshalb **533** eine Reihe von Grundsätzen entwickelt, die die **Haftung des Arbeitnehmers beschränken** und denen im Prinzip heute gewohnheitsrechtliche Geltung zukommt. Sie wurden durch die Neufassung des § 276 Abs. 1 BGB und durch § 619 a BGB bestätigt und lassen sich wie folgt zusammenfassen:

Bei allen **betrieblichen** oder betrieblich **veranlassten** Tätigkeiten bestimmt **534** sich die Arbeitnehmerhaftung nach eigenständigen, von der BAG-Rechtsprechung entwickelten Grundsätzen. Auf die »Gefahrgeneigtheit« der Tätigkeit kommt es anders als nach der früheren Rechtsprechung (BAG, AP Nr. 4 zu §§ 898, 899 RVO) nicht mehr an. Dies hat der Große Senat des BAG so entschieden (DB 1993, 939), und auch der BGH hat sich dem im Ergebnis angeschlossen (DB 1994, 428). Liegt eine betriebliche Tätigkeit in diesem Sinne vor, ist wie folgt zu verfahren:

■ Die Haftung bestimmt sich nach der **Schwere des Verschuldens.** Wäh- **535** rend der Arbeitnehmer bei vorsätzlichem Handeln wie nach den allgemeinen BGB-Regeln für den vollen Schaden haftet, muss man bei Fahrlässigkeit unterscheiden. Kann ihm nur geringe Schuld (»**leichteste**« **Fahrlässigkeit**) vorgeworfen werden, entfällt jede Haftung. Hat er **grob fahrlässig** gehandelt (das BAG spricht von »schwerer Schuld«), muss er grundsätzlich den vollen Schaden tragen. Etwas anderes gilt dann, d. h. eine Haftungsminderung tritt ein, wenn ein Missverhältnis zwischen der an den Arbeitnehmer bezahlten Vergütung und dem Schadensrisiko besteht (BAG, NZA 1998, 310, 311). Bei »allerschwersten« Sorgfaltsverstößen soll das aber nicht in Betracht kommen (BAG, a. a. O.). Bei »normaler« oder »**mittlerer**«

Fahrlässigkeit ist der Schaden nach Billigkeitsgrundsätzen zwischen Arbeitgeber und Arbeitnehmer aufzuteilen, wobei alle Umstände des Einzelfalls zu berücksichtigen sind. Eine **summenmäßige Begrenzung** der Haftung wird nach geltendem Recht **abgelehnt** (BAG, DB 1990, 50).

536 ▪ Der **Fahrlässigkeitsmaßstab** wird entgegen § 276 Abs. 2 BGB »**subjektiviert**«. Grobe Fahrlässigkeit kann nur dann angenommen werden, wenn dem Arbeitnehmer ein schwerer persönlicher Schuldvorwurf zu machen ist, wenn er eine »subjektiv schlechthin unentschuldbare« Pflichtverletzung begangen hat.

537 ▪ Anders als im Zivilrecht müssen sich Vorsatz und Fahrlässigkeit nicht allein auf die Pflichtverletzung, sondern auch auf den »Unfall«, d. h. auf die **Beeinträchtigung des Rechtsguts als solche** beziehen (BAG, AP Nr. 62 zu § 611 BGB Haftung des Arbeitnehmers). Setzt sich etwa der Arbeitnehmer bewusst über Weisungen des Arbeitgebers oder über Verkehrsvorschriften hinweg, so begründet dies allein noch keine Verantwortlichkeit wegen vorsätzlicher oder grob fahrlässiger Schädigung.

538 ▪ Im Streitfall muss der **Arbeitgeber** das **Verschulden des Arbeitnehmers beweisen.** Dies hebt der 2001 eingefügte § 619 a BGB ausdrücklich hervor (dazu Oetker, BB 2002, 43 ff.). Da es in Fragen der subjektiven Vorwerfbarkeit keine »typischen Geschehensabläufe« gibt, ist auch ein Beweis des ersten Anscheins zugunsten des Arbeitgebers ausgeschlossen.

539 ▪ **Mitwirkendes Verschulden** des geschädigten Arbeitgebers ist **von Amts wegen** zu berücksichtigen. Es wirkt sich auch dann haftungsmindernd aus, wenn dem Arbeitnehmer grobe Fahrlässigkeit zur Last fällt.

540 Die Haftungsbeschränkung gilt **nicht gegenüber Dritten.** Der Arbeitnehmer kann jedoch vom Arbeitgeber verlangen, von der Haftung **freigestellt** zu werden, wenn er nach den obigen Grundsätzen nicht oder nicht in vollem Umfang haften würde (BAG, AP Nr. 37 zu § 611 BGB Haftung des Arbeitnehmers).

Beispiel:
Durch ein Versehen des Kochs wird in der Kantine verdorbenes Essen ausgegeben, worauf drei Mitglieder einer Besuchergruppe erkranken. Sie können den Koch persönlich auf vollen Schadensersatz in Anspruch nehmen, doch kann dieser von seinem Arbeitgeber verlangen, dass er diese Verpflichtung erfüllt oder ihm den bezahlten Betrag erstattet, sofern ihn nur geringe Schuld trifft.

Der Rückgriff gegen den **Arbeitgeber** nützt wenig, wenn dieser inzwischen **541** insolvent geworden ist. Der BGH (DB 1994, 634) sieht auch hier keine Möglichkeit, den Arbeitnehmer von der Haftung zu befreien. Konsequent wäre eine generelle Herausnahme wie sie das französische Recht kennt: Wenn die Arbeitsergebnisse dem Arbeitgeber zugute kommen, sollten ihm auch die mit der Arbeit verbundenen Risiken zugeordnet werden.

Schädigt der Arbeitnehmer einen Arbeitskollegen, so ist zu unterschei- **542** den: Bei Personenschäden ist nach § 105 Abs. 1 SGB VII jede Ersatzpflicht ausgeschlossen; der Geschädigte ist wie bei anderen Unfällen auf die Unfallversicherung angewiesen. Bei Sachschäden tritt volle Haftung ein, doch besteht ein Freistellungsanspruch gegen den Arbeitgeber entsprechend den Grundsätzen über die Haftung im Arbeitsverhältnis.

Haftungserweiterung, insbesondere durch Vertrag

Die Mankohaftung

Weist der einem Arbeitnehmer anvertraute Warenbestand oder die von **543** ihm verwaltete Kasse einen Fehlbestand (Manko) auf, so sollten nach der früheren Rechtsprechung die Grundsätze über die Arbeitnehmerhaftung keine Anwendung finden (BAG, AP Nr. 67 zu § 611 BGB Haftung des Arbeitnehmers).

Dies ist inzwischen überholt: Die Grundsätze über die Arbeitnehmer- **544** haftung dürfen auch im Mankofall nicht zu Lasten des Arbeitnehmers verändert werden (BAG, NZA 1999, 141 ff.; BAG, NZA 2000, 715 ff.). Das gilt ebenfalls – wie nunmehr § 619 a BGB bestätigt – für die Verteilung der Beweislast. Eine verschuldensunabhängige Mankohaftung ist nur in der Weise möglich, dass dem Arbeitnehmer ein **zusätzliches Mankogeld** bezahlt wird, dessen Jahresbetrag zugleich die **Obergrenze für eine Haftung** darstellt (BAG, NZA 2000, 715).

Nicht besetzt. **545**

Haftung bei Gruppenarbeit

Eine sehr unbefriedigende Haftungserweiterung ergibt sich, wenn der **546** Schaden im Rahmen von Gruppenarbeit eintritt, nachträglich aber nicht mehr zu klären ist, welchem Gruppenmitglied die Fahrlässigkeit zur Last fällt. Nach Auffassung des BAG **haften** in einem solchen Falle **alle,** es sei denn, der Einzelne könne seine fehlende Mitwirkung oder sein mangelndes Verschulden beweisen (BAG, AP Nr. 4 zu § 611 BGB Akkordkolonne). Dies entspricht der Regelung in § 830 Abs. 1 Satz 2 BGB, die sich jedoch ausschließlich auf unerlaubte Handlungen bezieht und

die schon ihres Sondercharakters wegen nicht ins Vertragsrecht übernommen werden kann. Weiter ist dem BAG entgegengehalten worden,
in der Regel bestimme der Arbeitgeber Existenz, Zusammensetzung und
Organisation der Gruppe selbst und könne sich deshalb nicht auf fehlende Aufklärungsmöglichkeiten berufen. Auch die Subjektivierung des
Haftungsmaßstabes schließt es aus, einen Unschuldigen für die schwere
Verfehlung eines anderen haften zu lassen. Zumindest das LAG Berlin
hat dem in jüngerer Zeit auch Rechnung getragen (NZA 1990, 106). In
der Logik der BAG-Rechtsprechung zur Mankohaftung liegt es, auch
diese Erweiterung der Arbeitnehmerhaftung aufzugeben. Dafür spricht
auch, dass das BAG (NZA 2004, 649) die vertragliche Verschlechterung
zu Lasten des Arbeitnehmers nachhaltig und ohne erkennbare Ausnahme für unwirksam erklärt hat.

Vertragsstrafe

547 In Arbeitsverträgen verspricht der Arbeitnehmer häufig die Zahlung eines
bestimmten Geldbetrags für den Fall, dass er vor einem bestimmten Zeitpunkt kündigt oder dass er bestimmte Pflichten nicht erfüllt. Die Vereinbarung einer solchen Vertragsstrafe wurde vom BAG ursprünglich ohne
Bedenken zugelassen (BAG, DB 1986, 1979), obwohl sie den ausschließlichen Zweck hat, den Arbeitgeber günstiger als im Schadensersatzrecht
zu stellen, braucht er doch den Eintritt eines Schadens in diesen Fällen
nicht mehr nachzuweisen. Auch nach der Schuldrechtsreform blieb trotz
des Verbots in § 309 Nr. 6 BGB mit Rücksicht auf »arbeitsrechtliche Besonderheiten« die Möglichkeit zur Vereinbarung einer Vertragsstrafe erhalten, doch hat das BAG zwei wichtige Schranken entwickelt.

548 ▪ Die **Pflichtverletzung**, an die angeknüpft wird, muss **konkret bestimmt**
sein. Der Arbeitnehmer muss erkennen können, was ggf. auf ihn zukommt. Angesichts des Sanktionscharakters der Vertragsstrafe ist
dies auch aus rechtsstaatlichen Gründen geboten (BAG, NZA 2005,
1053, 1055). **Nicht zulässig** ist es deshalb, etwa für jedes »**schuldhaft**
vertragswidrige Verhalten« eine Vertragsstrafe vorzusehen, oder dies
dann zu tun, wenn der Arbeitgeber wegen dieses Umstands eine fristlose Kündigung ausgesprochen hat: Ob es dazu kommt, ist für den
Einzelnen nicht voraussehbar (BAG, a.a.O.). Zulässig ist aber beispielsweise eine Vertragsstrafe für den Fall des Nichtantritts der Arbeit, der grundlosen Beendigung der Tätigkeit oder des Verstoßes gegen ein Wettbewerbsverbot (BAG, NZA 2006, 32, 37). »Gravierende
Vertragsverstöße« sind nur dann ein tauglicher Gegenstand, wenn sie
zugleich weiter konkretisiert werden (BAG, NZA 2006, 32, 36).

Zulässige Klauseln können ähnlich wie im Strafrecht **nicht analog** in anderen Fällen angewandt werden. Wird nur der Fall erwähnt, dass der Arbeitnehmer ohne wichtigen Grund fristlos kündigt, so ist damit die Situation nicht erfasst, dass der Arbeitnehmer durch sein Verhalten dem Arbeitgeber Anlass gibt, seinerseits fristlos zu kündigen (BAG, NZA 1992, 215).

Reformvorstellungen

Die **SPD-Fraktion** hatte im August 1993 einen Gesetzentwurf zur Rege-   **549**
lung der Arbeitnehmerhaftung im Bundestag eingebracht (Bundestags-Drucksache 12/5551). Er führt die in Rechtsprechung und Literatur vorhandenen Ansätze weiter. Im Einzelnen war vorgesehen:

- Die Vereinbarung einer überhöhten Vertragsstrafe macht die Klausel unwirksam. Dies ist in der Regel der Fall, wenn ein Monatsgehalt überschritten ist. Besteht in der Probezeit eine Kündigungsfrist von zwei Wochen, darf die Vertragsstrafe die in diesem Zeitraum mögliche Vergütung nicht überschreiten.
- Beschränkung der Haftung auf Vorsatz und grobe Fahrlässigkeit;
- Haftungshöchstgrenze von drei Nettomonatsvergütungen bei grober Fahrlässigkeit;
- Freistellungsanspruch bei Haftung gegenüber Dritten, bei Insolvenz des Arbeitgebers Behandlung entsprechend Insolvenzgeld;
- anteilige Haftung mehrerer Schadensverursacher bei grober Fahrlässigkeit;
- keine vertragliche Erweiterung der Haftung, auch nicht mit Hilfe eines Vertragsstrafenversprechens.

Später war davon nichts mehr zu hören.

8.8   Weiterführende Literatur

Däubler/Bonin/Deinert, AGB-Kontrolle im Arbeitsrecht, Kommentar   **550**
zu den §§ 305 bis 310 BGB, 4. Aufl., München 2014;
Clemens/Kreft/Krause (Hrsg.), AGB-Arbeitsrecht. Kommentar, Köln 2013;
Thüsing, AGB-Kontrolle im Arbeitsrecht, München 2007;
Lakies, Vertragsgestaltung und AGB im Arbeitsrecht, 2. Aufl., Heidelberg u. a. 2011;
Henssler/Moll, AGB-Kontrolle vorformulierter Arbeitsbedingungen, München 2011;

Boemke/Ulrici, HK-ArbR, 3. Aufl., Baden-Baden 2013, Kommentierung zu den §§ 305 bis 310;

Preis, Grundfragen der Vertragsgestaltung im Arbeitsrecht, Neuwied u.a. 1993;

Preis (Hrsg.), Der Arbeitsvertrag, 4. Aufl., Köln 2011;

Gotthardt, Arbeitsrecht nach der Schuldrechtsmodernisierung, 2. Aufl., München 2003;

Otto/Schwarze, Die Haftung des Arbeitnehmers, 3. Aufl., Karlsruhe 1998;

Kohte, Arbeitnehmerhaftung und Arbeitgeberrisiko, Königsstein 1981;

Däubler, Die Haftung des Arbeitnehmers – Grundlagen und Grenzen, NJW 1986, 867;

Deinert, Mankohaftung, RdA 2000, 22;

Däubler, Zielvereinbarungen und AGB-Kontrolle, ZIP 2004, 2209;

Krause, Die Haftung des Arbeitnehmers für Mankoschäden – Bilanz und Perspektiven, RdA 2013, 129;

Deinert, Unfallversicherungsregress und innerbetrieblicher Schadensausgleich, RdA 2013, 146.

Eine **Einführung für Betriebsräte in das Arbeitsvertragsrecht** bringt
Däubler, Die Kontrolle von Arbeitsverträgen durch den Betriebsrat, edition der Hans-Böckler-Stiftung, Düsseldorf 2005.

9. Schutz von Leben und Gesundheit am Arbeitsplatz

Der **Verschleiß der menschlichen Gesundheit** ist das sichtbarste und **551** schlimmste Opfer, das sich speziell mit der industriellen Produktion verbindet. Die Arbeiterbewegung hat von Anfang an versucht, gegen derartige Missstände vorzugehen. Dieses Vorhaben war bis zu einem gewissen Grad aussichtsreich: Der einzelne Arbeitgeber wie insbesondere die Gesamtheit aller Unternehmer besitzen auch ein eigenes ökonomisches Interesse, die vorhandenen Arbeitskräfte zu schonen und damit ihren Wert zu erhalten. Die meisten im Laufe der industriellen Revolution erlassenen Arbeitsrechtsnormen waren deshalb Vorschriften zum Schutze von Leben und Gesundheit und betrafen meist besonders schwache Arbeitnehmergruppen wie Frauen und Kinder.

Neben der Begrenzung der Arbeitszeit (dazu Kap. 10 – Rn. 572 ff.) **552** war zentrale Forderung der sog. **Betriebs- und Gefahrenschutz**. Damit sind alle Vorschriften gemeint, die Leben und Gesundheit gegen die Risiken der Technik schützen wollen – sie sind die zentralen Bestandteile des »**Arbeitsschutzrechts**«.

Die heutigen Regelungen sind – vorsichtig ausgedrückt – nicht ganz **553** einfach zu durchschauen. Sie im Detail darzustellen, würde ein Extra-Buch von vielleicht 2000 Seiten erfordern. Dies übersteigt nicht nur unsere Möglichkeiten, sondern ist auch nicht notwendig. Es sollen daher lediglich Grundstrukturen skizziert werden.

9.1 Die Zweispurigkeit des Arbeitsschutzes

Aus historischen Gründen gibt es zwei Gruppen von Vorschriften und **554** zwei verschiedene Instanzen, die sich um den Schutz von Leben und Gesundheit am Arbeitsplatz kümmern.

Auf der einen Seite steht das **Arbeitsschutzgesetz vom 7. August 1996** (BGBl. I S. 1246), das auf der sog. EG-Rahmenrichtlinie Arbeitsschutz beruht. Es hat den alten § 120 a GewO von 1890 abgelöst, erstreckt sich anders als dieser auf alle Tätigkeitsbereiche einschließlich öffentlicher Dienst, Landwirtschaft und freie Berufe und enthält eine Reihe allgemeiner Gebote.

555 ▪ Nach § 3 Abs. 1 Arbeitsschutzgesetz (= ArbSchG) ist der Arbeitgeber verpflichtet, »die erforderlichen Maßnahmen des Arbeitsschutzes unter Berücksichtigung der Umstände zu treffen, die Sicherheit und Gesundheit der Beschäftigten bei der Arbeit beeinflussen«. § 4 des Gesetzes nennt eine Reihe konkreterer Ziele und Vorgehensweisen. So ist die Arbeit insbesondere so zu gestalten, dass »eine **Gefährdung für Leben und Gesundheit möglichst vermieden** und die verbleibende Gefährdung möglichst gering gehalten wird«. Auch psychische Belastungen, insbesondere Stress, sind dabei einzubeziehen. Weiter sind Gefahren an ihrer Quelle zu bekämpfen.

556 ▪ Durch § 5 ArbSchG neu geschaffen ist die Pflicht, die an bestimmten Arbeitsplätzen vorhandenen **Gefahren zu ermitteln.** Um unnötigen Aufwand zu verhindern, kann allerdings bei gleichartigen Arbeitsbedingungen die Beurteilung auf einen Arbeitsplatz oder eine Tätigkeit beschränkt werden (§ 5 Abs. 2 Satz 2 ArbSchG). Das Ergebnis dieser »Risikoanalyse« (in der Regel »**Gefährdungsbeurteilung**« genannt) und die ergriffenen Maßnahmen sind nach § 6 ArbSchG schriftlich zu dokumentieren.

▪ Bestehen unvermeidbare Gefahren, müssen die **Beschäftigten umfassend informiert** sein, bevor sie die entsprechenden Arbeitsplätze einnehmen dürfen.

▪ Nach § 11 ArbSchG muss es der Arbeitgeber den Beschäftigten gestatten, sich »je nach den Gefahren für Sicherheit und Gesundheit bei der Arbeit regelmäßig **arbeitsmedizinisch untersuchen** zu lassen«.

557 ▪ Nach § 12 ArbSchG hat der Arbeitgeber die Beschäftigten über Sicherheit und Gesundheitsschutz bei der Arbeit »ausreichend und angemessen« zu **unterweisen,** und zwar während der Arbeitszeit. Das altmodisch klingende Wort »Unterweisung« umfasst Anweisungen und Erläuterungen, die sich auf den Arbeitsplatz oder den Aufgabenbereich des Beschäftigten beziehen; sie müssen sich an die Gefährdungsentwicklung anpassen.

▪ Die Beschäftigten dürfen nach § 3 Abs. 3 ArbSchG nicht an den **Kosten des Arbeitsschutzes** beteiligt werden.

558 Das ArbSchG ist **durch** eine ganze Reihe von **Verordnungen konkretisiert** worden, die entsprechende »Einzelrichtlinien« der EU umsetzen. Zu erwähnen sind u. a.:

- Verordnung über Sicherheit und Gesundheitsschutz bei der Benutzung persönlicher Schutzausrüstungen bei der Arbeit vom 4. Dezember 1996 (BGBl. I S. 1841);
- Verordnung über Sicherheit und Gesundheitsschutz bei der manuellen Handhabung von Lasten bei der Arbeit vom 4. Dezember 1996 (BGBl. I S. 1842), zuletzt geändert durch Verordnung vom 31. Oktober 2006 (BGBl. I S. 2407);
- Verordnung über Sicherheit und Gesundheitsschutz bei der Bereitstellung von Arbeitsmitteln und deren Benutzung bei der Arbeit, über Sicherheit beim Betrieb überwachungsbedürftiger Anlagen und über die Organisation des betrieblichen Arbeitsschutzes (Betriebssicherheitsverordnung – BetrSichV) vom 27. September 2002 (BGBl. I S. 3777), zuletzt geändert durch Gesetz vom 8. November 2011 (BGBl. I S. 2178);
- Verordnung über Sicherheit und Gesundheitsschutz bei der Arbeit an Bildschirmgeräten vom 4. Dezember 1996 (BGBl. I S. 1843), zuletzt geändert durch Verordnung vom 18. Dezember 2008 (BGBl. I S. 2768);
- Verordnung zur Änderung der Verordnung über Arbeitsstätten vom 4. Dezember 1996 (BGBl. I S. 1845), neu gefasst durch Verordnung vom 12. August 2004 (BGBl. I S. 2179), zuletzt geändert durch Verordnung vom 19. Juli 2010 (BGBl. I S. 960).

Die beiden zuletzt genannten Verordnungen werden derzeit zu einer einheitlichen VO zusammengefügt, weil ein Bildschirm mittlerweile zur Normalausstattung eines Arbeitsplatzes gehört.

Dies alles klingt nach relativ langweiliger Aufzählung, doch sind die Verordnungen angesichts der sehr allgemeinen Aussagen des Gesetzes von großer praktischer Bedeutung.

559 § 5 der (bisherigen) BildschirmarbeitsVO schreibt z. B. vor, dass die **Bildschirmarbeit** regelmäßig durch andere Tätigkeiten oder durch Pausen unterbrochen wird. § 6 der Verordnung sieht vor Aufnahme der Tätigkeit und anschließend in regelmäßigen Zeitabständen eine angemessene Untersuchung der Augen und des Sehvermögens durch eine fachkundige Person vor.

560 Vergleichbar bedeutsame Fragen regelt die **Arbeitsstättenverordnung.**

Beispiele:
Raumtemperatur, Schallpegel, Vorhandensein von Waschräumen, Mindestgrundfläche von Arbeitsräumen usw.

259

561 Was die von Maschinen ausgehenden Gefahren betrifft, so gilt das sog. **Geräte- und Produktsicherheitsgesetz** v. 6. 1. 2004 (BGBl. I S. 219); der Bekämpfung von Schadstoffen ist die sog. **Gefahrstoffverordnung** vom 26. 8. 1986 (BGBl. I S. 1470), i. d. F. vom 23. 12. 2004 (BGBl. I S. 3758) gewidmet (aktuelle Fassung bei Kittner, Arbeits- und Sozialordnung, Nr. 7 c).

562 Die sog. **Gewerbeaufsicht**, eine zur Arbeitsverwaltung gehörende Behörde, hat die Aufgabe, für die Einhaltung aller dieser Vorschriften zu sorgen. Sie hat das Recht, Betriebe auch unangemeldet zu inspizieren, Verstöße abzustellen, Bußgelder zu verhängen und ggf. ein Strafverfahren einzuleiten. In manchen Bundesländern nennt sie sich »Amt für Arbeitsschutz«.

563 Der **zweite** »**Strang**« des Arbeitsschutzes sind die Träger der **gesetzlichen Unfallversicherung**, d. h. die sog. Berufsgenossenschaften. Nach §§ 14, 15 SGB VII haben sie das Recht, Vorschriften u. a. über »Einrichtungen, Anordnungen und Maßnahmen, welche die Unternehmer zur Verhütung von Arbeitsunfällen zu beobachten haben«, zu erlassen. Die Berufsgenossenschaften sind nach Branchen gegliedert und können deshalb den durch die jeweilige Technik geschaffenen Gefahren am besten begegnen.

564 Die **Unfallverhütungsvorschriften** sind für Arbeitgeber wie Arbeitnehmer bindend. Über ihre Einhaltung wacht ein sog. **technischer Aufsichtsdienst**, der ähnliche Befugnisse wie die Gewerbeaufsicht besitzt. In der Praxis ergeben sich oft Überschneidungen. Was z. B. in der Gefahrstoffverordnung steht, findet sich zum Teil in einzelnen Unfallverhütungsvorschriften wieder.

564a Die **Betriebssicherheitsverordnung** vom 27. 9. 2002 (BGBl. I S. 3777) unternimmt den Versuch, beide Teile des Arbeitsschutzrechts zusammenzuführen und ein einheitliches Recht der Anlagensicherheit zu schaffen.

9.2 Durchsetzung mit Hilfe von innerbetrieblichen Instanzen

565 Für die Beachtung des Arbeitsschutzrechts zu sorgen ist nicht allein Aufgabe der Gewerbeaufsicht und des technischen Aufsichtsdienstes. Insbesondere, wenn es um präventive Maßnahmen geht, sind Personen, die mit den innerbetrieblichen Vorgängen vertraut sind, besser geeignet.

Wichtig sind in diesem Zusammenhang die **Betriebsärzte** und die **Fachkräfte für Arbeitssicherheit.** Ihre Aufgaben und ihre Rechtsstellung ergeben sich aus dem **Arbeitssicherheitsgesetz** vom 15. Dezember 1973 (BGBl. I S. 1885).

Bedeutsam ist das **Mitbestimmungsrecht des Betriebsrats** nach § 87 Abs. 1 Nr. 7 BetrVG, das sich auf die Ausfüllung der vorhandenen arbeitsschutzrechtlichen Normen bezieht. Überall dort, wo diese unterschiedliche Formen der Konkretisierung und praktischen Umsetzung zulassen, kann der Betriebsrat aktiv werden und im Interesse der Arbeitnehmer eine bestimmte Gestaltung verlangen. **565a**

Beispiel:

§ 5 (der bisherigen) BildschirmarbeitsVO ließ eine Unterbrechung entweder durch andere Tätigkeiten oder durch Pausen zu. Der Betriebsrat kann mit dem Arbeitgeber darüber verhandeln (und notfalls einen Spruch der Einigungsstelle herbeiführen), dass ausschließlich vom Mittel der Pausen Gebrauch gemacht wird.

Oder: Die in »regelmäßigen Zeitabständen« fälligen Augenuntersuchungen werden auf »einmal pro Jahr« festgelegt.

Die Gestaltungsmöglichkeiten, die sich hier in der Praxis ergeben, sind bei weitem noch nicht alle erkannt. Siehe dazu etwa Kittner/Pieper, AiB 1997, 327; N. Fabricius, BB 1997, 1255; Däubler, BetrR 1998, 31. Das BAG (NZA 2004, 1175) hat die Vorschriften über **Gefährdungsbeurteilungen** und über die Unterweisung der Arbeitnehmer als Rahmenvorschriften qualifiziert, deren **Ausfüllung dem Mitbestimmungsrecht** des Betriebsrats **unterliegt.** Dieses kann sich insbesondere auch darauf erstrecken, welche Risiken im Einzelnen untersucht werden, wie also das »Frageprogramm« beschaffen ist, und wer als Experte die Untersuchung durchführen soll. Auch die **psychische Belastung,** insbesondere die Gefahr von **Stress,** muss nach der 2013 beschlossenen Änderung des § 5 ArbSchG einbezogen werden. Eine Verordnung, die dieses Prinzip konkretisiert und deshalb leichter handhabbar gemacht hätte, ist vom Bundesrat vorgeschlagen (BR-Drucksache 315/13), aber von der Bundesregierung nicht erlassen worden.

Auch die **Belegschaft** selbst **kann** im Übrigen **aktiv werden;** verletzt der Arbeitgeber einzelne arbeitsschutzrechtliche Bestimmungen, kann sogar unter Berufung auf § 273 BGB die Arbeitsleistung verweigert werden. **566**

9.3 Das Grundrecht auf Leben und Gesundheit nach Art. 2 Abs. 2 GG

567 Der unmittelbare Rückgriff auf Art. 2 Abs. 2 GG ist im Arbeitsschutz die Ausnahme. Er fand sich fast nur dann, wenn sich **Nichtraucher** gegen ihre rauchenden Kollegen zur Wehr setzten. In der Regel gewannen sie ihre Prozesse (besonders deutlich ArbG Hamburg, DB 1989, 1142). Eine vom Betriebsrat geschlossene Betriebsvereinbarung, die die Raucher in einen überdachten Fahrradschuppen »verbannte«, fand die Billigung des BAG (DB 1999, 962). Nunmehr ist der Arbeitgeber nach § 5 ArbStättV verpflichtet, die nicht rauchenden Beschäftigten wirksam vor den Gesundheitsgefahren durch Tabakrauch zu schützen. In Arbeitsstätten mit Publikumsverkehr (z. B. Gaststätte, Supermarkt, aber auch Flugzeug) hat dagegen der Schutz der Nichtraucher ggf. zurückzutreten. So hat etwa eine Stewardess keinen Anspruch auf einen tabakrauchfreien Arbeitsplatz, d. h. auf ein Rauchverbot im Flugzeug (BAG, DB 1996, 1782).

568 Sich unmittelbar auf Art. 2 Abs. 2 GG zu stützen, kann deshalb sinnvoll sein, weil das **Bundesverfassungsgericht** in atomrechtlichen Streitigkeiten insoweit sehr strenge Maßstäbe entwickelt hat: Während im Arbeitsschutz die »Natur des Betriebes« in vielen Fällen immer noch die faktische Grenze für zumutbare Gegenmaßnahmen darstellt, vertritt das Bundesverfassungsgericht den Standpunkt, man müsse ggf. auf einzelne Anlagen oder gar eine ganze Technik verzichten, wenn die Gefahren für den Einzelnen nicht auf ein zu vernachlässigendes »Restrisiko« zu reduzieren seien (BVerfGE 49, 89 ff. – Kalkar).

9.4 Gesundheitsgefährdung als Vertragsinhalt?

569 In vielen Fällen ist schon bei Abschluss des Arbeitsvertrags absehbar, dass die vorgesehene Tätigkeit mit gesundheitlichen Risiken verbunden ist. Dies gilt nicht nur für Schichtarbeit, sondern beispielsweise auch für alle jene Tätigkeiten, bei denen ein Umgang mit Krebs erregenden Substanzen anfällt.

Weiteres Beispiel (nach Wallraff, »Ganz unten«):
Erwerbslose werden von einer Arzneimittelfirma als »Versuchskaninchen« eingesetzt; beim Testen neuer Medikamente ergeben sich erhebliche Nebenwirkungen, in einigen Fällen treten gesundheitliche Dauerschäden ein.

Ist es erlaubt, in dieser Weise die eigene **Gesundheit** zu »verkaufen«, gewissermaßen in einem sehr unmittelbaren Sinne die eigene Haut zum Markte zu tragen?

Keine Schwierigkeiten bereitet die Feststellung, dass **vermeidbare Ge-** **570** **sundheitsgefährdungen** nicht Gegenstand eines wirksamen Arbeitsvertrags sein können; § 618 BGB, der dies verbietet, ist zwingendes, vertraglich nicht abdingbares Recht.

Im »Arzneimittelfall« wären danach zunächst andere Erkenntnismittel auszuschöpfen; der Test am Menschen ist erst dann erträglich, wenn gesundheitliche Dauerschäden sich auf ein »Restrisiko« reduziert haben.

In den anderen Fällen stellt sich das Problem, ob man derartige Tätigkeiten generell verbieten soll oder nicht. Im Ergebnis haben noch immer die Notwendigkeiten des Arbeitsprozesses gesiegt. Solange das Arbeitsschutzrecht die Schichtarbeit und die Arbeit mit (bestimmten) krebserzeugenden Stoffen zulässt, wird auch ein entsprechender Arbeitsvertrag als gültig betrachtet. Dies ist nicht zwingend; man könnte durchaus daran denken, den Gesundheitsschutz auch über das Vertragsrecht weiterzuentwickeln: Der Arbeitnehmer hätte dann das Recht, jederzeit z. B. den Umgang mit Krebs erregenden Stoffen zu verweigern.

9.5   Weiterführende Literatur

Kohte/Faber/Feldhoff (Hrsg.), Gesamtes Arbeitsschutzrecht, Kommen- **571** tar, Baden-Baden 2014;

Heilmann, Arbeitsschutzgesetz, Handkommentar, 2. Aufl., Baden-Baden 2005;

Kollmer/Klindt (Hrsg.), Arbeitsschutzgesetz, Kommentar (auch zu den Verordnungen), 2. Aufl., München 2011;

Pieper, Arbeitsschutzrecht: Arbeitsschutzgesetz, Arbeitssicherheitsgesetz und andere Arbeitsschutzvorschriften, Kommentar für die Praxis, 5. Aufl., Frankfurt/Main 2012;

Pieper, Arbeitsschutzgesetz, Basiskommentar, 6. Aufl., Frankfurt/Main 2014;

Pieper, Arbeitsstättenverordnung, Basiskommentar, 2. Aufl., Frankfurt/ Main 2008;

Pieper, Gefahrstoffverordnung, Basiskommentar, Frankfurt/Main 2013;

Elsner, Wenn andere schlafen: Nachtschichtarbeit in Druckereien, Hamburg 1994;

Oppolzer, Handbuch Arbeitsgestaltung, Hamburg 1989;

Oppolzer, Ökologie der Arbeit: Mensch und Arbeitsumwelt: Belastungen und Gestaltungserfordernisse, Hamburg 1993;

Oppolzer, Gesundheitsmanagement im Betrieb, Hamburg 2010 (Überarbeitung der Ausgabe 2006);

Däubler, Arbeitsrecht 2, Rn. 332–427, Reinbek 2009;

Bücker/Feldhoff/Kohte, Vom Arbeitsschutz zur Arbeitsumwelt. Europäische Herausforderungen für das deutsche Arbeitsrecht, Neuwied u. a. 1994;

Pieper/Vorath, Handbuch Arbeitsschutz. Sicherheit und Gesundheitsschutz im Betrieb, 2. Aufl., Frankfurt/Main 2005;

HK-ArbR-Hamm/Faber, Kommentierung des ArbSchG, 3. Aufl., Baden-Baden 2013.

264

10. Arbeitszeitrecht

10.1 Historische Entwicklung

Die **Beschränkung des Arbeitstages,** d. h. die verbindliche Festlegung **572** einer täglichen Höchstarbeitszeit, war neben dem Gesundheitsschutz eine der ersten Forderungen der Arbeiterbewegung. Der Grund hierfür ist leicht zu erkennen: Eine durch die Verhältnisse erzwungene körperliche Arbeit von zwölf, vierzehn oder sechzehn Stunden täglich führt zu einem frühzeitigen Verschleiß der Arbeitskraft und zu schweren Gesundheitsschäden. Gleichzeitig macht sie den abhängig Beschäftigten zu einem Anhängsel der Arbeit, dem für seine persönlichen Bedürfnisse so gut wie keine Zeit mehr übrig bleibt. Eine Teilnahme am sozialen, politischen und kulturellen Leben ist unmöglich, die wenige arbeitsfreie Zeit muss für häusliche Tätigkeiten und eine notdürftige Regeneration der Arbeitskraft verwendet werden. Der Kampf um eine kürzere Arbeitszeit soll deshalb wenigstens die Chance schaffen, dass der Einzelne nicht nur »Arbeitsroboter« ist, sondern ein wenig auch als Mensch leben kann.

Die **Durchsetzung einer menschenwürdigen Arbeitszeit nahm über 573 100 Jahre in Anspruch.** Träger entsprechender Forderungen waren ursprünglich insbesondere ehemalige Handwerker in den Städten, deren Zeitverständnis noch durch die Zunftverfassung geprägt war: Systematisches, rationelles Erwerbsstreben war dort ebenso unbekannt wie eine »Zeitökonomie«, die nach dem »Output« pro Stunde fragt.

Die **ersten Schritte** wurden in **England** getan, das sich früher als die **574** kontinentaleuropäischen Staaten industrialisierte. Zwischen 1802 und 1833 wurden insgesamt fünf Gesetze zur Beschränkung der Arbeitszeit erlassen. Sie blieben alle wirkungslos, weil keine Behörden eingerichtet wurden, die ihre Einhaltung hätten überwachen können (Marx, MEW Bd. 23, 294). Den ersten Schritt nach vorne brachte ein Gesetz von 1833, das die Beschäftigung von Kindern unter neun Jahren verbot und die Arbeitszeit für Neun- bis Dreizehnjährige auf acht Stunden täglich, für Dreizehn- bis Achtzehnjährige auf zwölf Stunden täglich beschränkte. Ungeschützt blieben erwachsene Arbeitnehmer, die weiterhin vierzehn, fünfzehn oder sechzehn Stunden täglich beschäftigt werden konnten. Für männliche Arbeitnehmer änderten auch die folgenden Gesetze nichts an diesem Zustand: 1844 wurden die Frauen den Jugendlichen zwischen dreizehn und achtzehn Jahren gleichgestellt, 1847 wurde die Arbeitszeit für diese Gruppe von zwölf auf zehn Stunden herabgesetzt.

575 **Ähnlich langsam** vollzog sich der **Fortschritt in Deutschland.** Während die tägliche Arbeitszeit um 1850 etwa vierzehn Stunden betrug, belief sie sich 1875 immer noch auf zwölf. Um die Jahrhundertwende lag sie bei zehneinhalb Stunden. Vorreiterfunktion bei der Arbeitszeitverkürzung hatte die **Carl-Zeiss-Stiftung in Jena,** wo der Arbeitstag von zunächst 11 ¾ Stunden allmählich auf neun Stunden gesenkt wurde. Im Jahre 1900 wurde dann erstmals der Acht-Stunden-Tag eingeführt. Dies war weniger die »soziale Großtat« einer aufgeklärten Unternehmensleitung als eine Folge der Erkenntnis, dass bei kürzerer Arbeitszeit intensiver gearbeitet und deshalb das bisherige Arbeitsergebnis sogar übertroffen wurde. Bis zum Ersten Weltkrieg wurde die durchschnittliche Arbeitzeit auf 9 $^1/_2$ Stunden täglich reduziert; während des Krieges ging sie wieder drastisch nach oben.

576 Einen ersten großen Durchbruch brachte die **November-Revolution** von 1918, die den **Acht-Stunden-Tag** verbindlich machte und damit Maßstäbe setzte, die bis in die Gegenwart gültig sind. Dabei wurde allerdings nicht wie heute die Fünf-Tage-, sondern die Sechs-Tage-Woche zugrunde gelegt. Obergrenze waren also 48 Stunden pro Woche. Schon 1923 wurde der Acht-Stunden-Tag durch viele Ausnahmen durchlöchert; insbesondere war die »Entgegennahme« von Mehrarbeit nicht mehr strafbar. Die bis 1994 geltende Arbeitszeitordnung (**AZO**) von 1938 schrieb im Wesentlichen den Rechtszustand fort, der 1923 erreicht war. Dass es nicht wie in anderen Teilen des Arbeitsrechts während des Faschismus zu einem Rückschritt kam, lag unter anderem daran, dass sich in der Zwischenzeit die Arbeitsanforderungen stark erhöht hatten. Die Produktivität hätte deshalb erheblich gelitten, wenn man zu einer über acht bis zehn Stunden täglich hinausgehenden Arbeitszeit zurückgekehrt wäre.

10.2 Höchstdauer der Arbeitszeit

10.2.1 Der so genannte Acht-Stunden-Tag des ArbZG

»Die werktägliche Arbeitszeit der Arbeitnehmer darf acht Stunden nicht **577**
überschreiten« – so ordnet es in aller Kürze und Deutlichkeit § 3 des Ar-
beitszeitgesetzes (ArbZG) von 1994 an. Liest man nur diese Grundsatz-
bestimmung und lässt die Ausnahmen und Abschwächungen beiseite, so
gewinnt man freilich ein falsches Bild. Der Acht-Stunden-Tag erfährt
zahlreiche Durchbrechungen:

(1) Um mit dem Harmlosesten zu beginnen: Nach seinem § 18 findet **578**
das ArbZG keine Anwendung auf **leitende Angestellte** und Chefärzte sowie Dienststellen- und Personalleiter im öffentlichen Dienst. Ausgenommen sind weiter Arbeitnehmer, die wie eine angestellte Erzieherin mit
den ihnen anvertrauten Personen im selben Haushalt zusammenleben.

(2) Eine Ausdehnung auf zehn Stunden ist nach § 3 Satz 2 ArbZG je- **579**
derzeit zulässig, wenn innerhalb eines sog. **Ausgleichszeitraumes von
sechs Monaten** oder 24 Wochen ein Durchschnitt von acht Stunden
werktäglich erreicht wird.

> Rechtlich möglich ist es daher, drei Wochen lang jeweils 60 Stunden (sechs Werk-
> tage à zehn Stunden) zu arbeiten, wenn irgendwann im Laufe des nächsten halben
> Jahres drei Wochen lang lediglich 36 Stunden (sechs mal acht minus zwei) gear-
> beitet wird oder wenn in den vorangegangenen sechs Monaten drei Wochen lang
> lediglich 36 Stunden gearbeitet wurde.

Aus dem realen wird so ein »**statistischer**« **Acht-Stunden-Tag.**
(3) Nach § 7 Abs. 1 Nr. 1 ArbZG ist durch **Tarifvertrag** eine noch stär- **580**
kere Flexibilisierung möglich. Die Zehn-Stunden-Grenze kann überschritten werden, »wenn in die Arbeitszeit regelmäßig und in erheblichem
Umfang Arbeitsbereitschaft oder Bereitschaftsdienst fällt«. Der »erhebliche Umfang« wird schon bei einem Anteil von etwa 30 Prozent angenommen. Weiter lässt sich (nicht nur ein kürzerer, sondern auch) ein längerer Ausgleichszeitraum als sechs Monate wie z. B. ein Jahr (nach »vorne«
oder nach »hinten«) festlegen. Schließlich kann unter bestimmten Voraussetzungen auf den Ausgleich ganz verzichtet werden (u. Rn. 596 a).

(4) Nach § 14 Abs. 1 ArbZG kann in **Notfällen** und in »außerge- **581**
wöhnlichen Fällen, die unabhängig vom Willen der Betroffenen eintreten und deren Folgen nicht auf andere Weise zu beseitigen sind«, von
dem nach § 3 ArbZG Zulässigen abgewichen werden. Obergrenzen sind
insoweit nicht gezogen.

582 (5) Die **Aufsichtsbehörde** (Gewerbeaufsicht) kann nach § 15 Abs. 1 Nr. 1 ArbZG die Überschreitung des von § 3 ArbZG gezogenen Zeitrahmens bewilligen, wenn bestimmte Voraussetzungen vorliegen, und nach § 15 Abs. 2 ArbZG **weitere Ausnahmen** zulassen, »soweit sie im öffentlichen Interesse dringend nötig werden«.

Die betriebliche Praxis bestimmt sich allerdings weniger nach dem ArbZG als nach tariflichen Vorschriften.

10.2.2 Die tarifliche Normalarbeitszeit

583 Die Gewerkschaften haben in den letzten 50 Jahren kontinuierlich darauf hingewirkt, dass die Arbeitszeit verkürzt und zunächst die 40-Stunden-Woche bei vollem Lohnausgleich eingeführt wurde. Im **Oktober 1977** hatten sie dieses (Zwischen-)Ziel weitgehend erreicht: Für 92,2 Prozent aller Arbeiter und Angestellten betrug die tarifliche Wochenarbeitszeit **vierzig Stunden**, für 7,8 Prozent belief sie sich auf 41 bis 45 Stunden. 1984 galt für 98,9 Prozent der von Tarifverträgen erfassten Arbeitnehmer die 40-Stunden-Woche (Clasen, RdA 1985, 240).

584 Die Streiks vom Frühsommer 1984 durchbrachen diese Grenze nach unten für ein knappes Viertel aller Beschäftigten – ein bedeutsamer Fortschritt, der allerdings lange auf sich warten ließ: Schon 1977 hatte der Gewerkschaftstag der IG Metall die 35-Stunden-Woche zum aktuellen Ziel der Tarifpolitik erklärt. Nunmehr betrug die Wochenarbeitszeit nur noch 38,5 Stunden. Inzwischen liegt die **durchschnittliche tarifliche Wochenarbeitszeit in allen Branchen bei 37,7 Stunden** – und das in etwa konstant seit ca. 15 Jahren (WSI-Report, Arbeitszeiten in Deutschland, November 2014, S. 13 – abrufbar unter www.boeckler.de). 1995 ist bei Metall und Druck die 1990 vereinbarte 35-Stunden-Woche verbindlich geworden. In den neuen Bundesländern lag die tarifliche Wochenarbeitszeit 1994 noch bei etwa 40 Stunden (vgl. Statistisches Jahrbuch 1995, 574). Sie ist bis 2012 auf 38,5 Stunden abgesenkt worden (WSI-Report, a.a.O., S. 13) und nähert sich dem gesamtdeutschen Durchschnitt immer mehr an.

585 Die Realität sieht ein wenig anders aus: Die tarifliche »Normalarbeitszeit« ist nicht mit der **effektiv geleisteten Arbeit** in eins zu setzen. Viele Tarifverträge enthalten »Öffnungsklauseln« und lassen für bestimmte Gruppen von Beschäftigten oder in bestimmten Situationen längere Arbeitszeiten zu. Auch sind in der Gegenwart nur noch 58 Prozent aller Beschäftigten durch Tarifverträge geschützt; bei den anderen ist die

Dauer der Arbeitszeit im Rahmen des ArbZG »Verhandlungssache« zwischen Arbeitgeber und einzelnem Arbeitnehmer. Auch dort, wo die tarifliche 35- oder 38-Stunden-Woche herrscht, ergibt sich eine weitere Korrektur nach oben, wenn man nach den Überstunden und der gesamten **arbeitsbezogenen Zeit** fragt. Auch muss man die Intensität der Arbeit im Blick haben – eine in Deutschland wenig beachtete Seite der Problematik. Ist Arbeitsstunde wirklich gleich Arbeitsstunde? Was bedeutet es, wenn man einen großen Teil des Tages, im Extremfall sogar rund um die Uhr telefonisch erreichbar sein muss? Und schließlich ist die zeitliche Lage der Arbeitszeit relevant; acht Stunden Schichtarbeit sind offensichtlich belastender als acht Stunden normale Tagesarbeit zwischen 7.30 Uhr und 16 Uhr.

10.2.3 Die tatsächliche Arbeitszeit

Die **vertraglich vereinbarte Wochenarbeitszeit** liegt fast eine Stunde **über** **586** dem tariflichen Durchschnitt (Bauer/Munz, WSI-Mitt. 2005, 43), was insbesondere Folge tariflicher Öffnung »nach oben« ist. Die **tatsächlich geleistete** durchschnittliche **Arbeitszeit** lag im Jahre 2012 bei **41,9 Stunden** (WSI-Report, Arbeitszeiten in Deutschland, November 2014, S. 6). Dies bedeutet, dass trotz Massenarbeitslosigkeit im Schnitt drei Überstunden pro Woche geleistet werden. Von den beschäftigungspolitischen Nachteilen abgesehen, können dadurch im Einzelfall hohe Belastungen für den Einzelnen entstehen. Bemerkenswert ist etwa, dass nach einer Untersuchung im Einzelhandel jeder dritte Beschäftigte neun oder mehr Stunden pro Tag arbeitet. Ein ähnliches Ergebnis erbrachte eine neuere Untersuchung für die Gesamtwirtschaft.

Das ArbZG enthält keine wirksame **Begrenzung der Überstunden.** Dies **587** wird schon daran deutlich, dass es von einer statistischen 48-Stunden-Woche ausgeht und vorübergehend auch den 10-Stunden-Tag zulässt.

Abhilfe kann schwerlich von einem »Nein« des Einzelnen erwartet **588** werden: Er will den Arbeitgeber nicht verärgern und außerdem die Haushaltskasse aufbessern. Mehr Chancen bietet die Tarifpolitik. Eine quantitative Obergrenze (fünf Stunden pro Woche!) wäre ebenso möglich wie eine **drastische Verteuerung:** Letztere würde die Zahl der Überstunden mit Sicherheit verringern, da der Arbeitgeber oft die Einstellung neuer Arbeitskräfte vorziehen würde. Für den Unternehmer ergäbe sich insgesamt allerdings eine höhere Lohnkostenbelastung, die er nicht freiwillig in Kauf nehmen wird. Solange eine solche Lösung (etwa ein Zuschlag von 200 Prozent) nicht durchsetzbar ist, bleibt die inzwischen immer stärker in den Vordergrund getretene **Abgeltung** der Überstunden **in Freizeit,** wobei die Zuschläge selbstredend erhalten bleiben.

Beispiel:
In der einen Woche arbeitet X 44 Stunden. Zu seiner 40-Stunden-Vergütung erhält er lediglich die Zuschläge für 4 Überstunden. In der folgenden Woche arbeitet er nur 36 Stunden, behält jedoch sein auf 40 Stunden berechnetes Gehalt.

Entsprechende Tarifregelungen sind rechtlich unbedenklich. Am weitesten gehen einige von der (damaligen) Gewerkschaft Holz und Kunststoff abgeschlossene Tarifverträge, wonach ab der 21. Überstunde im Monat ein Freizeitausgleich erfolgen *muss.* Dasselbe gilt dann, wenn in einer Woche länger als 47,5 Stunden gearbeitet wurde.

589 Der **Betriebsrat** hat die Möglichkeit, seine nach § 87 Abs. 1 Nr. 3 BetrVG erforderliche **Zustimmung** zur Anordnung von Überstunden zu **verweigern.** Erlauben ihm die betrieblichen Gegebenheiten ein solches Vorgehen nicht, so kann er seine Einwilligung zumindest davon abhängig machen, dass die Arbeitgeberseite auf anderen Gebieten Konzessionen anbietet. Bemerkenswert ist insoweit das Verhalten des Betriebsrats von Opel Rüsselsheim, der seine Zustimmung zu Sonderschichten erst in dem Moment gab, als die Geschäftsleitung eine bezahlte Pause von zehn Minuten für *jede* Schicht verbindlich zugesagt hatte. Nach einer BAG-Entscheidung kann der Betriebsrat von seinem **Initiativrecht** Gebrauch machen, um eine Obergrenze für Überstunden durchzusetzen.

590 **Bei flexiblen Arbeitszeitmodellen** werden häufig auch bei langer Tagesarbeitszeit **keine** »Überstunden« im Rechtssinne mehr geleistet, da eben die Normalarbeitszeit unregelmäßig verteilt ist. Hier müssen die Beteiligten (Betriebsrat und Geschäftsleitung, Tarifparteien) festlegen, von welcher täglichen oder wöchentlichen Inanspruchnahme an »Überstundenzuschläge« zu bezahlen sind. Eine solche Bestimmung würde dann eine Art Flexibilisierungsbremse darstellen.

590a Besonders gravierende Konsequenzen hat die sog. **Vertrauensarbeitszeit:** Eine Zeiterfassung findet nicht mehr statt, der Arbeitnehmer bestimmt selbst, wann er arbeitet. Nur: Das vorgegebene oder vereinbarte Pensum muss bis zu einem bestimmten Zeitpunkt geleistet sein. Dies kann zu Arbeitszeiten führen, die über 60 Wochenstunden hinausgehen. Nach § 16 Abs. 2 ArbZG ist der Arbeitgeber dafür verantwortlich, dass die über acht Stunden am Tag hinausgehende Arbeitszeit dokumentiert wird. Da der Betriebsrat nach § 80 Abs. 1 Nr. 1 BetrVG die Einhaltung der Gesetze, Tarifverträge und Betriebsvereinbarungen kontrollieren muss, kann er vom **Arbeitgeber vollständige Auskunft** über die tatsächlich geleisteten Arbeitsstunden aller Beschäftigten verlangen. Dieser kann sich nicht darauf berufen, er habe insoweit **keine Daten erhoben** (BAG, NZA 2003, 1348).

10.2.4 Arbeitsfreie Zeit = Freizeit?

Auch für Arbeitnehmer, die keine Überstunden leisten, bringt die 36- bis **591** 38-Stunden-Woche keineswegs den Umfang an Freizeit und freier Gestaltungsmöglichkeit, den man in weiten Teilen der Öffentlichkeit damit verbindet (Bundeskanzler Helmut Kohl sprach etwa von Deutschland als einem »Freizeitpark«). Auch hier lohnt es sich, etwas genauer hinzuschauen. »Acht Stunden Arbeit« erfassen nach allgemeiner Auffassung nur die reine **Arbeitszeit, nicht** aber die nach dem ArbZG und in Tarifverträgen vorgeschriebenen **Pausen** von täglich einer halben bis einer Dreiviertelstunde. Hinzu kommt der **Weg** von der Wohnung zur Arbeitsstätte und zurück, den man mit ein bis zwei Stunden veranschlagt. Schließlich sind bei vielen Tätigkeiten sog. **Rüstzeiten,** z. B. für Umziehen und Waschen, erforderlich, für die man ggf. eine halbe Stunde rechnen kann. Aus dem 7¾-Stunden- ist so ein 10- bis 11-Stunden-Tag, aus der so gern beschworenen 38-Stunden- eine 50- **bis 55-Stunden-Woche** geworden – stellt man statt auf die reine Arbeitszeit auf die gesamte **arbeitsgebundene Zeit** ab. Der Weg zur »Freizeitgesellschaft« ist daher auch in der (alten) Bundesrepublik noch weit. Er wird zudem dadurch erschwert, dass sich immer mehr Mitbürger veranlasst sehen, auch abends oder am Wochenende ihre E-Mails zu bearbeiten oder andere dienstliche Aufgaben im Internet zu erfüllen (s. unten Rn. 639 a).

10.3 Das übersehene Problem: Intensität der Arbeit

Die eingängige Formel von der 35- oder der 40-Stunden-Woche sagt **592** nichts darüber aus, welche Inanspruchnahme eines Arbeitnehmers überhaupt als »Arbeit« gilt. In der Regel wird auch bei relativ leichten Tätigkeiten wie der Überwachung einer automatischen Anlage das Vorliegen von »Arbeit« angenommen. Über die Ausnahmen ist gleich zu sprechen. Auf der anderen Seite kann die dem Einzelnen abverlangte Tätigkeit durch technisch-organisatorische Maßnahmen des Arbeitgebers intensiviert werden, so dass in kürzerer Zeit dasselbe Arbeitsprodukt wie zuvor hergestellt wird. Auch bei Dienstleistungen kommt dies in Betracht: Die pro Stunde zu reinigende Fläche wird erhöht, der Krankenhausarzt muss nicht 15, sondern 25 Patienten betreuen. **Dauer und Intensität der Arbeit lassen sich daher nicht trennen.**

10.3.1 Tätigkeiten, die nicht als »volle Arbeit« gelten

593 In der Praxis ist die Qualifizierung als »Arbeit« in einer Reihe von Fällen zumindest zweifelhaft. Im Einzelnen unterscheidet man:

(1) **Arbeitsbereitschaft.** Sie soll nach Ansicht des BAG »wache Achtsamkeit im Zustand der Entspannung« bedeuten (BAG, DB 1987, 995). Verschiedentlich ist in der Literatur die Frage aufgeworfen worden, wie denn von Entspannung die Rede sein könne, wenn gleichzeitig »wache Achtsamkeit« verlangt werde. Einer arbeitswissenschaftlichen oder psychologischen Nachprüfung könnte die Formel des BAG ganz gewiss nicht standhalten. Praktisch wurde dann auch auf die Bestimmung des Grades an »Achtsamkeit« kein besonderer Wert gelegt.

> Nicht nur Arbeitsbereitschaft, sondern Arbeit liegt vor, wenn ein Kellner vorübergehend keinen Gast bedient und wenn der Telefonist drei Minuten lang kein Gespräch vermitteln muss (es fehlt an der Erholungsmöglichkeit). Arbeitsbereitschaft ist die Wartezeit eines Chauffeurs, wenn er erfahrungsgemäß nur in größeren Abständen in Anspruch genommen wird, sowie die Wartezeit eines Rettungssanitäters, soweit sie mindestens zehn Minuten beträgt.

594 (2) **Bereitschaftsdienst.** Er liegt dann vor, wenn sich der Arbeitnehmer an einem vom Arbeitgeber bestimmten Ort bereithalten muss, um auf Anforderung hin unverzüglich mit der Arbeit beginnen zu können. Beispiele bieten der Bereitschaftsdienst eines angestellten Arztes oder eines Piloten. Wesentlich ist, dass außer der Ortsbeschränkung und außer der **Fähigkeit zum sofortigen Arbeitsbeginn** keine unmittelbaren Leistungen verlangt werden.

595 (3) **Rufbereitschaft.** Sie liegt vor, wenn der Arbeitnehmer anders als beim Bereitschaftsdienst seinen Aufenthalt frei wählen kann, jedoch in der Lage sein muss, seine Arbeit innerhalb eines bestimmten Zeitraums von z. B. einer halben Stunde oder einer Stunde zu beginnen.

Beispiel:
Der angestellte Arzt kann am Wochenende eine befreundete Familie besuchen, sofern er ein Handy mit sich führt, doch kann er keine Wanderung »quer durch den

Nordschwarzwald« unternehmen, die eine stundenlange Rückfahrt zum Arbeitsort notwendig machen würde.

Stellenwert der Unterscheidung

Die Unterscheidung zwischen Arbeitsbereitschaft, Bereitschaftsdienst und Rufbereitschaft hat erhebliche praktische Bedeutung. Allein die »**Arbeitsbereitschaft**« zählte nach herkömmlicher Auffassung **zur Arbeitszeit** im Sinne des ArbZG (wie übrigens auch der Tarifverträge), wurde jedoch nicht wie **volle Arbeitszeit** gewertet (oben Rn. 580). **596**

Der **Bereitschaftsdienst** wurde nach traditioneller deutscher Auffassung nicht zur Arbeitszeit gerechnet. Dem widersprach jedoch der EuGH (NZA 2000, 1227, bestätigt in NZA 2003, 1019) und betonte, die Arbeitszeitrichtlinie der EU erstrecke sich auch auf diese Art von Arbeit. Da die Richtlinie für die Auslegung und Handhabung des ArbZG maßgebend ist, musste die bisherige Sicht revidiert werden. Insbesondere für **Krankenhäuser** schienen sich weit reichende Veränderungen zu ergeben (vgl. Trägner, NZA 2002, 126 ff.). Seit 1. 1. 2004 **zählt** nunmehr auch der **Bereitschaftsdienst zur Arbeitszeit**, doch kann durch Tarifvertrag wie bei der Arbeitsbereitschaft eine **Verlängerung über 48 Stunden hinaus** erfolgen, ohne dass ein Zeitausgleich nötig wäre (§ 7 Abs. 2 a ArbZG). Der **Arbeitnehmer** muss nach § 7 Abs. 7 ArbZG in ein solches Arbeitszeitregime **schriftlich einwilligen**. Mit einer Frist von sechs Monaten kann er diese Erklärung widerrufen und zur normalen 48-Stunden-Woche zurückkehren. Verweigert er von vornherein seine Zustimmung oder macht er von seinem Widerrufsrecht Gebrauch, darf ihm daraus **kein Nachteil** entstehen. In der Praxis dürften diese Individualrechte nur dann von Bedeutung sein, wenn es sich um eine gesuchte Arbeitskraft handelt, die jederzeit einen andern Arbeitsplatz finden würde. Einzelheiten bei Reim, DB 2004, 186 ff. **596a**

Eine **absolute Obergrenze** für die Anwesenheit am Arbeitsplatz ist in solchen Fällen **nicht vorgesehen**; § 7 Abs. 2 a ArbZG verlangt lediglich, dass »durch besondere Regelungen sichergestellt wird, dass die Gesundheit der Arbeitnehmer nicht gefährdet wird«. Wird die 10-Stunden-Grenze überschritten, gilt nach § 7 Abs. 8 als Obergrenze ein Durchschnitt von 48 Stunden in 12 Monaten. **596b**

Die **Rufbereitschaft** zählt auch in Zukunft **nicht zur Arbeitszeit**. Fällt effektiv Arbeit an, wird diese selbstredend mitgerechnet. Wichtiger ist, dass vom Ende eines solchen Einsatzes an die Mindestruhezeiten (unten Rn. 600) erneut zu laufen beginnen. Dies gilt allerdings nicht für Krankenhäuser und vergleichbare Einrichtungen (§ 5 Abs. 3 ArbZG). **596c**

597   Von dieser arbeitszeitrechtlichen ist die **entgeltrechtliche Problematik** zu unterscheiden: Ob Arbeitsbereitschaft und Bereitschaftsdienst mit demselben Stundensatz vergütet werden wie normale Arbeit, und wie mit Rufbereitschaft umgegangen wird, richtet sich grundsätzlich nach dem einschlägigen **Tarifvertrag.** Beispiele finden sich in der Rechtsprechung (BAG, NZA 2004, 164, 393, 657). Fehlt es an einer solchen Regelung, muss für die Rufbereitschaft m. E. nach § 612 BGB ein angemessenes Entgelt bezahlt werden, da es sich um eine Zusatzleistung handelt.

10.3.2   Schutz gegen »Verdichtung« der Arbeit?

Pausen

598   Nach § 4 ArbZG ist bei einer Arbeitszeit von mehr als sechs Stunden eine halbstündige Ruhepause vorgeschrieben, die durch zwei viertelstündige Ruhepausen ersetzt werden kann. Da sie nicht zur Arbeitszeit zählt (§ 2 Abs. 1 ArbZG), muss der Arbeitnehmer von jeder, auch einer nur möglichen Beanspruchung freigestellt sein (BAG, NZA 1989, 138). Die **zeitliche Lage der Pausen** ist nicht vorgeschrieben; sie unterliegt dem Mitbestimmungsrecht des Betriebsrats nach § 87 Abs. 1 Nr. 2 BetrVG. Zu beachten ist, dass viele Kurzpausen erholsamer als eine einzige längere Pause sind und dass das Bedürfnis nach Unterbrechungen gegen Ende der Arbeitszeit erheblich ansteigt. Um eine wirksame Erholung zu ermöglichen, ist nach § 6 Abs. 3 Satz 1 ArbStättVO in Betrieben mit mehr als zehn Arbeitnehmern ein »**Pausenraum** oder ein entsprechender Pausenbereich« zur Verfügung zu stellen; dass er »leicht erreichbar« sein muss, wird seit 2004 nicht mehr ausdrücklich verlangt.

599   Nach § 7 Abs. 1 Nr. 2 ArbZG kann in Schicht- und Verkehrsbetrieben die Gesamtdauer der Ruhepausen auf »**Kurzpausen** von angemessener Dauer« aufgeteilt werden. Unter der AZO wurden sie nach allgemeiner Auffassung zur Arbeitszeit gerechnet (BAG, AP Nr. 7 zu § 611 BGB Mehrarbeitsvergütung). Dass das ArbZG daran etwas geändert haben sollte, ist nicht ersichtlich: Als Bestandteil der Arbeitszeit sind sie zu vergüten (vgl. BAG, a. a. O. und BAG, BB 1988, 568). Der Betriebsrat hat nach herrschender Rechtsprechung lediglich das Recht, unbezahlte Zusatzpausen zu verlangen und ggf. über die Einigungsstelle durchzusetzen (BAG, NJW 1984, 1481).

Mindestruhezeiten

Neben den Pausen stehen die Ruhezeiten. Nach Beendigung der täg- **600**
lichen Arbeit ist den Arbeitnehmern nach § 5 Abs. 1 ArbZG eine ununter-
brochene Ruhezeit von mindestens elf Stunden zu gewähren. Im Ver-
kehrs- und Gaststättengewerbe sowie in einigen anderen Bereichen kann
sie auf zehn Stunden herabgesetzt werden, sofern innerhalb von einem
Monat oder von vier Wochen durch entsprechende Verlängerung ein
Ausgleich geschaffen wird. Durch Tarifvertrag kann nach § 7 Abs. 1
Nr. 3 ArbZG eine Reduzierung auf neun Stunden erfolgen und ein Ausgleich innerhalb eines frei festzulegenden (längeren) Zeitraumes vorgesehen werden.

Tarifliche Erholungs- und Bedürfniszeiten

Die gesetzliche Regelung ist gleichwohl nicht in der Lage, die wachsende **601**
Beanspruchung durch höhere Arbeitsanforderungen aufzufangen. Solange keine weitergehenden Bestimmungen existieren, bleibt als Gegenmittel allein der Rückgriff auf die Tarifpolitik. Den wichtigsten Erfolg
brachte insoweit der **Lohnrahmentarifvertrag II** für die Metallindustrie
Nordwürttemberg-Nordbadens, der bei Akkord- und Fließbandarbeit
eine **Erholungszeit** von fünf Minuten und eine **persönliche Bedürfniszeit**
von drei Minuten pro Stunde vorsieht, die *neben* den Pausen nach dem
ArbZG stehen und die wie Arbeitszeit vergütet werden.

Besetzungsregeln

Einen beträchtlichen Schutz gegen Arbeitsintensivierung bieten sog. **602**
quantitative Besetzungsregeln, die für bestimmte Arbeitsvorgänge, wie
die Bedienung einer Maschine, die Beschäftigung einer Mindestzahl von
Arbeitnehmern vorschreiben.

Regelung der Arbeitsgeschwindigkeit?

Weiter besteht die Schwierigkeit, dass sich die Arbeitsintensität häufig **603**
nicht messen und nicht kontrollieren lässt.

> **Beispiel:**
> Eine Verkäuferin kümmert sich eingehend um die Kunden und ist am Ende ihres
> Arbeitstages entsprechend müde. Eine Kollegin, die sich als weniger aufgeschlos-
> sen erweist, hat ihre Kräfte für den Feierabend aufgespart. Wie will man die »Ge-
> sprächsbereitschaft« regulieren und bewerten?

Dort, wo das Arbeitstempo von der Maschine vorgegeben wird, lassen
sich allerdings tarifliche und betriebliche Vorgaben denken. Dies gilt für

275

Fließband- und andere taktgebundene Tätigkeiten, daneben aber in wachsendem Umfang auch für Bildschirmarbeitsplätze: Programme müssen so gestaltet sein, dass sie nicht zu einer unerträglichen Arbeitshetze führen. Die Diskussion über eine derartige »**Software-Ergonomie**« ist im Gange. Soweit eine inhaltliche Festlegung der Arbeitsintensität ausscheidet, kommt als rechtlich gangbarer Ausweg die tarifliche Begründung eines Mitbestimmungsrechts über die Arbeitsorganisation in Betracht.

10.4 Zeitliche Lage der Arbeit und Flexibilisierung

604 Die AZO hatte praktisch keine Regelung zur zeitlichen Lage der Arbeit enthalten, so dass auch **kontinuierliche Nachtarbeit** ohne weiteres zulässig war. In diesem Punkt hat jedoch die Entscheidung des BVerfG vom 28.1.1992 (AiB 1992, 281ff.) den Gesetzgeber zum Einschreiten verpflichtet. Das Grundrecht auf Leben und Gesundheit verbiete es, die Leistung von (gesundheitsschädlicher) Nachtarbeit allein der Entscheidung der Arbeitsvertragsparteien (und damit praktisch dem Arbeitgeber) zu überlassen. Deshalb sieht § 6 ArbZG nunmehr bestimmte Grenzen vor. Darauf wird zurückzukommen sein.

605 Auch die Verteilung der Arbeitszeit über die Woche interessierte die AZO nicht; lediglich die Sonntagsarbeit war nach den §§ 105 a ff. GewO begrenzt. Die §§ 9 bis 13 ArbZG enthalten seit 1994 eine eingehende Regelung, die den Bereich erlaubter Sonntagsarbeit allerdings gegenüber dem vorher geltenden Recht erheblich ausweitet.

606 Das geltende Recht lässt angesichts dieses sehr fragmentarischen Rahmens in weitem Umfang unregelmäßige Arbeitszeiten zu. Man kann z. B. an vier Tagen je zehn Stunden arbeiten, doch lässt sich auch **die tägliche Arbeitszeit variieren**. So kann etwa montags bis donnerstags sieben Stunden, freitags acht Stunden und samstags fünf Stunden gearbeitet werden. Wie weit solche flexiblen Arbeitszeiten in der Praxis bereits gediehen sind, macht die Tatsache deutlich, dass im Einzelhandel schon vor längerer Zeit nur noch 27 Prozent aller Vollzeitbeschäftigten regelmäßig zu bestimmten Uhrzeiten montags bis freitags gearbeitet haben (Marth, Die Mitbestimmung 1985, 230).

607 Das Wort **Flexibilisierung** hat einen guten Klang. Dies hängt damit zusammen, dass sich mit ihm unschwer der Begriff von »**Zeitsouveränität**«, von besserer Planbarkeit des eigenen Lebens verbindet. Dies kann (im Ausnahmefall) die Realität treffen, muss es aber keineswegs: Meist wird es ausschließlich darum gehen, die Arbeitsstunden an den betrieblichen Arbeitsanfall anzupassen. »Flexibilisierung« ist somit ein offener, nach beiden Seiten hin auslegbarer Begriff. Entscheidend kommt es darauf an, welche Seite im Einzelfall über den Arbeitseinsatz entscheidet. Es gibt nicht **die**, sondern nur **eine arbeitnehmer- oder eine arbeitgeberorientierte Flexibilisierung.**

Flexible Arbeitszeiten sind keine Erfindung der letzten Jahre. Jede **608** Überstunde ist ebenso ein Stück Flexibilisierung wie die Einführung von Kurzarbeit. Neu ist lediglich das Ausmaß dieser Erscheinungen. Während in der Vergangenheit der starre Acht-Stunden-Tag mit einem zwischen sechs und acht Uhr liegenden Arbeitsbeginn die Regel war, die durch eine Reihe mehr oder weniger großer Ausnahmen durchbrochen wurde, steht in der Gegenwart dieser »Normalarbeitstag« selbst zur Disposition.

Im Folgenden soll zunächst die gesetzliche und tarifliche Regelung der **609** Wochenendarbeit dargestellt werden (unter 1. – Rn. 610ff.). Anschließend soll es um die »Flexibilisierung im Arbeitnehmerinteresse«, insbesondere die Gleitzeit gehen (unter 2. – Rn. 621ff.). Den Schlussabschnitt bildet die in der Praxis dominierende »Flexibilisierung im Arbeitgeberinteresse«, insbesondere die Schicht- und Nachtarbeit sowie einige neuere Formen (unter 3. – Rn. 628ff.).

10.4.1 Wochenendarbeit, insbesondere Sonntagsarbeit

Die Ausgangslage

Das »freie Wochenende« ist keineswegs für alle eine Realität. Nach der **610** Arbeitszeituntersuchung des Instituts zur Erforschung sozialer Chancen arbeiteten Anfang 1989 **rund ein Drittel** aller Beschäftigten »**regelmäßig**«, d. h. mindestens ein- bis zweimal im Monat **an Samstagen**. Regelmäßige **Sonntagsarbeit** wurde von **zehn Prozent aller Beschäftigten** geleistet; in den folgenden Jahren ist sie auf ca. 15 Prozent angestiegen (MAGS des Landes NW, Arbeitszeit '95, S. 108). Im Jahre 2008 arbeiteten 28,7 Prozent aller Erwerbstätigen »gelegentlich, regelmäßig oder ständig« an Sonn- und Feiertagen (http://www.ekd.de/sonntagsruhe/assets/sonntagsarbeit_bund_und_laender1993_2008.pdf – Ergebnisse des sog. Mikrozensus).

Am Wochenende zu arbeiten, bedeutet für die Betroffenen mehr als **611** nur eine atypische Arbeitszeit. Das Wochenende erfüllt nämlich eine

Reihe wichtiger Funktionen, die sich nicht durch einen »freien Dienstag« und einen »freien Mittwoch« ersetzen lassen.

612 ▪ Das **Wochenende schützt den Einzelnen vor zeitlicher Beanspruchung** nicht nur durch Erwerbsarbeit, sondern auch durch sonstige Verpflichtungen; bestimmte Teile des Sonntags sind zumindest grundsätzlich »Tabuzonen«, die keine Störung durch Besuche vertragen und in denen keine Aktivitäten (beispielsweise auch nicht im Haushalt) erwartet werden. Dieser Mechanismus versagt, wenn der arbeitsfreie Tag individualisiert wird; wer donnerstags zu Hause bleiben kann, ist für seine Umwelt in vollem Umfang verfügbar.

613 ▪ Zahlreiche **Freizeitaktivitäten bedürfen der Koordination.** Dies gilt nicht nur für den gerne genannten Familienausflug, sondern auch für viele Formen von Eigenarbeit über die Erstellung eines Wohnhauses bis hin zur gemeinsamen Reparatur von Kraftfahrzeugen. Bei versetzter Freizeit fehlen entsprechende Möglichkeiten.

614 ▪ Die gemeinsame **Freizeit** ist wesentliche Voraussetzung eines **funktionierenden Familienlebens.** Sind beide Ehegatten oder Partner berufstätig, so kann ein Arbeiten in »Gegenschicht« dazu führen, dass der eine nur die häuslichen Aufgaben vom anderen übernimmt, ohne die zweiseitige Beziehung weiterzuentwickeln.

615 ▪ **Am Wochenende soll** der Einzelne »sich selbst gehören«, seinen eigenen Bedürfnissen Rechnung tragen können. In Bezug auf den Sonntag hat auch die Rechtsprechung betont, zu ihm gehöre eine Atmosphäre der Ruhe, frei von Hektik und Erwerbsstreben; **der Konkurrenzdruck der Arbeitswelt solle aufgehoben sein** (BayObLG, NJW 1985, 3091). Der Einzelne hört auf, ein Rädchen in einer fremdgesteuerten Apparatur zu sein; er kann selbst über sein Tun bestimmen.

616 Angesichts dieser Tatsachen ist es notwendig, das freie Wochenende umfassend abzusichern. Soweit Samstags- und Sonntagsarbeit unumgänglich ist, muss sie sozial verträglich ausgestaltet werden.

Samstagsarbeit

617 Nach geltendem Recht ist der Samstag im Prinzip ein Werktag wie alle anderen. Eine effektive Ausklammerung aus der Arbeitswoche ist daher nur mit Hilfe von Tarifverträgen oder (ausnahmsweise) freiwilligen Abmachungen möglich.

618 Ein wichtiger Schritt ist es, wenn **Tarifverträge** wenigstens **die »regelmäßige« Arbeitszeit auf die Tage von Montag bis Freitag begrenzen.** Dies bedeutet, dass Samstagsarbeit nur im Wege von Überstunden möglich ist, die der Zustimmung des Betriebsrats bzw. der Einigungsstelle bedürfen. Möglich ist weiter, dem **Betriebsrat** ein (über die Einigungsstelle nicht ausräumbares) **Vetorecht** zu gewähren. Er kann dann frei darüber entscheiden, ob er im Interesse der Arbeitsplätze einer Ausdehnung der Betriebsnutzungszeit zustimmen will oder nicht.

Sonntagsarbeit

Nach Art. 140 GG in Verbindung mit Art. 139 WRV ist Sonntagsarbeit **619** **grundsätzlich verboten.** Die Verfassungsvorschrift ist nicht etwa bloßes Programm, sondern unmittelbar verbindliche Norm. Der Gesetzgeber darf Sonntagsarbeit nur im Rahmen des Unumgänglichen zulassen, doch ist er über diesen Rahmen in den §§ 10 bis 13 ArbZG weit hinausgegangen.

> Verfassungsrechtliche Bedenken bei Kuhr, DB 1994, 2186f.; Buschmann/Ulber,
> § 13 ArbZG Rn. 10a, 22; Däubler, Arbeitsrecht 2, Rn. 261; unbeeindruckt OVG
> Nordrhein-Westfalen, DB 2000, 1671. Das BVerfG (NVwZ 2010, 570) hat das
> Berliner Ladenschlussgesetz z.T. für verfassungswidrig erklärt (dazu eingehend
> Preis/D. Ulber, NZA 2010, 729ff.), hatte aber noch keine Gelegenheit, zu den
> §§ 10–13 ArbZG Stellung zu nehmen.

Wenigstens können betroffene Arbeitnehmer gegen die Gestattung der Sonntagsarbeit durch die Aufsichtsbehörde die Verwaltungsgerichte anrufen (BVerwG, NZA 2000, 1232) und die Erforderlichkeit ihres Einsatzes überprüfen lassen.

Sozialverträgliche Ausgestaltung

Eher wenig hat man sich bisher um die Frage gekümmert, inwieweit un- **620** vermeidbare Samstags- und Sonntagsarbeit soweit humanisiert werden kann, dass die Betroffenen nicht dauernd gegen den gesamtgesellschaftlichen Rhythmus arbeiten müssen; es sollten **nicht 90 Prozent der Gesellschaft auf Kosten immer derselben zehn Prozent feiern.** Nach § 11 Abs. 1 ArbZG müssen mindestens 15 Sonntage im Jahr beschäftigungsfrei bleiben. Auch muss der Einzelne für jeden Sonntag einen Ersatzruhetag erhalten, der in Verbindung mit der Ruhezeit nach § 5 ArbZG zu gewähren ist. Durch Tarifvertrag können weitergehende »Ausgleichsmaßnahmen« vorgesehen werden.

10.4.2 Flexibilisierung im Arbeitnehmerinteresse

Die so genannte gleitende Arbeitszeit

621 In vielen Betrieben wird den Arbeitnehmern (oder Teilen der Belegschaft) das Recht eingeräumt, den Beginn und meist auch das Ende der täglichen Arbeitszeit frei zu wählen, sofern sie wenigstens während der »Kernarbeitszeit« im Betrieb anwesend sind.

Einfache und qualifizierte Gleitzeit

622 Bei der sog. einfachen Gleitzeit liegt die Dauer der täglichen Arbeit fest, doch kann der Arbeitnehmer den Arbeitsbeginn selbst bestimmen.

> **Beispiel:**
> Im Betrieb X wird täglich acht Stunden gearbeitet; »Kernarbeitszeit« ist von 9.30 Uhr bis 15 Uhr. Der Angestellte A kann daher um 6.30 Uhr beginnen und bereits um 15 Uhr nach acht Stunden und einer halben Stunde Pause nach Hause gehen. Schläft er gern aus oder hat er einen weiten Weg, so kann er von 8 Uhr bis 16.30 Uhr oder auch von 9.30 Uhr bis 18 Uhr arbeiten.

Eine solche »Flexibilisierung« der Arbeitszeit wirft arbeitszeitrechtlich keine Probleme auf; sie ist unbestritten zulässig.

623 Die sog. qualifizierte Gleitzeit stellt auch die Dauer der täglichen Arbeit zur Disposition des Arbeitnehmers, sofern nur während der Kernarbeitszeit gearbeitet wird. Er kann innerhalb gewisser Höchstgrenzen durch Vorarbeiten ein »Zeitguthaben« erwerben oder auch im Vorgriff auf die nächsten ein bis zwei Wochen Freizeit in Anspruch nehmen.

> **Beispiel:**
> Im obigen Fall arbeitet A drei Tage lang von 7.30 Uhr bis 18 Uhr, was ihm ein »Zeitguthaben« von sechs Stunden verschafft. Dieses braucht er in der folgenden Woche dadurch auf, dass er zweimal nur von 9.30 Uhr bis 15 Uhr (= fünf Arbeitsstunden) arbeitet, um anschließend zum Arzt zu gehen und einige Einkäufe zu machen.

623a In aller Regel bemühen sich die Beschäftigten um ein Zeitguthaben und machen von der Möglichkeit, von vorne herein ins Minus zu gehen, keinen Gebrauch. Die **»Zeitsparkasse«**, die als »Langzeitkonto« viele hundert Stunden umfassen kann, bleibt normalerweise gefüllt, weil die Arbeit keinen Abbau ermöglicht oder weil man im Laufe der Jahre die Fähigkeit einbüßt, Freizeit fern der Arbeit zu genießen. Darin liegt eine erhebliche Einbuße an Lebensqualität (s. Kohte, FS Buschmann, S. 71 ff.).

Die Einführung wie die Abschaffung der gleitenden Arbeitszeit unter- **624**
liegt dem Mitbestimmungsrecht des Betriebsrates nach § 87 Abs. 1 Nr. 2
BetrVG. Dieser wird das Pro und Kontra besonders sorgfältig abzuwä-
gen haben: Es geht nicht nur um Zeitsouveränität, sondern auch um die
Gefahr, bei viel Arbeit »mal etwas länger« dazubleiben und so dem Arbeitgeber die Überstundenzuschläge zu sparen. Auch muss man vermeiden, dass die Arbeitsanforderungen einen Freizeitausgleich unmöglich
machen. Gegenmittel wäre etwa eine Regelung, die den Arbeitgeber zur
Einstellung einer weiteren Vollzeitkraft verpflichtet, wenn 15 Arbeitnehmer ein Zeitguthaben von mehr als 100 Stunden aufgebaut haben
(so eine Betriebsvereinbarung im Fall ArbG Stuttgart v. 13. 1. 2009 –
3 BV 131/08).

Denkbar ist, die im Gleitzeitmodell durchaus ambivalenten Dispositi- **625**
onsfreiheiten des Arbeitnehmers weiter auszudehnen und so den Bedürfnissen nach eigener Lebensgestaltung stärker Rechnung zu tragen. Hierfür kommen zwei Formen in Betracht.

Eigenbestimmte Arbeitszeit

Zum einen lassen sich Gleitzeitmodelle in der Weise weiterentwickeln, **626**
dass die **Kernzeit** immer mehr eingeschränkt oder gar **ganz abgeschafft**
wird. So kann sie etwa auf drei Wochentage oder auf ganz wenige Stunden pro Tag beschränkt werden. Grenzen ergeben sich aus betriebswirt-
schaftlichen wie aus sozialpolitischen Gründen. Für den Arbeitgeber ist
eine Abschaffung der Kernzeiten (oder eine starke Reduzierung) nur
dann hinnehmbar, wenn es um Tätigkeiten geht, bei denen es allein auf
das Ergebnis ankommt und bei denen keine dauernde Kooperation mit
anderen Mitarbeitern erforderlich ist.

Beispiel:
Eine Bankfiliale kann schwerlich generell auf Kernarbeitszeiten verzichten, da
sonst möglicherweise die Schalter nicht mehr besetzt wären. Anders bei Wissen-
schaftlern in einem Forschungsinstitut: Zu welcher Tageszeit ein bestimmter che-
mischer Versuch gemacht wird, ist prinzipiell gleichgültig (es sei denn, der Wissenschaftler brauche Hilfskräfte); ob eine Untersuchung über Vertriebssysteme
im Arzneimittelsektor vorwiegend nachts entsteht, wird den Arbeitgeber gleichfalls nicht übermäßig interessieren. Bemerkenswert ist in diesem Zusammenhang,
dass beamtete Hochschullehrer gem. § 50 Abs. 1 Satz 3 HRG (= Hochschulrahmengesetz) von der Einhaltung der Dienststunden befreit sind und dasselbe von
Richtern angenommen wird.

Zur sog. Vertrauensarbeitszeit, bei der die geleisteten Arbeitsstunden nicht
mehr erfasst werden, siehe oben Rn. 590 a.

Freistellungsansprüche

627 Die zweite arbeitnehmerorientierte Form der Flexibilisierung besteht in der Einräumung von Freistellungsansprüchen, die zu anderer als Erwerbsarbeit oder auch zu sonstigen Tätigkeiten genutzt werden können. Die Metalltarifverträge vom Frühjahr 1990 bieten insofern erste Ansätze, als durch freiwillige »Aufstockung« der Wochenarbeitszeit von 35 auf 40 Stunden ein großes Freizeitkontingent angesammelt werden kann.

10.4.3 Flexibilisierung im Arbeitgeberinteresse

Schicht- und Nachtarbeit

628 Die wichtigste traditionelle Form eines Arbeitseinsatzes nach den Bedürfnissen der Produktion stellt die Schichtarbeit dar. Sie liegt dann vor, wenn ein Arbeitsplatz mit mindestens zwei sich im Laufe eines 24-Stunden-Tages ablösenden Arbeitnehmern besetzt ist. In rechtlicher und noch stärker in sozialer Hinsicht muss man dabei unterscheiden zwischen Zweischicht- und Mehrschicht-Betrieben.

Der Zwei-Schicht-Betrieb

629 Relativ wenige Probleme wirft ein Zwei-Schicht-Betrieb mit einer Frühschicht z. B. von 6 Uhr bis 14.30 Uhr und einer Spätschicht von 14.30 Uhr bis 23 Uhr auf. Die Zulässigkeit einer solchen Zeiteinteilung ist unbestreitbar, sofern beim Schichtwechsel die Ruhezeiten des § 5 ArbZG beachtet werden. Die Auswirkungen auf die betreffenden Arbeitnehmer sind spürbar (so, wenn wegen der Spätschicht eine Woche lang keine kulturelle oder politische Veranstaltung besucht werden kann), jedoch nicht so gravierend, dass man eine grundsätzliche Beschränkung dieser Arbeitsform in Erwägung ziehen müsste.

Der Mehrschicht-Betrieb: Konsequenzen der Nachtarbeit

630 Die eigentlichen Schwierigkeiten ergeben sich beim Drei- und Mehrschicht-Betrieb. Die Einbeziehung auch der Nacht schafft für die betroffenen Arbeitnehmer schwerste Belastungen. Diese liegen einmal auf der gesundheitlichen Ebene: Da der menschliche Organismus trotz jahrelanger Gewöhnung den natürlichen Tag-Nacht-Rhythmus beibehält, muss Leistung zu einem Zeitpunkt erbracht werden, wo der Körper am wenigsten dafür disponiert ist, und es muss das Schlafbedürfnis in einer Zeit gestillt werden, wo »an sich« Aktivitäten angemessen wären. Die

Folge sind Schlaf- und Appetitlosigkeit und eine **weit überdurchschnittliche Krankheitsanfälligkeit** insbesondere gegenüber neurovegetativen Störungen. So leiden Nachtarbeiter dreimal so häufig unter Magengeschwüren als Arbeiter mit normaler Tages-Arbeitszeit.

Zu diesen gesundheitlichen Nachteilen treten große **soziale Probleme** **631** hinzu. Bei Nachtschicht leidet das Familienleben, da der Arbeitnehmer dann Schlaf nachholen muss, wenn er als Ansprechpartner für die Familienangehörigen zur Verfügung stehen sollte. Ist der Ehegatte gleichfalls berufstätig, so ist die Zeit möglicher Kontakte außerordentlich beschränkt. In normalen Wohnungen ist das Schlafen bei Tage nur um den Preis extremer Zurückhaltung bei den Familienangehörigen möglich – wenn überhaupt. Eine regelmäßige Beteiligung am Vereinsleben, an politischen Aktionen oder an kulturellen Veranstaltungen ist nicht möglich. Mit Recht hat man daher von der »sozialen Isolierung« des Schichtarbeiters gesprochen.

Rechtliche Gegenmittel?

Auch die Mehrschichtarbeit ist unbestritten zulässig. Das ArbZG hat **632** sich in § 6 Abs. 1 mit dem Gebot begnügt, die Arbeitszeit der Nacht- und Schichtarbeitnehmer sei »nach den gesicherten arbeitswissenschaftlichen Erkenntnissen über die menschengerechte Gestaltung der Arbeit festzulegen«. Damit ist lediglich das »Wie«, nicht das »Ob« angesprochen.

Speziell die **Nachtarbeit** wird ein wenig »sozialverträglicher« ge- **633** macht. Insgesamt fünf Maßnahmen sind vorgesehen.

- Auch der Nachtarbeitnehmer hat im Grundsatz nur einen »statistischen« Acht-Stunden-Tag. Wird die Arbeitszeit im Einzelfall bis auf zehn Stunden verlängert, muss jedoch ein Ausgleich innerhalb von einem Kalendermonat oder innerhalb von vier Wochen erfolgen (§ 6 Abs. 2 ArbZG).

- Nachtarbeitnehmer sind berechtigt, sich vor Beginn der Beschäftigung und danach in regelmäßigen Abständen von nicht weniger als drei Jahren **arbeitsmedizinisch** auf Kosten des Arbeitgebers **untersuchen** zu lassen. Nach Vollendung des 50. Lebensjahres steht Nachtarbeitnehmern dieses Recht jedes Jahr zu.

- Der Arbeitgeber hat den Nachtarbeitnehmer auf dessen Verlangen **634** auf einen für ihn geeigneten Tagesarbeitsplatz umzusetzen, wenn eine Fortsetzung der Nachtarbeit nach arbeitsmedizinischem Urteil zu einer Gesundheitsgefährdung führen würde. Dasselbe gilt dann, wenn der Arbeitnehmer in seinem Haushalt ein Kind unter zwölf Jahren oder einen schwerpflegebedürftigen Angehörigen zu versorgen hat. Der Anspruch auf Versetzung in »Tagesschicht« steht allerdings unter dem Vorbehalt, dass keine »dringenden betrieblichen Erfordernisse« entgegenstehen.

- Sofern nicht Tarifverträge Vorsorge getroffen haben, hat der Arbeitgeber dem Nachtarbeiter nach § 6 Abs. 5 ArbZG für die während der Nachtzeit geleisteten Arbeitsstunden eine angemessene Zahl freier Tage oder einen angemessenen Zuschlag zu gewähren. Soweit nichts Abweichendes vereinbart ist, darf der **Arbeitgeber** zwischen den beiden Möglichkeiten **wählen**. Die Höhe des Zuschlags kann 30 Prozent betragen; für vergleichbare Tätigkeiten eingreifende Tarifverträge können als Orientierungspunkt herangezogen werden (Einzelheiten bei BAG, NZA 2003, 563).
- Schließlich ist nach § 6 Abs. 6 ArbZG sicherzustellen, dass Nachtarbeitnehmer den gleichen Zugang zur betrieblichen Weiterbildung und zu aufstiegsfördernden Maßnahmen haben wie die übrigen Arbeitnehmer.

635 Die Einführung und Ausgestaltung der Schichtarbeit unterliegt der Mitbestimmung nach § 87 Abs. 1 Nr. 2 BetrVG. Auch kann ihre Einführung oder Erweiterung eine Betriebsänderung nach § 111 Satz 3 Nr. 5 BetrVG sein, so dass über einen Interessenausgleich verhandelt werden muss und ein Sozialplan abzuschließen ist, der insbesondere die Milderung gesundheitlicher Risiken zum Inhalt haben kann. Die Tarifpraxis sieht häufig einen höheren Zuschlag für gelegentliche als für dauernde Nachtarbeit vor. Darin liegt ein Gleichheitsverstoß, weil sich der biologische Tag-Nacht-Rhythmus nicht umstellen lässt und die dauernde Nachtarbeit deshalb sehr viel belastender ist (näher Kohte, FS Buschmann, S. 71 ff.).

Neue Formen der Flexibilisierung im Arbeitgeberinteresse

636 Der Schwerpunkt neuer flexibler Arbeitszeitformen liegt in solchen Modellen, die ein möglichst reibungsloses »Zueinanderpassen« von Arbeitsanfall und Arbeitsleistung erreichen. Dies kann in der Weise erfolgen, dass von vornherein **unregelmäßige**, aber feste **Arbeitszeiten** entsprechend dem zu erwartenden Arbeitsanfall vereinbart werden.

Beispiel:
Eine Kassiererin arbeitet montags und freitags von 8 bis 18 Uhr, dienstags und donnerstags von 13 bis 18 Uhr und samstags von 8 bis 12 Uhr. Mittwoch ist ihr freier Tag.

637 Möglich und in der Tarifpraxis verbreitet ist weiter eine **variable Wochenarbeitszeit:** Man arbeitet in der einen Woche 35, in der anderen

40 Stunden usw., sofern nur im Durchschnitt von sechs Monaten die tariflich vorgesehene Wochenarbeitszeit von z. B. 37 Stunden erreicht wird. Mittel für diese Art von Flexibilisierung ist in der Regel die Betriebsvereinbarung. Der Betriebsrat wird allerdings zu beachten haben, dass der Arbeitgeber auf diese Weise Überstundenzuschläge spart.

638 Neben dieser »standardisierten Flexibilisierung« gibt es auch Modelle, in denen eine »Feinsteuerung« erfolgt. Bei der sog. kapazitätsorientierten variablen Arbeitszeit (**KAPOVAZ**) behält sich der Arbeitgeber das Recht vor, die einzelnen Einsatzzeiten selbst zu bestimmen, wobei er aufgrund des § 12 TzBfG gewisse Regeln zu beachten hat. Dasselbe gilt aber auch für einen **Jahresarbeitsvertrag**, sofern die »Arbeitsperioden« auf solche Zeiträume gelegt werden, bei denen mit erhöhtem Arbeitsanfall zu rechnen ist.

639 **Typisches Mittel** zur Einführung solcher Arbeitszeitformen ist der **Arbeitsvertrag**. Bei Vollzeitbeschäftigten ergeben sich dabei allerdings häufig Hindernisse aufgrund der bestehenden Tarifverträge, die eine Flexibilisierung zumindest dadurch »uninteressanter« machen, als bei Überschreitung der tariflichen Normalarbeitszeit von 40 bzw. 37 Stunden in der Woche Überstundenzuschläge fällig werden. Hauptanwendungsbereich neuer Arbeitszeitformen ist deshalb die Beschäftigung von Teilzeitkräften, so dass die auftauchenden Rechtsfragen sinnvollerweise dort zu behandeln sind. Im vorliegenden Zusammenhang genügt die Feststellung, dass diese Formen von Flexibilisierung nicht nur den betrieblichen Solidarzusammenhang schwächen, sondern auch dem Arbeitnehmer die »Zeitsouveränität« nehmen: Er muss ggf. dann Arbeit leisten, wenn er »an sich« die entsprechenden Stunden für Freizeit, Hausarbeit oder ehrenamtliche Tätigkeit vorgesehen hatte. Auch besteht bei flexibel eingesetzten Teilzeitbeschäftigten der zusätzliche Nachteil, dass sie wegen der »Rufbereitschaft« **kein zweites Teilzeitarbeitsverhältnis** eingehen können, das ihnen erst ein ausreichendes Einkommen sichern würde.

10.5 Entgrenzung der Arbeit

639a Die moderne Informationstechnik **hebt** tendenziell die **Trennung von Arbeitsplatz und Wohnung auf**: Arbeit im Internet ist zu beliebiger Zeit und an beliebigem Ort möglich. Ist die Arbeitsmenge so groß, dass sie in 40 Stunden nicht zu bewältigen ist, wird der Betroffene auf die Freizeit ausweichen, will er nicht als low performer oder unmotivierter Zeitgenosse dastehen. Weiter gibt es immer mehr Fälle, in denen sich der Vorgesetzte auch außerhalb der normalen Arbeitszeit telefonisch oder per E-Mail meldet und um eine schnelle Erledigung bestimmter Aufgaben bittet. Aufgrund eines **Anrufs abends um zehn** soll beispielsweise **für den nächsten Vormittag** noch eine **Powerpoint-Präsentation** erstellt werden. Auch wenn sie erst gegen Mitternacht fertig wird, ist es sehr unwahrscheinlich, dass der Arbeitnehmer unter Berufung auf die 11-Stunden-Ruhezeit des § 5 ArbZG erst gegen 11 Uhr zur Arbeit erscheint. Auch würde bei Bedarf sonntags gearbeitet, ohne dass jemand im Geringsten danach fragt, ob denn ein Erlaubnistatbestand nach § 10 ArbZG vorliegt.

639b Gesetzgebung und Rechtsprechung haben sich dieser Problematik noch nicht wirklich angenommen. Obwohl die Arbeitnehmer verpflichtet waren, nach einem Anruf auf dem Handy sofort alles Notwendige zu veranlassen, nahm das **BAG** in einem solchen Fall eine bloße **Rufbereitschaft** an (BAG, NZA 2001, 165 = PersR 2001, 268). Dabei bleibt unbeachtet, dass der sofortige Arbeitsbeginn entscheidend für die Annahme von Bereitschaftsdienst spricht. Dies mag damit zusammenhängen, dass der (öffentliche) Arbeitgeber von einem »Nullum« ausging, also selbst das Vorliegen von Rufbereitschaft verneint hatte (vertiefend Buschmann, PersR 2011, 247 ff.).

10.6 Weiterführende Literatur

640 **Buschmann/Ulber**, Arbeitszeitgesetz, 8. Aufl., Frankfurt/Main 2015;
Neumann/Biebl, Arbeitszeitgesetz, Kommentar, 16. Aufl., München 2013;
Anzinger/Koberski, Arbeitszeitgesetz, Kommentar, 4. Aufl., Frankfurt/Main 2014;
Linnenkohl/Rauschenberg, Arbeitszeitgesetz, Kommentar, 2. Aufl., Baden-Baden 2004;
Schliemann, Kommentar zum ArbZG mit Nebengesetzen, Köln 2009;
Baeck/Deutsch, ArbZG, Kommentar, 3. Aufl., München 2014;
Mattner, Sonn- und Feiertagsrecht, 2. Aufl., Köln u. a. 1991.

Über die neueste tarifliche Entwicklung informiert jährlich **Bispinck**, WSI-Tarifhandbuch, Frankfurt/Main (seit 2011 nur noch »Statistisches Taschenbuch Tarifpolitik«); aktuelle Angaben unter http://www.boeckler.de/275.html (Tarifarchiv).

11. Urlaubsrecht

11.1 Dauer des Erholungsurlaubs

Nach § 3 Abs. 1 BUrlG beträgt der Urlaub seit 1.1.1995 jährlich min- **641** destens 24 Werktage. Da arbeitsfreie Samstage nach § 3 Abs. 2 BUrlG mitgezählt werden, ergibt sich eine **gesetzliche Mindestdauer von vier Wochen.** Sie ist zusätzlich durch die Arbeitszeit-Richtlinie der EU abgesichert (abgedruckt bei Däubler/Kittner/Lörcher, Internationale Arbeits- und Sozialordnung, unter Nr. 446).

Die Tarifpolitik ist über diese Minimalgarantie erheblich hinausgegangen. Schon im Jahre 1989 hatten 94 Prozent aller von Tarifverträgen erfassten Arbeitnehmer Anspruch auf mindestens fünf Wochen Urlaub, **68 Prozent konnten sechs Wochen** (in Einzelfällen sogar mehr) **verlangen** (Clasen, BArbBl 3/1990 S. 11). Die durchschnittliche Urlaubsdauer belief sich auf 29 Arbeitstage – bezogen auf die Fünf-Tage-Woche. Hieran hat sich bis zur Gegenwart nichts geändert (30,1 Arbeitstage im Westen und 29,6 Arbeitstage im Osten – Angaben nach WSI-Tarifhandbuch 2005, S. 89; ähnliche Ergebnisse einer EU-Studie bei http://www.euractiv.de/soziales-europa/artikel/eu-studie-deutsche-machen-am-meisten-urlaub-005147). Bei schwerer oder gesundheitsschädlicher Arbeit wird häufig noch ein **Zusatzurlaub** von bis zu drei Tagen gewährt. Bei ihrer Tarifpolitik berufen sich die Gewerkschaften nicht nur auf den traditionellen Urlaubszweck – Wiederherstellung der Arbeitskraft und Persönlichkeitsentfaltung in der Freizeit –, sondern insbesondere auch darauf, die urlaubsbedingte Verkürzung der Jahresarbeitszeit zwinge zur Einstellung von Ersatzkräften und trage so zum Abbau der Arbeitslosigkeit bei.

11.2 Absicherung des Urlaubszwecks

642 Soll der Urlaub zur Wiederherstellung der Arbeitskraft und zur Persönlichkeitsentfaltung beitragen, so müssen bestimmte »Rahmenbedingungen« gesichert sein, die eine eingehende gesetzliche (und zum Teil auch tarifliche) Regelung erfahren haben.

11.2.1 Erhaltung des Lebensstandards

643 Nach § 11 Abs. 1 BUrlG ist der Lohn während der gesamten Dauer des Erholungsurlaubs fortzuzahlen. Das **Urlaubsentgelt** bemisst sich nach dem durchschnittlichen Arbeitsverdienst, den der Arbeitnehmer in den letzten dreizehn Wochen vor Beginn des Urlaubs erhalten hat. Dieses sog. **Referenzperiodenprinzip** unterscheidet sich von dem theoretisch ebenfalls möglichen **Lohnausfallprinzip**, das danach fragt, wie viel der betreffende Arbeitnehmer in der Zeit des Urlaubs verdient hätte.

> **Beispiel:**
> Infolge zahlreicher Überstunden kam der Arbeitnehmer in den dreizehn Wochen vor Urlaubsbeginn auf einen Wochenverdienst von 800 Euro. Dieser war bis 1996 auch für die Zeit des Urlaubs maßgebend. Keine Rolle spielt dabei, ob die Überstunden während der Urlaubswochen auch angefallen wären. Seit dem Arbeitsrechtlichen Beschäftigungsförderungsgesetz 1996 werden Überstunden nicht mehr berücksichtigt; daran hat auch das Korrekturgesetz vom Dezember 1998 nichts geändert. Im Übrigen bleibt es aber beim Referenzperiodenprinzip.

644 Durch ausdrückliche tarifliche Regelung kann zum Lohnausfallprinzip übergegangen werden. Dadurch dürfen jedoch nur geringfügige Lohnminderungen eintreten, da sonst das sog. Lebensstandardprinzip gefährdet wäre: Der gesetzlichen Regelung ist zu entnehmen, dass der Arbeitnehmer während des Urlaubs nicht schlechter als in den Zeiten der Arbeit stehen darf. Fällt in die Referenzperiode ein mehr oder weniger großes Stück **Kurzarbeit**, führt dies nach § 11 Abs. 1 Satz 3 BUrlG nicht zu einer Verringerung des Urlaubsentgelts.

645 Vom »Urlaubsentgelt« ist das sog. **zusätzliche Urlaubsgeld** zu unterscheiden, das die erhöhten Aufwendungen abdecken soll, die durch Ferienreisen etc. entstehen. Schon im Jahre 1989 besaßen rund 94 Prozent aller Arbeitnehmer in Westdeutschland einen tariflichen Anspruch auf ein solches Urlaubsgeld, das keine gesetzliche Absicherung erfahren hat. Die Höhe ist sehr unterschiedlich; nur in 42 Prozent aller Fälle wird ein bestimmter Prozentsatz des Monatsgehalts bezahlt, im Übrigen sind Festbeträge vorgesehen. In der Metallindustrie beläuft sich das Urlaubsgeld auf 50 Prozent des Urlaubsentgelts.

11.2.2 Stückelungsverbot

Der Erholungszweck ist weiter nur dann gesichert, wenn der Urlaub **646** nicht in zahlreiche, ein bis zwei Tage umfassende »Zeitsplitter« aufgeteilt wird, sondern wenn der Arbeitnehmer während einer längeren zusammenhängenden Zeit von der Arbeit freigestellt ist. Nach § 7 Abs. 2 BUrlG ist der Urlaub daher »zusammenhängend« zu gewähren, es sei denn, dass dringende betriebliche oder in der Person des Arbeitnehmers liegende Gründe eine Aufteilung erforderlich machen. Auch in solchen Fällen ist jedoch dafür zu sorgen, dass wenigstens ein einheitlicher Zeitraum von zwei Wochen erhalten bleibt.

Die Verlängerung des Jahresurlaubs auf in der Regel sechs Wochen **647** legt es nahe, schon auf einfachen Wunsch des Arbeitnehmers hin eine **Teilung in einen Sommer- und einen Winterurlaub** zuzulassen. Der Erholungszweck wird auf diese Weise eher besser als durch einen einheitlichen »Großurlaub« erreicht; die Handhabung des § 7 Abs. 2 BUrlG muss insoweit an die neuere Entwicklung angepasst werden.

11.2.3 Kein Verzicht auf den Urlaubsanspruch

Der Anspruch auf Gewährung von Erholungsurlaub ist zwingender Na- **648** tur; weder im Tarifvertrag noch im Arbeitsvertrag kann er abbedungen werden. Dies gilt auch dann, wenn der Arbeitgeber dem Arbeitnehmer den **Urlaub »abkaufen«** will und ihm das Urlaubsentgelt oder einen höheren Betrag als »Abgeltung« bezahlt: Der gesetzliche oder tarifliche Anspruch bleibt auch dann in vollem Umfang erhalten. Der Arbeitnehmer braucht die erhaltene Summe nicht zurückzubezahlen und muss sie sich auch nicht auf das nunmehr fällige »echte« Urlaubsentgelt nach § 11 Abs. 1 BUrlG anrechnen lassen (BAG, AP Nr. 1 zu § 817 BGB).

11.2.4 Erkrankung während des Urlaubs

649 Wird der Arbeitnehmer während des Urlaubs krank, so wird der Erholungszweck in aller Regel nicht erreicht. § 9 BUrlG sieht deshalb vor, dass die Zeit der Arbeitsunfähigkeit **auf den Jahresurlaub nicht angerechnet** wird. Der Arbeitnehmer muss sich jedoch zum vorgesehenen Zeitpunkt im Betrieb zurückmelden; statt einer automatischen Verlängerung, die für den Betrieb unter Umständen mit Schwierigkeiten verbunden wäre, wird ihm lediglich ein Anspruch auf Resturlaub gewährt (dazu unten Rn. 657).

11.2.5 Verbot der Erwerbstätigkeit während des Urlaubs und keine Inanspruchnahme durch den Arbeitgeber

650 Um sicherzustellen, dass der Urlaub auch wirklich für Zwecke der Erholung verwendet wird, verbietet § 8 BUrlG jede »dem Urlaubszweck widersprechende Erwerbstätigkeit«. Unbestritten zulässig bleibt daher nur eine Ausgleichstätigkeit, die den Erholungszweck gerade fördert. So kann sich ein Winterurlauber als Skilehrer betätigen, und ein Sommerurlauber kann einen kunstgeschichtlichen Vortrag halten. Erlaubt ist auch jede Hobbytätigkeit bis hin zum Eigenheimbau.

651 Was geschieht, wenn ein Arbeitnehmer das Verbot des § 8 BUrlG übertritt und während des ganzen Urlaubs z.B. täglich acht Stunden Schwarzarbeit auf dem Bau leistet? Anders als die ursprüngliche Rechtsprechung geht das BAG heute davon aus, dass der Arbeitnehmer das erhaltene **Urlaubsentgelt nicht zurückzahlen** muss (BAG, AiB 1989, 130), jedoch unter Umständen eine Kündigung riskiert.

652 Nimmt der Arbeitnehmer während seines Urlaubs an einer **Betriebsversammlung** teil, so hat er für diese Zeit einen zusätzlichen Vergütungsanspruch nach § 44 Abs. 1 Satz 2 und 3 BetrVG (BAG, DB 1987, 1945).

652a Während des Urlaubs darf die Arbeitspflicht nicht »aktiviert« werden. Geschieht dies dennoch, weil der **Arbeitgeber telefonisch bestimmte Wünsche** übermittelt, zählt der fragliche Tag nicht als Urlaubstag. Anders ist es nur dann, wenn es um ein kurzes Gespräch von wenigen Minuten geht, bei dem der Arbeitgeber beispielsweise eine dringend benötigte Auskunft haben will.

11.2.6 Sonstige Vorkehrungen

Schließlich darf der Arbeitgeber den Urlaubszweck nicht dadurch un- **653**
terlaufen, dass er zurückliegende Zeiten der Nichtbeschäftigung (etwa
wegen vorübergehender Betriebsschließung) nachträglich auf den Erholungsurlaub anrechnet. Dies gilt auch für pflichtwidrig versäumte Arbeitszeit. Im Übrigen gibt es keinen »Zwang zur Erholung«; wer sich im
Urlaub unvernünftig verhält und sich durch allzu extravagante Touren
überanstrengt, hat urlaubsrechtlich keine Konsequenzen zu befürchten.

11.3 Der Zeitpunkt des Urlaubs

11.3.1 Die Entscheidung durch den Arbeitgeber

Die Gewährung von Urlaub ist Sache des Arbeitgebers. Ein Arbeitneh- **654**
mer, der sich über diesen Grundsatz hinwegsetzt und eine »Selbstbeur-
laubung« praktiziert, riskiert eine fristlose Kündigung. Der Arbeitgeber
ist bei seiner Entscheidung allerdings in zweierlei Hinsicht gebunden:
- Nach § 7 Abs. 1 BUrlG hat er die **Urlaubswünsche des betreffenden** **655**
Arbeitnehmers zu berücksichtigen, es sei denn, dem stünden dringende betriebliche Belange oder Urlaubswünsche anderer Arbeitnehmer entgegen, die unter sozialen Gesichtspunkten den Vorrang verdienen.

Beispiel:
Der kinderlose A möchte im August vier Wochen Urlaub machen. Dies kann der
Arbeitgeber nur dann ablehnen, wenn in diesem Monat ein außerordentlich hoher Geschäftsanfall zu erwarten ist *oder* wenn im August Schulferien und deshalb
zahlreiche Kollegen mit Kindern vorrangig zu berücksichtigen sind.

Nach der Rechtsprechung (BAG, AP Nr. 3 zu § 9 BUrlG) darf der Arbeitgeber nur den Urlaub für das laufende Kalenderjahr gewähren und
nicht etwa einen **Vorgriff auf das nächste Kalenderjahr** praktizieren (was
bei Auftragsmangel besonders nahe liegt). Auch darf er den Arbeitnehmer nicht vor die Alternative stellen, entweder am Betriebsausflug bzw.
einer von ihm empfohlenen Demonstration teilzunehmen oder einen
Tag Urlaub zu nehmen.
- Nach § 87 Abs. 1 Nr. 5 BetrVG hat der **Betriebsrat ein Mitbestim-** **656**
mungsrecht. Dieses erstreckt sich auf die Aufstellung allgemeiner Ur-

laubsgrundsätze (z. B. der Kriterien, nach denen bei kollidierenden Urlaubswünschen mehrerer Arbeitnehmer zu entscheiden ist), aber auch auf den **Urlaubsplan**, d. h. die vorgesehene zeitliche Verteilung des Urlaubs der einzelnen Arbeitnehmer. Kursiert im Betrieb eine Urlaubsliste, auf der jeder seine Wünsche einträgt, und erhebt sich binnen angemessener Frist kein Widerspruch, so gilt der Urlaub als erteilt. Bestehen Meinungsverschiedenheiten zwischen dem Arbeitgeber und den einzelnen Arbeitnehmern, so steht dem Betriebsrat gleichfalls ein Mitbestimmungsrecht zu. Bei einer etwaigen Einigung mit dem Arbeitgeber sind die Grundsätze des § 7 Abs. 1 BUrlG zu beachten.

Der Betriebsrat hat weiter mit zu entscheiden, ob **Betriebsferien** gemacht werden oder nicht.

11.3.2 Übertragung ins folgende Kalenderjahr

657 Der Urlaub ist grundsätzlich im laufenden Kalenderjahr zu nehmen. § 7 Abs. 3 Satz 2 und 3 BUrlG lässt jedoch aus dringenden betrieblichen oder in der Person des Arbeitnehmers liegenden Gründen eine Übertragung bis zum **31. März des Folgejahres** zu. Diese muss vom Arbeitnehmer nicht ausdrücklich verlangt werden, sondern tritt automatisch ein, wenn noch Resturlaub vorhanden ist (BAG, DB 1988, 447). Verstreicht auch der 31. März, ist der Urlaub verfallen. Ausnahmen gelten nur dann, wenn arbeitsvertraglich, durch Betriebsvereinbarung oder durch Tarifvertrag ein längerer Übertragungszeitraum vereinbart ist. In diesem Fall ist nach § 7 Abs. 3 Satz 4 BUrlG eine ausdrückliche Erklärung des Arbeitnehmers notwendig (BAG, AiB 1988, 95). Werden Urlaubsanträge des Arbeitnehmers abgelehnt, nicht beschieden oder vom Arbeitgeber von vornherein als »überzogen« und »abwegig« qualifiziert, so macht sich der Arbeitgeber schadensersatzpflichtig und muss den Urlaub nachgewähren. Der Urlaub verfällt grundsätzlich auch dann nicht, wenn ihn der Arbeitnehmer wegen Krankheit nicht nehmen konnte (EuGH, NZA 2009, 135 – Schultz-Hoff; ebenso BAG, NZA 2009, 538) oder wenn er zwar wieder gesund war, der Urlaubsgewährung vor dem 31. März jedoch betriebliche Gründe entgegenstanden (EuGH, NZA 2009, 1133). Näher dazu unten Rn. 667.

11.3.3 Streitfälle

Steht der Arbeitnehmer auf dem Standpunkt, der Arbeitgeber habe die **658** Grundsätze des § 7 Abs. 1 BUrlG verletzt, so kann er – notfalls im Wege einer einstweiligen Verfügung – eine gerichtliche Klärung herbeiführen. Große praktische Bedeutung kommt dem kaum zu, da es nur wenige Arbeitnehmer geben wird, die sich wegen des Urlaubszeitpunkts den Unwillen ihres Arbeitgebers zuziehen wollen.

Ist der **Urlaubsbeginn** einmal festgelegt, kann der Arbeitgeber seine Entscheidung **nicht mehr revidieren.** In Notfällen besitzt er das Recht, den Urlaubstermin zu ändern, doch muss er dann dem Arbeitnehmer alle diejenigen Aufwendungen ersetzen, die dieser im Hinblick auf den geplanten Urlaub gemacht hat.

11.4 Einzelfragen

11.4.1 Wartezeit und Teilurlaub

Ein voller Urlaubsanspruch wird erstmalig nach sechsmonatigem Be- **659** stehen des Arbeitsverhältnisses erworben (§ 4 BUrlG). Zeiten, die bei einem früheren Inhaber des Betriebs oder im Rahmen eines Ausbildungsverhältnisses verbracht wurden, werden angerechnet.

Ist die Wartezeit nicht erfüllt, so entsteht nach näherer Maßgabe des **660** § 5 BUrlG ein Anspruch auf **Teilurlaub;** für jeden vollen Monat des Bestehens des Arbeitsverhältnisses wird ein Zwölftel des Jahresurlaubs geschuldet. Der Teilurlaub kann »in natura« nur dann genommen werden, wenn das Arbeitsverhältnis vor Ablauf von sechs Monaten endet. Sonst geht er in den normalen Urlaub ein. Gewährt der Arbeitgeber mehr Urlaub als geschuldet, so handelt er auf eigenes Risiko; eine Rückforderung des Urlaubsentgelts ist ausgeschlossen (§ 5 Abs. 3 BUrlG).

11.4.2 Abgeltung

Kann der Urlaub wegen Beendigung des Arbeitsverhältnisses ganz oder **661** teilweise nicht mehr gewährt werden, so ist er abzugelten (§ 7 Abs. 4 BUrlG). Der Arbeitgeber ist nach der Rechtsprechung befugt, den Arbeitnehmer während des Laufs der Kündigungsfrist freizustellen und ihm so den noch offenen **Resturlaub** zu gewähren (BAG, DB 1987, 1259). Lässt sich dies nicht durchführen, erhält der Arbeitnehmer das Urlaubsentgelt nach § 11 Abs. 1 BUrlG und ein etwaiges Urlaubsgeld ausbezahlt und wird so in die Lage versetzt, während der Zeit der Arbeitslosigkeit oder mit Hilfe einer unbezahlten Freistellung beim neuen Arbeitgeber den »fälligen« Urlaub nachzuholen.

662 Nach § 157 Abs. 2 SGB III **ruht der Anspruch auf Arbeitslosengeld** für die Zeit, für die eine Urlaubsabgeltung gewährt wird. In Höhe eines gleichwohl ausbezahlten Betrags kann die Bundesagentur für Arbeit den Abgeltungsanspruch auf sich überleiten und gegen den Arbeitgeber geltend machen. Eine Anrechnung auf Krankengeld, das nach Beendigung des Arbeitsverhältnisses bezahlt wird, findet dagegen nicht statt (BAG, DB 1986, 975).

11.4.3 Urlaubsberechnung bei unregelmäßiger Arbeitszeit

663 Angesichts der wachsenden Flexibilisierung stellt sich immer häufiger die Frage, wie die Urlaubsdauer bei unregelmäßiger Arbeitszeit zu bestimmen ist. Probleme ergeben sich insbesondere (aber nicht nur) bei **Teilzeitkräften.**

Beispiel:
Eine Sekretärin arbeitet 20 Stunden pro Woche, verteilt diese aber so, dass sie montags und mittwochs je acht Stunden und freitags vier Stunden arbeitet. Nach dem Tarifvertrag hat sie sechs Wochen Urlaub. Welche Bedeutung hat es, wenn sie zweimal den Montag frei nimmt, was trotz des Stückelungsverbots aus persönlichen Gründen möglich ist?

664 Unbestrittener Ausgangspunkt ist zunächst die Tatsache, dass eine höhere oder eine geringere Arbeitszeit den Urlaubsanspruch nicht beeinträchtigt: Auch der nur geringfügig Beschäftigte hat gem. § 3 BUrlG einen Anspruch darauf, mindestens vier Wochen lang von jeder Arbeit verschont zu bleiben (BAG, AP Nr. 1 zu § 1 BUrlG); die Tarifverträge dehnen diesen Zeitraum entsprechend aus.

Die Sekretärin kann also genau wie Vollzeitkräfte sechs Wochen Urlaub machen, wobei in ihrem Fall natürlich weniger »Arbeitstage« ausfallen.

665 Wird der Urlaub nicht wochenweise genommen oder ist die Arbeitszeit zwischen den einzelnen Wochen ungleich verteilt, so wird die Angelegenheit etwas komplizierter. In solchen Fällen muss eine **Umrechnung**

auf »**Arbeitstage**« erfolgen; nach der Rechtsprechung des BAG kommt es dabei darauf an, in welchem Verhältnis die tatsächlichen Beschäftigungstage zu den Werktagen des Kalenderjahres stehen (BAG, AP Nr. 30 zu § 13 BUrlG).

> Wird an drei Tagen in der Woche gearbeitet, so entspricht ein tariflicher Anspruch von sechs Wochen 18 Arbeitstagen. Geht der Tarifvertrag selbst von »Arbeitstagen« aus, so wird er dies in aller Regel auf Vollzeitbeschäftigte beziehen, so dass Teilzeitbeschäftigte in diesem Fall eine entsprechend niedrigere Anzahl an Vollarbeitstagen beanspruchen können.

Dies führt freilich dann zu wenig einsichtigen Ergebnissen, wenn wie in dem hier gewählten Beispiel an den einzelnen Tagen verschieden lange gearbeitet wird. Hier wäre eine **Umrechnung auf halbe Tage** sinnvoll, da nur dann eine Gleichbehandlung mit Vollzeitbeschäftigten sichergestellt ist. **666**

> Im konkreten Fall würde dies bedeuten, dass sechs Wochen Urlaub 30 Halb-Tagen entsprechen, so dass Montag und Mittwoch doppelt, Freitag nur einfach zählen würde.

Bei unregelmäßigerer Tätigkeit müsste unter Umständen **eine Umrechnung auf Stunden** erfolgen – eine relativ komplizierte Prozedur, die damit zusammenhängt, dass das geltende Urlaubsrecht vom Normalarbeitstag ausgeht.

11.5 Urlaub und länger dauernde Arbeitsunfähigkeit

Ganz erhebliche Aufmerksamkeit hat seit einer Grundsatzentscheidung des BAG im Jahre 1982 (DB 1982, 1065) die Frage erfahren, wie sich länger dauernde Arbeitsunfähigkeit auf die Existenz und die Abgeltung des Urlaubsanspruchs auswirkt. In Abweichung von seiner früheren Rechtsprechung vertrat das BAG seither die Auffassung, der Urlaubsanspruch könne auch dann geltend gemacht werden, wenn der Arbeitnehmer während des ganzen Jahres keinen einzigen Tag gearbeitet habe; das Bundesurlaubsgesetz stelle lediglich auf die Existenz eines Arbeitsverhältnisses und auf die Erfüllung der Wartefrist ab. **667**

> Der vom 1. Januar bis 15. November krank geschriebene Arbeitnehmer kann daher am 16. November seinen sechswöchigen Jahresurlaub antreten.

295

Der Abgeltungsanspruch nach § 7 Abs. 4 BUrlG bestehe andererseits nur, wenn der Urlaub bis zum Ende des Übertragungszeitraums auch hätte genommen werden können; bleibe der Arbeitnehmer bis 31. März des folgenden Jahres **arbeitsunfähig**, könne er trotz Ausscheidens aus dem Arbeitsverhältnis **keine Abgeltung** verlangen.

Beispiel:
Der Arbeitnehmer erkrankt am 15. August, wenige Tage vor dem geplanten Urlaubsantritt, und bleibt bis 31. März arbeitsunfähig. Wird er wegen seiner Krankheit gekündigt, verliert er jeden Anspruch, obwohl er 7 $\frac{1}{2}$ Monate gearbeitet hat. Wird er nicht gekündigt, verfällt der Urlaub sowieso.

668 Die Ergebnisse dieser Rechtsprechung waren in der ersten Konstellation für den Arbeitgeber ärgerlich, in der zweiten für den Arbeitnehmer **unsozial**. Das BAG berücksichtigte zu wenig, dass der Erholungsurlaub kein leistungsunabhängiges Recht (wie etwa das Wahlrecht zum Betriebsrat) ist, sondern einen Teil der dem Arbeitgeber obliegenden Leistungen darstellt, so dass nach § 242 BGB der Gesichtspunkt des unbilligen Vor- und Nachteils sehr wohl eine Rolle spielen kann. Durch die **Rechtsprechung des EuGH** (NZA 2009, 135 – **Schultz-Hoff**) kam es zu einem erneuten Wandel: Aus der Arbeitszeitrichtlinie folge, dass der Urlaubsanspruch durch Krankheit nicht verloren gehen könne, was vom BAG (NZA 2009, 538) übernommen wurde. Der 31. März spielt insoweit keine Rolle mehr. Der **Übertragungszeitraum** ist jedoch im Anschluss an eine weitere EuGH-Entscheidung (NZA 2011, 1333) **auf 15 Monate beschränkt** (BAG, NZA 2012, 1216). Gleichzeitig bleibt es dabei, dass der Urlaub auch kurz nach Ende einer langen Krankheit angetreten werden kann.

11.6 Andere Urlaubsformen und unbezahlte Freistellung

669 Neben dem Erholungsurlaub existiert in den meisten Bundesländern ein Anspruch auf bezahlten **Bildungsurlaub** von einer Woche pro Jahr, der allerdings nur ausnahmsweise in Anspruch genommen wird. Die entsprechende Regelung des Landes Nordrhein-Westfalen wurde vom Bundesverfassungsgericht (DB 1988, 709) für verfassungskonform erklärt. »Bildungs«urlaub meint dabei nicht nur berufliche Fortbildung, sondern auch Verbesserung der Allgemeinbildung: Voraussetzung ist nur, dass man an staatlich anerkannten Veranstaltungen teilnimmt.

Keine Entgeltfortzahlung (sondern ggf. die Gewährung eines staatlichen Erziehungsgeldes) ist für die sog. **Elternzeit** (früher: Erziehungsurlaub) vorgesehen. **670**

Die Arbeitsvertragsparteien können jederzeit übereinkommen, dass der Arbeitnehmer für kürzere oder längere Zeit **unbezahlten Urlaub** erhält. Da der Arbeitgeber verpflichtet ist, auf die persönlichen Verhältnisse des Arbeitnehmers Rücksicht zu nehmen, kommt auch ein entsprechender **Anspruch des Beschäftigten** in Betracht. **671**

Beispiel:
Der türkische Arbeitnehmer muss seinen verkürzten Wehrdienst von zwei Monaten Dauer ableisten. BAG (DB 1983, 1602): Arbeitgeber muss dies grundsätzlich hinnehmen, braucht jedoch keinen Lohn zu bezahlen. Auch bei vollem Wehrdienst von n $^1/_2$ Jahren Dauer kommt eine Kündigung nur dann in Betracht, wenn keine zumutbaren Überbrückungsmaßnahmen (Ersatzkraft!) möglich sind (BAG, DB 1989, 985). Zur heutigen Rechtslage siehe Däubler/Bonin/Deinert, AGB-Kontrolle im Arbeitsrecht, Einl. Rn. 94.

Genauso ist zu verfahren, **wenn** beispielsweise **Kinder** vorübergehend **nicht im Kinderhort oder im Kindergarten untergebracht werden können** oder wenn ältere Familienangehörige über die sechs Monate des Pflegezeitgesetzes hinaus gepflegt werden müssen. Gerade in Zeiten der Massenarbeitslosigkeit ist den Interessen des Arbeitnehmers durch das Recht, von sich aus zu kündigen, nicht ausreichend Rechnung getragen. Eindeutige Entscheidungen, die in diese Richtung weisen, sind aber noch nicht vorhanden. **672**

Dem Betriebsrat steht auch in solchen Fällen ein **Mitbestimmungsrecht** nach § 87 Abs. 1 Nr. 5 BetrVG zu.

11.7 Weiterführende Literatur

Heilmann, Urlaubsrecht, Basiskommentar, 4. Aufl., Frankfurt/Main 2013; **673**
Neumann/Fenski, Bundesurlaubsgesetz, Kommentar, 10. Aufl., München 2011;
Stahlhacke/Bachmann/Bleistein/Berscheid, Gemeinschaftskommentar

zum Bundesurlaubsgesetz, 5. Aufl., Neuwied-Berlin-Kriftel/Ts. 1992
(übliche Abkürzung: GK-BUrlG);
Leinemann/Linck, Urlaubsrecht, Kommentar, 2. Aufl., München 2001;
ErfK-Gallner, HWK-Schinz und HK-ArbR-Holthaus, jeweils neueste
Auflage.

12. Grundrechte am Arbeitsplatz

12.1 Freiheit trotz Abhängigkeit?

Auch wer abhängige Arbeit leistet, hat sich nicht mit Haut und Haaren **674** an seinen Arbeitgeber verkauft. Er bleibt Mensch und Bürger – auch am Arbeitsplatz. Natürlich muss sich der Einzelne Einschränkungen gefallen lassen, aber sie dürfen nicht weiter gehen, als es im Interesse der Arbeit erforderlich ist. Dies bedeutet:

Die Grundrechte des Grundgesetzes gelten im Prinzip auch dem Ar- 675 beitgeber gegenüber. Der Staat ist verpflichtet, Eingriffe durch die stärkere Seite zu verhindern, sich gewissermaßen schützend vor den einzelnen Arbeitnehmer zu stellen. Die Rechtsprechung hat dem in weitem Umfang Rechnung getragen (BAG, NZA 2004, 1278, 1280; deutlich: BAG, NZA 2005, 158). So gehört es zur freien Entfaltung der Persönlichkeit nach Art. 2 Abs. 1 GG, die § 75 Abs. 2 BetrVG ausdrücklich in Bezug nimmt, dass

- der Einzelne **über sein eigenes Äußeres** frei entscheiden kann (unten **12.2** – Rn. 678 ff.),
- der Einzelne nicht die ganze Zeit untätig herumstehen muss, sondern verlangen kann, **effektiv beschäftigt** zu werden (unten **12.3** – Rn. 684 ff.),
- der Einzelne **als Mensch ernst genommen** und nicht beleidigt oder als »minderwertig« abqualifiziert wird (unten **12.4** – Rn. 687 ff.).

Aus Art. 5 Abs. 1 GG folgt das Recht,

- auch am Arbeitsplatz **seine Meinung sagen zu dürfen** (unten **12.5** – Rn. 694 ff.).

Die **Gewissensfreiheit** des Art. 4 Abs. 1 GG gibt das Recht,

- in Ausnahmesituationen die **Arbeit zu verweigern** (unten **12.6** – Rn. 701 ff.).

Die **Wissenschaftsfreiheit** des Art. 5 Abs. 3 GG verlangt, dass

- Arbeitnehmer, die wissenschaftlich tätig sind, über bestimmte Freiräume verfügen müssen (unten **12.7** – Rn. 704 f.).

676 Der Gleichheitssatz des Art. 3 Abs. 1 GG verbietet gerade auch in seiner arbeitsrechtlichen Ausprägung, dem sog. **Gleichbehandlungsgrundsatz,** dass

- jemand ohne sachlichen Grund schlechter behandelt wird als seine Kolleginnen und Kollegen (unten **12.8** – Rn. **706 ff.**).

Aus dem Schutz der **Menschenwürde** nach Art. 1 Abs. 1 GG folgt weiter, dass

- **niemand** einer **Totalkontrolle,** z. B. durch Fernsehkameras, aber auch durch eingeschleuste »Detektive« unterzogen werden darf (unten **12.9** – Rn. **715 ff.**).

Arbeitet man mit Computern, werden in der Regel auch Angaben über den Einzelnen gespeichert. Nach Art. 1 Abs. 1 und Art. 2 Abs. 1 GG

- darf dies nur mit seiner Zustimmung erfolgen. Auch muss er immer erfahren können, was über ihn gespeichert ist (unten **12.10** – Stichwort: **Datenschutz;** Rn. **729 ff.**).

Schließlich gehört es zum Schutz der Arbeitnehmerpersönlichkeit, dass die

677
- »**Freizeit**« **auch wirklich** privat bleibt. Der Arbeitnehmer muss selbst entscheiden können, mit wem er zusammenlebt, ob er Fußball spielt, einen trinkt oder vielleicht einen kleinen Nebenjob annimmt. Lauter Selbstverständlichkeiten? – Leider nein (unten **12.11** – Rn. **738 ff.**).

Die Liste dieser Grundrechte mag beeindruckend sein. Gleichwohl gibt es schlimme Belastungen am Arbeitsplatz, die sich so nicht erfassen lassen: Man muss dreihundertmal am Tag dieselbe Bewegung machen, man kann mit keinem Menschen reden, man arbeitet bei hoher Temperatur oder in Zugluft. Um Fragen dieser Art geht es bei der »**Humanisierung des Arbeitslebens**« (unten **12.12** – Rn. **741 ff.**).

12.2 Kleidung und Schmuck – ein Rechtsproblem?

678 Die äußere Erscheinung, insbesondere Kleidung und Frisur eines Menschen macht einen beträchtlichen Teil seiner »Unverwechselbarkeit« aus. Mit Recht wird deshalb auch im Arbeitsverhältnis dem Einzelnen die Freiheit zugestanden, über seine Garderobe, seine Haartracht und seinen Schmuck nach eigenem Gutdünken zu bestimmen.

Der Arbeitgeber kann also grundsätzlich nicht »Krawattenzwang« für Männer und ein »Schmuckverbot« für Frauen anordnen.

300

Dasselbe gilt für das Tragen von **Ansteckknöpfen, Sympathienadeln oder Mitgliedsabzeichen.**

In der Praxis erfährt diese Freiheit des Arbeitnehmers allerdings so **679** viele Durchbrechungen und Ausnahmen, dass man sich fragen muss, ob nicht eigentlich die Reglementierung zum Normalfall und die freie Entscheidung zur Ausnahme werden.

Unproblematisch sind Bestimmungen, die dem Arbeitnehmer das Tra- **680** gen einer bestimmten **Schutzkleidung** vorschreiben. Sie sind unbestritten rechtmäßig, wenn und soweit sie dem Schutz von Leben und Gesundheit dienen.

> Die Anforderungen können unter Umständen außerordentlich weit gehen; vgl. als **Beispiel** § 54 Abs. 2 VBG 1 a. F.: »In der Nähe bewegter Maschinen- und Triebwerksteile dürfen lose hängende Haare und Zöpfe, freihängende Kleiderteile, Schleifen, Bänder, Halstuchzipfel, Fingerringe und dergleichen nicht getragen werden. Ärmel dürfen nur nach innen umgeschlagen werden.«

Grundsätzlich ist der Arbeitnehmer auch verpflichtet, eine **allgemein** **681** **übliche Dienst- oder Arbeitskleidung** zu tragen. Dies gilt etwa im Hotel- und Gaststättengewerbe (Kellner, Portier, Liftboy), aber auch im Verkehrssektor, etwa bei Schaffnern und Stewardessen. Meist gibt eine solche Kleidung Aufschluss über die Funktion des Einzelnen oder macht seine Zugehörigkeit zu einem bestimmten Unternehmen deutlich (z. B. McDonald's). Der Arbeitnehmer darf jedoch durch die Art und Weise der Kleidung **nicht der Lächerlichkeit preisgegeben**

Beispiel:
Verkaufsfahrer müssen Jacken mit aufgedrucktem Donald Duck tragen.

oder in seiner Würde beeinträchtigt werden.

Beispiel:
Eine Bedienung braucht sich die Größe des Ausschnitts im Dirndl nicht vorschreiben zu lassen.

Zu beachten ist, dass auch eine verkehrsübliche »Kleiderordnung« nicht über das hinausgehen darf, was im Interesse der Arbeit notwendig ist.

Beispiel:
Die Lufthansa darf ihren Stewardessen das Tragen blauer oder gelber Kostüme vorschreiben, muss es jedoch der einzelnen Arbeitnehmerin überlassen, ob der Rock in Kniehöhe, 10 cm darüber oder 10 cm darunter endet (LAG Frankfurt/M., BB 1978, 810).

Von Bankangestellten kann saubere korrekte Kleidung, nicht aber das Tragen von Krawatten verlangt werden (umstritten!).

682 Von der Schutzkleidung und üblicher Arbeitskleidung abgesehen, kann der Arbeitgeber nur ausnahmsweise dem Einzelnen Vorschriften machen. Voraussetzung ist ein **gravierendes geschäftliches Interesse**, das dem Arbeitnehmer die Zurückstellung seiner Wünsche zumutbar macht. Wer Verkäufer in einem Modegeschäft ist, sollte sich sorgfältig kleiden, und ein angestellter Frisör sollte keine Haartracht besitzen, die den Verdacht auf Befall mit Läusen nahe legt. Bloße subjektive Anschauungen des Arbeitgebers sind unbeachtlich; sind ihm lange Hosen bei Frauen und Bärte bei Männern ein Gräuel, so kann er beides noch lange nicht in seinem Betrieb verbieten. Auch wenn einzelne Kunden oder Geschäftspartner an bestimmten Äußerlichkeiten Anstoß nehmen, begründet dies noch kein »gravierendes geschäftliches Interesse«; erst wenn massenhaft Kritik geäußert wird und diese nicht auf reinen Vorurteilen beruht, wird anderes gelten können.

Beispiel:
Ein Kunde beschwert sich beim Inhaber eines Teppichgeschäfts, der Verkäufer trage Bluejeans; unerheblich.

Ein Elternpaar beschwert sich beim Inhaber einer Privatschule, der Lehrer trage schulterlanges Haar – kein Grund, ihm das Abschneiden der Haare nahe zu legen oder gar zu befehlen. Droht wegen der langen Haare des Lehrers ein effektiver Boykott durch die Eltern, so kommt der Gang zum Frisör aber durchaus in Betracht.

Ist Kleidung religiös motiviert (»**islamisches Kopftuch**«), so gilt nach BAG (NZA 2003, 483, bestätigt durch BVerfG, NZA 2003, 959) nichts Abweichendes. Dies ergibt sich seit 2006 auch aus den § 7 Abs. 1 und § 1 AGG, wonach Diskriminierungen wegen eines religiösen Bekenntnisses verboten sind, es sei denn, »wesentliche und entscheidende Anforderungen« des Arbeitsplatzes (§ 8 Abs. 1 AGG) würden nicht mehr erfüllt. Bei bloßem Stirnrunzeln einzelner Kunden ist das noch nicht der Fall.

683 **Anordnungen** des Arbeitgebers in Bezug auf die äußere Erscheinung der Belegschaftsangehörigen sind **mitbestimmungspflichtig**, da sie das »Verhalten der Arbeitnehmer im Betrieb« betreffen (§ 87 Abs. 1 Nr. 1 BetrVG). Der Betriebsrat kann daher z. B. einer »Einheitskleidung« widersprechen, aber auch von sich aus die Initiative ergreifen und fordern, dass der »Krawattenzwang« wieder abgeschafft wird.

12.3 Das Recht, tatsächlich arbeiten zu können

Alle Welt ist sich heute einig: Jeder Arbeitnehmer hat einen Anspruch **684** auf tatsächliche Beschäftigung, solange das Arbeitsverhältnis besteht (BAG, AP Nr. 2 zu § 611 BGB Beschäftigungspflicht). Mit Recht wird kein Unterschied zwischen »gehobenen« Tätigkeiten und stumpfsinniger Routinearbeit gemacht: Auch der Fließbandarbeiter hat ein Interesse, nicht als »nutzlos« in die Ecke gestellt zu werden.

Wie fast jedes Arbeitnehmerrecht kennt allerdings auch der Beschäfti- **685** gungsanspruch eine **Ausnahme:** Er greift nicht ein, wenn der Arbeitgeber ein »**berechtigtes Interesse**« an der **Nichtbeschäftigung** des Arbeitnehmers hat. Dies nimmt man bei einem dringenden Verdacht erheblicher Straftaten an, aber selbstredend auch dann, wenn der Arbeitnehmer wegen Auftragsmangels faktisch nicht mehr beschäftigt werden kann. Die Tatsache, dass **das Arbeitsverhältnis gekündigt** ist, berechtigt für sich allein noch nicht zur Suspendierung des Arbeitnehmers. Wie während des Kündigungsschutzprozesses zu verfahren ist, wird später behandelt (unten Kap. 14 – Rn. 912 ff.). Im Arbeitsvertrag können die Suspendierungsmöglichkeiten konkretisiert werden; eine **Abbedingung** des Beschäftigungsanspruchs ist jedoch **nicht möglich** (Däubler/Bonin/Deinert, AGB-Kontrolle im Arbeitsrecht, Anhang Rn. 45; Preis, Der Arbeitsvertrag, II F 10 Rn. 9)

Nur zur Klarstellung: Ohne Arbeitsverhältnis gibt es auch keinen Beschäftigungs- **686** anspruch – Arbeitslose können sich nicht auf die »Grundrechte am Arbeitsplatz« berufen.

12.4 Umgangsformen im Betrieb

Die Persönlichkeit des Arbeitnehmers ist weiter dann betroffen, wenn **687** über ihn von hoher Hand verfügt, wenn er wie eine beliebig einsetzbare Größe hin- und hergeschoben wird. Dem versuchen die §§ 81, 82 und 84 BetrVG Rechnung zu tragen, indem sie das **Verfahren des** »**Umgangs mit dem einzelnen Arbeitnehmer**« regeln.

- Der Arbeitgeber muss **den Arbeitnehmer** über dessen Aufgabe und **688** Verantwortung sowie über die Art seiner Tätigkeit und ihre Einordnung in den Arbeitsablauf des Betriebs **unterrichten** (§ 81 Abs. 1 Satz 1 BetrVG).

- Er muss **den Arbeitnehmer** vor Beginn der Beschäftigung über die ihn betreffenden **Unfall- und Gesundheitsgefahren** sowie über die Maßnahmen zur Gefahrenabwehr **belehren** (§ 81 Abs. 1 Satz 2 BetrVG). »Belehrung« ist mehr als die Aushändigung eines Merkblatts, sie verlangt das unmittelbare persönliche Gespräch.

- Er muss **den Arbeitnehmer über Veränderungen** in seinem Bereich rechtzeitig **unterrichten**, ihm insbesondere eine Veränderung der technischen Produktionsabläufe und eine geplante Versetzung mitteilen (§ 81 Abs. 2 BetrVG).

- Der **Arbeitnehmer** muss in allen betrieblichen Angelegenheiten, die seine Person betreffen, **angehört** werden (§ 82 Abs. 1 Satz 1 BetrVG). Zuständig ist in der Regel der unmittelbare Vorgesetzte, der die vorgebrachten Argumente zur Kenntnis nehmen und sich mit ihnen auseinandersetzen muss.

- Der Arbeitgeber muss **dem Arbeitnehmer** auf sein Verlangen hin die Berechnung und **Zusammensetzung seines Arbeitsentgelts erläutern** (§ 82 Abs. 2 Satz 1 BetrVG). Dies ist besonders dort wichtig, wo die Abrechnung mit Hilfe der EDV erfolgt.

689 - Der Arbeitgeber muss mit dem Arbeitnehmer die **Beurteilung seiner Leistungen** und seine künftige berufliche Entwicklung im Betrieb **erörtern** (§ 82 Abs. 2 Satz 1 BetrVG). Der Einzelne soll also wenigstens wissen, was man im Personalbüro von ihm hält und was man in Zukunft mit ihm vorhat. Er kann ein Betriebsratsmitglied hinzuziehen (dazu BAG, AuR 2005, 163), bei Gesprächen über seinen Gesundheitszustand (und vergleichbare andere Themen) auch einen Rechtsbeistand (ArbG Münster, DB 1988, 1756). Zum Betrieblichen Eingliederungsmanagement s. unten Rn. 1016.

690 - Jeder **Arbeitnehmer kann sich** bei den zuständigen betrieblichen Stellen **beschweren**, wenn er sich vom Arbeitgeber oder von Arbeitskollegen ungerecht behandelt fühlt (§ 84 Abs. 1 Satz 1 BetrVG). Der Arbeitgeber muss die Beschwerde bescheiden, d. h. ihr entweder stattgeben oder dem Arbeitnehmer die Gründe mitteilen, weshalb er seine Auffassung nicht teilt. Dem Arbeitnehmer dürfen durch die Beschwerde keine Nachteile entstehen, ein sicherlich beifallswerter Grundsatz, dessen praktische Durchsetzung allerdings meist an Beweisschwierigkeiten scheitert. Sinnvoller dürfte es in vielen Fällen sein, sich mit der Beschwerde an den Betriebsrat zu wenden (§ 85 BetrVG) und so Verhandlungen zwischen diesem und dem Arbeitgeber anzuregen.

691 Ob diese Grundsätze eines »aufgeklärten Miteinander« immer beachtet werden, steht auf einem anderen Blatt. Große Aufmerksamkeit hat in jüngerer Zeit das sog. **Mobbing** gefunden – d. h. die systematische Benachteiligung und Ausgrenzung einzelner Beschäftigter mit dem Ziel, sie aus der Abteilung oder dem Betrieb »hinauszuekeln«. Das Recht kann hier mehr bei der Prävention als bei der Verhängung von Sanktionen hilfreich sein.

Lässt sich das »Mobbing« im Einzelfall beweisen, ist der **Arbeitgeber** **691a** in der Regel **schadensersatzpflichtig,** weil er eine arbeitsvertragliche Nebenpflicht verletzt hat (BAG, NZA 2008, 223; vgl. weiter LAG Thüringen, NZA-RR 2001, 347 und 477; LAG Berlin, NZA-RR 2003, 232; weitere Nachweise bei ErfK-Preis, § 611 BGB Rn. 623). Zur wissenschaftlichen Diskussion s. statt aller Wolmerath, Mobbing. Rechtshandbuch für die Praxis, 4. Aufl., Baden-Baden 2013; Kerst-Würkner, AuR 2001, 251; Ruberg, AuR 2002, 201 ff.; Wickler, DB 2002, 477 ff.; Däubler, BB 1995, 1347). Wichtige Hinweise für die Praxis bei Esser/Wolmerath, Mobbing und psychische Gewalt, Der Ratgeber für Betroffene, 8. Aufl., Frankfurt/Main 2011.

Soweit die systematische Schikane an einem der Merkmale des § 1 **691b** AGG anknüpft (das Opfer wird »als Kanake« oder »als Schwuler« oder »als Krüppel« verfolgt und verhöhnt), liegt nach § 3 Abs. 3 AGG eine sog. **Belästigung** vor, die dieselben Rechtsfolgen **wie** eine **Diskriminierung** auslöst. Dabei muss der Arbeitgeber nach § 15 Abs. 2 AGG auch eine **Entschädigung** für immaterielle Nachteile bezahlen, ohne dass es dabei auf sein Verschulden ankäme.

Zwei verwandte Fragenkomplexe bedürfen der Hervorhebung.

▪ Was geschieht, wenn der Arbeitnehmer beleidigt oder diffamiert **692** wurde?

Beispiel:
Am Schwarzen Brett wird bekannt gemacht, der Arbeitnehmer habe ein Ersatzteil »mitgehen« lassen. Später stellt sich seine Unschuld heraus.

Der Betroffene kann die Rücknahme der Äußerung verlangen, da er sich diesen Eingriff in seine Persönlichkeitssphäre nicht gefallen lassen muss.

Man kann also verlangen, dass die »Diebstahlsmeldung« sofort wieder entfernt und auf die Unrichtigkeit des Vorwurfs hingewiesen wird.

Dies allein hilft freilich oft nicht, da immer etwas »hängen bleibt«. Der Bundesgerichtshof spricht **bei Ehrverletzungen ein Schmerzensgeld** zu.

So hielt er schon Anfang der 1960er Jahre eine Entschädigung in Höhe von 8000 DM für angemessen, als ein Professor für Kirchenrecht in einer populärwissenschaftlichen Abhandlung zu Unrecht als Ginseng-Forscher bezeichnet wurde (BGHZ 35, 363ff. – Zur Erklärung: Die in Korea wachsende Ginsengwurzel stärkt die männliche Potenz).

Das BAG war in diesem Punkt allerdings zunächst sehr ablehnend und hat nicht einmal in dem gerade erwähnten Diebstahlsfall eine Entschädigung zugesprochen (BAG, AuR 1980, 92). In der Gegenwart dürfte dies anders beurteilt werden. Wer einen **Arbeitskollegen beleidigt oder tätlich angreift,** verletzt zugleich eine arbeitsvertragliche Nebenpflicht und muss ggf. mit Abmahnung und Kündigung rechnen.

693 ▪ Arbeitnehmerinnen müssen sich oft **sexuelle Anzüglichkeiten** gefallen lassen, die bis zu körperlichen Übergriffen gehen können. Dies ist eine Unsitte, die schon das sog. Beschäftigtenschutzgesetz von 1994 bekämpft hat. Nunmehr gilt die »**sexuelle Belästigung**« nach § 3 Abs. 4 AGG als Diskriminierung mit allen aus dem AGG folgenden Konsequenzen bis hin zur Versetzung und Kündigung des »Täters«.

Beispiele aus der Rechtsprechung bei Thüsing, Arbeitsrechtlicher Diskriminierungsschutz, Rn. 290. Zu den Konsequenzen nach dem AGG s. Bauer/Krieger, Kommentar zum AGG, und Däubler/Bertzbach-Deinert, jeweils Erl. zu § 15.

693a Wer als Arbeitnehmer **Schusswaffen mitführt** und dadurch ggf. andere gefährdet, begeht eine schwere Pflichtverletzung (LAG Berlin, AP Nr. 94 zu § 626 BGB). Auch Imponiergehabe (»wer mir widerspricht, dem wird die Fresse poliert«) ist eine Pflichtverletzung (für Abmahnung ArbG Kaiserslautern, AuR 2004, 436). Erst recht gilt dies, wenn der Arbeitnehmer ein **15 cm langes Messer** mitbringt und deutlich erklärt, dieses notfalls als Waffe gegen andere oder sich selbst einzusetzen (LAG Berlin, NZA-RR 2004, 581). Anders sind die **Verhältnisse in den USA:** Die Bundesstaaten Oklahoma und Kentucky haben 2004 Gesetze erlassen, wonach der Einzelne berechtigt ist, auch am Arbeitsplatz eine Waffe zu tragen (mitgeteilt bei Thüsing/Leder, NZA 2006, 1318). In anderen Einzelstaaten kann es der Arbeitgeber verbieten (sein Eigentum steht höher!), muss dies aber nicht tun.

12.5 Meinungsfreiheit – auch am Arbeitsplatz?

12.5.1 Rechtlicher Ausgangspunkt

Art. 5 Abs. 1 GG garantiert die Meinungsfreiheit. Er ist im Arbeitsver- **694**
hältnis entsprechend anwendbar, da es spezielle arbeitsrechtliche Regeln
nicht gibt (BAG, NZA 2005, 158). Schon Art. 118 Abs. 1 der Weimarer
Reichsverfassung erstreckte im Übrigen das Recht zur freien Meinungsäußerung ausdrücklich auf Personen, die sich in einem Arbeitsverhältnis
befinden. Auf das benutzte Medium kommt es nicht an. Mündliche Aussagen sind genauso erfasst wie **Leserbriefe** in einer Zeitung oder Meinungsäußerungen auf **Facebook**.

Äußert jemand eine Meinung im Rahmen gewerkschaftlicher Betäti- **695**
gung,

Beispiel:
Ein Gewerkschaftsmitglied sagt auf einer Betriebsversammlung: Mitgliedsbei-
träge sparen und trotzdem alle tariflichen Rechte haben wollen – das könnte euch
so passen, ihr Trittbrettfahrer.

so greift **Art. 9 Abs. 3 GG als die speziellere Vorschrift** ein (zu ihr Kap. 2 –
oben Rn. 44 ff.). Sind seine Grenzen überschritten, liegt etwa eine parteipolitische Stellungnahme vor, so kann sich der Arbeitnehmer wieder
auf Art. 5 Abs. 1 GG berufen, der somit eine Art Auffangfunktion besitzt (BVerfG, NJW 1976, 1627).

Beispiel:
A verteilt im Betrieb ein Flugblatt, das zur Wahl der Linkspartei aufruft. Von
Art. 5 Abs. 1, nicht von Art. 9 Abs. 3 GG gedeckt, auch wenn das Flugblatt von
der Gewerkschaft X unterzeichnet wäre.

12.5.2 Grenzen der Meinungsfreiheit

Das eigentliche Problem der Meinungsfreiheit liegt in ihren Grenzen. **696**
Das BAG hat in einer viel kritisierten Entscheidung den Grundsatz aufgestellt, das Recht der freien Meinungsäußerung finde seine **Schranke in
den Grundregeln über das Arbeitsverhältnis** (BAG, AP Nr. 2 zu § 134
BGB). Dazu rechnete es auch die Pflicht des Arbeitnehmers, den Arbeitgeber oder seinen »Stand« nicht in der Öffentlichkeit zu diskreditieren.
Diese gefährliche Einschränkung der Meinungsfreiheit wurde in den

1980er Jahren etwas gelockert. Das BAG stellte sehr stark auf den **Einzelfall** ab, so dass die exakten Grenzen der Meinungsfreiheit oft unklar bleiben.

> So wurde auf der einen Seite die Verteilung von KPD-Flugblättern vor dem Krankenhaus durch eine dort beschäftigte Krankenschwester nicht beanstandet, während auf der anderen Seite jede »provozierende« parteipolitische Betätigung im Betrieb als Kündigungsgrund gewertet wurde.

Die heutige Rechtsprechung geht davon aus, dass die Meinungsfreiheit auch am Arbeitsplatz in vollem Umfang gilt, dass jedoch auf grundrechtlich geschützte Interessen des Arbeitgebers Rücksicht zu nehmen ist (BAG, NZA 2005, 158).

697 Das **Tragen einer Anti-Atom-Plakette** wurde vom BAG als »politische«, nicht jedoch als »parteipolitische« Betätigung qualifiziert. Ein Lehrer muss beim Unterricht auf eine solche Meinungsbekundung verzichten; ob sich andere Arbeitnehmer ähnlich zurückhalten müssen, blieb unentschieden (BAG, DB 1982, 2143). Aktivitäten im Rahmen betrieblicher **Friedensinitiativen** sind meist als legitime Form der Meinungsäußerung angesehen worden. Die Verteilung von Flugblättern unmittelbar vor dem Betrieb, auf denen zur Unterstützung des Krefelder Appells (der Friedensbewegung) aufgerufen wurde, verletzte keine arbeitsvertraglichen Pflichten (LAG München, DB 1985, 1539).

698 Auch ohne Rückgriff auf die BAG-Rechtsprechung ist die Meinungsfreiheit des Arbeitnehmers nicht unbeschränkt. Zu den bei jeder Meinungsäußerung zu beachtenden »allgemeinen Gesetzen« im Sinne des Art. 5 Abs. 2 GG zählt die Vorschrift des § 611 BGB, die den Arbeitnehmer zur Leistung der versprochenen Dienste verpflichtet. Meinungsäußerungen dürfen daher **die Arbeitsabläufe nicht beeinträchtigen**. Konkret bedeutet dies, dass während der Arbeitszeit zwar persönliche Gespräche erlaubt sind, dass der Einzelne aber grundsätzlich die Pausen verwenden muss, um etwa einen Aufruf zur Landtagswahl zu verteilen oder Unterschriften für eine Solidaritätserklärung mit Serben, Kroaten oder Bosniern zu sammeln.

Beispiel:
Ein vom Arbeitnehmer X in der Mittagspause verteiltes Flugblatt enthält polemische (aber nicht beleidigende) Angriffe auf die Landesregierung, die die zur Erhaltung des Betriebs notwendigen Subventionen verweigere; wenn es so weitergehe, müsse die Belegschaft zu drastischen Maßnahmen greifen und ihr Schicksal selbst in die Hand nehmen. Führt dies nicht nachweislich zu einer Arbeitsniederlegung, so ist die Grenze des Zulässigen nicht überschritten. Die bloße Verschlechterung

der im Betrieb herrschenden »Stimmung«, die die Bereitschaft zu kämpferischen Aktionen vergrößern mag, ist für sich allein kein Grund, die Meinungsfreiheit in irgendeiner Weise einzuschränken. Diskussionen im Betrieb stellen keine konkrete Störung des Arbeitsverhältnisses dar (LAG München, DB 1985, 1539).

Für Äußerungen im Betrieb wie auch in der Freizeit gilt als weitere allgemeine Schranke das Strafrecht, insbesondere das **Verbot der Beleidigung** (§ 185 StGB) und der üblen Nachrede (§ 186 StGB). Ausnahmsweise sind auch sie zulässig, wenn sie sich auf erweislich wahre Tatsachen beziehen **699**

Beispiel:
Der X hat dem Y bei der Kripo eine »Geschichte angehängt«. Y kann dies als »üble Denunziation« bezeichnen.

oder wenn sie in Wahrnehmung »berechtigter Interessen« erfolgen.

Beispiel:
Der Arbeitnehmer äußert öffentlich den Verdacht, eine bestimmte chemische Substanz löse Hauterkrankungen aus. Zulässig, da nicht beleidigend. Die Schlussfolgerung, der Unternehmer mache Profit auf Kosten der Gesundheit der Kollegen, ist zwar ehrkränkend, aber entweder erweislich wahr oder zumindest durch berechtigte Interessen gedeckt, sofern der Verdacht nicht völlig aus der Luft gegriffen ist.

Immer **unzulässig** sind sog. **Formalbeleidigungen.**

Beispiel:
Wer einen anderen ein »**Schwein**« nennt, hat auch dann eine Beleidigung begangen, wenn dieser gegen alle Regeln des menschlichen Anstands verstoßen hat.

Wer im **vertraulichen Gespräch unter Arbeitskollegen** ehrkränkende Äußerungen über Dritte macht (»dieser Idiot«), begeht keine Beleidigung. Jeder kann sich in solchen Fällen darauf verlassen, dass das Gesagte nicht nach außen getragen wird (BAG, NZA 2010, 698 Tz. 18). Teilt man seine Meinung über »diesen Idioten« allerdings mit »Freunden« auf Facebook, so gilt dieser Grundsatz nur, wenn man sie alle auch persönlich kennt, sonst nicht (Däubler, Internet und Arbeitsrecht, Rn. 212 e). **699a**

Etwa seit 1991 beschäftigen antisemitische, **neonazistische und ausländerfeindliche** Äußerungen von Arbeitnehmern verstärkt die Arbeitsgerichte. Das **BAG** hat die Kündigung eines Lehrers bestätigt, der mehrfach in einem »Witz« die Verbrennungsöfen von Auschwitz und einen Pizza-Ofen auf eine Stufe gestellt hatte (BAG, AuR 1993, 124). Wer den Geschäftsführer als »Judensau, die man vergessen hat zu vergasen« be- **700** schimpft, kann gleichfalls gekündigt werden. Nach zutreffender Auffassung des **ArbG Bremen** (BB 1994, 1568) findet die Meinungsfreiheit ihre Grenze in den in § 75 Abs. 1 BetrVG niedergelegten Diskriminierungsverboten – ein interessanter Gedanke, der die »Herabwürdigung« und Ausgrenzung von bestimmten Gruppen ausschließt. Bemerkenswerte Milde ließen demgegenüber einige Arbeitsgerichte bei der Verbreitung eines sog. Asylbetrüger-Pamphlets walten (ArbG Hannover, BB 1993, 1218 mit Anm. Däubler; LAG Hamm, BB 1994, 1288 mit Anm. Stückemann). Der Gedanke der Völkerverständigung, der nach Art. 9 Abs. 2 GG sogar das Verbot von Organisationen rechtfertigt, muss als »allgemeines Gesetz« im Sinne des Art. 5 Abs. 2 GG Schranke der Meinungsfreiheit sein (weitere Einzelheiten bei Däubler, NJW 2000, 3691; Polzer/Powietzka, NZA 2000, 970).

12.6 Arbeitsverweigerung aus Gewissensgründen?

701 Kann ein Arbeitnehmer die Ausführung eines Arbeitsauftrags verweigern, weil er dadurch in Gewissensnot kommen würde?

> **Beispiel:**
> Ein Drucker ist anerkannter Kriegsdienstverweigerer und lehnt es ab, Prospekte für kriegsverherrlichende Literatur herzustellen.

Die Problematik hat in den vergangenen Jahren an Bedeutung gewonnen: man ist sensibler geworden gegenüber ethisch zweifelhaftem Tun. Nach BAG (AuR 1986, 378) **darf der Arbeitgeber dem Beschäftigten keine Arbeit zuweisen, »die den Arbeitnehmer in einen Gewissenskonflikt versetzt, der unter Abwägung der beiderseitigen Interessen vermeidbar gewesen wäre«.** Damit wird im Grundsatz anerkannt, dass Gewissensentscheidungen auch im Arbeitsverhältnis Bedeutung haben. Doch wann ist der Konflikt vermeidbar?

702 Musste der Arbeitnehmer schon bei Vertragsabschluss damit rechnen, eine bestimmte Arbeit zugewiesen zu erhalten, kann er sie nicht unter Berufung auf sein Gewissen verweigern. Wer zu einem Rüstungsunternehmen geht und Panzer konstruiert, kann nicht plötzlich die Arbeit ablehnen, weil er Pazifist geworden ist. Er muss kündigen. War die Konfliktsituation nicht voraussehbar, muss der Arbeitgeber bei »heiklen« Aufgaben einen Arbeitnehmer einsetzen, dem dies nichts ausmacht.

Beispiel (nach BAG, DB 1989, 2538):
Zwei angestellte Ärzte weigern sich, an der Entwicklung eines Medikamentes mitzuwirken, das auch im Atomkrieg Verwendung finden soll. Der Arbeitgeber, ein Arzneimittelunternehmen, muss zwei andere Ärzte heranziehen.

Nicht entschieden ist damit freilich die Frage, was geschieht, wenn solche Ausweichmöglichkeiten nicht zur Verfügung stehen, weil der Arbeitnehmer nicht durch einen anderen ersetzt werden kann oder weil eine Versetzung auf unüberwindbare Schwierigkeiten stößt. **703**

Beispiel:
Am einzigen in Betracht kommenden »Ersatzarbeitsplatz« sitzt ein Arbeitskollege, der mit Kündigung droht, wenn er innerbetrieblich umgesetzt wird.

Eine (personenbedingte) Kündigung wird in solchen Fällen nicht generell auszuschließen sein, doch wird der Arbeitgeber – ähnlich wie bei Erkrankungen – ein gewisses Maß an Arbeitsausfall hinzunehmen haben.
Zur Weigerung von Arbeitnehmern der Post, eine rechtsradikale Postwurfsendung zuzustellen, siehe HessLAG, DB 1995, 1619.

12.7 Wissenschaftsfreiheit im Arbeitsverhältnis

Die Mehrzahl aller Wissenschaftler ist nicht in Universitäten und selbständigen Forschungseinrichtungen, sondern in der Industrie tätig. Auch für sie gilt die Wissenschaftsfreiheit des Art. 5 Abs. 3 GG. Dies bedeutet, dass ihre **Arbeit weniger stark reglementiert** werden darf als die anderer Arbeitnehmer. **704**

Beispiel:
Die bei einem Versuch anzuwendende Methode muss dem Wissenschaftler selbst überlassen bleiben, ein Nichtfachmann darf insoweit keine Anweisungen geben.

Das Forschungsprogramm als solches kann allerdings der Arbeitgeber bestimmen.
Wichtig ist das **Recht, die Arbeitsergebnisse zu veröffentlichen.** Darauf kann auch im Arbeitsvertrag nicht verzichtet werden. Dies deshalb, weil Art. 5 Abs. 3 GG nicht nur den einzelnen Wissenschaftler, sondern auch die »freie Wissenschaft« als solche schützt. Würde man bestimmte Forschungsergebnisse »unter Verschluss« nehmen, wäre der Austausch von Meinungen nicht mehr gesichert. Im Extremfall würde jede Form **705**

311

von Kritik unterdrückt. Dies schadet *auch* der Gesellschaft als solcher: **Sie weiß nicht mehr ausreichend über sich selbst Bescheid, sie beseitigt die Grundlagen ihrer eigenen »Lernfähigkeit«.** Erfahrungen in der DDR geben hierfür reiches Anschauungsmaterial.

Näher zur Wissenschaftsfreiheit im Arbeitsverhältnis Däubler, NZA 1989, 945 ff.

12.8 Der Gleichbehandlungsgrundsatz

706 Die Persönlichkeit eines Arbeitnehmers kann auch dadurch verletzt werden, dass er ohne einsichtigen Grund schlechter als seine Arbeitskollegen behandelt wird: Wer nur die halbe Weihnachtsgratifikation erhält, wird sich in der Regel auch als Mensch herabgesetzt fühlen, wer mehr als andere kontrolliert wird, weiß, dass man seiner Leistung oder seiner Anständigkeit misstraut.

12.8.1 Woraus ergibt sich ein Gebot der Gleichbehandlung?

707 Nach geltendem Recht kann sich der Arbeitnehmer auf die Verfassung wie auf das BetrVG und das AGG berufen.

- Zum einen bestimmt Art. 3 Abs. 3 GG, dass niemand wegen seines Geschlechts, seiner Abstammung, seiner Rasse, seiner Sprache, seiner Heimat (frühere DDR, Aussiedler aus Russland) und Herkunft, seines Glaubens, seiner religiösen oder politischen Anschauungen benachteiligt oder bevorzugt werden darf. Weiter ordnet Art. 3 Abs. 1 GG an, dass **alle Menschen vor dem Gesetz gleich** sind. Dies wurde vom Bundesverfassungsgericht ursprünglich nur als Willkürverbot aufgefasst. Heute wird jedoch insbesondere dort, wo zwischen verschiedenen Gruppen von Menschen differenziert wird, ein strengerer Maßstab angelegt: Je stärker die Ungleichbehandlung, umso gewichtiger muss der sie rechtfertigende Grund sein. Beide Vorschriften binden auch den Arbeitgeber, der gegenüber seiner Belegschaft soziale Macht ausübt.

708 - Zum anderen stellt § 75 Abs. 1 BetrVG **für die Einheit »Betrieb«** eine Konkretisierung des Art. 3 GG dar, die dessen Verbote voll übernimmt. In einigen Punkten geht § 75 Abs. 1 BetrVG sogar über Art. 3 GG hinaus, da er auch die **politische Betätigung** (und nicht nur die

»Anschauung«), das **Lebensalter,** die **Nationalität** sowie – seit 2001 – auch die sexuelle Identität einbezieht. Von der Verfassung her ist dies unbedenklich, da Art. 3 GG die Aufstellung zusätzlicher Diskriminierungsverbote nicht verhindern will. Soweit § 75 Abs. 1 BetrVG eingreift, ist daher ein unmittelbarer Rückgriff auf Art. 3 GG überflüssig.

▪ Das **AGG** spezifiziert den allgemeinen Gleichbehandlungsgrundsatz **708a** in der Weise, dass wegen der dort genannten Merkmale nur ganz ausnahmsweise differenziert werden darf. Was dies für die Arbeitsbedingungen bedeutet, ist im 18. Kapitel (Rn. 1038 ff.) abgehandelt. Soweit das AGG nicht eingreift, bleibt der allgemeine Gleichbehandlungsgrundsatz anwendbar (Hinrichs/Zwanziger, DB 2007, 574 ff.).

12.8.2 Wann muss der Arbeitgeber gleich behandeln?

Historisch frühester und wohl auch wichtigster Anwendungsbereich des **709** Gleichbehandlungsgrundsatzes sind die freiwilligen, tariflich nicht abgesicherten Leistungen des Arbeitgebers.

Beispiel:
Alle bekommen ein Urlaubsgeld, nur A nicht, »weil er immer so pünktlich nach Hause geht«.

Weiter darf der Arbeitgeber bei einem **zusätzlichen Kindergeld** an Arbeitnehmerinnen nicht danach differenzieren, ob es sich um eine eheliche oder eine **nichteheliche Mutter** handelt. Gekündigte Arbeitnehmer dürfen von bestimmten Leistungen ausgenommen werden, doch gilt dies nicht, wenn es sich um eine betriebsbedingte, also eine aus dem Risikobereich des Arbeitgebers kommende Kündigung handelt. Immer mehr setzt sich auch die Ansicht durch, dass die Einteilung in Arbeiter und Angestellte im Bereich der Sozialleistungen keinen Differenzierungsgrund darstellt.

Beispiel:
Alle Angestellten erhalten zu Weihnachten ein 13. Monatsgehalt, alle Arbeiter erhalten nur eine Gratifikation von 100 Euro. Unzulässig, die Arbeiter können ebenfalls ein 13. Monatsgehalt verlangen (BAG, DB 1980, 1650).

Grundsätzlich möglich ist jedoch eine Staffelung je nach der Stellung in der betrieblichen Hierarchie wie z.B. die Gewährung einer besonders guten Altersversorgung an sog. Führungskräfte.

710 Was geschieht, wenn der Arbeitgeber überhaupt keine Angaben darüber macht, weshalb er einzelnen Arbeitnehmern unterschiedliche »Erfolgsprämien« bezahlt? Mit Recht hat das BAG ein solches Verhalten für rechtswidrig erklärt und den Arbeitgeber verpflichtet, seine Kriterien offenzulegen (BAG, AP Nr. 39 zu § 242 BGB Gleichbehandlung); andernfalls könnte er schalten und walten, wie er wollte.

Beispiel: Nasenprämie.
Je nach Sympathie bewegt sich die »Zulage nach Art des Hauses« zwischen 10 und 950 Euro.

Überdies hätte er es in der Hand, über das Verhalten seiner Arbeitnehmer eine Art Zensur auszuüben und Sanktionen zu verhängen, die sonst nur mit Zustimmung des Betriebsrats möglich sind. Derselbe Effekt tritt ein, wenn **Zielvereinbarungen** völlig unbestimmte Größen wie die »Verbesserung der Teamfähigkeit« für maßgebend erklären (dazu Däubler, ZIP 2004, 2209).

711 Die für die Gewährung freiwilliger Sozialleistungen geltenden Grundsätze sind in gleicher Weise auf die Kürzung und den Entzug anzuwenden. Auch darf niemand ohne sachlichen Grund von einer alle vergleichbaren Arbeitnehmer erfassenden Beförderungsaktion ausgeschlossen werden (BAG, AP Nr. 38 zu § 242 BGB Gleichbehandlung). Ebenso muss bei Weisungen jede Benachteiligung vermieden werden: Die Persönlichkeit des Arbeitnehmers wird nicht nur dann verletzt, wenn ihm Leistungen ohne sachlichen Grund vorenthalten, sondern erst recht, wenn ihm ohne sachlichen Grund bestimmte Pflichten auferlegt werden. Wird etwa immer dieselbe Person gegen ihren Wunsch zu Überstunden herangezogen oder in besonderem Umfang überwacht, obwohl hierfür kein sachlicher Grund ersichtlich ist, so ist dies rechtswidrig. Ob auch **Kündigungen** dem **Gleichbehandlungsgrundsatz** unterliegen, ist umstritten, aber zu bejahen.

712 Kann im Arbeitsvertrag vereinbart werden, dass zwei **aus dem Westen gekommene Kollegen** doppelt soviel wie die Ossis in gleicher Funktion verdienen? Bei vergleichbarer Arbeit mag dies in der Anfangszeit noch hinnehmbar gewesen sein; seit 1996 kann das »Stammen« aus dem Beitrittsgebiet keine Benachteiligung im Bereich der Vergütung mehr rechtfertigen (BAG, BB 2001, 2166 ff.).

12.8.3 Müssen verschiedene Betriebe eines Unternehmens gleich behandelt werden?

Beispiel: **713**
Zum Unternehmen U gehören drei Betriebe. Der Arbeitgeber führt im ersten und zweiten, nicht jedoch im dritten Betrieb eine zusätzliche Altersversorgung ein. Zulässig?

Die früher herrschende Auffassung hielt unterschiedliche Arbeitsbedingungen in den einzelnen Betrieben desselben Unternehmens für unbedenklich und macht lediglich dann eine Ausnahme, wenn der Arbeitgeber selbst einheitliche Ordnungen für eine Vielzahl von Betrieben oder für eine bestimmte Kategorie von Arbeitnehmern geschaffen hat (BAG, AP Nr. 15 zu § 242 BGB Gleichbehandlung).

Beispiel:
Das Unternehmen X besitzt 30 Filialen, die selbständige Betriebe im Sinne des Betriebsverfassungsrechts sind. Allen Filialleitern wird eine »Funktionszulage« gewährt, nur dem Y nicht. Dieser kann sich auf eine Verletzung des Gleichbehandlungsprinzips berufen und die Zulage ebenfalls beanspruchen.

Warum man den Gleichbehandlungsgrundsatz nicht generell auf das   **714**
Unternehmen bezog, wollte nicht einleuchten: Oft entscheidet der Zufall, ob eine Abteilung »Betriebsteil« oder »selbständiger Betrieb« ist. Die Abhängigkeit von einem Entscheidungszentrum ist außerdem dieselbe. Allerdings wird häufiger ein sachlicher Grund für eine Differenzierung vorliegen, so dass kein unangemessener Schematismus zu befürchten ist.

Beispiel:
Gehören in dem oben genannten Beispielsfall die beiden begünstigten Betriebe einer Branche an, in der die Gewährung einer betrieblichen Altersversorgung allgemein üblich ist, während der dritte Betrieb zu einem »rückständigeren« Wirtschaftszweig gehört, so liegt darin ein sachlicher Grund für eine Differenzierung. Zählen alle Betriebe zur selben Branche, so läge eine Verletzung des Gleichbehandlungsgrundsatzes vor. Der Arbeitgeber könnte sich auch nicht darauf berufen, der erste und der zweite Betrieb erwirtschafteten den ganzen Gewinn, da dieser nach geltendem Recht nur für das Unternehmen als Ganzes von Bedeutung ist.

Das **BAG** (AP Nr. 162 zu § 242 BGB Gleichbehandlung) **hat sich** dieser Auffassung in neuerer Zeit **angeschlossen;** der **Gleichbehandlungsgrundsatz** gilt nunmehr **unternehmensweit.**

12.9 Keine Totalkontrolle im Betrieb

715 Der Arbeitgeber hat das unbestrittene Recht, die Arbeitsabläufe sowie das Verhalten des einzelnen Arbeitnehmers zu kontrollieren. Fraglich ist allein, welcher Mittel er sich dabei bedienen darf.

12.9.1 Einwegscheiben, Videokameras, Abhöranlagen

716 Ist es zulässig, dass der Arbeitgeber die Überwachung »seiner« in einem Großraumbüro tätigen Angestellten dadurch erleichtert, dass er eine sog. **Einwegscheibe** einbaut? Sie erlaubt zwar den Durchblick von außen, gestattet dem Beobachteten jedoch keinen Durchblick auf den Beobachter. Mit Recht wird eine solche Vorrichtung allgemein abgelehnt. Ein unsichtbarer »Großer Bruder«, der jede Bewegung zur Kenntnis nimmt, lässt sich mit der **Menschenwürde** nicht vereinbaren. Dasselbe gilt für die **Videokontrolle**, die den gleichen Effekt auf eine noch wirkungsvollere Weise erreicht. Das Aufhängen einer Videokamera in der Werkshalle oder im Büro ist daher grundsätzlich ebenso unzulässig wie das häufige Fotografieren zu Kontrollzwecken (BAG, AP Nr. 15 zu § 611 BGB Persönlichkeitsrecht – verdeckte Kamera; ebenso in neuerer Zeit zur offenen Videoüberwachung eines Briefverteilzentrums BAG, NZA 2004, 1278 ff.). Näher dazu unten Rn. 721.

717 Auch die akustische Überwachung lässt sich im Grundsatz nicht mit dem Persönlichkeitsrecht der Beschäftigten vereinbaren. **Mikrophone am Arbeitsplatz** einzubauen, um Gespräche und Arbeitsgeräusche auf Tonband aufzunehmen oder um mithören zu können, ist nicht nur nach arbeitsrechtlichen Grundsätzen verboten. Es ist sogar nach § 201 StGB **strafbar**. Dasselbe gilt nach ganz herrschender Auffassung für das **Abhören von Telefongesprächen**, und zwar unabhängig davon, ob sie privaten oder dienstlichen Charakter tragen.

718 Diese Grundsätze erfahren **zwei Durchbrechungen**: Die Überwachung soll zulässig sein, wenn der Betroffene **einwilligt**. Außerdem werden einige Kontrollmaßnahmen dann für rechtmäßig erklärt, wenn sie sich auf ein deutlich überwiegendes Arbeitgeberinteresse stützen können.

Rechtfertigung durch Einwilligung?

719 Wer aus freien Stücken zustimmt, dass er von einer Kamera beobachtet oder dass seine Stimme auf Tonband aufgenommen wird, kann sich später nicht als »Opfer« darstellen.

Beispiel:
Jemand wird als Schauspieler oder als Fotomodell eingestellt.

Dies leuchtet ein; doch was heißt »aus freien Stücken«? Wer befürchten muss, bei einem »Nein« bestimmte Nachteile zu erleiden, handelt nicht wirklich frei. So lehnt z. B. der BGH die Verwendung eines sog. **Lügendetektors im Strafprozess** auch dann ab, wenn der Angeklagte zustimmt – es ist ihm nicht zuzumuten, entweder die Untersuchung zu dulden oder sich dem Verdacht auszusetzen, ein schlechtes Gewissen zu haben. Ganz ähnlich im Arbeitsrecht: Lehnt ein Arbeitnehmer z. B. die Telefonkontrolle ab, so wird dies leicht als Indiz für Unkorrektheiten gewertet. Die Schaffung einer solchen **Drucksituation** lässt sich nicht mit dem Persönlichkeitsschutz vereinbaren (in diese Richtung auch BAG, NZA 2004, 1278, 1281 re. Sp.).

Rechtfertigung durch überwiegendes Arbeitgeberinteresse?

Ungleich problematischer ist die zweite Schranke: Kann es nicht notwendig sein, in einem Laboratorium alle Vorgänge im Bild festzuhalten, darf nicht doch wenigstens stichprobenweise abgehört werden, um Privatgespräche von Dienstapparaten aus zu verhindern? **720**

Was zunächst das **Recht am eigenen Bild** betrifft, so hat der Gesetzgeber in § 23 Abs. 1 Nr. 2 KUG (= Kunsturhebergesetz) selbst eine wichtige Ausnahme geschaffen: Auch ohne Einwilligung der Abgebildeten sind Bilder zulässig, »auf denen die Personen nur als Beiwerk neben einer Landschaft oder sonstigen Örtlichkeiten erscheinen«. Ein Fernsehfilm, der bestimmte Produktionsvorgänge dokumentiert, aber nicht das Verhalten einzelner Personen in den Mittelpunkt stellt, ist daher unbedenklich zulässig. Wird das Filmen zum Dauerzustand, liegt objektiv Kontrolle vor, die sich jedenfalls nicht mit § 23 KUG rechtfertigen lässt. Eine bloße Erleichterung der Produktionsabläufe kann ebenfalls keinen Eingriff in das Persönlichkeitsrecht rechtfertigen. Dasselbe gilt im Prinzip für Videokameras, die den Zweck haben, die Begehung von Diebstählen durch Arbeitnehmer wie durch Kunden zu verhindern: Da mit dem Einsatz von Warenhausdetektiven ein ähnlicher Erfolg erreicht werden kann, bestehen grundsätzlich keine »überwiegenden schutzwürdigen Interessen« des Arbeitgebers. Nur bei Notwehr und in vergleichbaren Fällen gilt anderes. Dies wird von der Rechtsprechung dann angenommen, wenn ein dringender, auf Tatsachen gestützter Verdacht einer strafbaren Handlung oder einer anderen schweren Pflichtverletzung besteht: In einem solchen Fall ist nach BAG (NZA 2008, 1187, 1191 **721**

Tz. 31) auch eine heimliche Videoüberwachung möglich, sofern keine anderen Aufklärungsmittel zur Verfügung stehen. § 6 b BDSG gilt nur für öffentlich zugängliche Räume (BAG, NZA 2004, 1278) und enthält keine prinzipiell abweichenden Maßstäbe.

Beispiel:
Die bei einem Banküberfall ausgelöste Alarmanlage setzt die an der Decke hängende Filmkamera in Gang.

Eine unzulässige Videobeobachtung kann einen Schmerzensgeldanspruch der betroffenen Arbeitnehmer zur Folge haben (ArbG Frankfurt/ Main, RDV 2001, 190). Zu weiteren Einzelheiten s. Däubler, Gläserne Belegschaften?, 6. Aufl. 2014, Rn. 297 ff.

722 Bei **akustischer Überwachung** gilt dasselbe: Privatgespräche lassen sich auf einfachere Weise verhindern. Das BAG (DB 1996, 333) lässt jedoch eine **unbemerkte Einschaltung in Telefongespräche** dann zu, wenn bei neu Eingestellten überprüft werden soll, ob die von ihnen geführten Gespräche sachgerecht waren und den Eindruck von Kompetenz vermittelten. Ein solcher Ausnahmefall kann nur dann akzeptiert werden, wenn die Betroffenen in allgemeiner Form von dieser Möglichkeit informiert waren und wenn eine zeitliche Beschränkung – etwa auf die ersten sechs Monate des Arbeitsverhältnisses – erfolgt. Unzulässig ist es dagegen, wenn in einem **Call-Center** alle geführten Gespräche automatisch erfasst werden – das Arbeitsverhalten der dort Beschäftigten würde bis in das letzte Detail hinein kontrolliert. Zu einem Praxisbeispiel dieser Art s. oben Rn. 296.

723 Informationen, die auf unerlaubte Weise erlangt wurden, dürfen grundsätzlich nicht verwertet werden.

Beispiel:
Der Arbeitgeber führt mit einem Arbeitnehmer ein Gespräch unter vier Augen. Heimlich lässt er einen anderen Angestellten über eine Bürosprechanlage mithören. BAG (DB 1983, 1827): Vernehmung des »Lauschers« als Zeuge unzulässig.

Das Verwertungsverbot gilt auch, wenn »nur« **Mitbestimmungsrechte** des Betriebsrats **verletzt** wurden, doch nimmt die Rechtsprechung in durchaus angreifbarer Weise einen abweichenden Standpunkt ein (BAG, NZA 2008, 1008, 1010 Tz. 26). Sie akzeptiert ein Verwertungsverbot nur, wenn ein Eingriff in das allgemeine Persönlichkeitsrecht vorliegt und »verlängert« würde oder wenn eine Information durch **Eingriff in die Eigensphäre des Betriebsrats** erlangt wurde (LAG Düsseldorf, RDV 2012, 310). Weitere Einzelheiten bei Däubler, Internet und Arbeitsrecht, Rn. 316 a–316 l.

12.9.2 Torkontrolle und Leibesvisitation

Eine »traditionellere« Form der Überprüfung ist die Kontrolle beim Hineingehen in den Betrieb und bei seinem Verlassen, Torkontrolle genannt, die häufig mit einer Leibesvisitation verbunden ist. Sie greift in das Grundrecht der Freiheit der Person (Art. 2 Abs. 2 GG) ein und kann durch die Art und Weise ihrer Durchführung gegen die Menschenwürde oder den Gleichheitssatz verstoßen. Zulässig ist sie daher nur dann, wenn bestimmte Voraussetzungen erfüllt sind: **724**

- Der Arbeitgeber muss einen **zwingenden sachlichen Grund** für seine Maßnahme haben. So würde es etwa ausreichen, dass wertvolle Einzelteile mitgenommen werden könnten, sofern schon Diebstähle vorgekommen sind. Andererseits wäre es nicht erlaubt, nur »der guten Ordnung halber« oder deshalb eine Kontrolle vorzunehmen, um das Mitbringen persönlicher Gegenstände in den Betrieb zu verhindern.
- Besteht in dem betreffenden Betrieb ein **Betriebsrat**, so muss er der Einführung von Torkontrolle und Leibesvisitation **zustimmen** (§ 87 Abs. 1 Nr. 1 BetrVG). Solange dies nicht der Fall ist, braucht sich kein Arbeitnehmer beim Betreten oder Verlassen des Werks kontrollieren zu lassen.
- Bei der Durchführung einzelner Maßnahmen muss nach dem **Stichprobenprinzip** verfahren werden. Das gezielte Herausgreifen eines bestimmten Arbeitnehmers ist nur dann zulässig, wenn gerade gegen ihn gravierende Verdachtsmomente bestehen, die im Streitfall bewiesen werden müssen. **725**
- Die **Durchsuchung** der Person darf **nicht weiter** gehen, **als** dies zur Auffindung möglicherweise gestohlener Sachen **unbedingt notwendig** ist. Im Allgemeinen werden daher nur das Öffnen der mitgeführten Taschen und allenfalls das Abtasten der Oberbekleidung zulässig sein.

12.9.3 Kontrolle durch Menschen – auch sie hat Grenzen

Soweit die hier skizzierten Grenzen eingehalten werden, kann der Arbeitgeber die Einhaltung der arbeitsvertraglichen Pflichten kontrollieren. Dies kann nicht nur durch einen »Blick über die Schulter«, sondern auch durch Rückfrage, Anfordern von Unterlagen usw. erfolgen. Das Stellen von »Fallen« ist nur dann zulässig, wenn ein dringender Verdacht auf schwere Pflichtverletzungen besteht und andere Möglichkeiten ausscheiden. **726**

Beispiel:

Im Betrieb ist einem bestimmten Kollegen zweimal Geld gestohlen worden. Um den Täter zu überführen, werden die Geldscheine des »Opfers« mit einer chemischen Substanz präpariert (so der Fall BAG, AP Nr. 5 zu § 87 BetrVG 1972 Ordnung des Betriebs).

727 Unzulässig ist der **Einsatz sog. verdeckter Ermittler**, die z. B. als »Praktikanten« in den Betrieb eingeschleust werden und die jeden Abend über ihre Beobachtungen und ihre Gespräche mit den Mitarbeitern einen Bericht verfassen, den sie an den Arbeitgeber weiterleiten (zu einem entsprechenden Fall bei Edeka s. die Mitteilung in DANA 2008, 123; zum ähnlich liegenden Fall Lidl s. den Bericht der Aufsichtsbehörde in RDV 2008, 216). Die Unzulässigkeit folgt schon daraus, dass § 110 a StPO einen so weitgehenden Eingriff in die Persönlichkeitssphäre nur den Strafverfolgungsbehörden einräumt – und dies nur bei allerschwersten Straftaten. Auch würde ein ähnlicher Effekt eintreten wie bei der Beobachtung durch die Einwegscheibe.

Kontrollen müssen schließlich so erfolgen, dass dadurch nicht Unschuldige verdächtigt werden.

Beispiel aus einem Bremer Supermarkt:

Kurz nach Passieren der Kasse werden Kunden vom Hausdetektiv aufgehalten, der die Waren in ihrem Einkaufskorb mit dem Kassenbon vergleicht. Den Kunden wird (wahrheitsgemäß) erklärt, es gehe nur um die Kontrolle der Kassiererin. Unzulässig, da diese vor den Kunden als potentielle Betrügerin bloßgestellt wird.

728 Die Überprüfung der »persönlichen Verlässlichkeit« von Arbeitnehmern durch **Einschaltung von Verfassungsschutzbehörden** ist in sog. sicherheitsempfindlichen Bereichen möglich (Kap. 7 unter 7.2.9 – Rn. 459 a ff.); bloße Kundenwünsche genügen nicht.

Beispiel:

Bei der **Fußball-EM** sollte das gesamte Personal des Hotels sicherheitsüberprüft werden, in dem die italienische Nationalmannschaft untergebracht war. ArbG Frankfurt (zitiert nach Bösche/Grimberg, AiB 1988, 214): Unzulässig.

12.10 Kann der Einzelne überprüfen, was über ihn in den Akten steht?

12.10.1 Recht auf Einsicht in die Personalakte

§ 83 BetrVG gibt dem Arbeitnehmer das Recht, in seine Personalakte **729** Einblick zu nehmen. Dies gilt auch dann, wenn im Betrieb gar kein Betriebsrat existiert.

Was ist eine Personalakte?

Wann eine »Personalakte« vorliegt, hängt allein vom Inhalt, nicht von der Bezeichnung ab: Es muss sich um schriftlich oder elektronisch festgehaltene Daten oder Vorgänge handeln, die sich auf den Arbeitnehmer beziehen. Erfasst sind deshalb auch sog. Sonder- und Nebenakten einschließlich der **Unterlagen des Werkschutzes** (LAG Bremen, BB 1977, 649). Das Einsichtsrecht nach § 83 BetrVG greift auch dann ein, wenn die Akten nicht im Betrieb selbst, sondern auf Unternehmensebene oder in einem überbetrieblichen Verbund geführt werden.

Vertraulichkeit

Der Inhalt der Personalakte ist vertraulich. Dies verbietet nicht nur eine **730** Weitergabe an Dritte, sondern verpflichtet den Arbeitgeber auch, die Zahl der mit der Akte in Berührung kommenden Personalsachbearbeiter möglichst zu begrenzen. Bei **medizinischen Beurteilungen** ist durch die Art der Verwahrung sicherzustellen, dass nur aus berechtigtem Anlass auf sie zugegriffen wird (BAG, DB 1987, 2571; eingehend BAG, NZA 2007, 269 ff.).

Anspruch auf Gegendarstellung und Berichtigung

Der Arbeitnehmer hat die Möglichkeit, zum Inhalt der Personalakte Er- **731** klärungen abzugeben, die bei den entsprechenden Vorgängen abgeheftet werden müssen.

> **Beispiel:**
> Auf Blatt 35 der Personalakte ist vermerkt, dass der Arbeitnehmer am 1.2.2008 versetzt wurde. Er legt Wert auf die Feststellung, dass dies auf eigenen Wunsch geschah. Die entsprechende Erklärung muss als Blatt 35 a abgeheftet werden.

732 Richtiger Ansicht nach ist der Arbeitnehmer **nicht auf** »Gegendarstellungen« beschränkt, sondern kann auch Erklärungen zu bisher nicht aktenkundigen Vorgängen aufnehmen lassen, sofern sie einen Bezug zum Arbeitsverhältnis haben. Wesentlich ist das Recht des Arbeitnehmers, unrichtige Angaben zu seiner Person aus den Personalakten entfernen zu lassen.

Beispiel:
In der Personalakte eines Versicherungsjuristen ist vermerkt: »Hat kein Zweites Staatsexamen«. Kann der Betreffende nachweisen, dass er das Examen doch hat, ist die entsprechende Stelle unkenntlich zu machen.

733 Was geschieht, wenn die Richtigkeit einer bestimmten Angabe zweifelhaft ist? Reicht es aus, wenn der Arbeitnehmer in solchen Fällen eine Gegendarstellung zu den Akten gibt?

Beispiel:
In der Akte ist festgehalten, der Arbeitnehmer sei »des Öfteren« zu spät gekommen. Er legt Wert auf die Feststellung, dass er nur zweimal nicht pünktlich kam und beide Male ein Stau auf der Autobahn die Ursache war. Eine eindeutige Klärung ist nicht möglich. Dennoch kann der Arbeitnehmer die Entfernung des Vermerks verlangen.

12.10.2 Personaldaten im Computer

734 Die traditionelle Personalakte wird immer mehr durch den Computer ergänzt, manchmal auch abgelöst. Die Angaben über den Einzelnen (»Daten«) gehen in ein sog. **Personalinformationssystem** oder eine elektronische Personalakte ein, wo sie jederzeit abgerufen und mit anderen Daten »verknüpft« werden können.

Beispiel:
Der Computer speichert, wie lange jeder Arbeitnehmer wegen Krankheit gefehlt hat. In Sekundenschnelle lässt sich eine durchschnittliche Fehlzeit für den Betrieb oder die Abteilung errechnen. Gleichzeitig kann man feststellen, ob Arbeitnehmer X darüber oder darunter lag. Dies kann zu unangenehmen Vorhaltungen führen.

735 Die »**Informationsmacht**« der Personalabteilung wird noch um einiges größer. Sie kann unschwer Dinge herausbekommen, für die ein traditioneller Sachbearbeiter eine ganze Woche gebraucht hätte.

Beispiel:
In der Kantine wird nicht bar bezahlt. Der Werksausweis wird wie eine Kreditkarte benutzt, die angefallenen Beträge bei der nächsten Lohn- und Gehaltsabrechnung abgezogen. Durch Auswertung der gespeicherten Daten kann der Arbeitgeber ohne weiteres feststellen, wer des Öfteren kurz vor oder kurz nach dem Betriebsratsvorsitzenden mit dem Ausweis bezahlt hat. Dadurch lassen sich interessante Aufschlüsse über »Querverbindungen« gewinnen.

Ob und in welchem Umfang Daten EDV-mäßig gespeichert und ausgewertet werden dürfen, bestimmt sich nach dem 2009 neu gefassten Bundesdatenschutzgesetz (= BDSG). Grundregel: Was für die Durchführung der Arbeit und die »Abwicklung« des Arbeitsverhältnisses unbedingt notwendig ist, darf auch gespeichert werden. Eine nachfolgende Auswertung ist gleichfalls nur in diesem Rahmen möglich. Daran soll auch in Zukunft bei einer Neuregelung nichts geändert werden. **736**

Der Einzelne hat ein Recht darauf, zu erfahren, was über ihn gespeichert ist. In der sog. **Volkszählungsentscheidung** hat sich das Bundesverfassungsgericht zum Grundsatz der sog. **Datentransparenz** bekannt (BVerfGE 65, 1 ff.); sie muss auch im Arbeitsverhältnis Platz greifen. Grundsätzlich gilt auch hier § 83 BetrVG. **737**

Wegen der Einzelheiten muss auf die am Ende dieses Kapitels angegebene Literatur verwiesen werden.

12.11 Recht auf ungestörte Freizeit

Der Persönlichkeitsschutz des Arbeitnehmers verlangt weiter, dass die Pflichten aus dem Arbeitsverhältnis am Werkstor bzw. am Ausgang des Bürogebäudes enden: Die arbeitsfreie Zeit darf den Arbeitgeber nicht interessieren, soweit nicht ein Fall zulässiger Rufbereitschaft vorliegt. Der Einzelne kann sich daher seinen Bekanntenkreis frei aussuchen und kann heiraten, wen und wann er will. Er darf Sport treiben, spazieren gehen oder auch Hobbys pflegen – ganz wie es ihm sinnvoll erscheint. **738**

Diese scheinbar so selbstverständlichen Grundsätze erfahren eine Belastungsprobe, wenn es um **sozial wenig angesehene oder gar weithin abgelehnte Lebensformen** geht. Früher fragte man: Darf ein Arbeitnehmer in »wilder Ehe« leben, und zwar auch unter kleinstädtischen Verhältnissen, wo ein »Konkubinat« noch das Image des »Verruchten« und »Asozialen« besitzt? Darf er sich einer Wohngemeinschaft von Homosexuellen anschließen? Heute fragt man eher: Darf er so viele Schulden **739** machen, dass bei ihm des Öfteren der Gerichtsvollzieher erscheint? Darf er sich nach Dienstschluss so nachhaltig betrinken, dass er grölend durch die Straßen zieht und hin und wieder von der Polizei aufgegriffen wird?

740 Es ist eines der fortschrittlichen Momente des Arbeitsverhältnisses, dass man anders als beim Beamten alle diese Fragen bejahen muss. Selbst der Alkoholgenuss wird nur dann zum arbeitsrechtlichen Problem, wenn die Arbeitsleistung am nächsten Tag sichtbar darunter leidet. Der Arbeitgeber muss es auch hinnehmen, dass ihm Bekannte sagen, er beschäftige aber »komische Vögel« in seiner Firma. Allerdings werden solche Dinge dann meist informell, in einem »klärenden« Gespräch mit dem Beschäftigten geregelt.

> Nach der mittlerweile recht toleranten Rechtsprechung stellt es keine Pflichtverletzung dar, wenn eine Umschülerin durch Mitwirkung an Softporno-Aufnahmen ihren exhibitionistischen Neigungen freien Lauf ließ (ArbG Passau, NZA 1998, 427) und wenn eine Grundschullehrerin Mitinhaberin eines Swingerclubs war (LAG Hamm, AuR 2002, 433). Auch das Bekenntnis eines Krankenpflegers zu sadomasochistischen Praktiken im Rahmen einer Talkshow im Fernsehen hatte keine arbeitsrechtlichen Konsequenzen (ArbG Berlin, BB 2000, 1042).

740a Die Freizeit wird heute sehr viel stärker dadurch bedroht, dass die Grenzen zur Arbeitszeit verschwimmen. Man erhält zu fast beliebiger Tages- und Nachtzeit dienstliche Anrufe, verbunden mit Arbeitsaufträgen, oder man sieht sich veranlasst, dienstliche E-Mails zu erledigen. Darin liegt zwar häufig ein Verstoß gegen das ArbZG (oben Rn. 639 a), doch hat dies in der Praxis kaum Konsequenzen.

12.12 Humanisierung der Arbeit – was heißt das?

741 Grundrechte sind in der Verfassung niedergelegt. Bestimmte Fragen, die am Arbeitsplatz wichtig sind, tauchen dort aber gar nicht auf. So lassen sich aus den Grundrechten kaum Aussagen über die Arbeitsorganisation ableiten.

Beispiel:
Monotone Arbeit – über Jahre geleistet – kann »abstumpfen«. Der Betroffene ist zu sinnvollen Eigeninitiativen kaum noch in der Lage. Dies ist ein schwerer Eingriff in seine Persönlichkeit – viel schlimmer als eine Beleidigung oder ein abgehörtes Telefongespräch. Doch wo ist das Grundrecht, das solche Eingriffe verbietet?

Hier setzt die Forderung nach Humanisierung der Arbeit ein, die Anfang **742**
der 1970er Jahre entwickelt wurde und die heute unter dem **Begriff**
»**gute Arbeit**« diskutiert wird. Dabei geht es insbesondere um

- **Begrenzung der Arbeitsgeschwindigkeit**; der einzelne Fließbandarbeiter oder der einzelne Büroangestellte soll nicht unter dem ständigen Stress stehen, das vorgegebene Pensum nicht zu schaffen;
- **Reduzierung der Arbeitsmonotonie**; einförmige Arbeit soll vermieden werden, weil sie zu verstärkter Ermüdung und zu einem Rückgang kreativer Aktivitäten auch in der arbeitsfreien Zeit führt;
- weiteren **Abbau schwerer körperlicher Arbeit**; vorrangiger Einsatz
  von Maschinen (Roboter!) an besonders unangenehmen und belastenden Arbeitsplätzen;
- **Vermeidung einseitiger Belastungen**;
- **keine Überforderung** des Einzelnen, weder in körperlicher noch in
  geistiger oder psychischer Hinsicht;
- **Vermeidung von Unterforderungen** derart, dass ein Tätigwerden nur
  in Ausnahmefällen verlangt wird;
- **Vermeidung von sozialer Isolation** am Arbeitsplatz;
- **Erweiterung des Aufgabenbereichs**, so dass der Einzelne nicht mehr
  beliebig gegen einen anderen austauschbar ist, sondern in gewissem
  Sinne Expertenfunktion gewinnt;
- **Beseitigung überflüssiger Kontrolle** und Reglementierung;
- Erweiterung des Gestaltungsspielraums am Arbeitsplatz, insbesondere durch die **Einführung teilautonomer Gruppen**.

Einiges davon durchzusetzen, gehört zu den Gewerkschaftsaufgaben der
Zukunft.

12.13 Weiterführende Literatur

ErfK-Schmidt, 15. Aufl. 2015, Erläuterungen zu Art. 1–14 GG; **743**
HK-ArbR (Becker, Hensche und Lakies), 3. Aufl. 2013 (Erläuterungen
    zu Art. 1–14 GG);
Wendeling-Schröder, Autonomie im Arbeitsrecht. Möglichkeiten und
    Grenzen eigenverantwortlichen Handelns in der abhängigen Arbeit,
    Frankfurt/Main 1994;
Däubler, Gleichheit statt Freiheit? Zum Grundrechtsschutz des Arbeit
    nehmers, GS Zachert 2010, S. 227–238;
Gamillscheg, Die Grundrechte im Arbeitsrecht, Berlin 1989;

Kommentare zum BetrVG (siehe oben Kap. 5 – Rn. 419), dort die Erläuterungen zu § 75 BetrVG.

Speziell zum **Datenschutz** siehe

Däubler, Gläserne Belegschaften? Das Handbuch zum Arbeitnehmerdatenschutz, 6. Aufl., Frankfurt/Main 2014;

Däubler/Klebe/Wedde/Weichert, Kompaktkommentar zum Bundesdatenschutzgesetz, 4. Aufl., Frankfurt/Main 2013;

Simitis (Hrsg.), Kommentar zum Bundesdatenschutzgesetz, 8. Aufl., Baden-Baden 2014;

Gola/Schomerus, BDSG Kommentar, 11. Aufl., München 2012;

Däubler, Das neue Bundesdatenschutzgesetz und seine Auswirkungen im Arbeitsrecht, NZA 2001, 874 ff.;

Wohlgemuth/Gerloff, Datenschutzrecht. Eine Einführung mit praktischen Fällen, 3. Aufl., München/Unterschleißheim 2005;

Gola/Wronka, Handbuch zum Arbeitnehmerdatenschutz, 6. Aufl., Frechen 2013;

Tinnefeld/Buchner/Petri, Einführung in das Datenschutzrecht, 5. Aufl., München 2012.

Grundlegender Aufsatz zum Persönlichkeitsschutz am Arbeitsplatz: **Wiese,** ZfA 1971, 273–317.

Zum Mobbing:

Wolmerath, Mobbing, Rechtshandbuch für die Praxis, 3. Aufl., Baden-Baden 2007;

Esser/Wolmerath, Mobbing und psychische Gewalt – Der Ratgeber für Betroffene und ihre Interessenvertretung, 9. Aufl., Frankfurt/Main 2015;

Esser/Wolmerath (Hrsg.), Werkbuch Mobbing. Offensive Methoden gegen psychische Gewalt am Arbeitsplatz, Frankfurt/Main 2012.

13. Der Entgeltanspruch des Arbeitnehmers

13.1 Vergütungsgruppen

Nach § 611 Abs. 1 BGB ist der Arbeitgeber zur »Gewährung der verein- **744**
barten Vergütung« verpflichtet. Hinter der Abstraktheit dieser gesetzlichen Formulierung verbergen sich sehr unterschiedliche Ansprüche.
§ 611 Abs. 1 BGB betrifft den Lohn des Hilfsarbeiters ebenso wie das
Direktorengehalt, er erfasst die reine Bezahlung nach Tarif ebenso wie
eine aus Grundlohn und zahlreichen Zulagen zusammengesetzte Vergütung.

Nicht immer einsichtig ist das **Ausmaß der Lohnunterschiede.** **745**

> Warum verdient ein Lufthansa-Pilot das Mehrfache eines Lokomotivführers? Ist
> die Tätigkeit eines Vorstandsmitglieds wirklich dreißigmal so viel wert wie die
> Tätigkeit eines Müllwerkers?

Der Hinweis auf das »Leistungsprinzip« **reicht nicht aus**: Dass Unter-
schiede bestehen, wird auf diese Weise plausibel, ihr Ausmaß nicht. In
Wirklichkeit geht es um ein Stück »Preisbildung« auf dem Markt; die
Knappheit der Arbeitskräfte spielt dabei eine Rolle sowie die überkom-
mene Bewertung bestimmter Arbeiten, aber auch die wirtschaftlichen
Möglichkeiten einer bestimmten Branche.

Beispiel:
Softwareentwickler sind gesucht, Hilfsarbeiter kann die Arbeitsagentur in großer
Zahl schicken. Dem Software-Entwickler nützt seine Spezialqualifikation allerdings dann nur wenig, wenn die Software-Häuser schlechte Gewinne machen und
deshalb nicht viel zu verteilen haben.

Das einzelne Tätigkeitsfeld gehört im Regelfall zu einer tariflichen **746**
Lohn- oder Gehaltsgruppe. Meist spielen bei dieser daneben die Dauer
der Betriebszugehörigkeit, die Berufserfahrung und die Vorbildung eine
Rolle. Oft existieren noch immer getrennte Tarifverträge für Arbeiter
und Angestellte.

Die wichtigste Ausnahme stellte lange Zeit die **chemische Industrie** dar: Der sog. **Entgelttarifvertrag** von 1987 sah einheitliche »Entgeltgruppen« für Arbeiter und Angestellte vor. Mittlerweile sind aufgrund des ERA (= Entgeltrahmentarif) die Metallbranche und aufgrund des TVöD der öffentliche Dienst gefolgt.

Der Übergang von der bisherigen Eingruppierung in die neue »Entgeltstruktur« bedarf für jeden Einzelfall der **Zustimmung des Betriebsrats** nach § 99 BetrVG.

13.2 Entgeltformen

747 Mit der Einordnung einer Tätigkeit in eine bestimmte Lohn- oder Gehaltsgruppe ist die wesentliche Entscheidung gefallen, an welcher Stelle der Einkommenspyramide der Einzelne angesiedelt ist. Die konkrete Vergütung ergibt sich aus der Eingruppierung allerdings nur beim Zeitlohn, bei dem sich die Höhe des Arbeitsentgelts ausschließlich nach der Dauer der geleisteten Arbeit bestimmt.

Beispiel:
Ein kaufmännischer Angestellter der Tarifgruppe T6 erhielt nach dem Gehaltsabkommen für die Metallindustrie Nordwürttemberg-Nordbaden ab dem 4. Beschäftigungsjahr monatlich 4516 DM. Stand: 1. 4. 1987.

748 Beim sog. **Leistungslohn** besitzt der Arbeitnehmer dagegen einen **Spielraum**, innerhalb eines bestimmten Rahmens seine Vergütung zu beeinflussen. Besonders gute Erfüllung der übertragenen Aufgaben schlägt sich in einem hohen Lohn, nachlässige Arbeitsweise schlägt sich in einer geringeren Vergütung nieder. Der Arbeitgeber ist in aller Regel daran interessiert, mit Hilfe des Leistungslohns einen besonders nachhaltigen Arbeitseinsatz der Beschäftigten zu erreichen.

> **Der Einzelne wird** – wie ein bekannter Philosoph und Ökonom aus Trier geschrieben hat – **zu seinem eigenen Aufseher.**

Die klassische Form des Leistungslohns ist der **Akkord.** Die Lohnhöhe bestimmt sich dabei ausschließlich nach der Menge der produzierten Stücke.

749 Heute steht immer mehr der **Prämienlohn** im Vordergrund. Er ist insofern dem Akkord überlegen, als Prämien nicht notwendigerweise an der Menge anknüpfen. Sie können auch für qualitativ besonders gute

Arbeit (»**Güteprämie**«), für sparsamen Materialverbrauch (»**Ersparnis-prämie**«) und für hohe Auslastung der Maschinen (»**Nutzungsprämie**«) gewährt werden. Weiter ist die Prämie insofern flexibler, als sie nicht notwendigerweise proportional mit dem jeweiligen Kriterium wachsen muss. So kann es z. B. sinnvoll sein, für die Steigerung der Maschinenauslastung von 80 auf 90 Prozent eine überproportionale Lohnsteigerung vorzusehen (z. B. eine Prämie in Höhe von 30 Prozent des Grundlohns), während eine weitere Steigerung auf 95 Prozent Auslastung wegen möglicher Überbeanspruchung der Maschine nicht mehr zusätzlich vergütet wird.

Zielvereinbarungen übertragen den Grundgedanken des Akkord- und Leistungslohns auf die Welt moderner Dienstleistungen. Sie sollen das Eigeninteresse des Arbeitnehmers an mehr und besserer Arbeit mobilisieren. Zu den rechtlichen Grenzen s. Däubler, ZIP 2004, 2209, 2212.

Die Einführung, Änderung und Abschaffung eines Prämiensystems **750** unterliegt der **Mitbestimmung des Betriebsrats nach § 87 Abs. 1 Nr. 11 BetrVG**. Sie erstreckt sich auf die Bezugsgröße (Qualität, Menge usw.), das Verfahren ihrer Feststellung sowie die »Prämienlohnlinie«, d. h. die Frage, ob die Prämie mit der Leistung proportional, progressiv oder degressiv steigt.

13.3 Zulagen und Sondervergütungen

Neben der eigentlichen Grundvergütung, die alle bisher beschriebenen **751** Formen annehmen kann, werden in vielen Betrieben Zulagen gewährt.

Zum einen geht es um Zulagen, die eine **typisierte Leistung** des Einzelnen abgelten wollen. Darunter fällt etwa die Schichtzulage oder die Nachtdienstzulage ebenso wie die höhere **Bezahlung für Feiertagsarbeit**. Weiter gehören hierher Erschwernis- und Gefahrenzulagen, die besonders schädliche oder belastende Arbeitsbedingungen ausgleichen wollen. In der Regel sind diese Zulagen tariflich geregelt. Auch soweit dies nicht der Fall ist, kann der Betriebsrat nur im Rahmen des § 87 Abs. 1 Nr. 10 BetrVG mitbestimmen.

Zum zweiten kennt die betriebliche Praxis **belastungsunabhängige 752 Vergütungsbestandteile**, die einzelnen oder allen Arbeitnehmern gewährt werden und mit denen in der Regel die Betriebstreue honoriert werden soll. Dazu gehört etwa eine Gewinn- oder Ertragsbeteiligung, die Gewährung vermögenswirksamer Leistungen sowie insbesondere die Zahlung von **Gratifikationen** an Weihnachten und bei Dienstjubiläen. Auch das Urlaubsgeld ist hier einzuordnen. Der Betriebsrat ist auf § 87 Abs. 1 Nr. 10 BetrVG beschränkt. Zu Rückzahlungsklauseln s. unten Rn. 785 ff.

753 Schließlich gibt es **Zulagen** wie die Anwesenheits- und Pünktlichkeitsprämie und insbesondere Provisionen für vermittelte Vertragsabschlüsse, **die der Einzelne beeinflussen kann.** Soweit keine tarifliche Regelung vorliegt, kann hier der Betriebsrat nach § 87 Abs. 1 Nr. 11 BetrVG auch über die Höhe mitbestimmen.

13.4 Entgeltanspruch bei fehlender Vergütungsabrede

754 Ausnahmsweise kann der Fall eintreten, dass im Arbeitsvertrag nichts über die Höhe der Vergütung gesagt ist und dass auch kein Tarifvertrag eingreift. Diesem Sonderfall, der am ehesten im Handwerk und in der Hauswirtschaft eintreten kann, widmet sich § **612 BGB**. Nach seinem Abs. 1 gilt eine Vergütung als stillschweigend vereinbart, wenn die Dienstleistung den Umständen nach nur gegen eine Vergütung zu erwarten ist. Lassen die Umstände keine Rückschlüsse über die Höhe zu, schuldet der Arbeitgeber nach § 612 Abs. 2 BGB die sog. taxmäßige Vergütung. »**Taxen**« sind hoheitlich festgesetzte Gebühren, wie sie im Bereich der Personenbeförderung und bei der ärztlichen und zahnärztlichen Behandlung existieren. Fehlt es an einer solchen Taxe, so ist nach § 612 Abs. 2 BGB die »**übliche Vergütung**« zugrunde zu legen, die häufig mit dem Tariflohn für vergleichbare Tätigkeiten identisch sein wird (LAG Düsseldorf, BB 1978, 256). Existiert auch kein Tarifvertrag oder lässt sich keine vergleichbare Tätigkeit ermitteln, so kann der Arbeitnehmer nach §§ 315, 316 BGB die Vergütung **nach billigem Ermessen** selbst festsetzen (LAG Bremen, AP Nr. 33 zu § 138 BGB).

13.5 Der gesetzliche Mindestlohn und das Verbot des Lohnwuchers

Erst seit 1.1.2015 existiert in der Bundesrepublik ein gesetzlicher Mindestlohn. Er ergibt sich aus dem Mindestlohngesetz (**MiLoG**) und beträgt 8,50 Euro pro Stunde. In Zukunft soll er auf Empfehlung einer Kommission aus Vertretern der Arbeitgeber und der Gewerkschaften alle zwei Jahre an die wirtschaftliche Situation angepasst werden. Er erfasst insbesondere Arbeitnehmer aus Betrieben ohne Tarifvertrag mit wenig qualifizierter Tätigkeit. Insgesamt sollen dies etwa **4,5 Mio. Arbeitnehmer** sein (Däubler, NJW 2014, 1924). Eine regionale Differenzierung besteht nicht, obwohl die Lebenshaltungskosten nicht überall dieselben sind.

755

13.5.1 Ausgeklammerte Gruppen

Bestimmte Personengruppen sind aus dem Mindestlohn ausgenommen. Dazu zählen etwa **Praktikanten,** die im Rahmen einer schulischen oder universitären Ausbildungsordnung für einen Zeitraum von nicht mehr als drei Monaten in einem Betrieb tätig sind. Wer eine abgeschlossene Ausbildung hat, aber gleichwohl »als Praktikant« beschäftigt wird, kann demgegenüber den Mindestlohn verlangen. Nicht einbezogen sind weiter **Personen unter 18 Jahren,** was eine unerlaubte Diskriminierung wegen jugendlichen Alters darstellt (Brors, NZA 2014, 938). Auszubildende unterliegen der Sonderregelung des BBiG. Ausgeklammert sind weiter **Langzeitarbeitslose;** um ihre Beschäftigungschancen zu verbessern, kann ihnen der Arbeitgeber in den ersten sechs Monaten ihrer Tätigkeit weniger als 8,50 Euro in der Stunde bezahlen. Von vorne herein nicht erfasst sind die sog. arbeitnehmerähnlichen Personen (oben Rn. 23).

755a

13.5.2 Welche Leistungen werden angerechnet?

Noch nicht eindeutig geklärt ist die Frage, **welche Leistungen** des Arbeitgebers bei der Berechnung der Lohnhöhe zu berücksichtigen sind. **Trinkgelder** spielen keine Rolle, da auf sie nach § 107 Abs. 3 Satz 2 GewO kein Anspruch besteht. Zuschüsse zu einem Sparvertrag oder anderen Anlageformen (sog. vermögenswirksame Leistungen) bleiben ebenfalls

755b

ausgeklammert, da sie nicht für die laufenden Ausgaben zu verwenden sind. Zahlungen, die nur einmal im Jahr erfolgen wie z. B. eine **Weihnachtsgratifikation** werden lediglich im Monat ihrer Auszahlung mitgerechnet. Auch die Abgeltung von Sonderleistungen (**Zuschläge** für Überstunden, Nacht- und Feiertagsarbeit) bleibt unberücksichtigt. Keine Rolle spielt demgegenüber, dass die Vergütung in einzelnen Stunden unter 8,50 Euro bleibt, sofern sie **im Monatsdurchschnitt** diese Höhe erreicht. Auch sind Sachleistungen des Arbeitgebers mitzurechnen, soweit sie nach § 107 Abs. 2 GewO zulässig sind.

13.5.3 Keine vertragliche Beschränkung des Mindestlohns

755c Der Mindestlohn darf vertraglich nicht beschränkt werden. Wird ein geringerer Lohn vereinbart, ist die entsprechende Abmachung unwirksam und es gilt nach § 612 Abs. 2 BGB eine angemessene (meist über 8,50 Euro liegende) Vergütung. Eine arbeitsvertragliche oder tarifliche Bestimmung, wonach er verfällt, wenn er nicht innerhalb von drei Monaten geltend gemacht wird, ist unwirksam. Dies ist auch für Arbeitnehmer von Bedeutung, die erheblich mehr als den Mindestlohn verdienen: Erhalten sie beispielsweise für einen Monat kein Gehalt, so können sie nach Ablauf der **Ausschlussfrist** wenigstens einen »Sockelbetrag« von 8,50 Euro pro Stunde weiterhin gerichtlich geltend machen. Möglicherweise sind durch das MiLoG die Ausschlussfristen auch für den über 8,50 Euro liegenden Teil unwirksam geworden, doch wird dies voraussichtlich von den Arbeitsgerichten nicht so gesehen.

13.5.4 Besondere Dokumentationspflichten

755d Bei **geringfügig Beschäftigten**, die nicht mehr als 450 Euro im Monat verdienen, muss der Arbeitgeber die abgeleisteten Stunden sowie Beginn und Ende der einzelnen Arbeitseinsätze schriftlich **dokumentieren** und die Aufzeichnungen darüber bei einer Kontrolle durch die Aufsichtsbehörde (»Finanzkontrolle Schwarzarbeit«) vorlegen können. Dasselbe gilt nach § 17 Abs. 1 Satz 1 MiLoG i. V. m. § 2a Schwarzarbeitsgesetz für **bestimmte** besonders schwarzarbeitsanfällige **Branchen** wie die Gastronomie oder das Baugewerbe. Wird dem nicht Rechnung getragen, so kann die Behörde ein Bußgeld verhängen. Obwohl nur auf diese Weise die Einhaltung des Mindestlohns wirksam kontrolliert werden kann, kritisiert die Arbeitgeberseite nachhaltig diese Bestimmungen und wünscht ihre Veränderung.

13.5.5 Verbot des Lohnwuchers

Vor Inkrafttreten des MiLoG gab es nach dem AEntG nur in bestimmten **756** Branchen einen Mindestlohn (dazu oben Rn. 129 ff.). Im Übrigen existierte nur eine absolute **Untergrenze**, die von der Rechtsprechung entwickelt wurde: »**Hungerlöhne**« verstießen gegen die guten Sitten, eine entsprechende Vereinbarung war nach § 138 BGB nichtig. An ihre Stelle trat ein Lohnanspruch, dessen Höhe sich nach § 612 BGB bestimmte. Wann ein »Hungerlohn« vorlag, richtete sich **nach dem am Arbeitsort Üblichen**. Der **BGH** (DB 1997, 1690) ging davon aus, dass diese Grenze überschritten ist, wenn der Einzelne weniger als zwei Drittel des Tariflohns für eine vergleichbare Tätigkeit verdient (dazu Nägele, BB 1997, 2162). Das BAG (NZA 2004, 971) war zunächst unentschieden, hat sich dann aber der **Zwei-Drittel-Grenze** des BGH angeschlossen (BAG, DB 2009, 1599 = NZA 2009, 837).

Eingehend zur Gesamtproblematik Gabriele Peter, Gesetzlicher Mindestlohn. Eine Maßnahme gegen Niedriglöhne von Frauen, Baden-Baden 1995.

Diese Grundsätze sind auch heute noch überall dort von Bedeutung, wo **756a** **zwei Drittel** des Tariflohns **über 8,50 Euro** liegen. Dazu kommen die Personengruppen, die vom MiLoG ausgenommen sind. Bei Langzeitarbeitslosen kann zwar der Mindestbetrag von 8,50 Euro unterschritten werden, doch wird man davon ausgehen können, dass die absolute Untergrenze bei einem Stundenlohn von 7 Euro erreicht ist. Kaum erörtert ist bislang die Frage, wo die Untergrenze **bei arbeitnehmerähnlichen Personen** liegt, die formal selbständig, jedoch wirtschaftlich von einem Auftraggeber abhängig sind (oben Rn. 129). Da hier in aller Regel Tarifverträge als Bezugsgröße fehlen, könnte man Überlegungen aufgreifen, die in der Rechtsprechung zum Lohnwucher entwickelt wurden. Das **ArbG Bremen** (AiB 2001, 610 mit Anm. Grimberg) und das **SG Berlin** (AuR 2007, 54) haben in diesem Zusammenhang das von der Verfassung garantierte **sozio-kulturelle Existenzminimum** ins Spiel gebracht: Wer ganztags arbeitet, müsse bei durchschnittlicher Leistung so viel verdienen, dass er für seinen eigenen Unterhalt sorgen könne. Deshalb dürfe er nicht schlechter stehen als ein Empfänger von »Hartz IV« oder von Sozialhilfe. Um dieses Niveau zu erreichen, musste er im Jahre 2006 **zumindest 6,40 Euro pro Stunde** verdienen – eine 38-Stunden-Woche zugrunde gelegt (SG Berlin, a. a. O.) An dieser Grenze höre nach den Vorgaben des Grundgesetzes die marktgesteuerte Preisbildung auf.

13.6 Aufwendungsersatz

757 Nicht zum Lohn gehören Ansprüche des Arbeitnehmers auf Ersatz von Aufwendungen. Rechtsgrundlage sind die entsprechend anwendbaren §§ 670, 675 BGB.

Beispiel:
Der Arbeitnehmer hat im Auftrag des Arbeitgebers eine Dienstreise gemacht. Für Fahrt, Hotel und Verpflegung hat er 250 Euro ausgegeben. Dieser Betrag ist vom Arbeitgeber zu ersetzen. Anderes Beispiel: Der Arbeitnehmer nutzt im Interesse des Arbeitgebers ein Zimmer in seiner Privatwohnung für dienstliche Zwecke (BAG, NZA 2004, 604).

758 Verwendet der **Arbeitnehmer** mit Zustimmung des Arbeitgebers sein **eigenes Fahrzeug für dienstliche Fahrten,** so ist in der Regel eine Km-Pauschale vereinbart. Ist sie relativ hoch (z. B. 45 Cent pro gefahrenem Kilometer), sind auch etwaige **Unfallschäden** mit erfasst. Anders, wenn pro Kilometer beispielsweise nur 15 Cent erstattet werden.

Hat der Arbeitnehmer einen Unfall fahrlässig verursacht, wird sein Aufwendungsersatzanspruch in entsprechender Anwendung der Grundsätze über die Arbeitnehmerhaftung (oben Rn. 532 ff.) gemindert oder ausgeschlossen (BAG, NZA 1990, 27).

Der Aufwendungsersatz kann im Arbeitsvertrag grundsätzlich nicht abbedungen werden (Däubler/Bonin/Deinert, § 309 Nr. 7 BGB Rn. 11).

13.7 Rückgewähr zu viel erhaltener Beträge?

759 Erhält der Arbeitnehmer irrtümlich eine höhere als die vereinbarte Vergütung, muss er den zuviel erhaltenen Betrag als sog. ungerechtfertigte Bereicherung gem. § 812 Abs. 1 Satz 1 BGB wieder herausgeben. Davon gibt es allerdings eine gewichtige Ausnahme: War der **Arbeitnehmer**

»gutgläubig«, wusste er also nicht, dass er in Wahrheit zu viel bekam, und hat er das Geld inzwischen ausgegeben, so kann er sich nach § 818 Abs. 3 BGB auf den Wegfall der Bereicherung berufen. Dies ist insbesondere dann der Fall, wenn die »Überzahlung« zehn Prozent des Gehalts nicht überstieg; in diesen Fällen wird bei unteren und mittleren Einkommen vermutet, dass die erhaltenen Beträge verbraucht sind (BAG, DB 1994, 1039). Bezieher höherer Einkommen müssen den Nachweis führen, dass sie sich zusätzlichen Luxus geleistet haben (BAG, a. a. O.).

> Der gehobene Angestellte erhält seit Januar jeden Monat irrtümlich 300 Euro zu viel. Statt der geplanten Reise nach Teneriffa bucht er die teurere Reise in die Karibik.

Benachteiligt ist der Sparer. Wer sich nur an seinen schöneren Kontoauszügen erfreute, muss die erhaltenen Beträge wieder zurückgewähren.

Hat der Arbeitgeber ausnahmsweise das Entgelt im Voraus bezahlt und wird dann die Arbeitsleistung unmöglich, so kann er nach § 326 Abs. 1 und 4 in Verbindung mit § 346 Abs. 1 BGB ohne Rücksicht auf § 818 Abs. 3 BGB volle Rückzahlung verlangen, soweit nicht eine Erkrankung oder ein Fall der §§ 615, 616 BGB vorliegt.

13.8 Die so genannte Lohnsicherung

Der Arbeitnehmer ist – wie man weiß – in aller Regel auf die Vergütung **760** dringend angewiesen. Der Gesetzgeber will deshalb dafür sorgen, dass er sein Geld auch wirklich bekommt.

> Grundsätzlich ausgeschlossen ist deshalb nach § 107 Abs. 2 Satz 1 Gewerbeordnung eine »**Bezahlung in Naturalien**«. Außerdem kann der Arbeitgeber den Lohnanspruch nicht wegen »Schlechtleistung« mindern (BAG, AP Nr. 13 zu § 611 BGB Akkordlohn).

Gefahren rühren daher, dass ein Gläubiger des Arbeitnehmers den Lohnanspruch pfänden könnte.

Beispiel:
Arbeitnehmer X hat 2 500 Euro Schulden gegenüber einer Bank, weil er verschiedenen Ratenzahlungsverpflichtungen nicht nachgekommen ist. Angenommen, er verdient monatlich netto 1000 Euro: Könnte die Bank davon monatlich 500 Euro pfänden, um so zu ihrem Geld zu kommen?

335

Geregelt sind diese Fragen in den §§ 850 ff. ZPO, die durch Gesetz vom 13.12.2001 (BGBl. I S. 3638) neugefasst wurden. Grundgedanke ist, dem Arbeitnehmer wenigstens ein Minimum an Einkünften zu belassen, um ihm so eine »bescheidene Lebensführung« zu ermöglichen. Das Existenzminimum soll ihm bleiben (zu weiteren damit verbundenen Problemen Däubler, Festschrift Derleder, 2005, S. 39 ff.). Hervorzuheben sind folgende Regelungen:

761 Pfändungsschutz genießt nach § 850 Abs. 4 ZPO das gesamte in Geld zahlbare **Arbeitseinkommen**, ohne dass es auf Bezeichnungen wie »Lohn«, »Zulage«, »Tantieme« und Ähnliches ankäme. Von diesem Arbeitseinkommen sind nach § 850 a ZPO bestimmte Teile absolut unpfändbar. Dazu gehören insbesondere 50 **Prozent der Überstundenvergütung**, Urlaubsgeld und Weihnachtsgratifikationen bis 500 Euro, Aufwandsentschädigungen, Gefahren- sowie Schmutz- und Erschwerniszulagen. Der Zweck dieser Regelung liegt im Wesentlichen darin, die »Arbeitsfreude« des Arbeitnehmers aufrechtzuerhalten, d. h. seinen Einsatzwillen am Arbeitsplatz nicht zu gefährden.

762 Von zentraler Bedeutung ist § 850 c ZPO, der bestimmte zahlenmäßig fixierte **Mindestbeträge** für unpfändbar erklärt. Dabei wird auf die Höhe des Einkommens und auf die Unterhaltsverpflichtungen abgestellt, die der Arbeitnehmer zu erfüllen hat.

Unpfändbar sind bei Ledigen ohne Unterhaltsverpflichtungen alle Bezüge, die monatlich netto 1073,88 Euro nicht übersteigen. Von dem darüber hinausgehenden Betrag ist ein bestimmter Prozentsatz pfändbar. So können etwa bei einem Nettoeinkommen von 1400 Euro 228,28 Euro gepfändet werden, so dass dem Betroffenen zum Leben 1171,72 Euro verbleiben. Bei einem monatlichen Nettolohn von 2400 Euro sind bei Ledigen 928,28 Euro, bei einem Familienvater mit nicht erwerbstätiger Ehefrau und zwei Kindern 141,49 Euro der Pfändung unterworfen. Weitere Einzelheiten ergeben sich aus einer Tabelle, die unter www.pfaendungstabelle-online.de abrufbar sowie in jeder Textausgabe der ZPO nachzulesen ist. Die hier wiedergegebenen Sätze gelten seit 1.7.2015 (s. Pfändungsfreigrenzenbekanntmachung 2015 – BGBl. I, S. 618). Nach § 850 c Abs. 2 a ZPO findet alle zwei Jahre eine Anpassung entsprechend der Entwicklung des steuerfreien Existenzminimums nach § 32 a EStG statt. Die ursprünglichen Sätze sollten zum 1.7.2007 angepasst werden, doch wurde darauf bis 30.6.2009 (BGBl. 2007 I, S. 64), anschließend erneut bis 30.6.2011 verzichtet (BGBl. 2009 I, S. 1141). Eine Anhebung verringert die Zahl derjenigen, die eine »Aufstockung« auf Hartz IV verlangen können.

Auch **unpfändbare Ansprüche** können nach § 850 d ZPO **ausnahmsweise** in gewissem Umfang **gepfändet** werden, wenn es um die Durchsetzung von Unterhaltsansprüchen geht.

§ 850 h ZPO trifft Vorkehrungen gegen **Umgehungsmöglichkeiten:** **763** Vereinbaren Arbeitgeber und Arbeitnehmer, dass das Entgelt ganz oder teilweise an einen Dritten – z. B. die Ehefrau – ausbezahlt wird, oder wird nur ein der Pfändung nicht unterliegender Betrag vereinbart, so hat dies keine Wirkung gegenüber den Gläubigern des Arbeitnehmers – ihnen gegenüber wird unterstellt, dass der Arbeitnehmer selbst einen Entgeltanspruch in der üblichen Höhe besitzt.

Der Pfändungsschutz wirkt auch dann, wenn der Arbeitgeber Gläubi- **764** ger ist: § 394 BGB verbietet ihm die **Aufrechnung** (z. B. mit einem Schadensersatzanspruch) gegen unpfändbare Entgeltforderungen.

§ 400 BGB schließt die **Abtretung unpfändbarer Ansprüche** (z. B. an einen Autoverkäufer) aus.

13.9 Entgelt ohne Arbeitsleistung

Der Entgeltanspruch ist auch dann gefährdet, wenn aus Gründen, für **765** die niemand etwas kann, nicht gearbeitet wird.

Beispiel:
Stromausfall.

Wie bereits in Kapitel 4 (Rn. 157) skizziert, trägt der Arbeitgeber das sog. Betriebsrisiko: Er muss das Entgelt auch dann bezahlen, wenn die Arbeit vorübergehend nicht möglich ist.

Erst recht gilt dies natürlich, wenn er die angebotene Arbeitsleistung zurückweist: Er gerät in diesem Fall in sog. **Annahmeverzug** und muss nach § 615 BGB das Entgelt fortbezahlen.

Anders verhält es sich, wenn der Arbeitnehmer bewusst nicht arbeitet: Nimmt er sich einen »**blauen Montag**«, hat er selbstredend keinen Lohnanspruch.

Drei Fälle von »Leistungsstörungen« haben eine ausdrückliche ge- **766** setzliche Regelung gefunden.

- Muss das Entgelt an Feiertagen fortbezahlt werden? (unten 13.9.1 – Rn. 767 ff.)
- Kann der Arbeitnehmer aus persönlichen Gründen zu Hause bleiben, weil z. B. die Kinder krank sind? (unten 13.9.2 – Rn. 770 ff.)
- Muss der Arbeitgeber das Entgelt fortbezahlen, wenn der Arbeitnehmer krank wird? (unten 13.9.3 – Rn. 776 ff.)

13.9.1 Entgeltfortzahlung an Feiertagen

767 Sie ist seit 1994 in § 2 EFZG (= Entgeltfortzahlungsgesetz) geregelt. Gegenüber dem ursprünglichen Feiertagslohnzahlungsgesetz vom 2. August 1951 haben sich keine inhaltlichen Änderungen ergeben.

Fällt die Arbeit infolge eines Feiertags aus, so hat der Arbeitgeber diejenige Vergütung zu bezahlen, die der Arbeitnehmer ohne den Feiertag verdient hätte. Dieses Prinzip kennt zwei Ausnahmen:

768 (1) Fällt der Feiertag in eine **Kurzarbeitsperiode,** so wird nach § 2 Abs. 2 EFZG fingiert, dass die Arbeit infolge des Feiertags ausfiel; auf diese Weise soll die Bundesagentur für Arbeit davor geschützt werden, dass gerade in Zeiten mit vielen Feiertagen kurzgearbeitet wird. Der Arbeitnehmer erhält aber nur eine Vergütung in Höhe des Kurzarbeitergelds (BAG, DB 1984, 2254); diese ist sogar noch mit Lohnsteuer, allerdings nicht mit Sozialabgaben belastet.

769 (2) Nach § 2 Abs. 3 EFZG entfällt die Feiertagslohnzahlung, wenn der Arbeitnehmer am Tag vor oder am Tag nach dem Feiertag **unentschuldigt fehlt.** Der »blaue Montag« hat in einer disziplinierten Arbeitsgesellschaft keinen Platz. Die Rechtsprechung hat diese Regel auch auf eine zusammenhängende Freizeit (etwa zwischen Weihnachten und Neujahr) ausgedehnt, wer zu früh mit den »Ferien« beginnt oder einen Tag zu spät damit aufhört, verliert seine ganze Feiertagsvergütung (BAG, DB 1982, 2194). Zum Ausgleich ist es dem Arbeitgeber untersagt, für eine Feiertagsperiode (im konkreten Fall vom 18. bis 28. Dezember) eine unbezahlte Freistellung zu vereinbaren: Die Feiertagslohnzahlung hat zwingenden Charakter, so dass ein vertraglicher Verzicht unwirksam ist (BAG, BB 1982, 2049).

13.9.2 »Persönliche Arbeitsverhinderung« nach § 616 BGB

770 Aufgrund des Arbeitsvertrags ist der Arbeitnehmer verpflichtet, während der vereinbarten Stunden zu arbeiten. Dabei kann jedoch der Fall eintreten, dass andere Verpflichtungen in dieselbe Zeit fallen: Der Einzelne muss als Zeuge vor Gericht erscheinen, er muss dringend zum Arzt, das vierjährige Kind liegt mit 40 Grad Fieber zu Hause usw. Um solchen Fällen Rechnung zu tragen, sieht § 616 BGB eine Entgeltfortzahlung für den Fall vor, dass der Arbeitnehmer »für eine verhältnismäßig nicht erhebliche Zeit durch einen in seiner Person liegenden Grund ohne sein Verschulden an der Dienstleistung verhindert wird«.

Diese Bestimmung geht den Vorschriften des allgemeinen Schuldrechts vor.

§ 616 BGB setzt drei Dinge voraus:

Gründe in der Person

Zum ersten muss ein »in der Person« des Arbeitnehmers liegender **771** Grund bestehen. Objektive Hindernisse wie z. B. ein Zusammenbruch des Verkehrssystems reichen nicht aus.

Beispiel:
Im Winter fällt so viel Schnee, dass die Straßen mehrere Tage lang unbefahrbar sind. Keine Entgeltfortzahlung nach § 616 BGB, da »objektives« Hindernis.

Ein »**in der Person**« liegender Grund wird dann angenommen, wenn die Arbeitsleistung dem Arbeitnehmer nach Treu und Glauben **nicht zuzumuten** ist. So sollen etwa die konkreten Umstände darüber entscheiden, ob ein **Arztbesuch** während der Arbeitszeit notwendig ist.

Beispiel:
Der Arzt hat nur vormittags Sprechstunde. Anders, wenn man auch abends um 18 Uhr einen Termin bekommen würde und es zumutbar ist, den Besuch bis dahin aufzuschieben.

Als ausreichender Grund wurde die Teilnahme an der **Goldenen Hochzeit der Eltern** angesehen, so dass auch (noch) wichtigere Familienereignisse wie die eigene Hochzeit, die Geburt von Kindern und die Beerdigung naher Angehöriger einzubeziehen sind. Mit dem Gedanken der Pflichtenkollision rechtfertigt sich die Abwesenheit vom Arbeitsplatz, wenn **ein Gericht das persönliche Erscheinen des Arbeitnehmers angeordnet** hat oder wenn dieser ein Amt als Laienrichter ausüben muss.

Eine Sonderregelung hat der Gesetzgeber in Form des § 45 SGB V ge- **772** schaffen. Danach hat jeder Elternteil Anspruch auf unbezahlte Freistellung und **Krankengeld**, wenn ein **Kind unter zwölf Jahren erkrankt** ist und nicht durch andere versorgt werden kann. Der Anspruch ist allerdings pro Kind auf zehn Arbeitstage (bei Alleinerziehenden: 20 Arbeitstage) pro Jahr beschränkt. Bis 1992 bestand eine sehr viel bescheidenere Regelung: Freistellung nur bei pflegebedürftigen Kindern unter acht Jahren und auch dies nur für fünf Arbeitstage pro Jahr. Das BAG hatte dies auf den Fall des § 616 Abs. 1 BGB übertragen und **bezahlte** Freistellung für fünf Arbeitstage bejaht (BAG, DB 1979, 1946). Dies dürfte auch unter der heutigen Regelung gelten (vgl. ErfK-Preis, § 616 BGB

Rn. 10 a, der in Anlehnung an § 2 PflegeZG einen Zeitraum von zehn Tagen annimmt, aber zugleich auf die abweichende h. M. hinweist). Auf jeden Fall ist eine Kumulation möglich: zuerst fünf Tage unter Rückgriff auf die Rechtsprechung zu § 616 BGB, dann Ausübung der Rechte nach § 45 SGB V. Auch bei Kindern über zwölf Jahren kann § 616 BGB eingreifen (vgl. ErfK-Preis, § 616 BGB Rn. 8).

Fehlendes Verschulden

773 Der »persönliche Grund« muss zum zweiten ohne Verschulden des Arbeitnehmers entstanden sein. Aber nur ein grob unvernünftiges Verhalten schließt den Anspruch aus: Niemand kann erwarten, dass der Arbeitnehmer auch seine Freizeit voll in den Dienst des Arbeitgebers stellt und z. B. jedes denkbare Risiko vermeidet, um ja nicht zu spät zur Arbeitsstelle zu gelangen.

»Verhältnismäßig nicht erhebliche« Zeit

774 Die Arbeitsverhinderung darf zum dritten nur verhältnismäßig nicht erhebliche Zeit gedauert haben. In der Regel wird auf die Dauer der Betriebszugehörigkeit abgestellt und deshalb bei langjährig Beschäftigten eine längere Abwesenheit toleriert. Erman-Belling (§ 616 BGB Rn. 48; anders nunmehr Schaub/Linck, § 97 Rn. 24; differenzierend ErfK-Preis, § 616 BGB Rn. 10 a) nennt als Faustregel drei Tage bei einer Beschäftigung bis zu sechs Monaten, eine Woche bei einer Beschäftigung bis zu einem Jahr und zwei Wochen bei längerer Betriebszugehörigkeit. Dauert die Arbeitsverhinderung länger, soll der Arbeitnehmer nach einer Entscheidung des Großen Senats des BAG (AP Nr. 22 zu § 616 BGB) seinen Lohnanspruch sogar für die Zeit verlieren, die als »verhältnismäßig nicht erheblich« anzusehen ist.

Beispiel:
Eine seit zwei Jahren im Betrieb beschäftigte Arbeitnehmerin pflegt ihr an Masern erkranktes vierjähriges Kind während insgesamt zwölf Arbeitstagen; ihr Kontingent nach § 45 SGB V hat sie bereits verbraucht, sich bisher jedoch nicht auf § 616 BGB berufen. Nach Auffassung des BAG hat sie überhaupt keinen Anspruch auf Entgeltfortzahlung. Hätte die Krankheit nur zehn Arbeitstage gedauert, wäre der Arbeitgeber grundsätzlich verpflichtet gewesen, das Entgelt für diese Zeit fortzubezahlen. Warum ein am Ende des zehnten Fehltages bereits bestehender Anspruch nachträglich wieder wegfallen soll, ist unerfindlich.

Das BAG verkennt, dass die Notwendigkeit der Lohnsicherung bei längerer Arbeitsverhinderung nicht abnimmt, sondern wächst.

Die Praxis hilft sich weithin damit, dass tarifliche Sonderregelungen **775** getroffen werden: Man schafft einen präzisen Katalog von Verhinderungsgründen und sieht pauschale Freistellungen vor, die dann allerdings meist einen Rückgriff auf andere Gründe ausschließen.

Beispiel:
Bei Umzug oder bei Todesfällen in der Familie werden zwei freie Tage gewährt.

Die Einschränkung oder **Abbedingung** des § 616 BGB **im Arbeitsvertrag** scheitert im Regelfall an § 307 Abs. 2 Nr. 1 BGB (Däubler/Bonin/Deinert, § 307 Rn. 238 ff.).

13.9.3 Entgeltfortzahlung im Krankheitsfall

In der (alten) Bundesrepublik existierten getrennte Regelungen für Arbeiter (Lohnfortzahlungsgesetz) und Angestellte (§ 616 Abs. 2 BGB, **776** Sonderregeln). Dagegen sprachen erhebliche verfassungsrechtliche Bedenken. Der (erste) Staatsvertrag mit der DDR hat deshalb für die damalige DDR eine einheitliche Regelung für Arbeiter und Angestellte vorgesehen; Orientierungspunkt war die Regelung des Lohnfortzahlungsgesetzes. Durch den Einigungsvertrag ergaben sich einige Änderungen, doch blieb die **Einheitsregelung** in den neuen Bundesländern erhalten. Durch das Entgeltfortzahlungsgesetz vom 26. Mai 1994 (**EFZG**) wurde eine gesamtdeutsche Neuregelung geschaffen, die alle bisherigen Differenzierungen beseitigte.

Voraussetzungen der Entgeltfortzahlung
(a) **Krankheit und Nachweis durch ärztliches Zeugnis**
§ 3 Abs. 1 EFZG verlangt eine **durch Krankheit verursachte Arbeitsunfähigkeit**. Diese ist dem Arbeitgeber unverzüglich mitzuteilen. Dauert sie **777** länger als drei Tage, so ist nach § 5 Abs. 1 EFZG spätestens am vierten Tag ein **ärztliches Attest** vorzulegen. Nach § 5 Abs. 1 Satz 3 EFZG kann dies der Arbeitgeber aber schon vom ersten Krankheitstag an verlangen. Die **Auswahl des Arztes** ist dabei ausschließlich dem Arbeitnehmer überlassen. Weder durch tarifvertragliche noch durch arbeitsvertragliche Abmachung kann er gezwungen werden, sich stattdessen durch einen vom Arbeitgeber benannten »Vertrauensarzt« untersuchen zu lassen. Mit der Vorlage des ärztlichen Zeugnisses ist die Arbeitsunfähigkeit in aller Regel ausreichend belegt.

(b) Fehlendes Verschulden

778 Die zur Arbeitsunfähigkeit führende Krankheit muss unverschuldet sein. Muss der Arbeitnehmer deshalb z. B. **gefährliche Sportarten** wie Boxen oder Drachenfliegen meiden? Die Rechtsprechung hat dies mit Recht nicht in Erwägung gezogen, andererseits jedoch ihre Maßstäbe an einem Menschenbild ausgerichtet, das man – etwas karikierend formuliert – als das des leistungskräftigen, aber korrekten Mitbürgers ohne größere persönliche Probleme bezeichnen könnte. Relativ großzügig ist man deshalb mit der Hinnahme sportlicher Betätigung. Der Einzelne darf **Fußball** spielen, sich dem **Amateurboxen** hingeben und auch auf einem Tisch einen Schuhplattler aufführen, ohne dass ein dabei erlittener Unfall allein deshalb »verschuldet« wäre. Selbst das **Fingerhakeln** ist – und dies außerhalb Bayerns! – grundsätzlich unbedenklich (LAG Frankfurt, BB 1974, 1164). Auch dem **Drachenfliegen** darf sich der deutsche Arbeitnehmer widmen, wenn dabei die erforderlichen Sicherheitsvorkehrungen getroffen sind (BAG, DB 1982, 706).

779 Etwas weniger großzügig ist man bei **Verkehrsunfällen:** So hat eine geringfügige Überschreitung der vorgeschriebenen Geschwindigkeit zwar noch keine Folgen, wohl aber das leichtsinnige Überqueren einer viel befahrenen Straße. Erst recht wird das Fahren unter Alkoholeinfluss anders beurteilt. **Wer sich nicht anschnallt,** verliert gleichfalls seine Ansprüche, sofern die bei dem Unfall erlittenen Verletzungen auf das Nichtanlegen der Sicherheitsgurte zurückzuführen sind (BAG, AuR 1983, 124).

780 § 3 Abs. 2 EFZG stellt den **legalen Schwangerschaftsabbruch** einer unverschuldeten Krankheit gleich. Gegen diese Vorschrift bestehen keine verfassungsrechtlichen Bedenken (BVerfG, DB 1989, 2488). Etwas überraschend war demgegenüber die Rechtsprechung, wonach ein Organspender, der infolge des notwendigen Eingriffs einige Tage arbeitsunfähig war, seine Krankheit selbst verschuldet habe (BAG, DB 1987, 540). Dies ist im Jahre 2012 durch Einfügung des § 3a in das EFZG korrigiert worden.

Inhalt des Anspruchs

(a) Zum Lohnausfallprinzip

781 Liegen die Voraussetzungen für die Entgeltfortzahlung im Einzelfall vor, so ist während der Dauer von sechs Wochen derjenige Betrag fortzuzahlen, den der Arbeitnehmer ohne die Erkrankung verdient hätte. Auch **Anwesenheitsprämien** müssen im Grundsatz fortbezahlt werden (BAG, DB 1979, 797), doch eröffnet der 1996 eingefügte § 4 a EFZG die Möglichkeit, Jahressondervergütungen wegen Krankheit zu kürzen. **Überstunden** werden dagegen nicht berücksichtigt. Dies ist die »Konzession« dafür, dass die 1996 erfolgte Absenkung auf 80 Prozent durch das Korrekturgesetz vom Dezember 1998 rückgängig gemacht wurde: Seither gilt wieder die 100-Prozent-Regel.

(b) Wiederholungserkrankung

Bei mehrmaliger Erkrankung entstehen jeweils voneinander unabhängige Ansprüche. **782**

> **Beispiel:**
> Ein Arbeitnehmer erkrankt am 1. Februar an einer Darminfektion und ist bis 15. März arbeitsunfähig. Am 1. April bricht er sich ein Bein, was ihn erneut für sechs Wochen außer Gefecht setzt. In beiden Fällen besteht ein Entgeltfortzahlungsanspruch.

Davon wird eine Ausnahme gemacht, wenn die weiteren Erkrankungen **auf demselben Grundleiden beruhen.** Hier ist ein erneuter Anspruch nur dann gegeben, wenn der Arbeitnehmer seit der letzten Erkrankung ununterbrochen sechs Monate gearbeitet hat oder wenn im Zeitpunkt der neuen Erkrankung bereits ein Jahr seit dem letzten Fall von Entgeltfortzahlung verstrichen ist.

(c) Ausgleich bei Kleinunternehmen

Insbesondere die wiederholte Entgeltfortzahlung kann für den einzelnen Arbeitgeber eine beträchtliche wirtschaftliche Belastung bedeuten. § 1 des »Aufwendungsausgleichsgesetzes« vom 22. 12. 2005 (AAG), der den früheren § 10 Lohnfortzahlungsgesetz abgelöst hat, sieht deshalb für Unternehmer, die nicht mehr als dreißig Arbeitnehmer beschäftigen, eine Erstattungspflicht der gesetzlichen Krankenversicherung in Höhe von 80 Prozent des fortzuzahlenden Entgelts vor. **783**

(d) Reformbedarf?

Die Entgeltfortzahlung im Krankheitsfall sah und sieht sich dem Verdacht ausgesetzt, dem »missbräuchlichen Blaumachen« Tür und Tor zu öffnen. Die bisherigen Erfahrungen widerlegen diese Vermutung. Die Einführung der vollen Lohnfortzahlung vom ersten Krankheitstag an führte erwiesenermaßen nicht zu einer Erhöhung des Krankenstands, obwohl dies bei schlechter Arbeitsmoral grundsätzlich zu erwarten gewesen wäre (Zahlen bei Kellner, DB 1975, 1124, und Surminsky, BB 1974, 325). Bezeichnend ist, dass sich der Krankenstand von Arbeitern **784** und Angestellten ungefähr parallel entwickelte, obwohl eine kürzere Krankheit lange Zeit nur für Arbeiter, nicht aber für Angestellte mit wirtschaftlichen Einbußen verbunden war. Der Rückgang der Erkrankungen in der Wirtschaftskrise – 1983 war mit 4,4 Prozent für lange Zeit der niedrigste Stand erreicht – ist daher nicht darauf zurückzuführen, dass die »Arbeitsmoral« besser geworden und Faulenzertum abgebaut worden wäre. Vieles spricht für die Vermutung, dass trotz Krankheit die Arbeit gemacht wird, um nicht durch zu häufige Fehlzeiten den Arbeitsplatz zu gefährden. Dies gilt insbesondere für die Gegenwart, wo mit 3,29 Prozent im Jahre 2006 eine »Rekordmarke« erreicht wurde (AuR 2007, 86), die im Jahre 2008 mit 3,22 Prozent und im ersten Halbjahr 2009 mit 3,24 Prozent noch unterboten wurde. Im Jahre 2010 ist man wieder bei 3,68 Prozent angelangt, für 2012 weist der Fehlzeitenreport des wissenschaftlichen Instituts der gesetzlichen Krankenkassen 4,7 Prozent aus (http://www.wido.de/fileadmin/wido/downloads/ pdf_pressemitteilungen/wido_pra_pm_fzr12_082012.pdf – abgerufen am 7.3.2015). Die **Wiedereinführung von Karenztagen** ließe sich unter diesen Umständen nicht auf das Missbrauchsargument stützen.

13.10 Rückzahlungsklauseln – die Bindungsfristen

785 Eine Reihe von freiwilligen Leistungen des Arbeitgebers wie insbesondere die **Weihnachtsgratifikation** und das **Urlaubsgeld** sollen auch »künftige Betriebstreue« honorieren. Das BAG hat daher sog. Rückzahlungsklauseln zugelassen: Danach muss der Arbeitnehmer die Leistung zurückgewähren, wenn er vor einem bestimmten Zeitpunkt aus dem Betrieb ausscheidet. Um der Praxis eine ausreichende Orientierungshilfe zu geben, wurden für den Regelfall folgende Bindungen als zulässig angesehen:

Beträgt die Gratifikation einen Monatsbezug (Lohn oder Gehalt), so ist eine Bindung über den 31. März des folgenden Jahres hinaus möglich. Beträgt die Gratifikation mehr als 200 DM (jetzt: 100 Euro), erreicht sie jedoch nicht einen Monatsbezug, so darf der Arbeitnehmer nicht über den 31. März hinaus gebunden werden. Er kann daher zum 31. März kündigen.

Ist die Gratifikation nicht höher als 100 Euro, so kann das Kündigungsrecht des Arbeitnehmers überhaupt nicht beschränkt werden (BAG, BB 1982, 1666).

344

Wie verhält es sich, wenn der Arbeitnehmer **auf Kosten des Arbeitgebers** **786**
eine **Weiterbildung absolviert** hat und 14 Tage später kündigt? Das BAG
hat insoweit eine dreijährige Bindung zugelassen, sofern sich der
»Marktwert« des Arbeitnehmers effektiv erhöht hat und sich der Rück-
zahlungsbetrag zeitanteilig mindert.

Beispiel:
Der Arbeitnehmer hat eine sechsmonatige Ausbildung für 15 000 Euro absolviert
und scheidet zwei Jahre später auf eigenen Wunsch aus. Die Verpflichtung zur
Rückzahlung beschränkt sich auf ein Drittel von 15 000 Euro = 5000 Euro.

Weiter muss ein angemessenes Verhältnis zwischen der Dauer der Ausbildung und der Bindungsfrist bestehen; bei einem Lehrgang von zwei
Monaten darf keine über ein Jahr hinausgehende Bindung vereinbart
werden (BAG, DB 1994, 1040).

Eine dreijährige Bindung wird grundsätzlich auch bei **Umzugskosten** **787**
zugelassen. Nach Auffassung des LAG Bremen (DB 1987, 2367) ist es
schließlich nicht zu beanstanden, wenn ein Werksangehörigenrabatt
beim Kauf eines Pkw verfällt und der volle Kaufpreis zu zahlen ist, sofern der Arbeitnehmer – aus welchen Gründen auch immer – vor Ablauf
von sechs Monaten aus dem Betrieb ausscheidet.

13.11 Weiterführende Literatur

Eine zusammenfassende Gesamtdarstellung der Entgeltproblematik **788**
existiert nicht. Verlässlicher Ratgeber zu Einzelfragen: **Schaub**, Arbeitsrechts-Handbuch, 15. Aufl., München 2013, §§ 62–105.

Grundsatzfragen der Lohn- und Arbeitsmarktentwicklung sind fun-
diert und gleichwohl verständlich abgehandelt bei Gabriele **Peter**, Gesetzlicher Mindestlohn. Eine Maßnahme gegen Niedriglöhne von
Frauen, Baden-Baden 1995 und bei Ghazaleh **Nassibi**, Schutz vor Lohndumping in Deutschland, Baden-Baden 2012 sowie bei **Bieback/Diete-
rich/Hanau/Kocher/Schäfer**, Tarifgestützte Mindestlöhne, Baden-Baden
2007 und bei **Schulten/Bispinck/Schäfer**, Mindestlohn in Europa, Hamburg 2006.

Zum Mindestlohngesetz s.
Lakies, Mindestlohngesetz, Basiskommentar, 2. Aufl., Frankfurt/Main
2015;

Riechert/Nimmerjahn, Mindestlohngesetz, Kommentar, München 2015:
Düwell/Schubert (Hrsg.), Mindestlohngesetz, Handkommentar, Baden-Baden 2015.

Zur Entgeltfortzahlung an Feiertagen und im Krankheitsfall siehe die Kommentare von
Kunz/Wedde, Entgeltfortzahlungsrecht, Kommentar für die Praxis, 2. Aufl., Frankfurt/Main 2005;
Wedde/Kunz, Entgeltfortzahlungsgesetz, Basiskommentar, 4. Aufl., Frankfurt/Main 2015;
Gola, EFZG, Handkommentar, 2. Aufl., Köln 1998;
Schmitt, Entgeltfortzahlungsgesetz und Aufwendungsausgleichsgesetz, 7. Aufl., München 2012.

14. Kündigungsschutzrecht

14.1 Die Kündigung und ihre Folgen

Kündigungen sind in Zeiten der Globalisierung der Märkte und der **789**
Umstrukturierung von Unternehmen eine Massenerscheinung. Wer seinen Arbeitsplatz verliert, büßt mehr ein als ein »Vertragsverhältnis«:
Die Zusammenarbeit mit den Kolleginnen und Kollegen ist vom einen
auf den anderen Tag zerstört. Die Haushaltskasse wird knapp. Viele haben – ganz zu Unrecht – die Vorstellung, versagt zu haben oder den
Anforderungen nicht gewachsen zu sein. **Wer längere Zeit arbeitslos
ist, gehört zu den »Randgruppen« in der Marktwirtschaft.** Für ihn
sind Schaufenster, Autos und Reisen oft nicht mehr als ein Stück Glitzerwelt.

Auch wer zu den »Glücklichen« zählt, die bald eine neue **Arbeitsstelle** **790**
haben, muss mit **Nachteilen** rechnen. In aller Regel verliert er die Rechte,
die mit lang dauernder Betriebszugehörigkeit verbunden sind: Im neuen
Betrieb wird er im Zweifel nicht die günstigeren Kündigungsfristen langjährig Beschäftigter besitzen. Er wird keine Treueprämie erhalten, und
er ist in Gefahr, bei betriebsbedingten Kündigungen im Vergleich zu der
»Alt-Belegschaft« früher »dran« zu sein. Auch wenn man dies beiseite
lässt: Oft kann man die im bisherigen Betrieb sehr nützlichen Kenntnisse
und Fähigkeiten nicht mehr anwenden und muss **wie ein Lehrling von
vorne anfangen.** Unter Umständen wird der neue Arbeitsplatz auch inhaltlich weniger bieten als der bisherige; die Verdienstmöglichkeiten
können geringer sein, die Arbeitsbedingungen schlechter, der Weg zur
Arbeitsstätte länger.

Gegen Kündigungen kann man sich wehren. Manchmal mag es von **791**
Nutzen sein, den Betriebsrat, die Gewerkschaft oder eine staatliche
Stelle einzuschalten – solange sich diese auf gutes Zureden beschränken
(müssen), ist die Wirksamkeit allerdings begrenzt. Wichtiger und aussichtsreicher ist deshalb der **gerichtliche Rechtsschutz:** Verstößt eine
Kündigung gegen geltendes Recht, wird sie vom zuständigen Gericht für

unwirksam erklärt. Unter bestimmten Voraussetzungen kann der Betroffene in den Betrieb zurückkehren.

792 Wie sehen die rechtlichen Bedingungen aus, die eine wirksame Kündigung erfüllen muss?

Zunächst muss **eindeutig** feststehen, **dass gekündigt wurde** und die Schriftform gewahrt ist (unten **14.2** – Rn. 793 ff.).

Im Anschluss daran stellt sich die Frage nach den **Kündigungsfristen**. Sind sie eingehalten worden oder waren sie entbehrlich, weil eine fristlose Kündigung nach § 626 BGB ausgesprochen wurde (unten **14.3** – Rn. 797 ff.)?

Nächste »Hürde« für den kündigenden Arbeitgeber sind **allgemeine Grenzen**, die bei jeder Kündigung zu beachten sind: Kein Verstoß gegen Gesetze oder gute Sitten, keine Diskriminierung usw. (unten **14.4** – Rn. 807 ff.).

Wann ist das **Kündigungsschutzgesetz** anwendbar? In welcher Weise beschränkt es das Kündigungsrecht des Arbeitgebers? Wann ist eine Kündigung »sozial gerechtfertigt« (unten **14.5** – Rn. 816 ff.)?

Wann ist eine fristlose Kündigung zulässig (unten **14.6** – Rn. 859 ff.)?

Sonderregeln gelten dann, wenn mit der Kündigung das Angebot verbunden wird, zu veränderten Arbeitsbedingungen weiterzuarbeiten (sog. **Änderungskündigung** – unten **14.7** – Rn. 874 ff.).

Bei allen Formen der Kündigung muss der **Betriebsrat** nach § 102 Abs. 1 BetrVG vorher **angehört** werden (unten **14.8** – Rn. 878 ff.).

Welche Möglichkeiten hat die Arbeitsagentur bei **Massenentlassungen** (unten **14.9** – Rn. 896 ff.)?

Einzelne Beschäftigtengruppen genießen einen »**Sonderkündigungsschutz**«. Wie ist dieser im Einzelnen beschaffen (unten **14.10** – Rn. 890)?

Die Unwirksamkeit einer Kündigung muss innerhalb von drei Wochen gerichtlich geltend gemacht werden. Was heißt dies konkret? Wie ist das sog. **Kündigungsschutzverfahren** im Einzelnen ausgestaltet (unten **14.11** – Rn. 891 ff.)?

Welche anderen Formen der Beendigung des Arbeitsverhältnisses gibt es (unten **14.12** – Rn. 917 ff.)?

Was ist bei der Abwicklung eines einmal aufgelösten Arbeitsverhältnisses zu beachten (unten **14.13** – Rn. 929 ff.)? Kann man bei nachträglicher Änderung der Umstände Wiedereinstellung verlangen (unten **14.14** – Rn. 945 f.)?

14.2   Wann liegt eine Kündigung vor?

Eine Kündigung muss nach dem seit 1. Mai 2000 geltenden § 623 BGB **793** schriftlich erklärt werden. Dies bedeutet, dass der Arbeitgeber oder sein Vertreter die Erklärung **eigenhändig unterzeichnet** haben muss. Eine E-Mail genügt genauso wenig wie eine mündliche Erklärung. Auch ein Fax entspricht nicht der Schriftform, weil es nur eine »Unterschriftskopie« darstellt.

Der Wille des Arbeitgebers, das Arbeitsverhältnis zu beenden, muss eindeutig zum Ausdruck kommen, ohne dass dabei das Wort »Kündigung« auftauchen muss.

Aus den Umständen muss sich auch ergeben, ob eine ordentliche oder eine außerordentliche Kündigung gemeint ist. **Unklarheiten gehen zu Lasten des Arbeitgebers;** der Arbeitnehmer kann von der ihm günstigeren ordentlichen Kündigung ausgehen (LAG Düsseldorf, DB 1969, 2236).

Muss der betroffene **Arbeitnehmer** vor seiner Kündigung **angehört** **794** werden? Das BAG (AP Nr. 63 zu § 626 BGB) sagt weder eindeutig »ja« noch »nein«. Es komme auf die Umstände des Einzelfalls an. Mit Rücksicht auf die Dauer der Betriebszugehörigkeit oder die Art der Tätigkeit könne eine vorherige Anhörung geboten sein, doch ändert ihr Unterbleiben nichts an der Wirksamkeit der Kündigung. Dies ist unbefriedigend, wenn man bedenkt, dass § 82 Abs. 1 BetrVG bei allen anderen den Einzelnen betreffenden Entscheidungen die vorherige Anhörung zwingend vorschreibt. Mit Recht hat deshalb das ArbG Gelsenkirchen (AuR 1998, 460 = NZA-RR 1999, 137 und AuR 2010, 439 mit Anm. Däubler) eine Kündigung für rechtswidrig erklärt, weil der Arbeitnehmer vorher nicht angehört worden war. Nur in einem Einzelfall ist das BAG konsequent: Soll die Kündigung auf den Verdacht einer strafbaren Handlung gestützt werden, muss der Arbeitnehmer zuerst Gelegenheit erhalten, die gegen ihn erhobenen Vorwürfe zu entkräften (BAG, AP Nr. 13 zu § 626 BGB Verdacht strafbarer Handlung).

Die Anhörung muss sich auf die in Aussicht genommenen Kündi- **795** gungsgründe beziehen. Die **Kündigungserklärung selbst muss nicht mit Gründen versehen sein;** daran hat sich auch durch § 623 BGB nichts geändert.

Liegen die Fakten offen zutage, kann das Verlangen nach vorheriger Anhörung rechtsmissbräuchlich sein.

Beispiel:
Der Arbeitnehmer hat den Arbeitgeber in Gegenwart von fünf Kollegen nicht nur als »dummes Schwein« tituliert, sondern ihn auch mit Fußtritten traktiert. Wenn er auf der Stelle gekündigt wird, kann er sich nicht darüber beklagen, dass kein Anhörungsverfahren durchgeführt wurde.

796 Weitere Formerfordernisse bestehen nicht, insbesondere ist der Arbeitgeber nach geltendem Recht nicht verpflichtet, den Arbeitnehmer auf die Möglichkeit einer Kündigungsschutzklage hinzuweisen. Will der Arbeitgeber später die **Kündigung zurücknehmen**, muss der Arbeitnehmer ausdrücklich oder stillschweigend zustimmen, weil er möglicherweise schon anders disponiert und eine neue Stelle angenommen hat.

14.3 Kündigungsfristen

14.3.1 Die gesetzliche Regelung

797 Einer langen Tradition entsprechend, bestanden bis 1993 unterschiedliche gesetzliche Kündigungsfristen für Arbeiter und Angestellte. Aufgrund einer Entscheidung des BVerfG (DB 1990, 1565) ließ sich dies als gleichheitswidrig nicht mehr halten; § 622 BGB wurde völlig neugefasst. Danach gilt nunmehr für alle Arbeitnehmer Folgendes:
- Für den Arbeitgeber wie für den Arbeitnehmer gibt es eine **Grundkündigungsfrist** von vier Wochen (= 28 Tage) zum Fünfzehnten oder zum Ende eines Kalendermonats (§ 622 Abs. 1 BGB).

798
- Bei **längerer Zugehörigkeit** zum Betrieb oder Unternehmen verlängert sich die Frist, die der Arbeitgeber zu beachten hat (§ 622 Abs. 2 BGB). Im Einzelnen gilt:

Dauer der Betriebszugehörigkeit	Länge der Kündigungsfrist
2 Jahre	1 Monat
5 Jahre	2 Monate
8 Jahre	3 Monate
10 Jahre	4 Monate
12 Jahre	5 Monate
15 Jahre	6 Monate
20 Jahre	7 Monate

Außerdem kann in allen diesen Fällen nur zum Ende eines Kalendermonats, nicht zum 15. gekündigt werden. Nach dem bisherigen § 622 Abs. 2 Satz 2 BGB sollten Zeiten vor dem 25. Lebensjahr nicht berücksichtigt werden, doch verstieß dies nach Auffassung des EuGH (NZA 2010, 85) gegen das Verbot der Diskriminierung wegen (jüngeren) Alters. Die Vorschrift ist deshalb unanwendbar geworden (BAG, NZA 2010, 1409 = EzA § 4 KSchG n. F. Nr. 90 mit Anm. J. Nord).

Die verlängerten Fristen gelten nur für die vom Arbeitgeber, **nicht für die vom Arbeitnehmer ausgesprochene Kündigung.** Für ihn bleibt es bei der »Grundkündigungsfrist« von vier Wochen zum Fünfzehnten oder zum Monatsende.

- Während einer vereinbarten **Probezeit** kann das Arbeitsverhältnis **799** von jeder Seite mit einer Frist von zwei Wochen gekündigt werden, ohne dass ein bestimmter Endtermin zu berücksichtigen wäre (§ 622 Abs. 3 BGB). Die Probezeit darf allerdings sechs Monate nicht übersteigen.

- Nach § 622 Abs. 4 BGB können **Tarifverträge** längere oder kürzere **800** Kündigungsfristen oder andere Auslauftermine vorsehen.

Sehen Tarifverträge weiterhin unterschiedliche Fristen für Arbeiter und **801** Angestellte vor, so ist im Einzelfall zu fragen, ob hierfür mit Rücksicht auf die spezifischen Bedingungen einer Branche ein »sachlicher Grund« besteht. Das BAG erwies sich insoweit als relativ großzügig und akzeptierte die kürzeren Arbeiter-Fristen im Bausektor (BAG, DB 1992, 1935) und in der chemischen Industrie (BAG, DB 1993, 1578).

14.3.2 Berechnungsprobleme, insbesondere Zugang der Kündigung

Die »Dauer der Betriebszugehörigkeit« hängt grundsätzlich allein vom **802** rechtlichen Bestand des Arbeitsverhältnisses ab. Zeiten längerer Krankheit oder längerer Beurlaubung werden daher mitgerechnet. Auch ein Wechsel auf Arbeitgeberseite ist mit Rücksicht auf § 613 a BGB ohne Bedeutung, ebenso kürzere rechtliche Unterbrechungen von wenigen Wochen. Die Kündigungsfristen beginnen mit dem **Zugang der schriftlichen Kündigungserklärung.** Nach § 130 BGB bedeutet dies, dass die Erklärung so in den »tatsächlichen Verfügungsbereich« des Arbeitnehmers gelangt sein muss, dass dieser unter gewöhnlichen Verhältnissen Kenntnis nehmen konnte. Ob er in der jeweiligen konkreten Situation den Kündigungsbrief auch tatsächlich zu Gesicht bekam, soll keine Rolle spielen.

Beispiel:

Die Kündigung ist dem Arbeitnehmer auch dann zugegangen, wenn sie dem Zimmervermieter ausgehändigt wurde und dieser sie auf einen Schrank legte (BAG, AP Nr. 7 zu § 130 BGB).

803 Auch **während des Urlaubs** gehen Kündigungserklärungen zu, selbst wenn der Arbeitgeber weiß, dass sich der Arbeitnehmer in einem fernen Land aufhält (BAG, DB 1988, 2415). Hat der Betreffende einen Nachsendungsantrag gestellt, so verschiebt sich der Zugang allerdings auf die Ankunft des Schriftstücks im Feriendomizil. Bei **eingeschriebenen Briefen** reicht es nicht, dass der Postbote einen **Benachrichtigungszettel** in den Briefkasten wirft; da dort der Absender nicht vermerkt ist, kann auch nicht von »Zugang« die Rede sein (BAG, AP Nr. 7 zu § 130 BGB).

804 Mit dem Zugang beginnt sowohl die Kündigungsfrist als auch die **Dreiwochenfrist für die Kündigungsschutzklage** zu laufen. Hat der Arbeitnehmer effektiv keine Kenntnis erhalten, kann er nach § 5 KSchG die nachträgliche Zulassung der Klage erreichen, nicht aber einen späteren Beginn der Kündigungsfrist.

805 Die Kündigung darf nach allgemeiner Auffassung **nicht mit einer Bedingung versehen werden**, da der Arbeitnehmer dann »in der Luft hängen« würde.

Beispiel:

Dem Arbeitnehmer wird gekündigt, »wenn sich seine Leistung in den nächsten vierzehn Tagen nicht bessert« oder »sofern nicht neue Aufträge eingehen«.

Anders ist die Situation nur, wenn der Eintritt der Bedingung ausschließlich von seinem Willen abhängt. So ist etwa eine Änderungskündigung unbestrittenermaßen zulässig.

Beispiel:

Dem Arbeitnehmer wird gekündigt, »wenn er nicht die angebotenen neuen Vertragsbedingungen annehmen will«.

806 Wird die in § 623 BGB vorgeschriebene Schriftform nicht gewahrt (oben Rn. 793), ist die Kündigung nach § 125 BGB nichtig.

14.4 Allgemeine Grenzen für jede Kündigung durch den Arbeitgeber (»Basiskündigungsschutz«)

Auch wenn die Frist gewahrt ist, kann eine Kündigung nicht beliebig **807** ausgesprochen werden. Auf die meisten Arbeitsverhältnisse findet das KSchG Anwendung mit der Folge, dass Gründe in der Person oder im Verhalten des Arbeitnehmers oder dringende betriebliche Erfordernisse vorliegen müssen. Doch wie gestaltet sich die Rechtslage, wenn das KSchG keine Anwendung findet, weil das Arbeitsverhältnis noch keine sechs Monate gedauert hat oder weil es um einen Kleinbetrieb mit nicht mehr als zehn Beschäftigten geht? Hier kommen (nur) die allgemeinen Schranken in Betracht, die jeder Willenserklärung des Arbeitgebers gezogen sind; dazu gehört nach der Rechtsprechung des BVerfG auch das Vorliegen eines sachlichen Grundes.

Die Kündigung darf einmal **nicht gegen ein gesetzliches Verbot nach** **808** **§ 134 BGB verstoßen.** Das bedeutet insbesondere, dass sie nicht in rechtlich unzulässiger Weise in ein Grundrecht des Arbeitnehmers eingreifen darf.

Beispiel:
Eine Kündigung ist wegen Verstoßes gegen § 134 BGB in Verbindung mit Art. 3 Abs. 3 GG nichtig, wenn sie **ausschließlich** wegen der politischen Überzeugung oder Betätigung des Arbeitnehmers erfolgt.

Dasselbe gilt, wenn sie wegen einer erlaubten Meinungsäußerung oder wegen gewerkschaftlicher Betätigung ausgesprochen wird. Die praktische Bedeutung dieser Regeln ist jedoch außerordentlich gering, weil das BAG (AP Nr. 2 zu § 134 BGB) das Diskriminierungsverbot des Art. 3 Abs. 3 GG sehr eng auslegt und es schon dann nicht mehr eingreifen lässt, wenn der Arbeitgeber **daneben auch sachliche Gründe hatte.** Weiter wird der Schutz der Meinungsfreiheit durch die Konstruktion ungeschriebener »allgemeiner Gesetze« im Sinne des Art. 5 Abs. 2 GG relativiert (siehe oben Kap. 12 – Rn. 696 ff.), und die gewerkschaftliche Betätigung sieht sich zwar im Prinzip voll anerkannt, doch ist es nach der Rechtsprechung Sache des Arbeitnehmers, einen Verstoß des Arbeitgebers im Einzelnen zu beweisen.

Aussichtsreicher kann es im Einzelfall sein, sich auf einen Verstoß ge- **809** gen das AGG zu berufen. Dem Arbeitgeber ist es beispielsweise gerade darum zu tun, Frauen oder Ausländer »loszuwerden«. **§ 2 Abs. 4 AGG** **nimmt** zwar die **Kündigung** ausdrücklich vom Anwendungsbereich des

Gesetzes **aus**, doch ist diese Regelung entweder als EU-rechtswidrig außer Anwendung zu lassen (so die wohl überwiegende Meinung in der Literatur; Nachweise bei Däubler/Bertzbach-Däubler, § 2 Rn. 260, 263) oder aber insoweit zu »korrigieren«, als das Kündigungsschutzrecht eine richtlinienkonforme Auslegung erfahren muss (so BAG, DB 2009, 626 = NZA 2009, 361; ErfK-Schlachter, § 2 AGG Rn. 15; Willemsen/ Schweibert, NJW 2006, 2583, 2585). Was die Zulässigkeit einer Kündigung angeht, führt dies zu keinen unterschiedlichen Ergebnissen.

809a   Eine **unmittelbar diskriminierende Kündigung** liegt vor, wenn eines der »verpönten« Merkmale nach § 1 AGG bei der Kündigungsentscheidung eine Rolle gespielt hat. Beim **Geschlecht** kommt dies am ehesten vor, wenn sich eine Kündigung auf Vorstellungen über das weibliche oder männliche Arbeitsvermögen stützt, die sich empirisch nicht belegen lassen.

Einer Landschaftsgärtnerin wird z.B. mit dem Argument gekündigt, sie könne »als Frau« keine hohen Bäume fällen und keine Pflastersteine verlegen (Schiek/Horstkötter, NZA 1998, 863 unter Bezugnahme auf ein nicht veröffentlichtes Urteil des ArbG Herne). Dasselbe gilt, wenn ein männlicher Gymnastiklehrer mit der Begründung gekündigt wird, Frauen hätten als solche in dieser Funktion eine bessere Akzeptanz. Nach Auffassung des LAG Köln (NZA-RR 2001, 232) liegt eine Diskriminierung auch dann vor, wenn eine Frau, deren Arbeitsplatz weggefallen ist, deshalb nicht auf eine freie Stelle versetzt wird, weil dort gelegentlich Gewichte bis zu 50 kg getragen werden müssen: Es gebe durchaus Frauen, die dazu in der Lage seien, und Männer, die das überfordere.

Eine Diskriminierung wegen Zugehörigkeit zu einer bestimmten **Religion** liegt vor, wenn religiös begründete Kleidung zum Anlass für eine Kündigung genommen wird, ohne dass zugleich die Voraussetzungen des § 8 Abs. 1 AGG erfüllt wären, also »wesentliche und entscheidende berufliche Anforderungen« nicht mehr erfüllt werden könnten.

Die Kündigung eines stark übergewichtigen Arbeitnehmers kann eine Benachteiligung wegen **Behinderung** darstellen (EuGH 18.12.2014 – C-354/13 – NZA 2015, 33; dazu Lingscheid, NZA 2015, 147)

Das Erreichen der **Altersgrenze** stellte schon bisher keinen Kündigungsgrund dar (BAG, DB 1988, 1501, 1502), doch sind die Arbeitsverhältnisse in der Regel entsprechend befristet. Eine Kündigung wegen Homosexualität wurde gleichfalls als illegal angesehen (BAG, NZA 1994, 1080). In solchen Fällen muss der Betroffene **keinen vollen Beweis** für das diskriminierende Verhalten erbringen. Vielmehr genügt es, wenn er Indizien darlegt und notfalls Beweise vorlegt, »die eine Benachteiligung wegen eines in § 1 genannten Grundes vermuten lassen« (§ 22 AGG).

Denkbar ist auch, dass eine **mittelbare Diskriminierung** vorliegt: Der **810** Arbeitgeber will zwar Frauen nicht benachteiligen, doch wirkt sich die Entlassungsaktion objektiv erheblich stärker zu Lasten von Frauen als zu Lasten von Männern aus.

Beispiel:

Im Verwaltungsbereich sollen 20 Prozent aller Beschäftigten entlassen werden, was eine Gesamtzahl von 150 Kündigungen ausmacht. Unterstellt, dort sind zu gleichen Teilen Männer und Frauen beschäftigt: Werden 145 Frauen gekündigt, sind die §§ 1, 7 Abs. 1 AGG im Prinzip verletzt. Der Arbeitgeber hat lediglich die Möglichkeit, in jedem Einzelfall den Nachweis zu führen, dass gerade die Frauen, nicht aber die Männer »überflüssig« geworden waren und auch die soziale Auswahl zu keinem anderen Resultat führte.

Eine Rechtfertigung ist nur aus ernsthaften, nicht geschlechtsbezogenen Gründen möglich (Einzelheiten bei Schiek/Horstkötter, NZA 1998, 863). Die Rechtslage stellt sich genauso dar, wenn eine mittelbare Benachteiligung aufgrund anderer »verpönter Merkmale« wie ethnische und rassische Zugehörigkeit, Religion und Weltanschauung oder Alter erfolgte. Dabei genügt es, wenn die **verstärkte Betroffenheit derartiger »Merkmalsträger«** plausibel ist; eines statistischen Nachweises bedarf es nicht (weitere Einzelheiten bei Däubler, AiB 2007, 97 ff.).

Eine gewisse Bedeutung hat das **Maßregelungsverbot** des § 612 a **811** BGB gewonnen. Danach ist eine Kündigung unwirksam, wenn sie die »Antwort« des Arbeitgebers auf eine zulässige Rechtsausübung durch den Arbeitnehmer war (BAG, AiB 1988, 93).

Beispiel:

Der Arbeitnehmer weigert sich, in die vom Arbeitgeber vorgeschlagene Veränderung der Arbeitsbedingungen einzuwilligen, und erhält daraufhin eine Änderungskündigung, deren Annahme ihn noch schlechter stellen würde (LAG Hamm, DB 1988, 917).

Der Arbeitnehmer will von der tariflich vorgesehenen Möglichkeit zum Übergang in Altersteilzeit Gebrauch machen und wird daraufhin gekündigt.

Voraussetzung ist, dass die **Rechtsausübung tragender** oder zumindest wesentlicher **Beweggrund für die Kündigung** war; die Tatsache, dass objektiv auch noch andere Kündigungsgründe vorgelegen haben, ist ohne

Bedeutung. Der Arbeitnehmer muss die »Maßregelung« im Streitfall beweisen, doch kann dies durch einen zu seinen Gunsten sprechenden Beweis des ersten Anscheins erleichtert werden.

Beispiel:
Als einziger von fünf Beschäftigten will der X im Februar seinen Resturlaub vom Vorjahr nehmen. Zwei Tage später hat er die Kündigung in Händen, obwohl genug Arbeit da ist und seine Leistung noch nie beanstandet wurde.

Ähnliches hat das ArbG München für den Fall angenommen, dass ein Arbeitnehmer sich weigerte, eine vom Arbeitgeber verfasste »Erklärung gegen die Wahl eines Betriebsrats« zu unterzeichnen, und anschließend gekündigt wurde (DB 1987, 2662).

812 Eine **Kündigung** ist weiter dann nichtig, wenn sie gemäß § 138 Abs. 1 BGB **gegen die guten Sitten verstößt.** Nach Auffassung des BAG ist dies der Fall, wenn sie »den erforderlichen Anstandsrücksichten grob widerspricht, insbesondere wenn sie aus verwerflichen Gründen, etwa aus Rachsucht oder zur Vergeltung ausgesprochen wird« (BAG, DB 1987, 2525). Wann diese Voraussetzung im Einzelfall angenommen wird, hängt sehr stark von den Wertvorstellungen des entscheidenden Richters ab.

Beispiele:
Eine Sekretärin kann aufgrund der glaubwürdigen Aussage einer Arbeitskollegin beweisen, dass ihr nur deshalb gekündigt wurde, weil sie die Annäherungsversuche ihres Chefs höflich, aber bestimmt zurückwies. Ihre Berufung auf § 138 BGB hätte aller Wahrscheinlichkeit nach Erfolg. Auch würde man eine sexuelle Belästigung nach § 3 Abs. 4 AGG annehmen, was als Diskriminierung gilt und ggf. Schadensersatzansprüche zur Folge hat.
Ein Arbeitnehmer macht auf der Betriebsversammlung eine nicht beleidigende Bemerkung über den Arbeitgeber, die allgemeine Heiterkeit hervorruft. Dieser ärgert sich und kündigt zwei Wochen später ohne nähere Begründung. Die Möglichkeit, dass die Kündigung wegen Rachsucht oder Vergeltung als sittenwidrig eingestuft würde, wäre relativ gering, da sich die »Verärgerung« als maßgebender Gesichtspunkt nicht beweisen lässt.

813 Die Kündigung kann schließlich gegen den **Grundsatz von Treu und Glauben** nach § 242 BGB verstoßen. Dies ist insbesondere dann der Fall, wenn sie **in verletzender Form** erfolgte

Lehrbuchbeispiel: Kündigung auf der Toilette.
Weiteres **Beispiel:** Dem leitenden Angestellten wird durch einen Azubi gekündigt, der dafür eine Vollmacht erhalten hat.
Einen **Extremfall** hatte das LAG Bremen (AuR 1986, 248) zu entscheiden: Der Arbeitnehmer hatte einen schweren Arbeitsunfall erlitten und erhielt am selben

Tag kurz vor der Operation im Krankenhaus das Kündigungsschreiben. LAG: Unwirksam wegen Verstoßes gegen § 242 BGB, obwohl dringende betriebliche Erfordernisse vorlagen.

oder wenn die zu Kündigenden eingesperrt werden, bis sie sich für einen Aufhebungsvertrag oder für eine fristlose Kündigung entschieden haben (Fall Maredo – s. AiB-*plus* 3/2013, S. 24). Auch ist § 242 BGB verletzt, wenn sich der Arbeitgeber widersprüchlich verhält.

Beispiel:
Der Arbeitgeber hat den Arbeitnehmer mit dem Versprechen einer »Lebensstellung« geködert und auch keine Probezeit vereinbart. Dennoch kündigt er vier Wochen nach Arbeitsantritt. Verstoß gegen § 242 BGB.

Treu und Glauben sind auch dann verletzt, wenn die Kündigung **ohne** **814** **sachbezogenen** und anerkennenswerten **Grund** erfolgte. Dies rechtfertigt sich damit, dass die Berufsfreiheit des Arbeitnehmers nach Art. 12 Abs. 1 GG nach der Rechtsprechung des BVerfG (NZA 1998, 440 ff.) einen derartigen Minimalschutz gegen Kündigungen verlangt, der dort eingreift, wo das KSchG keine Anwendung findet.

Die Einzelheiten sind nicht abschließend geklärt. Außer einem »sachbezogenen und anerkennenswerten Grund« (so LAG Schleswig-Holstein, AuR 1998, 376) ist insbesondere zu verlangen, dass bei Auswahlprozessen soziale Gesichtspunkte berücksichtigt und generell auch die Dauer der Betriebszugehörigkeit in die Betrachtung einbezogen wird (BAG, NZA 2001, 833; BVerfG, a. a. O.; Einzelheiten bei Däubler, in: Kittner/Däubler/Zwanziger, KSchR, § 242 BGB Rn. 27 ff.). Das BAG praktiziert insoweit eine Art Evidenzkontrolle (BAG, DB 2001, 1677; BAG, DB 2003, 1293).

Die Kündigung ist deshalb unwirksam, wenn der Arbeitgeber gar keinen Grund anführen kann, wenn er sich auf subjektive Mutmaßungen beschränkt (»Der könnte was gestohlen haben«) oder wenn von drei mit gleichartigen Arbeiten betrauten Beschäftigten derjenige gekündigt wird, der als einziger Familienangehörige zu versorgen hat.

Muss bei Fehlverhalten zunächst abgemahnt werden? Das BAG ver- **814a** neinte dies ursprünglich trotz siebzehnjähriger Betriebszugehörigkeit des Betroffenen (NZA 2001, 951). Seit 1.1.2002 gilt jedoch § 314 Abs. 2 Satz 1 BGB, der grundsätzlich vor jeder fristlosen Kündigung eines Dauerschuldverhältnisses eine **Abmahnung** voraussetzt und der auch für die weniger weitgehende ordentliche Kündigung gilt. Bei einer unter das KSchG fallenden Kündigung hat das BAG inzwischen das Abmahnungserfordernis auf § **314 Abs. 2 BGB** gestützt (BAG 21.1.2006,

NZA 2006, 980, 984). Diese Vorschrift gilt jedoch für alle Arbeitsverhältnisse, nicht nur für die unter das KSchG fallenden. Insofern ist die alte Rechtsprechung nicht mehr aufrechtzuerhalten.

815 Unberührt bleibt in allen Fällen die Pflicht des Arbeitgebers, den (ggf. vorhandenen) **Betriebsrat** vor der Kündigung nach § 102 Abs. 1 BetrVG **anzuhören.**

14.5 Die ordentliche Kündigung: Kündigungsgründe nach dem KSchG

816 Das Verbot der »sozial nicht gerechtfertigten« Kündigung ist das **Kernstück** des geltenden Kündigungsschutzrechts. Der Arbeitgeber kann nur dann kündigen, wenn **einer der folgenden Gründe** vorliegt:
- **dringende betriebliche Erfordernisse,**
- **Gründe in der Person des Arbeitnehmers,**
- **Gründe im Verhalten des Arbeitnehmers.**

817 Hinzukommen muss – jedenfalls bei der personen- und der verhaltensbedingten Kündigung – eine »**umfassende Abwägung**« zwischen den Arbeitgeber- und den Arbeitnehmerinteressen (BAG, AP Nr. 6 zu § 1 KSchG; BAG, NZA 2005, 160).

Dies klingt sehr viel positiver als es in Wirklichkeit ist; dennoch besteht kein Grund, den Kündigungsschutz nicht ernst zu nehmen.

14.5.1 Wann greift das KSchG ein?

818 Zwei Voraussetzungen müssen gegeben sein.

Zum einen muss das **Arbeitsverhältnis mindestens sechs Monate** bestanden haben. Die rechtliche Existenz ist entscheidend, nicht die tatsächliche Beschäftigung.

> **Beispiel:**
> Zwei Monate nach der Einstellung wird der Arbeitnehmer krank; voraussichtlich ist er erst nach einem Jahr wieder einsatzfähig. Sechs Monate nach Beginn des Arbeitsverhältnisses fällt er gleichwohl unter das KSchG.

Im Arbeitsvertrag oder im Tarifvertrag kann man vorsehen, dass der Kündigungsschutz schon früher eingreift.

Zum zweiten darf **kein Kleinbetrieb** im Sinne des § 23 Abs. 1 KSchG **819** vorliegen.

Danach sind an sich nur Betriebe und Verwaltungen, in denen **nicht mehr als fünf Arbeitnehmer** beschäftigt sind, vom KSchG ausgenommen. Wer nicht mehr als 20 Stunden arbeitet, zählt nur zur Hälfte, wer nicht mehr als 30 Wochenstunden arbeitet, zu ¾ (»Bruchteilsarbeitnehmer«).

Das Arbeitsrechtliche Beschäftigungsförderungsgesetz von 1996 hatte Personen mit nicht mehr als zehn Wochenstunden nur zu $1/4$ berücksichtigt. Dies gilt aber seit 1998 nicht mehr.

Die seit 1.1.2004 geltende Neuregelung lässt formal die Fünf-Arbeitnehmer-Grenze bestehen, macht jedoch bei Neueinstellungen eine Ausnahme: Ein Kleinbetrieb »wächst« erst dann in den Anwendungsbereich des KSchG »hinein«, wenn er regelmäßig mehr als 10 Arbeitnehmer beschäftigt. Auch wenn die 5-Personen-Grenze am Jahreswechsel 2003/2004 überschritten war, erhalten neu Eingestellte keinen Kündigungsschutz, sofern insgesamt die Zahl 10 nicht überschritten ist. Auch entfällt nach der Rechtsprechung der Kündigungsschutz, wenn einer von den sechs »Alt-Arbeitskräften« ausscheidet, selbst wenn er durch einen neuen Arbeitnehmer ersetzt wird. Nur dann, wenn weiter »mehr als fünf« im Betrieb tätig sind, die schon am 31.12.2003 dort waren, bleibt das KSchG anwendbar (BAG, NZA 2006, 438). Regelmäßig im Betrieb beschäftigte Leiharbeitnehmer werden mitgezählt (BAG, NZA 2013, 726).

Der Begriff »Kleinbetrieb« muss verfassungskonform in dem Sinne in- **820** terpretiert werden, dass grundsätzlich auf die **Größe des Gesamtunternehmens** abgestellt wird (BVerfG, NZA 1998, 440 ff.). Eine Vertriebsorganisation der Firma Siemens mag zwar ein selbständiger Betrieb sein, doch greift hier § 23 Abs. 1 KSchG seinem Sinn nach nicht ein. Wann es auch jetzt noch allein auf den Betrieb ankommt, ist bislang nicht abschließend geklärt.

Keine Voraussetzung für das Eingreifen des KSchG ist die »**soziale** **821** **Schutzbedürftigkeit**« als solche. Auch die im Arbeitsverhältnis erbrachte Nebentätigkeit eines beamteten Lehrers unterliegt daher dem KSchG (BAG, DB 1987, 1443). Soweit das KSchG nicht eingreift, bleibt es bei dem unter 4. (Rn. 807 ff.) dargestellten Basiskündigungsschutz.

14.5.2 Die betriebsbedingte Kündigung

a) Die unternehmerische Entscheidung als Grundlage

822 Die Kündigung ist dann sozial gerechtfertigt, wenn sie »durch dringende betriebliche Erfordernisse, die einer Weiterbeschäftigung des Arbeitnehmers in diesem Betrieb entgegenstehen, bedingt ist« (§ 1 Abs. 2 Satz 1 KSchG). Nach allgemeiner Auffassung bedeutet dies, dass im Betrieb für die Tätigkeit des Arbeitnehmers kein Bedarf mehr besteht, dass insbesondere sein bisheriger Arbeitsplatz weggefallen ist. Dabei reicht es aus, dass der Arbeitsmangel voraussichtlich erst am Ende der Kündigungsfrist eintreten wird. Bloßer »Pessimismus« des Arbeitgebers genügt allerdings nicht; der **Auftragsrückgang muss bereits im Augenblick der Kündigung feststellbar sein, eine Rationalisierungsmaßnahme muss greifbare Formen angenommen haben.**

823 **Pauschalargumente,** aber auch Aussagen zu schlechtem Geschäftsgang im Allgemeinen **reichen nicht:** Notwendig ist, dass der Arbeitgeber die »Überflüssigkeit« gerade des gekündigten Arbeitnehmers belegen kann.

> **Beispiel:**
> Der Arbeitgeber beruft sich darauf, er müsse Lohnkosten sparen und wolle deshalb in allen Abteilungen vier Prozent der Beschäftigten entlassen. Ungenügend (vgl. BAG, DB 1979, 650).

»Dringende betriebliche Erfordernisse« sind demgegenüber dann dargetan, wenn beispielsweise feststeht, dass **für eine bestimmte Abteilung keine Arbeit mehr** anfällt.

> **Beispiel:**
> Von zwei Hochöfen wird einer stillgelegt.

Dasselbe gilt, wenn auf absehbare Zeit nur noch 50 Prozent der bisherigen Arbeit zu erledigen ist oder wenn feststeht, dass die anfallende Arbeit ohne übergroße Anstrengung auch von einer geringeren Zahl von Beschäftigten erledigt werden kann.

> **Beispiel:**
> Wegen der gedrosselten Produktion benötigt man nur 10 statt 20 Lkws.

Um die Betreuung der Gäste, die an sich nicht weniger zahlreich sind, sollen sich in Zukunft nur noch fünf statt bisher zehn Personen kümmern.

360

Wird der **gesamte Betrieb stillgelegt,** so ist die Kündigung der Beschäf- **824** tigten grundsätzlich durch »dringende betriebliche Erfordernisse« gerechtfertigt. Ob wirklich eine geplante Stilllegung vorliegt, ist sorgfältig zu prüfen. Nach der Rechtsprechung des BAG setzt dies den »ernstlichen und endgültigen Entschluss des Unternehmers« voraus, den Betrieb für einen »seiner Dauer nach unbestimmten, wirtschaftlich nicht unerheblichen Zeitraum« aufzugeben (BAG, DB 1985, 1399). Solange noch ernsthafte Verhandlungen mit einem eventuellen Übernehmer geführt werden, liegt ein entsprechender Entschluss nicht vor. Lässt sich die »Ernsthaftigkeit« nicht überprüfen, kommt es aber noch während der Kündigungsfrist zu einem Betriebsübergang nach § 613 a BGB, so spricht eine (praktisch kaum zu entkräftende) »tatsächliche Vermutung« gegen die Stilllegungsabsicht und damit **gegen die** »**dringenden betrieblichen Erfordernisse**« (BAG, a. a. O.). Eine bloße **Betriebsunterbrechung** stellt zwar auch einen Kündigungsgrund dar, doch ist der Arbeitgeber verpflichtet, den Arbeitnehmer nach Wiedereröffnung des Betriebs weiterzubeschäftigen. Im Regelfall wird allerdings die Einführung von Kurzarbeit ausreichen, um die Zeit der »Flaute« zu überbrücken.

Die **Stilllegung** einzelner Abteilungen oder des ganzen Betriebes be- **825** ruht in der Regel **auf** einer **Entscheidung der Unternehmensleitung.** Dasselbe gilt für Umstrukturierungen, Ausgliederungen einzelner Teile usw. Aus Sicht der Arbeitnehmer kann es sich dabei durchaus um eine vorschnelle und sachlich höchst angreifbare Entscheidung handeln.

Beispiel:
Ein Betriebsteil hätte nicht stillgelegt werden müssen. Stattdessen hätte man eine Umstellung auf neue Produkte mit Hilfe eines unschwer zu erlangenden Bankkredits erreichen können.

Kann man die »**Unrichtigkeit**« **der Unternehmerentscheidung im Kün-** **826** **digungsschutzverfahren** geltend machen? Die ständige Rechtsprechung des BAG sagt: **Nein** (siehe BAG, DB 1987, 2207). Allerdings gibt es zwei Ausnahmen:
- Die Unternehmerentscheidung ist unbeachtlich, wenn sie »**offenbar unsachlich, unvernünftig oder willkürlich**« ist. Dass diese Sondersituation vorliegt, muss der Arbeitnehmer beweisen. Dies kann nur in Extremfällen (und bei aufgeschlossenem Richter) zum Erfolg führen (vgl. ArbG Gelsenkirchen, AuR 1999, 38 ff. mit Anm. Däubler). Von besonderem Interesse ist insoweit eine Entscheidung des ArbG Berlin (AuR 2001, 72), wonach die Kündigungen nicht gerechtfertigt sind, wenn der Arbeitgeber in der Umgebung ein neues Unternehmen mit

jungen Leuten errichtet, die Aufträge dorthin umlenkt und anschließend der Belegschaft seines bisherigen Betriebes wegen Auftragsmangels kündigt.

Auch das BAG hat einen solchen Fall dann angenommen, wenn bestimmte **Funktionen** lediglich **auf eine Tochtergesellschaft ausgelagert** werden, die diese mit neu rekrutierten Arbeitskräften erfüllen soll (BAG, NZA 2003, 549 – Rheumaklinik). Dabei lag ein Organschaftsverhältnis[1] zwischen Mutter- und Tochtergesellschaft vor, doch dürfte nicht anders zu entscheiden sein, wenn es sich um ein normales konzerninternes Abhängigkeitsverhältnis handelt.

827 ▪ **Die Unternehmerentscheidung darf nicht gegen geltendes Recht verstoßen.** Bei normalen Arbeitgebern ist diese Schranke ohne große Bedeutung: Das Recht verbietet dem einzelnen Unternehmer nicht, sich vom Markt zurückzuziehen und das Unternehmerdasein an den Nagel zu hängen. Immerhin hat das BAG (NZA 1998, 304) Änderungskündigungen für rechtswidrig erklärt, mit deren Hilfe eine tariflich ausgeschlossene Samstagsarbeit ermöglicht werden sollte. Weiter verbietet § 146 AO die Verlagerung der Buchführung ins Ausland (Einzelheiten bei Däubler, AiB 2003, 14ff.). Auch können Unternehmerentscheidungen gegen das AGG verstoßen (Däubler, DB 2012, 2100).

827a Weitere **Alternativen**, die sich insbesondere auf eine engere Definition der »Unternehmerentscheidung« richten, sind an anderer Stelle entwickelt (Däubler, Arbeitsrecht 2, Rn. 1071ff.).

b) Gibt es ein milderes Mittel?

828 Sieht man davon einmal ab, verlagert sich die Auseinandersetzung auf die Frage, ob die Kündigung durch die dringenden betrieblichen Erfordernisse wirklich »geboten« war oder ob dem Arbeitgeber **Ausweichstrategien** zur Verfügung standen. Das BAG hat sich sehr nachhaltig zu einer solchen »**Kündigungsvermeidungsstrategie**« bekannt (BAG, DB 1985, 1186).

829 Was geschieht, wenn der Arbeitgeber entscheidet, eine bestimmte Aufgabe müsse von einer Vollzeitkraft wahrgenommen werden, die dort beschäftigte Teilzeitkraft jedoch aus familiären Gründen keine Vollzeittätigkeit übernehmen kann?

---

1 Das ist ein steuerrechtlicher Begriff: Zwei Gesellschaften sind so eng verbunden, dass die eine ein »Organ« der anderen ist; die Verluste der einen können mit den Gewinnen der anderen verrechnet werden. Außerdem fällt bei Geschäften zwischen ihnen keine Mehrwertsteuer an, da keine normalen Umsätze zwischen unabhängigen Wirtschaftssubjekten vorliegen.

Milderes Mittel ist nach LAG Rheinland-Pfalz (DB 1988, 2263) zunächst die Einstellung einer zweiten Teilzeitkraft; nur wenn dies zu technisch, wirtschaftlich oder organisatorisch untragbaren Ergebnissen führt, kommt eine Kündigung in Betracht.

(1) Kurzarbeit statt betriebsbedingter Kündigung?
Prinzipiell ist der Unternehmer **verpflichtet, zur Vermeidung betriebsbedingter Kündigungen Kurzarbeit einzuführen** (BAG, AP Nr. 14 zu § 1 KSchG betriebsbedingte Kündigung). Allerdings muss der Arbeitnehmer beweisen, dass die Kurzarbeit möglich ist. Im Streitfalle wird er sich daher auf Informationen des Betriebsrats, der Gewerkschaft und der Agentur für Arbeit stützen müssen. Vorzuziehen ist allerdings, dass der **Betriebsrat** von seinem **Initiativrecht** zur Einführung von Kurzarbeit Gebrauch macht mit der Folge, dass die Überflüssigkeit von Kündigungen oft auf der Hand liegt. Allerdings besteht immer das Problem, den nur vorübergehenden Charakter des Arbeitsmangels beweisen zu müssen.

830

(2) Arbeitszeitverkürzung ohne Lohnausgleich als »milderes Mittel«?
Das ArbG Bocholt hat in einer vielbeachteten Entscheidung den Standpunkt vertreten, der Arbeitgeber müsse ein geschrumpftes Arbeitsvolumen auf alle betroffenen Arbeitnehmer gleichmäßig verteilen (DB 1982, 1938).

831

Beispiel (nach ArbG Bocholt):
In einem Textilbetrieb geht das Auftragsvolumen um 20 Prozent zurück. Von 20 Spulerinnen sollen vier gekündigt werden. Eine wendet sich dagegen mit dem Argument, die Kündigung könne man dadurch vermeiden, dass alle statt 40 nur noch 32 Stunden arbeiten.

Im Ergebnis läuft dies auf eine **Arbeitszeitverkürzung ohne Lohnausgleich** hinaus. Anders als bei der Kurzarbeit steht meist keine »Ausgleichsleistung« zur Verfügung, da es um eine auf Dauer berechnete Arbeitszeitverkürzung geht und das Arbeitslosengeld erst bei einer »Restbeschäftigung« von weniger als 15 Stunden einsetzt. Mit Recht ist diese Position auf **einhellige Ablehnung** gestoßen (insbesondere LAG Hamm, DB 1983, 506). Sie greift nicht nur mittelbar in die den Tarifparteien vorbehaltene Festlegung der Arbeitszeit ein, sondern lässt sich auch nicht mit kündigungsschutzrechtlichen Gesichtspunkten vereinbaren: Ob eine vergleichbaren Arbeitnehmern gegenüber ausgesprochene Änderungskündigung mit dem Ziel der Herabsetzung der Arbeitszeit

832

wirklich das »mildere Mittel« ist, wird man bezweifeln müssen, wenn man bedenkt, dass dadurch auch besonders schutzwürdige Arbeitnehmer betroffen sein können. Auch kann eine solche »Ausweichstrategie« für den Arbeitgeber zum Abenteuer geraten: Wird das mit der Kündigung verbundene Angebot einer kürzeren Arbeitszeit von allen (oder den meisten) Beschäftigten abgelehnt, steht er plötzlich ohne Belegschaft da – ein Effekt, den herbeizuführen sicherlich nicht Sinn des geltenden Kündigungsschutzrechts ist.

833 Ist der Arbeitgeber an einen **Tarifvertrag** gebunden, der für Zeiten wirtschaftlicher Flaute eine Arbeitszeitverkürzung ohne (vollen) Lohnausgleich vorsieht, so muss er die dadurch geschaffenen **Möglichkeiten ausschöpfen.** Auch in anderen Fällen muss er m. E. zunächst den Versuch unternehmen, durch Gespräche mit dem Betriebsrat und den Betroffenen eine einvernehmliche Umverteilung des geschrumpften Arbeitsvolumens zu erreichen. Nur ein Zwang in diese Richtung kann nicht ausgeübt werden.

(3) Versetzung an einen anderen Arbeitsplatz

834 Kann der Arbeitnehmer auf einen freien Arbeitsplatz versetzt werden, ist die Kündigung unzulässig. Dies gilt auch dann, wenn sich der **freie Arbeitsplatz in einem anderen Betrieb desselben Unternehmens befindet.** Andere Konzernunternehmen sind nach BAG jedoch grundsätzlich nicht heranzuziehen, was eine nicht zu begründende Ausnahme vom Prinzip des »letzten Mittels« darstellt. Besteht Streit darüber, ob ein freier Arbeitsplatz existiert, kommt der Arbeitnehmer in eine schwierige Situation: Er muss im Prozess vortragen, wie er sich eine anderweitige Beschäftigung vorstellt, erst dann ist der Arbeitgeber gehalten, die Unmöglichkeit einer entsprechenden Versetzung zu beweisen. Auch hier ist derjenige Arbeitnehmer entscheidend benachteiligt, der nicht über entsprechende Kontakte zum (aktiven) Betriebsrat und zur Gewerkschaft verfügt.

835 Was geschieht, wenn der andere Arbeitsplatz zwar frei ist, der Arbeitnehmer jedoch einen dreimonatigen Kurs besuchen müsste, um die dort geforderten Leistungen erbringen zu können? Das BAG hat schon vor Inkrafttreten des BetrVG 1972 mit sehr vorsichtigen Formulierungen die **Verpflichtung des Arbeitgebers** anerkannt, eine solche **Umschulung vorzunehmen** und dem Arbeitnehmer so die Gelegenheit zur Weiterbeschäftigung zu gewähren.

In dem betreffenden Fall war es darum gegangen, dass ein Lufthansa-Pilot zunächst nur Flugzeuge vom Typ Super-Constellation geflogen hatte. Als diese durch den Typ Boeing ersetzt wurden, erhielt er eine betriebsbedingte Kündigung. BAG (AP Nr. 18 zu § 1 KSchG betriebsbedingte Kündigung): Umschulung auf Boeing war geboten, Kündigung deshalb unwirksam.

1972 wurde § 1 Abs. 2 Satz 3 KSchG eingefügt, wonach eine Kündigung **836** auch dann sozial ungerechtfertigt ist, wenn ihr der Betriebsrat widersprochen hat, weil die Weiterbeschäftigung des Arbeitnehmers »nach zumutbaren Umschulungs- oder Fortbildungsmaßnahmen« möglich war. Wenig geklärt ist allerdings, wie weit der Bereich des »**Zumutbaren**« reicht. Die gesetzliche Regelung hat nur dann einen Sinn, wenn sie vom Arbeitgeber *mehr* verlangt, als er zur Erhaltung einer mit dem Betrieb vertrauten Arbeitskraft sowieso aufwenden würde. Ohne Bedeutung ist, dass der nach der Umschulung zugewiesene Arbeitsplatz höher als der bisherige bewertet ist – für eine Beschränkung auf »vergleichbare« Arbeitsplätze bietet der Gesetzeswortlaut keinerlei Anhaltspunkt (anders LAG Köln, DB 1989, 2334).

Eine Kündigung ist schließlich auch dann sozial ungerechtfertigt, **837** wenn der andere Arbeitsplatz zwar schlechter als der bisher vom Arbeitnehmer besetzte ist, wenn dieser sich jedoch **bereit erklärte, diese schlechteren Bedingungen** zu akzeptieren.

Trotz allem muss man sich im Klaren darüber sein, dass die **Ausweichstrategie »Versetzung« nur in Sonderfällen funktioniert.** Bei wirtschaftlichen Schwierigkeiten oder personellen Einsparmaßnahmen sind freie Arbeitsplätze eine absolute Ausnahmeerscheinung.

c) Die so genannte soziale Auswahl

Steht fest, dass »dringende betriebliche Erfordernisse« vorliegen und **838** dass die Kündigung auch nicht durch Kurzarbeit, Arbeitszeitverkürzung oder durch Versetzung vermieden werden kann, so stellt sich die Frage, welcher von mehreren vergleichbaren Arbeitnehmern ausscheiden muss.

Beispiel:
Von dreißig in einem Großraumbüro untergebrachten Schreibkräften sollen aufgrund des Ergebnisses von Arbeitsstudien drei eingespart werden. Wer von den dreißig wird entlassen?

Nach § 1 Abs. 3 Satz 1 KSchG muss der Arbeitgeber eine »soziale Auswahl« treffen. Diese erleidet allerdings insoweit eine Durchbrechung, als bestimmte, für den Betrieb besonders wichtige Arbeitnehmer auf alle

Fälle weiterbeschäftigt werden können. Bezüglich der Kriterien für die »soziale Auswahl« und für die »Unentbehrlichkeit« bestimmter Personen hatte das Arbeitsrechtliche Beschäftigungsförderungsgesetz 1996 eine Neuregelung gebracht, die durch das Korrekturgesetz vom Dezember 1998 aufgehoben wurde. Mit Wirkung vom 1. 1. 2004 ist die damalige Regierungsmehrheit durch das Gesetz zu Reformen am Arbeitsmarkt wieder zu dem zwischen 1996 und 1998 bestehenden Rechtszustand zurückgekehrt. Man hätte sich innovativere Regelungen vorstellen können.

(1) Einbeziehung aller vergleichbaren Arbeitnehmer

839 Die »soziale Auswahl« bezieht sich nach überkommenem wie nach aktuellem Recht auf alle »vergleichbaren« Arbeitnehmer im Betrieb. Dies sind alle Beschäftigten, deren Funktion auch von den Arbeitnehmern wahrgenommen werden könnte, deren Arbeitsplatz weggefallen ist (BAG, DB 1985, 2205). Eine kurze Einarbeitungszeit am neuen Arbeitsplatz steht der Vergleichbarkeit nicht entgegen (BAG, a. a. O.), wohl aber eine längere Umschulung.

> Sind die Schreibkräfte in obigem Beispiel auch in der Lage, in der Versandabteilung tätig zu sein, so sind die dort beschäftigten Arbeitnehmer in die soziale Auswahl miteinzubeziehen. Es ist aber nicht geboten, die Schreibkräfte erst mit Spezialkenntnissen der Versandabteilung zu versehen, um dann die soziale Auswahl unter Einschluss der dort Beschäftigten vornehmen zu können.

(2) Auswahlkriterien

840 Bis zur Neuregelung im Jahre 1996 bzw. zum 1. 1. 2004 sprach § 1 Abs. 3 Satz 1 KSchG nur pauschal von »sozialen Gesichtspunkten«. Nach der nunmehr geltenden Fassung kommt es ausschließlich auf die vier Kriterien »Dauer der Betriebszugehörigkeit«, »Lebensalter«, »Unterhaltspflichten« und »Schwerbehinderung« an, die ihrerseits jedoch »offen« interpretiert werden. Dazu gehört etwa, dass man nicht nach der Devise »je älter desto schutzwürdiger« verfährt, sondern dass das Alter dann besondere Berücksichtigung findet, wenn es zu einer Minderung der Chancen auf dem Arbeitsmarkt führt. Die Unterhaltspflichten fallen dann besonders ins Gewicht, wenn es um eine alleinerziehende Person geht, die ungleich stärker gebunden ist als irgendein anderer unterhaltspflichtiger Elternteil. Die einfache Behinderung ist der Schwerbehinderung zwar nicht gleichzustellen, doch ist sie zu berücksichtigen, wenn sie schlechtere Aussichten auf dem Arbeitsmarkt zur Folge hat.

Welche Umstände in das einzelne Kriterium eingehen können, bedarf im Übrigen noch der höchstrichterlichen Klärung (eingehende Überlegungen bereits bei Kittner, AuR 1997, 184).

Beispiel:
Der Arbeitnehmer hat einen Arbeitsunfall erlitten, was der »Dauer der Betriebszugehörigkeit« besonderes Gewicht verleiht. Oder: Die Arbeitnehmerin hat ein behindertes Kind, was der »Unterhaltspflicht« eine sehr viel weitergehende Bedeutung verschafft.

(3) Ausklammerung der »unentbehrlichen« Arbeitskräfte

Die nunmehr wieder geltende Fassung nimmt solche Arbeitnehmer aus der sozialen Auswahl aus, deren **Weiterbeschäftigung »im berechtigten betrieblichen Interesse«** liegt. Als Gründe hierfür werden beispielhaft »**Kenntnisse, Fähigkeiten und Leistungen«** der fraglichen Personen genannt. Es geht daher ersichtlich um besondere Leistungsträger, doch muss es sich dabei um Ausnahmefälle handeln (BT-Drucksache 15/1587, S. 31). Kenntnisse, Fähigkeiten usw. dürfen im Übrigen nicht einfach aus dem Hut gezaubert werden; vielmehr müssen sie sich durch schriftliche Personalbeurteilung belegen lassen (Kittner, AuR 1997, 188). **841**

(4) Erhaltung der ausgewogenen Personalstruktur

Bei der als **weiteres Beispiel** genannten »ausgewogenen Personalstruktur« geht es nur um deren »Erhaltung«, nicht um deren Schaffung. Personalpolitische Versäumnisse der Vergangenheit sollen nicht mit Hilfe des KSchG korrigiert werden. Was bedeutet »Ausgewogenheit«? Die »Personalstruktur« ist nicht mit der Altersstruktur identisch (KR-Griebeling, § 1 KSchG Rn. 642); vielmehr geht es um die **Zusammensetzung der Belegschaft nach bestimmten Eigenschaften,** zu denen außer dem Alter das Geschlecht und die Leistungsstärke gehören sollen. **841a**

Üblich war es zwischen 1996 und 1998, auf die **Altersstruktur** abzustellen. Ob dies **überhaupt zulässig** ist, erscheint zweifelhaft: Während höheres Alter nach den allgemeinen Grundsätzen über die soziale Auswahl zu einer verstärkten Schutzbedürftigkeit führt, wird diese partiell zurückgenommen. Wird beispielsweise eine Gruppe der 50 bis 65-Jährigen gebildet, so verlieren auch Personen ihren Arbeitsplatz, die ihn bei Anwendung der allgemeinen Grundsätze behalten hätten (Bedenken wegen des EU-rechtlichen Verbots der Altersdiskriminierung bei Brors, AuR 2005, 45). Das BAG (DB 2009, 626) will dies dennoch zulassen, da es ein legitimes Ziel sei, eine Überalterung der Belegschaft zu verhin- **841b** dern; bei Massenentlassungen aufgrund einer Betriebsänderung sei ein dahingehendes Interesse des Arbeitgebers ohne weiteres anzuerkennen. Allerdings müssen die Gruppen so groß sein, dass bei allen derselbe prozentuale Abbau möglich ist (BAG, NZA 2012, 1040 Tz. 33 ff.). Der **Arbeitgeber** ist allerdings nicht gezwungen, von diesen Möglichkeiten Gebrauch zu machen, so dass ein Arbeitnehmer seine Kündigungsschutzklage nicht mit dem Argument gewinnen kann, wegen der Ausgewogenheit der Personalstruktur hätte er nicht gekündigt werden dürfen (von Hoyningen-Huene/Linck, 14. Aufl., § 1 KSchG Rn. 956 m. w. N.).

(5) Kündigungsrichtlinien

842 Der 2004 geschaffene **§ 1 Abs. 4 KSchG** sieht vor, dass Kündigungsrichtlinien nach § 95 BetrVG, entsprechende Abreden zwischen Personalrat und Dienststellenleiter sowie Tarifverträge festlegen können, wie die sozialen Gesichtspunkte im Verhältnis zueinander zu gewichten sind. Insbesondere ist es möglich, auf diesem Wege ein **Punkteschema** aufzustellen.

> Jedes Lebensjahr bringt einen Punkt, Jahre über 45 jedoch 2 Punkte. Bei der Dauer der Betriebszugehörigkeit fällt jedes Jahr mit 3 Punkten ins Gewicht. Ein unterhaltsberechtigter Angehöriger wird mit 10 Punkten bewertet. Wer die geringste Punktzahl hat wird entlassen.

Wird entsprechend der Richtlinie verfahren, so kann ein Gekündigter nur noch geltend machen, die Richtlinie habe eine »grob fehlerhafte« Bewertung der Kriterien vorgenommen, beispielsweise die Unterhaltspflicht überhaupt nicht berücksichtigt.

(6) Namensliste im Interessenausgleich

842a Auch § 1 Abs. 5 KSchG entspricht dem zwischen 1996 und 1998 bestehenden Rechtszustand. Wird ein Arbeitnehmer in einem Interessenausgleich zwischen Arbeitgeber und Betriebsrat namentlich als zu kündigende Person benannt, so wird vermutet, dass die Kündigung durch dringende betriebliche Erfordernisse bedingt ist. Auch kann der Betroffene – und dies ist in der Praxis der sehr viel wichtigere Punkt – nur noch geltend machen, die **soziale Auswahl sei grob fehlerhaft** gewesen. Die amtliche Begründung zum Regierungsentwurf (BT-Drucksache 15/1204, S. 12) macht deutlich, dass sich die Beschränkung des gerichtlichen Prüfungsmaßstabs auf alle im Zusammenhang mit der sozialen Auswahl stehenden Fragen erstreckt. Einbezogen ist daher der Kreis der vergleichbaren Arbeitnehmer und die Herausnahme bestimmter Personen mit Rücksicht auf ihre besondere Leistungsfähigkeit und das Ausgewogenheitsprinzip: Auch insoweit prüft das Arbeitsgericht nur noch, ob grobe Fehlerhaftigkeit vorliegt (dazu Perreng, AiB 2004, 13 ff.).

842b Dem Einzelnen bleibt jedoch – wie der Bericht des Bundestagsausschusses für Wirtschaft und Arbeit deutlich macht (BT-Drucksache 15/1587, S. 30) – der **Anspruch** nach § 1 Abs. 3 Satz 1 letzter Halbsatz KSchG, **Auskunft über die sozialen Kriterien** zu erhalten, die bei der Aufstellung der Namensliste und damit für die Kündigung maßgebend waren. Die Abweichung vom gesetzlichen Modell ist ersichtlich nur beschränkt überprüfbar, doch dürfen die Betriebsparteien nicht willkürlich handeln, sondern müssen eine »eigene Ordnung« an die Stelle der gesetzlichen setzen.

> Man legt fest, dass nur »deutlich leistungsstärkere« Arbeitnehmer aus der sozialen Auswahl ausgenommen werden. Arbeitnehmer X wird gekündigt, obwohl sein Arbeitskollege Y eine vergleichbare Tätigkeit ausübte, jedoch über die Jahre hinweg die schlechteren Arbeitsergebnisse hatte und die schlechteren Bewertungen bekam. Die Privilegierung des X hängt damit zusammen, dass der Arbeitgeber bei den Verhandlungen dem Betriebsrat das Recht einräumte, fünf Kollegen von vornherein »aus dem Schlamassel rauszuhalten«. Kündigung daher rechtswidrig.

Ob die der Namensliste zugrunde liegenden Kriterien korrekt angewandt wurden, unterliegt in vollem Umfang der gerichtlichen Prüfung (dazu und zu weiteren Fragen Däubler, NZA 2004, 177 ff.).

842c Die **Namensliste** ist **nicht erzwingbar,** sondern beruht auf einer freiwilligen Einigung zwischen Arbeitgeber und Betriebsrat. Der Letztere wird einer entsprechenden Abmachung nur dann nähertreten, wenn die fraglichen Personen sowieso ausscheiden wollen oder jedenfalls das Ende ihrer Beschäftigung als akzeptabel empfinden.

(7) Besonderheiten bei Massenkündigungen

843 Werden etwa in einem Betrieb mehrere Abteilungen geschlossen, so könnte die konsequente Durchführung der sozialen Auswahl zu einem weitgehenden Personenaustausch in den weiterarbeitenden Betriebsteilen führen. Die Arbeitsabläufe würden dadurch gestört. Das BAG trägt den »betrieblichen Interessen« im Sinne des § 1 Abs. 3 Satz 2 KSchG dadurch Rechnung, dass der Arbeitgeber eine zahlenmäßige Grenze bestimmen kann, bis zu der der Austausch gehen darf (BAG, DB 1985, 2205).

d) Interessenabwägung

843a Wendet man die hier skizzierten Grundsätze an, so ergeben sich zahlreiche Fälle, in denen die Interessen der betroffenen Arbeitnehmer gar keine Berücksichtigung finden: Gibt es kein milderes Mittel, insbesondere keinen freien Arbeitsplatz in einem anderen Betrieb, und gibt es auch keine soziale Auswahl, weil alle vergleichbaren Arbeitnehmer gekündigt werden sollen, so **setzt sich allein das Arbeitgeberinteresse durch.** Dies verstößt gegen Art. 12 Abs. 1 GG, der nach der Rechtsprechung des BVerfG (BVerfGE 97, 169, 176) einen »angemessenen Ausgleich« zwischen der Berufsfreiheit des Arbeitgebers und der des Arbeitnehmers verlangt. Eine Interessenabwägung vorzunehmen war auch die Praxis des BAG bis Ende der 1970er Jahre (BAG, AP Nr. 5 zu § 1 KSchG Betriebsbedingte Kündigung). Zu diesem Rechtszustand muss man entgegen der aktuellen Rechtsprechung (BAG, AP Nr. 8 zu § 1 KSchG 1969 Betriebsbedingte Kündigung) wieder zurückkehren, soll ein Widerspruch gegen das Grundgesetz vermieden werden (näher und mit Anwendungsbeispielen Däubler, AuR 2013, 9 ff.).

e) Beweislast

844 Besteht Streit, kann der Arbeitnehmer zwar verlangen, dass der Arbeitgeber ihm die Gründe für die getroffene Auswahl mitteilt (§ 1 Abs. 3 Satz 1 a. E. KSchG). Es ist dann jedoch seine Sache, die Tatsachen zu beweisen, die die Kündigung rechtswidrig machen.

> **Beispiel:**
> Eine gekündigte Schreibkraft muss im obigen Fall den Nachweis führen, dass eine oder mehrere nicht gekündigte Kolleginnen sozial weniger schutzwürdig sind, z. B. keine Kinder haben oder weniger lang im Betrieb tätig sind.

Diese Regelung ist nicht nur unpraktikabel, weil der Arbeitnehmer oft keine ausreichenden Informationen über die Sozialdaten der Übrigen bekommt. Selbst wenn er sie – etwa mit Hilfe des Betriebsrats oder aufgrund einer umfassenden Auskunft des Arbeitgebers – besitzt, ist er **zu einer wenig solidarischen Haltung gezwungen:** Um den eigenen Arbeitsplatz zu retten, muss er andere in ihrer Existenz gefährden. Die Individualisierung der Konflikte tritt hier in voller Zuspitzung zutage.

14.5.3 Die personenbedingte Kündigung

Die Kündigung kann weiter dann gerechtfertigt sein, wenn der Arbeit- **845** nehmer aus Gründen, die in seiner Person liegen, nicht zur Erfüllung der übernommenen Arbeitsaufgabe in der Lage ist. Hauptfall ist die Arbeits- unfähigkeit wegen Krankheit, doch kommen auch andere Gründe wie der Verlust der Fahrerlaubnis, ein Rückgang der Leistungsfähigkeit oder die Erreichung der Altersgrenze in Betracht.

Die Kündigung wegen Krankheit
Krankheit kann ein Kündigungsgrund sein. Dies lässt sich mit guten **846** Gründen kritisieren, doch ist die Rechtsprechung in diesem Punkt so einheitlich, dass sich in absehbarer Zeit nichts ändern wird. Entschei- dend sind deshalb die Bedingungen im Einzelnen.

Nach der Rechtsprechung des BAG sind **an die soziale Rechtfertigung** **847** einer krankheitsbedingten Kündigung »strenge Anforderungen« zu stel- len. Weiter ist selbstverständlicher Ausgangspunkt, dass die **Kündigung keine »Strafe«** sein darf. Vielmehr kommt sie nur dann in Betracht, wenn für die Zukunft mit weiteren Belastungen des Betriebs zu rechnen ist.

> **Beispiel:**
> Der Arbeitnehmer A war seit Anfang Februar krank. Am 2. Mai nimmt er die Ar- beit wieder auf, am 6. Mai wird er mit der Begründung gekündigt, »sechs Wochen Krankheit sind hinzunehmen, drei Monate nicht«. Offensichtlich rechtswidrig, wenn keine Anhaltspunkte dafür bestehen, dass A auch in Zukunft wieder krank sein wird.

Im Einzelnen müssen drei Voraussetzungen vorliegen.
(1) Es muss sich um eine **lang anhaltende oder häufig auftretende Krankheit** handeln, die sich voraussichtlich auch in Zukunft nicht bes- sern wird;

(2) es muss eine **unzumutbare betriebliche oder wirtschaftliche Belas- tung** zu befürchten sein, die der Arbeitgeber nicht durch zumutbare Ge- genmaßnahmen beheben kann,

(3) und es muss schließlich die im Rahmen des Kündigungsschutzes immer vorzunehmende **Interessenabwägung** für die Kündigung des Ar- beitnehmers und gegen die weitere wirtschaftliche Belastung des Arbeit- gebers sprechen.

(1) Die »**negative Zukunftsprognose**« ist in erster Linie ein medizini- **848** sches Problem. Der Arbeitnehmer muss seinen Arzt insoweit von der Schweigepflicht entbinden.

Auch der Arzt wird in der Regel nur eine Prognose stellen, aber keine sichere Aussage treffen können. Bei lang dauernden Erkrankungen kommt es darauf an, ob »in absehbarer Zeit« mit einer Genesung zu rechnen ist. Sagt der Arzt, der Betroffene sei in drei Monaten aller Wahrscheinlichkeit nach wiederhergestellt, ist die Kündigung unzulässig. Fällt der Arbeitnehmer wegen derselben Krankheit immer wieder kurzfristig aus, so stellt sich dasselbe Problem: Man wird aber je nach den Umständen einen längeren »Prognosezeitraum« zugrunde legen können. Das BAG (DB 1983, 1047) stellt immer auf den **Einzelfall** ab.

849 (2) Eine Kündigung wegen Krankheit setzt weiter voraus, dass der Ausfall des Arbeitnehmers für den Arbeitgeber »**unzumutbare betriebliche oder wirtschaftliche Belastungen**« mit sich bringt (BAG, AuR 1987, 419). Entscheidend kommt es im Regelfall darauf an, welche **Überbrückungs- oder Ausweichmaßnahmen** dem Arbeitgeber zugemutet werden können. Er hat zunächst die betrieblichen Störungen darzulegen, die der Ausfall des Kranken verursacht. Dabei hat er auch zu belegen, weshalb z. B. die Einstellung einer **Ersatzkraft**, die vorübergehende Umsetzung von Arbeitskollegen, die Anordnung von Überstunden oder die Inanspruchnahme von Leiharbeitnehmern nicht als Lösung in Betracht kommen (BAG, DB 1983, 1047). Im Einzelfall kann von einem (größeren) Arbeitgeber auch verlangt werden, dass er eine **Personalreserve** für krankheitsbedingte Ausfälle bereithält.

850 (3) Die nunmehr anzustellende **Interessenabwägung** war nach der ursprünglichen Rechtsprechung vom »Standpunkt eines sozial gerecht denkenden Arbeitgebers« vorzunehmen, eine Formel, die später durch den »**ruhig und verständig urteilenden Arbeitgeber**« (BAG, DB 1983, 1048) ersetzt wurde. Für ihn ist die Grenze erst bei »unzumutbaren« wirtschaftlichen Belastungen erreicht. Dies soll z. B. bei mehrfach anfallenden Entgeltfortzahlungskosten der Fall sein.

Beispiel:
A war 1998 dreimal wegen verschiedener Leiden krank und erhielt insgesamt zwölf Wochen Lohnfortzahlung. 1999 wiederholte sich dasselbe.

Dies ist deshalb sehr angreifbar, weil hier die Inanspruchnahme eines zwingenden Schutzgesetzes (§ 12 EFZG) zum Verlust des Arbeitsplatzes führt.

Sonderfall Alkoholabhängigkeit

Alkoholabhängigkeit ist eine **Krankheit**. Eine verhaltensbedingte Kündi- **851**
gung scheidet daher aus. Anders dann, wenn der Zustand der »Abhängigkeit« noch nicht erreicht wurde, der Einzelne also sein Verhalten bewusst steuern konnte: Hier liegt selbstredend ein vorwerfbares Verhalten
vor, wenn er unter Alkoholeinfluss arbeitsvertragliche Pflichten verletzt.

Ein Arbeitnehmer setzt sich in nüchternem Zustand ans Steuer des Arbeitgeber-
fahrzeugs, nimmt bei einem Kunden eine beträchtliche Menge Alkohol zu sich
und fährt den Pkw zu Schrott.

Auch bei der Krankheit »Alkoholabhängigkeit« ist nach der Zukunftsprognose zu fragen. Sie ist negativ, wenn der Arbeitnehmer eine **Entzie-
hungskur** ablehnt (BAG, DB 1987, 2156). Ist er dagegen zu einer solchen bereit, darf ihm allenfalls dann gekündigt werden, wenn sie
erfolglos abgebrochen wurde oder wenn der Betroffene innerhalb weniger Wochen wieder rückfällig wird.

Diskriminierung wegen Behinderung?

In vielen Fällen der krankheitsbedingten Kündigung wird eine einfache **851a**
Behinderung im Sinne des § 2 Abs. 1 SGB IX vorliegen (s. auch EuGH,
NZA 2013, 553). Dies gilt insbesondere bei länger dauernden und wiederkehrenden Erkrankungen, die auf dieselbe Ursache zurückzuführen
sind. In diesen Fällen ist eine Kündigung als benachteiligender Akt nur
möglich, wenn die Voraussetzungen des § 8 Abs. 1 AGG gegeben sind,
wenn also aufgrund der Behinderung eine wesentliche und entscheidende berufliche Anforderung nicht mehr erfüllt werden kann (und
diese nicht etwa »überzogen«, sondern angemessen ist und einem rechtmäßigen Zweck dient). Dies wird in aller Regel nur bei nicht überbrück-
baren betrieblichen Störungen der Fall sein. Beim Rückgriff auf Ersatz-
kräfte ist Art. 5 der Rahmenrichtlinie zu beachten; danach ist ein
höherer Aufwand für die Schaffung einer anderen Betätigungsmöglich-
keit als bei einem nicht behinderten Arbeitskollegen geboten, der (z. B.
wegen Entzugs der Fahrerlaubnis) auf seinem bisherigen Arbeitsplatz
nicht mehr weiterbeschäftigt werden kann. Dieselben Grundsätze gelten
dann, wenn die Behinderung auf übermäßiger Körperfülle beruht
(EuGH, NZA 2015, 33).

§ 8 Abs. 1 AGG ist ausschließlich **tätigkeitsbezogen**, stellt also darauf **851b**
ab, dass »wesentliche und entscheidende« Teile einer bestimmten Funktion von dem Betroffenen nicht mehr erfüllt werden. Die **finanzielle Be-**

lastung des Arbeitgebers spielt insoweit **keine Rolle**, da sie sich nicht auf die Tätigkeit als solche bezieht. Dies bedeutet, dass in Abweichung von der bisherigen Rechtsprechung (oben Rn. 850) die Kündigung in diesen Fällen nicht mehr auf übergroße Entgeltfortzahlungskosten gestützt werden kann (ebenso Deinert, in: Kittner/Däubler/Zwanziger, KSchR, § 1 KSchG Rn. 93; Thüsing, NZA 2006, 777).

Sonstige personenbedingte Gründe

852 Was geschieht, wenn die Leistung des Arbeitnehmers plötzlich nachlässt?

Beispiel:
Der A hat zu Hause erhebliche Probleme. Er arbeitet weniger konzentriert, vergisst Verabredungen und macht Fehler, die er sonst nicht gemacht hätte.

Ist der Leistungsabfall altersbedingt, ist er grundsätzlich hinzunehmen. In anderen Fällen ist nach den gleichen Grundsätzen wie bei der krankheitsbedingten Kündigung zu verfahren. Persönliche »Krisen« existieren nun mal: Der Arbeitgeber hat keinen Modellmenschen eingestellt.

Im Beispielsfall kommt es daher darauf an, ob in einigen Monaten der »Normalzustand« mehr oder weniger wieder erreicht sein wird.

Eine personenbedingte Kündigung kommt weiter dann in Betracht, wenn der Arbeitnehmer die für seine Tätigkeit erforderliche **Formalqualifikation** verliert.

Beispiel:
Dem Berufskraftfahrer wird die **Fahrerlaubnis entzogen**; er kann auch sonst nirgends im Betrieb weiterbeschäftigt werden. Anders, wenn die Fahrtätigkeit wie bei einem angestellten Handelsvertreter nur einen Teil der Pflichten ausmacht und der Arbeitnehmer einige Zeit von seiner Ehefrau gefahren wird.

853 In **sicherheitsempfindlichen Bereichen** fehlt nach der Rechtsprechung die nötige Eignung des Arbeitnehmers auch dann, wenn gegen ihn Sicherheitsbedenken bestehen. Dies hat durch die Ausdehnung des SÜG (oben Kap. 7 unter 7.2.9 – Rn. 459 a ff.) erhebliche praktische Bedeutung erfahren.

Beispiel:
Der angestellte Verfassungsschützer verkehrt regelmäßig im Hauptquartier eines ausländischen Geheimdienstes, mit dem kein Verwaltungsabkommen über »Amtshilfe« besteht. Oder: Der in der Wasserversorgung tätige Arbeitnehmer A reist regelmäßig für längere Zeit in einen sog. Schurkenstaat.

Außerhalb von sicherheitsempfindlichen Bereichen hat das BAG mit Recht verlangt, dass bloße »Bedenken« der vorgesetzten Instanz nicht ausreichen; es müssen vielmehr entsprechende tatsächliche Umstände vorgetragen und bewiesen werden.

Beispiel:

Das bloße Zusammenwohnen mit der Schwester einer inhaftierten Terroristin reicht als Kündigungsgrund nicht aus (BAG, DB 1979, 895) – alles andere wäre **Sippenhaft.**

In allen Fällen muss vor einer Kündigung gründlich geprüft werden, ob nicht eine **Weiterbeschäftigung auf einem »harmlosen« Arbeitsplatz möglich ist.** Auch die Versetzung des dort bislang tätigen Arbeitnehmers auf den Arbeitsplatz des »Verdächtigten« kommt in Betracht.

Kein Kündigungsgrund liegt schließlich vor, wenn **der Arbeitnehmer** **854** **das 65. Lebensjahr oder das später liegende Rentenalter erreicht.** Durch Tarifvertrag, Betriebsvereinbarung oder Arbeitsvertrag wird jedoch in der Regel bestimmt, dass das Arbeitsverhältnis automatisch mit dem Erreichen einer bestimmten Altersgrenze endet, sofern zugleich Rentenansprüche zur Entstehung kommen (BAG, DB 1988, 1502). Ob dies mit dem Grundsatz der Berufsfreiheit vereinbar ist, erscheint zweifelhaft (Gitter/Boerner, RdA 1990, 129), doch hat das BAG (NZA 1998, 715) insoweit keine Bedenken erkennen können. Auch der EuGH hat eine tarifliche Altersgrenze akzeptiert, die sich auf beschäftigungspolitische Erwägungen stützte (EuGH, NZA 2007, 1219 – Palacios).

14.5.4 Die verhaltensbedingte Kündigung

Dritter in § 1 Abs. 2 KSchG genannter Kündigungsgrund ist das Verhal- **855** ten des Arbeitnehmers. Gemeint ist damit nur ein Verhalten, das gegen arbeitsvertragliche Pflichten verstößt; Vorgänge in der Freizeit sind daher nur insoweit von Bedeutung, als sie sich auf die Arbeitsleistung auswirken.

Der Pflichtverstoß muss von einigem Gewicht sein. Bevor eine Kündigung ausgesprochen wird, muss in der Regel erst eine **Abmahnung** erfolgen. Außerdem kommt auch hier das weniger weitgehende Mittel der **Versetzung** in Betracht.

Der Pflichtverstoß

856 Der Pflichtverstoß des Arbeitnehmers hat nur dann die nötige Schwere, wenn er **schuldhaft begangen** wurde.

Weiter darf nicht mit Kanonen auf Spatzen geschossen werden: Dies verstieße gegen das Verhältnismäßigkeitsprinzip. So stellt etwa das Verschmutzen der Toilette keinen ausreichenden Grund dar. Dasselbe gilt, wenn sich ein krankgeschriebener Arbeitnehmer nicht ganz korrekt verhält.

Beispiel:
Der krankgeschriebene X soll nach ärztlicher Anweisung das Bett hüten, wird jedoch gleichwohl im Garten gesehen.

Anders verhält es sich, wenn durch grob leichtfertiges Verhalten eine **Krankheit erheblich verlängert** wird.

So bestätigte das LAG Niedersachsen die Kündigung eines Arbeitnehmers, der sich während der Krankheit als Linienrichter bei einem Fußballspiel betätigt hatte (BB 1984, 1233).

Häufiges Zuspätkommen kann nach vorheriger Abmahnung die Kündigung rechtfertigen.

Die Abmahnung (dazu Kap. 8 – Rn. 526)

857 Der Arbeitgeber kann regelmäßig erst dann kündigen, **wenn er zuvor eine Abmahnung** ausgesprochen hat. Eine sofortige Kündigung wäre als »Überreaktion« unverhältnismäßig. Anders nur dann, wenn ein sehr schwerer und irreparabler Verstoß vorliegt *oder* der Arbeitnehmer erklärt, sein Verhalten sowieso nicht ändern zu wollen.

Der abgemahnte Verstoß ist mit der Abmahnung »verbraucht«; er kann nicht mehr als Kündigungsgrund herangezogen werden.

Ausweichmöglichkeit

858 Trotz Verstoßes und Abmahnung muss die Kündigung unterbleiben, wenn eine Versetzung weitere Verstöße unwahrscheinlich macht.

Beispiel:
A bekommt immer wieder mit Arbeitskollegen Streit, die er kräftig beschimpft oder beleidigt. An einem anderen Arbeitsplatz mit wenig Kontakten wird das Problem nicht auftauchen.

14.6 Die außerordentliche Kündigung

Nach § 626 Abs. 1 BGB kann das Arbeitsverhältnis ohne Einhaltung **859**
einer Kündigungsfrist aus »**wichtigem Grund**« gekündigt werden. Dies
setzt nach der Formulierung des Gesetzes voraus, dass »Tatsachen vorliegen, aufgrund derer dem Kündigenden unter Berücksichtigung aller
Umstände des Einzelfalls und unter Abwägung der Interessen beider
Vertragsteile die Fortsetzung des Dienstverhältnisses bis zum Ablauf der
Kündigungsfrist ... nicht zugemutet werden kann«.

Diese außerordentliche Kündigung ist das schärfste Mittel, das dem **860**
Arbeitgeber zur Verfügung steht. Er kann es nur dann einsetzen, wenn
selbst eine ordentliche Kündigung seinen berechtigten Interessen nicht
gerecht wird. Die außerordentliche Kündigung wird in der Regel mit sofortiger Wirkung ausgesprochen, doch hat es der Arbeitgeber in der
Hand, dem Arbeitnehmer noch eine »**Auslauffrist**« zu bewilligen.

Beispiel:
Ein Angestellter hat eine größere Unterschlagung begangen. Am 20. Januar wird
er mit Wirkung zum 31. Januar außerordentlich gekündigt.

Wie die »Tatsachen« beschaffen sind, auf die § 626 BGB abstellt, und
welche Gesichtspunkte bei der Interessenabwägung im Einzelnen zu berücksichtigen sind, lässt sich dem Gesetzestext nicht entnehmen.

14.6.1 Fallgruppen

Die außerordentlich reichhaltige Rechtsprechung hat eine Reihe von **861**
Fallkonstellationen entwickelt, bei denen im Regelfall die außerordentliche Kündigung gerechtfertigt ist. Sie lassen sich in Anlehnung an die
Gründe des § 1 Abs. 2 KSchG in unternehmensbezogene (1), personen-
bezogene (2) und verhaltensbezogene Vorgänge (3) einteilen.

(1) Während die **Betriebsschließung** keinen ausreichenden Anlass **862**
darstellt,

Begründung:
Selbst im Insolvenzverfahren kann nur ordentlich gekündigt werden.

hat die sog. **Druckkündigung** einiges Kopfzerbrechen bereitet.

Sie liegt dann vor, wenn z. B. ein Teil der Belegschaft auf den Arbeit- **863**
geber Druck ausübt, damit ein bestimmter »missliebiger« Arbeitnehmer
entlassen wird. In der Regel wird es sich dabei um Vorgesetzte handeln,

doch ist auch denkbar, dass es um einen Kollegen geht, der eine besonders schlechte Arbeitsauffassung hat oder zu einer (politischen, religiösen) Minderheit gehört.

Beispiel:
Die Abteilung droht mit Streik, weil der schon immer etwas eigenbrötlerische X bei den Zeugen Jehovas gelandet ist und dauernd »Bekehrungsversuche« unternimmt.

864 Unterstellt, es liege kein »wichtiger Grund« vor, **so muss sich der Arbeitgeber vor den bedrohten Arbeitnehmer stellen und die Forderung der Übrigen zurückweisen.** Ist der Druck sehr stark, droht etwa eine größere Gruppe mit Streik, ist der betroffene Arbeitnehmer verpflichtet, seinen Teil zur Lösung des Konflikts beizutragen und sich beispielsweise in eine andere Abteilung versetzen zu lassen (BAG, AP Nr. 3 zu § 626 BGB Druckkündigung). Ist auch ein solcher Ausweg nicht gangbar und drohen dem Arbeitgeber unzumutbare wirtschaftliche Nachteile, so ist er zur Kündigung berechtigt, die je nach den Umständen eine ordentliche oder eine außerordentliche sein kann (BAG, AP Nr. 10 zu § 626 BGB Druckkündigung). Als Ausgleich wird dem gekündigten Arbeitnehmer zum Teil ein Entschädigungsanspruch gegen den Arbeitgeber zugebilligt. Dies ist insbesondere dann angemessen, wenn der Druck im Zusammenhang mit einem Merkmal des § 1 AGG aufgebaut wurde (Hetze gegen Homosexuelle oder gegen Moslems). Die gleichen Grundsätze finden Anwendung, wenn der **Druck** nicht von der Belegschaft, sondern **von einem Dritten,** insbesondere einem Geschäftspartner ausgeht.

864a Ist die **ordentliche Kündigung** durch Tarifvertrag (oder durch Arbeitsvertrag) **ausgeschlossen,** kann die Situation eintreten, dass für den Arbeitnehmer über Jahre hinweg keine Beschäftigung mehr vorhanden ist. Ein solches »**sinnentleertes Arbeitsverhältnis**« berechtigt den Arbeitgeber zur außerordentlichen Kündigung, bei der jedoch die längste für die ordentliche Kündigung vorgesehene Frist zu wahren ist. Außerdem muss der Arbeitgeber alle denkbaren Maßnahmen ergreifen, um einen solchen Zustand zu vermeiden: Dazu gehört beispielsweise auch das Frei-Kündigen eines anderen Arbeitsplatzes sowie die Weiterqualifizierung des »Unkündbaren«, um ihn auf einem andersartigen Arbeitsplatz einsetzen zu können. Ist durch Tarifvertrag – wie früher im öffentlichen Dienst – auch die außerordentliche Kündigung beschränkt, so kommt sie nur dann in Betracht, wenn andernfalls die wirtschaftliche Existenz des Arbeitgebers gefährdet wäre (zum Ganzen siehe Däubler, in: Kittner/Däubler/Zwanziger, KSchR, § 626 BGB Rn. 161 ff.).

(2) Auch in der Person des Arbeitnehmers liegende Gründe können **865** so gewichtig sein, dass unter Abwägung aller Umstände eine außerordentliche Kündigung in Betracht kommt. Krankheit reicht entgegen verbreiteter Auffassung nur dann aus, wenn der Arbeitgeber bei Wahrung der Kündigungsfrist in größte wirtschaftliche Schwierigkeiten geraten würde. Dies wird nur in absoluten Extremsituationen der Fall sein.

Beispiel:
Der Kleinunternehmer K beschäftigt seit langem dieselben sechs Arbeitnehmer, darunter einen »Betriebsleiter«. Besitzt dieser eine Kündigungsfrist von einem Jahr und ist die Ertragslage des Betriebs sehr schlecht, so könnte eine Doppelbelastung mit zwei Betriebsleitergehältern das Unternehmen insgesamt in Gefahr bringen. Zu beachten ist allerdings, dass auch bei einer fristlosen Kündigung die Entgeltfortzahlung im Krankheitsfall erhalten bleibt.

Die fristlose Kündigung soll weiter auch dann zulässig sein, wenn gegen **866** den Arbeitnehmer der **Verdacht einer schwerwiegenden strafbaren Handlung** oder einer anderen schweren Pflichtverletzung besteht. Dies ist nur dann zu rechtfertigen, wenn zwischen Arbeitgeber und Arbeitnehmer ein enger persönlicher Kontakt existiert (umstr.; weitergehend BAG, DB 2000, 726; zum Ganzen Deinert, AuR 2005, 285 ff.).

Beispiel:
Die Hausangestellte gerät in den schweren Verdacht, einen größeren Geldbetrag unterschlagen zu haben.

In anderen Fällen ist die fristlose Kündigung m. E. nur dann zulässig, wenn die Begehung einer Straftat aus Sicht des Arbeitgebers feststeht und gleichzeitig das Arbeitsverhältnis betroffen ist (sog. Tatkündigung).

Beispiel:
Der Arbeitnehmer hat vor Zeugen einen Arbeitskollegen beleidigt und ihm bei der anschließenden Schlägerei drei Zähne ausgeschlagen. Fristlose Kündigung wegen Körperverletzung zulässig.

Nach der Rechtsprechung werden leichtfertige Kündigungen dadurch vermieden, dass der Arbeitgeber sorgfältige Ermittlungen anstellen und den Verdächtigen anhören muss. Stellt sich nach der Kündigung seine Unschuld heraus oder wird der Verdacht entkräftet, so hat der Betroffene einen **Anspruch auf Wiedereinstellung**.

(3) Häufigster Anlass für eine außerordentliche Kündigung sind **867** schwere Pflichtverletzungen des Arbeitnehmers. Dazu zählen etwa die beharrliche Arbeitsverweigerung, notorische Unpünktlichkeit, eine erschlichene Krankmeldung, der **eigenmächtige Urlaubsantritt** sowie die Begehung von Straftaten gegen den Arbeitgeber (BAG, NZA 1990, 755). Auch die Übertretung eines betrieblichen Rauchverbots soll hierher gehören, wenn dieses wegen Explosionsgefahr bestand.

868   Genau wie bei der verhaltensbedingten Kündigung ergibt sich das Problem der anzulegenden **Maßstäbe**. Gründe, die eine fristlose Kündigung rechtfertigen sollen, müssen noch gravierender sein als solche, die zu einer verhaltensbedingten Kündigung berechtigen. Das bedeutet, dass erst recht im Rahmen des § 626 BGB ein **einmaliger Fehltritt grundsätzlich nicht** ausreicht. Es geht auch nicht darum, ein Exempel zu statuieren: § 626 BGB will nicht abschrecken und erziehen, sondern nur die Möglichkeit schaffen, ein für den Arbeitgeber unzumutbar gewordenes Arbeitsverhältnis aufzulösen. Die Rechtsprechung trägt dem allerdings bislang so gut wie gar nicht Rechnung.

> **(Skandalöses) Beispiel (LAG Düsseldorf, DB 1976, 680):**
> Eine Kassenverwalterin hat 20 DM aus der Kasse entnommen, gleichzeitig jedoch die glaubhafte Absicht besessen, den Betrag demnächst zurückzulegen. Dennoch wurde die fristlose Kündigung bestätigt, da das Vertrauen erschüttert sei und Handlungen dieser Art meist unentdeckt bleiben würden; deshalb seien im Falle der Entdeckung harte Konsequenzen angemessen.

869   Das BAG vertritt den Standpunkt, es stelle an sich einen »wichtigen Grund« dar, wenn eine Verkäuferin (Buffetkraft) **ein Stück Bienenstichkuchen verzehre**, ohne dafür zu bezahlen. Ob effektiv gekündigt werden könne, bestimme sich nach den jeweiligen Umständen des Einzelfalles, insbesondere nach den beiderseitigen Interessen (BAG, NZA 1985, 91). Das Einlösen von Pfandbons im Wert von 1,30 Euro wurde vom LAG Berlin-Brandenburg (NZA-RR 2009, 188) trotz 30-jähriger Betriebszugehörigkeit als ausreichender Grund für die fristlose Beendigung des Arbeitsverhältnisses angesehen, doch hat das BAG (NZA 2010, 1227) diesen Fall (»**Emmely**«) anders entschieden: Das in vielen Jahren aufgebaute Vertrauen werde nicht durch eine einmalige Fehlhandlung in Bezug auf eine geringwertige Sache zerstört; die Kündigung wurde für unzulässig erklärt. Seither sind praktisch keine Fälle mehr bekannt geworden, in denen langjährige Beschäftigte wegen »Kleinigkeiten« gekündigt worden wären. Vor der Emmely-Entscheidung war das anders, wobei insbesondere relativ leicht ersetzbare Personen wie Verkäuferinnen, Hilfsarbeiter und Pflegekräfte betroffen waren. **Grundsätzlich anders** ist der Ansatz des **ArbG Reutlingen** (AiB 1996, 623), das die Entwendung von zwei Bechern Joghurt nicht als »wichtigen Grund«

wertete, so dass sich das Problem der Interessenabwägung gar nicht mehr stellte. Angemessene Sanktion ist in solchen Fällen eine Ermahnung oder eine Abmahnung.

14.6.2 Interessenabwägung

Wann ist ein Verstoß so gravierend, dass der Arbeitgeber ein Recht zur **870** fristlosen Kündigung besitzt? Sofern die eben beschriebene Schwelle des relativ »Harmlosen« überschritten ist, lässt sich diese Frage nur anhand aller **Umstände des Einzelfalls** klären. Auf Arbeitgeberseite ist zu berücksichtigen, welcher Schaden durch das Verhalten des Arbeitnehmers entstanden ist oder noch entstehen wird, auf Arbeitnehmerseite wird eine Rolle spielen, ob großes oder geringes Verschulden vorlag und wie sich der Arbeitsplatzverlust auf den Einzelnen auswirken wird. Auch ist die Kündigung in aller Regel ausgeschlossen, wenn der Arbeitgeber selbst bei der Entstehung der Konfliktsituation mitgewirkt hat.

Beispiel:
Ein angestellter Hochschullehrer (im konkreten Fall: der Maler Beuys) besetzt zusammen mit seinen Studenten das Sekretariat seiner Kunstakademie. Diese verlangen die Aufnahme von 200 weiteren Bewerbern, die aus Kapazitätsgründen abgewiesen wurden. Einer fristlosen Kündigung durch den Arbeitgeber kann die Tatsache entgegenstehen, dass der Hochschullehrer wie die Studenten nicht darauf aufmerksam gemacht wurden, an einer benachbarten Akademie seien noch Studienplätze frei (BAG, JZ 1975, 737).

14.6.3 Die 14-Tages-Frist des § 626 Abs. 2 BGB

Die Kündigung kann nur »innerhalb von zwei Wochen« erfolgen. Diese **871** Frist beginnt mit dem Zeitpunkt, in dem der Arbeitgeber von den für die Kündigung maßgebenden Tatsachen Kenntnis erlangt; sie ist nur gewahrt, wenn die Kündigung vor ihrem Ablauf zugeht.

Beispiel:
Der Arbeitgeber erfährt am 5. April, dass der Arbeitnehmer ein wertvolles optisches Gerät entwendet und an einen anderen verkauft hat. Eine am 21. April erfolgende außerordentliche Kündigung ist wegen Nichtbeachtung des § 626 Abs. 2 BGB unwirksam. Dies schließt eine ordentliche (verhaltensbedingte) Kündigung wegen derselben Umstände jedoch nicht aus.

Trotz ihres scheinbar so klaren Inhalts hat die Vorschrift viele Zweifelsfragen ausgelöst.

872 Bestehen nur Anhaltspunkte für einen Verstoß, so kann der **Arbeitgeber zunächst Ermittlungen** anstellen. Werden sie mit der gebotenen Eile geführt, so beginnt die Zweiwochenfrist erst mit ihrem Abschluss (BAG, AP Nr. 2 zu § 626 BGB Ausschlussfrist). Dies gilt insbesondere bei der Verdachtskündigung (oben Rn. 866). Wichtig ist, dass es nicht auf die Kenntnis des unmittelbaren Vorgesetzten ankommt, sondern dass in der Regel derjenige informiert sein muss, der selbst über die Kündigung entscheiden kann (BAG, AP Nr. 1 zu § 626 BGB Ausschlussfrist).

Beispiel:
Der oben erwähnte Diebstahl ist am 5. April vom zuständigen Werkmeister beobachtet worden, der jedoch nichts unternahm, um die Existenz des als Kollegen geschätzten Täters nicht zu gefährden. Erfuhr der Personalleiter am 10. April auf einem Umweg von dem Vorgang, so ist die am 21. April ausgesprochene Kündigung noch rechtzeitig.

14.6.4 Die Umdeutung einer unwirksamen außerordentlichen Kündigung

873 Was geschieht, wenn die außerordentliche Kündigung unwirksam ist, weil der wichtige Grund fehlt oder weil die Frist des § 626 Abs. 2 BGB abgelaufen ist? Kann dann die Erklärung des Arbeitgebers wenigstens als fristgemäße Kündigung aufrechterhalten werden? § 140 BGB sieht in der Tat eine solche »Umdeutung« vor: Erfüllt ein nichtiges oder unwirksames Rechtsgeschäft die Voraussetzungen einer wirksamen Erklärung, so gilt diese, wenn der Erklärende dies bei Kenntnis der Nichtigkeit gewollt hätte. Das BAG lässt deshalb eine Umdeutung zu, wenn die ordentliche Kündigung »nach den gegebenen Umständen dem mutmaßlichen Willen des Arbeitgebers entspricht und wenn dieser Wille dem Arbeitnehmer erkennbar geworden ist« (BAG, AP Nr. 10 zu § 626 BGB Druckkündigung).

14.7 Die Änderungskündigung

In der betrieblichen Praxis wird eine Kündigung häufig mit dem Ange- **874**
bot verbunden, zu neuen, d. h. schlechteren Arbeitsbedingungen weiterzuarbeiten. Anlass ist in der Regel eine nicht mehr vom Direktionsrecht
gedeckte Versetzung oder aber – häufiger – der Abbau übertariflicher
Leistungen oder die Reduzierung der Arbeitszeit.

Nach der BAG-Rechtsprechung muss der Arbeitgeber die Änderungskündigung als das mildere Mittel wählen, wenn der Betroffene sonst
überhaupt nicht mehr im Betrieb weiterbeschäftigt werden könnte
(BAG, DB 1985, 1186).

14.7.1 Annahme unter Vorbehalt und Änderungsschutzklage

Wird das Angebot neuer Vertragsbedingungen mit einer ordentlichen **875**
Kündigung verbunden, so sind nicht nur die **Kündigungsfristen** zu wahren, sondern es wird auch eine **soziale Rechtfertigung** im Sinne des § 1
Abs. 2 KSchG verlangt. Gleichwohl bringt die Änderungskündigung
den Arbeitnehmer in eine missliche Situation: Nimmt er sie an, hat er
kampflos seine vertragliche Position preisgegeben und muss sich oft mit
einer Einschränkung seines Lebensstandards abfinden. Lehnt er sie ab
und erhebt Kündigungsschutzklage, so riskiert er seinen Arbeitsplatz, da
der Ausgang des Verfahrens nur in seltenen Fällen mit Sicherheit voraus-
zusagen ist. Um dem Arbeitnehmer dieses Dilemma zu ersparen, hat der
1969 eingefügte § 2 KSchG die Möglichkeit einer **Annahme** »unter Vorbehalt« geschaffen. Der Arbeitnehmer kann sich danach auf die ge-
änderten Arbeitsbedingungen einlassen und gleichwohl im Wege der
»Änderungsschutzklage« eine gerichtliche Klärung herbeiführen. Voraussetzung hierfür ist lediglich, dass er während der Dreiwochenfrist
des § 4 Satz 1 KSchG dem Arbeitgeber gegenüber die Annahme »vorbe-
haltlich einer anderweitigen gerichtlichen Entscheidung« erklärt und
Klage erhebt.

Das Arbeitsgericht hat in diesem Fall zu prüfen, ob die Änderung so- **876**
zial gerechtfertigt ist und ob die neuen Arbeitsbedingungen einen billi-
gen Ausgleich der beiderseitigen Interessen beinhalten. Im Ergebnis läuft
dies – verglichen mit der normalen Kündigung – allerdings meist auf **weniger strenge Maßstäbe** hinaus. Gleichwohl ist etwa eine Änderung der
Arbeitsbedingungen dann für sozial ungerechtfertigt erklärt worden,
wenn ihr lediglich eine andere Einschätzung der Leistung des Arbeitneh-

mers zugrunde lag (BAG, AP Nr. 2 zu § 626 BGB Änderungskündigung) oder wenn es nur darum ging, dass ein neues Vorstandsmitglied nicht mit der »Chefsekretärin« seines Vorgängers zusammenarbeiten wollte (LAG Baden-Württemberg, AP Nr. 1 zu § 2 KSchG 1969). Auch die Berufung auf den Gleichbehandlungsgrundsatz stellt keine ausreichende Begründung dar. Die **schlechte Wirtschaftslage des Unternehmens** rechtfertigt eine Reduzierung bisher gewährter Leistungen nur dann, wenn dies das einzige Mittel ist, einen sonst unabweisbaren Arbeitsplatzabbau zu verhindern. Um dies zu belegen, muss der Arbeitgeber ein Konzept vorlegen, aus dem sich ergibt, zu wessen Lasten sonst noch gespart wird (vgl. BAG, DB 1986, 2442).

14.7.2 Ablehnung des Angebots und Kündigungsschutzklage

877 Lehnt der Arbeitnehmer das Änderungsangebot ab, weil er es z. B. für völlig unzumutbar hält, und erhebt er Kündigungsschutzklage, so sind nach der Rechtsprechung nur die großzügigeren Maßstäbe für die Beurteilung von Änderungskündigungen anzuwenden. Kommt also das Arbeitsgericht zu dem Ergebnis, der Arbeitnehmer hätte die Änderung seiner Arbeitsbedingungen hinnehmen müssen, doch wäre eine normale Kündigung nicht zu rechtfertigen gewesen, so wird die Klage des Arbeitnehmers dennoch abgewiesen. Deshalb ist fast immer die Annahme unter Vorbehalt die bessere Lösung.

14.8 Die Einschaltung des Betriebsrats bei der Kündigung

14.8.1 Die Anhörung

878 **Vor jeder Kündigung** ist der Betriebsrat anzuhören. Dies gilt sowohl für eine ordentliche wie für eine außerordentliche Kündigung. Auch die Änderungskündigung ist erfasst. Auf die Anwendbarkeit des Kündigungsschutzgesetzes kommt es nicht an.

Der Arbeitgeber muss den Betriebsrat über alle Umstände informieren, die für die Entscheidung über die Kündigung maßgebend sein können. Dazu gehören die »**Sozialdaten**« **des betroffenen Arbeitnehmers** wie Alter, Familienstand, Dauer der Betriebszugehörigkeit, da sie bei jeder Kündigung im Rahmen der Interessenabwägung von Bedeutung sein können. Am wichtigsten ist die Angabe der Kündigungsgründe. Da der Betriebsrat in der Lage sein muss, die Stichhaltigkeit zu überprüfen, genügen pauschale Formulierungen wie »Auftragsmangel«, »Fehlzeiten« oder »Treuepflichtverletzung« nicht. Dem Betriebsrat muss vielmehr mitgeteilt werden, warum z. B. gerade der Arbeitsplatz des betroffenen Arbeitnehmers durch die rückläufige Geschäftsentwicklung weggefallen ist. Bei der krankheitsbedingten Kündigung ist wichtig, wie hoch die Fehlzeiten waren, welche Störungen im Betrieb auftraten und ob mit weiteren Erkrankungen zu rechnen ist. Bei der verhaltensbedingten und der außerordentlichen Kündigung sind die konkreten Vorfälle zu bezeichnen, bei der Verdachtskündigung sind auch die Namen der eventuellen Tatzeugen mitzuteilen.

Sonderprobleme ergaben sich im Hinblick auf die **soziale Auswahl** **879** nach § 1 Abs. 3 KSchG: Nach der ursprünglichen Rechtsprechung des BAG musste der Arbeitgeber von sich aus nur die angewandten Kriterien offen legen; lediglich auf Verlangen des Betriebsrats hatte er auch die Sozialdaten anderer Arbeitnehmer zur Verfügung zu stellen. Nach der späteren und bis heute maßgebenden Rechtsprechung muss er von Anfang an die Karten auf den Tisch legen und die Sozialdaten aller in den Auswahlprozess einbezogenen Arbeitnehmer mitteilen (BAG, NZA 1984, 169).

Der Betriebsrat kann innerhalb bestimmter Fristen **reagieren**. Bei der **880** ordentlichen Kündigung steht ihm **eine Woche**, bei der außerordentlichen stehen ihm **drei Tage** zur Verfügung. Bei Massenkündigungen kann die Frist einvernehmlich verlängert werden; weigert sich der Arbeitgeber, kann dies einen Rechtsmissbrauch darstellen (BAG, DB 1987, 1050). In der Tat verstieße es gegen den Grundsatz der vertrauensvollen Zusammenarbeit, hätte der Betriebsrat nicht die Möglichkeit, sich mit jeder konkreten Kündigung eingehend auseinanderzusetzen.

Bleibt der Betriebsrat untätig, gilt dies als Zustimmung; Fehler bei der **881** Beschlussfassung gehen zu seinen Lasten, es sei denn, der Arbeitgeber wäre davon informiert.

Beispiel:
Am 3. April wird der Betriebsratsvorsitzende von der beabsichtigten ordentlichen Kündigung informiert. Im Einvernehmen mit dem Arbeitgeber verzichtet er auf die Einberufung einer Betriebsratssitzung, »da dies nur einen Produktionsausfall zur Folge hätte«. Keine wirksame Anhörung, wenn am 8. April gekündigt wird. Anders, wenn der Vorsitzende aus eigenem Entschluss von einer Sitzung absah und dem Arbeitgeber am 7. April mitteilte, der Betriebsrat habe gegen die Kündigung nichts einzuwenden.

Nach § 102 Abs. 2 Satz 4 BetrVG »soll« der Betriebsrat **den betroffenen Arbeitnehmer anhören**, doch ist dies in der Praxis nicht immer der Fall. Dies ist zu bedauern, da – von Extremfällen einmal abgesehen – eine Verständigung mit dem Betroffenen zu den Mindestanforderungen gehört, die an eine korrekte Interessenvertretung zu stellen sind.

882 Von Interesse ist die Anhörung des Betriebsrats wegen der **Rechtsfolgen**. Die unterbliebene oder nicht ordnungsgemäß vorgenommene Anhörung **macht die Kündigung gemäß § 102 Abs. 1 Satz 3 BetrVG unwirksam**. Eine nachträgliche Heilung des Mangels ist ausgeschlossen. Auch ist der betroffene Arbeitnehmer insoweit »privilegiert«, als er nach der BAG-Rechtsprechung Weiterbeschäftigung wegen offensichtlich unwirksamer Kündigung verlangen kann und im arbeitsgerichtlichen Verfahren eine Auflösung des Arbeitsverhältnisses nach §§ 9, 10 KSchG auf Antrag des Arbeitgebers ausgeschlossen ist.

14.8.2 Das Widerspruchsrecht nach § 102 Abs. 3 BetrVG

883 Seit Inkrafttreten des BetrVG 1972 hat der Betriebsrat das Recht, **ordentlichen, nicht aber außerordentlichen Kündigungen** förmlich zu widersprechen. Voraussetzung ist, dass bestimmte, im Einzelnen durch § 102 Abs. 3 festgelegte Gründe vorliegen. Der Widerspruch macht die Kündigung zwar nicht unwirksam, doch muss der Arbeitgeber den betroffenen Arbeitnehmer so lange weiterbeschäftigen, bis über die Kündigungsschutzklage rechtskräftig entschieden ist.

884 Entgegen dem ersten Anschein verschaffen die vom Gesetzgeber allein zugelassenen **fünf Widerspruchsgründe** dem Betriebsrat nur sehr **beschränkte Handlungsmöglichkeiten**. Zwar erstreckt sich § 102 Abs. 3 BetrVG auf alle Arten von ordentlichen Kündigungen, doch sind seine Voraussetzungen nur schwer zu erfüllen.

885 Am ehesten aussichtsreich ist es, sich nach § 102 Abs. 3 Nr. 1 BetrVG auf **mangelnde soziale Auswahl** zu berufen. Will der Betriebsrat vermeiden, bestimmte andere Kollegen »ans Messer zu liefern« (»sie hätten gekündigt werden müssen«), so muss er sich allerdings darauf beschränken, die vom Arbeitgeber angewandten Kriterien zu rügen.

Beispiel:
Der Arbeitgeber hat die Beschäftigten einer ganzen Abteilung nicht in die soziale Auswahl einbezogen, obwohl sie vergleichbare Tätigkeiten wie der zu Kündigende verrichten. Der Betriebsrat kann die Einbeziehung verlangen.

Oder: Der Arbeitgeber hat ausschließlich auf die Dauer der Betriebszugehörigkeit abgestellt.

Der Verstoß gegen eine **Auswahlrichtlinie** nach § 95 BetrVG (§ 102 Abs. 3 Nr. 2 BetrVG) kommt von vornherein nur in Betracht, wenn eine solche im Betrieb überhaupt existiert. Die Ziffern 3–5 des § 102 Abs. 3 BetrVG betreffen die **Weiterbeschäftigung an anderen Arbeitsplätzen** – eine Situation, die bei generellem Personalabbau nur ganz ausnahmsweise bestehen wird.

14.9 Die Intervention der Arbeitsverwaltung bei Massenentlassungen

Wird eine größere Zahl von Arbeitnehmern innerhalb eines kürzeren **886** Zeitraums entlassen, so wird dies den Arbeitsmarkt besonders stark belasten. § 17 Abs. 1 KSchG sieht daher vor, dass der Arbeitgeber beabsichtigte Massenentlassungen vorher mit dem Betriebsrat zu beraten und der Agentur für Arbeit anzuzeigen hat. **Kommt er diesen Pflichten nicht nach, sind die gleichwohl ausgesprochenen Kündigungen unwirksam** (Nachweise bei KR-Weigand, § 17 KSchG Rn. 101).

Die §§ 17, 18 KSchG beruhen in ihrer heutigen Fassung auf der EU- **886a** Massenentlassungsrichtlinie (Richtlinie 98/59/EG). Als »**Entlassung**« wurde früher das effektive Auslaufen des Arbeitsverhältnisses angesehen. Seit der Entscheidung des EuGH im Fall Junk (NZA 2005, 213) wird eine richtlinienkonforme Auslegung des Inhalts praktiziert, dass unter »Entlassung« die Kündigungserklärung zu verstehen ist (BAG, NZA 2006, 971; überzeugend Riesenhuber/Domröse, NZA 2005, 568). Dies führt zu einer Verlängerung des Verfahrens und damit zu besseren Möglichkeiten für die betroffenen Arbeitnehmer, sich auf die neue Situation einzustellen. Massenkündigungen und gleichgestellte Maßnahmen sind daher nur noch in der Weise möglich, dass zunächst die betriebliche Interessenvertretung konsultiert und dann die Anzeige nach § 17 KSchG erstattet wird. Anschließend muss noch ein Monat bis zum Ausspruch der Kündigungen gewartet werden; vorher erfolgende Kündigungen sind nach § 18 Abs. 1 KSchG nur mit Zustimmung der Agentur für Arbeit möglich.

Die gesetzliche Regelung ist recht detailliert. Im Einzelnen gilt Folgen- **887** des:

- Eine »Massenentlassung« im eben beschriebenen Sinne liegt dann vor, wenn innerhalb von 30 Tagen eine bestimmte Mindestzahl von Arbeitnehmern, bezogen auf die Betriebsgröße, gekündigt wird oder auf Veranlassung des Arbeitgebers ausscheidet.

  § 17 Abs. 1 KSchG: Bei Betrieben mit in der Regel mehr als 20 und weniger als 60 Arbeitnehmern werden mehr als fünf Beschäftigte, in Betrieben zwischen 60 und 500 Arbeitnehmern werden mehr als 25 Personen oder 10 Prozent der Belegschaft, in Betrieben mit 500 und mehr Arbeitnehmern mindestens 30 Beschäftigte entlassen.

888 - Erster Schritt ist die **Information des Betriebsrats**. Diese muss nach § 17 Abs. 2 KSchG schriftlich erfolgen und den dort vorgesehenen Mindestinhalt besitzen. Sie kann mit der Unterrichtung im Sinne des § 111 BetrVG verbunden werden, da eine Verdoppelung der Verfahren nur unnötigen Verwaltungsaufwand bringen würde.

- Die als zweiter Schritt notwendige Anzeige der geplanten Entlassungen an die Agentur für Arbeit muss schriftlich erfolgen. Ihr ist die Stellungnahme des Betriebsrats beizufügen. Liegt eine solche noch nicht vor, so muss der Arbeitgeber glaubhaft machen, dass er den Betriebsrat mindestens zwei Wochen vorher unterrichtet hat, und den Stand der Beratungen darlegen (§ 17 Abs. 3 Satz 3 KSchG).

889 - Die Arbeitsverwaltung kann nach § 18 Abs. 1 KSchG die **Monatsfrist verkürzen**. Auf der anderen Seite kann sie nach § 18 Abs. 2 KSchG anordnen, dass die Frist bis zum Ausspruch der Kündigungen verlängert wird; im Höchstfall kann sie zwei Monate betragen. Nach § 19 KSchG kann die Agentur überdies für die fraglichen Zeiträume Kurzarbeit anordnen.

Dadurch, dass lediglich der in einem Zeitraum von 30 Tagen vorgenommene Personalabbau erfasst ist, kann der **Arbeitgeber den §§ 17ff. KSchG entgehen**, indem er die Kündigungen auf einen längeren Zeitraum verteilt.

14.10 Sonderkündigungsschutz

890 Einzelne Beschäftigtengruppen können nur unter ganz bestimmten Voraussetzungen und ggf. nach vorheriger Zustimmung staatlicher Stellen gekündigt werden (Überblick bei Giese, AiB 1990, 385). In der Regel geht es darum, Arbeitnehmer mit relativ schwacher Position auf dem

Arbeitsmarkt zu schützen oder Interessenvertreter der Belegschaft vor möglichen »Repressalien« des Arbeitgebers zu bewahren. Dieser Sonderkündigungsschutz gilt im Einzelnen für

- **schwerbehinderte Menschen** (unten Kap. 17 – Rn. 1011ff.),
- Arbeitnehmerinnen, die dem **Mutterschutzgesetz** unterliegen (unten Kap. 18 – Rn. 1070),
- Arbeitnehmerinnen und Arbeitnehmer, die **Elternzeit, Pflegezeit** oder **Familienpflegezeit** in Anspruch nehmen (dazu unten Kap. 18 – Rn. 1051 bzw. 1061 a ff.),
- (ehemalige) **Wehrpflichtige und Zivildienstleistende** (dazu unten Kap. 17 – Rn. 1034f.),
- **Betriebsräte und Personalräte** einschließlich (vorübergehend) tätig gewordener Ersatzmitglieder sowie
- **Mitglieder der JAV und des Wahlvorstands** sowie Wahlbewerber (dazu oben Kap. 5 – Rn. 237f.),
- **Kämpfer gegen den Faschismus** und Verfolgte des Faschismus aufgrund des unbefristet weitergeltenden § 58 Abs. 1 Buchstabe a AGB-DDR in den neuen Bundesländern, doch gibt es 70 Jahre nach Ende des Zweiten Weltkriegs wohl niemanden mehr, auf den diese Bestimmung noch Anwendung finden könnte.

Der Sonderkündigungsschutz versagt in aller Regel nur dann, wenn der Betrieb stillgelegt wird oder ein schweres Fehlverhalten vorliegt. Einzelheiten an den angegebenen Stellen.

14.11 Das Kündigungsschutzverfahren

14.11.1 Wann kann eine Kündigungsschutzklage erhoben werden?

Will der Arbeitnehmer die Kündigung nicht auf sich beruhen lassen, **891** muss er innerhalb von drei Wochen nach ihrem Zugang Kündigungsschutzklage erheben. Dies gilt für alle Arten von Kündigungen, für die ordentliche in gleicher Weise wie für die außerordentliche und für die Änderungskündigung.

Wer nur die ersten Bestimmungen des KSchG liest, wird vielleicht erstaunt sein, dass **auch die fristlose Kündigung** (oben 14.6) **innerhalb von drei Wochen** mit der Klage angefochten werden muss: Dies ergibt sich jedoch aus § 13 Abs. 1 Satz 2 KSchG.

Versäumt der Arbeitnehmer die 3-Wochen-Frist, verliert er fast alle Chancen vor Gericht: Die ordentliche Kündigung gilt als von vornherein rechtmäßig, bei der außerordentlichen wird das Vorliegen aller Voraussetzungen unterstellt (§§ 7, 13 Abs. 1 Satz 2 KSchG). Möglich bleibt, die Kündigung mit dem Argument anzugreifen, sie sei nicht schriftlich erfolgt, da die 3-Wochen-Frist vom Zugang der »schriftlichen« Kündigung an zu laufen beginnt. Wurde mit zu kurzer Frist gekündigt, muss man innerhalb von drei Wochen Klage erheben, da sonst der erklärte Endzeitpunkt maßgebend wird (BAG, NZA 2010, 1409 = EzA § 4 KSchG n. F. Nr. 90 mit Anm. J. Nord). Anders verhält es sich dann, wenn die Auslegung ergibt, dass der Arbeitgeber die Kündigungsfrist wahren wollte (BAG, a. a. O.). In diesem Fall ist § 4 KSchG wie bisher (BAG, NZA 2006, 791) unanwendbar. Dasselbe gilt, wenn die Kündigung von einer dazu nicht befugten Person ausgesprochen wurde (BAG, NZA 2009, 1146). Zu weiteren Möglichkeiten s. Däubler, AiB 2005, 387 ff.

893   Ist das **KSchG auf bestimmte Arbeitsverhältnisse gar nicht anwendbar,** so galt früher auch die 3-Wochen-Frist des § 4 KSchG nicht. Dies ist durch die Neufassung des § 23 Abs. 1 Satz 2 KSchG geändert; auch insoweit soll schnell Klarheit geschaffen werden. Dies gilt auch für eine Kündigung nach § 626 BGB.

14.11.2 Probleme mit der 3-Wochen-Frist

894   Die 3-Wochen-Frist des § 4 KSchG **beginnt mit dem Zugang** der Kündigung (oben 14.3), nicht etwa erst mit dem Ablauf der Kündigungsfrist. Ohne Bedeutung ist, ob der Arbeitnehmer den Betriebsrat einschaltet; auch wenn er dort Beschwerde erhebt, beeinflusst dies den Lauf der 3-Wochen-Frist in keiner Weise. Dasselbe gilt für **Verhandlungen mit dem Arbeitgeber:** Wird nicht innerhalb der drei Wochen die Fortsetzung der Tätigkeit vereinbart, wird die Kündigung wirksam.

Bei der **Berechnung** der 3-Wochen-Frist ist der Tag, an dem die Kündigung zugeht, nicht mitzurechnen (§ 187 Abs. 1 BGB). Die 3-Wochen-Frist endet mit Ablauf des Tages der dritten Woche, der durch seine Benennung dem Tag entspricht, an dem die Kündigung zugegangen ist (§ 188 Abs. 2 BGB).

Beispiel:

Dem Arbeitnehmer ist die Kündigung am Dienstag, dem 4. März 2014 in den Briefkasten geworfen worden. Die 3-Wochen-Frist beginnt am 5. März 2008 und endet am Dienstag, dem 25. März 2014, 24.00 Uhr.

Ist der letzte Tag der Frist ein Sonnabend oder Sonntag oder ein staatlich anerkannter Feiertag, so endet die Frist erst am darauf folgenden Werktag (§ 193 BGB).

Beispiel:

Die Kündigung ist dem Arbeitnehmer am Montag, den 31. März 2014 zugegangen. Die 3-Wochen-Frist endet jedoch nicht 21 Tage später, d. h. am 21. April. Wegen des Ostermontags ist letzter Tag der Frist der 22. April 2014.

Die 3-Wochen-Frist bedeutet, dass **spätestens am letzten Tag die Klage** **895** **erhoben** sein muss. Nach § 167 ZPO reicht es dafür aus, dass sie **beim Gericht eingeht** und die **Zustellung** an den Arbeitgeber »demnächst« erfolgt. Dabei spielt es keine Rolle, wenn das Gericht – etwa wegen Arbeitsüberlastung oder fehlender Formulare – die Zustellung erst nach zwei Monaten zustande bringt. Nach allgemeiner Auffassung ist auch dies noch als »demnächst« anzusehen. Lediglich dann, wenn der Arbeitnehmer selbst die Zustellung schuldhaft verzögert, gilt die Zustellung als nicht mehr »demnächst« erfolgt. Dies ist etwa dann anzunehmen, wenn die Bezeichnung des Arbeitgebers bewusst so ungenau ist, dass erst durch lange Rückfragen geklärt werden muss, wer denn eigentlich verklagt werden soll.

Versäumt der Arbeitnehmer die 3-Wochen-Frist, so kann er nach § 5 **896** Abs. 1 KSchG die **nachträgliche Zulassung seiner Klage** beantragen. Voraussetzung ist allerdings, dass er – wie es im Gesetz heißt – »trotz Anwendung aller ihm nach Lage der Umstände zuzumutenden Sorgfalt verhindert« war, die Klage innerhalb von drei Wochen zu erheben. Dies wird etwa für eine urlaubsbedingte Abwesenheit (LAG Hamm, BB 1972, 711), im Grundsatz aber auch für einen **Krankenhausaufenthalt** (LAG Hamm, EzA § 5 KSchG Nr. 3) angenommen. Die bloße **Unkenntnis der gesetzlichen Regelung** wird jedoch nicht als ausreichender Grund anerkannt (LAG Düsseldorf, DB 1980, 1551). **Erfährt** eine **Frau** erst nach Ablauf der 3-Wochen-Frist, dass sie im Zeitpunkt des Zugangs der Kündigung **schwanger** war, so kann sie nach § 5 Abs. 1 Satz 2 KSchG gleichfalls die nachträgliche Zulassung ihrer Klage beantragen, wenn die Unkenntnis von ihr nicht zu vertreten war.

Der **Antrag auf verspätete Zulassung** kann nur **innerhalb von zwei** **897** **Wochen** nach Wegfall des Hinderungsgrundes gestellt werden.

Wer aus fünfwöchigem Urlaub zurückkehrt und zu Hause das Kündigungsschreiben findet, muss daher innerhalb von zwei Wochen den Antrag nach § 5 Abs. 1 KSchG stellen.

Nach Ablauf von sechs Monaten – vom Ende der versäumten 3-Wochen-Frist an gerechnet – kann der Antrag nicht mehr gestellt werden (§ 5 Abs. 3 KSchG).

Stellt die **Kündigung zugleich** eine **Diskriminierung** dar, gelten besondere Grundsätze, da das Unionsrecht einen effektiven Rechtsschutz verlangt. Dieser wäre nicht gewahrt, wenn die diskriminierenden Umstände dem Betroffenen erst nach Ablauf der drei Wochen bekannt werden und er dennoch nicht mehr klagen könnte (Einzelheiten bei Däubler/Bertzbach-Däubler, AGG, 3. Aufl., § 7 Rn. 286 ff.).

14.11.3 Die Abfassung der Kündigungsschutzklage

898   Der Arbeitnehmer kann die Kündigungsschutzklage selbst abfassen und zum Arbeitsgericht bringen. Das Risiko, dabei etwas falsch zu machen, ist allerdings beträchtlich; nur wer sich ganz sattelfest fühlt, sollte auf fremde Hilfe verzichten.

899   Wer **Mitglied einer Gewerkschaft** ist, kann sich von einem **Rechtssekretär der gewerkschaftlichen Rechtsschutz-GmbH** vertreten lassen. Der Betroffene muss lediglich zur Verwaltungsstelle seiner Gewerkschaft gehen, den Sachverhalt erzählen und die nötigen Schriftstücke wie Arbeitsvertrag, Kündigungsschreiben usw. mitbringen. Bekommt er hier »grünes Licht«, wendet er sich an die Rechtsschutz GmbH, wo die Klage dann vom Rechtssekretär abgefasst und beim Gericht eingereicht wird. Für den Einzelnen entstehen keine Kosten – nicht einmal dann, wenn er seinen Prozess verliert.

900   Der gekündigte Arbeitnehmer kann sich stattdessen auch an einen **Rechtsanwalt** wenden. Auch dieser nimmt ihm die Aufgabe ab, selbst eine Klageschrift formulieren zu müssen. Im Unterschied zum Rechtssekretär arbeitet er allerdings nicht kostenlos. Seine »Gebühren« hängen vom Streitwert ab; dieser beträgt in Kündigungsschutzsachen drei Monatsgehälter. Im Regelfall wird man daher mit Gebühren in Höhe von 250 bis 750 Euro rechnen müssen, es sei denn, man sei rechtsschutzversichert.

901   Der gekündigte Arbeitnehmer kann sich auch von **einem** (unentgeltlich handelnden) **Volljuristen oder einem volljährigen Familienangehörigen** vertreten lassen und Rat bei anderen rechtskundigen Mitbürgern suchen. Allerdings ist oft zweifelhaft, ob die »Rechtskunde« wirklich besteht; nicht anders als bei Ärzten, Heilpraktikern und Psychologen gibt es auch unter Juristen bisweilen wenig seriöse »Gesundbeter«. Statistisch gesehen sind die Erfolgschancen der durch einen Rechtssekretär oder einen Anwalt Vertretenen etwas höher als die der übrigen Kläger (Nachweise bei Däubler, AuR 1995, 307).

Schließlich kann sich der Arbeitnehmer **direkt an das Arbeitsgericht** **902** **wenden** und sein Anliegen mündlich vortragen. Dort erhält er Rechtsrat und kann eine Klage erheben, die von einem rechtskundigen Mitarbeiter zu Protokoll genommen wird.

14.11.4 Das gerichtliche Verfahren

Ist die Klage rechtzeitig erhoben (oder nachträglich nach § 5 KSchG zu- **903** gelassen), findet zunächst ein sog. **Gütetermin** statt; je nach Arbeitsbelastung des Richters muss man mit einem Zeitraum zwischen zwei und acht Wochen rechnen. Dabei versucht der Richter, eine einvernehmliche Lösung herbeizuführen; oft wird dabei vereinbart, dass der Arbeitnehmer gegen Abfindung definitiv ausscheidet.

Beispiel:
Der Richter gibt zu erkennen, dass »einiges dafür spricht«, dass die Kündigung »in Ordnung ist«. Die betrieblichen Gründe lägen auf der Hand, die soziale Auswahl sei gleichfalls »wohl« korrekt gewesen. Der Arbeitnehmer nimmt daraufhin die Klage zurück, da ihm der Arbeitgeber trotz der schlechten Prozessaussichten eine Abfindung von 2000 Euro anbietet.

Richter pflegen im Übrigen in aller Regel nur »Vermutungen« zu äußern. Würden sie offen sagen, wie der Prozess ausgeht, könnte man sie wegen Befangenheit ablehnen: Sie dürfen sich ihre Meinung erst auf der Grundlage der mündlichen Verhandlung bilden. Auch kommen ja bei der Entscheidung noch die beiden ehrenamtlichen Richter hinzu, die in der Güteverhandlung nicht mitwirken.

Bleibt die Güteverhandlung erfolglos, findet nach zwei bis ca. zwölf **904** Monaten eine sog. **streitige Verhandlung** statt. Auch hier ist es von Nutzen, wenn man nicht nur auf sich selbst gestellt ist, sondern die Unterstützung eines Rechtssekretärs oder eines Rechtsanwalts besitzt. Dieser gibt dann dem Gericht gegenüber alle nötigen Erklärungen ab; wenn Rücksprachen nötig sind, kann man das Gericht auch um eine kleinere Pause bitten.

905 Wer muss beweisen, dass die Kündigungsgründe wirklich vorliegen? Nach § 1 Abs. 2 Satz 4 KSchG ist dies grundsätzlich Sache des Arbeitgebers. Der Arbeitnehmer kann sich darauf beschränken, die Anwendbarkeit des KSchG darzutun, weil er länger als sechs Monate beim selben Arbeitgeber beschäftigt sei.

Beispiel:
Hat der Arbeitgeber wegen Unpünktlichkeit gekündigt, so muss er die einzelnen Fälle des Zuspätkommens beweisen, es sei denn, der Arbeitnehmer gestehe sie freiwillig zu. Dies kann durch Vernehmung von Vorgesetzten und Arbeitskollegen erfolgen.

Problematisch ist, ob der **Arbeitnehmer** auch das **Nichtvorliegen der Kleinbetriebsklausel beweisen** muss. Angesichts der Kompliziertheit der Neuregelung 2004, bei der es auf den Einstellungstermin bestimmter Arbeitskollegen ankommt, wäre der Arbeitnehmer damit überfordert (ebenso KR-Weigand, § 23 KSchG Rn. 54 a ff.; ErfK-Kiel, § 23 KSchG Rn. 21, jeweils m. w. N., auch für die Gegenmeinung). Das BAG (NZA 2005, 764) hat die Frage zunächst unentschieden gelassen, weil es auf sie im konkreten Fall nicht ankam. Später (BAG, AuR 2009, 98) hat es sich für eine **abgestufte Darlegungs- und Beweislast** ausgesprochen: Der Arbeitnehmer muss vortragen, welche Informationen er über die Zahl der Beschäftigten besitzt. Hat er z. B. als Außendienstmitarbeiter dazu keinen ausreichenden Zugang, reicht eine relativ pauschale Behauptung (»im Büro habe ich sieben Leute gesehen, dazu kommen noch drei Außendienstler und eine Putzfrau«). Es ist dann Sache des Arbeitgebers, auf der Grundlage präziser Angaben dies zu bestätigen oder zu entkräften (dazu insbesondere ErfK-Kiel, § 23 KSchG Rn. 21).

Schwierig ist die Situation auch bei der betriebsbedingten Kündigung. Da das Arbeitsgericht die zugrunde liegende Unternehmerentscheidung nicht wirklich überprüfen kann, muss diese nicht bis ins letzte Detail dargelegt werden. Wichtig ist aber, dass der Arbeitgeber beweisen kann, dass aufgrund einer bestimmten Maßnahme **gerade der Arbeitsplatz des gekündigten Arbeitnehmers weggefallen ist.** Bei schlechter wirtschaftlicher Lage muss der Arbeitgeber den genauen Umfang des Auftragsrückgangs darlegen und außerdem beweisen, dass die Kündigung gerade dieses Arbeitnehmers notwendig ist.

906 Geht es um die **soziale Auswahl,** so sind die Rollen verkehrt: Nach § 1 Abs. 3 Satz 3 KSchG muss der gekündigte Arbeitnehmer beweisen, dass der Arbeitgeber die Grundsätze über die soziale Auswahl nicht beachtet hat. Nach § 1 Abs. 3 Halbsatz 2 KSchG muss der Arbeitgeber deshalb dem Arbeitnehmer Auskunft über die Gründe für die von ihm getroffene Auswahl geben.

Bei der **personenbedingten Kündigung** liegt der »Schwarze Peter« **907** wieder beim Arbeitgeber: Dieser muss etwa bei Kündigung wegen Krankheit beweisen, dass der Arbeitnehmer voraussichtlich auch in Zukunft krank sein wird, dass es keine zumutbaren betrieblichen »Auffangmaßnahmen« (Einstellung einer Ersatzkraft) gibt und dass auch die Interessenabwägung zu Lasten des Arbeitnehmers ausfällt. Der Arbeitnehmer muss allerdings seinen Arzt bzw. seine Ärzte von der Schweigepflicht entbinden, da dem Arbeitgeber andernfalls von vornherein keine fundierte Aussage zu der künftigen gesundheitlichen Entwicklung des Arbeitnehmers möglich wäre. Weigert sich der Arbeitnehmer, liegt eine sog. Beweisvereitelung vor. Sie hat normalerweise zur Folge, dass das Gericht das Vorbringen des Arbeitgebers als richtig unterstellt.

14.11.5 Auflösung des Arbeitsverhältnisses gegen Abfindung

Ergibt die mündliche Verhandlung, dass die Kündigungsschutzklage be- **908** gründet ist, kann das Arbeitsgericht dennoch das Arbeitsverhältnis auflösen und dem Arbeitnehmer eine Entschädigung zusprechen. Dies ist allerdings nur unter ganz bestimmten Voraussetzungen möglich (näher dazu Zwanziger, in: Kittner/Däubler/Zwanziger, § 9 KSchG Rn. 4 ff.). Dabei ist zwischen der ordentlichen und der fristlosen Kündigung zu unterscheiden.

Bei der **ordentlichen Kündigung** kann **der Arbeitnehmer** den Auflö- **909** sungsantrag mit Aussicht auf Erfolg nur dann stellen, wenn ihm die Fortsetzung des Arbeitsverhältnisses nicht zuzumuten ist. Die weitere Zusammenarbeit muss aller Voraussicht nach wenig ersprießlich sein; »Unzumutbarkeit«, die für eine fristlose Kündigung durch den Arbeitnehmer nach § 626 BGB ausreichen würde, ist jedoch nicht erforderlich. Der **Antrag des Arbeitgebers** auf Auflösung ist von weniger strengen Voraussetzungen abhängig. Ihm wird schon dann stattgegeben, wenn – wie das Gesetz sagt – »eine den Betriebszwecken dienliche weitere Zusammenarbeit zwischen Arbeitgeber und Arbeitnehmer« nicht zu erwarten ist. Voraussetzung ist allerdings, dass der Arbeitgeber nicht nur allgemeine Einschätzungen wie eine weggefallene Vertrauensgrundlage vorträgt, sondern dass »greifbare Tatsachen« ins Feld geführt werden (BAG, DB 1988, 295). Die Auflösung kommt nicht in Betracht, wenn die Kündigung aus anderen als den in § 1 KSchG genannten Gründen unwirksam ist, weil beispielsweise der Betriebsrat nicht angehört wurde oder die Zustimmung des Integrationsamtes für die Kündigung eines schwerbehinderten Menschen fehlte.

910 Erweist sich eine **außerordentliche Kündigung** als unwirksam, so kann nach § 13 Abs. 1 Satz 3 KSchG nur der Arbeitnehmer einen Auflösungsantrag stellen. Dem Arbeitgeber ist diese Möglichkeit verschlossen, es sei denn, er hätte »hilfsweise« auch noch ordentlich gekündigt.

911 Die **Höhe der Abfindung** ergibt sich aus § 10 KSchG; bei älteren Arbeitnehmern mit langer Betriebszugehörigkeit kann sie bis zu 18 Monatsverdienste betragen.

911a Häufig wird ein **Vergleich** geschlossen: Der Arbeitnehmer akzeptiert die Kündigung, der Arbeitgeber verpflichtet sich zur Zahlung einer **Abfindung**. In »durchschnittlichen« Fällen beträgt die Abfindung meist ein halbes Monatsgehalt pro Jahr der Betriebszugehörigkeit, doch sollte die schon vor Jahren gestiegene steuerliche Belastung der Arbeitnehmer stärker berücksichtigt werden.

14.11.6 Weiterbeschäftigung des Arbeitnehmers während des Kündigungsschutzverfahrens

912 Bis zur Entscheidung durch das Arbeitsgericht kann – wie bereits ausgeführt – ein ganzes Jahr vergehen. Geht der Rechtsstreit in die Berufung oder wird gar Revision zum Bundesarbeitsgericht eingelegt, kann es bis zu drei Jahren dauern, ehe das gerichtliche Verfahren rechtskräftig abgeschlossen ist. Für den gekündigten Arbeitnehmer hat dies den großen Nachteil, dass er sich während dieser Zeit arbeitslos melden und dass er ggf. eine andere Stelle annehmen muss. Weiter kann es passieren, dass der bisherige Arbeitsplatz aus ganz anderen, nicht mit der Kündigung zusammenhängenden Gründen wegfällt oder dass der Arbeitgeber einen anderen Beschäftigten einstellt, der sich nur schwer wieder »vertreiben« lässt. Um dem Betroffenen den Arbeitsplatz definitiv zu erhalten, hat die Rechtsprechung des BAG nach langen Auseinandersetzungen im Jahre 1985 Grundsätze entwickelt, **wonach der gekündigte Arbeitnehmer unter bestimmten Voraussetzungen auch während des Kündigungsschutzverfahrens im Betrieb weiterbeschäftigt werden muss** (BAG, DB 1985, 2197 ff. – zum selten eingreifenden Fall des § 102 Abs. 3 und 5 BetrVG s. oben Rn. 883). Danach gilt Folgendes:

913 Ausgangspunkt ist der sog. **Beschäftigungsanspruch** im ungekündigten Arbeitsverhältnis: Jeder Arbeitnehmer hat einen Anspruch darauf, auch tatsächlich beschäftigt zu werden und sein Geld nicht für Nichtstun zu bekommen (näher oben Kap. 12 – Rn. 684 f.).

An diesem Beschäftigungsanspruch ändert sich nichts, wenn die vom Arbeitgeber ausgesprochene **Kündigung** »offensichtlich« unwirksam ist. **914**

Beispiel:
Der Betriebsrat wurde nicht angehört, die schwangere Arbeitnehmerin ohne Genehmigung der staatlichen Behörde gekündigt, das Fehlverhalten unterlief einem anderen Arbeitnehmer, mit dem der Gekündigte verwechselt wurde.

Bei anderen, nicht offensichtlich unwirksamen, sondern »umstrittenen« **915** **Kündigungen** muss man nach der Rechtsprechung des BAG unterscheiden:

- **Grundsätzlich entfällt der Anspruch auf Beschäftigung** während des erstinstanzlichen Verfahrens. Der Arbeitnehmer sei genügend geschützt, wenn der Arbeitgeber nach verlorenem Prozess das rückständige Entgelt nach §§ 611, 615 BGB nachzahlen müsse.

- **Gewinnt der Arbeitnehmer das Verfahren in erster Instanz,** geht der Arbeitgeber jedoch in die Berufung, so ändert sich die Situation: Der Arbeitnehmer ist auf der Grundlage des für ihn günstigen Urteils weiterzubeschäftigen.

Wichtig ist, dass der **Anspruch auf Weiterbeschäftigung zusammen mit** **916** **der Klage** geltend gemacht werden kann. Will man die Weiterbeschäftigung während des erstinstanzlichen Verfahrens erzwingen, muss man eine **einstweilige Verfügung** beantragen. Diese wird u. a. bei offensichtlich unwirksamer Kündigung, aber auch dann erlassen, wenn der Arbeitnehmer besondere Gründe geltend macht, die eine Abweichung von den allgemeinen Grundsätzen rechtfertigen. Dies ist etwa dann der Fall, wenn durch eine längere Unterbrechung der Abschluss einer Ausbildung gefährdet wäre oder wenn eine Qualifikation verloren ginge.

Beispiel:
Ohne eine bestimmte Anzahl von Flugstunden verliert der Pilot seinen Pilotenschein. Der Wissenschaftler kann ein angefangenes Forschungsprojekt nicht zu Ende führen.

14.11.7 Abfindungsangebot des Arbeitgebers

916a Nach dem 2004 eingefügten § 1 a KSchG kann der Arbeitgeber dem Arbeitnehmer bei betriebsbedingten Kündigungen für den Fall eine Abfindung anbieten, dass dieser die Klagefrist des § 4 KSchG verstreichen lässt. Ohne dass es einer ausdrücklichen Annahmeerklärung bedarf, **erwirbt** der **Arbeitnehmer** dann mit Ablauf der Frist einen entsprechenden **Zahlungsanspruch.** Die Abfindung beträgt nach § 1 a Abs. 2 KSchG ein **halbes Monatsgehalt pro Jahr der Betriebszugehörigkeit.** Entsprechende Möglichkeiten bestanden schon bisher und bleiben unangetastet; § 1 a ist nur eine subsidiär eingreifende Vorschrift (Däubler, NZA 2004, 177ff.).

916b Wie bei fast jeder neuen Bestimmung ergeben sich auch bei § 1 a eine Reihe von Problemen. Ist das **Abfindungsangebot höher** oder niedriger als im Gesetz vorgesehen, so gilt der vom Arbeitgeber genannte Betrag. Wird die Kündigungsschutzklage dem Arbeitgeber zugestellt, nachträglich aber wieder zurückgenommen, so kann der Arbeitnehmer keine Abfindung mehr beanspruchen (weitere Einzelheiten bei Bader, NZA 2004, 65; Bauer/Krieger, NZA 2004, 77; Preis, DB 2004, 70ff.).

916c Wurde der **Arbeitnehmer** (z.B. über die Berechnungsgrundlagen) **getäuscht** und hat er deshalb die 3-Wochen-Frist für die Kündigungsschutzklage verstreichen lassen, muss ihm eine Anfechtung möglich sein. Diese führt zu einer **nachträglichen Zulassung der Klage nach § 5 KSchG.** Allerdings ist dies nur innerhalb einer Frist von sechs Monaten möglich, während eine durch Täuschung oder Drohung herbeigeführte Erklärung nach § 124 BGB ein Jahr lang angefochten werden kann. Der Gesetzgeber hat den Widerspruch ersichtlich nicht gesehen; vermutlich wird die Rechtsprechung den § 5 KSchG als Spezialregelung behandeln. Dem Arbeitnehmer bleibt ein Schadensersatzanspruch nach § 826 BGB.

916d § 1 a KSchG ist **für den Arbeitnehmer nicht übermäßig attraktiv:** Erhebt er stattdessen Klage, kann er sich im Prozess immer noch vergleichen und besitzt in diesem Fall nicht nur wie bei § 1 a KSchG einen Anspruch, sondern zugleich einen vollstreckbaren Titel.

14.12 Aufhebungsvertrag und anderweitige Beendigung des Arbeitsverhältnisses

14.12.1 Die vertragliche Aufhebung des Arbeitsverhältnisses

In der betrieblichen Praxis wird in vielen Fällen die Kündigung durch **917** eine »einvernehmliche Aufhebung« des Arbeitsvertrages ersetzt.

Dagegen bestehen nicht die geringsten Bedenken, solange der Arbeitnehmer in voller Freiheit handelt. Wünscht er etwa selbst eine derartige Auflösung des Arbeitsverhältnisses, um sich bei künftigen Bewerbungen als »ungekündigt« bezeichnen zu können, so wird man eine solche Abmachung jederzeit akzeptieren. Leider sind die Dinge nicht immer so einfach.

- In der Vergangenheit war es oft streitig, ob überhaupt eine »einver- **918** nehmliche« Beendigung des Arbeitsverhältnisses vorlag. Der Arbeitgeber hatte beispielsweise erklärt, der Arbeitnehmer könne »seine Sachen packen«, dieser hatte daraufhin die Herausgabe der Arbeitspapiere verlangt. Seit 1. Mai 2000 sind solche Zweifelsfälle praktisch ausgeschlossen, da § 623 BGB für den **Aufhebungsvertrag** die **Schriftform** verlangt. Wird sie nicht eingehalten, ist dieser nach § 125 BGB nichtig. Das Arbeitsverhältnis besteht fort. Der Arbeitnehmer kann allerdings ein Entgelt nur von dem Moment an verlangen, in dem er sich dem Arbeitgeber gegenüber wieder »arbeitsbereit« zeigt. Auch wird sich der Arbeitnehmer nicht mehr auf die Nichtigkeit des Aufhebungsvertrags berufen können, wenn er sich drei Monate lang nicht gerührt und der Arbeitgeber den Arbeitsplatz anderweitig besetzt hat: Hier ist Verwirkung eingetreten.

- Probleme tauchen auch heute noch auf, wenn der **Arbeitgeber mit** **919** **Nachteilen droht,** sofern der Arbeitnehmer nicht in den Aufhebungsvertrag einwilligt. Wichtigster Fall ist die Drohung mit fristloser Kündigung und mit Strafanzeige, doch sind auch andere Fälle denkbar.

Beispiel:
Dem Betriebsratsmitglied wird ein Aufhebungsvertrag vorgeschlagen, andernfalls würden acht Kollegen entlassen.

Nach BAG (NZA 1987, 91) ist ein »Hinweis« **auf eine fristlose Kündigung** schon dann erlaubt, wenn sie ein »verständiger Arbeitgeber« ernsthaft in Erwägung gezogen hätte. Ein »wichtiger Grund« muss also nicht wirklich vorliegen. Nur wenn der Arbeitgeber »blufft«, kann der Arbeitnehmer seine Erklärung wegen widerrechtlicher Drohung nach § 123 BGB anfechten. Dasselbe gilt bei Hinweisen auf Strafanzeigen.

920 Eine Korrektur nimmt die Rechtsprechung dadurch vor, dass sie **dem Arbeitgeber Beratungspflichten auferlegt** und von ihm **faires Verhandeln** verlangt (BAG, NZA 2004, 597, 603; AP Nr. 27 zu § 620 BGB Aufhebungsvertrag Tz. 35); eine Verletzung führt zum Schadensersatz. Ihr Umfang bestimmt sich nach den Umständen des Einzelfalls. Geht die Initiative vom Arbeitnehmer aus, muss der Arbeitgeber lediglich aktiv werden, soweit eine Wissenslücke beim Arbeitnehmer zu vermuten ist.

Beispiel:
Ein Aussiedler, der mit den Verhältnissen in der Bundesrepublik wenig vertraut ist, wünscht die Aufhebung seines Arbeitsvertrags. Hinweis auf die Gefahr einer Sperrfrist beim Arbeitslosengeld und auf eventuelle Nachteile bei der Altersversorgung erforderlich. Anders, wenn der Arbeitnehmer mitteilt, er habe sich bereits bei der Agentur für Arbeit und bei einem Rentenberater erkundigt.

921 Stellt der Arbeitnehmer eine Frage, haftet der Arbeitgeber für eine falsche Auskunft; allerdings steht es ihm frei, keine Auskunft zu geben und den Mitarbeiter an die zuständige Behörde zu verweisen (BAG, DB 1988, 2006). **Tut**, wie in der Regel, **der Arbeitgeber den ersten Schritt**, muss er auf alle wesentlichen arbeits- und sozialrechtlichen Folgen hinweisen. Weiter hat er nach allerdings bestrittener Auffassung (Nachweise bei Däubler, in: Kittner/Däubler/Zwanziger, KSchR, Anhang zu § 623 BGB Rn. 103 ff.) dem Arbeitnehmer Bedenkzeit einzuräumen, wenn es gewünscht wird oder wenn es den Umständen nach nahe liegt.

Wegen verschiedener Auseinandersetzungen mit ihrem Chef wird die Arbeitnehmerin ins Personalbüro bestellt. Dort wird ihr gesagt, das Beste sei für sie ein Aufhebungsvertrag, einer müsse schließlich weichen. Der Arbeitgeber macht sich schadensersatzpflichtig, wenn er nicht auf alle wesentlichen Folgen, insbesondere auf die Sperrfrist beim Arbeitslosengeld, hinweist.

Wird der Arbeitnehmer zu einem Personalgespräch geladen, bei dem es nicht ausschließlich um einen Aufhebungsvertrag, sondern auch um seine evtl. weitere berufliche Entwicklung im Betrieb geht, so kann er nach § 82 Abs. 2 Satz 2 BetrVG verlangen, dass ein **Betriebsratsmitglied hinzugezogen** wird (BAG, NZA 2005, 416).

In einigen Tarifverträgen ist das Recht des Arbeitnehmers vorgesehen, einen Aufhebungsvertrag binnen einer Woche **zu widerrufen** (vgl. BAG, AP Nr. 8 zu § 1 TVG Tarifverträge: Einzelhandel). Dieselbe

Rechtsfolge könnte man auch aus § 312 BGB ableiten (zum Diskussionsstand s. Däubler/Bonin/Deinert, AGB-Kontrolle im Arbeitsrecht, Einl. Rn. 119ff.), doch hat sich das BAG zu einem solchen Schritt nicht durchringen können (BAG, NZA 2004, 598). Umso wichtiger wird es, dass bei den Verhandlungen in fairer Weise vorgegangen wird. Einzelheiten dazu bei Däubler, in: Kittner/Däubler/Zwanziger, KSchR, Anhang zu § 623 BGB Rn. 93–108.

- In einigen wenigen Fällen **scheitert** der Aufhebungsvertrag auch **an** **922** **inhaltlichen Gründen.** So ist es etwa unzulässig, das KSchG dadurch aus den Angeln zu heben, dass die Nichtrückkehr aus dem Urlaub (BAG, AiB 1988, 117) oder der Genuss von Alkohol durch einen ehemals Alkoholabhängigen (LAG München, DB 1988, 506) zur automatischen Beendigung des Arbeitsverhältnisses führt. Dasselbe gilt, wenn das Ausbildungsverhältnis **enden** soll, sofern im Berufsschulunterricht bestimmte Noten nicht erreicht werden (BAG, BB 1986, 2128). Solche bedingten Aufhebungsverträge verdienen keine rechtliche Anerkennung. Zu möglichen Verstößen gegen AGB-Recht siehe Däubler/Bonin/Deinert, a.a.O., Einl. Rn. 156ff.

14.12.2 Andere Beendigungsgründe

Die vom Arbeitgeber provozierte Kündigung

Eine ganz ähnliche Konstellation wie beim Aufhebungsvertrag kann sich **923** dann ergeben, wenn der Arbeitgeber den Arbeitnehmer auffordert, von sich aus zu kündigen. Bietet er eine Abfindung an, so wird bei leicht ersetzbaren (und daher auch unschwer kündbaren) Arbeitnehmern die »freie« Willensentscheidung auf dem Papier stehen. Allerdings bestehen Beratungspflichten in gleichem Umfang wie beim Aufhebungsvertrag (LAG München, DB 1988, 1607).

Auflösung des Arbeitsverhältnisses durch Tod des Arbeitgebers?

Der Tod des Arbeitgebers löst nach herrschender Auffassung das Ar- **924** beitsverhältnis nicht auf: Die Erben rücken voll in seine Rechtsstellung ein. Eine Ausnahme soll gelten, wenn die Arbeitsleistung wie bei einer Pflegekraft auf die Person bezogen war, doch auch dann reicht es, wenn die Erben kündigen können.

Altersgrenze und Erwerbsunfähigkeit?

925 Keinen selbständigen Beendigungstatbestand stellen das Erreichen einer bestimmten Altersgrenze oder der Eintritt der Erwerbsunfähigkeit dar; weder das BGB noch das KSchG kennen einen derartigen Beendigungstatbestand. Dem Arbeitgeber bleibt die Kündigung nach allgemeinen Grundsätzen. Häufig sehen allerdings Tarifverträge und Arbeitsverträge eine automatische Beendigung des Arbeitsverhältnisses bei Erreichen des Rentenalters vor, was nach der Rechtsprechung des EuGH (NZA 2007, 1219) nicht gegen das Verbot der Diskriminierung wegen Alters verstößt.

Befristung

926 Zum Auslaufen befristeter Arbeitsverhältnisse siehe unten Kap. 20 (Rn. 1132ff.).

Altersteilzeit

927 Zur Vereinbarung von Altersteilzeit siehe unten Kap. 23 (Rn. 1208ff.).

Wegfall der Geschäftsgrundlage

928 Denkbar ist, dass der Arbeitsvertrag in einer für beide Seiten offenkundigen Art und Weise gegenstandslos wird, so dass die Berufung auf die fehlende Kündigungserklärung gegen Treu und Glauben verstoßen würde. Beispiel ist etwa der Fall, dass Arbeitgeber und Arbeitnehmer nach 1945 aus den Gebieten östlich von Oder und Neiße geflohen waren und sich 10 oder 20 Jahre lang aus den Augen verloren hatten (vgl. BAG, BB 1963, 1018).

14.13 Die Abwicklung des Arbeitsverhältnisses

14.13.1 Die Erteilung eines Zeugnisses

929 »Bei der Beendigung« des Arbeitsverhältnisses hat jeder Arbeitnehmer nach § 109 GewO einen Anspruch auf Erteilung eines Zeugnisses. Dieses bezieht sich auf die Art und Dauer des Arbeitsverhältnisses (sog. einfaches Zeugnis), muss jedoch auf Verlangen des Arbeitnehmers auch Führung und Leistung erfassen (sog. **qualifiziertes Zeugnis**). Die Bewerbung bei anderen Arbeitgebern soll erleichtert werden. Der Anspruch ist deshalb nicht erst am letzten Arbeitstag, sondern über den Wortlaut des § 109 GewO hinaus schon bei Beginn der Kündigungsfrist zu erfüllen.

Zu **Form und Inhalt des Zeugnisses** haben Rechtsprechung und Litera- **930**
tur eine Reihe von **Grundsätzen** entwickelt.

- Das Zeugnis muss in **korrekter Form** abgefasst sein. Es darf sich nicht
  um einen »Fetzen« handeln, der Streichungen, Radierungen oder Un-
  leserliches enthält oder der gar mit Fettflecken und Tintenklecksen
  versehen ist. Inkorrekt wäre es auch, wenn das Zeugnis von einem
  untergeordneten Mitarbeiter der Personalabteilung unterschrieben
  wäre.
- Inhaltlich muss das Zeugnis einerseits vom **Wohlwollen des Arbeitgebers** getragen sein, der die künftigen Chancen des ausscheidenden Arbeitnehmers nicht beeinträchtigen darf. Auf der anderen Seite muss
  die **Wahrheit** geschrieben werden, auch wenn sie ggf. für den Arbeitnehmer negative Folgen hat.
- Soweit sich das Zeugnis auf »Führung und Leistung« bezieht, sind **931**
  einmalige Ereignisse, die die Persönlichkeit des Arbeitnehmers nicht
  charakterisieren, nicht zu erwähnen. Dies gilt auch dann, wenn der
  »**Ausrutscher**« zur fristlosen Lösung des Arbeitsverhältnisses geführt
  hat (LAG Düsseldorf, AiB 1988, 267).
- Vom Gegenstand her sind lediglich **arbeitsbezogene Tatsachen** aufzunehmen, so dass Vorgänge im Privatleben, aber auch eine eventuelle
  Betriebsrats- oder Gewerkschaftätigkeit auszuscheiden haben.

Beispiel:
Einem Ostdeutschen wird bescheinigt: »Als Mitglied der BGL (= Betriebsgewerk-
schaftsleitung) und der BPO (= Betriebsparteiorganisation) hatte der X bis zur
Wende die Unterstützung der Belegschaft.« Unzulässig, es sei denn, X wäre einverstanden.

- Für den Arbeitnehmer **negative Tatsachen** dürfen nur dann erwähnt
  werden, wenn sie auch beweisbar sind. Im Streitfall ist es allein Sache
  des Arbeitgebers, die erforderlichen Beweismittel zu beschaffen. Vergleichbares gilt für **negative Werturteile** (z. B.: »geringe Führungsqua-
  litäten«), die nur dann im Zeugnis auftauchen dürfen, wenn ihnen
  konkrete, nachweisbare Vorgänge zugrunde liegen.
- Die im Zeugnis verwendeten **Formulierungen sind nach der Empfän-** **932**
  gerperspektive zu bewerten. Ob das Zeugnis die Art der Tätigkeit sowie die Führung und Leistung des Arbeitnehmers korrekt wiedergibt,
  bestimmt sich allein danach, wie ein anderer Arbeitgeber die gewählten Formulierungen auffassen darf. Mit Rücksicht auf das allgemein
  praktizierte »Wohlwollen« kann schon ein unterbliebenes Lob eine
  Kritik darstellen, die ggf. durch Tatsachen zu untermauern wäre.

Beispiel:
Einem langjährigen Kassierer wird lediglich »ordentliche« Arbeit bescheinigt, ohne dass seine Ehrlichkeit hervorgehoben wird.

Auch können Aussagen, die in der Umgangssprache durchaus positiv besetzt sind, im **Zeugnisdeutsch** eine höchst negative Färbung bekommen. Dies gilt etwa für die Formulierung, der Arbeitnehmer habe sich bemüht, seinen Kräften entsprechend das Beste zu geben.

Auch ist es sicherlich von zweifelhaftem Wert, wenn einem älteren Angestellten bescheinigt wird, er habe immer »Einfühlungsvermögen für die Belange der Mitarbeiter« bewiesen oder »durch seine Geselligkeit stets zur Verbesserung des Betriebsklimas beigetragen« – Ersteres bedeutet Sexkontakte zu Mitarbeiterinnen, Letzteres übermäßigen Alkoholgenuss.

933 ▪ Die Ausdrucksweise in Zeugnissen kann schließlich derart differenziert sein, dass den betroffenen Arbeitnehmern negative Wertungen gar nicht auffallen. So wies die frühere DAG vor vielen Jahren darauf hin, bestimmte Sätze seien infolge einer Abmachung unter Personalleitern als »negativ« definiert worden.

Beispiel:
Der Satz »der X setzte sich besonders nachhaltig für die Belange der Mitarbeiter ein« sollte der Sache nach besagen, es handele sich um einen »Scharfmacher« und »Aufwiegler«, von dem jeder vernünftige Arbeitgeber die Hände lässt.

Lässt sich eine solche **Geheimsprache** nachweisen, so verstoßen die entsprechenden Formulierungen gegen § 109 Abs. 2 Satz 2 GewO, der ausdrücklich die Aufnahme von Merkmalen oder Formulierungen untersagt, »die den Zweck haben, eine andere als aus der äußeren Form oder aus dem Wortlaut ersichtliche Aussage über den Arbeitnehmer zu treffen«. Der Fall liegt dann nicht anders, wie wenn die Zeugnisse aller katholischen Arbeitnehmer mit einem schwarzen Punkt in der rechten oberen Ecke oder die aller Sozialdemokraten mit einem rötlichen Punkt in der linken unteren Ecke versehen würden.

934 Verstößt der Arbeitgeber gegen einen der hier aufgeführten Grundsätze, so **kann der Arbeitnehmer auf Erteilung eines »korrekten« Zeugnisses klagen.** Dieses muss das Datum des ursprünglichen Zeugnisses tragen; mit einer Ergänzung des Textes darf sich der Arbeitgeber nur dann begnügen, wenn diese nicht als solche erkennbar ist. Hat der Arbeitgeber allerdings das Wohlwollen zu weit getrieben und wider besseres Wissen unberechtigtes Lob verteilt, haftet er unter Umständen einem anderen Unternehmer nach § 826 BGB auf Schadensersatz, wenn dieser den unfähigen Arbeitnehmer eingestellt hat.

Beispiel:
Ein besonders langsamer und geistig schwerfälliger Angestellter wird im Zeugnis als »intelligent, flexibel und unbeschränkt belastbar« bezeichnet.

14.13.2 Die informelle Auskunft als »heimliches Zeugnis«

Was passiert, wenn der Personalleiter vor der Einstellung beim früheren **935** Arbeitgeber anruft und »reinen Wein eingeschenkt« haben will? Umfangreiche »Rückmeldungen« sind nicht selten.

Beispiel:
Der frühere Arbeitgeber sagt am Telefon, »nach seiner Einschätzung« sei der Arbeitnehmer »streitsüchtig« und überdies sehr auf die Einhaltung der Arbeitszeit bedacht.

Die **für Zeugnisse geltenden Grundsätze** werden auf diese Weise völlig **ausgehöhlt**; sie entfalten ihre Schutzwirkung nur noch dann, wenn sich der Arbeitnehmer bei einem »uninteressierten« oder schlecht organisierten Arbeitgeber bewirbt. Sicher: Nach BAG (AP Nr. 1 zu § 630 BGB) muss die **Auskunft** »**sorgfältig und wahrheitsgemäß**« sein, doch wer verhindert, dass sie sich z. B. auch auf das Privatleben erstreckt? Einzige Sanktion ist ein (u. U. saftiger) Schadensersatzanspruch, wenn der Arbeitgeber Unwahres behauptet und der Arbeitnehmer deshalb die Stelle nicht bekommt, sofern man beides beweisen kann.

14.13.3 Die Herausgabe der Arbeitspapiere

Bei der Beendigung des Arbeitsverhältnisses muss der Arbeitgeber die **936** sog. Arbeitspapiere herausgeben. Dazu zählen neben dem Zeugnis u. a. die Lohnsteuerkarte, die Versicherungskarte und die Krankenkassenbescheinigung sowie die Arbeitsbescheinigung nach SGB III. Da der Besitz dieser Unterlagen Voraussetzung für den Antritt einer neuen Stelle oder für die Gewährung von Arbeitslosengeld ist, kann der Arbeitnehmer die Herausgabe notfalls im Wege der einstweiligen Verfügung erzwingen.

14.13.4 Die so genannte Ausgleichsquittung

937 Nach dem Ende des Arbeitsverhältnisses unterschreibt der Arbeitnehmer häufig eine Erklärung, die der Arbeitgeber vorformuliert hat. In ihr bestätigen sich die Arbeitsvertragsparteien, keine Ansprüche mehr gegeneinander zu haben. Mit dieser sog. Ausgleichsquittung wird ein **Schlussstrich unter das Arbeitsverhältnis** gezogen.

938 Im praktischen Ergebnis wirkt dies fast ausschließlich zu Lasten des Arbeitnehmers, da der Arbeitgeber ja in Form der Arbeitsleistung bereits das ihm Zustehende erhalten hat. Rechtsprechung und Literatur haben eine Reihe von Grundsätzen entwickelt, die dem Arbeitnehmer einen gewissen Schutz geben.

- Der **Arbeitnehmer ist nicht verpflichtet,** eine Ausgleichsquittung zu unterschreiben. Anders als bei der Entgegennahme einer bestimmten Leistung, die man nach § 368 BGB quittieren muss, ist es allein seiner Entscheidung überlassen, ob er unterschreiben will oder nicht.

939 - **Bestimmte Arbeitnehmeransprüche sind unverzichtbar,** können deshalb also auch nicht durch eine Ausgleichsquittung aufgehoben werden. Nach § 4 Abs. 4 TVG zählen dazu alle tariflichen Ansprüche, nach § 77 Abs. 4 BetrVG alle durch Betriebsvereinbarung garantierten Rechte. § 13 Abs. 1 BUrlG erklärt mittelbar Urlaubsansprüche einschließlich des Abgeltungsanspruchs nach § 7 Abs. 4 BUrlG für unabdingbar. Dennoch bleibt der Ausgleichsquittung ein weiter Anwendungsbereich: Sie kann sich insbesondere auf tariflich nicht abgesicherte Zahlungen wie Gratifikationen, Treueprämien, Leistungszulagen und Ähnliches erstrecken. Möglich ist sogar, auf die betriebliche Altersversorgung oder die Kündigungsschutzklage zu verzichten.

940 - **Wie weit** der in einer Ausgleichsquittung erklärte Verzicht reicht, ist eine Frage der **Formulierung im Einzelfall.** Wichtig ist dabei, welche »Vorgeschichte« die Abmachung hatte. Bestand Streit über bestimmte Ansprüche, so stellt sich die Ausgleichsquittung als Vergleich im Sinne des § 779 BGB dar, der alle strittigen Ansprüche erledigt. Außerhalb der Vorstellungen der Parteien bleibende Rechte werden dagegen nicht berührt (BAG, AP Nr. 32 zu § 133 BGB).

Beispiel:
Arbeitgeber und Arbeitnehmer streiten darüber, ob der Arbeitnehmer bestimmte Überstunden geleistet und dafür noch Vergütungen zu bekommen hat. Die Meinungsverschiedenheiten werden in der Weise beigelegt, dass der Arbeitgeber

100 Euro bezahlt und der Arbeitnehmer eine Ausgleichsquittung unterzeichnet, in der es heißt, alle gegenseitigen Ansprüche seien hiermit erledigt. Stellt sich nachträglich heraus, dass der Arbeitnehmer noch einen Urlaubsabgeltungsanspruch nach § 7 Abs. 4 BUrlG hatte, so wird dieser durch die Ausgleichsquittung nicht berührt.

- Führt auch die »Vorgeschichte« zu keiner Klarheit, so ist zu fragen, **941** was der Arbeitnehmer vernünftigerweise gewollt haben kann. Wichtig ist, dass ein **Verzicht auf die Erhebung der Kündigungsschutzklage** in der unterschriebenen Urkunde selbst **unmissverständlich** zum Ausdruck kommen muss, dass also eine allgemeine Formulierung, alle Rechte seien erledigt, nicht ausreicht (BAG, BB 1978, 1264). Dasselbe gilt für einen Verzicht auf die betriebliche Altersversorgung. Da die Ausgleichsquittung in 99 von 100 Fällen von der Arbeitgeberseite vorformuliert wurde, ist sie nach § 305 c Abs. 2 BGB **im Zweifel zu Lasten des Arbeitgebers auszulegen.** Dies hat das BAG (NZA 2004, 1098) verkannt, als es eine pauschale Verzichtserklärung auch auf das anteilige 13. Monatsgehalt erstreckte.

- Ist der so bestimmte Inhalt der Ausgleichsquittung nicht mit den Vor- **942** stellungen vereinbar, die der Arbeitnehmer bei der Unterzeichnung hatte, so ist kein endgültiger Rechtsverlust eingetreten. Denkbar ist, dass der Arbeitnehmer glaubte, es handle sich um eine reine Formalie, die ihn zu nichts verpflichte. Häufig ist der Fall, dass der Arbeitnehmer die Vorstellung hat, nur die Herausgabe der Arbeitspapiere zu quittieren. In beiden Fällen liegt ein **Inhaltsirrtum** vor, der gemäß § 119 Abs. 1 BGB zur **Anfechtung** berechtigt (BAG, AP Nr. 33 zu § 133 BGB). Wurde der Arbeitnehmer vom Arbeitgeber bewusst **getäuscht** oder wurde ihm mit einem rechtswidrigen Verhalten wie der Nicht-Herausgabe der Arbeitspapiere gedroht, so kann er seine **Erklärung nach § 123 BGB** anfechten. Schließlich wird die Ausgleichsquittung dann gegenstandslos, wenn das Arbeitsverhältnis fortgesetzt wird – sei es, dass der Kündigungsschutzklage stattgegeben, sei es, dass der Aufhebungsvertrag erfolgreich angefochten wurde.

- Wegen **inhaltlicher Benachteiligung des Arbeitnehmers** kann die Aus- **942a** gleichsquittung gegen § 307 Abs. 1 BGB verstoßen (BAG, AP Nr. 53 zu § 307 BGB mit Anm. Däubler; weitere Einzelheiten bei Däubler/Bonin/Deinert, AGB-Kontrolle im Arbeitsrecht, Einl. Rn. 164 ff.).

- Mit Rücksicht auf die große Tragweite der Ausgleichsquittung ist **943** dem Arbeitnehmer in einer Reihe von Tarifverträgen ein einseitiges **Widerrufsrecht** eingeräumt worden.

14.13.5 Betriebliche Altersversorgung

944 Insbesondere in größeren Unternehmen besteht häufig eine betriebliche Altersversorgung. Auch wenn man vor Erreichen der Altersgrenze ausscheidet, behält man oft eine unverfallbare Anwartschaft, die dann im Alter zu Zahlungen führt. Ein Überblick wird in Kap. 24 gegeben.

14.13.6 Abwicklungsvertrag

944a Die Abwicklung des Arbeitsverhältnisses, wozu auch die Rückgabe des Dienstwagens und anderer Gegenstände des Arbeitgebers gehört, kann vertraglich geregelt werden. Anders als beim Aufhebungsvertrag wird das **Arbeitsverhältnis** bereits als **aufgelöst** bzw. auslaufend **betrachtet.** Um die »einvernehmliche Scheidung« zu erleichtern, wird häufig auch eine **Abfindung** oder eine sonstige Ausgleichszahlung vorgesehen. Das BSG (NZA 2004, 661) hält in solchen Fällen allerdings die Verhängung einer Sperrfrist beim Arbeitslosengeld für geboten, sofern die Kündigung nicht eindeutig rechtmäßig war. Da derselbe Effekt nicht eintritt, wenn man eine entsprechende Abmachung als gerichtlichen Vergleich im Rahmen des Kündigungsschutzverfahrens schließt, wird auf diese Weise das Prozessieren belohnt. Kritisch dazu und zu verbleibenden Gestaltungsmöglichkeiten Bauer/Krieger NZA 2004, 640. Das BSG (NZA 2006, 1359) hat darauf in der Weise reagiert, dass dann auf die Verhängung einer Sperrfrist zu verzichten sei, wenn die Abfindung die Sätze des § 1 a KSchG nicht übersteige.

14.14 Anspruch auf Wiedereinstellung?

945 Bleibt der Arbeitnehmer längere Zeit arbeitslos oder erhält er nur einen schlechteren Arbeitsplatz, so hat er ein verständliches Interesse daran, bei besserer Konjunkturlage wieder in den Betrieb zurückzukehren.

Beispiel:
Eine Werft muss wegen Auftragsmangels 600 Arbeitnehmern kündigen. Ein Dreivierteljahr später erhält sie mehrere Großaufträge und kann wieder mit voller Kapazität tätig sein. Können die 400 Entlassenen, die noch keinen neuen Arbeitsplatz gefunden haben, Wiedereinstellung verlangen?

Für einen solchen Anspruch lässt sich die ILO-Empfehlung Nr. 119 ins Feld führen (Text in: ILO, Hrsg., Übereinkommen und Empfehlungen, Genf 1966, S. 1205, Art. 16). Weiter spricht dafür der Gedanke, dass jede Kündigung in die soziale Existenz des Einzelnen eingreift und dieser Eingriff im Rahmen des Möglichen wieder rückgängig gemacht werden sollte.

Leider anerkennt die Rechtsprechung einen Wiedereinstellungsanspruch bislang nur in vier Ausnahmefällen. **946**

- Der zur Kündigung führende **Verdacht** einer strafbaren Handlung stellt sich nachträglich als **unbegründet** heraus (BAG, AP Nr. 3 zu § 611 BGB Fürsorgepflicht).
- Die Nicht-Einstellung würde gegen den **Gleichbehandlungsgrundsatz** verstoßen (BAG, BB 1978, 257).
- Eine umfassende **Abwägung der beiderseitigen Interessen** spricht für eine Fortsetzung des Arbeitsverhältnisses (LAG Köln, DB 1989, 1479).
- **Während** des Laufs **der Kündigungsfrist fällt der Kündigungsgrund weg**; es kommt etwa überraschend eine Betriebsveräußerung zustande, die die Weiterbeschäftigung des gekündigten Arbeitnehmers ermöglicht (BAG, DB 1997, 1414).

Beispiel:
Melden sich in dem oben genannten Fall 400 Werftarbeiter zur Wiederaufnahme der Arbeit, stellt der Arbeitgeber jedoch nur 395 von ihnen ein und weist fünf Bewerber ohne ersichtlichen sachlichen Grund ab, so haben diese einen Anspruch auf Einstellung. Anders entscheidet das BAG, wenn sich die Abgewiesenen (nur) auf eine Verletzung der Grundsätze über die soziale Auswahl berufen können: § 1 Abs. 3 KSchG gelte in diesem Fall nicht (BAG, NZA 1984, 226). Nach der Rechtsprechung des LAG Köln wäre es dem Arbeitgeber auch untersagt, vorwiegend »neue« Arbeitskräfte einzustellen, es sei denn, dies wäre aufgrund veränderter Arbeitsbedingungen gerechtfertigt.

Ein Wiedereinstellungsanspruch könnte durch **Tarifvertrag** begründet werden.

14.15 Weiterführende Literatur

947 Zur Einführung:
Däubler, Kündigungsschutz für Arbeitnehmer, Düsseldorf 2006 (ARD Rechtsratgeber).

Zum Kündigungsschutzrecht gibt es zahlreiche neuere Kommentare:
Kittner/Däubler/Zwanziger (Hrsg.), Kündigungsschutzrecht, Kommentar für die Praxis, 9. Aufl., Frankfurt/Main 2014;

»**KR**«, übliche Abkürzung für »Gemeinschaftskommentar zum Kündigungsschutzgesetz und sonstigen kündigungsschutzrechtlichen Vorschriften«, hrsg. von **Etzel, Bader u. a.,** 10. Aufl., Neuwied 2013;

Ascheid/Preis/Schmidt, Kündigungsrecht. Großkommentar zum gesamten Recht der Beendigung von Arbeitsverhältnissen, 4. Aufl., München 2012;

Schwarze/Eylert/Schrader, Kündigungsschutzgesetz: Kommentar, München 2011;

Dorndorf/Weller/Hauck/Höland/Kriebel/Neef, Heidelberger Kommentar zum KSchG, 4. Aufl., Heidelberg 2001;

von Hoyningen-Huene/Linck, Kündigungsschutzgesetz, Kommentar, 15. Aufl., München 2013;

HK-ArbR, 3. Aufl., KSchG, bearbeitet von M. Schubert, Manske, Braun u. a.;

Gallner/Mestwerdt/Nägele (Hrsg.), Kündigungsschutzgesetz, Handkommentar, 5. Aufl., Baden-Baden 2015;

Hergenröder, Kommentar zum KSchG, in: Münchener Kommentar zum BGB, Bd. 4, Schuldrecht Besonderer Teil II, 6. Aufl., München 2012;

Löwisch/Spinner/Wertheimer, Kommentar zum Kündigungsschutzgesetz, 10. Aufl., Heidelberg 2013;

Thüsing u. a., Kündigungsschutzgesetz, 3. Aufl., Freiburg/Brsg. 2014;

Zwanziger/Altmann/Schneppendahl, Kündigungsschutzgesetz, Basiskommentar, 4. Aufl., Frankfurt/Main 2015.

Eine handbuchmäßige Darstellung bei:
Stahlhacke/Preis/Vossen, Kündigung und Kündigungsschutz im Arbeitsverhältnis, 10. Aufl., München 2010.

Von Interesse weiter:
Annuß, Betriebsbedingte Kündigung und arbeitsvertragliche Bindung, Köln 2004;

Hjort, Aufhebungsvertrag und Abfindung. Strategien, Tipps und Musterverträge, 5. Aufl., Frankfurt/Main 2015.

Däubler, Die Unternehmerfreiheit im Arbeitsrecht – eine unantastbare Größe? HSI-Schriftenreihe, Saarbrücken 2012.

Für Rechtsvergleicher: **Wang,** Qian, Der Kündigungsschutz nach dem chinesischen Arbeitsvertragsgesetz. Eine vergleichende Analyse mit dem deutschen Recht, Baden-Baden 2012.

Die große Zahl der Veröffentlichungen zeigt, wie wichtig dieses Gebiet in der deutschen Praxis ist. Rund jeder zweite Prozess vor dem Arbeitsgericht betrifft eine Kündigung durch den Arbeitgeber.

15. Umstrukturierung von Unternehmen und Veräußerung von Betrieben

15.1 Erscheinungsformen

948 Unternehmen sind verständlicherweise bemüht, mit möglichst wenig Aufwand möglichst viel Ertrag zu erzielen. Neben der Effektivierung des Arbeitsprozesses – man verkürzt z. B. die Hierarchien und gibt der dezentralen Ebene mehr Verantwortung (sog. lean production) – kommt dafür eine **Umstrukturierung des Unternehmens** in Betracht. Man führt beispielsweise zwei Unternehmen zusammen, was Synergieeffekte auslöst: Man braucht nur noch eine Personalabteilung, nur noch eine Abteilung für Forschung und Entwicklung usw. Auf der anderen Seite kann es sinnvoll sein, für riskante Vorhaben eine selbständige GmbH zu gründen, um so das Haftungsrisiko nicht in vollem Umfang selbst tragen zu müssen.

Beispiel:
Die wichtigsten Teile des Vermögens, insbesondere die Grundstücke, werden einer sog. Besitzgesellschaft übertragen, die das Betriebsgelände der Produktionsgesellschaft vermietet: Beide Gesellschaften gehören zwar denselben Personen, doch wenn was schief läuft (die Produkte verkaufen sich z. B. schlechter als erwartet), ist nur die »arme« Produktionsgesellschaft dran.

Aus einem Unternehmen werden so zwei gemacht.

949 Eine Umstrukturierung kann sich auch auf Teile eines Unternehmens, insbesondere auf einen Betrieb beschränken. Eine Produktionsstätte wird beispielsweise einem anderen Konzernunternehmen zugeordnet oder an einen Interessenten verkauft. Dies kann man auch mit einem bloßen Betriebsteil tun. Einzelne Teile des Unternehmens lassen sich auch veräußern; in diesem Fall spricht man von **Outsourcing**.

Beispiel:
Der Kantinenbetrieb wird einer »Speise- und Gaststätten-GmbH« übertragen.

950 **Veränderungen auf der unternehmerischen Ebene können** (müssen aber nicht) **auf die betriebliche Ebene durchschlagen.**

412

Beispiel:

Die Besitzgesellschaft übernimmt eine kleine Gruppe von kaufmännischen Angestellten aus der Produktionsgesellschaft. Oder: Die Fusion führt dazu, dass alle
Stabsabteilungen (z. B. die dem Vorstand zuarbeitende Rechtsabteilung) zusammengelegt werden.

Andererseits ist auch der Fall denkbar, dass die Arbeitsabläufe dieselben
bleiben.

Beispiel:

Ein Verlag gründet für seine fünf Zeitschriften jeweils eine GmbH; außer der Verwendung unterschiedlicher Briefköpfe ändert sich in den tatsächlichen Arbeitsabläufen nichts.

Im Folgenden soll zunächst der Fall einer Veränderung auf Unternehmensebene (Verschmelzung, Spaltung), dann die Veräußerung von Betrieben und Betriebsteilen behandelt werden.

15.2 Das Umwandlungsgesetz (UmwG)

Will man zwei Gesellschaften zusammenführen, kann man dies in der **951**
Weise bewerkstelligen, dass die eine ihr gesamtes Vermögen auf die andere überträgt und in Zukunft jede Aktivität einstellt.

Was in einem solchen Fall von der einen bleibt, ist ein sog. **Mantel**, der weiter im
Handelsregister eingetragen ist und den man bei Bedarf reaktivieren, d. h. wieder
zu einer aktiven Gesellschaft machen oder veräußern kann.

Will man umgekehrt mehrere Unternehmen schaffen, kann man eine
GmbH gründen und dieser z. B. die Betriebsgrundstücke übertragen.

Ein solches Vorgehen ist aufwändig und oft auch mit steuerlichen **952**
Nachteilen verbunden. Das am 1. 1. 1995 in Kraft getretene Umwandlungsgesetz vereinfacht deshalb derartige Vorgänge. Es schafft die Möglichkeit, dass Unternehmen beliebiger Rechtsform aufgrund eines
Vertrages verschmelzen (Fusion) und dass auf der Grundlage eines Spal-
tungsplans oder eines Spaltungsvertrags ein Teil des Unternehmens-
vermögens automatisch auf einen anderen Rechtsträger wie z. B. eine
GmbH übergeht. Diese kann auch bei der Spaltung neu geschaffen werden.

413

Beispiel:

Statt eine neue GmbH zu gründen und dieser dann die Betriebsgrundstücke zu übereignen, wird die GmbH »abgespalten« mit der Folge, dass ihr mit Eintragung ins Handelsregister die ihr im Spaltungsplan zugeordneten Grundstücke automatisch zufallen. Man spricht insoweit von einer **partiellen Gesamtrechtsnachfolge** (was einem Menschen, der auf korrekte Sprache Wert legt, keine besondere Freude bereitet).

953 Neben der Verschmelzung und der Spaltung regelt das Umwandlungsgesetz noch zwei weitere Formen, die hier von geringerem Interesse sind: Die sog. Vermögensübertragung betrifft insbesondere die Aufnahme von Unternehmen durch die öffentliche Hand. Der sog. Formwechsel (eine KG verwandelt sich z. B. in eine GmbH) ist arbeitsrechtlich ohne größeres Interesse, weil der Arbeitgeber derselbe bleibt und sich im Grunde nur der Name ändert.

Praktische Bedeutung hat der Formwechsel allerdings ggf. im Bereich der Unternehmensmitbestimmung.

Betrachten wir deshalb nur die beiden wichtigsten Fälle, d. h. die Verschmelzung und die Spaltung.

15.3 Die Verschmelzung

954 Von der rechtlichen Konstruktion her gibt es zwei Formen.

- Von »**Verschmelzung durch Aufnahme**« spricht man, wenn ein Unternehmen von einem anderen »geschluckt« wird: Die Aktionäre, Gesellschafter usw. der untergehenden Einheit erhalten nach näherer Maßgabe des Verschmelzungsvertrags Anteilsrechte an dem sich vergrößernden Unternehmen.

- Egalitärer erscheint die »**Verschmelzung durch Neugründung**«: Zwei (oder mehrere) Unternehmen gründen ein neues, auf das sie alle ihre Aktiva und Passiva übertragen.

955 Alle Arbeitsverhältnisse gehen auf die »schluckende« bzw. die neugegründete Gesellschaft über. War das untergegangene Unternehmen durch einen Firmentarif gebunden, erstreckt sich dieser auch auf den »Nachfolger«, ohne dass sich am Geltungsbereich, d. h. an den erfassten Bereichen etwas ändert. Beim Verbandstarif wird – wenn die neue Gesellschaft nicht dem Arbeitgeberverband angehört – genau wie beim Betriebsübergang verfahren: Nach § 613 a Abs. 1 Satz 2 BGB gehen die tariflichen Bestimmungen in die Arbeitsverträge ein und gelten grundsätzlich für ein Jahr als zwingende Vertragsbestimmung weiter (dazu unten Rn. 971).

Werden aufgrund der Verschmelzung Betriebe zusammengelegt, liegt **956** eine Betriebsänderung im Sinne des § 111 Satz 3 Nr. 3 BetrVG vor; es muss daher über Interessenausgleich und Sozialplan verhandelt werden (dazu oben Kap. 5 – Rn. 352 ff.). Um eine »vertretungslose« Zeit zu verhindern, bis in dem neuen Betrieb ein Betriebsrat gewählt ist, sieht § 21 a BetrVG auch für diesen Fall ein sog. **Übergangsmandat** vor: Es steht dem Betriebsrat des »Ausgangsbetriebes« zu, der die meisten betroffenen Arbeitnehmer in die neue Einheit einbringt.

Beispiel:
Ein Betrieb mit 300 und ein anderer mit 200 Beschäftigten werden zusammengelegt. Bis zur Neuwahl, höchstens für die Dauer von sechs Monaten, spricht der Betriebsrat aus dem 300-Personen-Betrieb für alle. Durch Tarifvertrag oder Betriebsvereinbarung kann das Übergangsmandat um weitere sechs Monate verlängert werden.

15.4 Die Spaltung

Das UmwG unterscheidet in seinem § 123 drei Formen: **957**

- Die sog. **Aufspaltung**, bei der das Unternehmen in mindestens zwei Teile (d. h. neue Unternehmen) zerlegt wird und anschließend als solches zu bestehen aufhört.
- Die sog. **Abspaltung**. Einzelne Teile des Vermögens (z. B. eine Betriebsabteilung) werden auf einen bestehenden oder neu gegründeten Rechtsträger übertragen. Das alte Unternehmen bleibt erhalten. Als Ausgleich für die Abgabe von Vermögensgegenständen erhalten die Aktionäre bzw. Gesellschafter Anteilsrechte an der das »Spaltprodukt« bekommenden Gesellschaft.
- Die sog. **Ausgliederung.** Sie entspricht inhaltlich der Abspaltung und unterscheidet sich von dieser nur dadurch, dass die Anteilsrechte an der neuen Gesellschaft dem »verlierenden« Unternehmen selbst und nicht seinen Aktionären, Gesellschaftern usw. zustehen.

Im Folgenden wird aus Vereinfachungsgründen ausschließlich die Abspaltung behandelt. Bei den anderen Formen ergeben sich praktisch keine Sonderprobleme.

Werden Betriebe oder Betriebsteile einer abgespaltenen Gesellschaft **958** zugeordnet, gehen die Arbeitsverhältnisse der dort Beschäftigten automatisch mit über. Insoweit gilt § 613 a BGB entsprechend (dazu unten 15.5). Dies betrifft insbesondere das Widerspruchsrecht des Arbeitnehmers sowie die Fortgeltung von Tarifverträgen.

Geht kein Betrieb oder Betriebsteil auf die abgespaltene Gesellschaft über, können ihr einzelne Arbeitsverhältnisse nur mit Zustimmung der betroffenen Arbeitnehmer zugeordnet werden (Boecken, ZIP 1994, 1087ff.).

959 Erwähnenswert ist § 323 Abs. 1 UmwG, der die »**kündigungsrechtliche« Stellung** des abgespaltenen Arbeitnehmers für zwei Jahre aufrechterhält: Gemeint ist damit insbesondere der Fall, dass der neue Rechtsträger nicht mehr als zehn Arbeitnehmer besitzt und der Beschäftigte deshalb nicht unter das KSchG fallen würde (siehe oben Kap. 14 – Rn. 819f.). Während der zwei Jahre muss auch die soziale Auswahl »betriebsübergreifend« erfolgen.

960 In Bezug auf den abgespaltenen Betriebsteil besitzt der Betriebsrat ein sog. **Übergangsmandat**, das in gleicher Weise wie bei der Zusammenlegung von Betrieben ausgestaltet ist. Allerdings gibt es zwei Ausnahmen: Der Betriebsrat des »Hauptbetriebs« kann nicht mehr für die Abgespaltenen sprechen, wenn diese eine nicht betriebsratsfähige Einheit von weniger als fünf Beschäftigten bilden oder wenn sie in einen anderen Betrieb eingegliedert wurden, wo ein Betriebsrat vorhanden ist.

961 Ändert sich trotz der Abspaltung (oder auch der Aufspaltung des Arbeitgeberunternehmens) an den betrieblichen Arbeitsabläufen nichts Wesentliches, wird nach § 1 Abs. 2 Nr. 2 BetrVG das Vorliegen eines **Gemeinschaftsbetriebs** vermutet. Dies bedeutet, dass der bisherige Betriebsrat im Amt bleibt und auch im Rahmen des Kündigungsschutzes der bisherige Betrieb als Einheit erhalten wird. Ist zweifelhaft, ob die Vermutung greift, oder kann sie vom Arbeitgeber widerlegt werden, so lässt sich eine einheitliche betriebliche Interessenvertretung **durch Tarifvertrag** nach § 3 Abs. 1 BetrVG sichern.

962 Bei einer Spaltung in eine Besitz- und eine Produktionsgesellschaft (von § 134 UmwG »Anlagegesellschaft« bzw. »Betriebsgesellschaft« genannt) besteht die Gefahr, dass die Arbeitnehmer im Fall einer Massenentlassung ggf. keinen angemessenen Sozialplan bekommen, weil die »arme« Betriebsgesellschaft über keine ausreichenden Mittel verfügt. § 134 UmwG lässt deshalb die **Anlagegesellschaft** für die Forderungen der Arbeitnehmer der Betriebsgesellschaft **haften**, die nach den §§ 111 bis 113 BetrVG innerhalb von fünf Jahren begründet wurden. Bei der Bemessung der Sozialplanleistungen ist dabei auch die wirtschaftliche

Situation der Besitzgesellschaft zu berücksichtigen; andernfalls wäre die Haftung ohne Interesse.

Reduziert sich infolge einer Abspaltung die Arbeitnehmerzahl unter bestimmte **Schwellenwerte**, kann nach § 325 Abs. 2 UmwG durch Tarifvertrag oder Betriebsvereinbarung ein **Bestandsschutz** vereinbart werden. **963**

Beispiel:

Durch die Abspaltung eines Unternehmensteils ist die Zahl der Beschäftigten im verbleibenden Betrieb auf weniger als 101 gesunken. Ein Tarifvertrag sieht deshalb vor, dass es in Zukunft gleichwohl weiterhin einen Wirtschaftsausschuss geben soll.

15.5 Die Veräußerung von Betrieben und Betriebsteilen nach § 613 a BGB

Wird – mit oder ohne Veränderung auf Unternehmensebene – ein Betrieb oder ein Betriebsteil veräußert, so greift § 613 a BGB ein. Nach seinem Abs. 1 gehen in einem solchen Fall die Arbeitsverhältnisse auf den Erwerber über. **964**

Da § 613 a BGB in seiner heutigen Fassung auf einer EG-Richtlinie beruht, ist er »richtlinienkonform« auszulegen. Im Streitfall entscheidet der EuGH über die konkrete Reichweite der Richtlinie und ihren Inhalt.

Wird nur ein Betriebsteil veräußert, kann die Zuordnung einzelner Arbeitnehmer zum »weggegebenen Teil« oder zum »Rumpfbetrieb« zweifelhaft sein. Die Rechtsprechung stellt insoweit richtigerweise auf die übereinstimmende Meinung aller Beteiligten ab; nur wenn sich unterschiedliche Positionen ergeben, soll es auf die »überwiegende Tätigkeit« ankommen (BAG, DB 1983, 50).

Bei der Anwendung des § 613 a BGB sind zahlreiche Einzelfragen aufgetaucht, die in der Praxis von erheblicher Bedeutung sind.

15.5.1 Was ist ein »Betrieb« oder »Betriebsteil«?

Im **produzierenden Gewerbe** ergeben sich meist nur wenige Schwierigkeiten bei der Frage, ob wirklich ein »Betrieb« oder »Betriebsteil« übernommen wurde. Das BAG hat klargestellt, dass § 613 a BGB auch dann **965**

Anwendung findet, wenn das Betriebsgrundstück selbst nicht miterworben wurde (BAG, NJW 1976, 535). Entscheidend ist, ob die **vorhandene Organisation** ganz oder teilweise **fortgeführt** wird. Dies ist nach der Rechtsprechung z. B. der Fall, wenn mit der Hälfte der Belegschaft in 30 Prozent der alten Räume weiterproduziert wird und dabei der Maschinenpark (wertmäßig) zu 90 Prozent übernommen wurde (LAG Bremen, DB 1982, 1278). Ohne Bedeutung ist, wie die Pläne des Übernehmers beschaffen sind: Auch die von vornherein befristete Weiterführung der Geschäfte durch eine »Auffanggesellschaft« reicht für die Anwendung des § 613 a BGB aus (BAG, DB 1985, 1135).

966 Schwieriger ist die Frage nach der Übernahme eines »Betriebs« oder »Betriebsteils« im **Dienstleistungssektor** zu beurteilen, wo häufig kaum ein Betriebsvermögen im Sinne von »Gegenständen zum Anfassen« vorhanden ist.

Beispiel:

Der Reisebürounternehmer U. betreibt sein Gewerbe in gemieteten Räumen, das Telefon steht im Eigentum der Telekom, die Prospekte werden ihm von den großen Reiseunternehmen zur Verfügung gestellt, und das Mobiliar gehört nicht ihm, sondern einem Verwandten. Liegt eine Betriebsübernahme vor, wenn der X die Möbel kauft, den Mietvertrag übernimmt, jedoch die beiden vorhandenen Angestellten nicht weiterbeschäftigen will?

In solchen Fällen wird es entscheidend auf die Beziehungen zu Kunden und das Auftreten in der Öffentlichkeit ankommen. »**Betrieb**« sind hier weniger die sachlichen Produktionsmittel als **feststehende soziale Kontakte und das Ansehen in der Öffentlichkeit.** Wird beides übernommen, greift § 613 a BGB ein. Das BAG (DB 1987, 992) hat dies insbesondere im Hinblick auf Einzelhandelsgeschäfte konkretisiert: Danach sind Lage und Art eines Geschäfts sowie das angebotene Warensortiment von ausschlaggebender Bedeutung, während die Übernahme der Ladeneinrichtung nicht im Vordergrund steht.

Weitere Fälle: Keine Bedenken hatte das BAG, die Betreuung eines Wohnblocks einer großen Siedlungsgesellschaft als »Betriebsteil« anzusehen; mit dem Übergang von Kosten und Nutzen auf einen Erwerber ging daher auch das Arbeitsverhältnis des Hausmeisters mit über (BAG, DB 1988, 712). Ein Betriebsübergang wurde auch in dem Fall angenommen, dass ein Handelsvertreter mit »Gebietsschutz« ausschied und der Unternehmer nunmehr an seiner Stelle tätig werden konnte (BAG, DB 1988, 2155).

Eine weite Auslegung des § 613 a BGB rechtfertigt sich schon damit, dass keine Gründe ersichtlich sind, die im Dienstleistungsbereich Beschäftigten gegenüber den Arbeitnehmern im Produktionssektor zu benachteiligen.

In einer bekannten Entscheidung hat der EuGH diese Grundsätze weiterentwickelt und den Übergang eines Betriebsteils zunächst auch dann angenommen, wenn **lediglich eine bestimmte betriebliche Funktion** auf einen Dritten übertragen wurde (EuGH, DB 1994, 1370 – Christel Schmidt). **967**

> Im konkreten Fall hatte eine Sparkasse die Reinigung ihres Gebäudes einer privaten Reinigungsfirma übertragen und der eigenen Putzfrau deshalb gekündigt. Sie konnte Weiterbeschäftigung bei der privaten Firma zu ihren bisherigen Konditionen verlangen.

Wenig später hat der **EuGH** (DB 1997, 628 – Ayse Süzen) klargestellt, dass die reine »Funktionsnachfolge« nicht ausreiche; vielmehr müsse eine »**wirtschaftliche Einheit**« übergehen. Wann diese vorliege, ergebe sich aus einer »Gesamtbetrachtung«, bei der es nicht nur um die übernommenen Betriebsmittel, sondern auch um die Arbeitsorganisation und die Vergleichbarkeit der Produkte gehe. Zu berücksichtigen sei weiter, ob der Erwerber von sich aus wesentliche Teile der Belegschaft, insbesondere einzelne Know-how-Träger übernehme.

In der Folgezeit wurde danach unterschieden, ob es sich um eine »**be**triebsmittelarme« oder eine »**betriebsmittelgeprägte**« Einheit handelt. Bei Ersterer, für die etwa die Gebäudereinigung als Beispiel steht, kommt es entscheidend auf die freiwillige Übernahme von Beschäftigten an. Wird demgegenüber eine Gaststätte oder ein Produktionsbetrieb übernommen, liegt ein Betriebsübergang auch dann vor, wenn freiwillig keine einzige Arbeitskraft weiterbeschäftigt, wohl aber die bisherige Aktivität fortgesetzt wird. Nach einer weiteren Entscheidung (EuGH, NZA 2003, 1385 – **Abler**) handelt es sich auch dann um eine »betriebsmittelgeprägte« Einheit, wenn der Erwerber einer **Krankenhausküche** die notwendigen Geräte benutzen kann, selbst wenn sie nicht in sein Eigentum übergehen. Stellt sich nachträglich heraus, dass nach diesen Kriterien entgegen der ursprünglichen Annahme doch ein Betriebsübergang vorliegt, können die wegen »Betriebsschließung« gekündigten Arbeitnehmer **Wiedereinstellung** verlangen. **968**

In den letzten Jahren hat der **EuGH** in zwei Punkten die Rechtsprechung des **BAG** korrigiert. Dieses hatte verlangt, dass der Erwerber zu »**eigenwirtschaftlicher Nutzung**« der erworbenen Einheit in der Lage **968a** sein musste. Das war zu verneinen, wenn nur eine ganz bestimmte Aktivität in dem vom Auftraggeber bestimmten Rahmen möglich war. Am Beispiel der Übernahme der Fluggastkontrolle am Düsseldorfer Flughafen durch ein Privatunternehmen entschied der EuGH (NZA 2006, 29 – Güney-Görres), dass es für die Anwendung des § 613 a BGB auf den unternehmerischen Spielraum des Erwerbers nicht ankomme, die Vorschrift also sehr wohl anwendbar sei. Weiter hatte das BAG den Standpunkt vertreten, es liege kein Betriebsübergang vor, wenn der übergegangene Betrieb oder Betriebsteil sofort **in die Organisation des Erwerbers integriert** werde – auch dies fand beim EuGH (NZA 2009, 251 – Klarenberg) keine Zustimmung und musste deshalb korrigiert werden. Niemand könnte im Übrigen das BAG daran hindern, über die Betriebsübergangsrichtlinie hinauszugehen und § 613 a BGB auch dann anzuwenden, wenn dies nach der Rechtsprechung des EuGH nicht geboten ist.

15.5.2 Vorliegen eines Rechtsgeschäfts

969 Seinem Wortlaut nach greift § 613 a BGB nur dann ein, wenn der Betrieb oder Betriebsteil »durch Rechtsgeschäft« auf den neuen Inhaber übergeht. Hierfür reichen auch ein Pachtvertrag, die Einräumung eines Nießbrauchs sowie die Fortführung durch einen Zwangsverwalter. Gleichgültig ist auch, ob die Übernahme in eine Vielzahl von Kauf- und Mietverträgen aufgespalten wurde, die sich jeweils auf einzelne Gegenstände beziehen. Solange die Organisation »Betrieb« oder »Betriebsteil« weiter besteht, wird das Interesse der Arbeitnehmer am Fortbestand ihres Arbeitsverhältnisses anerkannt.

15.5.3 Was heißt »Übergang der Arbeitsverhältnisse«?

970 Die Betriebsübernahme hat zur Folge, dass die Arbeitsverhältnisse mit genau dem Inhalt auf den Erwerber übergehen, den sie im Augenblick der Übernahme besitzen. Einbezogen sind deshalb z. B. auch gekündigte Arbeitsverhältnisse, bei denen die Kündigungsfrist noch nicht abgelaufen ist.

971 **Tarifverträge** gelten weiter, wenn auch der Erwerber (z. B. als Mitglied im Arbeitgeberverband) an sie gebunden ist. Firmentarife behalten bei Fusionen ihren bisherigen Geltungsbereich. Bei Spaltungen muss im Spaltungsvertrag der künftige Anwendungsbereich festgelegt werden.

Greift eine solche »kollektivrechtliche Weitergeltung« nicht ein, so findet § 613 a Abs. 1 Sätze 2–4 BGB Anwendung: Die Tarifbestimmungen werden Teil der Arbeitsverträge und können **innerhalb eines Jahres** nicht zu Lasten des Arbeitnehmers verändert werden. **Später** wirken sie nur noch **als abdingbare Vertragsklauseln** weiter. Auch im Laufe des ersten Jahres werden sie dann gegenstandslos, wenn ein neuer Tarifvertrag bzw. eine neue Betriebsvereinbarung eingreift.

Beispiel:
Die Werkskantine eines Metallunternehmens wird von einer selbständigen GmbH übernommen. Die Metalltarife wirken ein Jahr weiter, es sei denn, die GmbH tritt dem Arbeitgeberverband Gaststätten bei und die Arbeitnehmer schließen sich der Gewerkschaft NGG an. Der zwischen beiden geschlossene Tarifvertrag würde dann den Metalltarif verdrängen.

Wird in den Arbeitsverträgen **auf** die **Tarifverträge einer bestimmten** **971a** **Branche verwiesen**, so behält diese Klausel auch nach dem Betriebsübergang als Teil des Arbeitsvertrags ihre Wirkung. Auf diese Weise **nehmen die** fraglichen Arbeitnehmer – anders als nach § 613 a Abs. 1 Satz 2 BGB – **an der weiteren Tarifentwicklung teil.** Im Verhältnis zu schlechteren Tarifverträgen im Erwerberbetrieb geht der Arbeitsvertrag vor.

Beispiel (nach BAG, NZA 2008, 364):
Ein der öffentlichen Hand gehörendes Krankenhaus gliedert den Reinigungsdienst aus; er wird nunmehr von einer GmbH betrieben, die die bisher dort tätigen Arbeitnehmer übernimmt. Für sie gilt nunmehr der für allgemeinverbindlich erklärte Entgelttarif des Gebäudereinigungshandwerks. Die Beschäftigten können sich jedoch auf ihre Arbeitsverträge berufen, die auf die (weit besseren) Tarifverträge des öffentlichen Dienstes in ihrer jeweiligen Fassung verweisen. Daran hat auch die neueste EuGH-Rechtsprechung nichts geändert (Forst DB 2013, 1847).

Betriebsvereinbarungen gelten dann kollektivrechtlich weiter, wenn der ganze oder im Wesentlichen der ganze Betrieb übergeht. Andernfalls greift auch hier § 613 a Abs. 1 Satz 2 bis 4 BGB ein.

Der **Betriebsrat behält sein Mandat, wenn der Betrieb als ganzer** auf **972** den Erwerber übergeht. Wird nur ein Betriebsteil veräußert, so steht ihm nach § 21 a BetrVG ein **Übergangsmandat** zu, um die Interessen der übergegangenen Teil-Belegschaft zu vertreten, bis dort ein neuer Betriebsrat gewählt ist. Wird der Betrieb oder Betriebsteil vom Erwerber in einen anderen Betrieb integriert, erlischt dagegen das Mandat. Unter den Voraussetzungen des § 13 Abs. 2 Nr. 1 BetrVG finden im »Aufnahmebetrieb« Neuwahlen statt.

15.5.4 Kündigung aus Anlass der Betriebsübernahme?

973 Das automatische Einrücken des Betriebserwerbers in die Arbeitsverhältnisse darf nicht dadurch unterlaufen werden, dass der bisherige Inhaber einzelne oder alle Arbeitsverhältnisse »mit Rücksicht auf den neuen Chef« kündigt. Der 1980 eingefügte § 613 a Abs. 4 Satz 1 BGB schließt ein derartiges Vorgehen ausdrücklich aus.

Beispiel (nach BAG, DB 1985, 1842):
Einem Angestellten wird mit der Begründung gekündigt, der Betrieb müsse eingestellt werden, es sei jedoch unsicher, wen der Erwerber übernehmen wolle. Oder (nach BAG 26. 5. 2011 – 8 AZR 37/10, NZA 2011, 1143): Der Arbeitgeber verlegt den Betrieb in die Schweiz und meint irrtümlich, bei einem solchen Vorgang sei § 613 a BGB nicht anwendbar.

§ 613 a Abs. 4 BGB ist ein **eigenständiges Kündigungsverbot**, das auch solche Arbeitsverhältnisse erfasst, die nicht unter das KSchG fallen. Anders als nach früherem Recht (BAG, DB 1986, 1290) ist seit 1.1.2004 allerdings die Drei-Wochen-Frist des § 4 KSchG zu wahren, wenn sich ein Betroffener gegen die Kündigung seines Arbeitsverhältnisses zur Wehr setzen möchte.

974 Der dem einzelnen Arbeitnehmer eingeräumte Bestandsschutz ist allerdings insoweit relativ, als § 613 a Abs. 4 Satz 2 BGB dem Arbeitgeber das Recht belässt, das Arbeitsverhältnis aus anderen Gründen zu kündigen. Die Kündigung ist nur dann rechtswidrig, wenn der **Betriebsinhaberwechsel** »tragender Grund« war (BAG, DB 1989, 431). Dem bisherigen Inhaber bleibt es daher unbenommen, Rationalisierungsmaßnahmen durchzuführen und erst den »gesundgeschrumpften« Betrieb zu veräußern. Eine wichtige Grenze ergibt sich allerdings insoweit, als die **Wünsche des Erwerbers keine »dringenden betrieblichen Erfordernisse«** begründen. Weiter kann der bisherige Inhaber nur solche Maßnahmen vornehmen, die auch bei Fortführung als selbständiges Unternehmen einen Sinn ergeben hätten (BAG, BB 1983, 2116). Ausgeschlossen ist daher insbesondere ein Personalabbau derart, dass unter Verletzung der Grundsätze über die soziale Auswahl nach § 1 Abs. 3 KSchG nur noch die leistungsfähigsten Arbeitskräfte weiterbeschäftigt und dann vom Erwerber übernommen werden.

15.5.5 Widerspruch des Arbeitnehmers

Abhängige Arbeit betrifft die Persönlichkeit, weshalb nach § 613 Satz 2 **975**
BGB der Anspruch auf Arbeitsleistung grundsätzlich nicht übertragbar
ist. Obwohl § 613 a BGB einen entsprechenden Vorbehalt ursprünglich
nicht kannte, vertrat das BAG in ständiger Rechtsprechung (siehe etwa
BAG, DB 1987, 942) konsequenterweise den Standpunkt, der Arbeitnehmer könne dem Übergang des Arbeitsverhältnisses widersprechen.
Der Einzelne brauche sich also keinen neuen Arbeitgeber aufdrängen zu
lassen. Der Gesetzgeber hat im Jahre 2002 einen § 613 a **Abs. 5** BGB
eingefügt, wonach **jeder betroffene Arbeitnehmer** über Zeitpunkt und
Grund des Betriebsübergangs, über die rechtlichen, wirtschaftlichen und
sozialen Folgen für die Beschäftigten und über die in Aussicht genommenen Maßnahmen **informiert werden** muss. Die Information kann
durch den bisherigen Arbeitgeber wie auch durch den Erwerber erfolgen. Sie bedarf der sog. Textform nach § 126 b BGB, eine eigenhändige
Unterschrift ist nicht erforderlich. Einzelheiten zum Inhalt der Unterrichtung bei Däubler, Arbeitsrecht 2, Rn. 1424ff. Nach § 613 a Abs. 6
BGB läuft vom Zugang der Unterrichtung an eine **Monatsfrist**, innerhalb derer der Arbeitnehmer dem Übergang seines Arbeitsverhältnisses
schriftlich widersprechen kann. Dabei steht es ihm frei, ob er den Widerspruch dem alten oder dem neuen Inhaber gegenüber erklären will.
An irgendwelche inhaltlichen Voraussetzungen ist dieser nicht gebunden
(näher Gaul/Otto, DB 2002, 634). Allerdings riskiert der Widersprechende, dass er mangels Arbeitsmöglichkeiten **beim Veräußerer betriebsbedingt gekündigt** wird. Dabei ist die Kündigung sogar dann wirksam, wenn keine ausreichenden Informationen über die Folgen des
Betriebsübergangs nach § 613 a Abs. 5 BGB gegeben wurden (BAG,
NZA 2005, 1302 = DB 2005, 2472). Beschränkt sich die Veräußerung
auf einen Betriebsteil, so ist die Situation eine andere: Im verbleibenden
Betrieb muss ggf. eine soziale Auswahl stattfinden. An ihr nimmt der Widersprechende nach der neueren Rechtsprechung (BAG, NZA 2008, 33)
teil, so dass an seiner Stelle ggf. ein anderer gekündigt werden muss. Zuvor galt dies nur, wenn er seinen Widerspruch auf einen sachlichen
Grund (»unzuverlässiger Erwerber«) stützen konnte.

Der **Widerspruch** kann auch von einer größeren Zahl von Beschäftig- **976**
ten, ja **von allen Betroffenen** erklärt werden (BAG, NZA 2005, 43). Insofern gilt nichts anderes als z.B. bei der gemeinsamen Ausübung eines
Zurückbehaltungsrechts. Die Durchführung des Betriebsübergangs kann
auf diese Weise erheblich erschwert, ja unmöglich gemacht werden, doch

riskieren die Widersprechenden nach der Rechtsprechung des BAG (NZA 2005, 43), dass ihr Widerspruch als rechtsmissbräuchlich qualifiziert wird, wenn es ihnen nicht allein um die Erhaltung des Status quo geht.

15.5.6 Beweisfragen und Schutz gegen Umgehungen

977 Im Einzelfall kann es aus der Sicht der betroffenen Arbeitnehmer sehr zweifelhaft sein, ob eine Betriebsübernahme im oben skizzierten Sinn vorliegt. Die Rechtsprechung berücksichtigt diese Schwierigkeiten durch Schaffung von Beweisregeln. Wird etwa die Produktion schon einen Monat nach ihrer Einstellung von einer neuen Firma wieder aufgenommen, so besteht die Vermutung für einen rechtsgeschäftlichen Betriebsübergang, die von dem »Übernehmer« widerlegt werden müsste (LAG Berlin, DB 1985, 1405). Dasselbe gilt, wenn der Übergang eines (angeblich) stillzulegenden Betriebes noch während der Kündigungsfrist erfolgte (BAG, DB 1986, 1291). Weiter hat das BAG zumindest einen Beweis des ersten Anscheins für einen rechtsgeschäftlichen Übergang angenommen, wenn die **wesentlichen Betriebsmittel nach Einstellung des Geschäftsbetriebes für ein gleichartiges Gewerbe weiterbenutzt werden** (BAG, BB 1985, 1794). Dem Erwerber dürfte die Darlegung eines abweichenden Geschehensablaufs schwer fallen – wer würde ihm glauben, er hätte die Maschinen »einfach so«, ohne jede Einigung mit dem bisherigen Inhaber in Besitz genommen? Mancher mag einen 10-Euro-Schein auf der Straße finden, aber gleich einen Maschinenpark?

978 § 613 a BGB darf nicht dadurch umgangen werden, dass Veräußerer oder Erwerber die Arbeitnehmer veranlassen, Aufhebungsverträge abzuschließen gegen das Versprechen, vom Erwerber neue Verträge zu erhalten (BAG, DB 1988, 400). Dieses sog. **Lemgoer Modell** lässt sich nicht mehr praktizieren. Der »Umgehungsschutz« greift auch dann, wenn die Arbeitnehmer vor dem Auftreten eines konkreten Interessenten mit dem Argument »weichgeklopft« werden, nur durch Verzicht auf Sozialleistungen könne überhaupt die Verkäuflichkeit des Betriebs gesichert werden.

Geschieht dies nur in einigen zum Verkauf anstehenden Abteilungen, so liegt darin überdies ein Verstoß gegen § 75 Abs. 1 BetrVG.

Nach der Rechtsprechung des BAG (NZA 1999, 422, bestätigt durch NZA 2006, 145) findet § 613 a BGB keine Anwendung, wenn die Arbeitnehmer mittels eines dreiseitigen Vertrages zu einer **Transfergesellschaft** überwechseln und einige Zeit später die Betriebsmittel von einem neuen Unternehmer erworben werden, der einzelnen von ihnen Angebote zur Weiterarbeit macht. Auf diese Weise wird die Belegschaft für einige Zeit »**geparkt**« und anschließend dem Erwerber die Möglichkeit eröffnet, sich ohne Rücksicht auf die soziale Auswahl die ihm geeignet erscheinenden Arbeitskräfte auszusuchen. Es wäre dringend erforderlich, den EuGH mit der Frage zu befassen, ob nicht auch in einem solchen Fall die Grundsätze der Betriebsübergangsrichtlinie Anwendung finden müssen. Der Umgehungsgedanke ist mit Händen zu greifen (näher DKKW-Däubler, §§ 112, 112 a Rn. 267 ff.).

Zweifelhaft ist, ob § 613 a BGB dann **entsprechend anwendbar** ist, **979** wenn nicht der Betrieb, sondern die **Anteilsrechte am Arbeitgeberunternehmen** von einem Dritten erworben werden.

Beispiel:
Der Interessent kauft nicht Grundstück und Maschinenpark der Textil-GmbH, sondern (vielleicht aus steuerlichen Gründen) alle Geschäftsanteile an der GmbH.

Formal bleibt in diesem Fall der Arbeitgeber derselbe, inhaltlich sind die Interessen der Arbeitnehmer in gleicher Weise gefährdet. Darf »mit Rücksicht auf den künftigen Gesellschafter« Personal abgebaut oder auf Sozialleistungen verzichtet werden? Kann evtl. hier das Lemgoer Modell praktiziert werden? Der **Schutzzweck** spricht für eine entsprechende Anwendung insbesondere von § 613 a Abs. 4 BGB. Die Rechtsprechung hat allerdings einen entsprechenden Schritt bisher nicht getan.

15.6 Aufkauf von Aktien

Der Erwerb der Mannesmann AG durch Vodafone hat in der Öffentlich- **979a** keit das Bewusstsein dafür geschärft, faire Regeln für den Erwerb einer Aktienmehrheit zu schaffen. Nach einem gescheiterten Anlauf auf EG-Ebene wurde das Wertpapiererwerbs- und Übernahmegesetz (**WpÜG**) vom 20. Dezember 2001 (BGBl. I S. 3822) erlassen. Es enthält eingehende Regeln zu den öffentlichen Erwerbsangeboten des oder der Interessenten. Wichtig ist insbesondere die Vorschrift des § 35 Abs. 2 WpÜG, wonach ein »Bieter«, der mindestens 30 Prozent der Stimmrechte an der »Zielgesellschaft« erworben hat, ein entsprechendes Angebot an die übrigen Aktionäre machen muss. Andernfalls wären Kleinaktionäre in der misslichen Situation, dass sie durch Entscheidungen des Großaktionärs von allen Dividendenzahlungen ausgeschlossen werden könnten und dass auch der Kurswert ihrer Aktien immer weiter nach unten ginge. § 10 Abs. 5 des Gesetzes sieht vor, dass der **Bieter den Vorstand der Zielgesellschaft** von seinem Angebot **unterrichten** muss. Dieser hat nach § 10 Abs. 5 Satz 2 WpÜG den im Unternehmen bestehenden **Betriebsrat bzw. Gesamtbetriebsrat zu unterrichten.** Soweit Beschäftigte nicht durch einen Betriebsrat vertreten werden, sind sie unmittelbar zu informieren (Einzelheiten bei Grobys, NZA 2002, 2ff.). Dabei handelt es sich um eigene Befugnisse des Betriebsrats (einschränkend Grobys, a.a.O.), die neben seinen sonstigen Rechten und denen des Wirtschaftsausschusses stehen. Bei den nicht vom WpÜG erfassten Unternehmen greift § 106 Abs. 3 Nr. 9 a BetrVG ein, wonach der Wirtschaftsausschuss über einen geplanten Erwerb zu unterrichten ist, sofern mit diesem die Übernahme der Kontrolle über das Unternehmen verbunden ist (dazu DKKW-Däubler, § 106 Rn. 86ff.).

15.7 Weiterführende Literatur

980 **Bachner/Köstler/Matthießen/Trittin,** Arbeitsrecht bei Unternehmensumwandlung und Betriebsübergang, 3. Aufl., Baden-Baden 2008;
Willemsen/Hohenstatt/Schnitker/Schweibert/Seibt, Umstrukturierung und Übertragung von Unternehmen: Arbeitsrechtliches Handbuch, 4. Aufl., München 2011;
Mengel, Umwandlungen im Arbeitsrecht, Heidelberg 1997;
Boecken, Unternehmensumwandlung und Arbeitsrecht, Köln 1996;
Silberberger, Veränderungsprozesse im Betrieb, Unternehmen und Konzern. Arbeitsrecht bei Übertragung und Umstrukturierung, Frankfurt/Main 2000;
Wlotzke, Arbeitsrechtliche Aspekte des neuen Umwandlungsrechts, DB 1995, 40;
Däubler, Das Arbeitsrecht im neuen Umwandlungsgesetz, RdA 1995, 136ff.;
Wendeling-Schröder, Outsourcing out? – Zur aktuellen Debatte um Funktionsnachfolge und Betriebsübergang, AuR 1995, 126ff.
Instruktiver Überblick zur Gesamtproblematik bei **HK-ArbR-Karthaus/Richter,** 3. Aufl. 2013, Erläuterungen zu § 613 a BGB.

16. Das Arbeitgeber-Unternehmen in der Krise: Kurzarbeit, Insolvenz

Wird eine Branche, ja eine ganze Wirtschaft im Zeichen der Globalisierung umstrukturiert oder kann sie im Wettbewerb nicht bestehen, so sind Auftragsmangel und Unternehmenszusammenbrüche unvermeidbar. Das Arbeits- wie das Sozialrecht kann daran nichts ändern; beide können lediglich die Konsequenzen für die Beschäftigten mildern. Neben den allgemeinen Vorschriften z. B. über Kündigungsschutz und Leistungen der Bundesagentur für Arbeit finden zwei spezielle Gruppen von Vorschriften Anwendung: Bei vorübergehendem Arbeitsmangel ist Kurzarbeit möglich, bei Zahlungsunfähigkeit oder Überschuldung des Arbeitgebers (also seinem »wirtschaftlichen Ende«) greifen die Sonderregelungen der Insolvenzordnung (InsO) ein.

981

16.1 Kurzarbeit

Die Einführung von Kurzarbeit soll Entlassungen während einer »Durststrecke« des Unternehmens vermeiden. Den Arbeitsplatz zu erhalten ist nicht nur für die Belegschaft wichtig. Auch der Unternehmer hat in aller Regel ein Interesse daran, seine mit den betrieblichen Abläufen vertrauten Arbeitskräfte oder – wie Ökonomen sagen – sein »Humankapital« zu erhalten. Nur dann kann er bei besserer Konjunktur wieder mit voller Kraft starten. Während der Finanz- und Wirtschaftskrise 2008/2009 hat sich diese Vorgehensweise bestens bewährt. Voraussetzung ist allerdings immer, dass der **Arbeitsmangel** im Betrieb **vorübergehenden** Charakter hat. Dadurch unterscheidet sich die normale (»konjunkturelle«) von der sog. Transferkurzarbeit, die bei einem dauerhaften Auftragsrückgang und bei einem wirtschaftlichen Zusammenbruch des Unternehmens eingreift und die auf eine Tätigkeit bei einem anderen Arbeitgeber vorbereiten soll (dazu oben 5.12.3 – Rn. 382ff.). Im Einzelnen gilt für die »normale« Kurzarbeit Folgendes:

982

16.1.1 Arbeitsrechtliche Voraussetzungen

983 Pro Woche nicht mehr 36, sondern nur noch 20, 10 oder null Stunden zu arbeiten stellt – auch wenn dies nur vorübergehend geschieht – einen **massiven Eingriff in das Arbeitsverhältnis** dar. Dieser bedarf einer Rechtsgrundlage. Ist – wie in der Regel – im einzelnen Arbeitsvertrag darüber nichts gesagt, kommt als Gestaltungsmittel nach der Rechtsprechung des BAG (AP Nr. 1 zu § 615 BGB Kurzarbeit) in erster Linie der **Tarifvertrag** in Betracht, auf den üblicherweise in den Arbeitsverträgen verwiesen wird. Dort kann der Arbeitgeber allerdings nicht zu einer beliebigen Arbeitszeitreduzierung ermächtigt werden. Vielmehr sind insoweit bestimmte Voraussetzungen festzulegen; insbesondere muss der Arbeitsmangel vorübergehenden Charakter haben und die Voraussetzungen für die Gewährung von Kurzarbeitergeld erfüllen. Fehlt es im Tarif an einer solchen Klausel oder greift im Betrieb gar kein Tarifvertrag ein, so kann auch durch **Betriebsvereinbarung** eine entsprechende Regelung getroffen werden (vgl. BAG, NZA 1991, 607). Scheidet dieser Weg gleichfalls aus (weil es beispielsweise keinen Betriebsrat gibt), müssen die **Arbeitsverträge** entsprechend geändert werden. Meist geschieht dies einvernehmlich, doch kommt auch eine Änderungskündigung in Betracht, die jedoch die Fristen einer ordentlichen Kündigung wahren muss.

984 **Zweite Voraussetzung** ist die **Zustimmung des Betriebsrats**, der nach § 87 Abs. 1 Nr. 3 BetrVG ein Mitbestimmungsrecht hat. Davon wird er im Interesse der Belegschaft Gebrauch machen und insbesondere den Versuch unternehmen, betriebsbedingte Kündigungen während der Kurzarbeitsperiode generell auszuschließen und einen Arbeitgeberzuschuss zum Kurzarbeitergeld zu erreichen.

Das Mitbestimmungsrecht ist insbesondere auch dann von Nutzen, wenn der Arbeitgeber von einem dauernden Auftragseinbruch ausgeht, der Betriebsrat aber Gründe kennt, die für eine baldige wirtschaftliche Erholung sprechen. In einem solchen Fall wird der Arbeitgeber nicht über die Kurzarbeit (sondern über Interessenausgleich und Sozialplan) verhandeln wollen. Der Betriebsrat kann dann nach § 100 ArbGG einen Antrag stellen, den Vorsitzenden einer Kurzarbeits-Einigungsstelle und die Zahl der Beisitzer zu bestimmen. Im Rahmen eines solchen Verfahrens prüft das Gericht nur, ob »offensichtlich« kein Mitbestimmungsrecht besteht. Gibt es noch ein Stückchen Hoffnung, wird es dem Antrag vermutlich stattgeben. Vertritt dann die Bundesagentur für Arbeit, die man üblicherweise zu den Verhandlungen in der Einigungsstelle hinzuzieht, gleichfalls den Standpunkt, der Arbeitsmangel habe nur vorübergehenden Charakter und deshalb sei sie zur Bezahlung von Kurzarbeitergeld bereit, so wird es dem Arbeitgeber schwer fallen, sich der Kurzarbeit definitiv zu widersetzen.

Besteht Konsens über den vorübergehenden Arbeitsmangel, wird insbe- **985**
sondere über die Modalitäten der Kurzarbeit gesprochen. Wann wird
mit ihr begonnen? Wie lange soll sie dauern? Wie viele Stunden wird pro
Woche noch gearbeitet? Soll die Restarbeit so verteilt werden, dass z. B.
nur noch zwei Wochen im Monat (dann aber voll) gearbeitet wird?

> Lässt sich keine Lösung finden, muss die Einigungsstelle entscheiden (dazu oben
> Kap. 5 – Rn. 274 ff.).

Hat der Betriebsrat einmal zugestimmt, kann er seine Erklärung nicht
mehr rückgängig machen. Verbessert sich überraschend die Auftragslage, kann er allerdings von seinem Initiativrecht (das im Mitbestimmungsrecht nach § 87 Abs. 1 Nr. 3 BetrVG enthalten ist) Gebrauch machen und eine vorzeitige Rückkehr zur Normalarbeitszeit verlangen.

16.1.2 Sozialrechtliche Voraussetzungen

Sind die beiden arbeitsrechtlichen Voraussetzungen erfüllt, muss als wei- **986**
teres die **sozialrechtliche Seite stimmen:** Kurzarbeit ist für die Betroffenen nur dann zumutbar, wenn gleichzeitig die Voraussetzungen für den
Bezug von **Kurzarbeitergeld** erfüllt sind. Dabei war zwischen der »Normalordnung« nach den §§ 95 ff. SGB III und der Sondernorm des § 421 t
SGB III zu unterscheiden, die für den Zeitraum bis 31. 3. 2012 (großzü-
gigere) Sonderregelungen enthalten hatte, aber inzwischen aufgehoben
ist. Die tatsächliche Handhabung ergibt sich aus einer »Geschäftsanweisung« (abgekürzt: GA) der Bundesagentur, die sich über www.arbeits-
agentur.de ermitteln lässt. Sie hat einen Umfang von knapp 400 Seiten,
doch ist ihr Studium unabdingbar, wenn man selbst beurteilen will, ob
ein Antrag gute Erfolgsaussichten hat oder nicht.

Der »**vorübergehende Arbeitsausfall**« muss auf wirtschaftlichen Ursachen oder auf einem unabwendbaren Ereignis beruhen und unvermeidbar sein. Außerdem muss nach der »Normalordnung« in einem Zeitraum von vier Wochen für **mindestens ein Drittel der Belegschaft**
(genauer: des Betriebs oder einer Betriebsabteilung – § 97 Satz 2 SGB III)
so viel Arbeitszeit ausfallen, dass sich die Vergütung (ohne Überstunden)
um mehr als 10 Prozent verringert.

Nach der »Normalordnung« müssen zunächst **Zeitguthaben aufge-
braucht** werden, bevor man Kurzarbeit in Anspruch nimmt. Davon gibt
es allerdings Ausnahmen, die in § 96 Abs. 4 Satz 3 SGB III aufgezählt

sind. In der Krise war man ungleich großzügiger; die Geschäftsanweisung verlangte grundsätzlich nur, dass solche Zeit- und Urlaubsguthaben verbraucht werden mussten, die von Verfall bedroht waren. Dahinter stand die unausgesprochene Erwägung, dass die Liquidität der Unternehmen unzumutbar belastet worden wäre, hätten sie zunächst die Guthaben abbauen und die entsprechenden Vergütungen auszahlen müssen. Auch hier zogen beide Seiten am selben Strang.

16.1.3 Rechtsfolgen

987 Wird kurzgearbeitet, so erhält der Arbeitnehmer vom Betrieb lediglich noch den **Teil seiner Vergütung**, der den geleisteten Stunden entspricht.

Beispiel:
Wird nur noch 20 (statt 40) Stunden gearbeitet, reduziert sich das Einkommen von z. B. 1500 Euro netto auf 800 Euro netto. Bei »Kurzarbeit Null« besteht kein Entgeltanspruch mehr.

Weiter erhält der Einzelne **Kurzarbeitergeld**. Es wird vom Arbeitgeber ausbezahlt und diesem von der Agentur für Arbeit erstattet. Die Höhe entspricht dem Arbeitslosengeld: 67 Prozent des letzten Nettoeinkommens bei Personen, die mindestens ein Kind zu versorgen haben, sonst 60 Prozent. Dabei wird selbstredend nur die ausgefallene Arbeitszeit zugrunde gelegt. In Frankreich spricht man zu Recht von »Teilarbeitslosigkeit« (chômage partiel).

Hat sich im obigen Beispiel das Nettoeinkommen um 700 Euro verringert, wird dies erst auf die einzelne Woche umgerechnet; der sich dabei ergebende Betrag ist dann die Bezugsgröße für die 67 Prozent bzw. 60 Prozent.

Tarifverträge stocken in vielen Fällen das Kurzarbeitergeld auf 85 oder 90 Prozent des Netto-Arbeitsentgelts auf (Pröbsting, DB 1990, 3092).
988 Nach § 104 Abs. 1 Satz 1 SGB III wird das Kurzarbeitergeld grundsätzlich nur **sechs Monate** lang bezahlt, doch kann dieser Zeitraum durch Rechtsverordnung des Bundesarbeitsministers bis auf 24 Monate ausgedehnt werden (§ 109 Abs. 1 Nr. 2 SGB III). Davon ist während der Finanz- und Wirtschaftskrise Gebrauch gemacht worden. Derzeit gilt die Verordnung vom 7. Dezember 2012 (BGBl. I, S. 2570). Wichtig kann die Vorschrift des § 104 Abs. 3 SGB III werden. Wird während einer Frist von **drei Monaten kein Kurzarbeitergeld** bezogen (weil man

z. B. wieder voll arbeitet und/oder Urlaub nimmt), so beginnt eine **neue Bezugsfrist**. Voraussetzung ist allerdings, dass die arbeits- und sozialrechtlichen Voraussetzungen weiterhin gegeben sind, also insbesondere ein »vorübergehender« Arbeitsmangel angenommen werden kann.

Widerruft die Arbeitsagentur die Bewilligung von Kurzarbeitergeld, muss der Arbeitgeber die ausfallende Arbeitszeit selbst bezahlen – allerdings nur in Höhe des »fiktiven« Kurzarbeitergelds (BAG, DB 1991, 392). Wurde es entsprechend einer ständigen Verwaltungspraxis berechnet, ist der Arbeitgeber seinen Arbeitnehmern gegenüber nicht verpflichtet, dagegen gerichtlich vorzugehen, selbst wenn erhebliche inhaltliche Bedenken gegen diese Praxis bestehen (BAG, DB 1992, 2040).

Der Arbeitgeber bleibt mit den sog. **Remanenzkosten** belastet. Er muss das volle Urlaubsentgelt bezahlen, das durch die Kurzarbeit nicht gemindert wird. Auch die Bezahlung der Feiertage geht weiter zu seinen Lasten, allerdings nur in der Höhe, die sich aus verbliebenem Arbeitsentgelt und Kurzarbeitergeld ergibt. Die größte Belastung folgt im Normalfall daraus, dass der Arbeitgeber für die ausfallende Arbeitszeit sämtliche Sozialversicherungsbeiträge (also auch die des Arbeitnehmers) zu bezahlen hat. Eine Erleichterung besteht nur insoweit, als lediglich 80 Prozent der ausfallenden Vergütung als Berechnungsgrundlage für die Beiträge herangezogen werden. Der inzwischen aufgehobene § 421 t Abs. 1 SGB III sah bis Ende März 2012 eine grundlegend andere Lösung vor: In den ersten sechs Monaten musste der Arbeitgeber nur 50 Prozent der Beiträge bezahlen, die andere Hälfte übernahm die Bundesagentur. Nach Ablauf von sechs Monaten gingen 100 Prozent zu deren Lasten. Die volle Übernahme durch die Bundesagentur wurde sogar auf die ersten sechs Monate ausgedehnt, wenn die Kurzarbeiter an Weiterbildungsmaßnahmen teilnahmen, an denen sich der Arbeitgeber in gewissem Umfang finanziell beteiligte. Die sehr weitgehende **Befreiung von Sozialabgaben** war eine entscheidende Voraussetzung dafür, dass die Kurzarbeit auch während der Finanz- und Wirtschaftskrise für die Arbeitgeberseite finanzierbar blieb und es deshalb **nur zu einer geringen Steigerung der Arbeitslosigkeit** kam.

16.2 Zahlungsunfähigkeit des Arbeitgebers

989 Wird der Arbeitgeber zahlungsunfähig (Insolvenz), so bestimmen sich die Rechtsfolgen seit 1.1.1999 nach der Insolvenzordnung (**InsO**). Die alte Konkursordnung ist ebenso außer Kraft getreten wie die in den neuen Bundesländern zunächst weiter geltende Gesamtvollstreckungsordnung.

16.2.1 Kündigung

990 Nach § 113 InsO kann der Insolvenzverwalter Arbeitsverhältnisse mit einer **Frist von drei Monaten** zum Monatsende ordentlich kündigen. Längere gesetzliche, tarifvertragliche oder einzelvertragliche Fristen und eine in langen Jahren erreichte Unkündbarkeit haben keine Gültigkeit mehr. Dass tarifliche Rechte auf diese Weise »weggewischt« werden, wird von vielen als unzulässiger Eingriff in die Tarifautonomie angesehen, doch hat die Rechtsprechung diese Sicht nicht akzeptiert.

991 Inhaltlich ist der Verwalter **an das KSchG gebunden** (BAG, DB 1983, 504). Solange er eine Weiterveräußerung des Betriebs plant oder über eine solche sogar verhandelt, fehlt es in der Regel an »dringenden betrieblichen Erfordernissen«, um der ganzen Belegschaft zu kündigen. Auch er hat im Übrigen die Grundsätze über die soziale Auswahl nach § 1 Abs. 3 KSchG zu beachten (BAG, AiB 1989, 87). Sonderregeln gelten für Kündigungen im Rahmen von Betriebsänderungen (unten Rn. 994ff.).

16.2.2 Rückständige Entgeltforderungen

992 Haben die Arbeitnehmer aus der Zeit vor Eröffnung des Insolvenzverfahrens noch rückständige Lohnansprüche, so ergeben sich folgende Möglichkeiten:

Ansprüche, **die in den letzten drei Monaten vor Eröffnung des Verfahrens entstanden** sind, werden von der Agentur für Arbeit erfüllt. Diese gewährt nach §§ 165ff. SGB III das sog. **Insolvenzgeld.**

Es deckt die Differenz zwischen dem tatsächlich ausbezahlten und dem zu beanspruchenden Nettobetrag ab und bezieht auch Schadensersatzansprüche gegen den Arbeitgeber, nicht jedoch Ansprüche aus einem Sozialplan mit ein. Berücksichtigt werden nur noch Beträge bis zur Beitragsbemessungsgrenze in der Rentenversicherung.

Anders als die früher geltende KO behandelt die InsO rückständige Entgeltansprüche generell wie einfache Insolvenzforderungen. Die damals bestehende Privilegierung existiert nicht mehr.

16.2.3 Entgeltansprüche in der Zeit nach Eröffnung des Insolvenzverfahrens

Arbeiten die Beschäftigten nach Eröffnung des Insolvenzverfahrens wei- **993** ter, so sind ihre Entgeltansprüche **Masseschulden** nach § 55 InsO. Trotz dieser Absicherung reicht oft die Masse für sie nicht aus; in einem solchen Fall muss eine **quotenmäßige Befriedigung** erfolgen (BAG, DB 1990, 231).

16.2.4 Betriebsänderungen in der Insolvenz, insbesondere die Problematik von Interessenausgleich und Sozialplan

Nach den §§ 120–122 und 125–128 InsO kann der Insolvenzverwal- **994** ter mit großer Schnelligkeit und gewissermaßen ohne Rücksicht auf Verluste Arbeitsplätze abbauen oder Arbeitsbedingungen verschlechtern.

Um mit dem Letzteren zu beginnen: Nach § 120 Abs. 1 InsO können **995** alle **Betriebsvereinbarungen** mit einer Frist von drei Monaten gekündigt werden. Auch langfristig festgeschriebene Rechte verlieren so weithin ihren Wert.

Will der Insolvenzverwalter eine Betriebsänderung, insbesondere eine **996** Massenentlassung oder eine Betriebsstilllegung, vornehmen, so muss er nach rechtzeitiger und umfassender Unterrichtung des Betriebsrats **lediglich drei Wochen über** einen **Interessenausgleich** nach § 112 BetrVG **verhandeln**. Kommt dabei keine Einigung zustande, kann er sich nach § 122 InsO vom zuständigen Arbeitsgericht ermächtigen lassen, die Betriebsänderung auch ohne weitere Verhandlungen mit dem Betriebsrat vorzunehmen. Kommt ein Interessenausgleich zustande, kann dieser eine **Namensliste** der zu kündigenden Arbeitnehmer enthalten. Kündigungsschutzklagen sind in solchen Fällen noch aussichtsloser als im Normalfall, da die Herausnahme bestimmter Beschäftigter aus der sozialen Auswahl nicht nur zur »Sicherung«, sondern auch zur »**Schaffung« einer ausgewogenen Personalstruktur** möglich ist. Damit ist dem Insolvenzverwalter eine umfassende Vollmacht erteilt; nur bei (schwer vorstellbarer) grober Abweichung von diesem Ziel hätte eine Kündigungsschutzklage Erfolg.

997 Wird ein solcher »qualifizierter« Interessenausgleich nicht abgeschlossen, kann der Insolvenzverwalter nach § 126 Abs. 1 InsO beim Arbeitsgericht die Feststellung beantragen, dass die Kündigung der Arbeitsverhältnisse bestimmter Arbeitnehmer durch dringende betriebliche Erfordernisse bedingt und sozial gerechtfertigt ist. Dies ist **eine Art Auflösungsklage**, durch die die Verfahren gebündelt und beschleunigt werden sollen.

998 Was den **Sozialplan** betrifft, so sehen die §§ 123, 124 InsO Folgendes vor:
Wie nach früherem Recht ist der Gesamtbetrag für den Sozialplan in zweifacher Weise beschränkt: Nach § 123 Abs. 1 InsO darf die Summe von zweieinhalb Monatsgehältern pro betroffenem Arbeitnehmer nicht überschritten, nach § 123 Abs. 2 InsO darf höchstens ein Drittel der Masse aufgezehrt werden, die ohne einen Sozialplan für die Verteilung an die Insolvenzgläubiger zur Verfügung stehen würde. Abweichend vom bisherigen Recht wird durch den Sozialplan eine **Masseverbindlichkeit** begründet. Nach § 123 Abs. 3 InsO »soll« der Verwalter mit Zustimmung des Insolvenzgerichts Abschlagszahlungen leisten. Die quantitativen Grenzen spielen ausnahmsweise dann keine Rolle, wenn es auf freiwilliger Grundlage zu einem **Insolvenzplan** kommt.

999 Einzelheiten können hier nicht dargestellt werden (siehe näher Däubler, in: **Kittner/Däubler/Zwanziger**, Kündigungsschutzrecht, 9. Aufl. 2014, §§ 113, 121–128 InsO und in: **DKKW**, BetrVG, 14. Aufl. 2014, Anhang zu §§ 111–113).

16.2.5 Ablehnung des Insolvenzantrags mangels Masse und sonstige Fälle der Insolvenz

1000 Vor 10 oder 20 Jahren war die Durchführung eines Verfahrens eher die Ausnahme: Musste der Arbeitgeber die Zahlungen einstellen, wurde in ¾ aller Fälle »mangels Masse« gar kein Konkursverfahren durchgeführt. Auch durch die InsO änderte sich daran zunächst nichts Wesentliches. Seit 2003 hat sich jedoch eine **neue Situation** ergeben, da die durchgeführten Verfahren sehr viel zahlreicher als die mangels Masse abgewiesenen Anträge geworden sind. Im Jahre 2008 standen beispielsweise 21 359 durchgeführten Verfahren nur 7932 Abweisungen mangels Masse gegenüber (Statistisches Jahrbuch 2009, 489).

Die Abwicklung eines Unternehmens kostet Geld; außerdem verlangen die Verwalter recht saftige Honorare. Sind diese Kosten höher als die zu erwartenden Verkaufserlöse, wird der Antrag auf Eröffnung des Verfahrens »mangels Masse« abgelehnt.

In solchen Fällen sind die Arbeitnehmer **auf das Insolvenzgeld beschränkt**, das sie von der Agentur für Arbeit beanspruchen können. Alle anderen Rechte sind in den Wind geschrieben; der beste Schutz von Sozialplananspruchen nützt nichts, wenn nur noch Schulden vorhanden sind. **1001**

Ob effektiv ein solcher Zustand besteht, ist insbesondere bei konzerngebundenen Unternehmen eingehend zu prüfen. Denkbar ist, dass das herrschende Unternehmen seine Gesellschafterstellung missbraucht und dem Unternehmen **das nötige Kapital entzogen** hat. Bei einem solchen Existenz gefährdenden Eingriff (sowie bei einigen anderen Fällen) haftet es selbst für die Verbindlichkeiten der Tochtergesellschaft (BAG, NZA 2005, 818), doch kann die Haftung nur durch den Insolvenzverwalter geltend gemacht werden (BGH, NJW 2007, 2689, wonach auch in anderen Fällen nur eine Innenhaftung in Betracht kommt). Auch ist es möglich, dass der Geschäftsführer einer GmbH wegen »Konkursverschleppung« persönlich dadurch entstandene Schäden ersetzen muss. **1002**

16.3   Weiterführende Literatur

Zu den rechtlichen Folgen der **Finanz- und Wirtschaftskrise:** **1003**
Däubler, Schutz gegen Arbeitslosigkeit in der Wirtschaftskrise?, in: Lorenz/Schneider (Hrsg.), Raus aus der Krise! Mitbestimmung neu denken: Handlungsoptionen für betriebliche und gewerkschaftliche Interessenvertretungen, Hamburg 2009, S. 32 ff.;
Ulber, Kurzarbeit. Ein Instrument der Beschäftigungssicherung, AiB 2007, 5 ff.;
ders., Kurzarbeit, Kurzarbeitergeld und Leiharbeitnehmer, AiB 2009, 139 ff.;
Heise/Schwald, Arbeitsrechtliche Instrumente in der Wirtschaftskrise, NZA 2009, 753 ff.
Zur **Hilflosigkeit des Arbeitsrechts** gegenüber der Entwicklung auf den Finanzmärkten siehe

Wolter, Die Finanzmärkte, das Arbeitsrecht und die freie Unternehmer-entscheidung, AuR 2008, 325 ff.

Zum **Insolvenzrecht** siehe

Zwanziger, Das Arbeitsrecht der Insolvenzordnung, 5. Aufl., Heidelberg 2014;

Däubler, Kommentierung der §§ 113, 120–128 InsO in: Kittner/Däubler/Zwanziger (Hrsg.), Kündigungsschutzrecht, 9. Aufl., Frankfurt/Main 2014;

Bachner/Schindele, Beschäftigungssicherung durch Interessenausgleich und Sozialplan. Der Beitrag struktureller Kurzarbeit zur Vermeidung von Arbeitslosigkeit, NZA 1999, 130 ff.;

Bichlmeier/Wroblewski, Das Insolvenzhandbuch für die Praxis, 3. Aufl., Frankfurt/Main 2010;

Heidelberger Kommentar zur Insolvenzordnung von **Eickmann u. a.,** 4. Aufl., Heidelberg 2006;

Smid, Handbuch Insolvenzrecht, 6. Aufl., Berlin 2012;

Wimmer (Hrsg.), **Frankfurter Kommentar** zur Insolvenzordnung, 7. Aufl., Köln 2013.

17. Schutzvorschriften zugunsten benachteiligter Arbeitnehmergruppen

Zahlreiche Arbeitnehmer haben **auf dem Arbeitsmarkt** »unterdurchschnittliche« Chancen. Im Betrieb sind ihre Aufstiegsmöglichkeiten begrenzt. Auch sind sie in Gefahr, ihren Arbeitsplatz schneller als andere wieder zu verlieren. Häufig werden sie unter ihrer eigentlichen Qualifikation und außerhalb der Stammbelegschaft mit »Aushilfstätigkeiten« beschäftigt. **1004**

Der Gesetzgeber hat einige Fälle dieser Art ausdrücklich geregelt und den Versuch unternommen, insbesondere schwerbehinderte Menschen und Jugendliche voll und gleichberechtigt in den Arbeitsprozess zu integrieren. Sondervorschriften, die – formal betrachtet – eine eindeutige Privilegierung darstellen, sollen die faktische Benachteiligung ausgleichen. **1005**

Das **Recht** besitzt insoweit **kompensatorischen Charakter**. Allerdings werden nicht alle diese sog. Problemgruppen erfasst: Insbesondere ältere Arbeitnehmer und Kranke, die nicht die Voraussetzungen einer Behinderung erfüllen, werden allenfalls durch einzelne Tarifverträge geschützt. **1006**

17.1 Sonderschutz für schwerbehinderte Menschen

17.1.1 Wer ist schwerbehindert?

Am 1. Juli 2001 ist das sog. **Schwerbehindertengesetz aufgehoben** und **durch die §§ 68 ff. SGB IX ersetzt** worden (BGBl. I, S. 1046 ff.). Die auf die Erwerbstätigkeit bezogenen Regeln sind auf diese Weise Teil des Rechts der »Rehabilitation und Teilhabe behinderter Menschen« geworden. Auch inhaltlich hat sich dadurch eine Reihe von Änderungen ergeben, wenngleich der größte Teil der Vorschriften vom Wortlaut her unverändert geblieben ist. **1007**

1007a Nach § 2 Abs. 1 SGB IX sind Menschen behindert, »wenn ihre körperliche Funktion, geistige Fähigkeit oder seelische Gesundheit mit hoher Wahrscheinlichkeit länger als sechs Monate von dem für das Lebensalter typischen Zustand abweichen und daher ihre Teilhabe am Leben in der Gesellschaft beeinträchtigt ist«. Beträgt der »**Grad der Behinderung (GdB)**« wenigstens 50, handelt es sich um schwerbehinderte Menschen (wobei das Gesetz durchgehend diesen geschlechtsneutralen Ausdruck verwendet). Auf die Ursache der Behinderung kommt es nicht an.

Beispiel:
Schwerbehindert ist, wer im Krieg ein Bein verloren hat, wer als sog. Contergan-Kind zur Welt kam oder wer aus ungeklärten Gründen stark lernbehindert ist. Auch ein **Herzinfarkt** führt in der Regel zur Anerkennung als Schwerbehinderter (BAG, DB 1978, 1549).

1008 **Den schwerbehinderten Menschen gleichgestellt** werden nach § 2 Abs. 3 SBG IX Personen, deren GdB zwischen 30 und 50 beträgt und die infolge ihrer Behinderung einen geeigneten Arbeitsplatz nicht erlangen oder nicht behalten können.

Über die Anerkennung als schwerbehinderter Mensch bzw. über die Gleichstellung wird nach § 69 SGB IX ein Ausweis erteilt.

17.1.2 5-Prozent-Quote, Beschäftigungsanspruch und Teilzeit

1009 Über Jahrzehnte hinweg war jeder Arbeitgeber verpflichtet, **6 Prozent** seiner Arbeitsplätze mit schwerbehinderten Menschen zu besetzen. Ab Oktober 2000 senkte § 71 Abs. 1 SGB IX diese Quote auf 5 Prozent, sah allerdings einen Wiederanstieg auf 6 Prozent vor, wenn die Arbeitslosigkeit schwerbehinderter Menschen im Oktober 2002 nicht 25 Prozent niedriger als im Oktober 1999 liegen würde. Da dieses Ziel trotz zahlreicher Bewilligungen von EU-Renten und AB-Maßnahmen (die die Statistik »günstiger« aussehen ließen) knapp verfehlt wurde, galt wieder die 6-Prozent-Regel, doch hat der Gesetzgeber 2004 die Absenkung auf 5 Prozent zur Dauerregelung gemacht.

1009a Die 5-Prozent-Quote gilt gleichermaßen für einen **Privatunternehmer** wie für die **öffentliche Hand**. Ausgenommen sind lediglich Betriebe mit weniger als 20 Arbeitsplätzen, da man bei ihnen aus Gründen des Mittelstandsschutzes auf eine »Aufrundung« der sich ergebenden Bruchteile verzichtet. § 72 SGB IX verpflichtet die erfassten Arbeitgeber weiter, in angemessenem Umfang besonders benachteiligte schwerbehinderte Menschen zu beschäftigen.

»Beschäftigung« bedeutet mehr als die Zuweisung irgendeiner Arbeit: **1009b**
Nach § 81 Abs. 4 Nr. 1 SGB IX muss die Tätigkeit so beschaffen sein, dass die schwerbehinderten Menschen ihre Fähigkeiten und Kenntnisse möglichst voll verwerten und weiterentwickeln können. Nach dem Gesetzestext steht den schwerbehinderten Menschen theoretisch **eine Art Recht auf Arbeit** zu – sie müssen nicht nur mit Arbeitsplätzen versorgt, sondern auch ihrer Qualifikation entsprechend beschäftigt werden. Konsequenterweise kann der Betriebsrat seine Zustimmung zur Einstellung eines Nicht-Behinderten mit dem Argument verweigern, der Arbeitgeber habe nicht ausreichend geprüft, ob der betreffende Arbeitsplatz mit einem arbeitslosen schwerbehinderten Menschen besetzt werden könne (BAG, DB 1990, 636).

Nach § 81 Abs. 5 Satz 3 SGB IX haben schwerbehinderte Menschen **1009c**
einen **Anspruch auf Teilzeitbeschäftigung**, »wenn die kürzere Arbeitszeit wegen Art oder Schwere der Behinderung« notwendig ist. Hier wird das entscheidende Wort beim (Arbeits-)Mediziner liegen. Der Anspruch versagt nur, wenn seine Erfüllung für den Arbeitgeber nicht zumutbar oder mit unverhältnismäßigen Aufwendungen verbunden ist oder Vorschriften des Arbeitsschutzes entgegenstehen.

Die **Praxis bleibt weit** hinter dem vom Gesetz Gewollten **zurück**. Viele **1010**
Unternehmen erfüllten und erfüllen die 5-Prozent-Quote nicht. Dies hängt damit zusammen, dass die Qualifikation eines schwerbehinderten Menschen nicht immer für die gerade freien Arbeitsplätze »passt«. Noch wichtiger ist allerdings wohl die Tatsache, dass bis September 2000 für jeden unbesetzten Schwerbehinderten-Arbeitsplatz monatlich eine **Ausgleichsabgabe** in Höhe von nur **200 DM** zu entrichten war: Ein scharf kalkulierender Arbeitgeber wird oft zu dem (zynischen) Ergebnis gekommen sein, 2400 DM pro Jahr seien weniger als die zusätzlichen Kosten, die die Beschäftigung eines schwerbehinderten Menschen verursache. Seit dem Jahr 2000 werden nach § 77 SGB IX höhere Beträge geschuldet, je weniger die 5-Prozent-Grenze im Betrieb erreicht ist, doch ist auch dies noch kein ausreichendes Mittel, um die Einstellungschancen von Schwerbehinderten deutlich zu erhöhen.

17.1.3 Verstärkter Kündigungsschutz

Der Grundsatz

1011 Schwerbehinderte Menschen besitzen einen verstärkten Kündigungsschutz. Nach § 85 SGB IX bedarf die ordentliche wie die außerordentliche Kündigung der vorherigen **Zustimmung des Integrationsamtes** (also der zuständigen staatlichen Behörde, früher »Hauptfürsorgestelle« genannt). Solange dieses nicht eingewilligt hat, ist eine gleichwohl ausgesprochene **Kündigung unwirksam.** Der betroffene Arbeitnehmer kann sofortige **Weiterbeschäftigung** verlangen, die sich im Wege der einstweiligen Verfügung durchsetzen lässt. Nach § 86 SGB IX beträgt die **Kündigungsfrist** außerdem mindestens vier Wochen.

Anerkennung und Kündigungsschutz

1012 Schwierigkeiten haben sich bei der Frage ergeben, ob § 85 SGB IX auch dann eingreift, wenn der Arbeitgeber gar nichts von der Behinderung des Arbeitnehmers wusste. War die **Eigenschaft** als Schwerbehinderter bereits von der zuständigen Behörde **festgestellt** worden, reicht es aus, wenn der Betroffene seinem Arbeitgeber davon innerhalb von drei Wochen nach der Kündigung Mitteilung macht (BAG, NZA 2006, 1035, 1036 Tz. 24). Dabei genügt es, wenn die Mitteilung in der Kündigungsschutzklage erfolgt (BAG, NZA 2011, 413). Die früher angenommene Monatsfrist (BAG, DB 1979, 1590) würde angesichts der 3-Wochen-Frist des § 4 KSchG erhebliche Probleme aufwerfen; die Rechtsprechung hat sich deshalb korrigiert und geht nunmehr von drei Wochen aus.

1012a Hatte der Arbeitnehmer lediglich einen **Antrag auf Anerkennung** gestellt und wurde diesem erst nach der Kündigung stattgegeben, so gilt im Grundsatz dasselbe. Allerdings legt die Rechtsprechung den 2004 eingefügten § 90 Abs. 2 a SGB IX so aus, dass zwischen der Antragstellung und der Kündigung ein Zeitraum von mindestens drei Wochen liegen muss (BAG, DB 2007, 1702 = AiB 2007, 614). Man will auf diese Weise vermeiden, dass aus »taktischen« Gründen in letzter Minute vor einer drohenden Kündigung Anträge gestellt werden.

1012b War im Zeitpunkt der Kündigung noch **kein Antrag gestellt**, greifen die §§ 85 ff. SGB IX grundsätzlich nicht ein; der Gesetzgeber hat die gegenteilige Rechtsprechung des BAG (NZA 2002, 1145) insoweit korrigiert. Die Behinderung ist aber im Rahmen der Interessenabwägung zu berücksichtigen. Ist ausnahmsweise die **Schwerbehinderung »offenkundig«** (der Betroffene ist seit längerer Zeit Rollstuhlfahrer), so wird auch heute noch eine Ausnahme gemacht und der Sonderkündigungsschutz angewandt (BAG, NZA 2002, 1145, 1147; NZA 2006, 665, 667 Tz. 33).

Wird ein **Antrag auf Gleichstellung** eingereicht und diese dann ausgesprochen, so wirkt dies nach § 68 Abs. 2 Satz 2 SGB IX auf den Zeitpunkt der Antragstellung zurück. Hier gelten dieselben Fristen wie beim Antrag auf Anerkennung: Mindestabstand von drei Wochen zwischen Antrag und Kündigung, Information des Arbeitgebers spätestens drei Wochen nach der Kündigung. Die Berufung darauf, die Gleichstellung sei »offenkundig«, ist nicht möglich, da es bei der Entscheidung nicht allein auf die Behinderung, sondern auch auf die Gefährdung des Arbeitsplatzes ankommt (BAG, DB 2007, 1702 = AiB 2007, 614).

1012c

Die Entscheidung des Integrationsamtes

Nach welchen Kriterien erteilt oder verweigert das Integrationsamt seine Zustimmung zur Kündigung? Nach allgemeiner Auffassung hat es eine **Ermessensentscheidung** zu treffen. Inhaltlich ist dieses Ermessen im SGB IX nur insoweit eingeschränkt, als die Zustimmung bei **Betriebseinstellungen** zu erteilen ist (vgl. LAG Hamm, DB 1985, 446) und erteilt werden »soll«, wenn eine Betriebseinschränkung vorliegt und die Gesamtzahl der verbleibenden schwerbehinderten Menschen nicht unter die 5-Prozent-Grenze absinkt (§ 89 Abs. 1 SGB IX). Bei der **außerordentlichen Kündigung** soll das Integrationsamt darüber hinaus auch dann zustimmen, wenn die Kündigung aus einem wichtigen Grund erfolgte, der nicht im Zusammenhang mit der Behinderung stand (§ 91 Abs. 4 SGB IX). Nach der Rechtsprechung des Bundesverwaltungsgerichts ist in allen Fällen die **wirtschaftliche Lage des Arbeitgebers** zu berücksichtigen, doch darf man den Gedanken der Rationalisierung nicht verabsolutieren (BVerwG, BB 1959, 780).

1013

Verfahrensfragen

Das Integrationsamt muss vor seiner Entscheidung **den schwerbehinderten Menschen hören** und eine Stellungnahme des Betriebs- bzw. Personalrats und der Schwerbehindertenvertretung einholen. Die Zustimmung zur Kündigung muss in schriftlicher Form erfolgen.

Der Arbeitnehmer kann die Zustimmung zunächst mit einem Widerspruch, dann mit **Klage vor dem Verwaltungsgericht** anfechten. Gegen die Kündigung selbst kann innerhalb von drei Wochen mit der normalen Kündigungsschutzklage vor dem Arbeitsgericht vorgegangen werden. Kennt der Arbeitgeber die Schwerbehinderung, beginnt die Frist nach § 4

1014

Satz 4 KSchG erst ab Bekanntgabe der Entscheidung des Integrationsamts an den Arbeitnehmer (J. Schmidt, NZA 2004, 79).

1015 Erteilt das Integrationsamt dem Arbeitgeber ein »**Negativattest**« in dem Sinn, dass eine Zustimmung gar nicht erforderlich sei, so hebt dies die »Kündigungssperre« für den Arbeitgeber auf (BAG, DB 1984, 134). Eine gleichwohl vorliegende Behinderung ist im Rahmen der Interessenabwägung im Kündigungsschutzverfahren zu berücksichtigen.

Die Einschaltung des Integrationsamts kennt eine wichtige **Ausnahme:** Nach § 90 Abs. 1 SGB IX ist seine Zustimmung nicht erforderlich, wenn der schwerbehinderte Mensch noch nicht länger als sechs Monate im Betrieb beschäftigt ist.

17.1.4 Bessere individuelle Absicherung

1016 Eine Reihe weiterer Vorschriften will der besonderen Situation schwerbehinderter Arbeitnehmer Rechnung tragen.

- Nach § 123 Abs. 1 SGB IX ist es **unzulässig**, die **Rente** eines schwerbehinderten Menschen auf sein Arbeitsentgelt **anzurechnen**.
- Für **gleiche Arbeit** wird **gleicher Lohn** geschuldet – ein Grundsatz, dessen praktische Umsetzung allerdings auf mancherlei Schwierigkeiten stößt.
- Nach § 124 SGB IX kann der schwerbehinderte Mensch »**Mehrarbeit**« **verweigern**, worunter entgegen verbreitetem Sprachgebrauch jede Überschreitung des 8-Stunden-Tages zu verstehen ist (BAG, NZA 2007, 446). »Nein« zu sagen ist gleichwohl schwierig.
- Jeder schwerbehinderte Mensch hat nach § 125 SGB IX Anspruch auf einen bezahlten **Zusatzurlaub** von fünf Arbeitstagen im Jahr. Ausgenommen sind lediglich die nach § 2 Abs. 3 SGB IX gleichgestellten Personen (§ 68 Abs. 3 SGB IX).
- Der seit 1. 4. 2004 geltende § 84 Abs. 2 SGB IX sieht ein sog. **Eingliederungsmanagement** vor, wenn ein Beschäftigter innerhalb eines Jahres länger als sechs Wochen arbeitsunfähig krank war. In einem solchen Fall sind mit Zustimmung des Betroffenen Maßnahmen zu ergreifen, um einer erneuten Arbeitsunfähigkeit vorzubeugen und den Arbeitsplatz zu erhalten (Einzelheiten bei Gagel, NZA 2004, 1359 und bei Deinert, in: Kittner/Däubler/Zwanziger, KSchR, 9. Aufl. 2014, § 84 Rn. 10 ff.). Ihrer Formulierung und ihrer Entstehungsgeschichte nach gilt die Vorschrift **für alle**, nicht nur für schwerbehinderte Arbeitnehmer. Die Nichtbeachtung des § 84 Abs. 2

SGB IX macht die Kündigung nicht unwirksam, doch hat der Arbeitgeber Nachteile, wenn es um den Beweis geht, dass die Kündigung wirklich unvermeidbar war (BAG, NZA 2007, 1049, 1053 Tz. 38).

17.1.5 Die Schwerbehindertenvertretung

Damit schwerbehinderte Menschen ihre spezifischen Interessen gemeinsam vortragen und durchsetzen können, hat der Gesetzgeber die Einrichtung einer besonderen Vertretung vorgesehen. Diese wird in allen Betrieben, die **wenigstens fünf schwerbehinderte Menschen** beschäftigen, in geheimer und unmittelbarer Wahl gewählt. Sie besteht aus einer Person (»Vertrauensmann« bzw. »Vertrauensfrau« – der Gesetzgeber hat sich schon in § 24 Abs. 9 SchwbG ausdrücklich für eine geschlechtsabhängige Bezeichnung ausgesprochen) sowie einem Stellvertreter; sie müssen nicht ihrerseits schwerbehindert sein (§ 94 SGB IX).
1017

Ihre Aufgaben sind im Einzelnen in § 95 SGB IX festgelegt; danach hat sie die **Interessen der schwerbehinderten Menschen** im Betrieb zu **vertreten** und ihnen beratend und helfend zur Seite zu stehen. Nach § 95 Abs. 1 Satz 3 SGB IX sind Beschäftigte auch bei ihren Anträgen auf Anerkennung und auf Gleichstellung zu unterstützen.
1018

Die der Schwerbehindertenvertretung eingeräumten Rechte stimmen ihrer Struktur nach weithin mit den Befugnissen überein, die der JAV zugunsten der jugendlichen Arbeitnehmer und der Azubis eingeräumt sind (oben **5.14** – Rn. 400 ff.). So kann sie insbesondere an Betriebsratssitzungen teilnehmen und die Aussetzung von Betriebsratsbeschlüssen für eine Woche verlangen, wenn sie eine erhebliche Beeinträchtigung wichtiger Interessen der schwerbehinderten Menschen sieht. Anders als die JAV hat der Vertrauensmann bzw. die Vertrauensfrau jedoch das Recht, über Anregungen und Beschwerden der schwerbehinderten Menschen direkt mit dem Arbeitgeber zu verhandeln – eine Regelung, die dadurch ergänzt wird, dass eine Pflicht zur Zusammenarbeit mit dem Betriebsrat besteht (Düwell, AuR 1993, 345 ff.). Wichtig ist die Vorschrift des § 95 Abs. 2 Satz 1 SGB IX, wonach die Schwerbehindertenvertretung unverzüglich und umfassend über alle Angelegenheiten zu unterrichten ist, die einen einzelnen oder die schwerbehinderten Menschen als Gruppe berühren; **vor** entsprechenden **Entscheidungen** ist sie **anzuhören**, so dass ein Meinungsaustausch stattfinden muss. Die Schwerbehindertenvertretung ist jedoch auf die Kraft des Arguments beschränkt, da sie weder mitbestimmen noch gar Kampfmaßnahmen initiieren kann. In Einzelfäl-
1019

len kann die Einschaltung der **Öffentlichkeit** hilfreich sein. Insoweit gelten prinzipiell dieselben Regeln wie für den Betriebsrat (zu ihnen vgl. Däubler, Internet und Arbeitsrecht, Rn. 510 ff.).

1020 Die **persönliche Rechtsstellung** des Vertrauensmanns bzw. der Vertrauensfrau ist der der Betriebsratsmitglieder nachgebildet. Dies gilt insbesondere für den Kündigungsschutz (§ 96 Abs. 3 SGB IX), so dass die Vertrauensperson grundsätzlich nur aus wichtigem Grund und mit Zustimmung des Betriebsrats gekündigt werden kann. Auch die **Freistellungsregelung** der §§ 37 Abs. 2, 38 BetrVG und das Recht zur Teilnahme an Schulungs- und Fortbildungsveranstaltungen nach § 37 Abs. 6 BetrVG wurden übernommen. Die dadurch geschaffene Unabhängigkeit sollte dafür genutzt werden, den Interessen der schwerbehinderten Menschen in der Betriebsratsarbeit den nötigen Stellenwert zu verschaffen. Soweit mehr als 200 schwerbehinderte Menschen zu betreuen sind, ist die Vertrauensperson von der Arbeit freigestellt. Auch können **stellvertretende Mitglieder** nach Maßgabe von § 95 Abs. 1 Satz 4 SGB IX zur Erledigung bestimmter Aufgaben herangezogen werden.

17.1.6 Verbandsklage

1020a Eine erfreuliche Neuerung im System unseres Arbeitsrechts brachte § 63 SGB IX. Danach haben Verbände, die nach ihrer Satzung behinderte Menschen auf Bundes- oder Landesebene vertreten, das Recht, an Stelle einzelner behinderter Menschen deren Rechte einzuklagen. Die für das Arbeitsverhältnis typische »Schwelle« könnte so überwunden werden, doch ist der Gesetzgeber insoweit nicht völlig konsequent, als das Einverständnis des Betroffenen vorausgesetzt ist: Es zu erteilen, könnte vom jeweiligen Arbeitgeber als Illoyalität gewertet werden.

17.1.7 Schutz Einfach-Behinderter

1020b Die Richtlinie 2000/78/EG zwingt nicht dazu, die nicht als schwerbehindert Anerkannten in den Sonderkündigungsschutz der §§ 85 ff. SGB IX einzubeziehen. Dem nationalen Gesetzgeber steht es frei, für besonders starke Behinderungen zusätzliche Schutzmechanismen vorzusehen. Die Betroffenen sind jedoch durch das Verbot der Benachteiligung nach §§ 1, 7 Abs. 1 AGG geschützt (ebenso BAG, NZA 2007, 1098 – zum Inhalt der Richtlinie), so dass eine Kündigung nur unter den Voraussetzungen des § 8 Abs. 1 AGG zulässig ist (oben Rn. 851 a). Außerdem ist Art. 5 der Richtlinie 2000/78/EG zu berücksichtigen, wonach »angemessene Vorkehrungen« zu treffen sind, um Behinderten die Ausübung eines Berufes zu ermöglichen – die Bemühung um andere Einsatzmöglichkeiten muss daher weiter gehen als bei nichtbehinderten Beschäftigten. Eine analoge Anwendung des SGB IX scheidet jedoch nach BAG (NZA 2011, 737) aus. § 90 Abs. 1 SGB III sieht jedoch Eingliederungszuschüsse auch für diese Personengruppe vor.

17.2 Jugendarbeitsschutz

Jugendliche Beschäftigte sind **besonders schutzbedürftig:** Sie sind oft **1021** sehr viel weniger belastbar, vermögen ihre Kräfte noch nicht richtig einzuschätzen und benötigen mehr Freizeit, um ein Minimum an sozialen und kulturellen Aktivitäten entfalten zu können. Schlechte Arbeitsbedingungen und überlange Arbeitszeiten können zu einem massenhaften, frühzeitigen Gesundheitsverschleiß führen – eine Erscheinung, die für die Epoche der industriellen Revolution typisch war und die damals dazu führte, dass der Staat im Interesse eines gesunden Arbeitskräftenachwuchses, insbesondere für die Armee, eingegriffen hat.

Heute hat der Jugendarbeitsschutz die folgenden Schwerpunkte, die im JArbSchG von 1976 niedergelegt sind:

17.2.1 Das Verbot der Kinderarbeit

Ausgeschlossen ist nach § 5 Abs. 1 JArbSchG die Beschäftigung aller **1022** **Kinder unter 15 Jahren** sowie die Beschäftigung derjenigen Personen, die noch der **Vollzeitschulpflicht** unterliegen. Besteht – wie in den meisten Bundesländern – eine neunjährige Schulpflicht, kann es passieren, dass ein Kind vor Erreichen des 15. Lebensjahres die Schule absolviert hat. In diesem Fall ist nach § 7 Satz 1 JArbSchG ein Ausbildungsverhältnis mit acht Stunden pro Tag und fünf Tagen in der Woche oder ein Arbeitsverhältnis mit bis zu sieben Stunden täglich und 35 Stunden pro Woche möglich. Besteht umgekehrt wie in den Bundesländern Berlin, Brandenburg, Bremen und Nordrhein-Westfalen eine zehnjährige Schulpflicht, so werden die Vorschriften über das Verbot der Kinderarbeit auch bei 15- und 16-Jährigen angewandt. Nach § 5 Abs. 4 JArbSchG darf während der **Schulferien** höchstens vier Wochen pro Kalenderjahr gearbeitet werden.

1023 Das Gesetz kennt eine Reihe von **Ausnahmen**, die im Einzelfall zu einer Aushöhlung und Umgehung führen können. Nicht untersagt sind u. a.

- **»geringfügige Hilfeleistungen«**, soweit sie gelegentlich aus Gefälligkeit erfolgen;

Beispiel:
Erledigt ein Kind hin und wieder Einkäufe für eine kranke Nachbarin, so liegt keine Kinderarbeit vor. Anders verhält es sich, wenn für das benachbarte Blumengeschäft regelmäßig Blumen ausgetragen werden.

- Tätigkeiten im **Familienhaushalt** (§ 1 Abs. 2 Nr. 2 JArbSchG); bei groben Missbräuchen kann den Eltern das Sorgerecht gemäß § 1666 BGB entzogen werden;
- ein **Betriebspraktikum** während der Vollzeitschulpflicht, wie es in den Lehrplänen für die Abschlussklassen der Hauptschulen vorgesehen ist. Die Beanspruchung darf insoweit jedoch sieben Stunden täglich und 35 Stunden wöchentlich nicht übersteigen;
- Beschäftigung für Kinder über 13 Jahre in der **Landwirtschaft**, sofern die Inanspruchnahme drei Stunden täglich (im elterlichen Betrieb) bzw. zwei Stunden täglich (in sonstigen Betrieben) nicht übersteigt (§ 5 Abs. 3 JArbSchG);
- bei Kindern über 13 Jahre das **Austragen von Zeitungen** und Zeitschriften bis zu zwei Stunden werktäglich sowie **Handreichungen beim Sport** bis zu zwei Stunden täglich (§ 5 Abs. 3 Nr. 2 b und c JArbSchG). Beide Ausnahmen sind auf Intervention der betroffenen Unternehmen und Verbände eingeführt worden und stellten 1976 einen Rückschritt gegenüber dem vorher geltenden Recht dar.

Beispiel:
Ein 13-Jähriger kann zwei Stunden täglich (also auch sonntags) als Balljunge beim Tennis eingesetzt werden.

In Sonderfällen, etwa bei der Mitwirkung von Kindern an **Theatervorstellungen** oder Musikaufführungen, kann auch aufgrund behördlicher Genehmigung vom Kinderarbeitsverbot abgewichen werden.

Wird entgegen dem Verbot des § 5 Abs. 1 JArbSchG gearbeitet, so ist **gleichwohl** die tarifliche bzw. die nach § 612 BGB zu ermittelnde **Vergütung geschuldet.**

17.2.2 Arbeitszeitbeschränkungen für Jugendliche

Jugendliche bis zu 18 Jahren dürfen – gleichgültig ob sie in einem Ar- **1024**
beits- oder in einem Ausbildungsverhältnis stehen – nicht mehr als
40 Stunden wöchentlich beschäftigt werden. Bis 1984 galt zwingend
auch der Acht-Stunden-Tag, doch lässt § 8 Abs. 2 a JArbSchG seither
eine Verlängerung auf achteinhalb Stunden zu, wenn an einzelnen Werktagen derselben Woche weniger als acht Stunden gearbeitet wird. Bei der
Berechnung werden genau wie im Rahmen des ArbZG die Pausen nicht
mitgezählt, doch darf die »Schichtzeit«, also die gesamte Anwesenheit
im Betrieb, zehn Stunden nicht übersteigen (§ 12 JArbSchG).

Weiter ist **Nachtarbeit für Jugendliche verboten.** Nach § 14 Abs. 1 **1025**
JArbSchG dürfen sie nur in der Zeit zwischen 6 Uhr (bis 1984: 7 Uhr)
und 20 Uhr beschäftigt werden. Für viele Bereiche ist dieser vernünftige
Grundsatz jedoch durchbrochen worden- Dabei fällt insbesondere die
Vorschrift des § 14 Abs. 2 Nr. 2 JArbSchG ins Gewicht, die in mehr-
schichtigen Betrieben die zwingende Nachtruhe auf die Zeit von 23 bis
6 Uhr beschränkt.

Eine wichtige Einschränkung der Arbeitszeit enthält weiter § 9 **1026**
JArbSchG: Der Jugendliche muss nicht mehr in den Betrieb, wenn er an
dem betreffenden Tag mehr als fünf Unterrichtsstunden à 45 Minuten in
der **Berufsschule** absolviert hat. Für volljährige Azubis gilt dies allerdings seit 1. 3. 1997 nicht mehr.

Jugendliche haben schließlich einen längeren gesetzlichen **Urlaub**
als Erwachsene; je nach dem Alter, das ein Jugendlicher zu Beginn des
Kalenderjahres hatte, beträgt sein Mindesturlaub zwischen 25 und
30 Werktagen.

17.2.3 Gesetzliche Mindestarbeitsbedingungen

Die Beschränkung der Arbeitszeit wird durch eine Reihe von Bestim- **1027**
mungen ergänzt, die dem Jugendlichen die seiner Persönlichkeit angemessenen Arbeitsbedingungen sichern sollen.
- § 28 Abs. 1 JArbSchG verpflichtet den Arbeitgeber, die **Arbeitsstätte**
  so einzurichten, wie es zum Schutze gegen Gefahren für Leben und
  Gesundheit sowie zur Vermeidung einer Beeinträchtigung der körperlichen oder seelisch-geistigen Entwicklung des Jugendlichen erforderlich ist.
- Wichtig ist das in § 23 Abs. 1 JArbSchG ausgesprochene **Verbot der** **1028**

Akkordarbeit und sonstiger Arbeiten, bei denen ein gesteigertes Arbeitstempo zu einer höheren Entlohnung führt oder bei denen das Arbeitstempo (etwa durch die Fließbandgeschwindigkeit) vorgegeben ist. Einbezogen ist zu Recht die Tätigkeit in einer Arbeitsgruppe mit erwachsenen Arbeitnehmern, die ihrerseits im Akkord usw. beschäftigt sind, da dies einen vergleichbaren Leistungsdruck schaffen würde. Eine Ausnahme besteht jedoch unter anderem dann, wenn eine solche Tätigkeit zur Erreichung des Ausbildungsziels erforderlich und die Aufsicht durch einen Fachkundigen sichergestellt ist.

1029 • Schließlich sieht § 32 JArbSchG eine **obligatorische ärztliche Untersuchung** vor, die bei der ersten Einstellung nicht mehr als neun Monate zurückliegen darf. Nach dem ersten Beschäftigungsjahr ist der Jugendliche erneut ärztlich zu untersuchen; weitere in jährlichem Abstand erfolgende Nachuntersuchungen kann er aus eigener Initiative vornehmen lassen.

17.3 Schutz älterer Arbeitnehmer

1030 Eine weitere »Problemgruppe« stellen ältere Arbeitnehmer dar: Sie werden häufiger arbeitslos als andere und sind schwerer wieder in einen neuen Arbeitsplatz zu vermitteln. Dies beruht auf der verbreiteten Vorstellung, dass ältere Arbeitnehmer weniger leisten und häufiger krank sind. Je nach Arbeitsmarktlage und beabsichtigter Tätigkeit kann man dabei schon mit 40 oder 45 Jahren zum »alten Eisen« gehören. Daneben droht zahlreichen Älteren zwar keine Kündigung, wohl aber eine **Herabgruppierung wegen nachlassender Leistungen**. Insofern wird auch ihre innerbetriebliche Stellung zum Problem.

1031 Der Gesetzgeber hat kein ausgebautes System zum Schutz dieser Personengruppe entwickelt, um ihre Chancen auf dem Arbeitsmarkt zu verbessern. Die im früheren § 218 Abs. 1 Nr. 3 SGB III enthaltene Ermächtigung an die Arbeitsverwaltung, **Lohnkostenzuschüsse** an Arbeitgeber zu gewähren, die ältere Arbeitnehmer (ab 55) einstellen, ist ab 1.1.2004 weggefallen. Erhalten blieb zunächst die Bestimmung des § 421 j SGB III über die sog. **Entgeltsicherung.** Wer mindestens 50 Jahre alt war und vor seiner Arbeitslosigkeit mehr als in einer neuen Tätigkeit verdiente, erhielt die Hälfte der Differenz zwischen dem alten und dem neuen Nettoentgelt. Allerdings war dieser Anspruch zeitlich auf zwei Jahre beschränkt und musste spätestens am 31.12.2011 entstanden sein (§ 417

Abs. 7 SGB III). Zur erleichterten Befristung mit Personen ab 52 siehe
unten Kap. 20 Rn. 1140, zum Übergang in die Altersteilzeit siehe
Kap. 23 Rn. 1208 ff.

1032
Die Tarifparteien haben einen Teil der vom Gesetzgeber gelassenen
Lücken geschlossen. Mehr als die Hälfte aller Arbeitnehmer fällt in der
(alten) Bundesrepublik unter **Tarifverträge**, die die **ordentliche Kündigung** vom 40., 50. oder 55. Lebensjahr an **ausschließen** und die eine
Verdienstsicherung vom 50. oder 55. Lebensjahr an vorsehen. Diese
Vorschriften wirken jedoch nur zugunsten eines Teiles der Stammbelegschaft, da sie meist eine Betriebszugehörigkeit von zehn, fünfzehn oder
zwanzig Jahren voraussetzen. Auch bleibt in Extremfällen die Kündigung möglich (Einzelheiten bei Däubler, in: Kittner/Däubler/Zwanziger,
KSchR, § 626 BGB Rn. 142, 161 ff. und oben Rn. 864 a). Die »Unkündbaren« haben weniger Bestandsschutz als ihn die Bezeichnung nahe legt
(dazu Buse, Die Unkündbarkeit im Arbeitsrecht. Neue Akzente durch
das AGG, Frankfurt/Main 2009).

17.4 Sonstige Problemgruppen

17.4.1 Arbeitnehmer mit gesundheitlichen Einschränkungen und geringer Qualifikation

1033
Probleme werfen auch jene Arbeitnehmer auf, die einen schlechteren Gesundheitszustand als der Durchschnitt aufweisen, ohne deshalb schon zu
den schwerbehinderten Menschen zu zählen: Die Bereitschaft von Arbeitgebern, das Risiko eines häufigen Ausfalls und der damit verbundenen Entgeltfortzahlung einzugehen, ist relativ gering. Entsprechend hoch
ist der Anteil an den Arbeitslosen. Anders als bei den älteren Arbeitnehmern fehlt hier fast jeder Ansatz für kompensatorische Regelungen. Eine
gewisse Verbesserung könnte dadurch eintreten, dass man das **Fragerecht des Arbeitgebers** auf schwere, für die Tätigkeit unmittelbar relevante Erkrankungen beschränkt, doch hilft auch dies nur denjenigen, deren gesundheitliche Vorbelastung nicht schon aus dem Lebenslauf oder
dem Vorstellungsgespräch deutlich wird. Durch einen konsequenten
Schutz sog. Einfach-Behinderter (oben Rn. 1020 b) könnte die Problematik allerdings deutlich an Bedeutung verlieren.

1033a
Wer keine abgeschlossene Berufsausbildung hat und deshalb mit weniger anspruchsvollen Tätigkeiten beschäftigt wird, trägt ein besonders

großes Risiko, arbeitslos zu werden: Durch die Automatisierung und Computerisierung vieler Arbeitsvorgänge werden gerade solche Tätigkeiten überflüssig. Auch findet keine ausreichende Förderung von einfachen Dienstleistungen z. B. im häuslichen und pflegerischen Bereich statt. Ein **kompensatorisches Recht** ist **nicht entwickelt** worden; es gibt nur einzelne Angebote zur Weiterbildung, die insbesondere bei jüngeren Arbeitslosen erhebliche praktische Bedeutung gewinnen können.

17.4.2 Wehrpflichtige, Zeitsoldaten, Zivildienstleistende

1034 Einen besonderen gesetzlichen Schutz haben jene Arbeitnehmer erfahren, die zum Wehrdienst oder zu Wehrübungen eingezogen wurden. Nach dem Arbeitsplatzschutzgesetz (i. d. F. vom 16. 7. 2009, BGBl. I S. 2055) **ruhte das Arbeitsverhältnis** während der Dauer der Einberufung, lebte also nach ihrer Beendigung automatisch wieder auf. Nach § 2 des Gesetzes bestand ein grundsätzliches **Kündigungsverbot**, das bereits mit der Zustellung des Einberufungsbefehls begann. Die Übernahme eines Auszubildenden in ein unbefristetes Arbeitsverhältnis durfte nicht »aus Anlass des Wehrdienstes« abgelehnt werden. Im Streitfalle hatte der Arbeitgeber nach § 2 Abs. 5 Satz 2 i. V. m. § 2 Abs. 2 Satz 3 des Gesetzes das Vorliegen eines anderen Grundes zu beweisen. Durch diese Regelungen soll verhindert werden, dass die Ableistung der Wehrpflicht über den darin liegenden Freiheitsentzug hinaus auch noch zu einem Arbeitsplatzverlust führt. Mit der **faktischen Abschaffung der Wehrpflicht** ist das Problem gegenstandslos geworden.

1035 Nach § 16 a des Gesetzes sind Soldaten auf Zeit den Wehrpflichtigen gleichgestellt, soweit sie nicht länger als zwei Jahre bei der Bundeswehr tätig sind. § 78 Abs. 1 Nr. 1 Zivildienstgesetz ordnete die entsprechende Anwendung des Arbeitsplatzschutzgesetzes auf **Zivildienstleistende** an.

17.4.3 Strafentlassene

1036 Die kleinste und unpopulärste »Problemgruppe« sind die Strafentlassenen. Obwohl die Resozialisierung als Verfassungswert anerkannt ist, gibt es keine gesetzlichen Regelungen, die eine Wiedereingliederung in den Arbeitsprozess erzwingen oder wenigstens erleichtern könnten. Die verbreitete Vermutung, wer einmal »gesessen« habe, werde auch in Zukunft zu Straftaten neigen, kommt so voll zum Tragen und erschwert nachhaltig die Einstellung durch einen Arbeitgeber. Wenigstens sind die Strafgefangenen in die **Arbeitslosenversicherung** einbezogen, so dass sie im Regelfall nach der Entlassung aus dem Gefängnis nicht sofort Hartz IV in Anspruch nehmen müssen.

17.5 Weiterführende Literatur

Deinert/Welti (Hrsg.), Stichwortkommentar Behindertenrecht, Baden-Baden 2014;   **1037**

Feldes/Kohte/Stevens-Bartol (Hrsg.), SGB IX, Kommentar für die Praxis, 3. Aufl., Frankfurt/Main 2015;

Neumann/Pahlen/Majerski-Pahlen, Sozialgesetzbuch IX. Kommentar, 12. Aufl., München 2010;

Kossens (Hrsg.), Kommentar zum SGB IX, 3. Aufl., München 2009;

Feldes/Fraunhoffer/Rehwald/von Seggern/Westermann/Witt, Schwerbehindertenrecht, Basiskommentar, 11. Aufl., Frankfurt/Main 2012;

Lakies/Schoden, Jugendarbeitsschutzgesetz, Basiskommentar, 6. Aufl., Frankfurt/Main 2010;

Zmarzlik/Anzinger, Jugendarbeitsschutz, Kommentar, 5. Aufl., Köln 1998;

Duscheck/Lenz/Ratayczak/Ressel/Rudolf, Die Praxis der Jugend- und Auszubildendenvertretung von A bis Z, 7. Aufl., Frankfurt/Main 2013;

Feldes/Jentgens/Gerntke, Alters- und alternsgerechtes Arbeiten. Handlungshilfe für Betriebsräte, Vertrauensleute und Schwerbehindertenvertretungen, Frankfurt/Main 2013;

Dohse/Jürgens/Russig (Hrsg.), Ältere Arbeitnehmer zwischen Unternehmensinteressen und Sozialpolitik, Frankfurt/M./New York 1982;

Löwisch/Caspers/Neumann, Beschäftigung und demographischer Wandel, Beschäftigung älterer Arbeitnehmerinnen und Arbeitnehmer als Gegenstand von Arbeits- und Sozialrecht, Baden-Baden 2003.

18. Gleichberechtigung – familienfreundliches Arbeitsrecht – diskriminierungsfreie Arbeitsbedingungen

18.1 Vom Frauenarbeitsschutz zum Anspruch auf Gleichberechtigung

1038 Bis zum Inkrafttreten des ArbZG im Jahre 1994 kannte das geltende Recht eine größere Anzahl von Vorschriften, die der »besonderen Situation« der Frau in biologischer und sozialer Hinsicht Rechnung tragen sollten. So enthielt etwa § 19 AZO ein generelles **Nachtarbeitsverbot für Arbeiterinnen** und ordnete den sog. **Frühschluss** (um 17 Uhr) vor Sonn- und Feiertagen an, damit die erwerbstätigen Frauen noch Zeit für Einkäufe und die nötigen häuslichen Verrichtungen hatten. § 18 AZO gab ihnen längere **Ruhepausen** als den Männern. § 16 AZO enthielt eine Reihe von **Beschäftigungsverboten**, zu denen beispielsweise die Tätigkeit in Bergwerken, die Beförderung von Baumaterial, die Dampfkesselbedienung, das Lok- und Triebwagenfahren, das selbständige Bedienen und Instandhalten von Säge- und Hobelmaschinen, gefährliche Abbrucharbeiten sowie Sprengarbeiten zählten. Die angebliche geringere Belastbarkeit bzw. Ungeeignetheit von Frauen machte sie für Arbeitgeber weniger »interessant« oder schloss sie völlig von bestimmten Beschäftigungsmöglichkeiten aus.

1039 Das **BVerfG** (NZA 1992, 270, 271) erklärte das **Nachtarbeitsverbot** für **verfassungswidrig,** weil es entgegen Art. 3 Abs. 3 GG Frauen wegen ihres Geschlechts benachteilige. Ähnlich hatte schon kurz zuvor der EuGH aus Anlass einer vergleichbaren französischen Regelung entschieden (EuGH, EuGRZ 1991, 421 – Stoeckel). Der Gesetzgeber hob deshalb alle genannten Bestimmungen auf. Geblieben ist lediglich das in § 64 a Bundesberggesetz enthaltene Verbot der Arbeit unter Tage; auch die früheren Ausnahmen in der Seeschifffahrt gibt es inzwischen nicht mehr.

1040 Die Beseitigung von Zugangsschranken schafft noch keine reale Gleichheit. Der Gleichberechtigungsgrundsatz geht deshalb über ein ausdrückliches Schlechterstellungsverbot hinaus. Nach **Art. 3 Abs. 2 Satz 2 GG**, der 1994 eingefügt wurde, fördert der Staat »die **tatsächliche Durchsetzung** der Gleichberechtigung von Frauen und Männern und wirkt auf die Beseitigung bestehender Nachteile hin.« Schon zuvor hatte das BVerfG von einem **Gebot zur »Angleichung der Lebensverhältnisse«** gesprochen (BVerfG, NZA 1992, 270, 271).

Das Verbot der Frauendiskriminierung findet sich auch in zahlreichen **völkerrechtlichen Abkommen.** Zu nennen sind etwa die ILO-Übereinkommen Nr. 100 (Lohngleichheit) und Nr. 111 (keine Diskriminierung in Beschäftigung und Beruf), Art. 4 Abs. 1 Nr. 3 ESC sowie insbesondere das UN-Übereinkommen über die Beseitigung aller Formen zur Diskriminierung der Frauen, auf das auch das BVerfG Bezug genommen hat (BVerfG, NZA 2004, 33, 37).

Das **Unionsrecht** kennt einen primärrechtlichen Gleichbehandlungsgrundsatz, der Diskriminierungen wegen Alters (EuGH, NZA 2005, 1345 – Mangold) und wegen Behinderung (EuGH, DB 2005, 1617 – Chacón Navas), aber auch solche wegen des Geschlechts verbietet. Im sekundären Unionsrecht haben die gegen die Diskriminierung wegen des Geschlechts gerichteten Richtlinien eine Zusammenfassung in der Richtlinie 2006/54/EG erfahren (ABl. EU 2006 L 204/23). Das **AGG** verbietet explizit im Grundsatz auch die mittelbare Diskriminierung und ermöglicht in seinem § 5 sog. positive Maßnahmen. Diskriminierungsfreie Verhältnisse auf dem Arbeitsmarkt und in den Betrieben scheinen daher unproblematisch zu sein.

Die **Realität** ist **vom rechtlich Gewollten** recht weit **entfernt.** Die Er- **1041** werbstätigenquote von Männern lag 2009 bei 75,3 Prozent, die von Frauen bei 65,1 Prozent (Abfrage unter www.bpb.de). Frauen müssen aufgrund von in der Vergangenheit liegenden Ausbildungsdefiziten oft die als einfacher angesehenen und damit geringer entlohnten Tätigkeiten übernehmen. Auch bei gleicher Ausbildung sehen sie sich häufig benachteiligt, weil ihnen beispielsweise die Übernahme einer Führungsposition nicht zugetraut wird – eine Einschätzung, die sie sich häufig selbst zu eigen machen, was ihre »Konkurrenzchancen« zusätzlich verschlechtert. Ihre »Domäne« sind ganz bestimmte Tätigkeiten, bei denen das »Dienen«, die Zuwendung zu anderen, aber auch das Ertragen von Monotonie im Vordergrund stehen. Frauen sind deshalb oft Krankenschwestern, Assistentinnen, Lehrerinnen, früher auch Fließbandarbeiterinnen – als entscheidende Instanz in der Direktionsetage sind sie so gut wie nie zu finden. Daran wird sich auch durch eine **Frauenquote von 30 Prozent im Aufsichtsrat** von Großunternehmen wenig ändern, die am 16.3.2015 vom Parlament beschlossen wurde und die sich auf 108 börsennotierte AGs bezieht. Teilzeitarbeit ist eine Frauendomäne, was einem Aufstieg gleichfalls entgegensteht. Auch das BVerfG (NJW 1981, 2177) hat schon vor längerer Zeit die faktische Benachteiligung der Frauen ausdrücklich anerkannt und wie folgt beschrieben:

> *»Die Gründe für die unterschiedlichen Bruttoarbeitsentgelte von Männern und Frauen sind auch heute noch vielfältig. Frauen erreichen durchschnittlich, vor allem bedingt durch ihre familiäre Situation, eine kürzere wöchentliche Arbeitszeit als Männer. Sie erzielen geringere Stundenlöhne. Die Ursachen dafür liegen vor allem darin, dass Frauen, auch bei gleicher beruflicher Qualifikation, häufig niedriger eingestuft werden als Männer. Ferner zeigt sich, dass Frauen im Allgemeinen über eine geringere berufliche Vorbildung verfügen als Männer. Frauen sind in leitenden Funktionen unterrepräsentiert ...«*

1042 Die Ursachen vorwiegend in **Vorurteilen** zu sehen, wäre allzu vordergründig. Diese mögen im Einzelfall auftauchen und bei manchen Entscheidungen heimlich mitspielen, **ausschlaggebend** sind sie **nicht**.

Beispiele wirken heute bisweilen eher skurril. So erregte vor vielen Jahren ein Beschluss des Münchener Kommunalparlaments beträchtliches Aufsehen, in den (kommunalen) Münchener Elektrizitätswerken weibliche Lehrlinge nicht für technische Berufe auszubilden. Besonders bemerkenswert war, dass der Werksarzt erklärt hatte, wegen der Beschaffenheit von Daumen und Zeigefinger könnten Frauen in technischen Berufen nicht dieselben Leistungen wie Männer erbringen (Süddt. Zeitung v. 7./8. 10. 1978, S. 17).

Ungleich mehr Erklärungswert besitzt die **überkommene Rollenverteilung** von Männern und Frauen bei der häuslichen Arbeit. Bleiben Haushalt und Kindererziehung im Wesentlichen Sache der Frau, ist sie einer Doppelbelastung ausgesetzt, die sich im Durchschnitt der Fälle negativ auf die Arbeitsleistung und die aktive Präsenz im Betrieb auswirkt. Die Geburt von Kindern führt außerdem häufig zu einem vorübergehenden Ausscheiden aus dem Arbeitsprozess, und zwar typischerweise in einem Alter, in dem die Weichen für den Aufstieg gestellt werden.

Im Einzelfall können die Dinge anders liegen. Ist das gemeinsame Einkommen so hoch, dass man sich im Haushalt erhebliche Entlastung verschaffen kann, oder ist die Generation der Großmütter einsatzbereit, so können zwei »Full-Time-Jobs« durchaus kontinuierlich zu bewältigen sein.

1043 Im Folgenden soll es insbesondere darum gehen, wie man am Status quo etwas ändern kann. Zunächst muss uns der Mutterschutz beschäftigen, der Benachteiligungen der Frau möglichst minimieren sollte. Anschließend geht es um die Elternzeit und deren finanzielle Ausstattung, um die Pflegezeit sowie um weitergehende Überlegungen für ein »familienfreundliches« Arbeitsrecht. Den Abschluss sollen Überlegungen über diskriminierungsfreie Arbeitsbedingungen bilden.

18.2 Mutterschutz

Art. 6 Abs. 4 GG bekennt sich zu einem besonderen Schutz werdender und stillender Mütter. Das Mutterschutzgesetz (**MuSchG**) sowie die Mutterschutzrichtlinienverordnung (**MuSchRiV**) haben dem in folgender Weise Rechnung getragen: **1044**

Beschäftigungsverbote

Die **Arbeitsbedingungen** müssen an den besonderen Zustand der Arbeitnehmerin angepasst werden (§§ 2–4 MuSchG). Einzelne Tätigkeiten sind verboten. Dies gilt insbesondere für die **Akkordarbeit** und andere Tätigkeiten mit vorgeschriebenem Arbeitstempo (§ 4 Abs. 3 MuSchG). Weiter dürfen werdende Mütter nicht mit »schweren körperlichen Arbeiten« oder mit Arbeiten beschäftigt werden, bei denen sie schädlichen Einwirkungen von **gesundheitsgefährdenden Stoffen** ausgesetzt sind (§ 4 Abs. 1 MuSchG). Dasselbe muss bei besonders stressanfälligen Tätigkeiten gelten. **1045**

Soweit die Arbeitnehmerin nicht oder nicht mit einer gleichwertigen Arbeit weiterbeschäftigt werden kann, ist ihr gemäß § 11 Abs. 1 MuSchG das im Durchschnitt der letzten drei Monate verdiente **Arbeitsentgelt weiter zu bezahlen**. Dies soll nach der Rechtsprechung dann nicht gelten, wenn sie ihre Leistung bewusst zurückhält (BAG, AP Nr. 3 zu § 11 MuSchG 1968) oder wenn sie an sich arbeiten könnte, der Arzt ihr jedoch den **Weg** zur Arbeitsstätte aus gesundheitlichen Gründen **untersagt** hat (BAG, AP Nr. 4 zu § 11 MuSchG 1968). Insbesondere die zweite Einschränkung hat heftige Kritik erfahren, da das MuSchG die Schwangere ja gerade vor der Zwangssituation bewahren will, ihre Gesundheit und die des Kindes wegen des Entgelts aufs Spiel setzen zu müssen. **1046**

Schutzfristen und Arbeitgeberzuschuss

Die Arbeitnehmerin ist nach § 3 Abs. 2 MuSchG sechs Wochen vor der voraussichtlichen Niederkunft und nach § 6 Abs. 1 MuSchG acht Wochen nach der Entbindung **von der Arbeit freizustellen**. Während dieser **1046a** sog. **Schutzfristen** erhält sie ein **Mutterschaftsgeld** von der gesetzlichen Krankenversicherung in Höhe von 13 Euro pro Kalendertag. Bleibt dieses unter dem Nettoarbeitsentgelt, so hat der Arbeitgeber gemäß § 14 MuSchG einen **Zuschuss** zu bezahlen. Dieser belief sich im Durchschnitt der Fälle schon vor zehn Jahren auf den dreifachen Betrag des Mutterschaftsgeldes (Angabe nach BVerfG, DB 2003, 2791). Dies kann zu erheblichen faktischen Benachteiligungen von Frauen auf dem Arbeitsmarkt führen, da Arbeitgeber »preiswertere« Männer vorziehen werden. Dem hatte – wie das BVerfG (DB 2003, 2788) zu Recht festgestellt hat – der Gesetzgeber nicht ausreichend Rechnung getragen, da lediglich für Kleinunternehmen ein Umlageverfahren vorgesehen war. Bei mittleren und großen Unternehmen kam dagegen die **diskriminierende Wirkung der gesetzlichen Regelung** zur Geltung, was gegen Art. 3 Abs. 2 Satz 2 GG verstieß. Der Gesetzgeber musste deshalb **bis Ende 2005** diesen **Verfassungsverstoß** beseitigen. Dem ist er durch das sog. **Aufwendungsausgleichsgesetz** (AAG) vom 22. 12. 2005 (BGBl. I 3686) in letzter Minute nachgekommen. Danach werden dem einzelnen Arbeitgeber der Zuschuss und die Vergütung bei Beschäftigungsverboten (»Mutterschutzlohn«) nach § 11 MuSchG zu 100 Prozent von den Krankenkassen erstattet. Die Beiträge hierfür werden von allen Arbeitgebern erbracht; ob sie Frauen beschäftigen, spielt keine Rolle.

Kündigungsschutz

1047 Werdende und stillende Mütter können nach § 9 Abs. 1 MuSchG **bis zum Ablauf von vier Monaten nach der Entbindung nicht gekündigt** werden. In besonderen Ausnahmefällen kann das Arbeitsministerium gleichwohl eine Kündigung für zulässig erklären, doch sind die **Anforderungen** hier **höher als beim »wichtigen Grund«** im Sinne des § 626 BGB. Hat die Arbeitnehmerin den Arbeitgeber noch nicht von ihrem Zustand informiert, so kann sie dies innerhalb von zwei Wochen nach Zugang der Kündigung nachholen. Versäumt sie schuldlos diese Frist, weil ihr z. B. der Arzt eine falsche Auskunft gab, so behält sie nach der Rechtsprechung des BVerfG (DB 1980, 402) gleichwohl den Kündigungsschutz. Voraussetzung ist lediglich, dass sie den Arbeitgeber »**unverzüglich**« informiert, sobald sie ihren Zustand kennt. Für die Unverzüglichkeit gelten keine festen Fristen; alles hängt nach der Rechtsprechung von den Umständen des Einzelfalls ab (BAG, DB 1988, 2107).

1048 **Kündigt die Arbeitnehmerin selbst**, so ist dies zulässig, doch wird mit Recht die Forderung erhoben, einen Widerruf innerhalb von drei Wochen zuzulassen.

Jahressonderzahlungen

Die Mutterschaft darf nicht dazu führen, dass Jahressonderzahlungen, **1049**
Anwesenheitsprämien usw. gemindert werden. Auch eine entsprechende
tarifliche Regelung ist unwirksam, da sie nicht nur dem MuSchG, sondern auch Art. 6 Abs. 4 GG widersprechen würde. Dem hat die Rechtsprechung bislang allerdings nicht ausreichend Rechnung getragen.

Fehlgeburt

Der Mutterschutz soll nach der Rechtsprechung mit sofortiger Wirkung **1050**
wegfallen, wenn es zu einer Fehlgeburt kommt (BAG, DB 1973, 879) –
eine wenig soziale Auslegung, die verkennt, dass auch in einem solchen
Fall die Belastbarkeit der Arbeitnehmerin erheblich beeinträchtigt sein
kann.

Bestellmutter

Wird die befruchtete Eizelle eines Ehepaares von einer Leihmutter ausge- **1050a**
tragen (was im Inland nicht, wohl aber zum Teil im Ausland zulässig ist),
so bringt dies für die »Bestellmutter« keine Rechte nach dem MuSchG
zur Entstehung (vgl. EuGH 18. 3. 2014 – C-363/12 – NZA 2014, 525).

18.3 Elterngeld und Elternzeit

In Weiterentwicklung des Bundeserziehungsgeldgesetzes (**BErzGG**) vom **1051**
6. 12. 1985 hat das »**Bundeselterngeld- und Elternzeitgesetz**« (**BEEG**)
vom 5. 12. 2006 (BGBl. I, S. 2748) die staatlichen Leistungen im ersten
Lebensjahr des Kindes deutlich erhöht, die übrigen Regelungen aber im
Wesentlichen beibehalten. Das Gesetz vom 21. 12. 2014 hat weitere Ver-
besserungen gebracht.

Das Elterngeld wird grundsätzlich **in den ersten zwölf Lebensmona-** **1052**
ten des Kindes gewährt. Es setzt nach § 1 Abs. 1 BEEG einen Wohnsitz
oder gewöhnlichen Aufenthaltsort des sorgeberechtigten Elternteils im
Inland voraus. Außerdem muss er mit dem Kind im selben Haushalt leben, es selbst betreuen und darf keine oder keine volle Erwerbstätigkeit
(von mehr als 30 Wochenstunden) ausüben. Das Elterngeld wird als
Ausgleich für geringeres oder entfallendes Arbeitseinkommen gewährt.
Machen beide Elternteile von dieser Möglichkeit Gebrauch, verlängert
sich die Bezugsfrist auf 14 Monate – sog. **Partnermonate** (§ 4 Abs. 4
Satz 2 BEEG).

1052a   Entscheiden sich beide Elternteile dafür, gleichzeitig ihre Arbeitszeit auf 25 bis 30 Wochenstunden zu reduzieren, so erhalten sie nach § 4 Abs. 4 Satz 3 BEEG für vier weitere Monate Elterngeld, »Partnerschaftsbonus« genannt. Sie haben allerdings keinen Anspruch darauf, dass der Arbeitgeber sie gerade in diesem zeitlichen Umfang beschäftigt. Arbeiten beide Eltern Teilzeit, können sie »**ElterngeldPlus**« beziehen, das höchstens die Hälfte des traditionellen Elterngeldes ausmacht, dafür aber doppelt so lange gewährt wird (Einzelheiten bei Winkel/Nakielski, AuR 2015, 184).

1052b   Fallen die Eltern z. B. wegen Krankheit aus, so steht der Anspruch nach § 1 Abs. 4 BEEG auch anderen Verwandten (bis zum dritten Grad) zu; dies gilt insbesondere für Großeltern.

1053   Das Elterngeld beträgt nach § 2 Abs. 1 BEEG **67 Prozent des Einkommens**, das der Berechtigte in den letzten zwölf Monaten vor der Geburt durchschnittlich bezogen hat. Dabei wird ein standardisiertes Nettoeinkommen zugrunde gelegt. Das Elterngeld beträgt höchstens 1800 Euro monatlich, was einem Einkommen von ca. 2700 Euro brutto entspricht. Dabei werden allerdings auch Einkünfte aus selbständiger Tätigkeit, aus Gewerbebetrieb und aus Land- und Forstwirtschaft berücksichtigt.

> Die Berechnung ist – wie so oft – nicht ganz unkompliziert. Das zuständige Bundesministerium hat eine Anleitung ins Netz gestellt (www.bmfsfj.de).

Wer nur seine **Arbeitszeit reduziert,** erhält die 67 Prozent bezogen auf die Differenz zwischen dem bisherigen und dem aktuellen Einkommen; das bisherige wird mit höchstens 2700 Euro in Ansatz gebracht. Das Elterngeld ist steuerfrei, doch besteht ein Progressionsvorbehalt, der ggf. zu einem höheren Steuersatz bei anderem Einkommen führt.

1054   Bei Personen, die **weniger als 1000 Euro im Monat** verdienen, **erhöht sich der Prozentsatz** um ein Prozent je 20 Euro, um die das Einkommen unter 1000 Euro liegt (§ 2 Abs. 2 BEEG), darf aber 100 Prozent nicht übersteigen.

Beispiel:
Arbeitnehmerin X verdiente bisher 800 Euro. Sie erhält daher 77 Prozent ihrer bisherigen Vergütung als Elterngeld, da sie 10 mal 20 Euro unter der Grenze von 1000 Euro liegt. Verdiente sie nur 400 Euro, erhält sie 97 Prozent von diesem Betrag.

Wer **kein Erwerbseinkommen** erzielte (z. B. Hausfrauen, Hartz IV-Empfänger), erhält nach § 2 Abs. 4 BEEG **300 Euro** im Monat, die nicht auf sonstige Sozialleistungen angerechnet werden.

Ist das Elterngeld ausgelaufen, so erhalten die Eltern seit 1.1.2015 bis **1054a** zum dritten Geburtstag des Kindes ein sog. **Betreuungsgeld, sofern sie keine anderen Sozialleistungen in Anspruch nehmen. Dieses beträgt 150 Euro im Monat.** Kritisiert wird, dass diese Zahlung Kindertagesstätten unattraktiv macht und so einen Anreiz setzt, das Kind allein zu Hause zu erziehen. Auch ist derzeit ein Verfahren vor dem Bundesverfassungsgericht anhängig, bei dem geltend gemacht wird, der Bund habe gar keine Zuständigkeit für eine solche Regelung. Die Erfolgsaussichten der Beschwerdeführer werden positiv eingeschätzt.

Die Elternzeit

Unabhängig vom Anspruch auf Elterngeld können Arbeitnehmer nach **1055** den §§ 15 ff. BEEG **Elternzeit** (früher Erziehungsurlaub genannt) verlangen. Diese beträgt drei Jahre; **ein Zeitraum von bis zu zwölf Monaten** kann nach § 15 Abs. 2 Satz 4 BEEG mit Zustimmung des Arbeitgebers auf die Zeit **bis zur Vollendung des achten Lebensjahres des Kindes übertragen** werden. Möglich ist, dass beide Elternteile die volle Elternzeit in Anspruch nehmen, was nur bei gleichzeitiger Teilzeitarbeit (unten Rn. 1060) oder bei höchst wohlhabenden Zeitgenossen »machbar« ist. Unter den in § 15 Abs. 1 a BEEG genannten Voraussetzungen können auch Großeltern »Elternzeit« in Anspruch nehmen.

Nach § 16 Abs. 1 BEEG muss das Beurlaubungsverlangen spätestens **1056** sieben Wochen vor Beginn dem Arbeitgeber gegenüber schriftlich erklärt werden, sofern die Elternzeit unmittelbar im Anschluss an die Mutterschutzfrist genommen wird. In allen anderen Fällen beträgt die **Ankündigungsfrist** acht Wochen. Der Arbeitgeber wird dadurch in die Lage versetzt, für eine **Ersatzkraft** zu sorgen; § 21 BEEG sieht insoweit ausdrücklich die Möglichkeit zum Abschluss befristeter Arbeitsverträge vor.

Die Elternzeit wirft eine Reihe arbeitsrechtlicher Fragen auf; auch kann sie ihr Ziel nur dann erreichen, wenn der Bestand des Arbeitsverhältnisses gesichert bleibt.

Arbeitsrechtliche Konsequenzen

Während der Dauer der Elternzeit ist der Arbeitnehmer – von der Teil- **1057** zeitarbeit abgesehen – nicht zur Arbeit verpflichtet. Der Arbeitgeber schuldet konsequenterweise für diese Zeit kein Entgelt. Da das Arbeitsverhältnis als solches aber bestehen bleibt, wird die Elternzeit bei der Berechnung der Dauer der Betriebszugehörigkeit – etwa im Rahmen von Kündigungsfristen – mitgezählt.

1058 Erkrankt der Arbeitnehmer **während der Elternzeit**, so ist dies – anders als beim Erholungsurlaub nach § 9 BUrlG – ohne rechtliche Bedeutung. Ein Anspruch auf Entgeltfortzahlung oder auf Verlängerung der Elternzeit entsteht nicht.

Kündigungsschutz

1059 Nach § 18 Abs. 1 Satz 1 BEEG darf der Arbeitgeber das Arbeitsverhältnis während der Elternzeit nicht kündigen. Die für den Arbeitsschutz zuständige oberste Landesbehörde kann jedoch »in besonderen Fällen ausnahmsweise« die Kündigung für zulässig erklären. Dies entspricht der Formulierung des § 9 Abs. 3 MuSchG.

> Einzelheiten sind in der »Allgemeinen Verwaltungsvorschrift zum Kündigungsschutz bei Elternzeit« geregelt (abgedruckt bei Böttcher, BEEG, Basiskommentar, S. 114 ff.).

Teilzeitarbeit

1060 Während der Elternzeit ist eine **abhängige Erwerbstätigkeit von bis zu 30 Stunden wöchentlich** zulässig. Nach der seit 1. Januar 2001 geltenden Regelung hat der »Erziehungsurlauber« bzw. »Elternzeitler« einen **Anspruch auf Verringerung seiner Arbeitszeit** auf 30 oder weniger Stunden. Voraussetzung ist, dass der Arbeitgeber mehr als 15 Arbeitnehmer beschäftigt, dass das Arbeitsverhältnis bereits länger als sechs Monate besteht, dass die gewünschte Arbeitszeit zwischen 30 und 15 Wochenstunden beträgt und dass der Arbeitnehmer seinen Wunsch unter Wahrung derselben Fristen wie beim Verlangen nach Elternzeit schriftlich mitgeteilt hat. Der Arbeitgeber kann die Erfüllung nur **verweigern**, wenn ihr »**dringende betriebliche Gründe**« entgegenstehen.

Für viele Arbeitnehmer, **insbesondere für Alleinerziehende**, ist eine solche Lösung **der einzige Weg, um ihre wirtschaftliche Existenz über das erste Jahr hinaus** ausreichend zu sichern.

1061 Das Teilzeitarbeitsverhältnis ist kein »zweites Arbeitsverhältnis«, sondern gewissermaßen ein Rest des vor der Schwangerschaft bestehenden. Der Kündigungsschutz des in Elternzeit Befindlichen bezieht sich daher auch auf diese Beschäftigung (BAG, NZA 2004, 1039). Mit Zustimmung des Arbeitgebers kann auch ein Teilzeitarbeitsverhältnis bei einem anderen Arbeitgeber eingegangen werden, das dann den normalen Regeln unterliegt.

18.4 Pflegezeit

Das am 1. 7. 2008 in Kraft getretene »Pflegezeitgesetz« (PflegeZG) will **1061a**
der besonderen Situation Rechnung tragen, die sich aus der Pflegebe-
dürftigkeit eines nahen Angehörigen ergibt.

Die amtliche Gesetzesbegründung verweist darauf, bis zum Jahr 2030 werde die
Zahl der pflegebedürftigen Personen von derzeit 2,1 Mio. auf 3,4 Mio. steigen.

Zu den »nahen Angehörigen« zählen nach § 7 PflegeZG neben Großeltern und Kindern auch der Partner einer nichtehelichen Lebensgemein-
schaft sowie Pflegekinder. Der Gesetzgeber orientiert sich insoweit zu
Recht an der »**faktischen Familie**« (ohne Rücksicht auf das Bestehen
einer rechtlichen Beziehung wie einer Ehe oder eines durch Abstammung begründeten Kindschaftsverhältnisses), da dort der Pflegebedarf
auftritt.

Bei einer **akut auftretenden Pflegesituation** eines nahen Angehörigen **1061b**
(z. B. Schlaganfall, Oberschenkelhalsbruch) kann sich der Arbeitnehmer
auf eine »**kurzzeitige Arbeitsverhinderung**« berufen (§ 2 PflegeZG), die
bis zu zehn Arbeitstage betragen kann. Sie soll ihm die Möglichkeit geben, eine bedarfsgerechte Pflege zu organisieren. Einer »Freistellung«
durch den Arbeitgeber bedarf es nicht; vielmehr genügt eine unverzügli-
che Mitteilung (Preis/Nehring, NZA 2008, 731). Insoweit ist in der amtlichen Begründung von einem Leistungsverweigerungsrecht die Rede.
Das PflegeZG sieht keine Rechtsgrundlage für eine **Vergütung** vor, doch
soll sich diese für die meisten Anspruchsberechtigten nach der amtlichen
Begründung aus § **616 BGB** ergeben (ebenso ErfK-Gallner, § 2 Pflege-
ZG Rn. 4; HK-ArbR-Klein, § 2 PflegeZG Rn. 12, die eine »verhältnismäßig nicht erhebliche Zeit« annehmen). Soweit diese Bestimmung
nicht eingreift, wird seit 1. 1. 2015 ein sog. Pflegeunterstützungsgeld
nach § 44a Abs. 3 SGB XI in Höhe von 90 Prozent des ausgefallenen
Nettoarbeitsentgelts bezahlt.

Der Schwerpunkt der Neuregelung liegt auf der sog. **Pflegezeit**, die **bis 1061c**
zu sechs Monate pro pflegebedürftigem Angehörigem betragen kann.
Sie kann nur in Unternehmen mit mehr als 15 Beschäftigten geltend gemacht werden und ist ähnlich wie die Elternzeit ausgestaltet:

- Die Pflegezeit ist spätestens zehn Arbeitstage vor dem gewollten Beginn dem Arbeitgeber schriftlich anzukündigen. Sie kann auch in
  mehreren Zeitabschnitten genommen werden.
- Der Arbeitnehmer kann zwischen einer vollständigen und einer teil-

weisen Freistellung wählen. Die zweite Alternative kann vom Arbeitgeber nur bei Vorliegen »dringender betrieblicher Gründe« verweigert werden.

- Während der Pflegezeit besteht in gleicher Weise Kündigungsschutz wie in der Elternzeit. Der Arbeitgeber kann eine befristete Ersatzkraft einstellen.

- Ein Entgeltanspruch besteht nicht. Auch die Pflegeversicherung erbringt keine Leistungen an den Arbeitnehmer. Insoweit fehlt – wohl aus fiskalischen Gründen – ein Analogon zum Elterngeld. Allerdings werden die Beiträge zur Arbeitslosenversicherung von der Pflegekasse übernommen. Diese bezahlt auch den Mindestbeitrag zur Kranken- und Pflegeversicherung, soweit keine anderweitige Absicherung (z. B. durch weiter arbeitende Familienangehörige) besteht. In der Rentenversicherung zählen die Pflegezeiten als Pflichtbeitragszeiten.

- Genau wie bei der Familienpflegezeit (s. sogleich) kann in Höhe der Hälfte des Verdienstausfalls ein zinsloses Darlehen in Anspruch genommen werden.

- Nach Ende der Pflegezeit kann der Arbeitnehmer verlangen, zu den bisherigen Arbeitsbedingungen weiterbeschäftigt zu werden.

18.5 Familienpflegezeit

1061d Das seit 1.1.2012 geltende Familienpflegezeitgesetz (FPfZG) **verlängert die »Pflegephase«** auf 24 Monate; eine zuvor genommene Pflegezeit wird auf die Höchstdauer angerechnet. Der Anspruch besteht nur in Unternehmen mit mehr als 25 Beschäftigten. Der Arbeitnehmer muss außerdem mindestens 15 Stunden pro Woche weiterarbeiten, was der Arbeitgeber nur aus »dringenden betrieblichen Gründen« verweigern darf. In Höhe der Hälfte des Entgelts, das durch die Arbeitszeitreduzierung wegfällt, wird ein zinsloses Darlehen gewährt, das innerhalb von 48 Monaten nach Ende der Freistellung zurückzuzahlen ist. In Härtefällen ist eine Stundung möglich. Nur wenn der Darlehensnehmer nach dem Ende der Freistellung zwei Jahre lang ausschließlich die staatliche Grundsicherung bezieht oder wenn er verstirbt, erlischt nach § 7 Abs. 3 FPfZG die Rückzahlungsverpflichtung. Wem ein Schritt aus der Armut gelingt, der bleibt mit der Pflicht zur Rückzahlung belastet.

18.6 Familienfreundliches Arbeitsrecht?

Gibt es neben Mutterschutz, Elternzeit und Pflegezeit weitere arbeits-   **1062**
rechtliche Vorkehrungen, um Familienpflichten, insbesondere die Betreuung von Kindern, mit den Pflichten aus dem Arbeitsverhältnis in
Einklang zu bringen? Die Frage wird selten gestellt, obwohl sich der
Deutsche Juristentag 1994 und 2004 des Themas angenommen hat. **Weder in der Gesetzgebung noch in der Rechtsprechung** sind **Leitprinzipien**
vorhanden; nur einzelne Elemente sind auffindbar. Sinnvollerweise unterscheidet man zwischen dem Fall, dass während eines Arbeitsverhältnisses kollidierende Familienpflichten bestehen, von dem eines Hintereinander, bei dem nach dem Modell der Elternzeit eine Familienphase
eingeschoben wird, was insbesondere den Wiedereinstieg zum Problem
macht.

18.6.1 Gleichzeitigkeit von Arbeit und familiären Aufgaben

Ein wesentlicher Faktor für die Vereinbarkeit von Arbeit und Familie ist   **1063**
die **Lage der Arbeitszeit.**
- Nach § 6 Abs. 4 Buchst. b ArbZG müssen **Nachtarbeitnehmer** auf ihr
  Verlangen auf einen Tagesarbeitsplatz versetzt werden, wenn in ihrem Haushalt ein Kind unter zwölf Jahren lebt und nicht von einer
  andern Person, die im selben Haushalt wohnt, versorgt werden kann.
- Das grundsätzliche Verbot der **Sonntagsarbeit** und die tarifliche Beschränkung der Samstagsarbeit erleichtern Aktivitäten in der Familie.
- Die **Gleitzeit** ermöglicht eine Koordination zwischen der Arbeit und
  der Erfüllung von Verpflichtungen in der Familie. Auf diese Weise
  kann sich z.B. die Mutter an die Öffnungszeiten der Kindertages-
  stätte anpassen.
- Arbeitszeitkonten können in gewissem Umfang die Möglichkeit er-
  öffnen, ein Zeitguthaben zur Erfüllung familiärer Aufgaben zu verwenden.
- Soweit der Arbeitgeber auf der Grundlage seines **Direktionsrechts** die
  Lage der Arbeitszeit bestimmen kann, muss er auf schutzwürdige familiäre Belange des Arbeitnehmers Rücksicht nehmen (BAG, NZA
  2005, 359).

Eine erhebliche **Verkürzung der Arbeitszeit** könnte mögliche Pflichten-   **1064**
kollisionen weitgehend verhindern. Gäbe es für die meisten Arbeitenden

eine 30-Stunden-Woche mit fünf Tagen à sechs Stunden, bliebe genügend Zeit für die Erledigung familiärer Aufgaben (Colneric, RdA 1994, 67). Von einem solchen Zustand sind wir allerdings derzeit weiter als vor 15 Jahren entfernt. Der Ausweg liegt deshalb notwendigerweise in der Reduzierung auf Teilzeit, also in einer Arbeitszeitverkürzung ohne jeden Lohnausgleich. Dieser Weg wird insbesondere von Frauen genutzt.

> Nach dem Mikrozensus 2002 arbeiteten von den Vätern minderjähriger Kinder 83 Prozent, von den Müttern nur 20 Prozent in Vollzeit (mitgeteilt bei Junker, 65. DJT, B 100).

Die rechtlichen Rahmenbedingungen sind durch das Benachteiligungsverbot des § 4 Abs. 1 TzBfG und den Anspruch auf Verkürzung der Arbeitszeit nach § 8 TzBfG wenigstens etwas verbessert worden.

1065 In der Wohnung verrichtete **Telearbeit** kann die Kinderbetreuung erleichtern. Allerdings setzt dies voraus, dass die Arbeit große zeitliche Dispositionsspielräume lässt.

> Ein zweijähriges Kind wird sich dagegen wehren, dass die Mutter während des Tages immer telefoniert oder am Schreibtisch sitzt. Konzentrierte Arbeit wird nur möglich sein, wenn das Kind schläft.

1066 Von der **Kinderbetreuung** zumindest einen Teil des Tages **entlastet** zu werden, kann unabdingbare Voraussetzung für die Fortsetzung einer Erwerbstätigkeit sein. Eine Reihe großer Unternehmen besitzt einen Betriebskindergarten, andere beteiligen sich an überbetrieblichen Einrichtungen. Von gewerkschaftlicher Seite wurden ursprünglich Bedenken gegen eine solche Lösung artikuliert, doch dürfte ihnen heute kaum noch Bedeutung zukommen. Aus Arbeitgebersicht können solche Einrichtungen die Arbeitszufriedenheit und damit die Arbeitsproduktivität erhöhen und außerdem die Kündigung durch qualifizierte (weibliche) Arbeitskräfte verhindern. Auch lassen sich gesuchte Spezialist(inn)en leichter gewinnen. Im Ergebnis kann sich dies »rechnen« (Wellenhofer, 65. DJT, N 73 m. w. N.).

1067 In **Notsituationen** kann nach § 616 BGB und § 45 SGB V eine Befreiung von der Arbeitspflicht eintreten. Dies gilt insbesondere bei erkrankten Kindern, die nicht durch andere versorgt werden können. Damit ist aber nur ein kleiner Teil besonders akuter Konfliktfälle erfasst.

1068 Was den **Bestandsschutz des Arbeitsverhältnisses** betrifft, so wird die familiäre Situation im Rahmen der sozialen Auswahl nach § 1 Abs. 3 KSchG berücksichtigt. Allerdings kommt dem Lebensalter und der

Dauer der Betriebszugehörigkeit häufig eine sehr viel größere Bedeutung zu. Bemisst sich die **Abfindung** in einem **Sozialplan** nach der Dauer der Betriebszugehörigkeit, so darf die Elternzeit nicht ausgeklammert werden (BAG, NZA 2004, 559). Auch ist der Situation Alleinerziehender Rechnung zu tragen.

18.6.2 Das Phasenmodell

Die **Elternzeit** kann sich auf **fünf bis sechs Jahre** aufsummieren, wenn **1069** gegen Ende der ersten 3-Jahres-Frist das zweite Kind zur Welt kommt. Außerdem gibt es in der Praxis tarifliche oder betriebliche Modelle, die eine Verlängerung der Elternzeit oder ein Ausscheiden aus dem Betrieb, verbunden mit einem Wiedereinstellungsanspruch, vorsehen. Sind solche Möglichkeiten nicht vorhanden, kann es zu einer Eigenkündigung oder einem Aufhebungsvertrag kommen, was den »Wiedereinstieg« von der Entwicklung des Arbeitsmarkts abhängig macht.

Schon eine dreijährige Elternzeit kann zu einem **Verlust an Qualifi-** **1070** **kation** führen, der die Fortsetzung der Tätigkeit erheblich erschwert, wenn nicht unmöglich macht. Der Ausweg, sich während dieses Zeitabschnitts durch Besuch von Lehrgängen oder in anderer Weise weiterzuqualifizieren oder gar gelegentlich bei personellen Engpässen einzuspringen, ist höchst sinnvoll, aber nur auf freiwilliger Grundlage, d. h. mit Zustimmung des Arbeitgebers zu realisieren. In einer Zeit knapper Personalkalkulation ist diese Voraussetzung nur selten gegeben.

Der **Wiedereinstieg** zu den bisherigen Bedingungen ist lediglich bei der **1071** Elternzeit rechtlich abgesichert, wenngleich auch hier **keineswegs immer gewährleistet.**

> Nach drei Jahren ist der Arbeitsplatz wegrationalisiert, eine vergleichbare Tätigkeit ist im Betrieb nicht mehr vorhanden oder wird von Arbeitnehmern ausgeübt, die sozial schutzwürdiger sind. Zumindest eine Änderungskündigung ist in diesem Fall unvermeidbar.

In anderen Fällen sind die Chancen auf Reintegration noch schlechter. Die »Kindererziehungsphase« kann daher ein Mittel sein, sich aus dem Arbeitsleben hinaus zu katapultieren. Je kürzer sie ist und je mehr eine »Ankoppelung« an den Betrieb durch Weiterbildung u. Ä. stattfindet, umso leichter wird eine Fortsetzung der Tätigkeit sein.

18.6.3 Änderung der Arbeitsteilung zwischen Mann und Frau?

1072 Elternzeit und andere Möglichkeiten, die Dominanz der Arbeitswelt zurücktreten zu lassen, werden fast ausschließlich von Frauen genutzt, was die traditionelle **Rollenverteilung vertieft.** Eine Änderung könnte dadurch befördert werden, dass ein Mehr an Rechten in all jenen Fällen gewährt wird, in denen sich auch der zweite Elternteil in der Kindererziehung engagiert. Einen **Ansatz** findet man in § **45 SGB V,** der jedem Elternteil ein bestimmtes Quantum an »Pflegetagen« bei Erkrankung von Kindern zur Verfügung stellt, so dass faktisch auch der Vater herangezogen wird, wenn die Mutter ihr Kontingent ausgeschöpft hat. Einen ganz kleinen Schritt in diese Richtung unternimmt auch das BEEG, das seit 1. 1. 2007 den Anspruch auf **Elterngeld um zwei Monate verlängert,** wenn beide Ehegatten vorübergehend aus der (vollen) Erwerbstätigkeit aussteigen. In dieselbe Richtung verweist der neu geschaffene Partnerschaftsbonus (oben Rn. 1052).

18.7 Diskriminierungsfreie Arbeitsbedingungen

1073 Das AGG geht über das Verbot geschlechtsbezogener Diskriminierung hinaus und bezieht sieben weitere Merkmale mit ein (Rasse, ethnische Zugehörigkeit, Religion, Weltanschauung, Behinderung, Alter, sexuelle Orientierung – dazu oben Rn. 447ff.). Dass bei Einstellungen wie bei Personalabbaumaßnahmen nicht gegen das AGG verstoßen werden darf, ist schon im Einzelnen dargestellt worden. Nunmehr geht es darum, die Fragen der Nichtdiskriminierung bei der Vergütung und sonstigen Arbeitsbedingungen anzusprechen.

18.7.1 Das Erfordernis der einheitlichen Quelle

1074 Legt der Arbeitgeber den Arbeitsverträgen bestimmte Inhalte zugrunde, so sind diese daraufhin zu überprüfen, ob sie einzelne »Merkmalsträger« im Sinne des § 1 AGG unmittelbar oder mittelbar benachteiligen.

Traditionelles Beispiel:
Mit Teilzeitkräften werden keine Jahressonderzahlungen vereinbart, wohl aber mit Vollzeitkräften. Mittelbare Diskriminierung wegen des Geschlechts, da Teilzeitkräfte zu ca. 90 Prozent aus Frauen bestehen und ein Rechtfertigungsgrund nicht ersichtlich ist.

Dieser Grundsatz gilt unternehmensweit und kann auch auf konzerneinheitliche Vorgänge wie z. B. die Gewährung einer betrieblichen Altersversorgung erstreckt werden. Weiter sind auch die Tarifparteien an Diskriminierungsverbote gebunden.

Eine wichtige Grenze ergibt sich jedoch insoweit, als sich nach der **1075** Rechtsprechung des EuGH die fragliche Norm oder Maßnahme auf »denselben Ursprung«, dieselbe Quelle, konkret: eine bestimmte handelnde Größe zurückführen lassen muss (EuGH, NZA 2002, 1144). Sind zwei verschiedene »Regelsetzer« am Werk, sind die Benachteiligungsverbote nicht anwendbar. Das BAG hat es deshalb für unbedenklich erklärt, dass Beamte und Angestellte des öffentlichen Dienstes bei gleicher Arbeit unterschiedlich bezahlt werden, weil die Arbeitsbedingungen der Beamten durch den Gesetzgeber, die der Angestellten durch die Tarifparteien festgelegt werden (BAG, NZA 2003, 1286).

18.7.2 Das Problem der Entgeltdifferenzierung

Eine Diskriminierung setzt im Normalfall voraus, dass die fragliche Per- **1076** son im Verhältnis zu einem anderen Menschen oder zu einer anderen Gruppe mit Rücksicht auf das »verpönte« Merkmal benachteiligt wurde. Bei der **Nichteinstellung** und der **Kündigung** bereitet dies meist **keine Probleme.** Sehr viel schwieriger wird die Situation, wenn es um das **Entgelt** geht. **Bezugsgröße** können dabei nur Personen sein, die eine **gleiche oder eine gleichwertige Arbeit** verrichten.

> Die (weiblichen) Reinigungskräfte sind der Auffassung, sie seien bisher genauso eingruppiert wie die (männlichen) Pförtner und ihre Arbeit sei auch völlig vergleichbar, so dass der Arbeitgeber nicht nur den Pförtnern eine Zulage gewähren dürfe (ähnlich BAG, NZA 2005, 1059).

Die Rechtsprechung verlangt nicht, dass zwei Tätigkeiten völlig iden- **1077** tisch sein müssen, da dies dem Entgeltgleichheitsgebot den größten Teil seines Anwendungsbereichs nehmen würde. Vielmehr reicht es aus, wenn die **überwiegende Tätigkeit,** die an den fraglichen Arbeitsplätzen anfällt, gleich oder gleichwertig ist (BAG, NZA 1996, 579). Eine Abweichung in wenigen Teil-Aufgaben ist daher unschädlich. Auch kommt es allein auf die **tatsächlich ausgeübte Arbeit**, nicht auf das im Vertrag Vorgesehene an.

1078 Ob die Arbeit »gleich« oder »gleichwertig« ist, bestimmt sich nach **allen relevanten Faktoren**, insbesondere nach ihrer Art, den zu erfüllenden Anforderungen, der vorausgesetzten Ausbildung und den Bedingungen, unter denen sie geleistet werden muss. Bei der Gleichwertigkeit kommt auch der Tarifpraxis und der Verkehrsanschauung eine gewisse Bedeutung zu. Eine unterschiedliche **Berufsausbildung** kann die Vergleichbarkeit beseitigen, auch wenn über einen längeren Zeitraum dieselbe Arbeit geleistet wird, doch muss sich die unterschiedliche Ausbildung irgendwie in der Tätigkeit niederschlagen.

Beispiel:
Im Krankenhaus werden sowohl Psychologen mit psychotherapeutischer Zusatzausbildung als auch entsprechend qualifizierte Ärzte mit der Behandlung seelisch kranker Patienten betraut. Da die Ärzte einen andern Berufsabschluss haben und von daher auch vielseitiger einsetzbar sind, ist eine bessere Bezahlung gerechtfertigt.

1079 Die analytische wie die summarische Arbeitsbewertung dürfen **keine diskriminierenden Kriterien** verwenden. So kann ein System von Entgeltstufen zwar auch Eigenschaften berücksichtigen, die, wie Muskelkraft, Männer eher besitzen, doch muss es dann im Rahmen der gegebenen Möglichkeiten auch Anforderungen heranziehen, bei denen weibliche Arbeitnehmer besonders geeignet sein können (EuGH, NJW 1987, 1138 – Rummler). Evident unzulässig wäre es, wollte man die bei der Arbeit notwendige Körperkraft bei »Frauenarbeitsplätzen« unter den Tisch fallen lassen.

Der Hausmeister im Krankenhaus muss hin und wieder Gegenstände mit bis zu 50 kg Gewicht tragen, was ihm eine »Erschwerniszulage« einbringt. Die Krankenschwestern müssen Patienten umbetten, was sehr viel mehr Belastung mit sich bringen kann, erhalten dafür aber keinen Ausgleich.

1080 Ist das **Entgeltsystem** oder eines seiner Teile **intransparent**, so muss der Arbeitgeber beweisen, dass diskriminierungsfreie Kriterien verwendet wurden, sofern eine Arbeitnehmerin darlegt, dass das Durchschnittseinkommen der Frauen niedriger als das der Männer ist (EuGH, DB 1995, 1615, 1616). Andernfalls bestünde keine Möglichkeit, dem Gleichheitsgebot Beachtung zu verschaffen. Eine Art Erst-Recht-Schluss nimmt die

Rechtsprechung vor, wenn der schlechter vergütete Arbeitnehmer darlegen kann, seine Tätigkeit sei in Wirklichkeit im Vergleich zu dem besser Bezahlten nicht nur gleich, sondern sogar höherwertig.

18.7.3 Rechtfertigung unterschiedlicher Vergütungen

Liegt gleiche oder gleichwertige Arbeit in dem beschriebenen Sinn vor **1081** und erfolgt eine unterschiedliche Vergütung, so ist im Regelfall von einer mittelbaren Diskriminierung auszugehen, da heute nicht mehr ausdrücklich an das Geschlecht (oder ein anderes verpöntes Merkmal im Sinne des § 1 AGG) angeknüpft wird.

> Dies war nicht immer so. In den 1950er Jahren gab es noch die sog. **Lohnabschlagsklauseln** für Frauen, die bei gleicher Arbeit 10 oder 15 Prozent weniger als ein Mann verdienten. Jüngeren Datums ist die »Ehefrauenzulage«, die nur verheiratete Männer erhielten; für verheiratete Frauen eine »Ehemännerzulage« vorzusehen, kam niemand in den Sinn.

Weitere Voraussetzung für eine mittelbare Diskriminierung ist allerdings, dass die »Benachteiligung« nicht durch ein rechtmäßiges Ziel im Sinne des § 3 Abs. 2 AGG sachlich gerechtfertigt ist und das zur Erreichung dieses Ziels eingesetzte Mittel »angemessen und erforderlich« ist. Dies bedarf der Konkretisierung.

Das Ziel darf **nichts mit dem Diskriminierungsmerkmal zu tun** haben. **1082** Das »Zurückdrängen der Doppelverdienerehe« wäre in diesem Sinne kein rechtmäßiges Ziel. Außerdem muss das Ziel hinreichend konkret sein, da man sonst seine Legitimität nicht überprüfen könnte; die Erwägung, zur Schaffung von Arbeitsplätzen beizutragen, genügt nicht. Auch Haushaltserwägungen (»Einsparung von 100 000 Euro«) reichen nach der Rechtsprechung nicht aus (EuGH, NZA 2005, 807, 809), was man auf die Erhöhung der Rendite in der gewerblichen Wirtschaft übertragen kann.

Im Einzelfall kann der **Arbeitsmarkt** den Arbeitgeber zwingen, einzel- **1083** nen Arbeitnehmern finanziell entgegenzukommen, um sie für den Betrieb zu gewinnen oder von einer Eigenkündigung abzuhalten. Dies kann eine **ausreichende Rechtfertigung** sein, doch muss sie im konkreten Fall durch klare Fakten untermauert sein. Das BAG (NZA 2005, 1059) hat es auch genügen lassen, durch Absenkung der Entgelte eine sonst **drohende Fremdvergabe zu verhindern,** was mit Recht auf Kritik gestoßen ist.

18.7.4 Das Kriterium Alter und Dauer der Betriebszugehörigkeit

1084   Eine Differenzierung nach **Lebensaltersstufen** lässt sich mit dem Verbot der Diskriminierung wegen Alters nicht vereinbaren: Die Lebenserfahrung steigt nicht bei jedem mit den Jahren, auch ist sie bei den meisten Tätigkeiten ohne größere Bedeutung. Auf die typische Bedürfnissituation abzustellen und den Jüngeren mehr zu geben (wenn die Kinder klein oder in der Ausbildung sind, ist der Bedarf am größten), wäre eine mögliche Rechtfertigung, doch hat man diese in der Praxis kaum in Erwägung gezogen. § 10 Satz 1 AGG lässt jedenfalls eine Rechtfertigungsmöglichkeit für die bisherigen starren Stufen nicht erkennen. Diese sind deshalb auch vom EuGH (NZA 2011, 1100) und vom BAG (NZA-RR 2012, 100) für rechtswidrig erklärt worden.

1084a   Anders verhält es sich, wenn die Vergütung mit der **Dauer der Betriebszugehörigkeit** oder den **Berufsjahren** steigt. Auf diese Weise werden zwar Jüngere gegenüber Älteren benachteiligt, und auch Frauen haben mit Rücksicht auf ihre andere Erwerbsbiographie typischerweise eine kürzere Betriebszugehörigkeit, doch erhöht die Berufserfahrung im Regelfall die Qualität der Arbeit (EuGH, NZA 2006, 1205 – Cadman). Nach der Rechtsprechung des EuGH besteht eine entsprechende Vermutung; nur wenn ein Arbeitnehmer Gleichstellung mit den »Erfahrenen« verlangt und dabei Anhaltspunkte liefert, die ernsthafte Zweifel an der Vermutung aufkommen lassen, muss der Arbeitgeber den Zuwachs an Fähigkeiten im Einzelnen belegen. Praktische Bedeutung kann dies bei einfachen Tätigkeiten z. B. in der Gebäudereinigung gewinnen, die nach wenigen Stunden Einarbeitung ausgeführt werden können und die nach fünf oder zehn Jahren keineswegs von besserer Qualität sind.

1084b   In der Praxis wird bei der Berechnung der Betriebszugehörigkeit häufig die **Zeit bis zum 25.** (oder bis zum 21.) **Lebensjahr ausgeklammert**. Dies stellt eine Benachteiligung von Jüngeren dar; insoweit gilt das zu § 622 Abs. 2 Satz 2 BGB Gesagte entsprechend (oben 14.3.).

18.7.5 Rechtsfolgen unzulässiger Differenzierung

1084c   Soweit Frauen gegenüber Männern benachteiligt wurden, hat die Rechtsprechung des EuGH immer eine **Anpassung an** die **besser gestellte Vergleichsgruppe** vorgenommen.

Schwierigkeiten ergaben sich dann, wenn die **begünstigte Gruppe** in der Belegschaft nur eine **Minderheit** ausmacht und es um eine nicht ganz unerhebliche Leistung geht. Im Bereich des allgemeinen Gleichbehandlungsgrundsatzes hatte das BAG keine Bedenken dagegen, die »Anhebungslösung« schon dann zu favorisieren, wenn die begünstigte Gruppe **wenigstens 5 Prozent der Belegschaft** ausmachte (BAG, AP Nr. 184 und 200 zu § 242 BGB Gleichbehandlung). Dem wird man auch im vorliegenden Zusammenhang Rechnung tragen müssen. Erhöht sich die Gesamtbelastung des Arbeitgebers in unvorhergesehenem Umfang, ist möglicherweise die Geschäftsgrundlage für die vertragliche Regelung weggefallen; die Beteiligten haben über eine Anpassung zu verhandeln.

Zusätzliche Probleme kann eine **unzulässige Differenzierung nach Altersstufen** oder ein völlig **intransparentes System** aufwerfen, weil es hier an einer eindeutigen Bezugsgröße fehlt (dazu Lingemann/Gotham, NZA 2007, 667). Die Anpassung aller an die höchste Leistung wird in der Praxis wenig Akzeptanz finden. Für die vergleichbare Frage, auf welches Niveau sich Frauen »hinaufklagen« können, wenn die nur an Männer gezahlten Zulagen ohne jeden sachlichen Grund erheblich differieren (»Nasenprämie«), wurde schon vor längerer Zeit die Orientierung an einem Mittelwert vorgeschlagen (Däubler, AuR 1981, 193, 200). Dies scheint auch hier als Notlösung in Betracht zu kommen, wobei jedoch die besser Gestellten ihre Rechte behalten, da der Arbeitgeber gegen Treu und Glauben verstoßen würde, wollte er aus dem von ihm selbst gesetzten oder mitverantworteten Diskriminierungstatbestand Vorteile ziehen wollen.

1084d

18.8 Förderung benachteiligter Gruppen

Der 1994 ins Grundgesetz eingefügte Art. 3 Abs. 2 Satz 2 bestimmt: **1085**
»Der Staat fördert die tatsächliche Durchsetzung der Gleichberechtigung von Frauen und Männern und wirkt auf die Beseitigung bestehender Nachteile hin.«
Die Umsetzung dieses Auftrags ist nicht allein durch Diskriminierungsverbote zu bewerkstelligen. Vielmehr sind positive Förderungsmaßnahmen erforderlich, die im geltenden Recht jedoch nur schwach ausgebildet sind. Dasselbe lässt § 5 AGG zugunsten anderer Merkmalsträger zu.
- Alle Bundesländer sowie zahlreiche Kommunen besitzen für den Bereich ihrer Verwaltung Gleichstellungsstellen (Übersicht in RdA **1086**

1994, 115). Das 1994 geschaffene Frauenförderungsgesetz (**FFG**), das durch das Gleichstellungsdurchsetzungsgesetz vom 30. November 2001 (BGBl. I S. 3234) abgelöst wurde, enthält Regelungen zur Realisierung der Gleichstellung in der Bundesverwaltung und stärkt die Position der **Gleichstellungsbeauftragten,** die unter bestimmten Voraussetzungen eine Klärung von Streitfragen durch das Verwaltungsgericht erreichen können. Für den Bereich der Privatwirtschaft existiert eine 2001 geschlossene »**Vereinbarung**« **zwischen Bundesregierung und den wichtigsten Verbänden,** die den einzelnen Unternehmen die Auswahl aus einem großen Katalog von Frauenfördermöglichkeiten lässt. Für den Fall, dass diese »Selbstverpflichtung« keine Früchte trägt, wird eine gesetzliche Regelung in Aussicht gestellt (was aber lange Zeit in Vergesenheit geraten war). Aktuell wird insbesondere über eine Vergrößerung des Frauenanteils in den Aufsichtsräten und im Top-Management diskutiert.

1087 ▪ Durch Betriebsvereinbarung oder Tarifvertrag können **Frauenförderpläne** festgelegt werden (dazu Degen, AiB 1986, 218; Fritsche/Klein-Schonnefeld/Malzahn, PersR 1988, 143). Das Gleichstellungsdurchführungsgesetz hat in seinem § 11 den »Gleichstellungsplan« für die Bundesverwaltung obligatorisch gemacht. Konkrete Förderungsmaßnahmen sind so lange unproblematisch, wie Finanzmittel vorhanden und die Interessen von Männern an Arbeitsplätzen und Aufstieg nicht unmittelbar tangiert sind.

1088 ▪ Eine Reihe von Landesgesetzen sieht für die öffentliche Verwaltung eine Quotenregelung derart vor, dass bei gleicher Qualifikation Frauen so lange den Vorrang vor Männern haben sollen, bis sie in einem bestimmten Beschäftigungsbereich nicht mehr unterrepräsentiert sind. Der EuGH (DB 1995, 2172 – **Kalanke**) hat dies für EG-rechtswidrig erklärt, wenn keine Ausnahmeregelungen vorgesehen sind. Eine sog. **weiche Quote,** die den Vorrang nur als Regeltatbestand vorsieht, ist dagegen zulässig (EuGH, DB 1997, 2383 – **Marschall**). Zu dieser Problematik siehe auch Colneric, BB 1996, 265.

1089 Bei Frauen tritt häufig ein »Karriereknick« ein, wenn sie zu Zwecken der Kindererziehung für einige Jahre aus dem Arbeitsprozess ausscheiden. Beiden Elternteilen einen Anspruch auf Teilzeitarbeit zu gewähren (wie dies das BEEG tut), ist zwar ein Schritt in die richtige Richtung, kann aber nichts daran ändern, dass sich typischerweise der Partner mit dem geringeren Einkommen auf die Kindererziehung konzentrieren wird. Wirksamer wäre die in Schweden praktizierte Lösung, eine **am bisherigen Einkommen anknüpfende Sozialleistung** (z. B. in Höhe von

70 Prozent) vorzusehen. Hierfür müsste aber eine »Elternurlaubsversicherung« geschaffen werden.

(unbesetzt) **1090**

18.9 Weiterführende Literatur

Däubler/Bertzbach (Hrsg.), Handkommentar zum AGG, 3. Aufl., Ba- **1091**
den-Baden 2013;
Nollert-Borasio/Perreng, Basiskommentar zum AGG, 4. Aufl., Frankfurt/Main 2015;
Schiek (Hrsg.), AGG, Ein Kommentar aus europäischer Perspektive,
Berlin 2007;
Bauer/Krieger, Kommentar zum AGG, 4. Aufl., München 2015;
Nebe, Betrieblicher Mutterschutz ohne Diskriminierungen, Baden-Baden 2006;
Graue, Mutterschutzgesetz, Basiskommentar, 2. Aufl., Frankfurt/Main
2010;
Böttcher/Graue, Bundeselterngeld- und Elternzeitgesetz, Basiskommentar, 4. Aufl., Frankfurt/Main 2014;
Buchner/Becker, Mutterschutzgesetz und BEEG, 8. Aufl., München
2008;
Göttling/Neumann, Das neue Familienpflegezeitgesetz, NZA 2012,
119ff.
Eingehendere Darstellung des vorliegenden Kapitels bei **Däubler**, Arbeitsrecht 2, Rn 1518–1609.

Ältere, aber gleichwohl lesenswerte Literatur:
Pfarr/Bertelsmann, Diskriminierung im Erwerbsleben, Baden-Baden
1989;
Peter, Gesetzlicher Mindestlohn. Eine Maßnahme gegen Niedriglöhne
von Frauen, Baden-Baden 1995;
Schiek, Nachtarbeitsverbot für Arbeiterinnen. Gleichberechtigung
durch Deregulierung? Baden-Baden 1992;
Schiek/Dieball/Horstkötter u. a., Frauengleichstellungsgesetze des Bundes und der Länder, Kommentar für die Praxis, 2. Aufl., Frankfurt/Main 2002;
Winter, Gleiches Entgelt für gleichwertige Arbeit. Ein Prinzip ohne Praxis, Baden-Baden 1998;

Bieback, Die mittelbare Diskriminierung wegen des Geschlechts. Ihre Grundlagen im Recht der EU und ihre Auswirkungen auf das Sozialrecht in den Mitgliedstaaten, Baden-Baden 1997.

19. Teilzeitarbeit

19.1 Was bedeutet Teilzeitarbeit für die Betroffenen?

Weit über 20 Prozent aller abhängig Beschäftigten sind Teilzeitkräfte. **1092**
Knapp 90 Prozent von ihnen sind Frauen. Wer nur Teilzeit arbeitet, unterliegt zwar dem Arbeitsrecht, doch ergeben sich in vielen Fällen eine Reihe von (meist nachteiligen) Besonderheiten:

- Wer nur zehn oder zwanzig Stunden wöchentlich arbeitet, ist meist **weniger in den Betrieb integriert** als ein Vollzeitbeschäftigter. Dies **verschlechtert** die **Aufstiegschancen.** Viele Aufsichts- und Leitungsfunktionen werden zudem nur mit Personen besetzt, die den ganzen Tag zur Verfügung stehen.

  Ein Kritiker unserer Arbeitswelt meinte in einer Diskussion: Im Wettbewerb um Arbeitsplätze und Aufstiegschancen ist jeder des anderen Wolf. Habt Ihr jemals einen **Teilzeitwolf** gesehen?

- Eine kurze Tagesarbeitszeit ermöglicht eine weitere **Intensivierung der Arbeit.** Wer täglich nur zwei Stunden zu arbeiten hat, kann in dieser Zeit mehr »bringen«, als wenn er acht Stunden beschäftigt wäre.

  Beispiel:
  Ein privater Reinigungsdienst beschäftigt Putzfrauen nur zwei Stunden täglich und erhöht die Zahl der pro Stunde zu reinigenden Quadratmeter um 40 Prozent – verglichen mit dem Vorgänger, der nur Vollzeitkräfte beschäftigte.

- Teilzeitbeschäftigte mit **einem Einkommen bis einschließlich 450** **1093** Euro **im Monat** (bis 31. 12. 2012: 400 Euro) unterliegen im Steuer- und Sozialversicherungsrecht einem Sonderstatus; ihr Einsatz ist in der Regel für den Arbeitgeber sehr viel kostengünstiger als der normaler Arbeitskräfte. Für die betroffenen Arbeitnehmer ergeben sich auf der anderen Seite erhöhte Risiken bei Krankheit und im Alter. Näher dazu unten Rn. 1107ff.

- Die Doppelbelastung durch Erwerbsarbeit und Haushalt führt bei Frauen zu einem deutlich schlechteren **Gesundheitszustand** (Elsner, AiB 1989, 145).

1094 - Teilzeitbeschäftigte tragen häufig ein höheres **Arbeitsplatzrisiko:** Geht die Auftragslage zurück, so kann ihre Tätigkeit leichter von anderen mit erledigt werden. Auch wird man im Rahmen der sozialen Auswahl nach § 1 Abs. 3 KSchG dazu neigen, den Verlust eines Teilzeitarbeitsplatzes geringer als den eines Vollzeitarbeitsplatzes zu bewerten.

1095 - Dazu kommen eine Reihe weiterer Nachteile wie z. B. ein ungünstigeres Verhältnis zwischen Wegezeit und Arbeitszeit. Der »Vorzug«, weniger arbeiten zu müssen und so »**Zeitsouveränität**« zu gewinnen, wird im Regelfall durch ein sehr viel geringeres Einkommen erkauft, das für sich allein kein genügendes Auskommen sichert.

Anders verhalten sich die Dinge, wenn die »Teilzeit« **30 Stunden pro Woche** ausmacht oder wenn es um eine hoch bezahlte Tätigkeit geht.

Den Nachteilen für die Arbeitnehmerseite stehen im Regelfall entsprechende **Vorzüge für den Arbeitgeber** gegenüber.

1095a Aufgrund der **EG-Richtlinie** vom 15. Dezember 1997 (ABl. v. 20. 1. 1998, Nr. L 14/9) ist das Recht der Teilzeitkräfte durch das »Gesetz über Teilzeitarbeit und befristete Arbeitsverträge« vom 21. 12. 2000 neu geregelt worden. Dieses wird üblicherweise TzBfG (= Teilzeit- und Befristungsgesetz) abgekürzt.

19.2 Wie wird Teilzeitarbeit begründet?

19.2.1 Arbeitsvertrag und einseitige Maßnahmen des Arbeitgebers

1096 Im Normalfall wird Teilzeitarbeit nicht anders als Vollzeitarbeit vereinbart: Arbeitgeber und Arbeitnehmer schließen einen Arbeitsvertrag ab, wobei die Verhandlungsmacht in aller Regel eindeutig auf Seiten des Arbeitgebers liegt. § 7 Abs. 1 TzBfG verpflichtet den Arbeitgeber allerdings, bei der öffentlichen oder innerbetrieblichen Ausschreibung eines freien Arbeitsplatzes auch die Besetzung mit Teilzeitkräften anzubieten, sofern sich der Arbeitsplatz hierfür eignet.

1096a Möglich ist weiter, dass der Arbeitgeber eine betriebsbedingte Kündigung ausspricht und gleichzeitig als »Auffangposition« ein Teilzeitar-

beitsverhältnis anbietet. Eine Verpflichtung, ein geschrumpftes Arbeitsvolumen auf alle Arbeitnehmer gleichmäßig zu verteilen (sie also auf
Teilzeit zu setzen), um betriebsbedingte Kündigungen zu vermeiden, besteht jedoch nicht.

Der Arbeitgeber kann die Arbeitszeit **nicht einseitig** im Wege des Di- **1097**
rektionsrechts **herabsetzen**. **Im Arbeitsvertrag** kann er sich nach der
Rechtsprechung des BAG (NZA 2006, 423) eine solche Befugnis vorbehalten, muss jedoch zeitliche Schranken beachten: Die vereinbarte Arbeitszeit darf **nicht um mehr als 25 Prozent** überschritten und nicht um
mehr als 20 Prozent unterschritten werden.

> Vereinbart sind 30 Wochenstunden. Möglich ist, pro Woche 7 $1/_2$ zusätzliche »Ab-
> rufstunden« vorzusehen, aber auch eine Reduzierung auf 24 Stunden. Eine poten-
> tielle Erhöhung auf 40 Stunden und eine Verringerung auf 20 Stunden wären we-
> gen Verstoßes gegen § 307 Abs. 1 BGB unwirksam (BAG, a.a.O.).

19.2.2 Das Recht des Arbeitnehmers auf Verkürzung der Arbeitszeit (»Recht auf Teilzeit«)

§ 8 Abs. 1 TzBfG gibt jedem Arbeitnehmer das Recht, die Verringerung **1097a**
seiner vertraglich vereinbarten Arbeitszeit zu verlangen. Vollzeitbeschäftigte können daher in Teilzeit überwechseln, Teilzeitkräfte ihr Arbeits-
zeitdeputat verringern.

> Was geschieht, wenn keine Wochen-, sondern nur eine Jahresarbeitszeit verein-
> bart wurde? Hier kann diese herabgesetzt werden.

Voraussetzung für den Anspruch ist, dass das Arbeitsverhältnis länger **1097b**
als sechs Monate bestanden hat, dass die Verringerung der Arbeitszeit
spätestens drei Monate vor dem gewünschten Termin geltend gemacht
wird und dass das Arbeitgeberunternehmen mehr als 15 Arbeitnehmer beschäftigt (wobei Personen in Berufsbildung nicht mitgezählt
werden).

Der **Arbeitgeber** kann die Verringerung der Arbeitszeit nur **unter Hin-** **1097c**
weis auf betriebliche Gründe ablehnen. Nach § 8 Abs. 4 Satz 2 TzBfG
liegt ein betrieblicher Grund insbesondere vor, »wenn die Verringerung
der Wochenarbeitszeit die Organisation, den Arbeitsablauf oder die Sicherheit im Betrieb wesentlich beeinträchtigt oder unverhältnismäßige
Kosten verursacht.« Ist der Antrag weniger als drei Monate vor Beginn
der gewünschten Herabsetzung gestellt, kann der Arbeitgeber gleich-

wohl mit dem Arbeitnehmer über eine Realisierung verhandeln, muss dies aber nicht tun (BAG, NZA 2004, 975 und 1090).

1097d In der Praxis wird es nur **selten** Arbeitnehmer geben, die wegen der Verringerung der Arbeitszeit einen ernsthaften Konflikt mit dem Arbeitgeber riskieren. Anders als schwerbehinderte Menschen oder sich in Elternzeit Befindliche, die gleichfalls einen Anspruch auf Teilzeit haben, besteht nur ein relativer Kündigungsschutz in dem Sinne, dass § 5 TzBfG Benachteiligungen wegen der Ausübung der vom Gesetz eingeräumten Rechte verbietet. Viele werden daher befürchten, bei einem Beharren auf ihrem Rechtsstandpunkt in der Zukunft Nachteile zu erleiden, die sich wie z. B. eine unterbliebene Beförderung schwer auf ihre Ursachen hin klären lassen. Anders verhält es sich insbesondere im öffentlichen Dienst. Auch ist an jene Fälle zu denken, in denen eine Arbeitnehmerin nach Ende der Elternzeit mit Rücksicht auf ihr Kind nicht ganztags weiterarbeiten kann.

1097e Der **Arbeitgeber** ist verpflichtet, das **Organisationskonzept** zu benennen, auf dessen Grundlage er den Wunsch des Arbeitnehmers abgelehnt hat (BAG, DB 2003, 2442). Anschließend erfolgt im Streitfall eine **Schlüssigkeitsprüfung**. Betont etwa der Arbeitgeber, er wolle wegen des kontinuierlichen Kontakts mit den Kindern nur vollzeitbeschäftigte Kindergärtnerinnen beschäftigen, und stellt sich dann heraus, dass in gleicher Funktion auch Teilzeitkräfte tätig sind, so fehlt es ersichtlich an den **betrieblichen Gründen**. Dasselbe gilt für die Behauptung, **jeder Kunde** sei **nur durch einen Verkäufer** zu betreuen (s. den Fall BAG, NZA 2004, 382), wenn gleichzeitig schon wegen der Öffnungszeiten dieses Konzept gar nicht durchzuhalten ist. Liegen betriebliche Gründe vor, ist danach zu fragen, ob sie so **gewichtig** sind, dass ihre Durchbrechung zu einer wesentlichen Beeinträchtigung der Arbeitsorganisation oder zu einer unverhältnismäßigen wirtschaftlichen Belastung des Betriebes führen würde (BAG, a. a. O.). Letzteres wäre beispielsweise nicht anzunehmen, wenn ein Verkäufer lediglich Laufkundschaft zu bedienen hat, bei der es nicht auf die konkrete Person des Verkäufers ankommt.

1097f Lehnt der **Arbeitgeber** den Wunsch des Arbeitnehmers **nicht spätestens einen Monat** vor dem gewünschten Beginn **ab**, so gilt er als bewilligt. Dies gilt nicht, wenn der Antrag zu spät gestellt wurde (BAG, NZA 2004, 1090). In der vorangehenden Zeit muss der Arbeitgeber sowohl über die Dauer als auch über die Lage mit dem Arbeitnehmer verhandeln. Entzieht er sich dem und lehnt er gleichwohl ab, liegt nach der Rechtsprechung des BAG kein Missbrauch vor; auch kann keine Zustimmung fingiert werden (BAG, DB 2003, 1682). Zu weiteren Einzelheiten siehe Däubler, Arbeitsrecht 2, Rn. 1921 ff.; HK-ArbR-Ahrendt, § 8 TzBfG Rn. 4 ff.; ErfK-Preis, § 8 TzBfG Rn. 7 ff.

19.3 Gleichbehandlung mit Vollzeitbeschäftigten

19.3.1 Das allgemeine Diskriminierungsverbot des § 4 Abs. 1 Satz 1 TzBfG

Nach § 4 Abs. 1 TzBfG, der dem früheren § 2 Abs. 1 BeschFG 1985 entspricht, darf der Arbeitgeber einen teilzeitbeschäftigten Arbeitnehmer nicht »wegen der Teilzeitarbeit« gegenüber vollzeitbeschäftigten Arbeitnehmern schlechter behandeln. Eine Ausnahme gilt dann, wenn »sachliche Gründe« eine Differenzierung rechtfertigen. **1098**

> Nach BAG (DB 1989, 1424) gilt dies etwa dann, wenn die **Bildschirmarbeit** bei Vollzeitbeschäftigten auf 20 Stunden wöchentlich beschränkt ist, während Halbtagskräfte bis zu 75 Prozent ihrer Arbeitszeit am Bildschirm verbringen müssen: Die Gesamtbelastung für Augen und Muskulatur ist unterschiedlich, eine **Differenzierung** daher **sachlich gerechtfertigt**. **1099**

Bei der Höhe des Entgelts darf demgegenüber entgegen der Rechtsprechung des BAG (AP Nr. 6 zu § 4 TzBfG) **nicht differenziert** werden. Nach § 4 Abs. 1 Satz 2 TzBfG ist »einem teilzeitbeschäftigten Arbeitnehmer Arbeitsentgelt oder eine andere teilbare geldwerte Leistung mindestens in einem Umfang zu gewähren, der dem Anteil seiner Arbeitszeit an der Arbeitszeit eines vergleichbaren vollzeitbeschäftigten Arbeitnehmers entspricht«. Auch Nebentätigkeiten dürfen entgegen der früheren Rechtsprechung (BAG, DB 1992, 1528) deshalb nicht schlechter vergütet werden. Jahressonderzahlungen müssen zumindest anteilig gewährt werden. **1100**

Was geschieht, wenn die tarifliche Wochenarbeitszeit für Vollzeitbeschäftigte verkürzt wird, eine ausdrückliche Regelung für Teilzeitkräfte aber fehlt? Nach Auffassung des LAG Hamm entscheidet hier die Formulierung des Arbeitsvertrages: Nimmt dieser auf den Tarifvertrag Bezug (»50 Prozent der tariflichen Wochenarbeitszeit«), soll eine entsprechende Reduzierung eintreten, ist eine absolute Stundenzahl vereinbart, soll es dabei bleiben (DB 1988, 53). Dies überzeugt wenig, da oft Zufälle über den Wortlaut entscheiden; auch fehlt ein sachlicher Grund dafür, **1101** die Relationen zwischen Teilzeit und Vollzeit zu verändern, also die Teilzeitkraft einen größeren Bruchteil der Vollzeit als bisher arbeiten zu lassen. Zumindest muss die Vergütung der Teilzeitarbeit um den Prozentsatz angehoben werden, um den die Arbeitszeit verkürzt wurde.

Beispiel:
Statt 40 Stunden werden bei gleichem Gehalt nur noch 38 Stunden gearbeitet. Unterstellt, der Brutto-Wochenverdienst betrage 400 Euro, so ist durch die Arbeitszeitverkürzung die Stundenvergütung auf 10,53 Euro gestiegen. Sie ist nunmehr auch für Teilzeitkräfte mit einem 15-Stunden-Vertrag maßgebend.

Das BAG betont im Übrigen zu Recht, dass auch **Differenzierungen innerhalb der Gruppe der Teilzeitbeschäftigten** nicht ohne sachlichen Grund möglich sind (DB 1989, 2338). Dies wird nunmehr durch § 4 Abs. 1 Satz 1 TzBfG bestätigt, der jede Benachteiligung »wegen der Teilzeitarbeit« verbietet.

19.3.2 Das Verbot mittelbarer Diskriminierung wegen des Geschlechts

1102 Da Teilzeitbeschäftigte zu fast 90 Prozent Frauen sind, ist im Einzelfall immer zu prüfen, ob eine gegen die §§ 1, 7 Abs. 1 AGG verstoßende Diskriminierung vorliegt. Dabei geht es um eine **mittelbare** Benachteiligung im Sinne des § 3 Abs. 2 AGG (dazu oben Kap. 18 unter 18.3.6 – Rn. 1056 ff.).
Im Einzelnen kommen folgende Konstellationen in Betracht:

Ausklammerung aus Tarifverträgen
1103 Was geschieht, wenn ein Tarifvertrag alle Beschäftigten mit weniger als 18 Wochenstunden ausnimmt? Dass dies gegen das Benachteiligungsverbot des § 4 Abs. 1 TzBfG verstößt, ist bereits festgestellt worden. Verletzt ist jedoch außerdem der Gleichberechtigungsgrundsatz nach Art. 3 Abs. 2 GG und das Diskriminierungsverbot des AGG, weil ein sachlicher Grund nicht ersichtlich ist. Das Recht der Tarifparteien, den personellen Geltungsbereich ihrer Normen autonom festzulegen, findet seine Grenze an bestehenden Diskriminierungsverboten. Andernfalls wäre es möglich, die früheren Frauenlohngruppen in der Weise aufrechtzuerhalten, dass man spezielle »Frauentarifverträge« abschließt.

Differenzierung bei Sozialleistungen

Auch insoweit hat § 4 Abs. 1 TzBfG Klarheit geschaffen. Der Entgeltan- **1104** spruch besteht proportional zur geleisteten Arbeitszeit, was u. a. auch für die **betriebliche Altersversorgung** gilt. § 2 Abs. 2 TzBfG bezieht ausdrücklich die geringfügig Beschäftigten in die Gruppe der Teilzeitkräfte ein, so dass auch ihnen gegenüber jede Schlechterstellung ausscheidet. Lässt man im Rahmen des § 4 Abs. 1 Satz 2 TzBfG eine Schlechterstellung aus sachlichem Grund zu, wären die Anforderungen an eine Rechtfertigung einer mittelbaren Diskriminierung höher als im Rahmen dieser Bestimmung.

Überstundenvergütung

Arbeitet eine Teilzeitkraft länger als vertraglich vereinbart, so schuldet **1105** der Arbeitgeber nach der Rechtsprechung einen Überstundenzuschlag erst dann, wenn die für Vollzeitkräfte geltende Normalarbeitszeit überschritten ist.

In der juristischen Literatur wird dies häufig **kritisiert:** Teilzeitkräfte stehen normalerweise in familiären und anderen Bindungen, so dass eine Verlängerung der Arbeitszeit auch für sie ein besonderes Opfer darstellt. Auch sind keine triftigen Gründe ersichtlich, die eine solche mittelbare Schlechterstellung von Frauen rechtfertigen könnten. Einen Verstoß gegen EG-Recht verneinte jedoch EuGH, DB 1995, 49. Die EG-Richtlinie zur Teilzeitarbeit hat die Problematik nicht aufgegriffen, was als Bestätigung der EuGH-Rechtsprechung gewertet werden kann. Es ist allerdings nicht verboten, bei Überschreitung der vereinbarten Teilzeit **Zuschläge** vorzusehen, da nach § 4 Abs. 1 Satz 2 TzBfG den Teilzeitbeschäftigten »mindestens« dasselbe Entgelt wie den Vollzeitbeschäftigten zu gewähren ist.

Stellung in der Betriebsverfassung

Da Teilzeitbeschäftigte Arbeitnehmer sind, steht ihnen wie anderen auch **1106** das Wahlrecht zum Betriebsrat zu.

> Was geschieht, wenn die große Mehrheit der Beschäftigten nur einen Teilzeitvertrag hat? Am gleichen Stimmrecht ändert sich nichts, auch wenn die Vollzeitkräfte dadurch majorisiert werden.

Findet eine **Betriebsversammlung außerhalb der individuellen Arbeitszeit** der Teilzeitkraft statt, so ist die aufgewandte Zeit wie Arbeitszeit zu vergüten. Erfüllt ein **teilzeitbeschäftigtes Betriebsratsmitglied** seine

Funktion innerhalb der betrieblichen, aber außerhalb seiner individuellen Arbeitszeit, so hat es nach § 37 Abs. 3 Satz 2 BetrVG einen Anspruch auf Arbeitsbefreiung. Kann dieser nicht innerhalb eines Monats realisiert werden, muss eine Abgeltung wie für Mehrarbeit erfolgen (DKKW-Wedde, § 37 Rn. 85 m. w. N).

19.4 450-Euro-Verträge und andere geringfügige Beschäftigungen

1107 Wer wöchentlich weniger als 15 Stunden arbeitete und nicht mehr als 630 DM verdiente, war bis 1. 4. 1999 von der Sozialversicherung ausgenommen. Beiträge fielen nicht an. Ein weiteres »Privileg« bestand im Steuerrecht: Führte der Arbeitgeber pauschal 20 Prozent Lohnsteuer ab, war alles erledigt, auch wenn die betreffende Person – etwa wegen eines guten Einkommens aus einer Haupttätigkeit – sehr viel höhere Steuern hätte bezahlen müssen.

1108 **Für den Arbeitgeber** waren diese »geringfügig Beschäftigten« außerordentlich **preiswert.** Da die Sozialversicherungsbeiträge für sich allein mehr als 40 Prozent der Lohnkosten ausmachen, war der Anreiz groß, statt normaler Arbeitnehmer derartige »Pauschalkräfte« zu beschäftigen. Dieses »Lohndumping im eigenen Land« bedeutete zugleich, dass die Sozialversicherung von einem immer kleiner werdenden Kreis von Personen finanziert werden musste. Wer längere Zeit nur geringfügig beschäftigt war (und ist), baut keine Rente auf und hat alle Aussicht, im Alter unter die Armutsgrenze zu fallen. Durch Gesetz vom 24. 3. 1999 (BGBl. I S. 388) ist deshalb eine Neuregelung geschaffen worden, die die schlimmsten **Auswüchse** beseitigte, aber auch eine Reihe von Problemen (etwa bei quasi-ehrenamtlicher Tätigkeit) schuf. Wichtig war insbesondere, dass Nebentätigkeiten wie Überstunden behandelt, also in vollem Umfang zur Sozialversicherung herangezogen und auch besteuert wurden.

1109 Durch das **Zweite Gesetz für moderne Dienstleistungen am Arbeitsmarkt vom 23. 12. 2002** (BGBl. I S. 4621 – »Hartz II«) wurde mit Wirkung vom 1. 4. 2003 die **geringfügige Beschäftigung neu geregelt** und im Prinzip noch »attraktiver« als vor 1999 gemacht. Die Zahl dieser Arbeitsverhältnisse hat sich deshalb schon bis 2004 auf über 6 Mio. erhöht; im Juni 2012 belief sie sich auf 7,16 Mio. (www.minijob-zentrale. de). An ihrer sozialpolitischen Problematik ändert sich dadurch nichts.

482

Die derzeitige Rechtslage sieht wie folgt aus (guter Überblick bei ErfK-Rolfs, § 8 SGB IV Rn 25):

»Geringfügig beschäftigt« sind in erster Linie Personen, die nicht **1110** mehr als **450 Euro** (bis 31. 12. 2012: 400 Euro, früher 325 Euro) im Monat verdienen. Die ursprünglich bestehende **Zeitgrenze** (»nicht mehr als 15 Wochenstunden«) ist **weggefallen** (§ 8 Abs. 1 Nr. 1 SGB IV). Einmalzahlungen wie Weihnachts- und Urlaubsgeld werden auf die einzelnen Monate umgelegt, auf die sie sich beziehen. Daneben existieren sog. **Gelegenheitstätigkeiten** (§ 8 Abs. 1 Nr. 2 SGB IV), die anderen Regeln unterliegen. Dazu unten Rn. 1116 b.

Der Arbeitgeber muss in Höhe von **15 Prozent** der vereinbarten Ver- **1111** gütung **Beiträge an die Rentenversicherung** abführen. Wegen der geringen Höhe entsteht dadurch allenfalls eine Anwartschaft auf eine Mini-Rente. **Zahlt der Arbeitnehmer** aus eigener Tasche **etwa 4 Prozent dazu**, ist er auch bei Invalidität versichert und kann überdies Rehabilitationsleistungen des Rentenversicherungsträgers in Anspruch nehmen. Dafür musste er bisher selbst aktiv werden (»opt-in-Lösung«, die aber nur 5 Prozent aller geringfügig Beschäftigten gewählt haben), während es nunmehr, d.h. seit 1. 1. 2013 kraft Gesetzes eintritt, der Einzelne sich aber gegen die Zusatzzahlung entscheiden kann (»opt-out-Lösung« – dazu HK-ArbR-Ahrendt, § 2 TzBfG Rn. 18). Dass dies in der Praxis zu wesentlichen Verschiebungen führt, erscheint eher unwahrscheinlich. Auch für **geringfügig beschäftigte Rentner** muss im Übrigen der Beitrag abgeführt werden, obwohl ihnen gegenüber kein Versicherungsfall mehr eintreten kann. Dies ist **verfassungsrechtlich** in höchstem Maße **bedenklich** (es sei denn, man glaubt an die Seelenwanderung und will schon fürs nächste Leben Vorsorge treffen).

Für die **Krankenversicherung** hat der Arbeitgeber weiter einen **Pau-** **1112** **schalbetrag von 13 Prozent** der vereinbarten Vergütung abzuführen, **sofern** der Arbeitnehmer aus einem anderen Grunde **bereits Versicherungsschutz** genießt. Dies ist etwa dann der Fall, wenn er beim Ehegatten mitversichert ist. Weiter ist daran zu denken, dass ein Arbeitsloser ein kleines Teilzeitarbeitsverhältnis begründet. Soweit **Studenten** in der studentischen oder einer anderen gesetzlichen Krankenversicherung versichert sind, werden auch sie erfasst, jedoch dann nicht, wenn sie dort ausgeschieden und privat (oder gar nicht) versichert sind. Im letzteren Fall spart der Arbeitgeber die 13 Prozent. Dasselbe gilt bei **Beamten** und deren Ehefrauen, die gleichfalls außerhalb der gesetzlichen Krankenversicherung stehen.

Nach § 40 a Abs. 2 EStG kann eine pauschale **Lohnsteuer** in Höhe **1113** von 2 Prozent (!) abgeführt werden. Dies ist eine sog. Abgeltungssteuer, so dass das Einkommen aus geringfügiger Tätigkeit bei der Einkommensteuererklärung nicht mehr auftaucht. Insgesamt belaufen sich also Beiträge und Steuern auf 30 (bis Mitte 2006: 25) Prozent, die in einem Betrag an die Bundesknappschaft in Cottbus zu bezahlen sind. Eine Einbeziehung in die **Arbeitslosenversicherung** erfolgt **nicht**. Bei einem normalen Arbeitsverhältnis belaufen sich die Aufwendungen allein für die Sozialversicherung auf über 40 Prozent. Auf diese Weise wird insbesondere für die Arbeitgeberseite ein Anreiz geschaffen, in dieses »Billigarbeitsverhältnis« auszuweichen; die fehlende Sozialversicherung bei Krankheit und im Alter geht zu Lasten des Einzelnen und der Allgemeinheit (eingehend Griese/Preis/Kruchen, NZA 2013, 113 ff.).

1114 Nach § 8 a SGB IV ermäßigen sich die Beitragssätze bei einer **Tätigkeit im Haushalt:** 5 Prozent sind für die Rentenversicherung, 5 Prozent ggf. für die Krankenversicherung und 2 Prozent fürs Finanzamt abzuführen. Die **Privilegierung** gegenüber der normalen Arbeit ist hier **noch größer**. Der Gesetzgeber erwartet sich von dieser Regelung ein **Überwechseln von** der bisher praktizierten **Schwarzarbeit** in eine »offizielle« Beschäftigung, doch sind 12 Prozent ohne echte Gegenleistung immer noch ungünstiger als die bei Schwarzarbeit anfallenden null Prozent.

1115 **Mehrere** geringfügige Tätigkeiten werden **addiert.** Soweit dadurch die 450-Euro-Grenze überschritten wird, entsteht volle Sozialversicherungspflicht. Bei Einkünften zwischen 450,01 Euro und 850 Euro muss der Arbeitnehmer jedoch geringere Beiträge zur Sozialversicherung bezahlen – und zwar ohne Rücksicht darauf, ob sie aus einem oder mehreren Arbeitsverhältnissen stammen. Würde man die allgemeinen Prozentsätze anwenden, wäre das Nettoeinkommen bei einem Verdienst von 550 Euro geringer als bei 450 Euro (Tabelle bei ErfK-Rolfs, § 20 SGB IV Rn. 4). Man spricht insoweit von einer »**Gleit-**« oder »**Proportionalzone**«.

1116 Die Sonderregeln gelten auch für eine 450-Euro-Tätigkeit, die neben **einer sozialversicherungspflichtigen Beschäftigung** steht; insoweit findet keine Addition statt. Wer in der Woche in seiner Haupttätigkeit 38 Stunden arbeitet und daneben bei einem anderen Arbeitgeber einen 450-Euro-Job hat, ist insoweit für den zweiten Arbeitgeber gleichfalls eine »Billig-Arbeitskraft«. Wer sich vom knappen Gut Arbeit ein größeres Stück als andere holt, ist bei Sozialversicherungsbeiträgen und Steuern privilegiert. Dies erscheint wenig einsichtig – um es diplomatisch auszudrücken. Immerhin übten im Juni 2011 2,28 Mio. Menschen eine solche geringfügige Nebentätigkeit aus (www.destatis.de). Lediglich dann, wenn man **zwei Nebentätigkeiten** hat, findet eine Addition statt.

Die **Pauschbeträge** von 15 Prozent für die Rentenversicherung und **1116a** von 13 Prozent für die Krankenversicherung können im Übrigen gemäß § 32 Abs. 1 SGB I **nicht** durch arbeitsvertragliche Abmachung **auf den Arbeitnehmer abgewälzt** werden. Bei der Lohnsteuer ist dies anders, doch ist zu beachten, dass viele geringfügig Beschäftigte das steuerfreie Existenzminimum von 8354 Euro im Jahr (Stand 2015 – s. § 32 a Abs. 1 Nr. 1 i. V. m. § 52 Abs. 41 EStG) nicht erreichen, so dass sie die bezahlte Steuer wieder zurückerhalten.

In einem Bereich ist die ursprüngliche Regelung erhalten geblieben: **1116b** Die sog. **kurzfristige Beschäftigung** nach § 8 Abs. 1 Nr. 2 SGB IV ist weiterhin von allen Beiträgen zur Sozialversicherung freigestellt. Eine derartige **Gelegenheitsarbeit** kann innerhalb eines Jahres nur höchstens zwei Monate oder 50 Arbeitstage dauern und darf nicht regelmäßig beim selben Arbeitgeber anfallen. Wird sie berufsmäßig ausgeübt und bringt sie im Monat mehr als 450 Euro, gelten die allgemeinen Grundsätze.

19.5 Informationspflicht des Arbeitgebers

Hat der Arbeitnehmer dem Arbeitgeber seinen Wunsch nach einer Ver- **1117** änderung von Dauer und Lage der vertraglich vereinbarten Arbeitszeit angezeigt, so ist er nach § 7 TzBfG über Arbeitsplätze zu informieren, die im Betrieb oder Unternehmen besetzt werden sollen. Außerdem ist nach § 7 Abs. 3 TzBfG die »Arbeitnehmervertretung« umfassend zu informieren, was auch für den Personalrat im öffentlichen Dienst und die Mitarbeitervertretung bei den Kirchen gilt.

19.6 Die Berücksichtigung des Verlängerungswunsches

Hat der Arbeitnehmer den Wunsch, seine Arbeitszeit (wieder) zu verlän- **1117a** gern, so hat er kein »Rückkehrrecht« zum alten Stundendeputat. § 9 TzBfG sieht jedoch vor, dass bei der Besetzung eines freien Arbeitsplatzes der »Verlängerungswillige« **bei gleicher Eignung bevorzugt zu berücksichtigen** ist – dies allerdings nur, wenn keine dringenden betrieblichen Gründe oder Arbeitszeitwünsche anderer teilzeitbeschäftigter Arbeitnehmer entgegenstehen, die unter sozialen Gesichtspunkten vorrangig sind. Ist die gleiche Eignung vorhanden und greifen die Ausnahmen nicht ein, so hat der Einzelne einen Anspruch auf Verlängerung (BAG, NZA 2007, 255).

19.7 Flexible Teilzeitarbeit

1118 Teilzeitarbeit eignet sich besonders gut für einen flexiblen Einsatz: Kann es denn nicht dem Arbeitgeber überlassen bleiben, wann er das wöchentliche 10-Stunden-Kontingent der Verkäuferin abruft?

Die dadurch aufgeworfenen Rechtsfragen haben in den §§ 12 und 13 TzBfG, die an die Stelle der §§ 4 und 5 BeschFG 1985 getreten sind, eine sehr fragmentarische Regelung erfahren. Den Tarifparteien sowie dem Richterrecht bleibt daher ein weiter Raum.

19.7.1 Arbeit nach Arbeitsanfall (KAPOVAZ)

1119 Kapazitätsorientierte variable Arbeitszeit (abgekürzt: KAPOVAZ), auch »Arbeit auf Abruf« genannt, ist insbesondere im Handel verbreitet. Ihre Besonderheit besteht darin, dass die zeitliche Lage, evtl. auch die tägliche oder wöchentliche Dauer der Arbeitszeit nicht von vornherein festliegen. Sie werden vielmehr vom Arbeitgeber bestimmt. Der Arbeitnehmer kann über seine Freizeit nur noch eingeschränkt verfügen.

Beispiel:
Eine Kassiererin hat einen Arbeitsvertrag über 15 Stunden pro Woche, kann jedoch fast während der gesamten Ladenöffnungszeiten, d. h. von morgens um 8 Uhr bis abends um 18 Uhr, eingesetzt werden.

Auch besteht die Gefahr, dass bestimmte Schutzgesetze wie die Entgeltfortzahlung im Krankheitsfall und an Feiertagen nicht mehr »greifen«, weil der Arbeitnehmer für die entsprechenden Zeiten nicht zur Arbeit eingeteilt wird. Der »**Abruf**« erfolgt **zum Teil telefonisch** von einer Stunde auf die andere, zum Teil sechs Wochen im Voraus.

1120 Nach § 12 Abs. 1 Satz 2 TzBfG muss der KAPOVAZ-**Arbeitsvertrag** die **wöchentliche** wie die **tägliche Dauer der Arbeitszeit festlegen**. Nach früherem Recht musste nur die »Dauer der Arbeitszeit« bestimmt werden, wobei die Bezugsgröße (Pro Woche? Pro Monat? Pro Jahr?) offen geblieben war. Das BAG (NZA 2006, 423, 426 Tz. 30ff.) hat aus der heutigen Regelung jedoch im Wege einer höchst angreifbaren Auslegung eine tägliche bzw. wöchentliche »Mindestarbeitszeit« gemacht, da andernfalls die Abrufarbeit keinen Anwendungsbereich mehr hätte. Enthält der Arbeitsvertrag keine Angabe über die Wochenarbeitszeit, gelten nach § 12 Abs. 1 Satz 3 TzBfG zehn Stunden als vereinbart. Ist die Tagesarbeitszeit ausgespart worden, werden nach § 12 Abs. 1 Satz 4 TzBfG drei Stunden zugrunde gelegt.

Beschränkt sind nach dieser Vorschrift **Bandbreitenregelungen** (»zwischen zehn und fünfzehn Stunden wöchentlich«), aber im Grundsatz keineswegs ausgeschlossen (s. oben Rn. 1097). Die Rechtsprechung hat sich dabei von der ganz überwiegenden Meinung in der Literatur distanziert. **1121**

§ 12 Abs. 2 TzBfG enthält eine (bescheidene) Schutzvorschrift zugunsten von KAPOVAZ-Beschäftigten: Sie sind zur Arbeitsleistung nur verpflichtet, wenn der Arbeitgeber ihnen die **Lage ihrer Arbeitszeit** jeweils **mindestens vier Tage im Voraus mitgeteilt hat.** Auf die Berechnung dieser Frist finden die allgemeinen Vorschriften des BGB Anwendung, so dass der Tag der Ankündigung als solcher nicht mitzählt. Soll am Montag gearbeitet werden, ist dies spätestens am vorangehenden Mittwoch mitzuteilen. **1122**

Wird die Ankündigungsfrist nicht eingehalten, so besitzt der Arbeitnehmer ein Leistungsverweigerungsrecht. Damit ist wenig gewonnen, da der einzelne Arbeitnehmer allenfalls dann von dieser Möglichkeit Gebrauch machen wird, wenn er ausnahmsweise für den Arbeitgeber unentbehrlich ist oder wenn er den Arbeitsplatz in Kürze aufgeben will.

Nach § 12 Abs. 3 TzBfG kann von den KAPOVAZ-Regeln durch **Tarifvertrag** auch zu Ungunsten der Arbeitnehmer abgewichen werden. Allerdings muss dieser Regelungen über die tägliche und wöchentliche Arbeitszeit und die Vorankündigungsfrist enthalten. Möglich ist daher beispielsweise, die tägliche Arbeitszeit auf zwei oder vier Stunden festzulegen oder eine andere »Auffanglösung« bei Nicht-Fixierung der Wochenarbeitszeit zu bestimmen. Zulässig dürfte im Grundsatz auch eine Bandbreitenregelung oder das Abstellen auf eine **durchschnittliche wöchentliche Arbeitszeit** sein; andernfalls wären in diesem Bereich Jahresarbeitszeitkonten von vornherein ausgeschlossen. **Bedenken** bestehen allerdings dagegen, eine Wochenarbeitszeit von »**null bis vierzig Stunden**« vorzusehen (so zum früheren Recht BAG, DB 1992, 1785), da in einem solchen Fall entgegen § 12 Abs. 3 Satz 1 TzBfG keine »wöchentliche Arbeitszeit« mehr vorgesehen ist. **1123**

1124 ▪ Zwei Problemkomplexe sind im Gesetz nicht angesprochen worden: **Die Entgeltfortzahlung an Feiertagen und im Krankheitsfall.** Der Arbeitgeber muss für die entsprechenden Zeiten die Durchschnittsvergütung der letzten drei Monate bezahlen. Andernfalls könnte er die Feiertage immer »aussparen« und im Rahmen des Möglichen während einer (kurzfristigen) Erkrankung keine Arbeit zuweisen. Bei längeren Erkrankungen wäre allerdings nach der vereinbarten Wochenarbeitszeit abzurechnen.

1125 ▪ Ist die **mögliche Einsatzzeit sehr viel länger als** die vereinbarte Arbeitszeit, kann der Arbeitnehmer in seiner Freizeit unzumutbar beeinträchtigt sein. Auch wird es unmöglich, ein zweites Teilzeitarbeitsverhältnis einzugehen.

Beispiel:

Mögliche Einsatzzeiten einer Verkäuferin sind Montag bis Freitag von 8 bis 18 Uhr und Samstag von 8 bis 16 Uhr. Sie hat einen 12-Stunden-Vertrag und eine tägliche Arbeitszeit von drei Stunden; korrekterweise erfährt sie immer mindestens vier Tage vorher, wann sie zu kommen hat. Hat sie zu Hause Kinder, kommt sie in größte Schwierigkeiten, wenn die Großmutter einmal nicht einspringen kann. Auch wäre es unmöglich, ein zweites Teilzeitarbeitsverhältnis über 15 oder 20 Stunden einzugehen, da nie auszuschließen ist, dass sie gerade dann kommen muss, wenn sie an sich für das andere Arbeitsverhältnis zur Verfügung stehen sollte.

1126 Eine solche Vertragsgestaltung **verstößt** gegen das **Grundrecht** auf freie Entfaltung der Persönlichkeit **nach Art. 2 Abs. 1 GG sowie** gegen die Berufsfreiheit **nach Art. 12 Abs. 1 GG**, die auch die Wahl eines zweiten Teilzeitarbeitsverhältnisses mit umfasst. Die potenziellen Einsatzzeiten müssen drastisch herabgesetzt werden und dürfen nicht mehr als das Eineinhalbfache der Arbeitszeit ausmachen.

Der Arbeitgeber muss also bei einem 15-Stunden-Vertrag von vornherein die potenziellen Einsatzzeiten auf $22\,^1/_2$ Stunden begrenzen. Tut er dies nicht, kann der Arbeitnehmer selbst eine entsprechende Bestimmung treffen.

1127 In der Praxis zeigt sich allerdings immer wieder, dass es nicht ausreicht, bestimmte Rechte zu haben: Geht z. B. die Verkäuferin mit dem Gesetzbuch unter dem Arm in die Personalabteilung, kann man nicht ausschließen, dass sie bei nächster Gelegenheit gekündigt wird. Wichtig ist deshalb **gemeinsames Vorgehen aller Betroffenen** und insbesondere die Einschaltung des Betriebsrats. Dieser hat im Bereich der KAPOVAZ ein recht gut ausgebautes **Mitbestimmungsrecht** (BAG, DB 1988, 341 ff.; BAG, AiB 1989, 125). Ob überhaupt flexibler Einsatz in Betracht kommt, an welchen Tagen gearbeitet wird und welche Pausen zu machen sind – über dies alles kann der Betriebsrat nach § 87 Abs. 1 Nr. 2 BetrVG mitbestimmen. Lediglich die Mindestdauer und die Schwankungsbreite der täglichen und wöchentlichen Arbeitszeit werden allein von den Arbeitsvertragsparteien festgelegt.

19.7.2 Andere Formen flexibler Arbeitszeit

Die Praxis kennt drei weitere Formen des flexiblen Einsatzes von Arbeitskräften. **1128**

- Es wird vereinbart, dass eine Teilzeitkraft an sich nur zu bestimmten Stunden kommen, dass sie jedoch **bei Bedarf Überstunden** leisten muss.

Beispiel:
Die Verkäuferin V arbeitet montags bis freitags von 16 bis 18 Uhr. Außerdem ist sie verpflichtet, sich vormittags von 10 bis 13 Uhr zu Hause bereit zu halten, um bei entsprechend hoher Kundenzahl innerhalb von 30 Minuten »einspringen« zu können. Bei der dabei geleisteten Arbeit soll es sich um Überstunden handeln.

Durch eine solche Abrede dürfen die für KAPOVAZ geltenden **Grundsätze nicht umgangen** werden: Die »Überstunden« sind daher mindestens vier Tage vorher anzukündigen. Schließen sie sich nicht an die gewöhnliche Arbeitszeit an, muss die Einsatzzeit mindestens drei Stunden betragen usw.

Die hier mitgeteilte »Rufbereitschaft« am späten Vormittag ist grob rechtswidrig, weil beide Voraussetzungen nicht erfüllt sind.

Nach der Rechtsprechung des BAG (NZA 2006, 423) müssen **Überstunden** auf unvorhergesehenen Bedarf beschränkt sein und dürfen quantitativ gegenüber dem flexiblen Teil der Arbeitszeit nicht ins Gewicht fallen.

- Ein Arbeitsplatz kann unter zwei oder mehr Arbeitnehmer aufgeteilt **1129** werden, die sich untereinander absprechen, wer zu welchem Zeitpunkt arbeitet (sog. **Jobsharing**). Fällt ein Beteiligter aus, ist der andere (bzw. sind die anderen) zur Vertretung verpflichtet. § 13 Abs. 1 TzBfG sieht insoweit Grenzen vor. In der Praxis hat diese Form des Arbeitseinsatzes allerdings bislang so gut wie keine Bedeutung erlangt.
- Eher verbreitet sind sog. **Jahresarbeitszeitverträge**, die nach § 12 **1130** TzBfG nur noch aufgrund einer Ermächtigung im Tarifvertrag zuläs-

sig sind. Dabei werden die jährlichen Arbeitsstunden im Arbeitsvertrag selbst festgelegt und auf die einzelnen Monate verteilt.

Beispiel:

Im Arbeitsvertrag werden 18 Wochenstunden mal 52 = 936 Stunden im Jahr festgelegt. Diese sollen ausschließlich in der Zeit von Februar bis September abgeleistet werden.

Probleme wirft die »Freizeitperiode« auf. Wird der Verdienst nicht über das ganze Jahr verteilt, sondern wird er je nach geleisteter Arbeitszeit bezahlt, treten sozialversicherungsfreie Zeiträume auf. Wer nichts verdient, zahlt keine Beiträge und ist deshalb grundsätzlich auch nicht versichert. Nach dem sog. Flexi-Gesetz von 1998 ist der Arbeitgeber jedoch verpflichtet, das Entgelt so auszuzahlen, dass der Schutz durch die Sozialversicherung nicht unterbrochen wird (siehe Däubler, Arbeitsrecht 2, Rn. 1968).

1130a   Der Arbeitgeber hat nach der Rechtsprechung des BAG (DB 2003, 96 und DB 2003, 2391) daneben die Möglichkeit, statt eines Arbeitsvertrags zunächst einen **Rahmenvertrag über Arbeitseinsätze** zu schließen. Steht dann ein solcher an, wird ein befristeter Arbeitsvertrag vereinbart. Der Beschäftigte ist rechtlich völlig frei, einen solchen Vertragsabschluss zu tätigen oder ihn abzulehnen. Dadurch kann sich – wie in den beiden BAG-Fällen – eine Unzahl von **Ein-Tages-Arbeitsverhältnissen** ergeben. Diese unterliegen allerdings der **Befristungskontrolle** (BAG, DB 2003, 2391), die anders als das frühere, vom BAG, a.a.O. anzuwendende Recht keine Mindestbeschäftigungszeit mehr voraussetzt. Der **EuGH** (NZA 2004, 1325) hat allerdings einen Vertrag, bei dem Dauer und Lage der Arbeitseinsätze in der Zukunft einvernehmlich festzulegen waren, als Arbeitsvertrag qualifiziert. Nimmt man dies ernst, muss der »Rahmenvertrag« wie ein normaler Arbeitsvertrag behandelt werden, der die Bedingungen des § 12 TzBfG erfüllen muss.

19.8   Weiterführende Literatur

1131   **Laux/Schlachter**, Teilzeit- und Befristungsgesetz, Kommentar, 2. Aufl., München 2011;

Annuß/Thüsing (Hrsg.), Teilzeit- und Befristungsgesetz, Kommentar, 3. Aufl., Heidelberg 2012;

Meinel/Heyn/Herms, Teilzeit- und Befristungsgesetz, 4. Aufl., München 2012;

Boecken/Joussen, Teilzeit- und Befristungsgesetz, Handkommentar, 3. Aufl., Baden-Baden 2012;

Gräfl/Arnold (Hrsg.), Teilzeit- und Befristungsgesetz. Praxiskommentar, 3. Aufl., Freiburg/Brsg. 2012;

Buschmann/Dieball/Stevens-Bartol, Das Recht der Teilzeitarbeit, Kommentar für die Praxis, 2. Aufl., Frankfurt/Main 2001;

Boewer, Teilzeit- und Befristungsgesetz. Kommentar für die Praxis, Frechen 2002;

Sievers, Kommentar zum Teilzeit- und Befristungsgesetz, 4. Aufl., Köln 2012;

Holwe/Kossens/Pielenz/Räder, Teilzeit- und Befristungsgesetz, Basiskommentar, 4. Aufl., Frankfurt/Main 2014;

Zachert, Die Sicherung und Gestaltung des Normalarbeitsverhältnisses durch Tarifvertrag, Baden-Baden 1989;

Buschmann/Ulber, Arbeitszeitgesetz, Basiskommentar mit Nebengesetzen, 8. Aufl., Frankfurt/Main 2015;

Peter, Frauendiskriminierung durch Teilzeitbeschäftigung, Frankfurt/Main 1988.

Als Einführungsaufsätze siehe insbesondere
Bertelsmann/Rust, Arbeits- und sozialrechtliche Nachteile bei Teilzeitarbeit, RdA 1985, 146 ff.;

Malzahn, Kapazitätsorientierte variable Arbeitszeiten und Arbeitnehmergrundrechte, AuR 1985, 137 ff.;

dies., Das Beschäftigungsförderungsgesetz und kapazitätsorientierte variable Arbeitszeiten, AuR 1985, 386 ff.

Aus der Diskussion um das TzBfG:
Däubler, Das geplante Teilzeit- und Befristungsgesetz, ZIP 2000, 1961 ff.;

ders., Das neue Teilzeit- und Befristungsgesetz, ZIP 2001, 217 ff.;

Preis/Gotthardt, Neuregelung der Teilzeitarbeit und befristeten Arbeitsverhältnisse, DB 2000, 2065 ff.;

dies., Das Teilzeit- und Befristungsgesetz, DB 2001, 145 ff.;

Rolfs, Das neue Recht der Teilzeitarbeit, RdA 2001, 129 ff.

Zur Reform der geringfügigen Beschäftigung insbesondere:
Griese/Preis/Kruchen, Neuordnung der geringfügigen Beschäftigung, NZA 2013, 113–122.

Zur geringfügigen Beschäftigung in anderen Ländern siehe
Dingeldey, WSI-Mitt 1998, 863 ff.

20. Der befristete Arbeitsvertrag – ein Ausweg?

20.1 Wozu Befristung?

1132 Etwa 6,7 Prozent aller Arbeitnehmer besaßen im April 1999 nur einen befristeten Arbeitsvertrag (IAB-Kurzbericht Nr. 12 v. 1.9.2000, S. 4). Hinzu kamen ABM-Beschäftigte (und vergleichbare Personen) sowie Auszubildende. Die Befristung hatte sich somit trotz gesetzgeberischer »Liberalisierung« seit 1985 nur um etwa 1,5 Prozent nach oben entwickelt (IAB, a.a.O.). Inzwischen erreicht sie allerdings rund 10 Prozent aller abhängig Erwerbstätigen, wobei bei Einstellungen jeder zweite Vertrag befristet wird.

1133 Je unsicherer die wirtschaftliche Entwicklung, umso mehr wird der Arbeitgeber an Befristung denken: Er kann sich auf diese Weise neue Mitarbeiter besonders genau anschauen, und er kann abwarten, wie sich in einem Jahr oder in eineinhalb Jahren die Geschäftslage darstellt. Sieht sie gut aus, wird eine Verlängerung oder eine Übernahme in ein unbefristetes Arbeitsverhältnis in Betracht kommen. Sieht sie schlecht aus, muss er nicht kündigen, sondern kann den Mitarbeiter ohne weiteres verabschieden. Erst recht bietet sich eine Befristung an, wenn nur noch Abwicklungsarbeiten anfallen, wenn beispielsweise klar ist, dass der Betrieb oder die Verwaltungseinheit in einem halben Jahr endgültig aufgelöst sein wird.

1134 **Für den Arbeitnehmer hat die Befristung große Nachteile.** Sein Arbeitsverhältnis genießt keinen Bestandsschutz. Es läuft sogar dann aus, wenn er in der Zwischenzeit als schwerbehinderter Mensch anerkannt wurde. Auch der Mutterschutz für Arbeitnehmerinnen steht dann fast immer auf dem Papier. Die Hoffnung, vielleicht doch in ein Dauerarbeitsverhältnis übernommen zu werden, führt oft zu Überanpassung und zum Verzicht auf eigene Rechte: Könnte es nicht vielleicht den Personalleiter verärgern, wenn man in die Gewerkschaft eintritt oder unbezahlte Überstunden verweigert?

1135 **Schon das Reichsarbeitsgericht** hat in der Weimarer Zeit erkannt, dass man unter solchen Umständen Befristungen nicht beliebig zulassen darf. Das **Bundesarbeitsgericht hat diese Tradition** fortgesetzt und **ausgebaut:** Der Kündigungsschutz darf nicht durch die Vereinbarung befristeter Arbeitsverhältnisse umgangen werden. Die starke Stellung, die der Arbeitgeber bei den Einstellungsverhandlungen hat, könnte sonst dazu führen, dass 90 Prozent aller Beschäftigten im Betrieb nur für ein oder zwei Jahre angestellt werden und so regelmäßig »in der Luft hängen« würden.

Wann darf dennoch befristet werden? § 14 TzBfG kennt im Grundsatz **zwei Fälle:**   **1136**

- Für die Befristung spricht ein »sachlicher Grund«.
- Die Befristung erfolgt ohne »sachlichen Grund«. Dabei muss eine der folgenden drei Voraussetzungen erfüllt sein:
  - Die Beschäftigung ist auf zwei Jahre begrenzt. Außerdem handelt es sich um eine Neueinstellung in dem Sinne, dass der Arbeitnehmer in der Vergangenheit nicht für den Arbeitgeber gearbeitet hat (§ 14 Abs. 2 TzBfG).
  - Der Arbeitnehmer hat das 52. Lebensjahr vollendet, war mindestens vier Monate beschäftigungslos, und die Befristung dauert nicht länger als fünf Jahre (§ 14 Abs. 3 TzBfG n.F.).
  - Der Arbeitgeber ist ein Existenzgründer, der sein Unternehmen vor weniger als vier Jahren begonnen hat (§ 14 Abs. 2 a TzBfG – eingefügt durch das Gesetz zu Reformen am Arbeitsmarkt vom Dezember 2003).

Anlass für die Neuregelung 2001 war, dass die Befristungsvorschriften des BeschFG zum 31.12.2000 ausliefen. Außerdem war die EG-Richtlinie vom 28. Juni 1999 über befristete Arbeitsverträge (ABl. v. 10.7.1999, Nr. L 175/43) umzusetzen, die insoweit einen neuen Akzent setzte, als sie jede Benachteiligung wegen der Befristung verbot und außerdem für alle Arbeitsverhältnisse eine Beschränkung der Befristungsmöglichkeiten vorsah.   **1136a**

Vorweg nur noch eine Klarstellung: Die Befristung setzt eine vertragliche Einigung in schriftlicher Form voraus. Der **Arbeitgeber** kann also **nicht einseitig** ein unbefristetes in ein befristetes Arbeitsverhältnis verwandeln. Er kann allenfalls eine Änderungskündigung aussprechen, die dann auf ihre soziale Rechtfertigung zu überprüfen ist.   **1137**

Beispiel:
Der Arbeitgeber teilt 50 Arbeitnehmern mit, »wegen der ungewissen Wirtschaftslage« könne er sie nur noch bis Ende des Jahres beschäftigen. Eine solche Erklärung ist unwirksam. Theoretisch käme in Betracht, sie in eine betriebsbedingte

Kündigung auf den nächst zulässigen Zeitpunkt umzudeuten, verbunden mit dem Angebot, befristet bis zum Jahresende weiterzuarbeiten. Praktisch wird dies häufig daran scheitern, dass der Betriebsrat nach § 102 Abs. 1 BetrVG nicht angehört wurde und dass der pauschale Hinweis auf »wirtschaftliche Schwierigkeiten« nicht zur Rechtfertigung einer betriebsbedingten Kündigung ausreicht.

20.2 Befristung ohne sachlichen Grund

20.2.1 Der Fall des § 14 Abs. 2 TzBfG

1138 Bereits seit dem BeschFG 1985 konnte bei sog. **Neueinstellungen** auch ohne »sachlichen Grund« befristet werden. Diese Möglichkeit ist durch das sog. Arbeitsrechtliche Beschäftigungsförderungsgesetz von 1996 bis zum 31.12.2000 drastisch ausgeweitet, dann durch das TzBfG wieder etwas eingeschränkt worden. Zu Beginn der Großen Koalition 2005 war die Aufhebung des § 14 Abs. 2 geplant – gewissermaßen als »Gegenleistung« für die vorgesehene Verlängerung der Wartezeit nach § 1 Abs. 1 KSchG auf zwei Jahre. Beides wurde nicht umgesetzt. Der Koalitionsvertrag der schwarz-gelben Regierung von 2009 sah vor, dass eine frühere Beschäftigung beim selben Arbeitgeber eine sachgrundlose Befristung nicht hindern sollte, wenn sie länger als ein Jahr zurücklag (dazu Zimmer, AiB 2009, 671). Das **BAG** (DB 2011, 1811) hat 2011 zur allgemeinen Überraschung in freier Rechtsschöpfung entschieden, dass eine **mehr als drei Jahre zurückliegende Beschäftigung** beim selben Arbeitgeber einer sachgrundlosen Befristung **nicht entgegen stehe** (kritisch Lakies, AuR 2011, 190; Däubler/Stoye, AiB 2012, 14). Ob diese Korrektur des Gesetzeswortlauts in einem Bereich, der im politischen Raum seit langem kontrovers diskutiert wird, die Grenzen des Richterrechts überschreitet, wird ggf. das BVerfG zu entscheiden haben. Das LAG Baden-Württemberg (21.2.2014 – 7 Sa 64/13 – LAGE § 14 TzBfG Nr. 82) hat sich jedenfalls mit ungewöhnlich scharfen Worten von der BAG-Entscheidung distanziert.

1139 Wird von § 14 Abs. 2 TzBfG Gebrauch gemacht, so gilt:
- **Die Befristung kann bis zu zwei Jahren dauern.** Unter dem BeschFG 1985 hatte die Höchstdauer noch bei 18 Monaten gelegen.
- Nach § 14 Abs. 2 Satz 2 TzBfG kann das Arbeitsverhältnis in kleinere »Stücke« aufgeteilt und während der Gesamtdauer von zwei Jahren insgesamt **dreimal verlängert** werden.

Möglich ist daher z. B., zunächst eine Befristung von acht Monaten zu vereinbaren, dann weitere sechs Monate anzuschließen und dann noch zweimal auf fünf Monate zu befristen. Nach dem BeschFG 1985 war lediglich eine einmalige Befristung möglich. Die jeweiligen »Verlängerungen« müssen sich unmittelbar aneinander anschließen (BAG, DB 2001, 100); zwischen ihnen darf nicht einmal ein arbeitsfreies Wochenende liegen.

20.2.2 Altersbefristung

Die **ursprüngliche Fassung** des § 14 Abs. 3, die ab dem Alter 52 Jahre **1140** beliebige Befristungen zuließ, **verstieß gegen** das **unionsrechtliche Verbot der Altersdiskriminierung** (EuGH, NZA 2005, 1345 – Helm/Mangold) und war daher nicht mehr anwendbar (BAG, NZA 2006, 1162). Die **Neufassung** verlangt als zusätzliche Voraussetzung, dass die fragliche Person vier Monate lang »**beschäftigungslos**« war; außerdem dürfen die befristeten Arbeitsverhältnisse nicht länger als fünf Jahre dauern. »Beschäftigungslos« ist nicht nur der Arbeitslose, sondern auch derjenige, der aus persönlichen Gründen nicht arbeiten will, sowie der Teilnehmer an AB- und ähnlichen Maßnahmen. Eine gelegentliche Teilzeitbeschäftigung bis 15 Wochenstunden innerhalb der vier Monate schadet nicht.

Auch gegen die Neuregelung bestehen erhebliche europarechtliche **1140a** Bedenken, die an anderer Stelle dargelegt sind (Däubler/Wroblewski, in: Kittner/Däubler/Zwanziger, KSchR, § 14 TzBfG Rn. 179 a ff.). Verletzt ist der allgemeine europarechtliche Gleichbehandlungsgrundsatz, da mit der Regelung keineswegs nur »Problemgruppen« erfasst sind (Kohte, AuR 2007, 168). Auch ist der Befristungsrichtlinie nicht entsprochen, da weder ein sachlicher Grund noch eine Höchstzahl an Befristungen noch eine Höchstdauer festgelegt sind: Die fünf Jahre erfüllen nur scheinbar diese Funktion, da es das Gesetz durchaus zulässt, nach einer »Beschäftigungslosigkeit« (etwa im Rahmen eines Weiterqualifizierungskurses) erneut mit derselben Person Verträge bis zu fünf Jahren Dauer abzuschließen (Tipps bei Schiefer/Köster/Korte, DB 2007, 1084). Auch der verfassungsrechtliche Mindestbestandsschutz ist nicht gewahrt, wenn der Einzelne (zulässigerweise) Eintagesarbeitsverhältnisse erhält und so auf die Position des Tagelöhners zurückgeworfen ist.

20.2.3 Neugründungsbefristung

1140b Das Recht zum Abschluss befristeter Arbeitsverträge ohne Sachgrund kommt auch neu gegründeten Unternehmen in den ersten vier Jahren ihrer Tätigkeit zu. Sie können damit einen Teil ihres (erhöhten) Risikos auf die Arbeitnehmer abwälzen, doch steht diesen zum Ausgleich nicht etwa eine obligatorische Gewinnbeteiligung bei erfolgreicher Unternehmensentwicklung zu (dazu Däubler, 62. DJT, Bd. II/1, L 15).

1140c Die 4-Jahres-Frist beginnt mit der tatsächlichen Aufnahme der Tätigkeit; sie wird sich im Regelfall durch Angebote an potenzielle Nachfrager oder in Werbemaßnahmen manifestieren. Abs. 2 a Satz 2 nimmt **Neugründungen im Zusammenhang mit der Umstrukturierung** von Unternehmen und Konzernen aus, was etwa für Fusionen und Spaltungen gilt. Gründet ein Konzern eine neue Tochtergesellschaft, so sollte die Vorschrift ihrem Sinn nach gleichfalls nicht eingreifen, da es lediglich um einen Schutz der »Start-ups« geht, die noch nicht über die nötigen Markterfahrungen verfügen.

1140d Anders als im Rahmen des § 14 Abs. 2 TzBfG ist die **Zahl der Verlängerungen** nicht begrenzt. Wird der sachgrundlos befristete Vertrag gegen Ende der Vier-Jahres-Frist geschlossen, so könnte sich die Freistellung vom allgemeinen Befristungsrecht auf fast acht Jahre verlängern. Dies erscheint nicht sinnvoll, so dass jedenfalls eine **sachgrundlose Verlängerung nach Ablauf der vier Jahre** nicht mehr möglich ist (näher Däubler/Wroblewski, in: Kittner/Däubler/Zwanziger, § 14 TzBfG Rn. 174 h).

20.2.4 Grenzen

1141 Auch wenn an sich die Voraussetzungen des § 14 Abs. 2, 2 a oder 3 TzBfG vorliegen, kann die Befristung unzulässig sein. Wichtigste Fälle:

- Der Arbeitgeber schließt **nur mit bestimmten Personengruppen** (z. B. Frauen, Ausländer, politische Minderheiten, Behinderte) **befristete Verträge**, während er alle anderen unbefristet einstellt. Verstoß gegen §§ 1, 7 Abs. 2 AGG.
- Ein **Tarifvertrag** kann vorsehen, dass die Höchstdauer der sachgrundlosen Befristung drei oder sechs Monate beträgt. Ob ein **Tarifvertrag** wie nach früherem Recht (BAG, AP Nr. 1 zu § 1 BeschFG 1985 = AiB 1988, 262) bestimmen darf, dass nur **noch aus sachlichem Grund** befristet werden kann, erscheint angesichts der Formu-

lierung des § 14 Abs. 2 Satz 3 TzBfG zweifelhaft, dürfte im Ergebnis aber zu bejahen sein. Eine tarifliche Erweiterung der Befristungsmöglichkeiten hat Grenzen (BAG, NZA 2013, 45; Francken, NZA 2013, 122, der für vier Jahre und höchstens sechs Verlängerungen plädiert).

- Übernimmt der Arbeitgeber nach Auslaufen des Arbeitsvertrags zahlreiche Beschäftigte, darf er **bestimmte Personen nicht ohne jeden Grund** (»Willkür«) oder deshalb **ausnehmen**, weil es sich um Frauen, Ausländer usw. handelt. Dies wäre ein Verstoß gegen § 75 Abs. 1 BetrVG, außerdem gegen §§ 1, 7 Abs. 1 AGG.

In der betrieblichen Praxis hatte das BeschFG 1985 nicht die Bedeutung **1142** erlangt, die ihm in der Öffentlichkeit oft beigemessen wurde. Es gibt kaum Befristungen, die nicht auch unter Berufung auf einen »sachlichen Grund« möglich wären (vgl. IAB-Kurzbericht Nr. 12/2000 S. 2).

20.3 Befristung aus sachlichem Grund

Nach ständiger Rechtsprechung des BAG war eine Befristung nur dann **1143** zulässig, wenn für sie ein »sachlicher Grund« sprach. Nur wenn es wirklich »einleuchtet«, soll ein Arbeitsverhältnis ohne Kündigungsschutz begründet werden dürfen (grundlegend: BAG, AP Nr. 16 zu § 620 BGB befristeter Arbeitsvertrag). Nach geltendem Recht gilt dies allerdings nur noch dann, wenn die Fälle des § 14 Abs. 2, 2 a und 3 TzBfG nicht eingreifen.

Wann ist ein »sachlicher Grund« gegeben? Der Gesetzgeber hat in § 14 Abs. 1 Satz 2 TzBfG nur eine nicht abschließende Aufzählung gegeben; weitere Gründe sind möglich. Im Folgenden werden die ausdrücklich genannten Fälle kurz skizziert.

20.3.1 Zeitlich begrenzte Aufgaben (Nr. 1)

Der betriebliche Bedarf an der Arbeitsleistung kann ein vorüberge **1144** hender sein. Ein Forschungsprojekt ist beispielsweise auf drei Jahre konzipiert, eine Fortsetzung nicht vorgesehen. Ähnliches ist bei einer Werbekampagne denkbar. **Kein Befristungsgrund ist die unsichere Konjunkturlage:** Die Tatsache, dass der Arbeitgeber nicht weiß, ob er auch in einem Jahr noch genügend Aufträge hat, stellt keinen »sachlichen

Grund« dar. Ohne Bedeutung ist, dass der Arbeitnehmer nur »**zur Aushilfe**« eingestellt wurde; die Bezeichnung des Vertrages ist gleichgültig, entscheidend ist der tatsächliche Anlass der Befristung.

20.3.2 Befristung im Anschluss an eine Ausbildung oder ein Studium (Nr. 2)

1145 Dieser Befristungsgrund geht möglicherweise über das vorher geltende Recht hinaus, das nur im Falle einer »Überbrückung« wegen einer schon in Aussicht genommenen anderweitigen Arbeit eine Befristung zuließ (Einzelheiten bei Däubler/Wroblewski, in: Kittner/Däubler/Zwanziger, KSchR, § 14 TzBfG Rn. 53 ff.).

20.3.3 Vertretung eines anderen Arbeitnehmers (Nr. 3)

1146 Eine gerechtfertigte zeitliche Begrenzung kann sich weiter daraus ergeben, dass die mit der Arbeit an sich betraute Person vorübergehend ausfällt. Wichtigste Beispiele: Krankheit, Urlaub, Entsendung ins Ausland. Für den Fall der Mutterschaft und der Elternzeit gibt es eine Sonderregelung in § 21 BEEG. Die Frage, ob es auch einen »Vertretungspool« geben kann, dessen Mitglieder über längere Zeit immer nur befristete Arbeitsverträge haben, hat das BAG (NZA 2011, 34) dem EuGH zur Entscheidung vorgelegt. Dieser hat die Frage im Grundsatz bejaht (EuGH, NZA 2012, 135 – Kücük) und sieht eine Grenze nur im **Verbot des Rechtsmissbrauchs** (dazu unten 20.4 – Rn. 1152a).

20.3.4 Eigenart der Arbeitsleistung (Nr. 4)

1147 Bei Musikern, Schauspielern und Sängern wird ein »sachlicher Grund« deshalb angenommen, weil das Publikum im Allgemeinen Abwechslung wünsche. Dies gilt aber nur dann, wenn es auf die Person des Künstlers ankommt, also nicht beim Chorsänger oder der Balletttänzerin.

1148 Bei wissenschaftlichen Tätigkeiten ist eine Befristung dann gerechtfertigt, wenn es sich um eine Nachwuchsförderungsstelle handelt, wenn also weitere Qualifikationen erworben werden sollen. Für den Hochschulbereich gibt es eine Sonderregelung, die sich 20 Jahre lang in den §§ 57 a–57 e Hochschulrahmengesetz fand; nunmehr ist sie Gegenstand des »Wissenschaftszeitvertragsgesetzes« (dazu die Kommentierung von Däubler/Nebe, in: Kittner/Däubler/Zwanziger, KSchR).

Die amtliche Begründung nennt weiter das Beispiel programmgestaltender Mitarbeiter bei Rundfunkanstalten.

20.3.5 Erprobung (Nr. 5)

Soweit Tarifverträge keine engeren Grenzen ziehen, ist eine Probezeit **1148a** von höchstens sechs Monaten gerechtfertigt. Nur in Sonderfällen – etwa bei einem Fernsehjournalisten – wird von der Rechtsprechung eine längere Frist akzeptiert. Der Erprobungszweck muss nach BAG (DB 2004, 2585) nicht Teil der schriftlichen Befristungsabrede werden.

20.3.6 Gründe in der Person des Arbeitnehmers (Nr. 6)

Die amtliche Begründung zum TzBfG nennt hier den Tatbestand der **1149** Überbrückung sowie den Fall, dass eine Aufenthaltserlaubnis in einiger Zeit ausläuft und mit hinreichender Sicherheit nicht verlängert wird. Einzubeziehen ist auch der »**Wunsch**« des **Arbeitnehmers** nach Befristung. Will er aus freien Stücken, d.h. ohne Beeinflussung durch den Arbeitgeber, nur vorübergehend arbeiten, ist dieses eine ausreichende Rechtfertigung. Die bloße Einwilligung in die Befristungsklausel reicht dagegen nicht aus. In der Praxis soll fast ein Drittel aller Befristungen auf Wunsch des Arbeitnehmers vorgenommen worden sein (Büchtemann, Die Mitbestimmung 1989, 549).

20.3.7 Für befristete Beschäftigung gedachte Haushaltsmittel (Nr. 7)

Wird eine Stelle im staatlichen oder kommunalen Haushaltsplan nur für **1150** eine genau bestimmte Zeitdauer bewilligt, liegt darin ein sachlicher Grund, wenn zugleich der Zweck festgelegt ist. Die bloße Unsicherheit, ob für das nächste Haushaltsjahr Mittel bewilligt werden, reicht für eine Befristung nicht aus (BAG, AiB 1988, 261). Dasselbe gilt, wenn eine Stelle – sei es im öffentlichen Dienst, sei es in der Privatwirtschaft – aus sog. Drittmitteln finanziert wird.

20.3.8 Gerichtlicher Vergleich (Nr. 8)

1151 Bestehen Meinungsverschiedenheiten über den Fortbestand eines Arbeitsverhältnisses, können sich Arbeitgeber und Arbeitnehmer in einem gerichtlichen Vergleich auf eine befristete Fortsetzung der Tätigkeit verständigen. Der Vergleich stellt als solcher den »sachlichen Grund« dar; die Mitwirkung des Richters soll ein ausgewogenes Ergebnis der Verhandlungen sicherstellen. **Außergerichtliche Vergleiche** dürften entgegen der ursprünglichen Rechtslage **nicht mehr** genügen.

20.3.9 Tarifverträge

1152 Vom »Wunsch« des Arbeitnehmers einmal abgesehen, ist es auch im Bereich des »sachlichen Grundes« möglich, abweichende tarifliche Regelungen zu treffen. Diese können die Befristungsmöglichkeiten einschränken, nach herrschender Rechtsprechung jedoch auch erweitern.

20.4 Die Grenze des Rechtsmissbrauchs

1152a Weder die sachgrundlose noch die auf einen Sachgrund gestützte Befristung darf in rechtsmissbräuchlicher Weise eingesetzt werden. Dies wird vom **EuGH** als allgemeiner Grundsatz aus der **Befristungsrichtlinie** hergeleitet (grundlegend EuGH 26. 1. 2012 – C-586/10 – NZA 2012, 135 – Kücük). Erfasst ist etwa der Fall, dass eine Befristung ohne nähere Angaben »bis zur Besetzung durch Stammpersonal« erfolgt (so EuGH 26. 11. 2014 – C-22/13 u. a. – NZA 2015, 153) oder dass mehrere Konzerngesellschaften nacheinander mit derselben Person befristete Verträge nach § 14 Abs. 2 TzBfG schließen, um so immer wieder als »neuer Arbeitgeber« handeln zu können (BAG 22. 1. 2014 – 7 AZR 243/12 – NZA 2014, 483). Eine große Zahl an Befristungen mit demselben Arbeitnehmer genügt für sich allein nicht (BAG 18. 7. 2012 – 7 AZR 443/09 – NZA 2012, 1351), wohl aber wird ein Missbrauch indiziert, wenn die Zweijahresfrist des § 14 Abs. 2 TzBfG oder die dort vorgesehene Zahl an Verträgen **um ein Mehrfaches überschritten** wird (BAG 10. 7. 2013 – 7 AZR 761/11 – NZA 2014, 26).

20.5   Schriftform

Nach § 14 Abs. 4 TzBfG muss die Befristungsabrede schriftlich getrof-   **1153**
fen werden. Ist die Schriftform wie bei Fax und E-Mail nicht gewahrt,
hat dies die Unwirksamkeit der Befristung zur Folge. Es entsteht ein unbefristetes Arbeitsverhältnis.

20.6   Was geschieht bei unzulässiger Befristung?

Sind die in § 14 Abs. 1–4 TzBfG aufgestellten Bedingungen für eine Be-   **1153a**
fristung nicht erfüllt, ist nicht etwa der Arbeitsvertrag als solcher unwirksam. Vielmehr entsteht nach § 16 TzBfG automatisch ein unbefristetes Arbeitsverhältnis. Dies war auch vor Erlass des TzBfG allgemein
anerkannt. Wichtig ist allerdings, dass mangels abweichender Abrede
eine Kündigung auch seitens des Arbeitnehmers frühestens zum (unwirksam) vereinbarten Ende des Arbeitsverhältnisses möglich ist. Ausnahmsweise ist jedoch die Kündigung durch den Arbeitgeber wie den
Arbeitnehmer zulässig, wenn die Befristung lediglich an der fehlenden
Schriftform scheiterte.

Der Arbeitgeber wird nur in seltenen Fällen bereit sein, die Unzuläs-   **1153b**
sigkeit der Befristung anzuerkennen. Wer auf Dauer im Betrieb bleiben
will, wird deshalb nicht umhin können, eine gerichtliche Klärung herbeizuführen. Dafür ist eine Klage beim Arbeitsgericht erforderlich. Der
Klageantrag lautet auf Feststellung, dass ein unbefristetes Arbeitsverhältnis bestehe; man spricht von einer sog. **Entfristungsklage**. Nach § 17
TzBfG ist dabei genau wie im Kündigungsschutzverfahren eine **Drei-
Wochen-Frist** zu beachten, die vom Ende des Arbeitsverhältnisses an
läuft. Wird diese nicht gewahrt, soll der Arbeitnehmer die Befristung mit
keinem Argument mehr in Frage stellen können.

Wichtig ist, dass die Klage auch schon vor Auslaufen des Vertrages erhoben werden kann, sofern das vereinbarte Ende »absehbar« ist. Damit
ist im Prinzip die Möglichkeit geschaffen, eine nahtlose Weiterbeschäftigung zu erreichen.

Wer muss beweisen, dass es am sachlichen Grund oder den Vorausset-   **1154**
zungen des § 14 Abs. 2 TzBfG fehlte? Nach der neueren Rechtsprechung
muss der Arbeitgeber darlegen und beweisen, dass das Arbeitsverhältnis
erloschen ist, also z. B. ein sachlicher Grund für die Befristung vorlag
(BAG, EzA § 620 BGB Nr. 128).

1155 Der Arbeitnehmer hat genau wie bei einer Kündigung das Recht, seinen **Beschäftigungsanspruch einzuklagen.** Obsiegt er in erster Instanz, so muss er im Regelfall bis zum rechtskräftigen Abschluss des Verfahrens weiterbeschäftigt werden. Die Interessenlage ist insoweit keine andere als bei der Kündigung eines unbefristeten Arbeitsverhältnisses. Auch die Durchsetzung im Wege der **einstweiligen Verfügung** richtet sich nach denselben Grundsätzen (näher dazu oben Kap. 14 – Rn. 912 ff.).

20.7 Keine Benachteiligung wegen Befristung

1156 Nach § 4 Abs. 2 TzBfG darf ein Arbeitnehmer wegen der Befristung seines Arbeitsvertrags »nicht schlechter behandelt werden als ein vergleichbarer unbefristet beschäftigter Arbeitnehmer, es sei denn, dass sachliche Gründe eine unterschiedliche Behandlung rechtfertigen.« Was dies im Einzelnen bedeutet, muss die Rechtsprechung bestimmen.

1157 Wichtig sind die in § 4 Abs. 2 Satz 2 und 3 TzBfG vorgenommenen Konkretisierungen:

Der befristet Beschäftigte muss das **Arbeitsentgelt und andere teilbare geldwerte Leistungen,** die für einen bestimmten Bemessungszeitraum gewährt werden, mindestens in dem Umfang erhalten, der dem Anteil seiner Beschäftigungsdauer am Bemessungszeitraum entspricht.

> Am 1. Juni wird ein Urlaubsgeld in Höhe von 500 Euro ausbezahlt, das alle erhalten, die zu diesem Zeitpunkt mindestens ein Jahr im Unternehmen beschäftigt sind. B ist seit eineinhalb Jahren im Betrieb, doch wird sein Vertrag in drei Monaten auslaufen. Er hat gleichfalls Anspruch auf die 500 Euro.

Das Gesetz stellt allein auf den »**Bemessungszeitraum**« ab und enthält insoweit keine Ausnahmemöglichkeit unter Berufung auf einen »sachlichen Grund« (anders gegen den Gesetzeswortlaut BAG, AP Nr. 7 zu § 4 TzBfG mit Anm. Däubler). Selbst wenn der Arbeitgeber mit einer Jahressonderzahlung nicht nur die gezeigte »Betriebstreue« honorieren, sondern auch ein künftiges Verbleiben im Betrieb erleichtern möchte: Im Rahmen des § 4 Abs. 2 Satz 2 TzBfG spielt dies keine Rolle.

> Entgegen der bisherigen Praxis sind daher befristet Beschäftigte auch in Sozialpläne einzubeziehen. Wird etwa ab einer Betriebszugehörigkeit von einem Jahr eine bestimmte Abfindung bezahlt, so muss sie auch ein befristet Beschäftigter erhalten, der seit 18 Monaten im Betrieb tätig ist.

Sind bestimmte Beschäftigungsbedingungen **von der Dauer des Arbeits-** **1158**
verhältnisses abhängig, so sind die in einem befristeten Arbeitsverhältnis
verbrachten Zeiten gleich zu behandeln.

Beispiel:
Nach § 622 Abs. 2 Nr. 1 BGB kann nach zwei Jahren Betriebszugehörigkeit nur
noch unter Wahrung einer Monatsfrist zum Ende eines Kalendermonats gekündigt werden. Dies muss auch für befristet Beschäftigte gelten, die – aus sachlichem
Grund – einen Drei-Jahres-Vertrag besitzen. Evtl. ließen sich die Sozialplanleistungen auch hier einordnen.

20.8 Einzelfragen

20.8.1 Unterschiedliche Anforderungen an den »sachlichen Grund«?

Nach früherer, d. h. vor dem TzBfG liegender BAG-Rechtsprechung war **1159**
der »sachliche Grund« dann nicht erforderlich, wenn die Beschäftigung
keine sechs Monate dauern sollte oder wenn es sich um eine Tätigkeit in
einem Kleinbetrieb mit nicht mehr als fünf Beschäftigten handelte: In
beiden Fällen hätte ja auch das Kündigungsschutzgesetz keine Anwendung gefunden (BAG, NZA 1985, 90; BAG, NJW 1984, 994). Dies war
nicht mehr überzeugend, seit das BVerfG auch für Arbeitsverhältnisse
außerhalb des KSchG eine Rechtfertigung der Kündigung verlangte
(oben Kap. 15 – Rn. 813 ff.). Das TzBfG kennt deshalb mit Recht eine
solche Ausnahme nicht, die überdies vor der EG-Richtlinie keinen Bestand hätte. Dies schließt es allerdings nicht aus, dass die Anforderungen
an den sachlichen Grund bei Kurzzeitarbeitsverhältnissen oder im Kleinbetrieb **ein wenig großzügiger** als im normalen Arbeitsverhältnis ge-
handhabt werden. Auf der anderen Seite sind an die sachliche Rechtfertigung besonders **strenge Anforderungen** zu stellen, wenn durch die
Befristung ein **Sonderkündigungsschutz** nicht zum Zuge kommt (BAG,
DB 1983, 1551).
  Werden mindestens zwei befristete Arbeitsverhältnisse »hintereinan- **1160**
dergeschaltet«, so liegt ein sog. **Kettenarbeitsverhältnis** vor. Dieses ist
nicht etwa generell unzulässig. Vielmehr ist nach den allgemeinen
Grundsätzen zu prüfen, ob die Voraussetzungen von § 14 Abs. 2, 2 a
und 3 TzBfG vorliegen oder ob ein »sachlicher Grund« nach § 14 Abs. 1
TzBfG gegeben ist. Nach ständiger Rechtsprechung des BAG wird nur

der letzte Vertrag auf das Vorliegen eines »sachlichen Grundes« hin überprüft; bei den weiter zurückliegenden Verträgen ist die 3-Wochen-Frist des § 17 TzBfG längst abgelaufen, es sei denn, der Arbeitnehmer hätte ein gerichtliches Verfahren eingeleitet. Allerdings besteht eine Besonderheit: **Mit der Zahl der Befristungen steigen die Anforderungen** an den »sachlichen Grund« (BAG, AP Nr. 4 zu § 620 BGB Hochschule = DB 1987, 2210). Anwendungsfälle dieses Prinzips sind in der veröffentlichten Rechtsprechung freilich nicht zu finden.

Beispiel:

Im 500-Personen-Betrieb B erhielt die Schreibkraft S fünfmal hintereinander jeweils einen 6-Monats-Vertrag; sie wurde zur Vertretung erkrankter Kolleginnen eingesetzt. Bei der fünften Befristung ist m. E. ein sachlicher Grund nur gegeben, wenn der Arbeitgeber damit rechnen konnte, dass in Zukunft weniger krankheitsbedingte Ausfälle auftreten würden. Nach der neuesten Rechtsprechung (BAG, NZA 2012, 1351) würde dies allerdings nicht genügen, da sie es dem Arbeitgeber überlässt, ob er eine Personalreserve aufbauen will. Vielmehr müsste man danach fragen, ob ein »Rechtsmissbrauch« vorliegt.

20.8.2 »Sachlicher Grund« auch für die Dauer des Arbeitsverhältnisses?

1161 Seit 1988 vertritt das BAG den Standpunkt, für die Dauer der Befristung sei kein selbständiger »sachlicher Grund« erforderlich. Bis dahin hatte es einen anderen Standpunkt vertreten (BAG, DB 1989, 1677 m. w. N.).

Beispiel:

Ein von dritter Seite finanziertes Projekt soll vier Jahre dauern. Im Hinblick darauf werden die Arbeitsverträge befristet (korrekt), jedoch nicht auf vier, sondern nur auf zwei Jahre. Ist dies zulässig?

Nach derzeitiger Rechtsprechung ist das »Auseinanderfallen« von sachlichem Grund und vereinbarter Dauer lediglich ein Indiz dafür, dass der sachliche Grund in Wirklichkeit nicht besteht (BAG, a. a. O.). Eine sinnlose Stückelung scheidet daher aus. Besser wäre es, bei Aufgaben von beschränkter Dauer eine Befristung nur für exakt die in Rede stehende Zeit zuzulassen. Im Beispielsfall würde die Rechtsprechung die Aufspaltung wohl »schlucken«, obwohl dadurch noch mehr Unsicherheit in das Arbeitsverhältnis gebracht wird.

20.8.3 Kündigung des befristeten Arbeitsvertrags

Nach § 15 Abs. 3 TzBfG kann ein befristeter Arbeitsvertrag grundsätz- **1161a** lich von keiner Seite ordentlich gekündigt werden. Im Arbeitsvertrag, aber auch im Tarifvertrag ist jedoch eine andere Regelung möglich. Allerdings bestehen gegen die arbeitsvertragliche Vereinbarung eines Kündigungsrechts Bedenken im Hinblick auf § 307 Abs. 1 BGB (Däubler/Bonin/Deinert-Däubler, Anhang Rn. 106). Außerdem bleibt das Recht zur außerordentlichen Kündigung nach § 626 BGB unberührt.

20.8.4 Zweckbefristung und auflösende Bedingung

Bei manchen Befristungen steht das Enddatum nicht fest. Niemand weiß **1162** beispielsweise genau, wann die Krankheitsvertretung endet, weil der ausgefallene Arbeitnehmer wieder gesund ist, oder wann der Sonderauftrag erfolgreich abgewickelt ist. Eine solche »Zweckbefristung« ist zwar im Grundsatz genauso zulässig wie eine kalendermäßig bestimmte (»bis 31. März«), doch muss das Auslaufen des Arbeitsvertrags für den Arbeitnehmer voraussehbar sein. Im Regelfall musste deshalb der Arbeitgeber das **Ende** des Arbeitsvertrags mit gesetzlicher Kündigungsfrist **ankündigen** (BAG, DB 1988, 969). Andernfalls riskierte er, für einen entsprechenden Zeitraum zur Entgeltfortzahlung nach § 615 BGB verpflichtet zu werden. § 15 Abs. 2 TzBfG bleibt hinter dieser Rechtsprechung zurück, als er lediglich eine zweiwöchige Ankündigungsfrist vorsieht.

Noch größere Unsicherheit entsteht für den Arbeitnehmer, wenn das **1163** Arbeitsverhältnis **bei Eintritt bestimmter Voraussetzungen automatisch enden** soll.

Beispiel (nach BAG, NZA 1984, 266):
Das Arbeitsverhältnis soll nur so lange dauern, wie der Arbeitgeber die für seinen Betrieb erforderliche Konzession besitzt.

Das BAG hat insoweit zu Recht eine sehr enge Auffassung vertreten und nur solche Umstände für eine auflösende Bedingung genügen lassen, die auch eine Kündigung des Arbeitsverhältnisses rechtfertigen könnten (Einzelheiten bei Däubler/Wroblewski, in: Kittner/Däubler/Zwanziger, KSchR, Erl. zu § 21 TzBfG).

Beispiel:
Das Arbeitsverhältnis soll automatisch enden, wenn eine Weiterbildungsmaß-
nahme misslingt. BAG, AP Nr. 10 zu § 620 BGB Bedingung: unzulässig. Nach
BAG, DB 1975, 890 gilt dasselbe für eine Abmachung, wonach das Arbeitsverhältnis endet, wenn der Arbeitnehmer nicht rechtzeitig aus dem Urlaub zurückkehrt.

§ 21 TzBfG hat dem nicht ausdrücklich Rechnung getragen, sondern
will jeden sachlichen Grund genügen lassen. Eine Umgehung des KSchG
dürfte gleichwohl auch weiterhin ausscheiden.

20.8.5 Befristung einzelner Vertragsbestimmungen

1164 Den Arbeitsvertragsparteien steht es grundsätzlich frei, einzelne Teile
des Arbeitsvertrages zu befristen, beispielsweise für einige Zeit eine höher dotierte Position oder eine Zulage vorzusehen. **Nach der neueren
Rechtsprechung** (BAG, NZA 2006, 40) sind derartige Klauseln **ausschließlich an den §§ 305 bis 310 BGB zu messen.** Das frühere Richterrecht, das auch hier einen »sachlichen Grund« verlangte, ist damit gegenstandslos geworden. Das TzBfG findet insoweit **keine Anwendung.**
Dies bedeutet etwa, dass die Schriftform des § 14 Abs. 4 TzBfG nicht zu
wahren ist (BAG, NZA 2004, 255). Auch die **Klagefrist** des § 17 TzBfG
ist ohne Bedeutung (BAG, BB 2003, 1683 = AP Nr. 1 zu § 17 TzBfG),
und die Möglichkeit zur **sachgrundlosen Befristung** nach § 14 Abs. 2
TzBfG steht nicht zur Verfügung (BAG, NZA 2003, 104).

Weitere Überlegungen bei Däubler/Bonin/Deinert-Bonin, AGB-Kontrolle im Arbeitsrecht, § 307 Rn. 201ff. und § 308 Nr. 4 Rn. 51.

20.9 Glücksfälle für den Arbeitnehmer: Entfristung aus anderen Gründen

1165 In Einzelfällen kann der Arbeitnehmer auch dann, wenn die Befristung
an sich in Ordnung war, unbefristete Weiterbeschäftigung verlangen.
- Denkbar ist, dass der **Arbeitgeber** eine Fortsetzung der Beschäftigung
  zugesagt, daraus aber noch keine Konsequenzen gezogen hat. Wenn
  sich die Zusage beweisen lässt, kann auf Abschluss eines unbefristeten Arbeitsvertrags geklagt werden.

- Hat der **Arbeitgeber** die **Erwartung geweckt**, der Arbeitnehmer werde bei »Eignung und Bewährung« weiterbeschäftigt, und hat der Arbeitnehmer tatsächlich gute Arbeit geleistet, so würde sich der Arbeitgeber mit seinem eigenen Verhalten in Widerspruch setzen, wenn er nunmehr auf der Befristung beharren würde. Der Arbeitnehmer kann Weiterbeschäftigung auf der Grundlage eines unbefristeten Arbeitsvertrags verlangen (BAG, DB 1989, 1728 = NZA 1989, 719). Allerdings ist der Beweis schwierig, dass man »tatsächlich gut gearbeitet« hat.
- **Setzt der Arbeitnehmer** nach Ablauf des Arbeitsvertrags seine **Tätig-**   **1166** **keit** fort, so entsteht nach § 15 Abs. 4 TzBfG ein **unbefristetes Arbeitsverhältnis.** Vorausgesetzt ist lediglich, dass der Arbeitgeber oder ein Vorgesetzter (nicht notwendig die Personalabteilung) von der Weiterarbeit Kenntnis hat und nicht unverzüglich widerspricht (BAG, AP Nr. 1 zu § 22 MTV Ausbildung). Für das Arbeitsverhältnis gelten die bisherigen Bedingungen weiter, etwa vereinbarte Kündigungsfristen aber nur, wenn sie auch einen solchen Fall erfassen sollten (BAG, NZA 1989, 595); andernfalls gelten die gesetzlichen Fristen.

20.10 Weiterführende Literatur

In erster Linie ist auf die Kommentare zum TzBfG zu verweisen, die in   **1167** Rn. 1131 aufgeführt sind. Weiter sind zu nennen:

Kittner/Däubler/Zwanziger (Hrsg.), Kündigungsschutzrecht, 9. Aufl., Frankfurt/Main 2014, Kommentierung der Befristungsregeln durch Däubler/Wroblewski und Däubler/Nebe;

Tillmanns, in: HK-ArbR, 3. Aufl. 2013, Kommentierung der §§ 14 ff. TzBfG;

Etzel/Bader u. a., Gemeinschaftskommentar zum Kündigungsschutzgesetz und zu sonstigen kündigungsschutzrechtlichen Vorschriften, 10. Aufl., Neuwied-Kriftel 2013 (= **KR**), Kommentierung der Befristungsregelungen des TzBfG durch Bader und Lipke;

Dörner, Der befristete Arbeitsvertrag, 2. Aufl., München 2011;

Lakies, Befristete Arbeitsverträge. Ein Leitfaden für die Praxis, 3. Aufl., Berlin 2012;

Linne/Voswinkel, »Vielleicht ist ja noch alles offen«. Eine empirische Untersuchung über befristete Arbeitsverhältnisse, Hamburg 1989;

Plander, Flucht aus dem Normalarbeitsverhältnis: An den Betriebs- und Personalräten vorbei? Baden-Baden 1990.

21. Leiharbeit – Werkverträge – Schwarzarbeit

21.1 Arbeit am Rande des Arbeitsrechts

1168 Arbeit wird nicht immer nur im Arbeitgeberbetrieb erbracht. Bei der sog. **Arbeitnehmerüberlassung** wird von vornherein vereinbart, dass nur in Betrieben anderer Arbeitgeber gearbeitet werden soll.

Beispiel:
Arbeitnehmerin X schließt mit einem »Arbeitskräfteverleiher« einen Arbeitsvertrag, wonach sie als Schreibkraft in Betrieben »in Berlin oder Umgebung« eingesetzt werden kann. Die auf diese Weise vermittelte Tätigkeit wird auch als »Zeitarbeit« oder »Leiharbeit« bezeichnet.

Bei ihr handelt es sich um eine »Boombranche«; die Zahl der Beschäftigten hat sich von 2000 bis 2008 auf über 700 000 mehr als verdoppelt. In der Krise gab es einen deutlichen Rückgang auf ca. 500 000, der jedoch längst wieder wettgemacht ist. Die aktuellen Zahlen bewegen sich zwischen 700 000 und 800 000.

Von dieser Einsatzform ist das sog. **echte Leiharbeitsverhältnis** zu unterscheiden: Ein Arbeitnehmer, der seinen Arbeitsplatz im Betrieb des Arbeitgebers hat, wird vorübergehend in einen anderen Betrieb abgeordnet, um dort beispielsweise die Bedienung eines EDV-Systems zu erklären.

Die zu wirtschaftlichen Zwecken erfolgende Arbeitnehmerüberlassung ist **nur dann** zulässig, wenn die im »**Arbeitnehmerüberlassungsgesetz**« (= AÜG) vorgesehenen Voraussetzungen erfüllt sind. Dieses ist nach vielen Auseinandersetzungen durch Gesetz vom 28. 4. 2011 (BGBl. I S. 642) wesentlich verändert worden. **Nicht erfasst** ist die ausschließlich **gemeinnützige Arbeitnehmerüberlassung**, die z. B. im Rahmen einer Selbsthilfeorganisation erfolgt (anders aber Boemke, in: Boemke/Lembke, § 1 Rn. 49, der auch sie einbeziehen will).

Ein gemeinnütziger Verein wird von Bauern einer bestimmten Region finanziert. Er beschäftigt Arbeitnehmer zu dem ausschließlichen Zweck, kurzfristig einzuspringen, wenn auf einem Bauernhof eine Arbeitskraft ausfällt.

Manche wenig soliden Arbeitgeber versuchen, dem Gesetz dadurch auszuweichen, dass sie sog. **Scheinwerkverträge** abschließen. Statt dass der »Verleiher« einem fremden Betrieb drei Arbeitskräfte zur Verfügung stellt, verspricht er eine bestimmte Leistung, die er nach Art eines Subunternehmers mit Hilfe seiner Leute erbringt. **1169**

Beispiel:
Der Verleiher besitzt nicht die vom Gesetz vorgeschriebene Erlaubnis. Der Vertrag mit dem anderen Unternehmer wird daher so »frisiert«, dass es so aussieht, als würden die dorthin entsandten Arbeitskräfte nach Weisung des Verleihers tätig und eigenständig bestimmte Aufgaben erfüllen. Damit wäre er ein ganz normaler Unternehmer, der seine Arbeitskräfte auf Wunsch im Betrieb eines Kunden einsetzt. In Wirklichkeit müssen aber die Beschäftigten den Weisungen des »Bestellers«, d. h. des Inhabers des Einsatzbetriebs folgen.

Daneben gibt es »echte« **Werkverträge**, bei denen ein Teil der bisherigen unternehmerischen Aktivitäten von einem Dritten in eigener Verantwortung übernommen wird. Das BAG (NZA 1992, 275) hatte beispielsweise über den Fall zu entscheiden, dass ein Automobilzulieferer die **Lackierung von Bremszylindern** auf eine Fremdfirma auslagerte: Letztere erledigte diese Aufgabe in den bisherigen Räumen auf dem Gelände des Auftraggebers, bestimmte aber die Arbeitsabläufe einschließlich der Organisation und der eingesetzten Arbeitskräfte selbst. Die Lackiererei wurde so zu einer »fremden Insel« im Betrieb. **1169a**

Anfang 2003 wurde die Möglichkeit geschaffen, dass Arbeitslose unter bestimmten Voraussetzungen einen **Existenzgründungszuschuss** erhielten (§ 421 l SGB III), der sie in die Lage versetzen sollte, einer selbständigen Tätigkeit nachzugehen. Für diese neue Gruppe hatte sich die (leicht zynische) Bezeichnung »**Ich-AG**« eingebürgert, die nicht ganz zu Unrecht zum **Unwort des Jahres** 2002 erklärt wurde. Seit 1. 7. 2006 können keine neuen Ich-AGs mehr gegründet werden (§ 421 l Abs. 7 SGB III); man hat erkannt, dass damit beschäftigungspolitische Probleme nicht bewältigt werden können. Konsequenterweise ist § 421 l SGB III inzwischen aufgehoben worden. **1169b**

Schließlich existiert **Schwarzarbeit**, die in vielen Erscheinungsformen vorkommt. **1170**

Beispiel:
Ausländer ohne Aufenthalterlaubnis sind auf dem Bau tätig, ohne dass dies der Sozialversicherung und der Agentur für Arbeit gemeldet ist.

Im Folgenden soll zunächst das Arbeitnehmerüberlassungsgesetz (= AÜG) dargestellt werden, das die Grenzen zwischen legaler Leiharbeit und illegaler Beschäftigung insbesondere durch Scheinwerkverträge markiert. Es folgen eine Schilderung der immer wichtiger werdenden Werkvertragsarbeit sowie ein Überblick über die wichtigsten Formen von Schwarzarbeit.

21.2 Das Arbeitnehmerüberlassungsgesetz

21.2.1 Erlaubnispflicht für den Verleiher

1171
- Wer sich im Rahmen einer wirtschaftlichen Tätigkeit als **Verleiher** von Arbeitskräften betätigen will, **bedarf der Erlaubnis** durch die Arbeitsverwaltung. Sie setzt Zuverlässigkeit und daneben die Fähigkeit voraus, die üblichen Arbeitgeberpflichten ordnungsgemäß zu erfüllen.

Beispiel:
Wer nach Einschätzung der Behörde nicht weiß, wie man Steuern und Sozialabgaben abführt, erhält keine Erlaubnis nach dem AÜG. Ein solcher Fall kommt aber angesichts der Gewinnchancen, die die Verleihbranche bietet, so gut wie gar nicht mehr vor.

- Zwischen dem **Verleiher** und den zu überlassenden **Arbeitskräften** muss ein **Arbeitsverhältnis** bestehen. Fehlt es daran, liegt Arbeitsvermittlung vor. Sie ist grundsätzlich der Bundesagentur für Arbeit vorbehalten; Private bedürfen insoweit einer ausdrücklichen Genehmigung.
- Die Überlassung an ein anderes Unternehmen muss »**vorübergehend**« erfolgen, was insbesondere voraussetzt, dass die Rückkehr zum Verleiher feststehen muss (Zimmer, AuR 2012, 422ff.). Ob weitere Voraussetzungen erfüllt sein müssen, ist derzeit noch streitig (Überblick bei Boemke, in: Boemke/Lembke, § 1 Rn. 107ff.).

21.2.2 Anforderungen an den Arbeitsvertrag mit dem Verleiher

Der **Arbeitsvertrag** muss bestimmten **Mindestanforderungen** entspre- **1172**
chen. So darf nicht vereinbart werden, dass das Entgelt wegfällt, wenn
der Arbeitnehmer vorübergehend nirgends eingesetzt werden kann.
Auch müssen über das NachwG hinaus bestimmte **Umstände schriftlich
bestätigt** werden. Dazu gehört nach § 11 Abs. 1 AÜG z. B. die Anschrift
der Erlaubnisbehörde sowie Art und Höhe der Leistungen, die in »ver-
leihfreien« Zeiten gewährt werden. Die **Befristung** war bis Ende 2003
u. a. durch das sog. Synchronisationsverbot eingeschränkt: Sie durfte
sich nicht mit dem Einsatz bei einem bestimmen Entleiher decken. Dieses ist seit 1. 1. 2004 weggefallen, doch gelten die **allgemeinen Grundsätze des TzBfG** (oben Rn. 1138 ff.). Sie ermöglichen nur bei älteren Arbeitnehmern, bei einem neu gegründeten Verleihunternehmen und bei
einer Neueinstellung eine solche Befristung, nicht jedoch im Normalfall:
Der Verleiher darf sein Unternehmerrisiko, keinen Nachfrager zu finden, nicht auf den Arbeitnehmer abwälzen. Dies ist kein »sachlicher
Grund« im Sinne des § 14 Abs. 1 TzBfG (Wank, NZA 2003, 20).

21.2.3 Equal pay und equal treatment

Die (scheinbar) **wichtigste Neuerung** war 2003 die **Gleichbehandlung** **1172a**
von Leiharbeitnehmern und Stammarbeitskräften in Bezug auf die »wesentlichen Arbeitsbedingungen einschließlich des Arbeitsentgelts« (§ 9
Nr. 2 AÜG). Bezugsgröße ist der »vergleichbare« Arbeitnehmer im Ent-
leihbetrieb. Insoweit spricht man von einem equal pay/equal treatment-
Grundsatz.

Beispiel:
Wegen der großen Nachfrage muss bei der Tierfutterproduktion einige Monate
lang rund um die Uhr gearbeitet werden. Die Stammbelegschaft ist zu Überstunden bereit, aber irgendwann ist die 48-Stunden-Grenze des ArbZG erreicht. Der
Arbeitgeber holt Leiharbeiter, die unter Anleitung einiger Schichtführer am Wochenende auf den Arbeitsplätzen der Stammbelegschaft tätig sind. Neueinstellungen wären problematisch, weil die Nachfrage nach einigen Monaten erfahrungs-
gemäß wieder zurückgeht (»Hunde- und Katzenfutterzyklus«).

Der Gleichbehandlungsgrundsatz ist deshalb von besonderer Brisanz,
weil Leiharbeitnehmer in der Regel nur etwa **60 bis 70 Prozent** des Betrages verdienen, den **vergleichbare Stammarbeitnehmer** bekommen.

Dies war auch im eben genannten Beispiel der Fall. Verfassungsrechtliche Bedenken ergeben sich aus dem Equal pay-Grundsatz nicht (BVerfG, NZA 2005, 153), so dass er durchaus umgesetzt werden könnte.

21.2.4 Verschlechternde Tarifverträge

1172b Das Gesetz kennt eine wichtige **Ausnahme**: Durch Tarifvertrag kann vom Equal pay- und vom Equal treatment-Prinzip abgewichen werden. Davon haben nicht nur die Christlichen Gewerkschaften, sondern auch die DGB-Gewerkschaften Gebrauch gemacht. Auf diese Weise wurde die Schlechterstellung der Leiharbeitnehmer etwas gemildert, im Grundsatz aber festgeschrieben und mit einer zusätzlichen Legitimation versehen. Betrachten wir zunächst die von den DGB-Gewerkschaften gemeinschaftlich geschlossenen Tarifverträge.

- Die Höhe des Entgelts hat sich nur wenig verbessert. Der Abstand von 30 bis 40 Prozent zu den vergleichbaren Stammarbeitskräften ist bei den meisten geblieben.
- Die Tarifverträge enthalten eine Reihe spezifischer »Bösartigkeiten« zu Lasten der Leiharbeitnehmer. Ihr Anfahrtsweg zum Arbeitsplatz kann im Einzelfall sehr lang sein, da sie mit einem Einsatz an unterschiedlichsten Orten rechnen müssen. Dennoch zählen 1 $1/_2$ Stunden Fahrzeit (in einer Richtung) als »Privatsache«; erst wenn diese Grenze überschritten ist, beginnt die Anrechnung auf die Arbeitszeit (§ 8 Abs. 3 des Manteltarifvertrags Zeitarbeit, abgeschlossen von BZA und den DGB-Gewerkschaften).
- § 4 des genannten Tarifvertrags ermöglicht den Aufbau von »Plusstunden«, die über die tariflichen vorgesehenen 35 Stunden pro Woche hinausgehen. Wird ein Leiharbeitnehmer an einem bestimmten Tag nicht »abgerufen«, wird sein Zeitguthaben um 7 Stunden verringert. So die auf den Tarif gestützte Praxis einer großen Verleihfirma (dazu Schüren, BB 2012, 1411).
- Erhält der Leiharbeitnehmer Übernachtungskosten oder Fahrgeld, weil der Weg in eine Richtung zwei Stunden überschreitet, so können die dafür aufgewandten Beträge vom Arbeitgeber unter Wahrung bestimmter Grenzen auf die Vergütung angerechnet werden (§ 8.6 des Tarifvertrags).

1172c Die niedrige Qualität der Tarifverträge wurde u. a. mit dem Argument erklärt, eine kleine (christliche) Minderheitsgewerkschaft habe einen **»Billigtarif«** geschlossen, der noch schlechtere Bedingungen enthalte.

Hätte man sich jedem Tarifabschluss verweigert, wäre in sämtlichen Arbeitsverträgen auf die »Christen«-Tarife verwiesen worden. Dies war jedoch wenig überzeugend, da die Tariffähigkeit der **CGZP** (= Christliche Gewerkschaft Zeitarbeit und Personalserviceagenturen, die »Tarifpartner« auf Bundesebene wurde) von Anfang an höchst zweifelhaft war (s. Böhm, DB 2003, 2598). In neuerer Zeit wurde sie zunächst vom ArbG Berlin (NZA 2009, 740, bestätigt durch LAG Berlin-Brandenburg) und dann vom BAG (NZA 2011, 289) rechtskräftig verneint. Für dieses Gerichtsverfahren war allerdings die Klagebereitschaft der Berliner Arbeitssenatorin nach § 97 Abs. 1 ArbGG entscheidend; die DGB-Gewerkschaften hatten jahrelang von ihrem Antragsrecht keinen Gebrauch gemacht. Kritiker vermuten, dass sie gegen die »Aufteilung« des Arbeitsmarkts nichts einzuwenden hatten: Die Reduzierung der Lohnkosten, die aus Gründen des internationalen Wettbewerbs als unvermeidbar angesehen wurde, konnte so von den eigenen Mitgliedern (die es unter Leiharbeitern kaum gab) eher ferngehalten werden (zur Interessenlage siehe auch Däubler, KJ 2003, 19 ff.).

In einer späteren Entscheidung stellte das BAG (NZA 2012, 623) ausdrücklich fest, dass die CGZP auch auf der Basis ihrer früheren Satzungen seit 2002, d. h. von Anfang an, nicht tariffähig war. Seine Rechtsprechung wurde vom BVerfG (10. 3. 2014 – 1 BvR 1104/11 – NZA 2014, 496) bestätigt.

Ob die bestehenden DGB-**Tarife** ihrerseits **wirksam** sind, ist rechtlich **1172d** höchst **zweifelhaft** (dazu Ulber, § 9 Rn. 268 ff.). Dies nicht deshalb, weil den tarifschließenden Gewerkschaften die Tariffähigkeit fehlen würde (dazu Thüsing-Mengel, § 9 Rn. 46). Sie ist als solche bei den fraglichen Organisationen unstrittig und erstreckt sich auch auf Bereiche, wo es an einer ausreichenden Verankerung in den Belegschaften fehlt (ErfK-Franzen, § 2 TVG Rn. 13). Problematisch ist vielmehr, dass von »**equal pay**« **und** »**equal treatment**« im Verhältnis zu den im Einsatzbetrieb tätigen Stammkräften **nichts mehr übrig** bleibt. Auch die Eingruppierung erfolgt ohne Rücksicht auf die Situation im Einsatzbetrieb. Die sonstigen Arbeitsbedingungen sind durchgehend schlechter als bei Stammarbeitskräften. Die im Jahre 2012 vereinbarten Branchenzuschläge verringern den Abstand nur für solche Leiharbeitnehmer, die entgegen dem statistischen Regelfall für längere Zeit im selben Betrieb tätig sind. Damit ist der Rahmen der gesetzlichen Ermächtigung für die Tarifparteien verlassen, die eine Anpassung an die spezifischen Bedingungen der Leiharbeit, nicht aber eine Beseitigung von tragenden Grundsätzen ermöglichen will (dazu auch Schüren/Behrend, NZA 2003, 521).

1172e Der 2011 eingefügte § 3 a AÜG sieht einen **Mindestlohn** vor – höflich als »Lohnuntergrenze« bezeichnet. Er wird ähnlich wie nach dem AEntG dadurch geschaffen, dass »Mindestlohntarife« für Leiharbeitnehmer für allgemeinverbindlich erklärt werden. Damit sind »Auswüchse« (etwa besonders schlechte Firmentarife) beseitigt; am Grundproblem ändert sich wenig.

21.2.5 Verhältnis zum Entleiher

1172f Zum Entleiher (d. h. also im »Arbeitsbetrieb«) besteht nach traditioneller Auffassung **kein Arbeitsverhältnis**. Allerdings gilt das dortige Arbeitsschutzrecht auch für den Leiharbeitnehmer (§ 11 Abs. 6 AÜG). Außerdem ist er berechtigt, die **Sprechstunde des Betriebsrats aufzusuchen** und an Betriebsversammlungen teilzunehmen (§ 14 Abs. 2 Satz 2 AÜG). Nach dem 2001 eingefügten § 7 Satz 2 BetrVG hat er **aktives Wahlrecht zum Betriebsrat**, wenn sein Einsatz für mehr als drei Monate vorgesehen ist, doch wird ihm das passive Wahlrecht weiterhin verweigert. Macht der Leiharbeitnehmer eine Erfindung, so kann sie der Inhaber des Entleiherbetriebs in Anspruch nehmen (§ 11 Abs. 7 AÜG). Außerdem hat der Leiharbeitnehmer nach dem 2011 eingeführten § 13 b AÜG Zugang zu den betrieblichen Gemeinschaftseinrichtungen wie Kantinen und Werksbusse, und zwar zu denselben Bedingungen wie die Stammkräfte. Insgesamt ergibt sich so das Bild eines »**geteilten**« Arbeitsverhältnisses; zum Entleiher bestehen vertragsähnliche Beziehungen (näher zum »partiellen Arbeitsverhältnis« Däubler, FS Buchner, 2009, S. 163ff.). Dies wird von der Rechtsprechung des EuGH (NZA 2010, 1225) bestätigt, wonach ein Betriebsübergang auch Leiharbeitnehmer erfasst, die in dem veräußerten Betrieb durch eine konzerninterne Verleihfirma eingesetzt wurden (zur Möglichkeit der Verallgemeinerung auf alle Leiharbeitnehmer ablehnend Bauer/v. Medem, NZA 2011, 20).

21.2.6 Sanktionen bei Rechtsverstößen, insbesondere bei Scheinwerkverträgen

1173 ▪ Wird den Vorgaben des AÜG zuwidergehandelt, so sind relativ scharfe **Sanktionen** vorgesehen. Wird beispielsweise der Gleichbehandlungsgrundsatz (oder ein an seine Stelle tretender wirksamer Tarifvertrag) nicht beachtet, so kann die Verleiherlaubnis versagt (§ 3

Abs. 1 Nr. 3 AÜG) oder widerrufen werden (§ 5 Abs. 1 Nr. 3 AÜG). Außerdem entsteht nach § 10 AÜG ein **Arbeitsverhältnis zum Entleiher,** wenn der Verleiher keine Erlaubnis besaß, wobei die in seinem Betrieb bestehenden Bedingungen zugrunde gelegt werden. Dies ist insbesondere bei wenig soliden Verleihern von Bedeutung.

Beispiel:
Der Arbeitgeber hat von einem Vermittler fünf Leute übernommen, ohne sich dessen Erlaubnis zeigen zu lassen. Nach zwei Wochen stellt sich heraus, dass es sich um einen »Schieber« handelte. Der Entleiher hat die fünf Arbeitskräfte am Hals, auch wenn er sie gar nicht auf Dauer benötigt. Eine Kündigung ist nur nach allgemeinen Grundsätzen möglich.

- Wird ein Arbeitnehmer einem Entleiher nicht nur vorübergehend, sondern **auf Dauer überlassen,** so ist dies nicht mehr von der Verleiherlaubnis gedeckt. Eigentlich müsste deshalb gleichfalls ein Arbeitsverhältnis zum Entleiher entstehen (so LAG Berlin-Brandenburg, AuR 2012, 103), doch ist das BAG dem nicht gefolgt. Es sei Sache des Gesetzgebers, hier für Abhilfe zu sorgen. Da die Tätigkeit aber gegen § 1 AÜG verstößt, kann der Betriebsrat nach § 99 Abs. 2 Nr. 1 BetrVG seine Zustimmung zum Einsatz des Leiharbeitnehmers verweigern (BAG 10. 7. 2013 – 7 ABR 91/11 – NZA 2013, 1296; zum Zustimmungsverweigerungsrecht des Betriebsrats s. Rn. 1174 b). **1173a**

Schließlich können in bestimmten Fällen Bußgelder und Strafen verhängt werden.

Bei den sog. **Scheinwerkverträgen** muss man unterscheiden. **1174**

- Der Verleiher hat keine Erlaubnis und spielt sich als selbständiger Unternehmer mit eigener Organisation auf, der den Einsatz seiner Arbeitskräfte in fremden Betrieben selbst steuert. In Wirklichkeit bestimmt aber der Entleiher, was die Arbeitskräfte zu tun haben. Hier entsteht ein **Arbeitsverhältnis zum Entleiher** (BAG, AuR 1984, 348). Allerdings ist es schwer zu beweisen, dass das Direktionsrecht tatsächlich beim Entleiher liegt (dazu Hamann, in: Schüren/Hamann, AÜG, § 1 Rn. 113 ff.).

Diese Umgehungsstrategie ist besonders wichtig im **Bausektor,** wo seit 1982 die Arbeitnehmerüberlassung grundsätzlich verboten ist (§ 1 b AÜG).

- Oft besitzt der Drittunternehmer eine Verleiherlaubnis, die er »auf Vorrat« oder »für alle Fälle« beantragt und erhalten hat (Schüren, NZA 2013, 176 verlangt die Abschaffung dieser Möglichkeit). In diesem Fall entsteht zwar kein Arbeitsverhältnis zum Einsatzbetrieb, aber es gelten der Equal pay- und der Equal treatment-Grundsatz, da nicht auf die Leiharbeitstarife verwiesen wird. Dies bringt erhebliche wirtschaftliche Belastungen für den Drittunternehmer mit sich.

21.2.7 Konzerninterne Leihe

1174a Das AÜG war unanwendbar, wenn es um eine konzerninterne Leihe von Arbeitskräften ging (§ 1 Abs. 3 Nr. 2 AÜG). Viele größere Firmen konnten sich so ihren **eigenen** »**Arbeitskräftepool**« schaffen. Einzige Grenze war der vorübergehende Charakter der Überlassung. Seit der Neufassung 2011 gilt die »Konzernausnahme« nur noch, wenn der Arbeitnehmer nicht zum Zwecke der Überlassung eingestellt und beschäftigt wird. Konzerninterne Verleihfirmen werden daher wie andere Verleiher behandelt und unterliegen dem AÜG.

Beispiel:
Ein großer Medienkonzern besitzt eine **Service-GmbH**, die alle Neueinstellungen abwickelt. Mit den Bewerbern wird vereinbart, dass sie auf Dauer an ein bestimmtes Konzernunternehmen »verliehen« werden. Was ihre Arbeitsbedingungen angeht, so wird auf die Leiharbeitstarife verwiesen. Die Beschäftigten erhalten noch einige »Zulagen«, so dass der Unterschied zu den bisher Beschäftigten nur 25 Prozent beträgt. Schöne heile Arbeitswelt … Folgt man dem LAG Berlin-Brandenburg (AuR 2013, 103), so liegt ein sog. institutioneller Rechtsmissbrauch vor. In Wahrheit handele es sich um Arbeitsvermittlung, so dass ein Arbeitsverhältnis zum »Entleiher« begründet werde.

In einem **Sonderfall** sind die Handlungsmöglichkeiten der konzerninternen Verleiher zusätzlich beschränkt worden. Wird ein Arbeitnehmer gekündigt oder auf andere Weise zu einer Auflösung seines Arbeitsverhältnisses veranlasst, so gelten zwingend das Equal pay- und das Equal treatment-Prinzip, wenn er innerhalb von sechs Monaten an sein bisheriges Unternehmen oder ein anderes Konzernunternehmen »zurückverliehen« wird. Das »**Drehtürmodell**« ist auf diese Weise wirtschaftlich uninteressant geworden und gehört deshalb der Vergangenheit an.

21.2.8 Einschaltung des Betriebsrats

Der **Betriebsrat** des Einsatzbetriebs hat bei der Einstellung von Leihar- **1174b**
beitnehmern ein **Zustimmungsverweigerungsrecht nach § 99 BetrVG**
(§ 14 Abs. 3 AÜG). Er kann sein Veto beispielsweise darauf stützen, dass
durch den häufigen Einsatz von Leiharbeitnehmern die bisher im Betrieb
Beschäftigten vermeidbare Nachteile erleiden, weil sie immer wieder
neue Arbeitskräfte über innerbetriebliche Arbeitsabläufe und Gefahren
informieren müssen (§ 99 Abs. 2 Nr. 3 BetrVG). Die Verletzung des
Equal pay-Grundsatzes ist nicht als ausreichender Grund anerkannt, da
nur die Rechtswidrigkeit der Beschäftigung als solcher, nicht aber die ihrer Bedingungen vom Betriebsrat gerügt werden könne. Allerdings kann
der Betriebsrat einer **auf Dauer** bestimmten Arbeitnehmerüberlassung
die Zustimmung versagen, da sie **gesetzwidrig** ist (BAG 10.7.2013 –
7 ABR 91/11 – NZA 2013, 1296); dies gilt auch dann, wenn die Überlassung vor dem 1.12.2011 erfolgte (BAG, a.a.O.). Werden Leiharbeitnehmer mit **Daueraufgaben** betraut, ohne dass es dort einen (zu vertre-
tenden) Stelleninhaber gibt, so stellt dies gleichfalls eine unerlaubte
Dauerüberlassung dar (so nunmehr auch BAG 30.9.2014 – 1 ABR
79/12 – NZA 2015, 240). Dies gilt auch dann, wenn der Arbeitsvertrag
des Leiharbeitnehmers befristet ist (LAG Berlin-Brandenburg, AuR
2013, 103).

Will der Arbeitgeber eine freie Stelle mit einem Leiharbeitnehmer be- **1174c**
setzen, so kann der Betriebsrat gleichwohl eine **innerbetriebliche Ausschreibung** nach § 93 BetrVG verlangen (BAG, NZA 2011, 703). Will
der Arbeitgeber für bestimmte Arbeitsplätze oder gar Tätigkeitsbereiche
nur noch Leiharbeitnehmer einstellen, so stellt dies ein **Einstellungskri-
terium** dar, das nach § 95 Abs. 1 BetrVG nur mit Zustimmung des Betriebsrats praktiziert werden darf. Daneben stehen dem Betriebsrat zahlreiche **Mitbestimmungsrechte nach § 87 Abs. 1 BetrVG** auch in Bezug
auf die im Betrieb eingesetzten Leiharbeitnehmer zu. Dies gilt etwa für
Beginn und Ende der täglichen Arbeitszeit und für technische Überwa-
chungsmaßnahmen (eingehend Klebe, in: DKKW, § 87 Rn. 8).

21.3 Fremdfirmenleute – Arbeit auf der Grundlage eines Werkvertrags

1174d Angesichts der geschilderten Entwicklungen wird die **Leiharbeit** für die Unternehmen **(etwas) teurer** als zuvor. Dies kann es nahelegen, nach einem Ersatz zu suchen: Hier bietet sich die Ausgliederung bestimmter Arbeitsbereiche an einen Drittunternehmer (»**Outsourcing**«) an, der auf der Grundlage eines Werkvertrags (manchmal auch eines Dienstvertrags) tätig wird (vgl. auch Iwanowski, AiB-plus 3/2011, S. 8). Die wichtigsten »Vorteile«:

- Werkvertragsarbeit sieht sich anders als Leiharbeit keiner öffentlichen Kritik ausgesetzt, auch wenn der Drittunternehmer weniger als die Leiharbeitstarife bezahlt.

- Das AÜG ist nicht anwendbar. Es drohen daher kein »equal pay« und kein »equal treatment«; auch von einer spezifischen »Lohnuntergrenze« wie nach § 3 a AÜG ist nirgends die Rede. Es gilt lediglich der allgemeine gesetzliche Mindestlohn.

- Der Betriebsrat ist nach § 99 BetrVG nicht zu beteiligen, da keine »Einstellung« vorliegt. Auch sind Mitbestimmungsrechte nach § 87 Abs. 1 BetrVG bislang nicht ausreichend anerkannt (dazu Karthaus/Klebe, NZA 2012, 417 ff.).

1174e **Gegenmaßnahmen** sind denkbar. Die Betriebsverfassung bietet allerdings nur bescheidene Ansatzpunkte (s. aber Karthaus/Klebe, NZA 2012, 417). Auf freiwilliger Grundlage könnte sicherlich der Einsatz von Fremdfirmenleuten quantitativ beschränkt werden, wie man dies zum Teil in Großbetrieben erreicht hat. Im Übrigen ist die **Tarifpolitik** gefragt. Bekannt geworden ist ein Tarifvertrag mit der **Meyer-Werft** in Papenburg, der Mindestbedingungen für Werkvertragsarbeitnehmer festsetzte (Herrmann, AiB 5/2015, S. 55). Doch man kann weitergehend fragen: Verstößt es nicht gegen die mit jedem Tarifvertrag verbundene **Durchführungspflicht**, wenn der Arbeitgeber bestimmte Bereiche ausgliedert und so den Anwendungsbereich des Tarifvertrags schmälert? Entsprechendes hatte das BAG (AP Nr. 29 zu Internationales Privatrecht Arbeitsrecht) im Fall des **Goethe-Instituts in Mexiko** angenommen, das seine Beschäftigten auf eine Gesellschaft mexikanischen Rechts überführt und so dem mit der GEW geschlossenen Tarifvertrag entzogen hatte. Dies war rechtswidrig und verpflichtete das Goethe-Institut dazu, seine Tochtergesellschaft zur Gewährung der tariflichen Bedingungen zu veranlassen. Warum sollte dies nicht generell gelten? Soweit tarifliche Lösungen nicht möglich sind, ist der **Gesetzgeber** gefragt. Er könnte eine

Regel aufstellen, wonach bei der Auslagerung von Aufgaben die Arbeitsbedingungen der betroffenen Arbeitnehmer nicht schlechter als bisher sein dürfen. Ähnliche Überlegungen sind in den Gesetzentwürfen der Fraktion DIE LINKE (BT-Drucksache 17/12373) und der SPD enthalten. Der Koalitionsvertrag der aktuellen Regierung sieht in sehr allgemeiner Formulierung eine gesetzliche Regelung vor, die voraussichtlich nicht über ein Informationsrecht des Betriebsrats hinausgehen wird.

21.4 Schwarzarbeit und »Schattenwirtschaft«

Rund acht Prozent des Bruttosozialprodukts sollen in der (alten) Bundesrepublik mit Hilfe von Schwarzarbeit erzeugt worden sein. In Italien und Portugal wird der Anteil auf 20 Prozent, in der früheren Sowjetunion wurde er auf 40 Prozent geschätzt. Im Einzelnen geht es um verschiedene Phänomene. **1175**

21.4.1 Schwarzarbeit im Rechtssinne

Das »Gesetz zur Bekämpfung der Schwarzarbeit und illegaler Beschäftigung« vom 23.7.2004 (BGBl. I S. 1842) unterscheidet in § 1 Abs. 2 verschiedene Fälle: **1176**

- Der Arbeitende kommt einer **Anzeigepflicht gegenüber der Bundesagentur für Arbeit** nicht nach. Dies betrifft insbesondere Arbeitslose, die neben dem Arbeitslosengeld Einkünfte aus selbständiger oder unselbständiger Tätigkeit erzielen.
- Pflichten gegenüber den Finanzbehörden (z.B. Abführung von Lohnsteuer) werden nicht erfüllt.
- Der Betreffende verletzt die Pflicht, den **Beginn seines Gewerbes anzuzeigen** oder eine sog. Reisegewerbekarte nach § 55 GewO zu erwerben.

Beispiel:
Aus einer gelegentlichen Vermittlungstätigkeit wird ein Versicherungsbüro.

- Der Betreffende übt ein Handwerk aus, **ohne in die Handwerksrolle eingetragen zu sein.** Dies dürfte der wichtigste Fall sein. Ein Arbeitnehmer erbringt z.B. in der Freizeit Dienstleistungen als Maurer, Zimmermann, Fernsehtechniker oder Kfz-Mechaniker. Erlaubt ist

519

dies nur dann, wenn es für den Eigenbedarf oder im Rahmen von Nachbarschaftshilfe geschieht.

1177 Die im Schwarzarbeitsgesetz vorgesehenen rechtlichen Handhaben sind 1994 verschärft worden. Geldbußen können bis zu einer Höhe von 100 000 Euro verhängt werden; Voraussetzung ist lediglich, dass »Dienst- oder Werkleistungen in erheblichem Umfange« erbracht wurden. Wichtig ist weiter, dass der erwischte und verurteilte Täter unter bestimmten Voraussetzungen für die Dauer von zwei Jahren von allen öffentlichen Aufträgen ausgeschlossen ist. Außerdem droht ggf. ein Strafverfahren wegen Nichtbezahlung von Sozialabgaben (§ 266a StGB) und Steuern (§ 310 AO).

21.4.2 Sonstige Formen illegaler Beschäftigung

1178 »Schwarzarbeit« im landläufigen Sinne liegt nicht nur dann vor, wenn die Voraussetzungen des »Schwarzarbeitsgesetzes« erfüllt sind. Zwei andere Fälle kommen relativ häufig vor:

- Der **Einsatz** des Arbeitnehmers **verstößt gegen Arbeitsschutzrecht.**

Beispiel:
Schwangere oder Jugendliche werden mit Akkordarbeit beschäftigt.

- **Ausländische Arbeitnehmer,** die nicht unter die EU-Freizügigkeitsregeln fallen, **werden ohne Aufenthaltserlaubnis beschäftigt.**

Einzelheiten finden sich im Gesetz über den Aufenthalt, die Erwerbstätigkeit und die Integration von Ausländern im Bundesgebiet vom 30. Juli 2004 (BGBl. I S. 1950 – »Aufenthaltsgesetz«) – abgedruckt einschließlich der auf seiner Grundlage erlassenen Verordnungen bei Kittner, Arbeits- und Sozialordnung, Nr. 9.

21.4.3 Behandlung der illegalen Arbeit

1179 Die illegale Arbeit macht das Arbeitsverhältnis nicht als solches unwirksam: Jedenfalls **für die Vergangenheit** ist es grundsätzlich **wie ein korrektes Arbeitsverhältnis** zu behandeln. Eine »**Schwarzgeldabrede**«, wonach weder Steuern noch Sozialabgaben gezahlt werden sollen, ändert nichts an dem vereinbarten Entgelt, das als normaler Bruttolohn behandelt wird (BAG, NZA 2004, 313). Der Arbeitgeber bleibt also zur Abführung von Steuern und Sozialabgaben verpflichtet.

Die damit zusammenhängenden Fragen sind unter dem Stichwort des »fehlerhaften« oder »faktischen« **Arbeitsverhältnisses** viel erörtert worden. Auch der illegal hier arbeitende Ausländer hat Anspruch auf die vereinbarte Vergütung. Liegt diese unter 8,50 Euro oder ist sie sittenwidrig, so ist nach § 612 Abs. 2 BGB eine angemessene Vergütung zu bezahlen.

> Zu dieser s. die Nachweise bei Däubler, Das Arbeitsrecht 2, Rn. 162 ff.

Der Arbeitgeber ist rechtlich verpflichtet, den Gesetzesverstoß umgehend zu beseitigen. Der Arbeitnehmer kann deshalb z. B. verlangen, auf einem Arbeitsplatz beschäftigt zu werden, wo kein Konflikt mit dem Arbeitsschutzrecht entsteht. Lässt sich das Hindernis nicht beseitigen,

Beispiel:
Der Ausländer erhält auf absehbare Zeit keine Aufenthaltserlaubnis.

ist eine ordentliche Kündigung möglich (BAG, NJW 1977, 1023). Allerdings kann der Arbeitgeber zum Schadensersatz verpflichtet sein, wenn es an ihm liegt, dass das Arbeitsverhältnis nicht zu einem legalen wurde.

Wer **als formal Selbständiger** Schwarzarbeit leistet, hat wegen der Unwirksamkeit des Vertrags keinen Entgeltanspruch. Der BGH (10. 4. 2014 – VII ZR 241/13 – DB 2014, 1131) verweigert ihm sogar einen Anspruch auf Ausgleich der Vermögensmehrung, die der Leistungsempfänger definitiv erfahren hat (Bereicherungsanspruch). Das macht diese Form von Arbeit zusätzlich unattraktiv; vor Erbringung der Leistung zu bezahlen, wird dem Auftraggeber eher fern liegen.

21.4.4 Die legalen Teile des so genannten informellen Sektors

Als »Schattenwirtschaft« werden üblicherweise alle diejenigen wirtschaftlichen Vorgänge bezeichnet, die nicht in die volkswirtschaftliche Gesamtrechnung einbezogen sind. Dies ist bei allen bisher genannten illegalen Tätigkeiten der Fall. Dazu kommen jedoch Eigenleistungen (der Mieter renoviert die Wohnung) sowie Arbeiten, die auf Gefälligkeit oder **Nachbarschaftshilfe** beruhen. Auch sie werden zwar nicht »offiziell« erfasst, verdienen jedoch nicht die leicht abwertende Qualifizierung als Teil der Schattenwirtschaft. § 1 Abs. 3 des Schwarzarbeitsgesetzes nimmt sie ausdrücklich aus. Sachgerechter erscheint es deshalb, von »informellem Sektor« zu reden.

1180

1181   Ob in diesem Bereich überhaupt Rechtsnormen zur Anwendung kommen, erscheint zweifelhaft; die Beteiligten wollen im Regelfall ja gerade keine vertraglichen Bindungen.

Beispiel:

Der auf dem Dorf wohnende Arbeiter A. baut in seiner Freizeit zusammen mit sechs Freunden ein Einfamilienhaus. Man trifft sich zweimal die Woche nach Feierabend sowie am Samstag früh um sieben Uhr. Der Bauherr sorgt für Essen und Getränke, mehr wird von niemandem erwartet. Bleibt Freund F. eines Samstag morgens zu Hause, verursacht dies Enttäuschung, jedoch keine Schadensersatzpflichten.

Wird durch unsachgemäßen Umgang eine Baumaschine beschädigt, kommt allerdings eine **Haftung auf Schadensersatz** in Betracht, doch wird man die Grundsätze über die Arbeitnehmerhaftung (oben Kap. 8 – Rn. 532 ff.) entsprechend anwenden können.

1182   Außerhalb des Arbeitsrechts und der Berechnungsbasis für das Bruttosozialprodukt liegen weiter zwei ganz wichtige Tätigkeiten, ohne die die Gesellschaft nicht existieren könnte.

- Zum einen ist die Tätigkeit im Haushalt, insbesondere die **Kindererziehung,** »**Arbeit**« in einem sehr konkreten Sinne. Sie dient nur nicht unmittelbar dem Erwerb; die einzuhaltenden Regeln bestimmen sich nach dem Familienrecht. Einzelheiten bei **Lenze,** Hausfrauenarbeit. Kritische Analyse und rechtliche Bewertung, Baden-Baden 1989 sowie bei **Däubler,** BGB kompakt, 2. Aufl., München 2003, Kap. 37 Rn. 43 ff.

- Ohne **ehrenamtliche Tätigkeiten** bei karitativen Einrichtungen, Vereinen, Gewerkschaften und Parteien würden viele Dinge nicht existieren, die zum Alltagsleben gehören. Insbesondere alte Menschen sind oft auf die Arbeit ehrenamtlicher Helfer angewiesen. Der langsame Rückgang dieses Bereichs, in dem das marktwirtschaftliche »Mehr-Haben-Wollen« so gut wie keine Rolle spielt, gibt zu Beunruhigung Anlass. Zumindest einen Teil dessen, was heute mit ehrenamtlichen Kräften bewältigt wird, müsste in der Zukunft die öffentliche Hand übernehmen, was erhebliche Kosten verursachen würde.

1183 Die für die ehrenamtliche Tätigkeit geltenden rechtlichen und sozialen Regeln sind nicht zusammenhängend aufgearbeitet. Wenigstens wendet der Bundesgerichtshof (DB 1984, 558) bei Schadensfällen die Grundsätze über die Arbeitnehmerhaftung entsprechend an.

21.5 Weiterführende Literatur

Schüren/Hamann (Hrsg.), Arbeitnehmerüberlassungsgesetz. Kommen- **1184**
tar, 4. Aufl., München 2010 (bearbeitet von Brors, Hamann, Riederer
v. Paar, Schüren und Stracke);
Boemke/Lembke, Arbeitnehmerüberlassungsgesetz, 3. Aufl., Heidel-
berg 2013;
Thüsing (Hrsg.), Arbeitnehmerüberlassungsgesetz. Kommentar, 3. Aufl.,
München 2012;
Ulber J. (Hrsg.), Arbeitnehmerüberlassungsgesetz, Kommentar für die
Praxis, 4. Aufl., Frankfurt/Main 2012;
ders., Arbeitnehmerüberlassungsgesetz, Basiskommentar, 2. Aufl.,
Frankfurt/Main 2013.

Zur Schwarzarbeit siehe insbesondere
Fischer-Lescano/Kocher/Nassibi (Hrsg.), Arbeit in der Illegalität. Die
Rechte von Menschen ohne Aufenthaltspapiere, Frankfurt/New York
2012.

Von Interesse die journalistischen Darstellungen bei
Burgdorff (Hrsg.), Wirtschaft im Untergrund, Reinbek 1983.
Siehe weiter **Koberski/Asshoff/Hold**, Arbeitnehmer-Entsendegesetz.
Kommentar, 3. Aufl., München 2011 und **Rittweger**, Leitfaden Mini-
Job, Ich-AG und Wir-AG, 2. Aufl., München 2005.

22. Sonderregeln für die Beschäftigten des öffentlichen Dienstes

22.1 Was heißt »öffentlicher Dienst«?

1185 Der »öffentliche Dienst« umfasst alle diejenigen Personen, die zum Bund, zu einem Land, einem Landkreis oder einer Kommune in einem Beschäftigungsverhältnis stehen. Gleichgestellt ist, wer für eine öffentlich-rechtliche Körperschaft, Anstalt oder Stiftung arbeitet.

> Zum öffentlichen Dienst zählen die Beschäftigten der Deutschen Bundesbank ebenso wie die Mitarbeiter der Bundesagentur für Arbeit oder der kommunalen Müllabfuhr.

1186 Die »öffentlichen Bediensteten« sind in **zwei Gruppen** aufgeteilt: Auf der einen Seite stehen **Arbeitnehmer** (früher bestehend aus Arbeitern und Angestellten), die dem allgemeinen Arbeitsrecht (sowie einigen wichtigen Tarifverträgen) unterliegen. Auf der anderen Seite stehen **Beamte** mit einem gesetzlich geregelten Sonderstatus, die keinen »Arbeitgeber«, sondern einen »Dienstherrn« besitzen. Als betriebliche Interessenvertretung gibt es für den gesamten öffentlichen Dienst, also für beide Gruppen, »**Personalräte**«, keine Betriebsräte.

Privatrechtlich organisierte Unternehmen gehören auch dann nicht zum öffentlichen Dienst, wenn sie zu 100 Prozent dem Staat, einer Gemeinde usw. gehören.

Beispiel:
Eine kommunale Versorgungs-AG, eine kommunale Verkehrs-GmbH.

Sie werden wie gewöhnliche Privatunternehmen behandelt, so dass ein Betriebsrat zu wählen ist, doch unterliegen sie meist den für die öffentliche Hand abgeschlossenen Tarifverträgen. Sog. Regiebetriebe ohne eigene Rechtspersönlichkeit gehören wiederum unmittelbar zum öffentlichen Dienst.

> Eine Stadt entscheidet selbst, ob sie den Betrieb von Bussen und Straßenbahnen einer GmbH überträgt oder ob sie sie in »Eigenregie« betreibt.

22.2 Die Besonderheiten des Beamtenrechts

Etwa 40 Prozent der öffentlichen Bediensteten sind **Beamte**. Die Ab- **1187**
grenzung zu den Arbeitnehmern ist eine rein formale: Beamter ist, wer
unter Aushändigung der vorgeschriebenen Urkunde zum Beamten ernannt worden ist. Auf vielen Funktionen können sowohl Arbeitnehmer
wie auch Beamte eingesetzt werden.

22.2.1 Wonach bestimmt sich die Rechtsstellung des Beamten?

Der Beamte unterliegt einem Sonderstatus, der durch Gesetz und die **1188**
Rechtsprechung des Bundesverfassungsgerichts bestimmt ist, die sich
auf Art. 33 GG stützt. Beamtentarifverträge haben bisher noch keine
rechtliche Anerkennung gefunden, doch dürfte sich daran mit Rücksicht
auf die Rechtsprechung des EGMR (unten Rn. 1193) in absehbarer Zeit
einiges ändern.

(1) Die gesetzliche Regelung des Beamtenrechts ist zersplittert. Für
die Bundesbeamten gilt das **Bundesbeamtengesetz** (BBG) von 1953, für
die Beamten der Länder und Gemeinden das **Beamtenstatusgesetz (Be-
amtStG)** von 2008, das an die Stelle des **Beamtenrechtsrahmengesetzes**
von 1957 getreten ist und das durch die Landesbeamtengesetze ausgefüllt und ergänzt wird.

(2) Weitere wesentliche Rechtsquelle sind die vom Bundesverfas- **1189**
sungsgericht auf der Grundlage des Art. 33 GG entwickelten Prinzipien.
Dazu zählt nicht nur der freie Zugang zu allen öffentlichen Ämtern nach
Art. 33 Abs. 2 und 3 GG und die Treuepflicht nach Art. 33 Abs. 4 GG.
Einbezogen sind vielmehr auch zahlreiche »**hergebrachte Grundsätze
des Berufsbeamtentums**« im Sinne des Art. 33 Abs. 5 GG, die nach der
Rechtsprechung des Bundesverfassungsgerichts in ihrer Mehrzahl die
Wirkung eines unmittelbar geltenden Verfassungsrechtssatzes haben. Sie
sind daher für das konkrete Beamtenverhältnis maßgebend. Werden sie
verletzt, kann dies der einzelne Beamte vor dem Verwaltungsgericht und
in letzter Instanz mit der **Verfassungsbeschwerde** beim BVerfG rügen
(BVerfGE 43, 154, 167). Dies wurde etwa für den Anspruch auf ein amts-
angemessenes Gehalt (BVerfGE 8, 1, 16), für den Anspruch auf eine
»amtsangemessene Amtsbezeichnung« (BVerfGE 38, 1, 12) und für das
Recht auf Erfüllung der Fürsorgepflicht bejaht (BVerfGE 43, 154,
167 f.). Im Ergebnis bedeutet dies, dass das **BVerfG** die Funktion eines
Superrevisionsgerichts in Beamtensachen einnimmt. Wenn es zu dem Er-

gebnis kommt, eine Vorschrift des Beamtenrechts oder eine Maßnahme des Dienstherrn weiche in unangemessener Weise vom Hergebrachten ab, kann es sie jederzeit aufheben. Über das geschriebene Beamtenrecht wird so eine zweite Schicht von »**Verfassungsbeamtenrecht**« gelegt. Dies lässt sich mit der zurückhaltenden Formulierung des Art. 33 Abs. 5 GG (»zu berücksichtigen«) an sich nicht vereinbaren, zumal es seit dem 52. Gesetz zur Änderung des Grundgesetzes v. 28.8.2006 (BGBl. I S. 2034) in Art. 33 Abs. 5 heißt, das Recht des öffentlichen Dienstes sei »unter Berücksichtigung der hergebrachten Grundsätze ...« zu regeln »und fortzuentwickeln«. Faktisch wirkt sich die Rechtsprechung des BVerfG als weitreichender Bestandsschutz für das Beamtentum als solches wie für die Rechte des einzelnen Beamten aus.

22.2.2 Einige inhaltliche Charakteristika

1190 Das Beamtenverhältnis wird durch Verwaltungsakt, nicht durch Vertrag begründet. Der Bewerber muss Deutscher sein; bei Positionen, die nicht zum »Kernbereich« der Hoheitsgewalt zählen, reicht auch die Staatsangehörigkeit eines anderen Mitgliedstaats der Europäischen Union aus.

Der Beamte schuldet »**volle Hingabe**« bei der Erfüllung seiner Aufgaben; Nebentätigkeiten sind deshalb grundsätzlich genehmigungspflichtig. Obwohl auch für den Beamten grundsätzlich eine Wochenarbeitszeit zwischen 38,5 und 41 Stunden gilt, ist er zu **unentgeltlichen Überstunden** verpflichtet, »wenn zwingende dienstliche Verhältnisse dies erfordern und sich die Mehrarbeit auf Ausnahmefälle beschränkt«. Übersteigt eine dienstlich angeordnete oder genehmigte Mehrarbeit fünf Stunden im Monat, so ist innerhalb von drei Monaten ein entsprechender Freizeitausgleich zu gewähren. Eine finanzielle Abgeltung kommt nur in Betracht, wenn der Gewährung von Freizeit zwingende dienstliche Gründe entgegenstehen.

1191 Der Beamte muss sich **bei politischer Betätigung** »Mäßigung und Zurückhaltung« auferlegen und sich überdies jederzeit zur freiheitlich-demokratischen Grundordnung bekennen. In der Vergangenheit wurde dies dann verneint, wenn ein Beamter sich für die DKP betätigte, insbesondere für sie zu Kommunal- oder Landtagswahlen kandidierte. Auf internationaler Ebene **hat sich die Bundesregierung** damit **eine blutige Nase geholt.** Der **Sachverständigenausschuss der ILO** hat die Bundesrepublik schon vor 30 Jahren aus diesem Anlass gerügt (Däubler, PersR 1984, 83), ein speziell für diese Problematik eingesetzter Untersuchungsausschuss der ILO hat noch deutlichere Worte der Missbilligung gefunden (dazu Bobke, AiB 1988, 234). Eine »Sonderloyalität« dürfe nur von Trägern bestimmter wichtiger Funktionen, nicht von einer nach dem »Status« bestimmten Personengruppe verlangt werden. Zum zweiten ist durch politisch bedingte Entlassungen auch das Grundrecht der Meinungsfreiheit nach Art. 10 EMRK verletzt worden. Der **Europäische Gerichtshof für Menschenrechte** hat dies im Fall Dorothea Vogt 1995 ausdrücklich bestätigt (EuGRZ 1995, 590).

Gewissermaßen als Ausgleich für den gesteigerten Pflichtenstatus besitzt der Beamte ein hohes Maß an **Existenzsicherheit**. Er ist typischerweise auf »Lebenszeit« ernannt, so dass er vor Erreichen der Altersgrenze nur wegen schwerer Pflichtverletzungen »aus dem Dienst entfernt« werden kann. Er erfährt außerdem eine Vorzugsbehandlung bei der Altersversorgung, da bei normaler Laufbahn ein Pensionsanspruch in Höhe von 75 Prozent der aktiven Bezüge erreicht wurde, der allerdings einem Abschmelzungsprozess in Richtung auf 70 Prozent unterliegt. Beiträge zur Sozialversicherung sind nicht zu entrichten; im Krankheitsfall besteht ein Anspruch auf Gehaltsfortzahlung, der erst endet, wenn der Beamte wegen Dienstunfähigkeit in den vorzeitigen Ruhestand versetzt wird. Im Wege der sog. Beihilfe beteiligt sich der Staat mit 50 bis 80 Prozent an den Krankheitskosten, wobei der konkrete Prozentsatz von der Zahl der unterhaltsberechtigten Personen abhängt. Für die verbleibende Lücke muss eine private Krankenversicherung abgeschlossen werden. **1192**

Nach herrschender Auffassung dürfen **Beamte nicht streiken** (Kritik bereits bei Däubler, Der Streik im öffentlichen Dienst, 2. Aufl., Tübingen 1971). Der Europäische Gerichtshof für Menschenrechte (**EGMR**) hat in zwei neueren Urteilen in Bezug auf türkische Beamte ein generelles Streikverbot als Verstoß gegen die Europäische Menschenrechtskonvention angesehen (EGMR, AuR 2009, 269 und AuR 2009, 274, bestätigt durch die drei in AuR 2011, 303 wiedergegebenen Entscheidungen), da die Koalitionsfreiheit ihres Art. 11 auch Beamte erfasse und grundsätzlich allen Beschäftigten ein **Recht auf Tarifverhandlungen und Streik** gewähre (näher Lörcher, AuR 2009, 229ff.). Das Grundgesetz ist ebenso wie das Beamtenrecht »konventionskonform« zu interpretieren, was zur Folge haben müsste, dass ein hergebrachtes Streikverbot (zur Zweifelhaftigkeit dieser Rechtsfigur s. Däubler-Hensche, Arbeitskampfrecht, § 18 a Rn. 27ff.) eben nicht mehr im Sinne des Art. 33 Abs. 5 GG zu berücksichtigen wäre (so im Ergebnis VG Kassel, AuR 2012, 36 mit Anm. Buschmann). Das **VG Düsseldorf** (AuR 2011, 74 mit Anm. Löber) ist einen etwas anderen Weg gegangen: Das Streikverbot als solches **1193** bleibe als »eindeutig« bestehen, doch könne die Ermächtigung zur Verhängung von Disziplinarsanktionen in der Weise konventionskonform ausgelegt werden, dass keine Sanktionen möglich seien. Dies führt zu dem pragmatischen Ergebnis: »Beamte dürfen nicht streiken, aber wenn sie es dennoch tun, passiert nichts.« Das **OVG Münster** (NVwZ 2012, 890 = ZBR 2012, 170) hat diese Entscheidung aufgehoben und ist zu einer denkbar konservativen Position zurückgekehrt, die das Streikverbot auch gegenüber völkerrechtlichen Einflüssen immunisiert (dazu Däubler, FS Lörcher, S. 275 ff.). Die Revision gegen dieses Urteil musste mit Hilfe einer Nichtzulassungsbeschwerde erstritten werden (BVerwG, AuR 2013, 104). Das **BVerwG** (AuR 2014, 431 ff.) vertrat die Auffassung, bei Beamten, die wie z. B. Lehrer keine hoheitlichen Aufgaben zu erfüllen hätten, liege ein Widerspruch zwischen der EMRK und dem GG vor, den nur der Gesetzgeber auflösen könne. Bei der Besoldung müsse allerdings die Gehaltsentwicklung der Arbeitnehmer des öffentlichen Dienstes verstärkt berücksichtigt werden. Dagegen hat die betroffene Lehrerin Verfassungsbeschwerde eingelegt; möglicherweise wird eine Endentscheidung erst beim EGMR in Straßburg fallen (vgl. Kutscha, AuR 2014, 408). Seine Entscheidungen haben sich außerdem für die **Existenz von Kollektivvereinbarungen** ausgesprochen. Auch wenn sie nicht notwendigerweise die Form eines Tarifvertrags nach dem TVG annehmen müssen (näher Däubler [Hrsg.], TVG, 3. Aufl. 2012, Einl. Rn. 161 a, 886 a ff.), reichern sie doch das Beamtenrecht mit einem wichtigen vertraglichen Element an. Schon bisher war wenigstens der Einsatz von **Beamten als Streikbrecher** bei einem Arbeitskampf der Arbeitnehmer des öffentlichen Dienstes ausgeschlossen (BVerfG, DB 1993, 837). Dies gilt auch dann, wenn die Beamten zu einem solchen Verhalten nicht verpflichtet werden; auch eine unverbindliche Empfehlung des Dienstherrn/Arbeitgebers würde einen Eingriff in das subjektive Recht auf Streik darstellen (näher Däubler AuR 2011, 388).

22.3 Das Recht der Arbeitnehmer des öffentlichen Dienstes

1194 Wer als Arbeitnehmer im öffentlichen Dienst beschäftigt ist, untersteht **uneingeschränkt** dem **Arbeitsrecht**. Die Tarifautonomie ist auch in diesem Bereich voll gewährleistet (BVerfG, DB 1993, 837), das Streikrecht jedenfalls im Rahmen von Tarifrunden anerkannt.

Die für Arbeitnehmer des öffentlichen Dienstes geltenden **Tarifver-** **1195**
träge haben eine Reihe beamtenrechtlicher Grundsätze übernommen
und so ein relativ hohes Schutzniveau gesichert. Die **Entgeltfortzahlung**
im Krankheitsfall ist beispielsweise erheblich günstiger als im Gesetz
geregelt. Nach dreijähriger Dienstzeit wird gemäß § 22 Abs. 3 TVöD ein
Krankengeldzuschuss für einen Zeitraum von bis zu 39 Wochen gewährt,
der die Differenz des Krankengeldes zum Nettoentgelt ausgleicht. Die
sog. **Zusatzversorgung** macht es auch den Arbeitnehmern möglich, eine
beamtenähnliche Altersversorgung zu erreichen. Die größte Bedeutung
hat die (allerdings auf die alten Bundesländer beschränkte) **Unkündbar-**
keit: Wer 15 Jahre lang dem öffentlichen Dienst angehört und das 40.
Lebensjahr vollendet hat, kann nur noch aus wichtigem Grund gekündigt werden (§ 34 Abs. 2 TVöD). Darüber hinaus bestand nach § 55
BAT die weitere Einschränkung, dass der »wichtige Grund« nur in der
Person oder im Verhalten des Arbeitnehmers liegen konnte. Betriebliche,
aus der Sphäre des öffentlichen Arbeitgebers kommende Ursachen
konnten nur zu einer Änderungskündigung mit dem Ziel der Herabgruppierung um eine Vergütungsgruppe führen. Der TVöD hat diese
sog. qualifizierte Unkündbarkeit nach § 34 Abs. 2 Satz 2 nur noch für
diejenigen aufrechterhalten, die sie bei seinem Inkrafttreten bereits erreicht hatten.

22.4 Personalvertretungsrecht

Dass der öffentliche Dienst nicht in die Betriebsverfassung einbezogen **1196**
ist, stellt keine Naturnotwendigkeit dar; die »Zweigleisigkeit« der Interessenvertretung besteht erst seit dem BetrVG 1952.
Das Personalvertretungsrecht ist ähnlich **zersplittert** wie das Beamtenrecht: Für die Bundesverwaltung gilt das BPersVG 1974, für die Verwaltung in den Ländern und Gemeinden das jeweilige Landespersonalver-
tretungsrecht. Seit der Föderalismusreform können die Länder jederzeit
von den Rahmenvorschriften der §§ 94 ff. BPersVG abweichen, was einen interessanten Experimentierspielraum eröffnet. Inhaltlich ergeben
sich einige Abweichungen von der Rechtsstellung des Betriebsrats. Der
allgemeine Handlungsrahmen des Personalrats ist noch stärker durch
den **Gedanken der Sozialpartnerschaft** bestimmt.
- Die **Friedenspflicht** erstreckt sich nach § 66 Abs. 2 Satz 1 BPersVG **1197**
  auf alle Handlungen, die »geeignet« sind, die Arbeit und den Frieden

der Dienststelle zu beeinträchtigen, während § 74 Abs. 2 BetrVG lediglich »Beeinträchtigungen« als solche verbietet.

■ Die Trennung in die **Gruppen** der Arbeitnehmer und der Beamten ist sehr stark ausgeprägt und erschwert ein einheitliches Vorgehen.

1198 ■ Die **Gewerkschaft** hat **keine Kontrollrechte** gegenüber dem Gegenspieler des Personalrats. Während sie nach den §§ 23 Abs. 3, 119, 121 BetrVG beim Gericht beantragen kann, dass Verletzungen des BetrVG durch den Arbeitgeber mit Zwangsgeld, Geldbußen oder Strafen geahndet werden, ist Vergleichbares im Personalvertretungsrecht überhaupt nicht vorgesehen. Auch verbietet § 3 BPersVG ausdrücklich jede tarifliche Veränderung der Personalvertretung, insbesondere jede Erweiterung der Personalratsbefugnisse. Die **gewerkschaftliche Betätigung von Personalratsmitgliedern** war häufig Gegenstand restriktiver Entscheidungen der Verwaltungsgerichte.

Beispiel:
Auf einer Konferenz der Gewerkschaft der Polizei (GdP) wird die Abberufung eines BGS-Kommandeurs gefordert. Zwei BGS-Personalratsmitglieder stimmen durch Handaufheben zu. Der hessische Verwaltungsgerichtshof (VGH) ordnet den Ausschluss aus dem Personalrat an (dazu Plander, PersR 1989, 59).

1199 ■ Die **Mitbestimmungsrechte** des Personalrats reichen aufs Ganze gesehen im BPersVG weniger weit als die des Betriebsrats. Ihrem Gegenstand nach sind sie zwar relativ weit formuliert, doch ist die Verknüpfung von Mitbestimmungs- und Initiativrecht in zahlreichen Fällen nicht gegeben; »Mitbestimmung« reduziert sich so auf das Recht zur Zustimmungsverweigerung. Außerdem kann die Arbeitgeberseite durch Zentralisierung der Entscheidungen sich selbst die Ebene aussuchen, auf der sie mit der Personalvertretung verhandelt. Diese existiert nicht nur auf der Ebene der einzelnen Dienststelle, sondern auch auf der der Mittelbehörde (z. B. Oberfinanzdirektion) und der der obersten Behörde (z. B. Finanzministerium). Auf diese Weise lässt sich der »kooperativste« Partner aussuchen. Schließlich besteht in allen personellen Angelegenheiten der Beamten kein Letztentscheidungsrecht der Einigungsstelle, so dass in Wirklichkeit eine bloße Mitwirkung vorliegt. Nach der Rechtsprechung des BVerfG (PersR 1995, 483) darf auch für Arbeitnehmer das Letztentscheidungsrecht der demokratisch legitimierten Regierung bzw. der Exekutive in den Kommunen in personellen und organisatorischen Angelegenheiten nicht in Frage gestellt werden.

■ Für Streitigkeiten zwischen Personalrat und Dienststellenleitung sind die **Verwaltungsgerichte** zuständig. Dies führt aufs Ganze gesehen dazu, dass die Personalratsbefugnisse eher enger als die Betriebsratsbefugnisse bestimmt werden.

22.5 Besonderheiten in den neuen Bundesländern

Durch den Beitritt zur Bundesrepublik ist die DDR als selbständiges **1200** Rechtssubjekt untergegangen. An sich würden – ähnlich wie bei einer Unternehmensfusion – damit auch alle Arbeitsverhältnisse auf den Bund übergehen. Der Einigungsvertrag hat dies jedoch in Art. 20 sowie in **Kap. XIX der Anlage I** modifiziert und einen drastischen **Personalabbau** ermöglicht.

Nicht besetzt. **1201**

Mittel des Personalabbaus war einmal die **Nichtübernahme von Ein-** **1202** **richtungen** oder einzelner selbständiger Teile. Die Arbeitsverhältnisse der betroffenen Arbeitnehmer wurden suspendiert und liefen nach sechs Monaten aus. Bei Beschäftigten über 50 Jahre verlängerte sich diese Frist auf neun Monate. Während dieser Zeit sollte eine neue Tätigkeit gefunden werden, was der Regelung den schönfärberischen Ausdruck der »**Warteschleife**« einbrachte. Das BVerfG hat diese Regelung für verfassungskonform erklärt, wenn bestimmte Mindesterfordernisse gewahrt blieben (DB 1991, 1021).

Zweites Mittel waren **Kündigungen**. Sie konnten einmal auf fehlen- **1203** den Bedarf und fehlende fachliche Qualifikation einzelner Bediensteter gestützt werden. Die entsprechenden Regelungen sind inzwischen längst ausgelaufen. Dasselbe gilt für die Möglichkeit, **wegen fehlender »per-** **sönlicher Eignung«** zu kündigen. Das BVerfG hat – allerdings reichlich spät – festgestellt, dass die für einen Verbleib und Aufstieg im öffentlichen Dienst der DDR notwendige und übliche Loyalität und Kooperation nicht schon für sich allein die mangelnde Eignung begründe (BVerfG, ZTR 1995, 282 = DB 1995, 1135).

Unbefristet weiter gelten die Vorschriften des Einigungsvertrags, wo- **1204** nach ein **wichtiger Grund** für eine außerordentliche Kündigung dann gegeben ist, wenn der Arbeitnehmer
- gegen die Grundsätze der Menschlichkeit oder Rechtsstaatlichkeit verstoßen hat oder
- für das frühere Ministerium für Staatssicherheit tätig war,

und deshalb ein Festhalten am Arbeitsverhältnis unzumutbar erscheint.

1205   Das BAG stellt in beiden Fällen sehr stark auf die **Umstände des Ein-zelfalles** ab. Dies gilt insbesondere für den ersten Fall (dazu BAG, DB 1994, 1474), trifft aber auch für die Kündigung wegen Stasi-Tätigkeiten zu (vgl. etwa BAG, DB 1994, 1379). Das BVerfG hat dies genauso gesehen und im Grunde nur deshalb die Vereinbarkeit mit Art. 12 Abs. 1 GG bejaht (BVerfG, EuGRZ 1997, 279). Kennt der Arbeitgeber den Kündigungsgrund, so findet zwar die 14-Tages-Frist des § 626 Abs. 2 BGB keine Anwendung, doch kann er sein Kündigungsrecht durch langes Zuwarten verwirken (BVerfG, ZTR 1994, 436).

1206   Keine vergleichbare »Säuberung« erfolgte nach dem Beitritt des Saarlandes zur Bundesrepublik im Jahre 1956. Art. 2 des Saarvertrags (BGBl. 1956 II, 1639) verbot im Gegenteil ausdrücklich jede Benachteiligung der Personen, die sich gegen den Beitritt ausgesprochen hatten. Vermutlich ein Wunsch Frankreichs.

Ein ehemaliges SED-Mitglied sagt: »Wer hat uns verraten? Sowjetbürokraten.« Man wird ihm kaum widersprechen können.

22.6   Weiterführende Literatur

1207   **Kommentare** zum Bundesbeamtengesetz von **Battis**, 4. Aufl., München 2009 und **Plog/Wiedow** (Begr.), BBG mit Beamtenstatusgesetz, Loseblattausgabe (1986 ff., Stand 2013).
Kritik am Beamtenrecht bei **Däubler**, Der Streik im öffentlichen Dienst, 2. Aufl., Tübingen 1971;
Blanke/Sterzel, Beamtenstreikrecht. Demokratische Verfassung und Beamtenstreik, Neuwied und Darmstadt 1980.
Als Nachschlagewerk für alle Fragen des alten **BAT** und der alten Tarifverträge für Arbeiter des öffentlichen Dienstes eignen sich die Kommentare zum BAT von **Bruse/Görg u. a.**, 2. Aufl., Köln 1993, **Böhm/Spiertz u. a.** (Loseblattsammlung, 3. Aufl.), **Clemens/Scheuring u. a.** (Loseblattsammlung) und **Uttlinger/Breier u. a.** (Loseblattsammlung).
Zum **TVöD** s.
Görg/Guth, Tarifvertrag für den öffentlichen Dienst, Basiskommentar zum TVöD, 6. Aufl., Frankfurt/Main 2015;
Breier u. a., TVöD, Loseblatt-Kommentar, Heidelberg 2005 ff.;
Dörring/Kutzki (Hrsg.), TVöD-Kommentar: Arbeitsrecht für den öffentlichen Dienst, Berlin 2007;

Dassau/Wiesend-Rothbrust, TVöD-Kompaktkommentar, 5. Aufl., Heidelberg 2006;

Sponer/Steinherr, Tarifvertrag für den öffentlichen Dienst, Loseblatt, Heidelberg 2005 ff.

Das gesamte Recht des öffentlichen Dienstes ist kommentiert in dem mehrbändigen Werk von **Fürst/Arndt/Finger u. a.** (Gesamtkommentar Öffentliches Dienstrecht, GKÖD, Loseblatt).

Kommentare zum BPersVG von **Altvater/Baden/Berg/Kröll/Noll/Seulen,** 8. Aufl., Frankfurt/Main 2013, von **Ilbertz/Widmaier/Sommer,** 12. Aufl., Stuttgart 2012 und von **Lorenzen/Eckstein u. a.** (Loseblatt).

Das Karlsruher Verfahren um die Warteschleife ist (einschl. des Urteils) dokumentiert bei **Wulf-Mathies (Hrsg.),** »Warteschleife« und Einigungsvertrag, Köln 1992.

23. Altersteilzeit

23.1 Die Altersgrenze und die Versuche des vorzeitigen Ausscheidens

1208 Die gesetzliche Altersgrenze liegt in Deutschland seit Jahrzehnten bei 65 Jahren, kannte jedoch schon immer Ausnahmen. Unter besonderen Voraussetzungen konnten insbesondere Frauen mit 60 Jahren in Rente gehen. Lange Zeit **schieden viele Arbeitnehmer bereits mit 58 Jahren aus dem Arbeitsprozess aus** und erhielten Arbeitslosengeld, bis sie das 60. Lebensjahr erreicht hatten. Anschließend konnten sie vorgezogene Altersrente beziehen, die für Personen vorgesehen war, die längere Zeit arbeitslos waren. Dieses bis Mitte der 1990er Jahre praktizierte »Modell« brachte enorme finanzielle Belastungen für die Bundesanstalt für Arbeit und die Rentenversicherung mit sich. Pro 100 000 Arbeitnehmer wurden diese mit 9,2 Milliarden DM (Bundesanstalt) und 12,7 Milliarden DM (Rentenversicherung) veranschlagt.

> Die Zahl dieser Art von Frühpensionierungen belief sich 1995 auf 290 000 (alle Angaben nach Boecken, NJW 1996, 3386).

1209 Durch Gesetzesänderungen wurde dieser Weg seit dem Jahr 1996 erheblich **erschwert**. Zwar konnten Arbeitnehmer weiter nach mindestens einjähriger Arbeitslosigkeit mit 60 Jahren in Rente gehen, doch mussten sie einen Abschlag hinnehmen. Dieser wirkte auf Dauer, ließ also auch nach dem 65. Lebensjahr nur noch eine niedrigere Rente zu.

> Für jeden Monat, den man vor Erreichen der individuellen Altersgrenze in Rente ging, wurde ein Abschlag von 0,3 Prozent vorgenommen; bei einem Jahr sind dies 3,6 Prozent, bei fünf Jahren 18 Prozent.

Außerdem wurde die Höchst-Bezugsdauer für das Arbeitslosengeld gekürzt. In vielen Fällen musste nunmehr der Arbeitgeber der Bundesanstalt und der Rentenversicherung die Zusatzaufwendungen erstatten.

Schließlich riskierten ältere Arbeitnehmer bei Abschluss eines Aufhebungsvertrags eine Sperrfrist, weil ihre Kündigung in vielen Fällen offensichtlich rechtswidrig gewesen wäre (Schümann, DB 1997, 1330).

Um den Beteiligten gleichwohl noch etwas Spielraum zu belassen, hat **1210** das Altersteilzeitgesetz (**ATZG** – auch »ATG« abgekürzt) vom 23. Juli 1996 (BGBl. I S. 1078) die Möglichkeit eines gleitenden Übergangs in den Ruhestand geschaffen. In der Folgezeit hat das Gesetz zahlreiche Änderungen erfahren; die Wichtigste ist am 1. 7. 2000 in Kraft getreten. Seine praktische Bedeutung ist erheblich. Wichtig ist, dass es in einer Reihe von Branchen, insbesondere in der Metall- und der chemischen Industrie kraft Tarifvertrags einen Anspruch auf Altersteilzeit gibt, wobei die Bedingungen für den Ausstieg durchaus akzeptabel sind. Allerdings unterbleibt meist die kritische Frage, weshalb sich so viele Mitmenschen ab Anfang 50 nach einer Befreiung von der täglichen Arbeit sehnen. Ist vielleicht mit der Arbeit einiges nicht in Ordnung?

Bevor im Einzelnen auf das ATZG eingegangen wird, soll die weitere **1210a** **Entwicklung der Altersgrenze** skizziert werden. Nach dem heutigen § 35 Satz 2 SGB VI gilt für Frauen und Männer gleichermaßen die Altersgrenze von 67 Jahren. Allerdings wird diese Regelung nicht sofort wirksam; pro Geburtsjahrgang wird das Rentenalter um jeweils einen Monat erhöht.

> Wer im Jahr 1950 geboren ist, also im Jahr 2015 das Alter 65 erreicht, hat eine gesetzliche Altersgrenze von **65 Jahren und 4 Monaten**. Die 1958 Geborenen müssen sich darauf einstellen, dass sie mit 66 Jahren, d. h. im Jahr 2024 in Rente gehen können. Erst für das Geburtsjahr 1964 gelten dann die 67 Jahre.

Davon gibt es **Ausnahmen** z. B. für langjährig Versicherte (§ 36 SGB VI – 35 Jahre) und für Schwerbehinderte (§§ 37, 236a SGB VI). Seit 2014 können »**besonders langjährig Versicherte**«, die mindestens 45 (!) Versicherungsjahre aufweisen, ab 63 Jahren Rente beziehen (sog. **Rente ab 63**), doch wird diese Grenze gleichfalls pro Jahr um einen Monat angehoben.

Zusammen mit der »Rente ab 63« hat der Gesetzgeber den § 41 Satz 3 **1210b** SGB VI geschaffen, wonach die Arbeitsvertragsparteien die gesetzliche **Altersgrenze** ein- oder mehrmals **hinausschieben** können (dazu Bader, NZA 2014, 749). Für den Arbeitnehmer hat ein solches Weiterarbeiten nur den Sinn, ein höheres Rentenkonto aufzubauen. Fällt dies weniger ins Gewicht, ist der Arbeitgeber aber an einer Weiterbeschäftigung interessiert, so ist es günstiger, das Arbeitsverhältnis auslaufen zu lassen, Rente zu beziehen und dann ein neues Arbeitsverhältnis zu begründen:

Das dabei verdiente Entgelt wird nicht auf die Rente angerechnet. Mit zwei Einkommensquellen lebt es sich ersichtlich besser.

23.2 Die Grundstruktur der Altersteilzeit

1211 Arbeitnehmer, die **mindestens 55 Jahre alt** sind, können mit ihrem Arbeitgeber vereinbaren, dass sie ihre Arbeitszeit auf die Hälfte reduzieren. Der Arbeitgeber muss die verbleibende Vergütung um mindestens 20 Prozent **aufstocken** und Beiträge zur Rentenversicherung in einer Höhe bezahlen, wie wenn der Arbeitnehmer 80 Prozent seiner bisherigen Arbeitszeit leisten würde. Der Aufstockungsbetrag von 50 auf 70 Prozent (zu den Einzelheiten der Berechnung s. Kovács/Koch, NZA 2004, 585) und die Zusatzleistungen an die Rentenversicherung wurden dem Arbeitgeber **von der Bundesagentur für Arbeit erstattet,** sofern er aus Anlass der Altersteilzeit einen Arbeitslosen einstellte oder einen Azubi nach Ende der Ausbildung übernahm (zur aktuellen Situation s. unten Rn. 1220 a). Auch wenn dies nicht erfolgt, bleiben die über 50 Prozent hinausgehenden Beträge steuerfrei.

1211a Die Altersteilzeit durfte ursprünglich **frühestens mit dem Erreichen des 60. Lebensjahres enden.** Seit 2003 gilt als Endzeitpunkt das über dem 65. Lebensjahr liegende Rentenalter oder ein ausnahmsweise auch jetzt noch möglicher früherer Rentenbeginn (z.B. bei Schwerbehinderten). Im Regelfall kommt daher der Abschluss eines Altersteilzeitvertrages erst mit über 59 Jahren (drei Jahre Aktiv-Phase, drei Jahre Passiv-Phase – dazu sogleich) in Betracht. Allerdings gab es einen wichtigen **Bestandsschutz:** Wer vor dem 1.1.1952 geboren war und bis Ende Dezember 2003 einen Vertrag abgeschlossen hatte, wurde noch nach altem Recht behandelt.

Beispiel:
A ist am 15.12.1951 geboren und feiert deshalb am 15.12.2003 seinen 52. Geburtstag. Hat er vorgesorgt und schon zu diesem Zeitpunkt seine Altersteilzeit (beginnend in drei Jahren!) verbindlich festgeschrieben, konnte er mit 60 in Rente gehen.

1212 Das geltende Recht ist nicht ganz unkompliziert. Dies hängt einmal damit zusammen, dass das ATZG als »**Subventionsgesetz**« formuliert ist: Es regelt die Voraussetzungen, unter denen der Arbeitgeber einen Erstattungsanspruch gegen die Bundesagentur für Arbeit hat. Wichtiger ist allerdings zum zweiten, dass das Gesetz von der »klassischen Teilzeitarbeit« ausgeht. Obwohl diese aus medizinischen Gründen wohl die bessere Lösung wäre, dominiert in der Praxis bei weitem das sog. **Blockmodell:** Der Altersteilzeiter arbeitet zunächst z. B. zweieinhalb Jahre voll, um dann zweieinhalb Jahre in die »**Freizeitphase**« oder »**Passivphase**« zu gehen, während der er überhaupt nicht mehr arbeitet. Während der ganzen Zeit erhält er die für die Altersteilzeit vorgesehene Vergütung. Dies wirft zahlreiche Probleme auf: Was passiert beispielsweise, wenn der Arbeitnehmer während der Arbeitsphase drei Monate krank ist oder wenn er sich in der Freizeitphase die Sache anders überlegt und wieder ein Vollzeitarbeitsverhältnis eingeht? Wie ist der Anspruch auf Altersteilzeit gesichert, wenn der Arbeitgeber in der Freizeitphase zahlungsunfähig wird? Zahlreiche (aber leider nicht alle) Fragen dieser Art sind in den Änderungsgesetzen geregelt worden; hinzu kommt die »Durchführungsanweisung« (DA) der Bundesagentur für Arbeit.

Im Folgenden sollen die wichtigsten Fragen angesprochen werden; eine vollständige Darstellung aller Einzelheiten würde einen eigenen »Ratgeber« erfordern.

23.3   Wer kann in Altersteilzeit gehen?

Nach § 2 Abs. 1 ATZG besteht die Möglichkeit zur Altersteilzeit dann, **1213** wenn bestimmte Voraussetzungen erfüllt sind.

- Der Arbeitnehmer muss **mindestens 55 Jahre** alt sein.
- Er muss in den letzten fünf Jahren vor Beginn der Altersteilzeit **mindestens 1080 Kalendertage** (entspricht drei Jahren) in einer **versicherungspflichtigen Beschäftigung** gestanden haben. 400- bzw. 450-Euro-Verträge oder die Tätigkeit als Selbständiger genügen nicht.
- Der Arbeitnehmer muss aufgrund Vertrages mit dem Arbeitgeber seine **Arbeitszeit auf die Hälfte reduzieren.** In der ursprünglichen Fassung des Gesetzes war dies nur für Vollzeitbeschäftigte vorgesehen; seit 1. 1. 2000 sind **auch Teilzeitbeschäftigte einbezogen.** Allerdings darf die Halbierung der Wochenarbeitszeit nicht dazu führen, dass keine sozialversicherungspflichtige Beschäftigung mehr übrig bleibt.

Wer bisher 30 Stunden gearbeitet hat, kann seine Arbeitszeit auf 15 Stunden reduzieren. Arbeitete er 26 Stunden, ist eine Reduzierung auf 13 Stunden dann möglich, wenn die verbleibende monatliche Vergütung mehr als 450 Euro beträgt. Dies wird in der Regel der Fall sein. Anders dann, wenn die Wochenarbeitszeit von 16 auf 8 Stunden halbiert werden soll und die 450 Euro dann nicht mehr überschritten sind: Nach § 8 Abs. 1 Nr. 1 SGB IV läge hier keine sozialversicherungspflichtige Beschäftigung mehr vor (wenn der Betroffene von seiner opt-out-Möglichkeit Gebrauch macht), die Voraussetzungen des ATZG wären nicht mehr erfüllt.

1214 **Sonderprobleme** ergeben sich **bei flexiblen Arbeitszeiten.** Die Voraussetzung »Verringerung auf die Hälfte« ist auch dann erfüllt, wenn sie nur im **Durchschnitt der gesamten Altersteilzeitphase** erreicht wird (§ 2 Abs. 2 Satz 1 ATZG). Hierauf wird im Zusammenhang mit dem Blockmodell zurückzukommen sein. Davon zu unterscheiden ist die Frage, wie eigentlich zu verfahren ist, wenn **im »Normalzustand«** über längere Zeit hinweg **unterschiedliche Arbeitszeiten** anfielen und der Arbeitsvertrag keine Aussage traf oder die Beteiligten darüber einig waren, dass sie ohne praktische Bedeutung sein sollte.

Beispiel:

Im Rahmen der sog. Vertrauensarbeitszeit arbeitet der Arbeitnehmer in einer Woche 60, in der nächsten 45, dann wieder 55 Stunden. Anschließend nimmt er an einem Wochenseminar teil, dessen stundenmäßige Erfassung nicht mehr möglich ist. Manchmal wird eine Spitze von 95 Stunden erreicht; bisweilen macht es auch keine Probleme, zwei Tage zu Hause zu bleiben und in der betreffenden Woche nur 25 Stunden zu arbeiten. Was bedeutet hier »Halbierung«?

In solchen Fällen bleibt nach § 6 Abs. 2 ATZG nur der Rückgriff auf eine **Durchschnittsgröße:** Man stellt notfalls auf die letzten zwei Jahre ab.

1215 ▪ **Tarifverträge** sehen bisweilen einen Anspruch auf Altersteilzeit vor. In der Metallindustrie ist dieser ab dem 57. Lebensjahr gegeben. Hier liegt es also nicht mehr in der freien Entscheidung des Arbeitgebers, ob er eine entsprechende Abmachung treffen will. Dabei ist allerdings der sog. **Überforderungsschutz** des Arbeitgebers nach § 3 Abs. 1 Nr. 3 ATZG zu berücksichtigen: Der Arbeitgeber muss es nicht hinnehmen, dass sich mehr als fünf Prozent der Belegschaft in ein Altersteilzeitverhältnis begeben. Dies gilt nur dann nicht, wenn eine Ausgleichskasse oder eine gemeinsame Einrichtung der Tarifparteien besteht, die die weiter gehenden Leistungen erstattet.

23.4 Das Entgelt und die ausgelaufene Erstattungsregelung

Der Arbeitsvertrag muss vorsehen, dass der Arbeitgeber einen **Aufsto-** **1216** **ckungsbetrag von 20 Prozent leistet.** Nach § 3 Abs. 1 Nr. 1 a ATZG bestimmt sich dieser nach dem Teilzeitentgelt; nicht berücksichtigt werden Einkommensbestandteile über der Beitragsbemessungsgrenze sowie Überstunden. Der frühere Mindestnettobetrag von 70 Prozent des Vollzeitentgelts ist weggefallen. Daneben muss der Arbeitgeber die **Aufsto-** **ckung der Rentenbeiträge auf 80 Prozent** gleichfalls ausschließlich aus eigener Kasse bezahlen. **Tarifverträge** sehen üblicherweise vor, dass die Vergütung zwischen 80 und 85 Prozent liegt und dass die Beiträge zur Rentenversicherung auf der Grundlage von 95 Prozent des bisherigen Entgelts berechnet werden.

Der **Aufstockungsbetrag** und die ggf. darüber hinausgehenden Zu- **1217** satzleistungen des Arbeitgebers sind nach § 3 Nr. 28 EStG **steuerfrei.** Allerdings besteht ein **Progressionsvorbehalt,** der häufig zu einer höheren Besteuerung der »Grundvergütung« führt. Beratung durch den Arbeitgeber oder einen Steuerberater kann vor unliebsamen Überraschungen schützen.

Der **Arbeitgeber konnte** den gesetzlichen **Aufstockungsbetrag** von **1218** 20 Prozent für das Entgelt und 30 Prozent für die Beiträge zur Rentenversicherung unter bestimmten Voraussetzungen **von der Bundesagentur für Arbeit ersetzt verlangen.** Häufig wurde davon allerdings gar kein Gebrauch gemacht, weil dies die beabsichtigte Personaleinsparung zunichte gemacht hätte.

Bedingung war, dass das frei werdende Arbeitsquantum mit einem Ar- **1219** beitslosen oder einem Ausgebildeten nach Ende seiner Ausbildung besetzt wurde. Dies konnte auch im Wege einer »**Versetzungskette**« geschehen.

Beispiel:
Werkmeister A vereinbart Altersteilzeit. Im Blockmodell arbeitet er zunächst zweieinhalb Jahre voll; anschließend geht er in die ebenso lange »Freizeitphase«. In dieser Freizeitphase wird sein Arbeitsplatz von dem Arbeitsgruppenmitglied M eingenommen. Auf dessen Arbeitsplatz wird ein Beschäftigter aus einer anderen Abteilung versetzt. Für dessen bisherige Aufgabe wird ein Arbeitsloser eingestellt.

Bei **Unternehmen mit nicht mehr als 50 Beschäftigten** galten nach § 3 **1220** Abs. 1 Nr. 2 a ATZG **Sonderregeln:** Hier reichte die Einstellung eines Arbeitslosen oder eines Ausgebildeten, ohne dass der Nachweis einer Versetzungskette geführt werden musste. Außerdem genügte es auch, wenn stattdessen ein **Azubi neu eingestellt** wurde.

Selbst bei größeren Unternehmen stellte die Arbeitsverwaltung recht geringe Anforderungen an den Nachweis einer »Versetzungskette« (Näheres bei Gaul/Cepl, BB 2000, 1730 ff.).

1220a Nach § 16 ATZG **lief** die **Subventionierung** der Altersteilzeit (durch Ersatz der Aufstockungsbeträge) für Neuverträge **am 31.12.2009 aus.** Dies führte zu einem gewissen Rückgang der Altersteilzeitverträge. Die bis zu diesem Zeitpunkt geschlossenen Abmachungen wurden aber nach den dargestellten Regeln abgewickelt. Im Übrigen blieb das ATZG samt der Steuervorteile erhalten (Hanau, NZA 2007, 848). Dem Einzelnen wird überdies die Möglichkeit eröffnet, sich durch zusätzliche Arbeit ein »Langzeitkonto« aufzubauen, das dann ein früheres Ausscheiden ermöglicht (Hanau, NZA 2009, 225 ff.).

23.5 Dauer der Altersteilzeit und Blockmodell

1221 In der Regel wird die vorgesehene Halbierung der bisherigen Arbeitszeit dadurch erreicht, dass man in der ersten Hälfte der Altersteilzeit voll, in der zweiten gar nicht mehr arbeitet. Besteht kein Tarifvertrag, kann ein solches Blockmodell auf insgesamt **drei Jahre** erstreckt werden. Aufgrund **Tarifvertrags** ist eine **Ausdehnung auf zehn Jahre** möglich. In der Regel hat man bisher höchstens einen Zeitraum von sechs Jahren gewählt.

Beispiel:
A ist 59 Jahre alt und will auf alle Fälle Rentenabschläge vermeiden. Mit 59 Jahren schließt er einen Altersteilzeitvertrag, wonach er drei Jahre weiterarbeitet, um dann mit 62 in die »Freizeitphase« überzugehen und mit 65 Rente zu beziehen. Aktuell müsste man zu den Jahreszahlen einige Monate hinzu addieren, weil die gesetzliche Altersgrenze über 65 Jahren liegt.

1222 *Nicht besetzt.*

1223 Während der »Freizeitphase« (auch »Passivphase« genannt) gehört der Altersteilzeiter nicht mehr wirklich zum Betrieb, so dass er nach der Rechtsprechung des BAG (AiB 2001, 359) nicht mehr innerbetrieblicher Arbeitnehmervertreter im Aufsichtsrat sein kann. Dies kann man auf das **passive Wahlrecht** zum Betriebsrat übertragen, doch müsste das **aktive Wahlrecht** wie bei einer Elternzeit ohne echte Rückkehroption erhalten bleiben (Däubler, AiB 2001, 688). Das BAG (AuR 2004, 81) sieht dies allerdings anders, verweigert den Altersteilzeitern in der Passivphase auch das aktive Wahlrecht und zählt sie nicht mehr bei der Belegschaftsstärke mit.

23.6 Einzelprobleme

Erkrankt der Altersteilzeiter während der Arbeitsphase, so ist dies unerheblich, soweit das Entgelt nach dem EFZG fortzubezahlen ist. Wird dieser Zeitraum jedoch überschritten, so liegt mangels sozialversicherungspflichtiger Beschäftigung keine Situation vor, in der ein Zeitwertguthaben erarbeitet werden könnte. Die Bundesagentur für Arbeit geht deshalb davon aus, dass diese Zeiten während der Freizeitphase zur Hälfte nachgearbeitet werden oder dass ein schon vorher vorhandenes Wertguthaben »abgefeiert« wird (Gaul/Cepl, BB 2000, 1733). **1224**

> *»Hälftige« Nacharbeit deshalb, weil sich die Freizeitphase ja entsprechend verkürzt.*

Das Krankengeld wird nur nach dem Teilzeitentgelt bemessen; eine Aufstockung muss im Tarif- oder Arbeitsvertrag vorgesehen sein.

Wird das **Arbeitsverhältnis** des Altersteilzeiters **aufgelöst,** hat er Anspruch auf Zahlung der Vergütung, die er ohne Altersteilzeit für die geleistete Arbeit erhalten hätte (vgl. Debler, NZA 2001, 1285 ff.). Stattdessen kann er m. E. auch verlangen, dass die Altersteilzeitvergütung samt Aufstockung für einen künftigen Zeitraum bezahlt wird, der der bisher zurückgelegten Altersteilzeit entspricht. Etwaige **Leistungen der Arbeitslosenversicherung** bestimmen sich nicht nach der Vergütung für die halbierte, sondern nach der Vergütung für die volle Arbeitszeit. **1225**

Das Blockmodell ist riskant, wenn der **Arbeitgeber insolvent** wird, bevor das angesammelte Zeitguthaben ausgeglichen ist. Tarifverträge sehen für solche Fälle oft vor, dass der Arbeitgeber eine Sicherheit, z. B. in Form einer Bankbürgschaft beibringt: Die Bank steht dann dafür ein, dass die noch offenen Vergütungen des Altersteilzeiters effektiv bezahlt werden. Seit 1. 1. 2004 existiert in Form des § 8 a ATZG eine gesetzliche Verpflichtung zu einer solchen Insolvenzsicherung. Danach muss der Arbeitgeber den Arbeitnehmer bei der ersten Zeitgutschrift über die getroffenen Maßnahmen informieren. Wird dem nicht Rechnung getra- **1226** gen, kann der Arbeitnehmer eine Frist von einem Monat setzen. Läuft sie fruchtlos ab, kann der Arbeitnehmer Sicherheitsleistung in Form einer (Bank-)Bürgschaft oder durch Hinterlegung von Geld oder Wertpapieren verlangen. Tut er dies – wie in der Regel – nicht, so hat er im Insolvenzfall lediglich einen Schadensersatzanspruch gegen den Arbeitgeber, was in der Regel nichts wert sein wird. Bei juristischen Personen wie einer GmbH können aber evtl. die Geschäftsführer persönlich in Anspruch genommen werden.

1227 Die Altersteilzeit hat einen vertraglich vereinbarten Endtermin, so dass eine Befristung vorliegt. Nach § 15 Abs. 3 TzBfG ist eine ordentliche Kündigung daher ausgeschlossen. In der **Insolvenz** versagt zwar dieser Schutz, doch besteht kein dringendes betriebliches Erfordernis, um einem in der Passivphase befindlichen Altersteilzeiter zu kündigen: Da er sowieso keine Tätigkeit schuldet, kann das Bedürfnis für seine Beschäftigung auch nicht mehr wegfallen (BAG, NZA 2003, 789).

23.7 Weiterführende Literatur

1228 Küttner-Kreitner, Personalbuch 2015, Stichwort: Altersteilzeit;
HK-ArbR, 3. Aufl. 2013, Kommentierung des ATZG durch Möllenbrink und M. Kraushaar;
ErfK, 15. Aufl. 2015, Kommentierung des ATZG durch Rolfs;
HWK, Kommentierung des ATZG durch Stindt/Nimscholz;
R. Wolf, Die beiden Gesetze zur Fortentwicklung der Altersteilzeit, NZA 2000, 637 ff.;
Debler, Altersteilzeit – »Störfälle« und andere unvorhergesehene Ereignisse, NZA 2001, 1285 ff.;
Kerschbaumer/Busch/Holwe, Ältere Arbeitnehmerinnen und Arbeitnehmer, Frankfurt/Main 2008;
Kerschbaumer/Rothländer, Praxiswissen Altersteilzeit im öffentlichen Dienst. Die tarif- und beamtenrechtlichen Regelungen, 2. Aufl., Frankfurt/Main 2006;
Birk, Die Befristung von Altersteilzeitverträgen auf einen vorgezogenen Renteneintritt, NZA 2007, 244 ff.;
Hanau, Noch einmal: Die Befristung von Altersteilzeitverträgen auf einen vorgezogenen Renteneintritt, NZA 2007, 848;
Hanau, Neue Altersteilzeit, NZA 2009, 225.

24. Betriebliche und private Altersversorgung

24.1 Die drei Säulen der Altersversorgung

Grundsätzlich wird jeder Arbeitnehmer von der **gesetzlichen Rentenver-** **1229**
sicherung erfasst. Die Beiträge hängen prozentual vom Einkommen ab,
betragen derzeit etwas weniger als 20 Prozent und werden je zur Hälfte
vom Arbeitgeber und vom Arbeitnehmer bezahlt. Einkommen jenseits
der Beitragsbemessungsgrenze (2015: 72 600 Euro jährlich in den alten,
62 400 Euro jährlich in den neuen Bundesländern) wird dabei nicht berücksichtigt; Hochverdiener zahlen also prozentual weniger.

> Zu 450-Euro-Kräften, die nicht voll in die Rentenversicherung einbezogen sind,
> siehe oben 19.4 – Rn. 1107 ff. Auf der anderen Seite sind nach § 2 SGB VI auch
> bestimmte Selbständige rentenversicherungspflichtig.

Die Rentner erhalten ihr Geld unmittelbar aus den Beiträgen, die von
den heute Aktiven erhoben werden. Man spricht insoweit von einem
sog. **Umlageverfahren.** Privatversicherungen bauen demgegenüber einen
»Kapitalstock« aus den vereinnahmten Beiträgen auf, so dass ihnen und
ihren Versicherten Zinsen und ggf. weitere Anlageerfolge zugute kommen, dass aber ggf. auch sehr niedrige Zinsen und erhebliche Verluste zu
verkraften sind.

Die gesetzliche Rentenversicherung scheint durch die **demographische** **1230**
Entwicklung in Schwierigkeiten zu kommen. Während auf der einen
Seite die Lebenserwartung steigt und dadurch längere Rentenleistungen
zu erbringen sind, nimmt auf der anderen Seite die Zahl der aktiv Erwerbstätigen tendenziell ab. Hinzu kommt, dass die Rentenversicherung
aus Gründen der Sozialpolitik auch zu Leistungen verpflichtet wurde,
für die sie keine oder nur eine minimale Gegenleistung erhalten hat.
Diese sog. **versicherungsfremden Leistungen** werden mit rund einem
Drittel der Gesamtleistungen veranschlagt (Klein/Wunsch, DB 2002,
214).

Ein Übersiedler aus Zentralasien mit deutschen Vorfahren erhält im Prinzip eine Rente, wie wenn er die ganze Zeit in Deutschland gearbeitet hätte. Nur ein Teil dieser Aufwendungen wird durch Zuschüsse aus Steuermitteln ausgeglichen.

1231 Aufgrund dieser Situation ließe sich langfristig das heutige Rentenniveau nur halten, wenn die Beiträge der Aktiven weit über 20 Prozent steigen würden. Derart **hohe Lohnnebenkosten** (zu denen ja Krankenkassenbeiträge, Beiträge zur Arbeitslosenversicherung usw. hinzukommen), werden als **inakzeptabel** angesehen; eine verstärkte Finanzierung aus Steuermitteln wird leider nicht erwogen. Die Rentenreform 2001/2002 hat deshalb eine **langfristige Absenkung der Renten** vorgesehen und außerdem die Fälle immer mehr eingeengt, in denen eine Rente vor Erreichen des 65. Lebensjahres möglich ist (Perreng/Kerschbaumer, Private und betriebliche Altersvorsorge, S. 12 ff.). In der Gegenwart beginnt der Einstieg in die »Rente mit 67«, also die Erhöhung der gesetzlichen Altersgrenze auf 67 Jahre – ein weiteres Mittel, um mehr Beiträge zu erzielen und die durchschnittliche Rentendauer zu verkürzen. Alle diese Maßnahmen gehen davon aus, dass sich die Produktivität der deutschen Wirtschaft in zehn oder zwanzig Jahren im Vergleich zu anderen Ländern auf dem gleichen Niveau befindet wie heute – es kann aber auch sein, dass sie erheblich höher ist und deshalb höhere Beiträge zur Rentenversicherung leicht zu verkraften wären. Möglicherweise wäre es sinnvoller, auf dieses Ziel hinzuarbeiten anstatt die Rentner immer schlechter zu stellen.

1232 Angesichts dieser Umstände besteht ein gesteigerter Bedarf, mögliche **»Versorgungslücken« zu schließen**. Hierfür bot sich ein Ausbau der sog. betrieblichen Altersversorgung (»zweite Säule«) und der persönlichen Altersvorsorge (»dritte Säule«) an.

1233 Bei der **betrieblichen Altersversorgung** geht es um eine freiwillige Sozialleistung des Arbeitgebers. Der Einzelne erhält zusätzlich zur Rente eine Versorgungsleistung, deren wirtschaftliche Voraussetzungen der Arbeitgeber im Laufe eines langjährigen Arbeitsverhältnisses geschaffen hat. Angesichts der damit verbundenen Aufwendungen ging diese Versorgungsform in den letzten Jahren tendenziell eher zurück (Angaben bei H. Höfer, Betriebsrentengesetz 1999, S. 19 ff.). Wegen der »Ankoppelung« an das Arbeitsverhältnis und der privatrechtlichen Form ergeben sich zahlreiche arbeitsrechtliche Probleme, die im Folgenden in ihren Grundstrukturen dargestellt werden sollen.

1234 Die **private Altersvorsorge** (Lebensversicherung, Erwerb einer Eigentumswohnung usw.) ist allein der Initiative des Einzelnen überlassen und setzt voraus, dass das Einkommen eine solche Form des Sparens ermöglicht. Selbst die steuerliche Förderung war immer reichlich bescheiden. Arbeitsrechtliche Probleme ergeben sich insoweit nur ausnahmsweise. Durch das »Gesetz zur Reform der gesetzlichen Rentenversicherung und zur Förderung eines kapitalgedeckten Altersvorsorgevermögens« (**Altersvermögensgesetz – AVmG**) vom 26. Juni 2001 (BGBl. I S. 1310) ist eine spezifische **staatliche Förderung für private Altersvorsorge** eingeführt worden. Diese erstreckt sich jedoch nicht nur auf individuell abgeschlossene »Altersvorsorgeverträge«, sondern ergreift auch einzelne Formen der betrieblichen Altersversorgung. Insbesondere erhielt der Arbeitnehmer **das Recht, eine sog. Entgeltumwandlung zu verlangen:** Der Arbeitgeber muss auf Wunsch einen Betrag von bis zu vier Prozent der Beitragsbemessungsgrenze in eine Versorgungsanwartschaft verwandeln, die steuerlich gefördert ist. Diese zusätzliche Nutzung der betrieblichen Altersversorgung erscheint aus vielen Gründen die attraktivere Form als der Abschluss individueller Verträge.

1235

> Der Abschluss von Vorsorgeverträgen und das Recht auf Entgeltumwandlung sowie die darauf aufbauende staatliche Förderung werden umgangssprachlich als »**Riester-Rente**« bezeichnet (Riester war der damalige Arbeitsminister). Dass man aus eigenem Geld eine zusätzliche Versorgung aufbauen kann, ist an sich kein besonders bemerkenswerter sozialpolitischer Fortschritt ... Selbstständige konnten schon vor Jahrzehnten steuergünstig investieren und sich so eine Alterssicherung aufbauen.

Im Folgenden soll zunächst die betriebliche Altersversorgung als solche, dann die private Vorsorge mit staatlicher Förderung und schließlich die Entgeltumwandlung, d. h. die Kombination zwischen Förderung und betrieblicher Altersversorgung geschildert werden.

24.2 Die betriebliche Altersversorgung

Die nicht immer ganz unkomplizierten Regeln über die betriebliche Altersversorgung finden sich im »Gesetz zur Verbesserung der betrieblichen Altersversorgung«, auch »Betriebsrentengesetz« genannt und »**BetrAVG**« abgekürzt. Es stammt vom 19. Dezember 1974 und ist bei Kittner, Arbeits- und Sozialordnung, unter Nr. 11 in der aktuellen Fassung abgedruckt. Ursprünglich sagte der Arbeitgeber dabei **einen bestimmten Rentenbetrag** (z. B. 10 Prozent des Endgrundgehalts) zu, doch

1236

kann dies mit erheblichen finanziellen Risiken verbunden sein. Deshalb gibt es in neuerer Zeit auch die Möglichkeit, nur das **Einbringen eines bestimmten Betrages** in eine Versorgungskasse oder eine Versicherung zuzusagen, wobei dann offen bleibt, welche Rentenleistung sich daraus in zwanzig oder dreißig Jahren ergeben wird; der Arbeitnehmer muss lediglich den Gegenwert für die eingezahlten Beträge erhalten. Im Folgenden steht die traditionelle Zusage einer bestimmten Zusatzrente im Vordergrund. Sie kann in unterschiedlicher Form erfolgen.

24.2.1 Die so genannten Durchführungswege

1237 Die betriebliche Altersversorgung kennt traditionell vier rechtliche Möglichkeiten, zu denen ab 1.1.2002 der Pensionsfonds hinzugekommen ist.

- Am häufigsten ist die sog. **Direktzusage**, bei der der Arbeitgeber dem einzelnen Arbeitnehmer verspricht, ihm im Alter eine bestimmte regelmäßig wiederkehrende Leistung zu gewähren. Diese kann auf einen Festbetrag, aber auch auf einen bestimmten Prozentsatz des zuletzt bezogenen Gehalts lauten. Der Arbeitgeber muss in der Bilanz Rückstellungen bilden, um so die künftigen Verpflichtungen auch effektiv erfüllen zu können. Dies wird in vielen Betrieben als »Klotz am Bein« empfunden. Werden nur Beiträge an ein Versorgungswerk versprochen, entfällt dieses Problem.

1238 - Zweitwichtigste Form ist die Errichtung einer sog. **Unterstützungskasse** auf Unternehmens- oder Konzernebene. Sie gewährt den Arbeitnehmern formal keinen festen Anspruch und ist auch insofern für den Arbeitgeber vorteilhaft, als sie nicht der Versicherungsaufsicht untersteht: Die angesammelten Beiträge können daher ohne Schwierigkeiten dem Unternehmen als (zinsgünstiges) Darlehen zurückgewährt werden. Allerdings trifft den Arbeitgeber eine »Ausfallhaftung«, wenn die Unterstützungskasse im Ernstfall nicht zur Leistung in der Lage sein sollte (BAG, DB 1979, 1942).

1239 - Dritte Form ist die sog. **Direktversicherung**. Der Arbeitgeber schließt für den Arbeitnehmer bei einem Versicherungsunternehmen einen Vertrag ab. Mit dem Erreichen der Altersgrenze erwirbt der Arbeitnehmer einen Anspruch gegen die Versicherung, der auf einen Kapitalbetrag, aber auch auf eine monatliche Rente lauten kann. Dem Einzelnen kann insoweit außerdem ein Wahlrecht eingeräumt werden.

- Am wenigsten verbreitet ist bislang die sog. **Pensionskasse, die in der** **1240**
Regel als Versicherungsverein auf Gegenseitigkeit organisiert ist. Sie
unterliegt der Versicherungsaufsicht und kann deshalb ihr Vermögen
nur nach bestimmten Grundsätzen verwalten. Das Risiko wird mini-
miert, auf der anderen Seite sind aber auch die Chancen eines hohen
Wertzuwachses ziemlich gering. Ist die Pensionskasse gleichwohl
nicht mehr zahlungsfähig, haftet der Arbeitgeber (BAG 30. 9. 2014 –
3 AZR 617/12 – NZA 2015, 544).

- Der sog. **Pensionsfonds** unterliegt zwar gleichfalls der Versicherungs- **1241**
aufsicht, ist jedoch in seinem Anlageverhalten sehr viel freier. Der
Einzelne kann daher von einer geschickten Anlagepolitik profitieren
(was sich in einer höheren Rente niederschlägt), gleichzeitig aber
auch einen Teil seiner Anwartschaften einbüßen.

Welche der fünf **Formen** gewählt wird, liegt grundsätzlich im **Ermessen** **1242**
des Arbeitgebers. Auf Ausnahmen ist im Zusammenhang mit der Entgeltumwandlung einzugehen. Der Leistungsplan kann über die Altersrente hinaus auch eine Invaliditätsrente und eine Hinterbliebenenversor-
gung vorsehen. Ist Letzteres der Fall, dürfen **eingetragene Lebenspartner**
nicht schlechter als Ehegatten behandelt werden (EuGH, NZA 2008,
459 – Maruko; EuGH, NZA 2011, 557 – Römer). Für die Praxis bedeutsamer ist das vom EuGH (DB 2011, 821) aufgestellte Gebot, trotz
der unterschiedlichen Lebenserwartung **nicht zwischen männlichen und**
weiblichen Arbeitnehmern zu differenzieren (dazu Höfer, DB 2011,
1334).

24.2.2 Unverfallbarkeit

Ursprünglich büßte der Arbeitnehmer die Anwartschaft auf seine Be- **1243**
triebsrente ein, wenn er – aus welchen Gründen auch immer – vor Erreichen der Altersgrenze aus dem Arbeitsverhältnis ausschied. Im Jahre
1972 korrigierte dies das BAG dahingehend, dass der Anspruch zumindest bei betriebsbedingter Kündigung nicht mehr verloren ging, wenn
die Betriebszugehörigkeit wenigstens 20 Jahre betragen hatte (BAG, BB
1972, 317 = DB 1972, 491). Das BetrAVG von 1974 sah vor, dass die
Anwartschaft unverfallbar wurde, wenn die Zusage mindestens zehn
Jahre bestanden und der Arbeitnehmer bei Ausscheiden das 35. Lebensjahr vollendet hatte. Nunmehr bestimmt § 1 b Abs. 1 Satz 1 BetrAVG,
dass die Unverfallbarkeit bereits dann eintritt, wenn die **Zusage fünf**
Jahre lang bestanden hat und der Arbeitnehmer bei Ausscheiden **min-**

destens 30 Jahre alt war. Auch darin dürfte allerdings eine Diskriminierung wegen (jugendlichen) Alters liegen, weil die Unter-30-Jährigen schlechter gestellt sind. Wichtig ist, dass in die Frist auch sog. Vorschaltzeiten eingerechnet werden. Bestimmt die Versorgungsordnung etwa, dass nach vierjähriger Betriebszugehörigkeit eine Aufnahme in das Versorgungswerk erfolge, so sind diese vier Jahre gleichfalls in die Berechnung einzubeziehen.

> Nach § 30 f BetrAVG zählt die 5-Jahres-Frist ab 1. Januar 2001. Wer vorher schon aufgrund der bisherigen 10-Jahres-Regelung eine unverfallbare Anwartschaft erlangt hat, behält diese selbstredend. In der Alternative zwischen alter und neuer Regelung gilt insoweit das Günstigkeitsprinzip.

1244 Die **Berechnung der unverfallbaren Anwartschaft** bestimmt sich nach § 2 BetrAVG. Man fragt im Einzelfall danach, welche Rente der Arbeitnehmer bei Weiterarbeit bis zum gesetzlichen Rentenalter erreicht hätte. Die dafür notwendigen Dienstjahre werden zu den tatsächlich im Betrieb verbrachten ins Verhältnis gesetzt. Man spricht insoweit von einer **Pro-rata-temporis-Berechnung.**

Beispiel:
Der mit 40 Jahren eingestellte Arbeitnehmer A hätte bei Weiterarbeit bis zum Alter 65 Jahre und 6 Monate, d. h. in 25 $\frac{1}{2}$ Jahren eine Rente von 500 Euro monatlich erdient. Scheidet er mit 52 Jahren und 9 Monaten aus, hat er nur die halbe (der möglichen) Zeit im Betrieb verbracht; seine Anwartschaft beläuft sich daher auf 250 Euro. Dies gilt auch dann, wenn die Versorgungsordnung für die ersten 10 oder 15 Jahre eine sehr hohe, für die anschließende Zeit jedoch keine Steigerung mehr vorsieht.

1245 Die unverfallbare Anwartschaft kann bei Eintritt des Versorgungsfalls (im Regelfall: gesetzliches Rentenalter) gegen den Arbeitgeber bzw. seine Unterstützungskasse geltend gemacht werden. Nach § 18 a BetrAVG besteht insoweit eine **30-jährige Verjährungsfrist.**

1246 Die Regeln über die Unverfallbarkeit tragen der Tatsache Rechnung, dass es sich bei der »Sozialleistung Altersversorgung« um eine **Gegenleistung für die erbrachte Arbeit** handelt. Außerdem soll die Mobilität der Arbeitskräfte nicht unangemessen beeinträchtigt werden.

24.2.3 Insolvenzsicherung

Die Ansprüche aus der betrieblichen Altersversorgung wie auch die An- **1247**
wartschaften werden wirtschaftlich gegenstandslos, wenn der Arbeitgeber oder seine Kasse insolvent werden. Ein solches Risiko will man dem
Arbeitnehmer bewusst nicht aufbürden; er soll nicht nachträglich einen
Teil der verdienten Gegenleistung wieder verlieren. Die §§ 7ff. BetrAVG
sehen deshalb eine sog. Insolvenzsicherung vor.

Tritt beim Arbeitgeber ein Insolvenzfall ein, so kann der Rentner seine **1248**
Ansprüche gegen den sog. **Pensions-Sicherungsverein** geltend machen.
Dieser ist ein eingetragener Verein, der von allen Unternehmen finanziert wird, die eine betriebliche Altersversorgung gewähren. **Unverfallbare Anwartschaften** sind nach § 7 Abs. 2 BetrAVG **fälligen Ansprüchen**
im Prinzip **gleichgestellt**: Tritt der Versorgungsfall ein, wird der Arbeitnehmer z. B. 65 Jahre alt, kann er die aus der Anwartschaft folgenden
Rechte gleichfalls gegen den Pensions-Sicherungsverein geltend machen.

24.2.4 Dynamisierung der Betriebsrenten?

Besteht nach den hier skizzierten Grundsätzen ein Anspruch auf eine be- **1249**
triebliche Altersrente, so ist diese in gewissem Umfang gegen eine Entwertung durch inflationäre Entwicklungen geschützt. Nach § 16 BetrAVG muss der Arbeitgeber die laufenden Leistungen alle drei Jahre
überprüfen und nach billigem Ermessen über eine **Anpassung an den
veränderten Geldwert** entscheiden. Nach der Rechtsprechung bestimmt
sich die Erhöhung grundsätzlich nach dem seit der letzten Überprüfung
eingetretenen Kaufkraftverlust. Dieser wird nach dem vom Statistischen
Bundesamt ermittelten Preisindex bestimmt, der für die Lebenshaltung
von Arbeitnehmerhaushalten mit vier Personen und mittlerem Einkommen gilt.

Von diesem »Verlustausgleich« gibt es jedoch zwei wichtige **Ausnah-** **1250**
men. Ist die **wirtschaftliche Lage** des Unternehmens so, dass die Erhö-
hungsbeträge aus der Substanz (und nicht aus den Erträgen) bezahlt
werden müssten, so kann es bei den bisherigen Beträgen verbleiben
(BAG, DB 1985, 1642). Bessert sich später die wirtschaftliche Situation
wieder, so ist eine sog. **nachholende Anpassung** möglich: Bei der nächsten oder übernächsten Überprüfung wird dann der Kaufkraftverlust der
letzten sechs oder neun Jahre zugrunde gelegt. Auch wenn dann eine
volle Anpassung erfolgt, wirkt diese selbstredend nur für die Zukunft.

Die nachholende Anpassung kann allerdings nach der seit 1. 1. 1999 geltenden Bestimmung des § 16 Abs. 4 BetrAVG durch den Arbeitgeber dadurch verhindert werden, dass er dem einzelnen Versorgungsempfänger die wirtschaftliche Lage des Unternehmens schriftlich darlegt und dieser trotz eines entsprechenden Hinweises insoweit keinen Widerspruch erhebt.

1251 Gleichfalls seit 1999 kann der Arbeitgeber bei neuen Zusagen die Quasi-Dynamisierung dadurch vermeiden, dass er sich zu einer **jährlichen Erhöhung von mindestens** einem Prozent verpflichtet (§ 16 Abs. 3 Nr. 1 BetrAVG). Dies ist die zweite Ausnahme von der gesetzlichen Regel.

1252 Die Quasi-Dynamisierung scheidet von vornherein aus, wenn der Pensions-Sicherungsverein einspringt: Hier ist gewissermaßen die »Notsituation« des Arbeitgebers eine permanente und unwiderrufliche.

1253 **Anwartschaften** werden im Übrigen **nicht dynamisiert.** Dies wirkt sich insbesondere bei Festbetrags-Zusagen negativ aus, während in Prozentsätzen des Gehalts ausgedrückte Rentenansprüche an der allgemeinen Nominallohnerhöhung teilhaben.

24.2.5 Verschlechterung durch Betriebsvereinbarung?

1254 Die Arbeitgeberseite sieht sich seit Jahren in vielen Betrieben veranlasst, mit dem Betriebsrat über eine Absenkung des Versorgungsniveaus zu verhandeln.

> Der Grund besteht nicht nur in aktuellen wirtschaftlichen Schwierigkeiten. Vielmehr ist durch umfangreiche Einstellungen in den 60er und 70er Jahren eine Personalstruktur entstanden, bei der im Extremfall die Zahl der Betriebsrentner größer als die der aktiven Arbeitnehmer sein wird. Die notwendigen Rückstellungen werden dadurch sehr hoch und steigen weiter mit Rücksicht auf die höhere Lebenserwartung.

Bei den rechtlichen Möglichkeiten ist im Einzelnen zu differenzieren.

1255 Beruht die Altersversorgung auf einer **Betriebsvereinbarung,** so kann diese im Grundsatz durch den Abschluss einer neuen Betriebsvereinbarung verschlechtert werden. Allerdings existiert nach der Rechtsprechung ein weitgehender **Bestandsschutz,** da der Arbeitnehmer in vielen Fällen nicht mehr umdisponieren, d. h. verbrachte Lebenszeit nicht mehr anderweitig einsetzen kann. Daraus folgt:

1256 ▪ In »erdiente« Anwartschaften kann nur aus **zwingenden wirtschaftlichen Gründen** eingegriffen werden (BAG, DB 1980, 1399, ständige Rechtsprechung). Sie liegen vor, wenn die Existenz des Unternehmens gefährdet ist. Auf die Unverfallbarkeit kommt es insoweit nicht an.

- **Berechnungsfaktoren für Zuwächse** können nur **aus triftigen Gründen** eingefroren werden. Wer eine Anwartschaft in Höhe von fünf Prozent seines bei Erreichen der Altersgrenze zu erwartenden Gehalts besitzt, muss sich eine Beschränkung der Bezugsgröße auf das heutige Gehalt nur dann gefallen lassen, wenn die Beibehaltung der bisherigen Regelung dazu führen würde, dass das Unternehmen die Zahlungen aus seiner Substanz (und nicht mehr aus den Erträgen) leisten müsste (BAG, DB 1993, 1241).
- Die Chance, durch Fortsetzung der Betriebszugehörigkeit weitere Rentenbeträge oder Rentenprozente zu erwerben, kann aus jedem **sachlichen Grund** entzogen werden. Insoweit reicht eine schlechte Rentabilität oder die Notwendigkeit aus, in verschiedenen Betrieben eines Unternehmens bestehende Niveau-Unterschiede zu beseitigen.
- Führt die Betriebsrente dazu, dass der Ruheständler netto mehr verdient als ein vergleichbarer aktiver Arbeitnehmer, so liegt eine sog. **Überversorgung** vor. Sie ist in der Regel »planwidrig« (da nicht beabsichtigt) und rührt daher, dass die Steuerbelastung der Renten sehr viel geringer als die des Arbeitseinkommens ist. Das Hinausschießen über das eigentliche Versorgungsziel rechtfertigt es, die Überversorgung jederzeit mit Wirkung für die Zukunft abzubauen, ohne dass sich die Anwartschaftsberechtigten oder die Rentner dagegen wehren können.   **1257**
- Bei sog. **rentennahen Jahrgängen** ist eine Kürzung nicht mehr zulässig. Obwohl diese wegen des Bestandsschutzes nur einen verhältnismäßig geringen Umfang ausmachen würde, wird sie für unzulässig gehalten, da dem Betroffenen eine anderweitige Vorsorge nicht mehr möglich ist. »Rentennah« ist man dann, wenn man nach den geltenden Altersgrenzen in fünf Jahren in den Ruhestand treten kann.   **1258**
- Die verschlechternde Betriebsvereinbarung unterliegt wie alle Betriebsvereinbarungen einer **Billigkeitskontrolle.** Dadurch können insbesondere grob ungleiche Belastungen korrigiert werden.   **1259**
- Die für eine verschlechternde Betriebsvereinbarung geltenden Grenzen bestehen in gleicher Weise, wenn die **Betriebsvereinbarung vom Arbeitgeber gekündigt** wird. Soweit der Bestandsschutz reicht, geht die Kündigung ins Leere; die Betriebsvereinbarung behält ihre unmittelbare und zwingende Wirkung (BAG, NZA 2000, 322 ff. und 498 ff.).   **1260**

1261 Beruht die Altersversorgung auf **arbeitsvertraglichen Abmachungen**, die »betriebsvereinbarungsoffen« sind, weil sie auf betriebseinheitliche Regelungen verweisen, so gelten dieselben Grundsätze (BAG, DB 1987, 383). Anders dann, wenn die Arbeitsverträge eine eigenständige Regelung enthalten oder auf eine vom Arbeitgeber einseitig erlassene Versorgungsordnung verweisen. Hier ist der Abbau nur über eine Änderung der Arbeitsverträge im Einvernehmen oder nach Änderungskündigung möglich (dazu unter 14.7.1 – Rn. 876). Dasselbe gilt für betriebliche Übungen.

1262 Die **Rechte der Pensionäre** sind dem Zugriff der Betriebsparteien insgesamt entzogen (BAG, NZA 1989, 522). Dies wird mit dem Argument kritisiert, dass die betriebliche Altersversorgung gleichermaßen Aktive und Pensionäre betreffe und deshalb eine einheitliche Umgestaltung möglich sein müsse (DKKW-Berg, § 77 Rn. 80 m. w. N.). Eine **tarifliche Gestaltung** wird demgegenüber auch von der Rechtsprechung für zulässig gehalten (BAG, NZA 2008, 1244, 1246 Tz. 31 ff.).

Zusammenfassende Darstellung der Grenzen für den Abbau von Versorgungsordnungen bei Höfer, BetrAVG, Kommentar, Bd. 1 ART Rn. 317 ff.

24.3 Die staatlich unterstützte Eigenvorsorge

1263 Durch das AVmG vom 26. 6. 2001 wurde ab 1. 1. 2002 die Möglichkeit geschaffen, staatlich geförderte Altersvorsorgeverträge zu schließen. Dies können alle Personen tun, die der gesetzlichen Rentenversicherung angehören oder die über den Ehegatten dort versichert sind.

1264 Ein **förderungsfähiger Vertrag** muss von einer staatlichen Stelle »zertifiziert« sein. Die Voraussetzungen hierfür sowie das Verfahren sind im »Altersvorsorgeverträge-Zertifizierungsgesetz« (**AltZertG**) niedergelegt, das als Teil des AVmG in Kraft trat. Die Zertifizierung bezieht sich nur auf die Korrektheit der Bedingungen, nicht auf die wirtschaftliche »Solidität«. In Betracht kommen private Rentenversicherungen und Sparverträge aller Art, die jedoch nicht zur Auszahlung eines bestimmten Kapitalbetrags führen dürfen. Wer über die nötigen Geldmittel verfügt und sich verschiedene Optionen offen halten will, wird deshalb eher auf die staatliche Förderung verzichten und eine Kapitallebensversicherung abschließen oder Immobilien erwerben.

Die **Kapitallebensversicherung** ist insoweit steuerlich privilegiert, als bei einer Gesamtlaufzeit von mindestens zwölf Jahren die auf die eingezahlten Beträge entfallenden Zinsen nicht zu versteuern sind. Die Versicherung garantiert in der Regel eine Mindestverzinsung, zu der je nach Ertragslage weitere Prozentpunkte hinzukommen. Auf der anderen Seite nimmt sie einen »Risikoabzug« vor, da sie ja die volle Versicherungssumme bezahlen muss, wenn der Versicherte vor Erreichen des Endtermins verstirbt. Es konnte sich aber in ca. 15 Jahren durchaus eine Verdoppelung der insgesamt einbezahlten Summen ergeben – heute ist das wegen niedriger Zinsen anders. **1265**

Wer die »**Riester-Förderung**« in Anspruch nehmen möchte, ist mit folgenden Bedingungen konfrontiert: **1266**

- Für die Einzahlung in den geförderten Vertrag kann man eine **Zulage** erhalten, die vom »Zulagenamt«, einer Abteilung der Deutschen Rentenversicherung Bund gewährt wird. Ihre Höhe bestimmt sich nach dem Familienstand und der Zahl der Kinder; außerdem war ein allmähliches Ansteigen während des Zeitraums von 2002 bis 2008 vorgesehen. Die Grundzulage (also ohne Berücksichtigung von Kindern) stieg von 38 Euro auf 154 Euro an, für jedes Kind erhöhte sich die Zulage von zunächst 46 auf am Ende 185 Euro. Dabei muss ein Mindest-Eigenbeitrag geleistet werden; zugleich gibt es Obergrenzen für die Förderungsfähigkeit. Zahlenbeispiele bei Perreng/Kerschbaumer, S. 31 ff.

- Der **Abzug als »Sonderausgabe«** kann im Einzelfall günstiger sein. Das Finanzamt muss von Amts wegen ausrechnen, ob dies der Fall ist. Ggf. erhält man dann im Rahmen des Lohnsteuerjahresausgleichs bzw. der Einkommensbesteuerung eine entsprechende Steuererstattung.

- Da es sich um eine individuelle Zahlung handelt, kann man sie als ehrlicher Mensch nur aus versteuertem Einkommen bezahlen. Ob es sich dabei um Lohn und Gehalt, Zinsen oder Mieteinnahmen handelt, ist ohne Bedeutung.

24.4 Eigenfinanzierte betriebliche Altersversorgung

Der Einzelne ist nicht gezwungen, die Förderung über einen individuell ausgesuchten Altersvorsorgevertrag zu erreichen. Möglich ist vielmehr auch, die betriebliche Altersversorgung für diesen Zweck einzusetzen, sofern man dort eigene Beiträge einbringt. **1267**

1268   Schon bisher konnte die betriebliche Altersversorgung nicht nur mit Beiträgen des Arbeitgebers gespeist werden. Vielmehr sah § 1 Abs. 5 BetrAVG seit 1.1.1999 auch die Finanzierung über eine sog. **Entgeltumwandlung** vor, über die sich Arbeitgeber und Arbeitnehmer einigen mussten und die steuerlich in gewissem Umfang privilegiert war. Nunmehr gewährt § 1 a Abs. 1 Satz 1 BetrAVG jedem Arbeitnehmer das **Recht**, künftige Entgeltforderungen in Höhe von bis zu vier Prozent der Beitragsbemessungsgrenze für die betriebliche Altersversorgung zu verwenden.

1269   Was den »**Durchführungsweg**« (oben 24.2.1 – Rn. 1237ff.) betrifft, so scheiden Direktzusage und Unterstützungskasse von vornherein aus. Der Arbeitgeber kann entscheiden, ob er einen Pensionsfonds, eine Pensionskasse oder eine Versicherung einschalten will. Ist er zu keiner dieser drei Formen bereit, kann der Arbeitnehmer nach § 1 a Abs. 1 Satz 3 BetrAVG verlangen, dass eine sog. **Direktversicherung** abgeschlossen wird.

1270   Soweit die Entgeltumwandlung das tariflich vereinbarte Entgelt betrifft, ist sie nach § 17 Abs. 5 BetrAVG nur dann zulässig, wenn der **Tarifvertrag** eine entsprechende »**Öffnungsklausel**« enthält. Der Einzelne soll davor bewahrt werden, entgegen der Wertentscheidung des § 4 Abs. 4 TVG doch auf einen Teil seiner tariflichen Rechte zu verzichten. Die Regelung gilt allerdings ihrem Wortlaut nach nur dann, wenn beiderseitige Tarifbindung vorliegt. Mit Unorganisierten könnte sehr wohl eine Entgeltumwandlung vereinbart werden. Allerdings würde darin evtl. eine durch Art. 9 Abs. 3 Satz 2 GG verbotene Benachteiligung wegen der Gewerkschaftszugehörigkeit liegen. Auch aus praktischen Gründen ist daher davon auszugehen, dass jedenfalls tarifgebundene Arbeitgeber nur dann tarifliches Entgelt einbeziehen werden, wenn dies für alle im Betrieb tätigen Arbeitnehmer möglich ist (vgl. auch Schliemann, DB 2001, 2554). Werden nur übertarifliche Entgeltbestandteile erfasst, ergeben sich keine Probleme.

1271   **Anwartschaften**, die durch Entgeltumwandlung begründet werden, sind nach § 1 b Abs. 5 BetrAVG sofort (und nicht erst nach fünf Jahren) **unverfallbar**.

1272   Wertmäßig relativ geringe Anwartschaften können bei Ausscheiden nach § 3 BetrAVG abgefunden werden. § 4 Abs. 4 BetrAVG sieht seit einigen Jahren auch eine »**Mitnahme**« **zu einem neuen Arbeitgeber** vor. Auf diese Weise wird vermieden, dass bei häufigen Arbeitsplatzwechseln und sofortiger Unverfallbarkeit eine Vielzahl von Mini-Rentenansprüchen entsteht.

1273   Nach § 1 a Abs. 3 BetrAVG kann der Arbeitnehmer verlangen, dass die steuerlichen Förderungsvoraussetzungen (Zulage, Sonderausgaben-abzug) **geschaffen** werden. Im Einzelfall kann es allerdings günstiger sein, einen zweiten (mittelbaren) Weg der staatlichen Förderung zu wäh-len. Wird ein Teil des Entgelts z. B. an eine Pensionskasse abgeführt, so entsteht insoweit **weder eine Lohnsteuerpflicht noch** eine **Pflicht zur Be-zahlung von Sozialabgaben** (Letzteres war allerdings nur bis 2008 der Fall). Man spart also wegen des Grundsatzes brutto = netto; der Arbeit-geber kann seinerseits die Beträge in vollem Umfang als Betriebsausga-ben geltend machen (Blomeyer, NZA 2001, 918). Soweit Unsicherheiten bestehen, ist die Befragung eines Steuerexperten dringend geboten.

Soweit **schon vor 2001 eine Entgeltumwandlung** praktiziert wurde, **1274** kann der Arbeitnehmer lediglich eine **Aufstockung bis auf vier Prozent** der Beitragsbemessungsgrenze verlangen. Weitergehende Abmachungen sind nur auf freiwilliger Grundlage möglich.

Im Einzelfall ist speziell bei Pensionsfonds darauf zu achten, worauf **1275** sich die **Leistungspflicht** im Einzelnen bezieht. § 1 Abs. 2 Nr. 2 BetrAVG lässt insoweit beispielsweise eine **Beitragszusage mit Mindestleistung** zu, wonach dem Einzelnen lediglich garantiert ist, dass im Zeitpunkt des Beginns der Rente die Gesamtsumme der einbezahlten Beiträge zur Ver-fügung steht. Auch sie kann ggf. wegen eines »Risikoabschlags« unter-schritten werden. Der Arbeitgeber ist zwar bei der betrieblichen Alters-versorgung anders als bei einem privaten Altersvorsorgevertrag mit in der Pflicht, doch beschränkt sich seine Haftung in solchen Fällen auf den genannten Betrag.

24.5 Weiterführende Literatur

R. Höfer, Gesetz zur Verbesserung der betrieblichen Altersversorgung, **1276** Kommentar, Loseblatt, Bd. I: Arbeitsrecht, Bd. II: Steuerrecht;

Blomeyer/Rolfs/Otto unter Mitarbeit von **Vienken**: Gesetz zur Verbes-serung der betrieblichen Altersversorgung. Kommentar, 6. Aufl., München 2015;

HK-ArbR, 3. Aufl. 2013, BetrAVG kommentiert von Allgaier, Heck und Schuster;

Förster u. a., BetrAVG, Kommentar, 14. Aufl., München 2014;

Kemper u. a., BetrAVG. Kommentar zum Betriebsrentengesetz, 6. Aufl., Köln 2014;

Schaub/Matthießen/Polster, Altersvorsorge von A–Z, Betriebliche Altersversorgung – Eigenvorsorge – Entgeltumwandlung – Gesetzliche Rentenversicherung, München 2006;

Schoden, BetrAVG. Kommentar für die Praxis, 2. Aufl., Frankfurt/Main 2003;

Perreng/Kerschbaumer, Private und betriebliche Altersvorsorge. Der Ratgeber zur neuen Einkommenssicherung im Alter, Frankfurt/Main 2002.

Einführungsaufsätze:

Blomeyer, Die »Riester-Rente« nach dem Altersvermögensgesetz (AVmG), NZA 2001, 913 ff.;

ders., Der Entgeltumwandlungsanspruch des Arbeitnehmers in individual- und kollektivrechtlicher Sicht, DB 2001, 1413 ff.;

R. Höfer, Die Neuregelung des Betriebsrentenrechts durch das Altersvermögensgesetz (AVmG), DB 2001, 1145 ff.;

Klein/Wunsch, Betriebliche Altersversorgung im Wandel, DB 2002, 213 ff.;

Förster/Rühmann/Recktenwald, Auswirkungen des Altersvermögensgesetzes auf die betriebliche Altersversorgung, BB 2001, 1406 ff.;

D. Birk, Verfassungsfragen der Neuregelung der betrieblichen Altersversorgung, BB 2002, 229 ff.

Beachte weiter:

Reinecke, Schutz des Arbeitnehmers im Betriebsrentenrecht, DB 2006, 555;

Reinecke, 30 Jahre Betriebsrentengesetz, NZA 2004, 753;

H. Höfer, Betriebsrentengesetz 1999. Rechtsentwicklungen, Tatsachen, Reaktionen, München 2000.

25. Durchsetzung arbeitsrechtlicher Ansprüche

25.1 Soll man wirklich Gerichte bemühen?

Viele Menschen haben noch nie einen Prozess geführt. Man ist froh, wenn man das Gerichtsgebäude nur von außen sieht. In der früheren DDR war es erst recht eine Ausnahme, auf sein Recht zu pochen und deswegen Gerichte anzurufen. **1277**

Dies muss nicht immer so bleiben. Das heißt nicht, dass man bei jedem Konflikt sofort nach dem Richter ruft. Auch in Zukunft wird es viele Fälle geben, in denen man sich gütlich einigt: Die Rücksprache mit der Personalabteilung, die Beschwerde beim Betriebsrat, die allgemeine Stimmung im Betrieb werden häufig dafür sorgen, dass man einen vernünftigen Kompromiss findet.

Möglich ist weiter eine Mediation oder ein anderes außergerichtliches Konfliktschlichtungsverfahren, das sich auf das **Mediationsgesetz** v. 21.7.2012 (BGBl. I S. 1577) stützen kann. Ob ein solcher Weg in einem disparitätischen Verhältnis wie dem zwischen Arbeitgeber und Arbeitnehmer zum Ziel führt, wird man bezweifeln müssen. Auch sind alle Beteiligten daran gewöhnt, sich an das zuständige Arbeitsgericht zu wenden, wenn eine innerbetriebliche Einigung nicht erreichbar ist. Soll man sich wirklich an eine neue Instanz wenden und damit ggf. zusätzliche Kosten verursachen? Dass die betrieblichen Schiedsstellen in den neuen Bundesländern wenig Akzeptanz fanden (dazu Beck/Rosendahl/Schuster, FS Gnade, S. 545 ff.), legt zusätzlich eine eher skeptische Einschätzung nahe. **1277a**

Je schwieriger die wirtschaftliche Situation ist, umso geringer werden die »**Kompromissspielräume**«: Wer um drei Lohngruppen zurückgestuft oder entlassen wird, kann mit bloßen Verhandlungen nicht mehr zum Ziel kommen. Hier bleibt nur die Anrufung des Gerichts. Davon Gebrauch zu machen ist völlig legitim: Es gehört zu den Elementaranforderungen des Rechtsstaats, eigene Rechte notfalls mit Hilfe der Gerichte durchsetzen zu können. **1277b**

Wer eine Klage erhebt, übt genauso ein Grundrecht aus wie derjenige, der seine Meinung äußert oder der sich einer Vereinigung anschließt.

Der Gang zum Gericht wird auch in Zukunft »letztes Mittel« sein. Bei immer noch ca. 3 Mio. Arbeitslosen tritt diese Situation nach Kündigungen ziemlich oft auf, weil ein akzeptabler neuer Arbeitsplatz häufig nicht in Sicht ist.

25.2 Die Arbeitsgerichte als selbständiger Gerichtszweig

1278 Das Grundgesetz hat sich in Art. 95 für selbständige Arbeitsgerichte entschieden. Sie sind von den Zivilgerichten (»ordentliche Gerichtsbarkeit«) organisatorisch ebenso getrennt wie von den Sozialgerichten (die insbesondere über Ansprüche gegen die Sozialversicherung und die Bundesagentur für Arbeit entscheiden). Dies hat den Vorzug, dass auch das **Arbeitsrecht** als Rechtsmaterie **ein Stück Eigenständigkeit behält.** Die ehrenamtlichen Richter der Arbeitgeber- und der Arbeitnehmerseite bringen außerdem **betriebliche Erfahrungen** ein.

> Würden drei Berufsrichter am Landgericht über eine Kündigungsschutzklage entscheiden, wäre die Gefahr sehr groß, dass Fehleinschätzungen entstehen: Man kennt den Umgangston nicht, man unterstellt, Arbeitnehmer würden wie ein Kaufmann Briefe schreiben usw.

1278a **Bestrebungen, Arbeitsgerichte und ordentliche Gerichte zusammenzulegen,** sind deshalb als **kurzsichtig** abzulehnen: Ein kleiner Spareffekt (z. B. gemeinsame Bibliothek) kann die Qualitätseinbrüche und Rechtsunsicherheiten nicht aufwiegen, die eine Einheitsgerichtsbarkeit mit sich bringen würde. Weitere Argumente bei Aust-Dodenhoff, NZA 2004, 24 und bei Schrader/Straube/Schubert, NZA 2004, 899.

Erste Instanz sind die Arbeitsgerichte; dort müssen alle arbeitsrechtlichen Streitigkeiten anhängig gemacht werden.

1279 Beim Arbeitsgericht entscheidet eine sog. **Kammer.** Sie besteht aus einem **Berufsrichter** (der ein sog. Volljurist sein muss), einem **ehrenamtlichen Richter** der Arbeitnehmer- und einem ehrenamtlichen Richter der Arbeitgeberseite. In der Regel bestehen bei einem Arbeitsgericht mehrere Kammern; welche Kammer für welchen Streitfall zuständig ist, wird vom Gericht im Wege der sog. **Geschäftsverteilung** festgelegt. Um Manipulationen auszuschließen, muss diese Festlegung im Voraus erfolgen.

Beispiel:
In der Geschäftsverteilung ist bestimmt, dass die Kammer 1 mit allen Streitigkeiten befasst ist, bei denen der Name des Beklagten mit den Buchstaben A–F beginnt. Kammer 2 ist für G und H zuständig usw.

Ist eine der beiden Parteien mit der Entscheidung des Arbeitsgerichts nicht einverstanden, kann sie unter bestimmten Voraussetzungen **Berufung zum Landesarbeitsgericht** einlegen. Auch dort gibt es Kammern, die mit einem Berufsrichter und zwei ehrenamtlichen Richtern besetzt sind. In der Berufungsinstanz wird der gesamte Streitfall erneut erörtert, wobei aber ein »neuer Sachvortrag« nicht mehr beliebig möglich ist (Schmidt u. a., NZA 2001, 1217ff.).

Wer mit der Entscheidung des Landesarbeitsgerichts (= LAG) nicht **1280** einverstanden ist, kann Revision beim **Bundesarbeitsgericht** einlegen. Diese ist allerdings nur dann zulässig, wenn sie das Landesarbeitsgericht ausdrücklich zugelassen hat, was es dann tun muss, wenn es von der Rechtsauffassung des BAG oder eines anderen LAG abweicht oder wenn die Angelegenheit von grundsätzlicher Bedeutung ist.

Was geschieht, wenn das Landesarbeitsgericht von der Rechtsprechung des Bundesarbeitsgerichts abweicht, aber keine Revision zugelassen hat? In einem solchen Fall kann man eine »Nichtzulassungsbeschwerde« beim Bundesarbeitsgericht einlegen. In der Praxis ist die Erfolgsquote allerdings ziemlich niedrig, da ein deutlich sichtbarer, im Urteilstext zum Ausdruck kommender »Ungehorsam« die absolute Ausnahme ist.

Mit der **Revision** kann nur geltend gemacht werden, dass das bestehende Recht unrichtig angewandt worden sei. Die Tatsachen, die das LAG festgestellt hat, müssen für das weitere Verfahren zugrunde gelegt werden, es sei denn, sie würden ihrerseits auf Rechtsverstößen beruhen.

Beispiel:
Das Gericht hat das Vorbringen des Arbeitnehmers als richtig unterstellt und dem Arbeitgeber keine Möglichkeit gegeben, sich dazu zu äußern.

Beim Bundesarbeitsgericht entscheiden sog. **Senate.** Bei ihnen sind die Juristen in der Mehrheit: Ein Senat besteht aus drei Berufsrichtern, einem ehrenamtlichen Richter der Arbeitgeber- und einem ehrenamtlichen Richter der Arbeitnehmerseite.

Zuständigkeiten und Verfahren sind im **ArbGG** geregelt. Soweit dieses – wie häufig – keine eigene Aussage trifft, findet die **ZPO** Anwendung.

25.3 Welches Gericht ist zuständig?

1281 Zu fragen ist nach drei Formen von Zuständigkeit.

Von der »**sachlichen**« **Zuständigkeit** ist dann die Rede, wenn es um einen »arbeitsrechtlichen« Gegenstand im Sinne der §§ 2, 2 a ArbGG geht. Dies sind fast alle Konflikte zwischen Arbeitgeber und Arbeitnehmer, aber auch zwischen Arbeitgeberverbänden und Gewerkschaften.

Ausnahme: Über den Ausschluss eines Arbeitnehmers aus der Gewerkschaft entscheiden die ordentlichen Gerichte; er ist in den §§ 2, 2 a ArbGG nicht erwähnt.

Zum zweiten geht es um die »**örtliche**« **Zuständigkeit.** Welches der in Betracht kommenden Arbeitsgerichte muss angerufen werden?

Beispiel:
Der Arbeitnehmer hat einen Arbeitsvertrag mit einer GmbH, die ihren Sitz in Magdeburg hat, ist jedoch in ihrer Leipziger Zweigniederlassung tätig. Welches Arbeitsgericht ist zuständig?

Das ArbGG verweist insoweit auf die Zivilprozessordnung. Der Arbeitgeber kann daher insbesondere an seinem Wohnsitz bzw. – wenn es sich um eine juristische Person wie eine GmbH handelt – an seinem Sitz verklagt werden (§§ 13, 17 ZPO). Der Kläger kann aber auch das Gericht wählen, in dessen Bezirk sich eine »gewerbliche Niederlassung« wie z. B. eine Zweigstelle befindet (§ 21 ZPO). Außerdem kann am **Betriebssitz** geklagt werden, da dort die Arbeitsleistung erbracht und auch andere Verpflichtungen aus dem Arbeitsvertrag erfüllt werden müssen (§ 29 ZPO). Dies verdeutlicht § 48 Abs. 1 a ArbGG, der auf den gewöhnlichen Arbeitsort abstellt. Fehlt ein solcher wie bei einem Außendienstmitarbeiter, so ist das Gericht zuständig, von dessen Bezirk aus der Arbeitnehmer seine Arbeit beginnt und wohin er wieder zurückkehrt (s. Udo Mayer, Mitarbeiter im Außendienst, 3. Aufl. 2011, S. 260). Der Arbeitnehmer kann an seinem Wohnsitz verklagt werden. Abweichende Vereinbarungen im Arbeitsvertrag (sog. **Gerichtsstandsklauseln**) sind **unwirksam;** lediglich die Tarifvertragsparteien können nach § 48 Abs. 2 ArbGG die Zuständigkeit eines anderen Arbeitsgerichts vorsehen.

1282 Befindet sich der Arbeitgeber oder der Arbeitnehmer im Ausland, so kommen zum dritten die Grundsätze über die **internationale Zuständigkeit** zur Anwendung. Bei ihnen muss man unterscheiden:

- ■ Hat der Arbeitgeber seinen Sitz oder zumindest eine Zweigstelle oder sonstige Niederlassung in einem EU-Staat, so greift die **Verordnung**

(EG) Nr. 1215/2012 ein, wonach der Arbeitnehmer die Wahl hat, den Arbeitgeber an seinem Sitz, am Ort seiner Niederlassung oder an seinem (des Arbeitnehmers) ständigen Arbeitsort zu verklagen. Letzteres wird für den Beschäftigten in aller Regel die vorzuziehende Alternative sein. Eine Gerichtsstandsvereinbarung ist nur in der Weise möglich, dass dem Arbeitnehmer weitere Wahlmöglichkeiten eingeräumt werden. Soll er selbst verklagt werden, ist dies nur an seinem Wohnsitz möglich.

- Hat der Arbeitgeber im EU-Gebiet keine Niederlassung, so werden von deutschen Gerichten die Regeln der **ZPO über die örtliche Zuständigkeit entsprechend** angewandt. In der Regel kann der Arbeitnehmer dann auch an seinem ständigen Arbeitsort klagen. § 38 Abs. 2 ZPO lässt an sich eine (beliebige) **Gerichtsstandsvereinbarung** zu, Im Verhältnis zu Verbrauchern scheidet sie jedoch im Hinblick auf die Rechtsprechung des EuGH (DB 2000, 2056) im Regelfall aus; der Arbeitnehmer muss insoweit wie ein Verbraucher behandelt werden. Einzelheiten bei Däubler, NZA 2003, 1297 ff.

25.4   Wer kann vor Gericht auftreten?

Arbeitnehmer und Arbeitgeber können ein arbeitsgerichtliches Verfahren erster Instanz durchführen, ohne eine rechtskundige Person wie einen Rechtsanwalt einzuschalten. Anders als bei einem Scheidungsverfahren oder bei einem Prozess vor dem Landgericht besteht **kein** »**Anwaltszwang**«. Dennoch sollte ein Arbeitnehmer auf juristischen Rat nur dann verzichten, wenn die Sache zu 100 Prozent klar ist oder wenn er sich selbst im geltenden Recht gut auskennt. Liegt ein solcher Ausnahmefall nicht vor, gibt es zwei Möglichkeiten (s. auch oben 14.11.3): **1283**

- Am leichtesten hat es ein Gewerkschaftsmitglied. Die Gewerkschaft gibt **unentgeltlich Rechtsschutz**. Dies bedeutet, dass ein Mitarbeiter der gewerkschaftlichen Rechtsschutz-GmbH die Klage aufsetzt und auch in der mündlichen Verhandlung auftritt. In Einzelfällen schaltet die Gewerkschaft auf ihre Kosten einen Rechtsanwalt ein. **1284**

- Wer nicht organisiert ist, sollte sich an einen **Rechtsanwalt** wenden. Dieser verlangt allerdings Geld. Selbst wenn man das Verfahren gewinnt, muss man die Anwaltskosten der 1. Instanz selbst tragen. Dagegen schützt der Abschluss einer **Rechtsschutzversicherung**. Wer sehr wenig Geld hat, erhält vom Gericht eine sog. **Prozesskostenhilfe**;

ihm wird eventuell auch auf Staatskosten ein Anwalt zur Verfügung gestellt.

Geht der Prozess in die zweite Instanz, so muss sich der Arbeitnehmer durch einen Rechtsanwalt oder einen Gewerkschaftsbeauftragten vertreten lassen. Dasselbe gilt für das BAG als dritter Instanz.

25.5 Urteilsverfahren – Beschlussverfahren

1285 Klagt ein Arbeitnehmer gegen seinen Arbeitgeber, findet ein sog. Urteilsverfahren statt. Die Bezeichnung rührt daher, dass das Verfahren mit einem Urteil abgeschlossen wird.

Zuerst findet eine Güteverhandlung vor dem Berufsrichter statt. Über ihre Funktion und über den weiteren Ablauf bis hin zur streitigen mündlichen Verhandlung ist unter 14.11.4 (Rn. 903 ff.) bereits das Nötige gesagt worden.

> Wie man sich im Einzelnen verhält, welche Urkunden man vorlegt und welche Zeugen man benennt – dies alles muss man sinnvollerweise mit seinem Prozessvertreter besprechen. Werden Zeugen geladen, müssen sie auch effektiv vor Gericht erscheinen; andernfalls riskieren sie ein Ordnungsgeld, im Wiederholungsfalle sogar Haft.

1286 Das Gericht muss die Parteien nach § 139 ZPO darauf hinweisen, dass sie ggf. Beweismittel benennen müssen oder dass ihr Vorbringen unvollständig ist.

> Der klagende Arbeitnehmer behauptet, ihm sei für Überstunden ein Zuschlag von 50 Prozent versprochen worden und klagt deshalb 200 Euro ein. Der Richter weist ihn darauf hin, er müsse angeben, wer diese Zusage gemacht habe (Vorgesetzter? Personalleiter?), zu welchem Zeitpunkt sie erfolgt sei und wie die Umstände im Einzelnen gewesen seien.

Diese sog. **richterliche Aufklärungspflicht** geht allerdings nicht so weit, dass das Gericht dem Arbeitnehmer einen »Tipp« geben dürfte, dass vielleicht auch ein Anspruch auf ein erhöhtes Urlaubsgeld bestehen könnte. In einem solchen Fall würde sich der Richter dem Vorwurf der Befangenheit aussetzen. Dennoch wirkt sich § 139 ZPO vorwiegend zugunsten der rechtlich weniger versierten Partei, und damit typischerweise zugunsten des Arbeitnehmers aus.

Streiten sich Betriebsrat und Arbeitgeber, so findet ein sog. **Beschluss-**

verfahren statt. Dafür gelten die Sonderregeln der §§ 80ff. ArbGG. Ein Gütetermin ist seit der Gesetzesänderung vom 1.5.2000 möglich, jedoch nicht obligatorisch. Das Verfahren wird mit einem »Beschluss« abgeschlossen.

Auch der Betriebsrat kann das Verfahren selbst führen oder sich von einem gewerkschaftlichen Rechtssekretär oder einem Anwalt vertreten lassen.

Ein großer Teil der arbeitsgerichtlichen Verfahren wird durch **Vergleich** erledigt: Der Arbeitnehmer akzeptiert beispielsweise die Kündigung, weil er eine Abfindung erhält.

Dies spart allen Beteiligten Zeit und Geld. Was es bedeutet, den Arbeitsplatz definitiv verloren zu haben, wird dem Arbeitnehmer allerdings häufig erst nach einiger Zeit deutlich. In der Verhandlung selbst steht die »schöne« Abfindung im Vordergrund.

25.6   Vorlagebeschlüsse

Kommt das Arbeitsgericht zu dem Ergebnis, ein bestehendes Gesetz verstoße gegen das Grundgesetz, so muss es die Angelegenheit nach Art. 100 GG dem **Bundesverfassungsgericht** vorlegen. **1287**

> **Beispiel:**
> Das Arbeitsgericht vertritt den Standpunkt, die Anwendung von Kap. XIX der Anlage I zum Einigungsvertrag auf Wissenschaftler verstoße gegen das Grundrecht der Wissenschaftsfreiheit nach Art. 5 Abs. 3 GG.

Eine derartige Vorlage kann auch von einer Prozesspartei beantragt werden. Die Einzelheiten sind in § 80 des Gesetzes über das Bundesverfassungsgericht (= BVerfGG) geregelt. Der Vorlagebeschluss muss insbesondere angeben, inwieweit die Entscheidung des Rechtsstreits von der Gültigkeit einer bestimmten Vorschrift abhängt und welche Grundgesetznorm im Einzelnen verletzt ist.

Ähnlich wird verfahren, wenn es um die Auslegung von EU-Recht geht: Bestehen irgendwelche Zweifel über die Gültigkeit oder den Inhalt einer EG-rechtlichen Norm, so kann der **Europäische Gerichtshof** in Luxemburg eingeschaltet werden. **1288**

> Das Arbeitsgericht meint, der Ausschluss sog. Pauschalkräfte von der Weihnachtszuwendung sei eine mittelbare Diskriminierung wegen des Geschlechts und

verstoße deshalb gegen Art. 157 AEUV (damals: Art. 141 EG-Vertrag). So in der Tat das ArbG München mit der Folge, dass der EuGH (NZA 1999, 1151) diesen Standpunkt übernahm.

Rechtsgrundlage ist die Vorschrift des Art. 267 AEUV (früher: Art. 234 EG-Vertrag).

25.7 Effizienz des Rechtsschutzes

1289 Der **Zugang** zum Arbeitsgericht wird durch eine Reihe **faktischer Hindernisse** erschwert.

- Der einzelne Arbeitnehmer erkennt überhaupt nicht, dass es sich um ein Rechtsproblem handelt.
- Der Arbeitnehmer hat zwar das Gefühl, ihm sei Unrecht widerfahren, doch weiß er nicht, was er konkret unternehmen soll. Er kennt niemanden, der ihn beraten könnte. Die Lektüre des Gesetzestextes bringt schon aus sprachlichen Gründen keinen genügenden Aufschluss.
- Der Arbeitnehmer erkennt zwar das Rechtsproblem, hält jedoch ein gerichtliches Vorgehen für aussichtslos, weil er die Rechtsauffassung des Arbeitgebers akzeptiert.
- Der Arbeitnehmer ist der Ansicht, ein gerichtliches Verfahren sei zu teuer.

1290
- Wichtigste Zugangsbarriere dürfte die Befürchtung sein, dass eine Klageerhebung vom Arbeitgeber als Illoyalität gewertet wird. Damit würden betriebliche Aufstiegschancen, u.U. auch der Arbeitsplatz selbst gefährdet. Deshalb wird typischerweise erst nach Auflösung des Arbeitsverhältnisses geklagt.

Auch im gerichtlichen Verfahren selbst können sich Schwierigkeiten ergeben, die sich am ehesten mit Hilfe eines Prozessvertreters überwinden lassen.

25.8 Aufsichtsbehörden

1291 Angesichts der Schwierigkeiten, die mit gerichtlichen Verfahren verbunden sind, sind sie aus Arbeitnehmersicht nicht immer das geeignete Mittel, um Rechtsverstöße aus der Welt zu schaffen. Dazu kommt, dass der

Gang durch die Instanzen erhebliche Zeit in Anspruch nehmen kann, so dass unter Umständen schon vollendete Tatsachen geschaffen sind, bevor eine Entscheidung ergeht. In manchen ausländischen Rechtsordnungen wenden sich Arbeitnehmer daher häufiger als bei uns an **Behörden**, die **schnell eingreifen** und verbindliche Anordnungen treffen können. Dieser Weg steht allerdings auch bei uns offen. Zwar gibt es in Deutschland keine Instanz, die für die Beachtung des gesamten Arbeitsrechts zuständig wäre, doch existieren verschiedene Behörden mit unterschiedlichen Zuständigkeiten, an die sich auch ein Betriebsrat oder ein einzelner Arbeitnehmer wenden kann.

- Die **Gewerbeaufsicht**, in manchen Bundesländern auch »Amt für Arbeitsschutz« genannt, hat die Aufgabe, die Einhaltung der Vorschriften des Arbeitsschutz- und des gesetzlichen Arbeitszeitrechts zu überwachen.

- Die »**Finanzkontrolle Schwarzarbeit**« ist nicht nur für Verstöße gegen das Schwarzarbeitsbekämpfungsgesetz, sondern auch für illegale Arbeitnehmerüberlassung aus dem Ausland und für die Einhaltung des Mindestlohngesetzes und der Mindestlöhne nach dem Arbeitnehmer-Entsendegesetz zuständig.

- Verstöße gegen datenschutzrechtliche Normen werden von den **Aufsichtsbehörden für den Datenschutz** nach § 38 BDSG verfolgt.

- Keine direkte staatliche Kontrolle gibt es in Bezug auf die Einhaltung von Tarifverträgen, Betriebsvereinbarungen und Arbeitsverträgen. Allerdings ist bei Entgeltansprüchen zu beachten, dass die Beiträge zur Sozialversicherung auf der Grundlage der bestehenden Ansprüche, nicht der ausbezahlten Beträge berechnet werden. Wird bewusst zu wenig bezahlt, stellt dies zugleich eine **Abgabenhinterziehung** nach § 266a StGB dar, für die sich die **Staatsanwaltschaft** interessiert.

25.9 Weiterführende Literatur

Lakies, Arbeitsgerichtsgesetz, Basiskommentar, Frankfurt/Main 2010; **1292**
Germelmann/Matthes/Prütting, Arbeitsgerichtsgesetz. Kommentar, 8. Aufl., München 2013;
Düwell/Lipke (Hrsg.), Arbeitsgerichtsgesetz, Kommentar für die Praxis, 3. Aufl., Köln 2012;
Hauck/Helml, Arbeitsgerichtsgesetz, Kommentar, 4. Aufl., München 2011;

Schwab/Weth (Hrsg.), Arbeitsgerichtsgesetz, Kommentar, 4. Aufl., Köln 2015;

Grunsky (Hrsg.), Arbeitsgerichtsgesetz, Kommentar, 8. Aufl., München 2014;

Schaub, Arbeitsgerichtsverfahren – Handbuch, 7. Aufl., München 2001;

Herbst/Bertelsmann/Reiter, Arbeitsgerichtliches Beschlussverfahren. Handbuch für Verfahrensbevollmächtigte und Gerichte, 2. Aufl., Frankfurt/Main 1998;

Wolmerath, Der ehrenamtliche Richter in der Arbeitsgerichtsbarkeit, Wiesbaden 2003.

Von Interesse das Fallmaterial bei **Feser u. a.,** Arbeitsgerichtsprotokolle, 2. Aufl., Neuwied und Darmstadt 1982.

Zum tatsächlichen Funktionieren der Arbeitsgerichtsbarkeit siehe:

Blankenburg/Rogowski/Schönholz, Zur Soziologie des Arbeitsgerichtsverfahrens, Neuwied und Darmstadt 1979;

Däubler, Das soziale Ideal des Bundesarbeitsgerichts, 2. Aufl., Frankfurt/M. 1975;

Rottleuthner (Hrsg.), Rechtssoziologische Studien zur Arbeitsgerichtsbarkeit, Baden-Baden 1984;

Däubler, Kollektive Durchsetzung individueller Rechte?, AuR 1995, 305 ff.

Zu den am 1. 5. 2000 in Kraft getretenen Veränderungen siehe

Schaub, Gesetz zur Vereinfachung und Beschleunigung des arbeitsgerichtlichen Verfahrens, NZA 2000, 344 ff.

Die am 1. 1. 2002 in Kraft getretene ZPO-Reform behandeln

Schmidt/Schwab/Wildschütz, Die Auswirkungen der Reform des Zivilprozesses auf das arbeitsgerichtliche Verfahren, NZA 2001, 1161 ff., 1217 ff.

Zum Mediationsgesetz:

HK-ArbR, 3. Aufl. 2013, Kommentierung durch Wolmerath;

Francken, Das Gesetz zur Förderung der Mediation und das arbeitsgerichtliche Verfahren, NZA 2012, 836–841.

Stichwortverzeichnis

Die Zahlen verweisen jeweils auf die Randnummer.

Kompetenz verbindet

Kittner

Arbeits- und Sozialordnung

Gesetze/Verordnungen • Einleitungen
• Checklisten/Übersichten • Rechtsprechung
40., aktualisierte Auflage
2015. 1.824 Seiten, kartoniert
€ 28,-
ISBN 978-3-7663-6416-6

Gesetze plus Erläuterungen – das ist die Erfolgsformel
der jährlich neu aufgelegten »Arbeits- und Sozial-ordnung«.
Die solide Grundlage bilden über 100 für die Praxis relevante
Gesetzestexte im Wortlaut oder in wichtigen Teilen –
natürlich auf dem neuesten Stand. Die Ausgabe 2015 ist
weiter optimiert durch eine allgemeine Einführung in die
Arbeits- und Sozialordnung sowie 80 Checklisten und
Übersichten zur praxisgerechten Anwendung und raschen
Orientierung über komplexe Gesetzesinhalte. Bei wichtigen
Gesetzen erklären Übersichten die seit der Vorauflage
publizierte höchstrichterliche Recht-sprechung – mit Verweis
auf eine Fundstelle.

Fazit: Der »Kittner« ist unerlässlich für alle, die über das
Arbeits- und Sozialrecht auf aktuellem Stand informiert sein
wollen.

Zu beziehen über den gut sortierten Fachbuchhandel oder
direkt beim Verlag unter E-Mail: kontakt@bund-verlag.de

Bund-Verlag